云在阁经藏

蕅益大师文集

〔明〕蕅益大师 著
于德隆　徐尚定 点校

九州出版社 JIUZHOUPRESS | 全国百佳图书出版单位

图书在版编目（CIP）数据

蕅益大师文集 / （明）蕅益大师著；于德隆 徐尚定点校．
—北京：九州出版社，2012.12（2022.6 重印）

ISBN 978-7-5108-1860-8

Ⅰ．①蕅… Ⅱ．①蕅… ②于… 徐… Ⅲ．①净土宗—中国—明代—文集 Ⅳ．①B946.8-53

中国版本图书馆 CIP 数据核字（2012）第 292373 号

蕅益大师文集

作　　者	（明）蕅益大师 著　于德隆 徐尚定 点校
责任编辑	张万兴　周红斌
出版发行	九州出版社
地　　址	北京市西城区阜外大街甲 35 号（100037）
发行电话	（010）68992190/3/5/6
网　　址	www.jiuzhoupress.com
印　　刷	三河市兴博印务有限公司
开　　本	720 毫米 ×1020 毫米　16 开
印　　张	43　插　页　6P
字　　数	580 千字
版　　次	2012 年 12 月第 1 版
印　　次	2022 年 6 月第 2 次印刷
书　　号	ISBN 978-7-5108-1860-8
定　　价	328.00 元

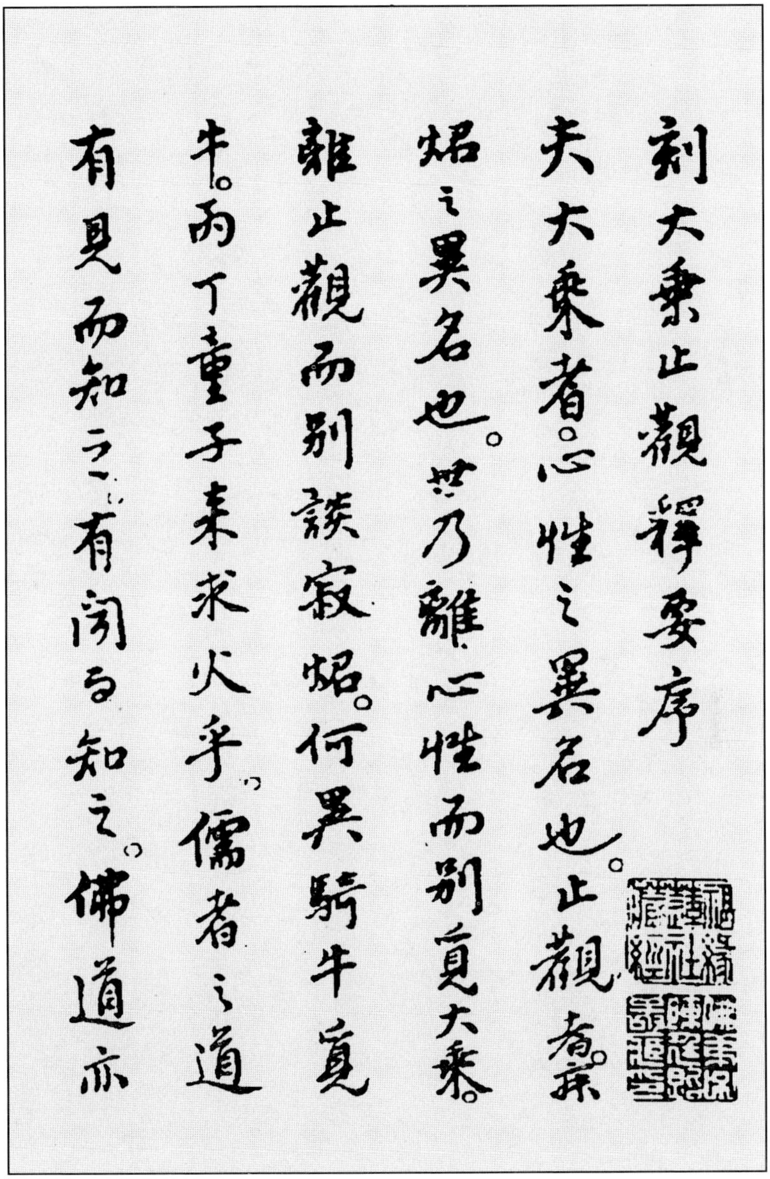

刻大乘止觀釋要序

夫大乘者，心性之異名也。止觀者，寂炤之異名也。世乃離心性而別覓大乘，離止觀而別談寂炤。何異騎牛覓牛，丙丁童子來求火乎。儒者之道，有見而知之，有聞而知之。佛道亦

蕅益大师手迹：刻大乘止观释要序（之一）

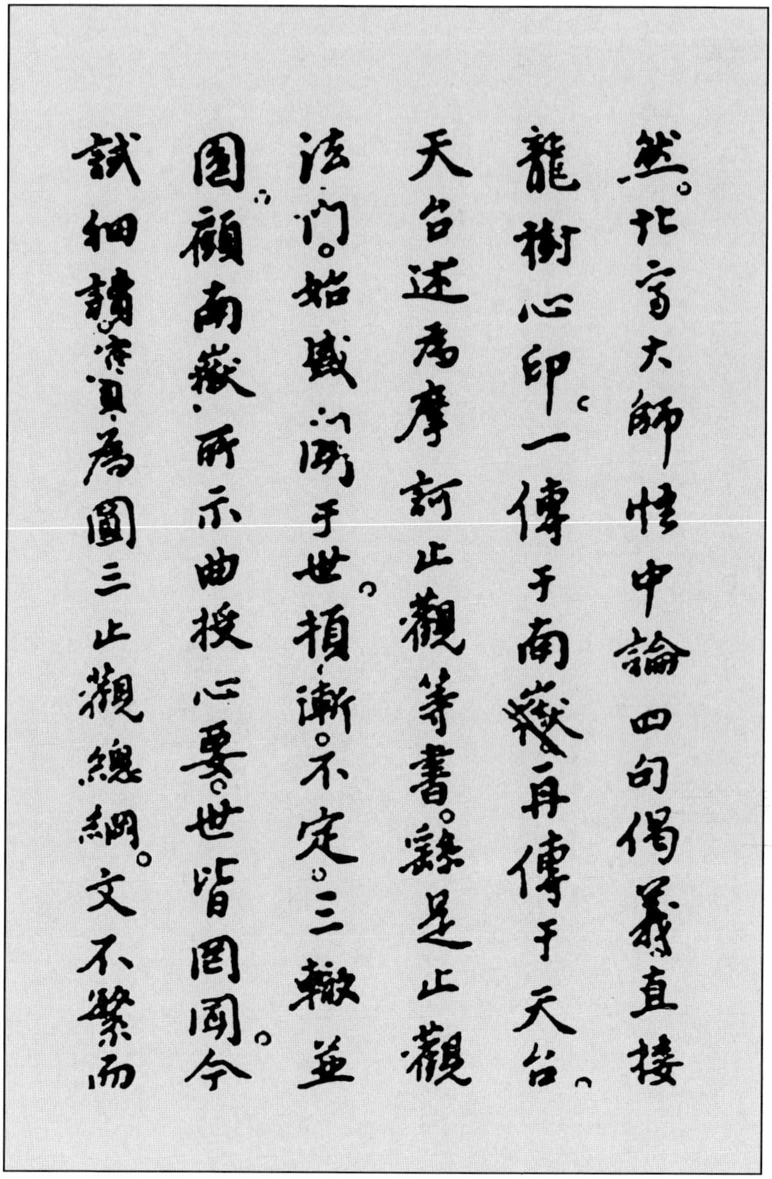

蕅益大师手迹：刻大乘止观释要序（之二）

義已備將慈雲懺主于五百年後序而刊之。迄今又將五百餘年。微言將絕。予愧不敏。未能闡道。姑效盲人摸象。述為釋要。以助其傳。稿脫已經二載。適因弘法留都。季石蘭張孺含二居士始集眾緣而付諸梓。有以知此

蕅益大师手迹：刻大乘止观释要序（之三）

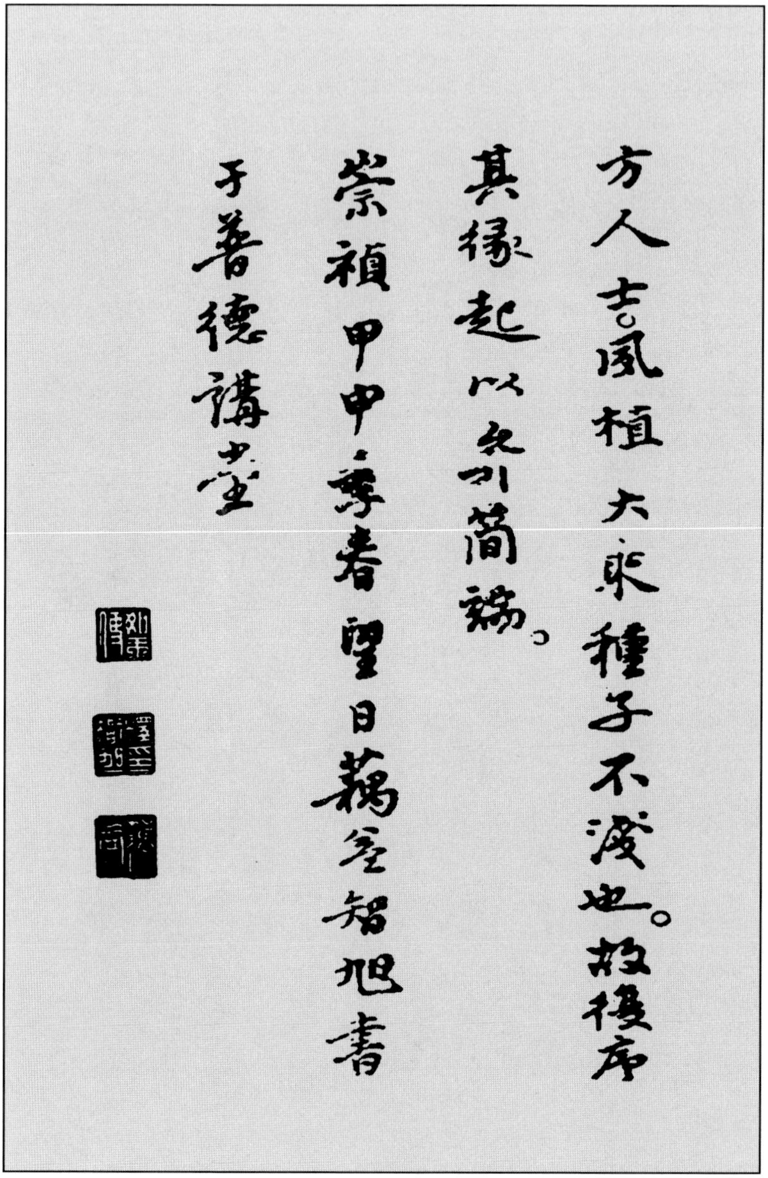
方人吉風植大乘種子不滅也。故復序
其緣起以弁簡端。
崇禎甲申孟春望日蕅益智旭書
于普德講堂

蕅益大师手迹：刻大乘止观释要序（之四）

出版说明

智旭（1599—1655），字蕅益。晚明四大高僧之一，中国佛教晚期的集大成者。苏州木渎人，俗名钟大朗。天资聪敏，少即随母吃素礼诵。及入私塾读书，闻儒家圣贤之学，即以千古道脉为己任，因不礼诵，开荤酒，作论数十篇，誓灭释老。十七岁，阅莲池大师《自知录序》及《竹窗随笔》，始知愧悔。后读《地藏菩萨本愿经》、《楞严经》等佛经，遂发心学佛。二十四岁出家，彻悟自心，深入经藏。其戒行净若冰雪，其见地明若日月。一生弘法，不做住持。多居北天目灵峰寺，故后人每以灵峰大师称之。一生著述数十种，莫不言言见谛，语语超宗，均为古今所不多见。其所主张儒佛一致，性相融合，禅教律三学统一，并会归于持名念佛的思想，奠定了近现代中国汉传佛教发展的主流，对中国佛教的发展具有巨大而深远的影响。近代净土宗高僧印光大师曾称赞道："蕅益大师，久证法身，乘愿再来。其学问、见地、行持、道德，不但末法不多见，即隋唐佛法盛时，高人如林，若在此时，亦属出类拔萃之不思议大士。"清代以来，蕅益大师被尊奉为净土宗第九祖，及天台宗灵峰派的开创者。

蕅益大师著作主要分释论与宗论两类。释论包括《阿弥陀经要解》、《金刚经破空论》、《般若心经略解》、《楞严经玄义、文句》、《楞伽经义疏》、《占察经义疏》、《法华经会义》、《佛遗教经解》、《佛说四十二章经解》、《八大人觉经略解》、《梵网经合注》、《菩萨戒本经笺要》、《起信论裂网疏》、《成唯识论观心法要》等经律论注疏。其中《阿弥陀经要解》一书，以信愿行收摄《阿弥陀经》宗旨，着重提倡持名念佛，并以此经总摄佛教，是集中体现蕅益大师净土思想体系的著作。

印光大师曾称赞道："《阿弥陀经》有蕅益大师所著《要解》，理事各臻其极，为自佛说此经来第一注解，妙极确极。纵令古佛再出于世，重注此经，亦不能高出其上矣！"宗论包括《绝余编》、《灵峰宗论》等文集。另有会通儒佛思想的《周易禅解》、《四书蕅益解》等书。这些都已成为研修佛法的珍贵法宝。

蕅益大师的著作主要收录在明《嘉兴藏》、清《乾隆大藏经》、日本《卍续藏》中。1989年，台湾佛教书局出版了《蕅益大师全集》，共二十二册，分为法藏指要、经释、律释、论释、文集、忏仪、杂著七个单元，为迄今蕅益大师著作的最完整的单独结集。福建莆田广化寺等曾影印过该书，内部发行。

本文集基本依据《蕅益大师全集》的结构与编排，另外补充《全集》没有收录的《绝余编》，参考台湾会性法师编集的《蕅益大师净土集》并加以扩充，选编蕅益大师最重要、最具代表性的著作，以《蕅益大师全集》本为底本，以《嘉兴藏》、《清藏》、《卍续藏》本为校本，对原文采用现代标点、分段，希望能够为读者提供一个了解蕅益大师的行持与思想的优良读本。

九州出版社

二〇一三年六月

目　录

经　释

律 释

论 释

法藏指要

文 集

忏　仪

儒典佛解

蕅益大师文集

经　释

一、《佛说阿弥陀经》要解①

姚秦　三藏法师鸠摩罗什译

清　西有沙门蕅益智旭解

《佛说阿弥陀经要解》重刻序②

净土深旨，滥始于《观经》之观佛，汇泽于《小本》之持名，二经盖不思议无上心要也。释妙观者，有天台圣祖大宗，称经发明，要矣。释《小本》者，振古于斯，诸美毕备；以言心要，似有待焉。

岁在丁亥，灵峰大师述成《要解》。如灯照色，而非光华；以义定名，而非拟议。不过道屋里事，而聆者若惊；不外布帛菽粟之谈，而未曾有。诸凡横竖四土、事理一心，罔弗精义入神，要归允当。使学者了然知

① 丁亥年（公元 1647），蕅益大师述成《弥陀要解》，《大正藏》所收（第 37 册 No. 1762）即为此本。癸巳岁（公元 1653），大师在歙浦演说，又有所修订，名“歙浦本”。现依 1989 年台湾佛教书局《蕅益大师全集》所收庚申年（公元 1920）北京刻经处刊“歙浦本”为底本，慕莲法师《阿弥陀经要解便蒙钞》、印光大师增订《净土十要》中《弥陀要解》、《大正藏》本、《嘉兴藏》本（新文丰版第二十册 No.79）为参校本。《蕅益大师全集》本后有北京刻经处附跋：谨案：灵峰大师《弥陀要解》，灵峰弟子成时师，以冠《净土十要》，而微有删节。近年金陵、扬州已各有刻本。兹特依红螺山慕莲法师《便蒙钞》录出《要解》原文，重付剞劂，以广流通。庚申七月，北京刻经处附识。

② 依《净土十要》本增入。

生信发愿以起妙行，无缛焉矣尔。《小本》得是疏，便觉一行三昧，横吞万派而卓立孤标，事出非常而道在伊迩。深固幽远之藏，一旦尽开。

吾闻善善之家，机理双契，是故矢必应弦，药必应病。今《要解》逗末世机，能提深警彻悟之人，俾其法界圆昭，尽杜虚解邪僻之习；又能使中下之辈，信而有勇。至于正讹订误，纤巨不遗；浑然德音，方正不割。诚诸祖所密印，诸佛所共加。以为劫外优昙、掌中摩勒，匪阿也。

癸巳岁，大师在歙浦演说，释义、分科，间有不同。尤觉闻所未闻，信所未信。华阳学人性旦录出，名“歙浦本”。今重梓《十要》，遂以此本授锓。谨序而识之。

时戊申端阳后三日也，古歙学人成时和南书。

《佛说阿弥陀经》要解

姚秦　三藏法师鸠摩罗什译

清　西有沙门蕅益智旭解

原夫诸佛悯念群迷，随机施化，虽归元无二，而方便多门。然于一切方便之中，求其至直捷、至圆顿者，则莫若念佛求生净土。又于一切念佛法门之中，求其至简易、至稳当者，则莫若信愿专持名号。是故净土三经并行于世，而古人独以《阿弥陀经》列为日课。岂非有见于持名一法，普被三根，摄事、理以无遗，统宗、教而无外，尤为不可思议也哉！

古来注疏，代不乏人。世远就湮，所存无几。云栖和尚著为《疏钞》，广大精微。幽溪师伯述《圆中钞》，高深洪博。盖如日月中天，有目皆睹。特以文富义繁，边涯莫测，或致初机浅识，信愿难阶。故复弗揣庸愚，再述《要解》。不敢与二翁竞异，亦不必与二翁强同。譬如侧看成峰，横看成岭，纵皆不尽庐山真境，要不失为各各亲见庐山而已。

将释经文，五重玄义：

△ 第一、释名。此经以能说、所说人为名。

佛者，此土能说之教主，即释迦牟尼，乘大悲愿力，生五浊恶世，以先觉觉后觉，无法不知、无法不见者也。

“说”者，悦所怀也。佛以度生为怀，众生成佛机熟，为说难信法，令究竟脱，故悦也。

阿弥陀，所说彼土之导师，以四十八愿，接信愿念佛众生生极乐世界，永阶不退者也。梵语阿弥陀，此云无量寿，亦云无量光，要之功德智慧、神通道力、依正庄严、说法化度，一一无量也。

一切金口，通名为经，对上五字，是通、别合为题也。教、行、理三，各论通、别，广如台藏所明。

△ 第二、辨体。大乘经皆以实相为正体。

吾人现前一念心性，不在内、不在外、不在中间，非过去、非现在、非未来，非青黄赤白、长短方圆，非香、非味、非触、非法。觅之了不可得，而不可言其无；具造百界千如，而不可言其有。离一切缘虑分别、语言文字相，而缘虑分别、语言文字，非离此别有自性。要之离一切相，即一切法。离故无相，即故无不相，不得已强名实相。

实相之体，非寂非照，而复寂而恒照，照而恒寂。照而寂，强名常寂光土；寂而照，强名清净法身。又照寂强名法身，寂照强名报身。又性德寂照名法身，修德寂照名报身。又修德照寂名受用身，修德寂照名应化身。

寂照不二，身土不二，性修不二，真应不二，无非实相。实相无二，亦无不二。是故举体作依作正、作法作报、作自作他。乃至能说所说、能度所度、能信所信、能愿所愿、能持所持、能生所生、能赞所赞，无非实相正印之所印也。

△ 第三、明宗。宗是修行要径，会体枢机，而万行之纲领也。提纲则众目张，挈领则襟袖至。故体后应须辨宗。

此经以信愿持名为修行之宗要。非信不足启愿，非愿不足导行，非持名妙行不足满所愿而证所信。经中先陈依正以生信，次劝发愿以导行，次示持名以径登不退。信则信自、信他、信因、信果、信事、信理。愿则厌离娑婆，欣求极乐。行则执持名号，一心不乱。

信自者。信我现前一念之心，本非肉团，亦非缘影，竖无初后，横绝边涯，终日随缘，终日不变。十方虚空微尘国土，元我一念心中所现物。我虽昏迷倒惑，苟一念回心，决定得生自心本具极乐，更无疑虑。是名信自。

信他者。信释迦如来决无诳语，弥陀世尊决无虚愿，六方诸佛广长舌决无二言。随顺诸佛真实教诲，决志求生，更无疑惑。是名信他。

信因者。深信散乱称名，犹为成佛种子。况一心不乱，安得不生净土！是名信因。

信果者。深信净土诸善聚会，皆从念佛三昧得生。如种瓜得瓜，种豆得豆，亦如影必随形，响必应声，决无虚弃。是名信果。

信事者。深信只今现前一念不可尽故，依心所现十方世界亦不可尽，实有极乐国在十万亿土外，最极清净庄严，不同庄生寓言。是名信事。

信理者。深信十万亿土，实不出我今现前介尔一念心外，以吾现前一念心性实无外故。又深信西方依正主伴，皆吾现前一念心中所现影。全事即理，全妄即真，全修即性，全他即自。我心遍故，佛心亦遍，一切众生心性亦遍。譬如一室千灯，光光互遍，重重交摄，不相妨碍。是名信理。

如此信已，则娑婆即自心所感之秽，而自心秽，理应厌离。极乐即自心所感之净，而自心净，理应欣求。厌秽须舍至究竟，方无可舍。欣净须取至究竟，方无可取。故《妙宗》云："取舍若极，与不取舍亦非异辙。"设不从事取舍，但尚不取不舍，即是执理废事。既废于事，理亦不圆。若达全事即理，则取亦即理，舍亦即理。一取一舍，无非法界。故次信而明愿也。

言执持名号，一心不乱者。名以召德，德不可思议，故名号亦不可思议。名号功德不可思议，故使散称为佛种，执持登不退也。然诸经示净土行，万别千差。如观像、观想、礼拜、供养、五悔、六念等，一一行成，皆生净土。唯持名一法，收机最广，下手最易。故释迦慈尊无问自说，特向大智舍利弗拈出，可谓方便中第一方便，了义中无上了义，圆顿中最极圆顿。故云：清珠投于浊水，浊水不得不清；佛号投于乱心，乱心不得不佛也。

信愿持名，以为一乘真因。四种净土，以为一乘妙果。举因则果必随之，故以信愿持名为经正宗。其四种净土之相，详在《妙宗钞》及《梵网玄义》，兹不具述。俟后释依正文中，当略示耳。

△ 第四、明力用。此经以往生不退为力用。

往生有四土，各论九品。且略明得生四土之相：若执持名号，未断见思，随其或散或定，于同居土分三辈九品；若持至事一心不乱，见思任运先落，则生方便有余净土；若至理一心不乱，豁破无明一品乃至四十一品，则生实报庄严净土，亦分证常寂光土；若无明断尽，则是上上实报、究竟寂光也。

不退有四义：一、念不退，破无明，显佛性，径生实报，分证寂光；二、行不退，见思既落，尘沙亦破，生方便土，进趋极果；三、位不退，带业往生，在同居土，莲花托质，永离退缘；四、毕竟不退，不论至心散心，有心无心，或解不解，但弥陀名号，或六方佛名、此经名字，一经于耳，假使千万劫后，毕竟因斯度脱，如闻涂毒鼓，远近皆丧，食少金刚，决定不消也。

复次，只带业生同居净，证位不退者，皆与补处俱，亦皆一生必补佛位。夫上善一处，是生同居即已横生上三土；一生补佛，是位不退即已圆证三不退。如斯力用，乃千经万论所未曾有。较彼顿悟正因，仅为出尘阶渐；生生不退，始可期于佛阶者，不可同日语矣。宗、教之士，如何勿思！

△ 第五、教相。此大乘菩萨藏摄。又是无问自说，彻底大慈之所加持，能令末法多障有情，依斯径登不退。故当来经法灭尽，特留此经，住世百年，广度含识。阿伽陀药，万病总持。绝待圆融，不可思议。《华严》奥藏，《法华》秘髓，一切诸佛之心要，菩萨万行之司南，皆不出于此矣！欲广叹述，穷劫莫尽。智者自当知之。

△ 入文分三：初序分，二正宗分，三流通分。此三名初善、中善、后善。序如首，五官具存。正宗如身，脏腑无缺。流通如手足，运行不滞。故智者释《法华》，初一品皆为序，后十一品半皆为流通。又一时，迹、本二门，各分三段，则《法师》等五品，皆为迹门流通。盖序必提一经之纲，流通则法施不壅，关系非小。后人不达，见经文稍涉义理，便判入正宗，致序及流通，仅存故套，安所称初语亦善、后语亦善也哉？

（甲）初序分二：初通序，二别序。

（乙）初中二：初标法会时处，二引大众同闻。

（丙）今初

如是我闻。一时，佛在舍卫国，祇树给孤独园。

如是，标信顺。我闻，标师承。一时，标机感。佛，标教主。舍卫等，标说经处也。

实相妙理，古今不变，名如。依实相理，念佛求生净土，决定无非，曰是。实相非我非无我，阿难不坏假名，故仍称我。耳根发耳识，亲聆圆音，如空印空，名闻。

时无实法，以师资道合，说听周足，名一时。

自觉觉他，觉行圆满，人天大师，名佛。

舍卫，此云闻物，中印度大国之名，波斯匿王所都也。匿王太子名祇陀，此云战胜。匿王大臣名须达多，此云给孤独。给孤长者布金买太子园，供佛及僧；祇陀感叹，施余未布少地；故并名“祇树给孤独园”也。

（丙）二、引大众同闻三：初声闻众，二菩萨众，三天人众。

声闻居首者，出世相故，常随从故，佛法赖僧传故。菩萨居中者，相不定故，不常随故，表中道义故。天人列后者，世间相故，凡圣品杂故，外护职故。

（丁）初声闻众又三：初明类标数，二表位叹德，三列上首名。

（戊）今初

与大比丘僧，千二百五十人俱。

大比丘，受具足戒出家人也。比丘，梵语，含三义：一、乞士，一钵资身，无所蓄藏，专求出要；二、破恶，正慧观察，破烦恼恶，不堕爱见；三、怖魔，发心受戒，羯磨成就，魔即怖也。

僧者，具云僧伽，此翻和合众。同证无为解脱，名理和；身同住、口无诤、意同悦、见同解、戒同修、利同均，名事和也。

千二百五十人者，三迦叶师资共千人，身子、目连师资二百人，耶舍子等五十人，皆佛成道先得度脱，感佛深恩，常随从也。

（戊）二、表位叹德

皆是大阿罗汉（之位），（其德为）**众所知识**。

阿罗汉亦含三义：一、应供，即乞士果；二、杀贼，即破恶果；三、无生，即怖魔果。复有慧解脱、俱解脱、无疑解脱，三种不同。今是无疑解脱，故名“大”。又本是法身大士，示作声闻，证此净土不思议法，故名“大”也。从佛转轮，广利人天，故为众所知识。

（戊）三、列上首名

长老舍利弗（此云“身子”）、**摩诃目犍连**（大采菽氏）、**摩诃迦叶**（大饮光）、**摩诃迦旃延**（大文饰）、**摩诃俱絺罗**（大膝）、**离婆多**（星宿）、**周利槃陀伽**（继道）、**难陀**（喜）、**阿难陀**（庆喜）、**罗睺罗**（覆障）、**骄梵波提**（牛呞）、**宾头卢颇罗堕**（不动利根）、**迦留陀夷**（黑光）、**摩诃劫宾那**（房宿）、**薄拘罗**（善容）、**阿㝹楼驮**（无贫），**如是等诸大弟子。**

德腊俱尊，故名长老。身子尊者，声闻众中，智慧第一。目连尊者，神通第一。饮光尊者，身有金光，传佛心印为初祖，头陀行第一。文饰尊者，婆罗门种，论议第一。大膝尊者，答问第一。星宿尊者，无倒乱第一。继道尊者，因根钝仅持一偈，辩才无尽，义持第一。喜尊者，佛之亲弟，仪容第一。庆喜尊者，佛之堂弟，复为侍者，多闻第一。覆障尊者，佛之太子，密行第一。牛呞尊者，宿世恶口，感此余报，受天供养第一。不动尊者，久住世间，应末世供，福田第一。黑光尊者，为佛使者，教化第一。房宿尊者，知星宿第一。善容尊者，寿命第一。无贫尊者，亦佛堂弟，天眼第一。

此等常随众，本法身大士，示作声闻，为影响众。今闻净土摄受功德，得第一义悉檀之益，增道损生，自净佛土，复名当机众矣。

（丁）二、菩萨众

并诸菩萨摩诃萨，文殊师利（此云妙德）**法王子、阿逸多**（此云无能胜，弥勒菩萨之名）**菩萨、乾陀诃提**（此云不休息）**菩萨、常精进菩萨，与如是等诸大菩萨。**

菩萨摩诃萨，此云大道心成就有情，乃悲智双运、自他兼利之称。佛为法王，文殊绍佛家业，名法王子，菩萨众中，智慧第一。非勇猛实智，不能证解净土法门，故居初。弥勒当来成佛，现居等觉，以究竟严净佛国为要务，故次列。不休息者，旷劫修行不暂停故。常精进者，自利利他无疲倦故。

此等深位菩萨，必皆求生净土，以不离见佛，不离闻法，不离亲近供养众僧，乃能速疾圆满菩提故。

（丁）三、天人众

及释提桓因等，无量诸天大众俱。

释提桓因，此云能为主，即忉利天王。“等”者，下等四王，上等夜摩、兜率、化乐、他化、色、无色无量诸天也。大众俱，谓十方天、人，八部修罗，人非人等，无不与会，无非净土法门所摄之机也。

△通序竟

（乙）二、别序，发起序也。

净土妙门，不可思议，无人能问，佛自唱依正名字为发起。又佛智鉴机无谬，见此大众应闻净土妙门而获四益，故不俟问，便自发起。如《梵网》下卷，自唱位号云“我今卢舍那”等，智者判作发起序，例可知也。

尔时佛告长老舍利弗：从是（娑婆世界）**西方，过十万亿佛土，有世界名曰极乐。其土有佛，号阿弥陀，今现在说法。**

净土法门，三根普摄，绝待圆融，不可思议，圆收圆超一切法门，甚深难信。故特告大智慧者，非第一智慧，不能直下无疑也。

西方者，横亘直西，标示现处也。十万亿者，千万曰亿，今积亿至十万也。佛土者，三千大千世界，通为一佛所化。且以此土言之，一须弥山，东、西、南、北各一洲，同一日月所照、一铁围山所绕，名一四天下。千四天下，名小千世界。千小千，名中千世界。千中千，名大千世界。过如此佛土十万亿之西，是极乐世界也。

问：何故极乐在西方？

答：此非善问。假使极乐在东，汝又问何故在东，岂非戏论？况自十一万亿佛土视之，又在东矣，何足致疑。

“有世界名曰极乐”，序依报国土之名也。竖约三际以辨时劫，横约十方以定疆隅，故称世界。极乐者，梵语须摩提，亦云安养、安乐、清泰等，乃永离众苦第一安隐之谓，如下广释。

然佛土有四，各分净秽：凡圣同居土，五浊重者秽，五浊轻者净。

方便有余土，析空拙度证入者秽，体空巧度证入者净。实报无障碍土，次第三观证入者秽，一心三观证入者净。常寂光土，分证者秽，究竟满证者净。今云“极乐世界”，正指同居净土，亦即横具上三净土也。[①]

“有佛号阿弥陀”，序正报教主之名也，翻译如下广释。佛有三身，各论单、复：法身单，指所证理性；报身单，指能证功德智慧；化身单，指所现相好色像。法身复者，自性清净法身、离垢妙极法身；报身复者，自受用报身、他受用报身；化身复者，示生化身、应现化身，又佛界化身、随类化身。虽辨单、复三身，实非一非三，而三而一，不纵横，不并别，离过绝非，不可思议。今云阿弥陀佛，正指同居土中示生化身，仍复即报、即法也。

复次，世界及佛皆言“有”者，具四义：的标实境，令欣求故。诚语指示，令专一故。简非乾城阳焰，非权现曲示，非缘影虚妄，非保真偏但，破魔邪权小故。[②]圆彰性具，令深证故。

“今现在说法”者，简上依、正二有，非过去已灭、未来未成，正应发愿往生，亲觐听法，速成正觉也。

复次，二有、现在，劝信序也。世界名极乐，劝愿序也。佛号阿弥陀，劝持名妙行序也。复次，阿弥，序佛。说法，序法。现在海会，序僧。佛、法、僧同一实相，序体。从此起信、愿、行，序宗。信、愿、行成，必得往生，见佛闻法，序用。唯一佛界为所缘境，不杂余事，序教相也。言略意周矣。

---

① 此处下有小字夹注：“此论修德，不论性德。性德则一切微尘，法尔具足四种净秽佛土。今约信、愿、行三，弥陀名号不可思议故，能令凡夫所感同居极乐，最极清净也。此则十方佛土所无，极乐同居独擅，方是极乐净土宗旨。下明义处皆然。”据清·达默《阿弥陀经要解便蒙钞》，此小字为成时大师批语，故移于此处。

② 此处下有小字夹注：非权，破《华严合论》之讹；非邪，破末世积迷之习。此二料简，尤大有关系。

△初序分竟

（甲）二、正宗分三：初广陈彼土依正妙果以启信，二特劝众生应求往生以发愿，三正示行者执持名号以立行。

信愿持名，一经要旨。信愿为慧行，持名为行行。得生与否，全由信愿之有无。品位高下，全由持名之深浅。故慧行为前导，行行为正修，如目足并运也。

（乙）初文为二：初依报妙，二正报妙。

（丙）初又二：初征释，二广释。

（丁）初又二：初征，二释。

（戊）今初

舍利弗，彼土何故名为极乐？

（戊）二、释，又二：初约能受用释，二约所受用释。

（己）今初

其国众生，无有众苦，但受诸乐，故名极乐。

“众生”是能受用人，等觉以还皆可名。今且约人民言，以下下例上上也。

娑婆苦乐杂，其实苦是苦苦，逼身心故；乐是坏苦，不久住故；非苦非乐是行苦，性迁流故。彼土永离三苦，不同此土对苦之乐，乃名“极乐”。一往分别，同居五浊轻，无分段八苦，但受不病不老、自在游行、天食天衣、诸善聚会等乐。方便体观巧，无沉空滞寂之苦，但受游戏神通等乐。实报心观圆，无隔别不融之苦，但受无碍不思议乐。寂光究竟等，无法身渗漏、真常流注之苦，但受称性圆满究竟乐。然同居众生，以持名善根福德同佛故，圆净四土、圆受诸乐也。

复次，极乐最胜，不在上三土，而在同居。良以上之则十方同居逊其殊特，下又可与此土较量，所以凡夫优入而从容，横超而度越。佛说苦乐，意在于此。

（己）二、约所受用释[①]

又舍利弗，极乐国土，七重栏楯（以严际畔），**七重罗网**（以严空界），**七重行树**（以严露地），**皆是四宝，周匝围绕，是故彼国名为极乐。**

七重，表七科道品。四宝，表常、乐、我、净四德。周匝围绕者，佛菩萨等无量住处也。“皆四宝”则自功德深，“周匝绕”则他贤圣遍，此极乐真因缘也。

此等庄严，同居净土是增上善业所感，亦圆五品观所感，以缘生胜妙五尘为体；方便净土是即空观智所感，亦相似三观所感，以妙真谛无漏五尘为体；实报净土是妙假观智所感，亦分证三观所感，以妙俗谛无尽五尘为体；常寂光土是即中观智所感，亦究竟三观所感，以妙中谛称性五尘为体。欲令易解，作此分别。实四土庄严，无非因缘所生法，无不即空、假、中。所以极乐同居净境，真俗圆融，不可限量。下皆仿此。

问：寂光唯理性，何得有此庄严？

答：一一庄严全体理性，一一理性具足庄严，方是诸佛究竟依果。若寂光不具胜妙五尘，何异偏真法性？

（丁）二、广释二：初别释所受，二合释能受所受。

（戊）初又二：初释生处，二结示佛力。

（己）今初

又舍利弗，极乐国土有七宝池，八功德水，充满其中。池底纯以金沙布地，四边阶道，金、银、琉璃、玻璃合成。上有楼阁，亦以金、银、琉璃、玻璃、砗磲、赤珠、玛瑙而严饰之。池中莲花，大如车轮，青色青光，黄色黄光，赤色赤光，白色白光，微妙香洁。

上明住处，今明生处。宝池金银等所成，不同此方土石也。八功德者：一、澄清，异此方浑浊；二、清冷，异寒热；三、甘美，异咸淡劣

① 此处下有小字夹注：此亦转释上“无有众苦，但受诸乐”之故，下广释一科亦然。

味；四、轻软，异沉重；五、润泽，异滀腐褪色；六、安和，异急暴；七、除饥渴，异生冷；八、长养诸根，异损坏诸根，及沴戾增病、没溺等也。充满其中，异枯竭泛滥。

底纯金沙，异污泥。阶道四宝，异砖石。陛级名“阶”，坦途名“道”。重屋名“楼”，岑楼名“阁”。七宝楼阁，异此方土木丹青也。楼阁是住处，及法会处。但得宝池莲胞开敷，便可登四岸，入法会，见佛闻法也。

花轮者，轮王金轮大四十里，且举最小者言。若据《观经》及《无量寿会》，大小实不可量，由同居净土身相不等故也。青色名优钵罗，黄色名拘勿头，赤色名钵头摩，白色名芬陀利。由生身有光，故莲胞亦有光。然极乐莲花，光色无量，此亦略言耳。“微妙香洁”，略叹莲花四德。质而非形曰微，无碍曰妙；非形则非尘，故洁也。莲胞如此，生身可知。

（己）二、结示佛力

舍利弗，极乐国土成就如是功德庄严。

明上住处、生处种种庄严，皆是阿弥陀佛大愿大行称性功德之所成就，故能遍严四种净土，普摄十方三世一切凡圣令往生也。复次，佛以大愿作众生多善根之因，以大行作众生多福德之缘，令信愿持名者，念念成就如是功德，而皆是已成，非今、非当。此则以阿弥种种庄严作增上本质，带起众生自心种种庄严，全佛即生，全他即自，故曰“成就如是功德庄严”。

（戊）二、合释能受所受，又二：初约五根五尘明受用，次约耳根声尘明受用。

（己）初又二：初正明，二结示。

（庚）今初

又舍利弗，彼佛国土，（空中）**常作天乐，**（下是）**黄金为地，**（中间）**昼夜六时雨天曼陀罗花**（上严空界，下严金地）**。其土众生，常以清旦，各以衣裓，盛众妙花，供养他方十万亿佛。即以食时，还到本国，饭食经行。**

乐是声尘，地是色尘，花是色、香二尘，食是味尘，盛花、散花、经行是触尘。众生五根对五尘可知。常作者，即六时也。黄金为地者，七宝所严地界，体是黄金也。日分初、中、后，名昼三时；夜分初、中、后，名夜三时；故云“昼夜六时”。然彼土依正各有光明，不假日月，安分昼夜？且顺此方假说分际耳。曼陀罗，此云适意，又云白花。衣裓，是盛花器。众妙花，明非曼陀罗一种，应如《妙经》四花，表四因位。

供养他方佛，表真因会趋极果，果德无不遍也。且据娑婆，言“十万亿佛”，意显生极乐已，还供释迦、弥勒，皆不难耳。若阿弥神力所加，何远不到哉！食时，即清旦，故云“即以”，明其神足不可思议，不离彼土，常遍十方，不假逾时回还也。此文显极乐一声、一尘、一刹那，乃至跨步弹指，悉与十方三宝贯彻无碍。又显在娑婆则浊重恶障，与极乐不隔而隔；生极乐则功德甚深，与娑婆隔而不隔也。

“饭食经行”者，念食食至，不假安排，食毕钵去，不劳举拭。但经行金地，花、乐娱乐，任运进修而已。

（庚）二、结示

舍利弗，极乐国土成就如是功德庄严。

（己）二、约耳根声尘明受用。以此方耳根最利，故别就法音广明。其实极乐摄法界机，五尘一一圆妙，出生一切法门也。又二：初别明，二总结。

（庚）初中二：初化有情声，二化无情声。

（辛）初又二：初鸟音法利，二征释略显。

（壬）今初

复次舍利弗，彼国常有种种奇妙杂色之鸟，白鹤、孔雀、鹦鹉、舍利、迦陵频伽、共命之鸟。是诸众鸟，昼夜六时，出和雅音，其音演畅五根、五力、七菩提分、八圣道分，如是等法。其土众生，闻是音已，皆悉念佛、念法、念僧。

“种种奇妙杂色”，言多且美也。下略出六种。舍利，旧云鹙鹭，琦禅师云是春莺，或然。迦陵频伽，此云妙音，未出壳时，音超众鸟。共命，一身两头，识别报同。此二种西域雪山等处有之，皆寄此间爱赏者言其似而已。六时出音，则知净土不以鸟栖为夜。良以莲花托生之身，本无昏睡，不假夜卧也。

“五根”等者，三十七道品也。所谓四念处，一身念处，二受念处，三心念处，四法念处。四正勤，一已生恶法令断，二未生恶法不令生，三未生善法令生，四已生善法令增长。四如意足，一欲如意足，二精进如意足，三心如意足，四思惟如意足。

五根者，信正道及助道法，名信根；行正道及诸助道善法，勤求不息，名精进根；念正道及诸助道善法，更无他念，名念根；摄心在正道及诸助道善法中，相应不散，名定根；为正道及诸助道善法，观于苦等四谛，名慧根。

五力者，信根增长，能破疑惑，破诸邪信，及破烦恼，名信力；精进根增长，破种种身心懈怠，成办出世大事，名精进力；念根增长，破诸邪念，成就一切出世正念功德，名念力；定根增长，能破乱想，发诸事理禅定，名定力；慧根增长，能遮通别诸惑，发真无漏，名慧力。

七菩提分，亦名七觉分。智慧观诸法时，善能简别真伪，不谬取诸虚伪法，名择法觉分。精进修诸道法时，善能觉了，不谬行于无益苦行，常勤心在真法中行，名精进觉分。若心得法喜，善能觉了此喜，不依颠倒之法而喜，住真法喜，名喜觉分。若断除诸见烦恼之时，善能觉了，除诸虚伪，不损真正善根，名除觉分。若舍所见念著境时，善能觉了所舍之境虚伪不实，永不追忆，名舍觉分。若发诸禅定之时，善能觉了诸禅虚假，不生爱见妄想，名定觉分。若修出世道时，善能觉了，常使定慧均平。或心沉没，当念用择法、精进、喜三觉分，以察起之。或心浮动，当念用除、舍、定三觉分，以摄持之。调和适中，名念觉分。

八圣道分，亦名八正道分。修无漏行，观见四谛分明，名正见。以无漏心相应思惟，动发觉知筹量，为令增长入大涅槃，名正思惟。以无漏慧除四邪命，摄诸口业，住一切正语中，名正语。以无漏慧除身一切邪业，住清净正身业中，名正业。以无漏慧通除三业中五种邪命，住清净正命中，名正命。[①] 以无漏慧相应勤精进，修涅槃道，名正精进。以无漏慧相应念正道及助道法，名正念。以无漏慧相应入定，名正定。

此等道品，依生灭四谛而修，即藏教道品；依无生四谛而修，即通教道品；依无量四谛而修，即别教道品；依无作四谛而修，即圆教道品。藏道品，名半字法门，净土浊轻，似不必用。为小种先熟者，或暂用之。通道品，名大乘初门，三乘共禀，同居净土多说之。别道品，名独菩萨法，同居、方便净土多说之。圆道品，名无上佛法，有利根者于四净土皆得闻也。

“如是等法”者，等前念处、正勤、如意足，等余四摄、六度、十力、无畏，无量法门也。三十七品，收法虽尽，而机缘不等，作种种开合，名义不同。随所欲闻，无不演畅，故令闻者念三宝，发菩提心，伏灭烦恼也。

灼见慈威不可思议，故念佛。法喜入心，法味充足，故念法。同闻共禀，一心修证，故念僧。能念即三观。所念三宝，有别相、一体，及四教意义、三谛权实之不同，如上料简道品，应知。

（壬）二、征释略显

舍利弗，汝勿谓此鸟，实是罪报所生。所以者何？彼佛国土，无三恶道。舍利弗，其佛国土，尚无恶道之名，何况有实？是诸众鸟，皆是阿弥陀佛欲令法音宣流，变化所作。

征释可知。

问：白鹤等，非恶道名耶？

答：既非罪报，则一一名字，皆诠如来究竟功德，所谓“究竟白鹤”等，无非性德美称，岂恶名哉！

问：化作众鸟何义？

---

① 此处下有小字夹注：五邪命，皆为利养：一、诈现异相奇特；二、自说功德；三、占相吉凶，为人说法；四、高声现威，令人敬畏；五、说所得供养，以动人心。

答：有四悉檀因缘：凡情喜此诸鸟，顺情而化，令欢喜故；鸟尚说法，令闻生善故；不于鸟起下劣想，对治分别心故；鸟即弥陀，令悟法身平等，无不具、无不造故。

此中显微风、树、网等音，及一切依正假实，当体即是阿弥陀佛三身四德，毫无差别也。

（辛）二、化无情声

舍利弗，彼佛国土，微风吹动诸宝行树及宝罗网，出微妙音，譬如百千种乐，同时俱作。闻是音者，自然皆生念佛、念法、念僧之心。

情与无情，同宣妙法。四教道品，无量法门，同时演说，随类各解，能令闻者念三宝也。念三宝，是从悉檀获益。凡夫创闻，大踊遍身，是欢喜益。与三宝气分交接，必能发菩提心，是生善益。由此伏灭烦恼，是破恶益。证悟一体三宝，是入理益也。

△初别明竟

（庚）二、总结

舍利弗，其佛国土成就如是功德庄严。

重重结示，令深信一切庄严，皆导师愿行所成、种智所现，皆吾人净业所感、唯识所变。佛心、生心，互为影质，如众灯明，各遍似一。全理成事，全事即理；全性起修，全修在性，亦可深长思矣！奈何离此净土，别谈唯心净土，甘堕鼠即鸟空之诮也哉！

△初依报妙竟

（丙）二、正报妙二：初征释名号，二别释主伴。

（丁）初中二：初征，二释。

（戊）今初

舍利弗，于汝意云何，彼佛何故号阿弥陀？

此经的示持名妙行，故特征释名号，欲人深信万德洪名不可思议，一心执持，无复疑贰也。

（戊）二、释二：初约光明释，二约寿命释。

“阿弥陀”，正翻“无量”，本不可说。本师以光、寿二义，收尽一切无量。光则横遍十方，寿则竖穷三际。横竖交彻，即法界体。举此体作弥陀身土，亦即举此体作弥陀名号。是故弥陀名号，即众生本觉理性。持名，即始觉合本。始本不二，生佛不二，故一念相应一念佛，念念相应念念佛也。

（己）今初

舍利弗，彼佛光明无量，照十方国，无所障碍，是故号为阿弥陀。

心性寂而常照，故为光明。今彻证心性无量之体，故光明无量也。诸佛皆彻性体，皆照十方，皆可名“无量光”，而因中愿力不同，随因缘立别名。弥陀为法藏比丘，发四十八愿，有光明恒照十方之愿，今果成如愿也。

法身光明无分际，报身光明称真性，此则佛佛道同。应身光明有照一由旬者，十、百、千由旬者，一世界、十、百、千世界者。唯阿弥普照，故别名“无量光”。然三身不一不异，为令众生得四益故，作此分别耳。

当知无障碍约人民言。由众生与佛缘深，故佛光到处，一切世间无不圆见也。

（己）二、约寿命释

又舍利弗，彼佛寿命，及其人民（寿命），（皆）**无量无边阿僧祇劫，故名阿弥陀。**

心性照而常寂，故为寿命。今彻证心性无量之体，故寿命无量也。

法身寿命无始无终，报身寿命有始无终，此亦佛佛道同，皆可名“无量寿”。应身随愿随机，延促不等。法藏愿王有佛及人寿命皆无量之愿，今果成如愿，别名“无量寿”也。阿僧祇、无边、无量，皆算数名，实有量之无量。然三身不一不异，应身亦可即是无量之无量矣。

“及”者，并也。“人民”，指等觉以还。谓佛寿命并其人民寿命，皆无量等也。

当知光、寿名号，皆本众生建立。以生、佛平等，能令持名者，光明、寿命同佛无异也。复次由无量光义，故众生生极乐，即生十方；见阿弥陀佛，即见十方诸佛；能自度，即普利一切。由无量寿义，故极乐人民，即是一生补处，皆定此生成佛，不至异生。

当知离却现前一念无量光寿之心，何处有阿弥陀佛名号！？而离却阿弥陀佛名号，何由彻证现前一念无量光寿之心！？愿深思之，愿深思之。

（丁）二、别释主伴二：初别释，二结示。

（戊）初又二：初主，二伴。

（己）今初。此亦释别序中“今现在说法”句。

舍利弗，阿弥陀佛成佛以来，于今十劫。

此明极乐世界教主成就也。然法身无成无不成，不应论劫。报身因圆果满名成，应身为物示生名成，皆可论劫。又法身因修德显，亦可论成论劫。报身别无新得，应身如月印川，亦无成不成，不应论劫。但诸佛成道，各有本、迹。本地并不可测。且约极乐示成之迹而言，即是三身一成一切成，亦是非成非不成而论成也。

又佛寿无量，今仅十劫，则现在说法，时正未央，普劝三世众生速求往生，同佛寿命，一生成办也。又下文无数声闻、菩萨及与补处，皆十劫所成就，正显十方三世往生不退者多且易也。

（己）二、伴

又舍利弗，彼佛有无量无边声闻弟子，皆阿罗汉，非是算数之所能知；诸菩萨众，亦复如是。

他方定性二乘，不得生彼。若先习小行，临终回向菩提，发大誓愿者，生彼国已，佛顺机说法，令断见思，故名“罗汉”，如别教七住断见思之类，非实声闻也。盖藏、通二教，不闻他方佛名。今闻弥陀名号，信愿往生，总属别、圆二教所摄机矣。

（戊）二、结示

舍利弗，彼佛国土成就如是功德庄严。

佛及声闻、菩萨，并是弥陀因中愿行所成，亦是果上一成一切成。是则佛、菩萨、声闻，各各非自非他，自他不二，故云“成就如是功德庄严”。能令信愿持名者，念念亦如是成就也。

△初广陈彼土依正妙果以启信竟

（乙）二、特劝众生应求往生以发愿二：初揭示无上因缘，二特劝。

净土殊胜，谓带业往生，横出三界；同居横具四土，开显四教法轮；众生圆净四土，圆见三身，圆证三不退，人民皆一生成佛。如是等胜异超绝，全在此二科点示，须谛研之。

（丙）今初

又舍利弗，极乐国土，众生（才）**生**（彼土）**者，皆是**（三种）**阿鞞跋致。其**（三不退）**中多有一生补处，其数甚多，非是算数所能知之，但可以无量无边阿僧祇说。**

阿鞞跋致，此云不退：一、位不退，入圣流，不堕凡地；二、行不退，恒度生，不堕二乘地；三、念不退，心心流入萨婆若海。

若约此土，藏初果、通见地、别初住、圆初信，名位不退。通菩萨、别十行、圆十信，名行不退。别初地、圆初住，名念不退。今净土，五逆十恶十念成就，带业往生居下下品者，皆得三不退。

然据教道，若是凡夫，则非初果等；若是二乘，则非菩萨等；若是异生，则非同生性等。又念不退，非复异生；行不退，非仅见道；位不退，非是人民。躐等则成大妄，进步则舍故称。唯极乐同居，一切俱非，一切俱是。十方佛土，无此名相，无此阶位，无此法门。非心性之极致，持名之奇勋，弥陀之大愿，何以有此！

一生补处者，只一生补佛位，如弥勒、观音等。极乐人民普皆一生成佛，人人必实证补处，故其中多有此等上善，不可数知也。

复次，释迦一代时教，唯《华严》明一生圆满。而一生圆满之因，则末后〈普贤行愿品〉中，十大愿王，导归安养，且以此劝进华藏海众。嗟乎！凡夫例登补处，奇倡极谈，不可测度。《华严》所禀，却在此经。而天下古今，信鲜疑多。辞繁义蚀，余唯有剖心沥血而已！

（丙）二、特劝

舍利弗，（如上无上大事因缘）**众生**（幸得）**闻者，应当发愿，愿生彼国。所以者何？得与如是**（不可算数一生补处）**诸上善人，俱会一处。**

前罗汉、菩萨，但可云善人。唯补处居因位之极，故云“上”。其数甚多，故云“诸”。

“俱会一处”，犹言“凡圣同居”。寻常由实圣过去有漏业，权圣大慈悲愿，故凡夫得与圣人同居。至实圣灰身，权圣机尽，便升沉硕异，苦乐悬殊，乃暂同，非究竟同也。又天壤之间，见闻者少。幸获见闻，亲近步趋者少。又佛世圣人纵多，如珍如瑞，不能遍满国土，如众星、微尘。又居虽同，而所作所办则迥不同。

今同以无漏不思议业，感生俱会一处为师友，如埙如篪，同尽无明，同登妙觉。是则下凡众生，于念不退中，超尽四十一因位。若谓是凡夫，却不历异生，必补佛职，与观音、势至无别。若谓是一生补处，却可名凡夫，不可名等觉菩萨。此皆教网所不能收，刹网所不能例。

当知吾人大事因缘，同居一关，最难透脱。唯极乐同居，超出十方同居之外。了此，方能深信弥陀愿力。信佛力，方能深信名号功德。信持名，方能深信吾人心性本不可思议也。

具此深信，方能发于大愿。文中“应当”二字，即指深信。深信发愿，即无上菩提。合此信愿，的为净土指南。由此而执持名号，乃为正行。若信愿坚固，临终十念、一念，亦决得生。若无信愿，纵将名号持至风吹不入，雨打不湿，如银墙铁壁相似，亦无得生之理。修净业者，不可不知也。大本《阿弥陀经》亦以发菩提愿为要，正与此同。

（乙）三、正示行者执持名号以立行二：初正示无上因果，二重劝。

（丙）今初

舍利弗，不可以少善根福德因缘，得生彼国。舍利弗，若有善男子、善女人，闻说阿弥陀佛，执持名号，若一日、若二日、若三日、若四日、若五日、若六日、若七日，一心不乱，其人临命终时，阿弥陀佛与诸圣众现在其前。是人终时，心不颠倒，即得往生阿弥陀佛极乐国土。

菩提正道名“善根”，即亲因；种种助道，施、戒、禅等，名“福德”，即助缘。声闻、缘觉菩提，善根少；人天有漏福业，福德少；皆不可生净土。唯以信愿执持名号，则一一声悉具多善根、福德。散心称名，福善亦不可量，况一心不乱哉！故使感应道交，文成印坏。弥陀圣众不来而来，亲垂接引；行人心识不往而往，托质宝莲也。

“善男女”者，不论出家在家、贵贱老少、六趣四生，但闻佛名，即多劫善根成熟，五逆十恶皆名善也。

“阿弥陀佛”是万德洪名，以名召德，罄无不尽。故即以执持名号为正行，不必更涉观想、参究等行，至简易、至直捷也。闻而信，信而愿，乃肯执持。不信不愿，与不闻等，虽为远因，不名闻慧。

执持则念念忆佛名号，故是思慧。然有事持、理持。事持者，信有西方阿弥陀佛，而未达是心作佛，是心是佛，但以决志愿求生故，如子忆母，无时暂忘。理持者，信西方阿弥陀佛，是我心具，是我心造，即以自心所具所造洪名，为系心之境，令不暂忘也。

一日至七日者，克期办事也。利根一日即不乱，钝根七日方不乱，中根二、三、四、五、六日不定。又利根能七日不乱，钝根仅一日不乱，中根六、五、四、三、二日不定。“一心”亦二种：不论事持、理持，持至伏除烦恼，乃至见思先尽，皆事一心。不论事持、理持，持至心开，见本性佛，皆理一心。事一心，不为见思所乱；理一心，不为二边所乱；即修慧也。

不为见思乱故，感变化身佛及诸圣众现前，心不复起娑婆界中三有颠倒，往生同居、方便二种极乐世界。不为二边乱故，感受用身佛及诸圣众现前，心不复起生死、涅槃二见颠倒，往生实报、寂光二种极乐世界。

当知执持名号，既简易直捷，仍至顿至圆，以念念即佛故，不劳观想，不必参究，当下圆明，无余无欠。上上根不能逾其阃，下下根亦能臻其域。其所感佛、所生土，往往胜进，亦不一概。可谓横该八教，竖彻五时。所以彻底悲心，无问自说，且深叹其难信也。

问：《观经》专明作观，何谓不劳观想？

答：此义即出《观经》。彼经因胜观非凡夫心力所及，故于第十三别开劣像之观。而障重者犹不能念彼佛，故于第十六大开称名之门。今经因末世障重者多，故专主第十六观。当知人根虽钝，而丈六八尺之像身、无量寿佛之名字，未尝不心作心是。故观劣者不劳胜观，而称名者并不劳观想也。

问：天奇、毒峰诸祖，皆主参“念佛者是谁”，何谓不必参究？

答：此义即出天奇诸祖。前祖因念佛人不契释迦彻底悲心，故傍不甘，直下诘问，一猛提醒，何止长夜复旦！我辈至今日，犹不肯死心念佛，苦欲执敲门瓦子，向屋里打亲生爷娘，则于诸祖成恶逆，非善顺也。

进问：此在肯心者则可，未肯者何得相应？

曰：噫！正唯未肯，所以要你肯心相应。汝等正信未开，如生牛皮，不可屈折。当知有目者固无日下燃灯之理，而无目者亦何必于日中苦觅灯炬？大势至法王子云：“不假方便，自得心开。”此一行三昧中大火聚语也，敢有触者，宁不被烧！

问：临终佛现，宁保非魔？

答：修心人不作佛观，而佛忽现，非本所期，故名魔事。念佛见佛，已是相应，况临终非致魔时，何须疑虑？

问：七日不乱，平时耶？临终耶？

答：平时也。

问：七日不乱之后，复起惑造业，亦得生耶？

答：果得一心不乱之人，无更起惑造业之事。

问：《大本》十念，《宝王》一念，平时耶？临终耶？

答：十念通二时：晨朝十念，属平时；十念得生，与《观经》“十念称名”同，属临终时。一念，则但约临终时。

问：十念一念并得生，何须七日？

答：若无平时七日功夫，安有临终十念一念？纵下下品逆恶之人，并是夙因成熟，故感临终遇善友，闻便信愿。此事万中无一，岂可侥幸！《净土或问》斥此最详，今人不可不读。

问：西方去此十万亿土，何得即生？

答：十万亿土，不出我现前一念心性之外，以心性本无外故。又仗自心之佛力接引，何难即生？如镜中照数十层山水楼阁，层数宛然，实无远近，一照俱了，见无先后。“从是西方过十万亿佛土，有世界名曰极乐”，亦如是。“其土有佛号阿弥陀，今现在说法”，亦如是。“其人临命终时，阿弥陀佛与诸圣众现在其前，是人终时心不颠倒，即得往生阿弥陀佛极乐国土”，亦如是。当知字字皆海印三昧、大圆镜智之灵文也！

问：持名判行行，则是助行，何名正行？

答：依一心说信、愿、行，非先后，非定三。盖无愿、行，不名真信；无行、信，不名真愿；无信、愿，不名真行。今全由信愿持名，故信、愿、行三，声声圆具，所以名“多善根福德因缘”。《观经》“称佛名故，念念中除八十亿劫生死之罪”，此之谓也。若福善不多，安能除罪如此之大？

问：临终猛切，能除多罪。平日至心称名，亦除罪否？

答：如日出，群暗消。称洪名，万罪灭。

问：散心称名，亦除罪否？

答：名号功德不可思议，宁不除罪？但不定往生，以悠悠散善，难敌无始积罪故。当知积罪假使有体相者，尽虚空界不能容受。虽百年昼夜弥陀十万，一一声灭八十亿劫生死，然所灭罪如爪上土，未灭罪如大地土。唯念至一心不乱，则如健人突围而出，非复三军能制耳。

然称名便为成佛种子，如金刚终不可坏。佛世一老人求出家，五百圣众皆谓无善根。佛言：“此人无量劫前为虎逼，失声称‘南无佛’。今此善根成熟，值我得道，非二乘道眼所知也。”由此观之，《法华》明过去佛所，散乱称名，皆已成佛，岂不信哉！

伏愿缁素智愚，于此简易直捷、无上圆顿法门，勿视为难而辄生退诿，勿视为易而漫不策勤，勿视为浅而妄致藐轻，勿视为深而弗敢承任。盖所持之名号真实不可思议，能持之心性亦真实不可思议。持一声，则一声不可思议。持十、百、千、万、无量无数声，声声皆不可思议也。

（丙）二、重劝

舍利弗，我见是利，故说此言。若有众生闻是说者，应当发愿，生彼国土。

我见者，佛眼所见，究尽明了也。是利者，横出五浊，圆净四土，直至不退位尽，是为不可思议功德之利也。

复次，“是利”约命终时心不颠倒而言。盖秽土自力修行，生死关头，最难得力。无论顽修狂慧，懡㦬无功。即悟门深远、操履潜确之人，倘分毫习气未除，未免随强偏坠。永明祖师所谓“十人九蹉路，阴境若现前，瞥尔随他去”，此诚可寒心者也。初果昧于出胎，菩萨昏于隔阴，者里岂容强作主宰，侥幸颟顸？唯有信愿持名，仗他力故，佛慈悲愿，定不唐捐。弥陀圣众现前慰导，故得无倒，自在往生。佛见众生临终倒乱之苦，特为保任此事，所以殷勤再劝发愿，以愿能导行故也。

问：佛既心作心是，何不竟言自佛，而必以他佛为胜，何也？

答：此之法门，全在了他即自。若讳言他佛，则是他见未忘。若偏重自佛，却成我见颠倒。又悉檀四益，后三益事不孤起。倘不从世界深发庆信，则欣、厌二益尚不能生，何况悟入理佛？唯即事持达理持，所以弥陀圣众现前，即是本性明显。往生彼土，见佛闻法，即是成就慧身，不由他悟。法门深妙，破尽一切戏论，斩尽一切意见。唯马鸣、龙树、智者、永明之流，彻底担荷得去。其余世智辩聪、通儒禅客，尽思度量，愈推愈远。又不若愚夫妇老实念佛者，为能潜通佛智、暗合道妙也。“我见是利，故说此言”，分明以佛眼、佛音，印定此事。岂敢违抗，不善顺入也哉！

△ 二正宗分竟

（甲）三、流通分。

信愿持名一法，圆收圆超一切法门。竖与一切法门浑同，横与一切法门迥异。[①]既无问自说，谁堪倡募流通？唯佛与佛，乃能究尽诸法实相。此经唯佛境界，唯佛佛可与流通耳。

文为二：初普劝，二结劝。

（乙）初中三：初劝信流通，二劝愿流通，三劝行流通。

---

① 此处下有小字夹注：诸经论中，亦有横义，乃随断惑浅深，即于同居见上三土，是则约证名横，约断仍竖也。

（丙）初中二：初略引标题，二征释经题。

（丁）初中六：初东方，至六上方。唐译十方，今略摄故。

（戊）今初

舍利弗，如我今者，赞叹阿弥陀佛不可思议功德之利。东方亦有阿閦鞞佛、须弥相佛、大须弥佛、须弥光佛、妙音佛，如是等恒河沙数诸佛，各于其国出广长舌相，遍覆三千大千世界，说诚实言：汝等众生，当信是称赞不可思议功德一切诸佛所护念经。

不可思议，略有五意：一、横超三界，不俟断惑；二、即西方横具四土，非由渐证；三、但持名号，不假禅观诸方便；四、一七为期，不藉多劫、多生、多年月；五、持一佛名，即为诸佛护念，不异持一切佛名。此皆导师大愿行之所成就，故曰“阿弥陀佛不可思议功德之利”。

又行人信愿持名，全摄佛功德成自功德，故亦曰“阿弥陀佛不可思议功德之利”。下又曰“诸佛不可思议功德”、“我不可思议功德”，是诸佛、释迦，皆以阿弥为自也。

阿閦鞞，此云无动。佛有无量德，应有无量名，随机而立，或取因，或取果，或性，或相，或行愿等。虽举一隅，仍具四悉。随一一名，显所诠德，劫寿说之，不能悉也。

东方虚空不可尽，世界亦不可尽。世界不可尽，住世诸佛亦不可尽，略举恒河沙耳。此等诸佛，各出广长舌，劝信此经，而众生犹不生信，顽冥极矣！常人三世不妄语，舌能至鼻。藏果头佛，三大僧祇劫不妄语，舌薄广长可覆面。今证大乘净土妙门，所以遍覆三千，表理诚称真、事实非谬也。

标出经题，流通之本。什师顺此方好略，译今题，巧合持名妙行。奘师译云《称赞净土佛摄受经》。文有详略，义无增减。

（戊）二、南方

舍利弗，南方世界有日月灯佛、名闻光佛、大焰肩佛、须弥灯佛、无量精进佛，如是等恒河沙数诸佛，各于其国出广长舌相，遍覆三千大千世界，说诚实言：汝等众生，当信是称赞不可思议功德一切诸佛所护

念经。

（戊）三、西方

舍利弗，西方世界有无量寿佛、无量相佛、无量幢佛、大光佛、大明佛、宝相佛、净光佛，如是等恒河沙数诸佛，各于其国出广长舌相，遍覆三千大千世界，说诚实言：汝等众生，当信是称赞不可思议功德一切诸佛所护念经。

“无量寿佛”，与弥陀同名。十方各方面，同名诸佛无量也。然即是导师亦可，为度众生，不妨转赞释迦如来所说。

（戊）四、北方

舍利弗，北方世界有焰肩佛、最胜音佛、难沮佛、日生佛、网明佛，如是等恒河沙数诸佛，各于其国出广长舌相，遍覆三千大千世界，说诚实言：汝等众生，当信是称赞不可思议功德一切诸佛所护念经。

（戊）五、下方

舍利弗，下方世界有狮子佛、名闻佛、名光佛、达摩佛、法幢佛、持法佛，如是等恒河沙数诸佛，各于其国出广长舌相，遍覆三千大千世界，说诚实言：汝等众生，当信是称赞不可思议功德一切诸佛所护念经。

此界水轮、金轮、风轮之下，复有下界非非想天等，乃至重重无尽也。达摩，此云法。

（戊）六、上方

舍利弗，上方世界有梵音佛、宿王佛、香上佛、香光佛、大焰肩佛、杂色宝花严身佛、娑罗树王佛、宝花德佛、见一切义佛、如须弥山佛，如是等恒河沙数诸佛，各于其国出广长舌相，遍覆三千大千世界，说诚实言：汝等众生，当信是称赞不可思议功德一切诸佛所护念经。

此界非非想天之上，复有上界风轮、金轮及三界等，重重无尽也。

问：诸方必有净土，何偏赞西方？

答：此亦非善问。假使赞阿閦佛国，汝又疑偏东方，展转戏论。

问：何不遍缘法界？

答：有三义：令初机易标心故，阿弥本愿胜故，佛与此土众生偏有缘故。盖佛度生，生受化，其间难易浅深，总在于缘。缘之所在，恩德弘深，种种教启，能令欢喜信入，能令触动宿种，能令魔障难遮，能令体性开发。诸佛本从法身垂迹，固结缘种，若世出世，悉不可思议。尊隆于教乘，举扬于海会，沁入于苦海，慈契于寂光。所以万德钦承，群灵拱极。当知佛种从缘起，缘即法界。一念一切念，一生一切生。一香一花，一声一色，乃至受忏、授记、摩顶、垂手，十方三世，莫不遍融。故此增上缘因，名法界缘起，此正所谓遍缘法界者也。浅位人便可决志专求，深位人亦不必舍西方而别求华藏。若谓西方是权、华藏是实，西方小、华藏大者，全堕众生遍计执情，以不达权实一体、大小无性故也。

（丁）二、征释经题

舍利弗，于汝意云何，（“称赞功德”之名，上来已详言矣。）**何故名为“一切诸佛所护念经”？舍利弗，若有善男子、善女人，闻是经受持者，及闻诸佛名者，是诸善男子、善女人，皆为一切诸佛之所护念，皆得不退转于阿耨多罗三藐三菩提。是故舍利弗，汝等皆当信受我语，及诸佛所说。**

此经独诠无上心要，诸佛名字并诠无上圆满究竟万德，故闻者皆为诸佛护念。又闻经受持，即执持名号。阿弥名号，诸佛所护念故。

问：但闻诸佛名，而未持经，亦得护念不退耶？

答：此义有局，有通。《占察》谓：“杂乱垢心，虽诵我名，而不为闻。以不能生决定信解，但获世间善报，不得广大深妙利益。若到一行三昧，则成广大微妙行心，名得相似无生法忍，乃为得闻十方佛名。”此亦应尔，故须闻已执持，至一心不乱，方为闻诸佛名，蒙诸佛护念。此局义也。

通义者，诸佛慈悲不可思议，名号功德亦不可思议，故一闻佛名，不论有心无心，若信若否，皆成缘种。况佛度众生，不简怨亲，恒无疲倦。苟闻佛名，佛必护念，又何疑焉？

然据《金刚》三论，根熟菩萨为佛护念，位在别地、圆住。盖约自力，必入同生性，乃可护念。今仗他力，故相似位即蒙护念。乃至相似位以还，亦皆有通护念之义。下至一闻佛名，于同体法性有资发力，亦得远因，终不退也。

阿耨多罗，此云无上；三藐三菩提，此云正等正觉；即大乘果觉也。圆三不退，乃一生成佛异名，故劝身子等，皆当信受。闻名功德如此，释迦及十方诸佛同所宣说，可不信乎！

△ 初劝信流通竟

（丙）二、劝愿流通

舍利弗，若有人已发愿、今发愿、当发愿，欲生阿弥陀佛国者，是诸人等皆得不退转于阿耨多罗三藐三菩提，于彼国土，若已生、若今生、若当生。是故舍利弗，诸善男子、善女人，若有信者，应当发愿，生彼国土。

已愿已生，今愿今生，当愿当生，正显依信所发之愿无虚也。非信不能发愿，非愿信亦不生，故云："若有信者，应当发愿。"又愿者，信之券，行之枢，尤为要务。举愿则信、行在其中，所以殷勤三劝也。

复次，愿生彼国，即欣、厌二门。厌离娑婆，与依苦、集二谛所发二种弘誓相应。欣求极乐，与依道、灭二谛所发二种弘誓相应。故得不退转于大菩提道。

问：今发愿，但可云当生，何名今生？

答：此亦二义：一、约一期名今，现生发愿持名，临终定生净土。二、约刹那名今，一念相应一念生，念念相应念念生。妙因妙果，不离一心。如称两头，低昂时等。何俟娑婆报尽，方育珍池。只今信愿持名，莲萼光荣，金台影现，便非娑婆界内人矣！极圆极顿，难议难思，唯有大智，方能谛信。

（丙）三、劝行流通二：初诸佛转赞，二教主结叹。

（丁）今初

舍利弗，如我今者，称赞诸佛不可思议功德。彼诸佛等，亦称赞我不可思议功德，而作是言：释迦牟尼佛，能为甚难希有之事，能于娑婆

国土，五浊恶世，劫浊、见浊、烦恼浊、众生浊、命浊中，得阿耨多罗三藐三菩提，为诸众生说是一切世间难信之法。

诸佛功德智慧，虽皆平等，而施化则有难易。净土成菩提易，浊世难。为净土众生说法易，为浊世众生难。为浊世众生说渐法犹易，说顿法难。为浊世众生说余顿法犹易，说净土横超顿法尤难。为浊世众生说净土横超顿修顿证妙观，已自不易，说此无藉劬劳修证，但持名号，径登不退，奇特胜妙超出思议第一方便，更为难中之难。故十方诸佛，无不推我释迦偏为勇猛也。

劫浊者，浊法聚会之时。劫浊中，非带业横出之行，必不能度。

见浊者，五利使邪见增盛，谓身见、边见、见取、戒取及诸邪见，昏昧汩没，故名为浊。见浊中，非不假方便之行，必不能度。

烦恼浊者，五钝使烦惑增盛，谓贪、瞋、痴、慢、疑，烦动恼乱，故名为浊。烦恼浊中，非即凡心是佛心之行，必不能度。

众生浊者，见、烦恼所感粗弊五阴和合，假名众生，色心并皆陋劣，故名为浊。众生浊中，非欣厌之行，必不能度。

命浊者，因果并劣，寿命短促，乃至不满百岁，故名为浊。命浊中，非不费时劫、不劳勤苦之行，必不能度。

复次，只此信愿庄严一声阿弥陀佛，转劫浊为清净海会，转见浊为无量光，转烦恼浊为常寂光，转众生浊为莲花化生，转命浊为无量寿。故一声阿弥陀佛，即释迦本师于五浊恶世所得之阿耨多罗三藐三菩提法。今以此果觉全体，授与浊恶众生，乃诸佛所行境界，唯佛与佛能究尽，非九界自力所能信解也。

“诸众生”，别指五浊恶人。“一切世间”，通指四土器世间、九界有情世间也。

（丁）二、教主结叹

前劝信流通，是诸佛付嘱。此本师付嘱。嘱语略别从通，但云“一切世间”，犹前诸佛所云“汝等众生”。当知文殊、迦叶等，皆在所嘱也。

舍利弗，当知我于五浊恶世，行此难事，得阿耨多罗三藐三菩提，

为一切世间说此难信之法，是为甚难。

信愿持名一行，不涉施为，圆转五浊，唯信乃入，非思议所行境界。设非本师来入恶世，示得菩提，以大智大悲，见此、行此、说此，众生何由禀此也哉！

然吾人处劫浊中，决定为时所囿，为苦所逼。处见浊中，决定为邪智所缠，邪师所惑。处烦恼浊中，决定为贪欲所陷，恶业所螫。处众生浊中，决定安于臭秽而不能洞觉，甘于劣弱而不能奋飞。处命浊中，决定为无常所吞，石火电光，措手不及。若不深知其甚难，将谓更有别法可出五浊。燧烬宅里，戏论纷然。唯深知其甚难，方肯死尽偷心，宝此一行。此本师所以极口说其难甚，而深嘱我等当知也。

△初普劝竟

（乙）二、结劝

佛说此经已，舍利弗及诸比丘，一切世间天、人、阿修罗等，闻佛所说，欢喜信受，作礼而去。

法门不可思议，难信难知，无一人能发问者。佛智鉴机，知众生成佛缘熟，无问自说，令得四益，如时雨化，故欢喜信受也。

身心怡悦名“欢喜”。毫无疑惑名“信”。领纳不忘名“受”。感大恩德，投身归命，名“作礼”。依教修持，一往不退，名“而去”。

自 跋

经云："末法亿亿人修行，罕一得道，唯依念佛得度。"呜呼！今正是其时矣。舍此不思议法门，其何能淑！

旭出家时，宗乘自负，藐视教典，妄谓持名曲为中下。后因大病，发意西归。复研《妙宗》、《圆中》二钞，及云栖《疏钞》等书，始知念佛三昧，实无上宝王，方肯死心执持名号，万牛莫挽也。吾友去病，久事净业，欲令此经大旨，辞不繁而炳著，请余为述《要解》。余欲普与法界有情同生极乐，理不可却。举笔于丁亥九月二十有七，脱稿于十月初五，凡九日告成。所愿一句一字，咸作资粮；一见一闻，同阶不退。信疑皆植道种，赞谤等归解脱。仰唯诸佛菩萨摄受证明，同学友人随喜加被。

西有道人蕅益智旭阁笔故跋，时年四十有九。

原 跋

经云："三界唯心，万法唯识。"古人云："念自性弥陀，生唯心净土。"合观之，是心作佛、是心是佛，心外无佛、佛外无心之义明矣。后人不达，舍西方极乐，别言唯心净土；舍万德慈尊，别言自性弥陀；不几心外有佛，佛外有心耶？灵峰大师深悟心性无外之体，特为此经，拈出《要解》。一展读时，信愿持名，人可自操其券。不唯言简意周，且使希有甚难之宗，如声鼓铎，尽开经藏，无复椟藏，诚古今所未有也。名曰《要解》，其斯为无上心要矣乎！

古吴净业弟子正知去病氏谨识。

歙浦讲录跋

此本系性旦癸巳岁，在歙浦栖云院所听录者。于时随允持循、苍晖晟、坚密时诸公之后，获闻法要。觉老人此翻，心胆尽吐。盖秘密之藏，会当大启于今时，非偶然也。因退而纪之。甲午冬，老人病中口授数处令改正，此本遂称允当。及老人西逝，性旦以病拙薮逋，薄福多障，无缘流通阐播。聊识其后，以志不忘云。

庚子夏，华阳学人性旦拭涕跋。

二、《般若波罗蜜多心经》释要①

明 菩萨沙弥智旭 述

此直指吾人现前一念介尔之心即是三般若也。夫心、佛、众生，三无差别。但以生法太广，佛法太高，初心之人，惟观心为易。是故大部六百余卷，既约佛法及众生法广明般若，今但直约心法显示般若。然大部虽广明佛法及众生法，未尝不即心法；今文虽直明心法，未尝不具佛法及众生法；故得名为三无差也。

以吾人现前一念介尔之心，虚明洞彻，了了常知，不在内外中间诸处，亦无过现未来形迹，即是观照般若。以吾人现前一念介尔之心，炳现根身器界，乃至十界假实国土，平等印持，不前不后，同时顿具，即是文字般若。盖山河大地明暗色空等一切诸境界，性无非文字，不但纸墨语言为文字也。以吾人现前一念介尔之心所有知觉之性及与境界之性，无分无剂，无能无所，无是非是，统惟一法界体，即是实相般若。

实相般若非彼岸非此岸；达此现前一念之实相，故生死即涅槃，名波罗蜜。观照般若亦非彼岸非此岸；照此现前一念即实相，故即惑成智，名波罗蜜。文字般若亦非彼岸非此岸；显此现前一念即实相，故即结业是解脱，名波罗蜜。

是故此心即三般若，三般若只是一心。此理常然，不可改变，故名为经。依此成行，三世诸佛菩萨之所共遵，故名为经。说此法门，天魔外道不能乱坏，故名为经。

---

① 依《蕅益大师全集》本为底本，《卍续藏》本（No.555）、《嘉兴藏》本（新文丰版第十九册 No.36）为参校本。

观自在菩萨，行深般若波罗蜜多时，照见五蕴皆空，度一切苦厄。

要知山下路，须问过来人，故举观心行成者为榜样也。观者，能观之智，即一心三观，通名观照般若也。自在者，由证实相理谛，于诸境界得大解脱也。菩萨，翻觉有情，乃自利利他之号。智契实相，则自利满足；智宣文字，则利他普遍；故名菩萨。此明能行之人也。

深般若波罗蜜多者，三智一心中得，权教三乘所不能共，故名为深。此总明所行之法也。时者，追指旷劫以前而言，从此一得相应，则直至尽未来际，终始不离深般若矣。

照见者，别明能观之智，即观照般若。五蕴者，别明所观之境，即文字般若。皆空者，别明所显之谛，即实相般若。五阴无不即空假中，四句咸离，百非性绝，强名为空耳。

度一切苦厄者，自出二死苦因苦果，亦令法界众生同出二死因果，即是行法之效，亦即波罗蜜多也。

“舍利子！色不异空，空不异色；色即是空，空即是色。受、想、行、识，亦复如是。”

“舍利子！是诸法空相，不生不灭，不垢不净，不增不减。是故空中无色，无受、想、行、识；无眼、耳、鼻、舌、身、意；无色、声、香、味、触、法；无眼界，乃至无意识界；无无明，亦无无明尽，乃至无老死，亦无老死尽；无苦、集、灭、道；无智亦无得；以无所得故。”

此广释五蕴皆空之境谛，而观照自在其中，以非观照不能了达此境谛故。夫心者，不起则已，介尔有心，则必顿现根身器界，名为色蕴；则必领纳诸苦乐境，名为受蕴；则必取相施设名言，名为想蕴；则必生灭迁流不停，名为行蕴；则必了了分别诸法，名为识蕴。是知随其所起介尔之心，法尔具足五叠浑浊。今以甚深般若照之，了知色惟是心，别无实色，一切根身器界，皆如空华梦物，故色不异空。空亦惟心，别无异空，“设有一法过涅槃者，我亦说为如幻如梦”，故空不异色。

既云不异，已是相即，犹恐封迷情者尚作翻手覆手之解，故重示云

“色即是空，空即是色”。谓随拈一微尘色体，即法界横遍竖穷，故即是空，所谓全事即理，无有少许理性而不在此事中。即此微尘所具真空全理，还即顿具法界全事，故即是色，所称全理即事，无有少许事相而不在此理中。斯则当体绝待，更无二物。

既于色蕴了达此实相已，受、想、行、识例皆可知。

又恐执迷之人，谓此五蕴实相，从照见生，故更申示之曰：是五蕴诸法，当体即是真空实相，本自如斯，非实相生而五蕴灭，以五蕴本自不生不灭，故名为空相耳。

又恐迷者谓此五蕴空相虽非生灭，而有垢净，谓凡夫随于染缘则垢，圣人随于净缘则净，故更申示之曰：凡夫五蕴亦即空相，圣人五蕴亦即空相，何垢净之有哉！

又恐迷者谓此五蕴空相，虽无垢净，而有增减，谓凡夫迷故，生死浩然为增，德相隐覆为减；圣人悟故，照用无尽为增，惑业消亡为减。故更申示之曰：迷时亦只此诸法空相，悟时亦只此诸法空相，何增减之有哉！

既向五蕴发明此妙谛已，遂即广历一切差别法相，融绝圣凡情见，而曰：是故空中无色，乃至亦无得也。然所谓无色乃至亦无得者，岂俟融绝而后无哉！良以本无所得故也。本无所得，名之为谛；了此无得，名之为观；而总不离五蕴为所观境。若境、若谛、若观，又总不离现前一念介尔之心。一心宛具三义：谛即实相，观即观照，境即文字；不纵横并别，亦非一异；故名为深般若也。

“菩提萨埵，依般若波罗蜜多故，心无挂碍；无挂碍故，无有恐怖；远离颠倒梦想，究竟涅槃。三世诸佛，依般若波罗蜜多故，得阿耨多罗三藐三菩提。”

“故知般若波罗蜜多，是大神咒、是大明咒、是无上咒、是无等等咒，能除一切苦，真实不虚。”

此遍举菩萨诸佛为证，而明此深般若真能度一切苦厄。所谓“过去诸如来，斯门已成就；现在诸菩萨，今各入圆明；未来修学人，当依如是法”、“非惟观世音”也。

无挂碍，则结业即解脱，究竟方便净涅槃。无恐怖，则苦果即法身，究竟性净涅槃。远离颠倒梦想，则烦惑即智明，究竟圆净涅槃。依实相般若，得真性菩提。依观照般若，得实智菩提。依文字般若，得方便菩提。菩提是如如智，智必冥理；涅槃是如如理，理必契智；故影略而互言之。

此深般若，即大神咒，具妙用故；即大明咒，智照相故；即无上咒，实相体故；即无等等咒，无有一法能等此心，此心能等一切诸法，令其同归实相印故。

此之心咒，的的能除自他分段、变易诸苦因果，真实不虚，应谛信也。

故说般若波罗蜜多咒。即说咒曰：

“揭谛揭谛　波罗揭谛　波罗僧揭谛　菩提萨婆诃”

前之显说，既指般若即咒。此之密说，须知咒即般若。然显说而又密说者，显密各具四悉檀益故。正以不翻为妙，不宜穿凿。

《般若波罗蜜多心经》释要（终）

三、《金刚般若波罗蜜经》破空论[①]

姚秦　三藏法师鸠摩罗什译经

明　菩萨沙弥智旭际明造论

重刻《破空论》自序[②]

经云："宁起有见如须弥山，勿起恶取空见如芥子许。"盖空见拨无因果，能断五乘善根故也。然般若如大火聚，四面皆不可触，触则被烧。苟不取著，则温身、熟食、除冥，以喻四门皆可入道，又何为独破空哉！须知空句破，则四句皆破。破空句，正所以显空门。空门显，则四门皆显。"菩萨欲具一切佛法，当学般若"，般若何止破空相始教而已！

且如此经，一则云："有持戒修福者，于此章句能生信心"；再则云："应无所住而生其心"，"应生无所住心"；继又云："以无我、无人、无众生、无寿者修一切善法，即得阿耨多罗三藐三菩提"；乃至云："发阿耨多罗三藐三菩提心者，于法不说断灭相"，是岂非实相大乘之正印乎！

此论初发意于武水，次成稿于霞漳，一刻温陵，再刻苕城，兹复刻诸留都。予喜王城缁素咸于甚深般若有大因缘也，弁数语于首。[③]是为序。

---

① 依《蕅益大师全集》所收同治十年如皋刻经处本为底本，《卍续藏》本（No.479）、《嘉兴藏》本（新文丰版第十九册 No.35）为参校本。

② 本序在《全集》本中原题"自序"，《嘉兴藏》本与《卍续藏》本无此序，现取《灵峰宗论》卷六中较为完整的题名。

③ 从"此论"至"于首"共五十字，《全集》本无，补自《灵峰宗论》卷六。

如来证得色平等故，眼不管妍丑之色，能使地狱天宫皆为净土。如来证得声平等故，耳不分毁誉之声，能使天魔恶声化为赞颂。如来证得香平等故，鼻不辨香臭之气，能使幻土厕室化为香殿。如来证得味平等故，舌不拣甜苦之味，能使食中毒药化成甘露。如来证得触平等故，身不避涩滑之触，能使魔军刀箭化成天华。如来证得法平等故，意不随假实之法，不为物转，恒能转物，具足无量不可思议神通妙用。

《金刚般若波罗蜜经》破空论

姚秦　三藏法师鸠摩罗什译经

明　菩萨沙弥智旭际明造论

稽首实相三般若，本离四句及百非，
满分修证福慧尊，性修慈誓冥加被。
为治群盲恶取空，欲申如实不空义，
不空遍破众戏论，顺悉檀故名破空。

论曰：此归命请加，以申造论立名之旨趣也。稽首者，首至地也；由意笃敬，动身发口，即是三业翘勤供养也。实相者，非有相、非无相，非非有相、非非无相，非有无俱相，离一切相，遍为一切诸法作相，故名实相。此实相者，即是般若波罗蜜体。体自寂照，不可思议。如理而照，照不异寂，即名观照般若。如理诠寂，寂诠即照，是名文字般若。夫实相者，为观照体，为文字体。夫观照者，照于实相，照于文字。夫文字者，诠于实相，诠于观照。此一非一，举一即三。此三非三，言三即一。为令众生顿悟诸法自体性故，但举实相冠三般若，以实相体统诸法故。此之实相，本自非有，亦复非无，非亦有无，非非有无。实相离四句故，观照、文字亦离四句。四句既离，百非自绝，以彼百非总不出四句故。此实相三法，不可思议，非修非证，而为一切修证之本。满修证者，谓诸如来，称性而修，称性而证，因果理穷，无可加故。分修证者，谓诸菩萨，全性成修，全性作证，如入大海，渐次深故。福名福德，慧名慧行。实相非福，而为一切福德之聚。称性缘修，是成性福。实相非慧，而为一切慧行之本。称性真修，是成性慧。依于文字，则有实相之福，福亦实相，具足福慧。作于观照，则有实相之慧，慧亦实相，具足福慧。实相体尊，是故福慧修证，成两足尊。复次，实相非福慧则不名尊，以一切众生皆悉具足实相体故。福慧非实相亦不名尊，以一切权小纵有种种福慧，不成无上大菩提故。由性具义，妙修得成。由妙修义，性德方显。若但举修德、不举性德者，则众生与佛，条然隔别，生不能感，佛不能应。若但举性德、不举修德者，则佛与众生，一味平等，佛非能加，生非所加。今以众生性中诸佛修成之慈誓，加被诸佛性中众生本具之修德，能拔一切戏论苦，能与一切实相乐。性与性冥、修与修冥，性与修冥、修与性冥。性修不二，生佛体同，是故得成加被义也。

复次，行人若身、身业，若口、口业，若意、意业，当体即是实相。惟其当体即实相故，则无能礼、所礼差别之相。达此能所，性非能所。非能所性，遍为一切能所而作依止，无有一能一所而非实相全体大用。是故三业得为能感，诸佛得为所感。诸佛得为能应，行人得为所应。此即归命请加之旨趣也。

次申造论立名旨趣者。

问曰：从上佛祖经论已足，何须更造此论？

答曰：为治群盲恶取空故。一切众生，生无慧目，不能得见实相真体，亦复不知观照、不知文字；犹如群盲不见乳色，随语生解，闻鹤谓动、闻雪谓冷等，闻此经者亦尔。经本破一切相，令达实相，而群盲但闻破相，便执非相，取著于空，成恶知见，破坏俗谛，拨无因果。是以佛言：宁起有见如须弥山，莫起空见如芥子许。而彼不知，实相虽复永离一切幻妄之相，体性不空，以其无始以来常恒不变，具足过恒沙等性德之用，盖不惟为种种万行之所庄严，而且万行无非性具、无非性起，趣举一行，无非实相全体大用，无分无剂，互遍互融，体即法界，义如是故。

问曰：如是义者，即已遍破一切戏论，所谓若有见戏论、若空见戏论、若亦有亦空见戏论、若非有非空见戏论，单四见戏论、复四见戏论、具足四见戏论，广说乃至一百八见种种见网诸戏论等，无不破尽，何故立名为破空耶？

答曰：顺悉檀故，名为破空。悉檀有四：一世界悉檀，为令众生得欢喜故也。二为人悉檀，为令众生生善根故。三对治悉檀，为令众生灭爱见故。四第一义悉檀，为令众生入深理故。今治恶取空见名为破空，即顺对治悉檀义也。复次，于对治中仍具四悉，所谓自有众生闻破空论而生欢喜，复有众生善根增长、爱见消灭、证入实相，如是种种为益不同，以是因缘，须造论也。

金刚般若波罗蜜经

体是至宝相不坏，用能破物性常然，
以喻般若三非三，通别咸成度无极。

论曰：此一经之总题也。以对余经，则名为别；以对经文，复名为通。若别若通，所诠无二，故曰咸成度无极也。金刚者，喻也。般若波罗蜜者，法也。金中之刚，故名金刚。此宝贵重，以喻实相般若诸法中尊；其相坚固物不能坏，以喻观照般若爱见莫侵；其用猛利能破一切，以喻文字般若能断众疑。复次，实相尊重故，观照、文字亦复尊重。观照不坏故，即是实相、文字不坏。文字断疑故，即是实相、观照断疑。譬如体是至宝，故不为一切所坏，而能破一切也；不为一切所坏，故能破一切而称至宝也；能破一切，故名为至宝，而物莫能坏也。一体三义，混之愈分。三义一体，派之愈合。实相常住为体，体即法身。观照契理为宗，宗即般若。文字断疑为用，用即解脱。总此三法为名，借此三义为喻。此之三义，其性常然，诸佛菩萨不能令增，一切众生不能令减，非悟非迷，无彼无此。惟其不属迷悟，故遍为迷悟作依。惟其性无彼此，故依之成彼成此。

梵语波罗蜜，此翻彼岸到，亦翻度无极也。迷实相而为苦道，迷观照而为烦恼，迷解脱而为结业，是以非此说此，说名生死无极之海。悟苦道即法身，悟烦恼即观照，悟结业即解脱，是以非彼说彼，说名度无极也。复次，前五度对波罗蜜，各有四句料简。般若惟三句：一者非般若非波罗蜜，有为诸福德是；二者是般若非波罗蜜，相似诸智慧是；三者是般若是波罗蜜，此经所显三般若是。更无是波罗蜜非般若句，以五度若非般若不能到彼岸故，以五度若到彼岸咸名为般若故。故但说般若，即为具说六度万行。当知六度万行皆如金刚，离句绝非而非同断灭。

如是我闻：

一时，佛在舍卫国祇树给孤独园，与大比丘众千二百五十人俱。

第一义谛无声字，亦无时处主伴等，
为利众生转法轮，六种成就而证信。

论曰：实相之体，名为第一义谛，非能信非所信，非能闻非所闻，非三世所摄，非方隅所收，非主非伴，非一非多，而能所、时处、主伴、一多，咸依实相而得成就。是故若知第一义谛非种种、而种种无非第一义谛者，则不坏假名而建实相，可与信入此经，即通序而成别矣。

尔时，世尊食时著衣持钵，入舍卫大城乞食。于其城中次第乞已，还至本处。饭食讫，收衣钵，洗足已，敷座而坐。

衣食行坐事即理，一切毗尼皆佛行，
一一行中见实相，护念付嘱善应知。

论曰：末世甫欲趣向大乘学深般若，便轻忽一切毗尼细行，辄云：大道不拘小节，大象不由兔径。岂思如来大圣，法中之王，而著衣、持钵、乞食、趺坐等，一一咸同比丘威仪，曾无稍异。故知全事即理，设欲舍坏色三衣而空谈惭愧忍辱之衣，何不并废人间六味而空谈法喜禅悦之味乎？昔高峰妙禅师室中垂问云："大修行人当遵佛行，因甚不守毗尼？"盖一切毗尼，无非佛行，安得名为兔径小节。既是不遵佛行，岂名大修行人。须知即一著衣，便具惭愧忍辱功德之衣；即一饭食，便具禅悦法喜出世之食；即一行乞，便知如来行慈悲行；即一趺坐，便知如来坐法空座。是故一一行门，无非实相，能令根熟菩萨，见诸如来，与其同行，得悟实相，名善护念；令根未熟菩萨，依此法律，正住增长，进趣实相，名善付嘱也。由此得名为发起序。

时长老须菩提，在大众中，即从座起，偏袒右肩，右膝著地，合掌恭敬而白佛言：“希有世尊！如来善护念诸菩萨，善付嘱诸菩萨。世尊！善男子、善女人，发阿耨多罗三藐三菩提心，云何应住？云何降伏其心？”

证实施权善鉴机，护念付嘱故希有，
发心应住降伏心，般若相应此应问。

论曰：以三义故叹为希有：实相般若难证难入，惟佛穷底，故为希有；已证实智，为物施权，权实不二，故为希有；知彼群机有熟未熟，熟善护念，未熟付嘱，于一切时一切行中，具斯二利，故为希有。

阿耨多罗三藐三菩提者，此翻无上正等正觉，乃一切种智之果。发心者，从因趣果之胜心也。入理般若名为住，云何应住，是问住果。云何降伏其心，是问净因。夫无上菩提，虽名为果，体即非果。发无上心，虽名为因，体即非因。非果非因，实相法身，体也。应住，是观照不坏，宗也。降伏，是解脱断惑，用也。故名般若相应问也。

佛言：“善哉！善哉！须菩提，如汝所说：‘如来善护念诸菩萨，善付嘱诸菩萨。’汝今谛听，当为汝说。善男子、善女人，发阿耨多罗三藐三菩提心，应如是住，如是降伏其心。”

“唯然，世尊！愿乐欲闻。”

契理契机故善善，闻慧具足谛应思。

论曰：自有契理而不契机者，如说大法，小机不堪。自有契机而不契理者，如说世善，不出生死。尽理而言，若非契理，决不契机，以理非权实，能权能实，权实皆理，如甘毒皆药故；若非契机，亦决不契理，以说不当机，便成非量，如药无贵贱，起病者良故。

闻慧具足者，有闻无慧，如有灯无目，不见实相；有慧无闻，如暗室中坐，亦不见实相。诫令谛听，为具足闻慧故，为引起思慧及修慧故。

佛告须菩提：“诸菩萨摩诃萨应如是降伏其心：所有一切众生之

类，若卵生、若胎生、若湿生、若化生，若有色、若无色，若有想、若无想、若非有想非无想，我皆令入无余涅槃而灭度之。如是灭度无量、无数、无边众生，实无众生得灭度者。何以故？须菩提！若菩萨有我相、人相、众生相、寿者相，即非菩萨。

广大第一常不倒，四心亦即三回向，

如是誓愿善修心，能会一心三般若。

论曰：广大心者，亦名无边心，谓所缘境遍，即是横亘四生，竖穷三界。四生为能住，三界为所住。依壳曰卵生，如鱼鸟等。含藏曰胎生，如人畜等。假润曰湿生，如虫蚁等。倏现曰化生，如诸天等。有色者，欲、色二界。无色者，空等四天。于四空中，空处、识处名有想；无所有处，连色界外道天，名无想。有顶众生，名非有想非无想。

第一心者，亦名最上心，所谓我皆令入无余涅槃而灭度之，此非小乘无余涅槃。功德施菩萨《论》云：“无余涅槃者何义？谓了诸法无生性空，永息一切有患诸蕴；资用无边，希有功德、清净色相圆满庄严，广利群生妙业无尽。”天台《疏》云：“大乘以累无不尽、德无不圆，名无余也。”

常心者，亦名爱摄心。经云：“如是灭度无量众生，实无众生得灭度者。”《论》云：“菩萨慈爱一切众生同于己故，众生灭度即我非他，是名爱摄。”今谓此经文，应依论释。盖一切[①]众生虽复无量，总不离我同体心性，是故名为自性众生。须知实无心外众生得灭度者，非不灭度自性众生令证无余涅槃乐也。夫众生之界本即大涅槃界，由迷妄故生死浩然，譬如翳目，妄见空华。今令觉悟本灭，即名为度，非有此岸可离，非有彼岸可到。若不达一切众生即我心性，便生彼我之心，不能爱摄。若不达一切生死体即涅槃，便生难度之心，不能尽未来际行菩萨道。故实无者，为遮心外计有众生，及遮心内计有生死实法，非谓都不誓度自心如幻众生。

---

① “切”，《全集》本作“心”，现按《卍续藏》本、《嘉兴藏》本校订。

不颠倒心者，亦名正智心。经云：若菩萨有我相等，即非菩萨。四相是颠倒心，有则名非，无则名是，以失显得也。宰主名我，形相名人，众缘和合名众生，相似相续名寿者，即十六知见之四，略举以显补特伽罗妄执。此执若无，名得四智。

四心亦即三回向者。菩萨所修三种回向，谓回自向他，回因向果，回事向理。今广大心即回自向他义，第一心即回因向果义，常心、不颠倒心即回事向理义。以此誓愿，善降伏心，令因清净，则会一心三般若性。回自向他，会解脱性，喻如能破一切；回因向果，会观照性，喻如物莫能坏；回事向理，会法身性，喻如体即至宝。

“复次，须菩提！菩萨于法，应无所住，行于布施，所谓不住色布施，不住声、香、味、触、法布施。须菩提！菩萨应如是布施，不住于相。何以故？若菩萨不住相布施，其福德不可思量。须菩提！于意云何？东方虚空可思量不？”

“不也，世尊！”

“须菩提！南西北方四维上下虚空可思量不？”

“不也，世尊！”

“须菩提！菩萨无住相布施，福德亦复如是不可思量。须菩提！菩萨但应如所教住。

一切无住是应住，资生、无畏、法三檀，
一二三摄六度满，如虚空住是所教。

论曰：前问及许，皆先住而后降者，从实智起权智也。今答中先降而后住者，从权智入实智也。以无所住法，住般若中，炽然修行六波罗蜜而不取相，是故能令少施与虚空等。施有三种：一资生施，即檀波罗蜜；二无畏施，即尸罗、羼提二波罗蜜；三者法施，即毗离耶、禅那、般若三波罗蜜。

不住六尘者，不著其因，不取其果。不著因者，不见我为能施，人为受施，物为所施。以若我、若人、若物，因缘无性故，如幻如梦故，惟心所现，因心成体，体即法界故。不取果者，不为贪求未来殊胜色等诸果报故。

不住相者，相只是六尘若因若果。盖现前所有六度妙行，本皆实相举体所成。是故随举一行，本即实相全体大用。譬如举海成沤，举沤摄海。而诸众生住于相故，妄自计果计因，观大观小。若能称性而住，不住诸相，譬如芥子中空与十方空性，无二无别，以空非内外彼此方隅形相，更无小空异大空故。无相之福，其福乃大，非谓无福。不住尘相，名如教住，非无应住。是故善破恶取空见。

“须菩提！于意云何，可以身相见如来不？”

“不也，世尊！不可以身相得见如来。何以故？如来所说身相，即非身相。”

佛告须菩提：“凡所有相，皆是虚妄。若见诸相非相，则见如来。”

如来果德不思议，身相非相即实相，
不离诸相说非相，于佛三身如是见。

论曰：准余诸论，自此以下，皆为问答遣疑也。恐有疑曰：“菩萨施时不住于相，云何致成果时福相？”故逆问曰：“可以身相见如来不？”尊者已达法身真理，随即答曰：“不可以身相得见如来。何以故？如来所说身相，即非身相。”盖实相不变随缘，说为身相；随缘不变，即非身相，此则已悟报化非真、不离于真。佛迎其解而广之曰：“凡所有相皆是虚妄。”不惟取报化修德之相，名为虚妄，即复取法身性德之相，亦是虚妄。若见诸相非相，如达全波即水、无别波相，全沤即海、无别沤相，则不于法身外别取报化相，亦不于报化外别取法身相，而头头法法，皆是如来一体三身矣。

须菩提白佛言：“世尊！颇有众生，得闻如是言说章句，生实信不？”

佛告须菩提：“莫作是说。如来灭后，后五百岁，有持戒修福者，于此章句能生信心，以此为实。当知是人不于一佛二佛三四五佛而种善根，已于无量千万佛所种诸善根，闻是章句，乃至一念生净信者，须菩提，如来悉知悉见，是诸众生，得如是无量福德。何以故？是诸众生无复我相、

人相、众生相、寿者相，无法相，亦无非法相。何以故？是诸众生若心取相，则为著我、人、众生、寿者。若取法相，即著我、人、众生、寿者。何以故？若取非法相，即著我、人、众生、寿者。是故不应取法，不应取非法。以是义故，如来常说：汝等比丘，知我说法如筏喻者，法尚应舍，何况非法？

持戒修福有智慧，善根深故福德多，
佛眼所见佛智知，离我法执度彼岸。

论曰：不住相施为清净因，诸相非相为清净果，超情离见，谁能信乐？尊者因此致疑。佛答释云“莫作是说”者，不定之辞也。若无三种善根，虽在佛世实信不生。若有三种善根，虽后后时能生净信。三善根者，一持戒，二修福，三有智慧。

一持戒者，功德施云：“过去生中见无量佛咸供养故。供养有三种：一给侍左右，二严办所须，三询承法要。能守护故，名曰尸罗，谓能善守六情根故。彼复有三：一能离尸罗，离于十不善业故；二能作尸罗，作于菩提分业故；三能趣尸罗，趣于第一义谛故。”

二修福者，功德施云：“种无贪等三善根故，质直柔和及智悲等。”

三有智慧者，了知生法二俱空故。知生空者，即是无我人等相。知法空者，即是无法相亦无非法相。虽云二空，只是一理。不取则我法本空，一取则二俱成著。

此三善根，前不兼后，后必具前。前二为助，后一为正。若无正信，则助善福微。若无助善，则正信不发。由根深故，福乃无量。

佛智所知，现量而知，非比知也。佛眼所见。照穷因果，非肉眼也。世有侈谈无相而尸罗、福德置诸罔闻者，妄谓不著戒相，不知全堕破戒相中；妄谓不著福相，不知全堕众罪相中。是以如来殷勤郑重，特申诫云：“何以故？若取非法相，即著我人众生寿者。”盖凡夫未达戒之与福，当体即是无相，而欲别求无相戒福。不知一拨戒福法相，便堕非法相中。既取非法，生执宛然，欲会二空，愈趋愈远。故曰：“法尚应舍，何况非法？”犹《佛顶》所云：“尚无不杀、不盗、不淫，云何更随杀盗淫事”也！非法相如病，法相如药。病尽药除，何更取病？非法相如此岸，法相如筏。已度彼岸，尚舍于筏，岂更作此岸事？若未到彼岸，只应痛舍非法此岸，不应辄舍法相之筏。若已到彼岸，还来度生，只须用法相之筏，亦不须用此岸之非法。或于此岸示作警策，如婆薮、调达等，又当别论。然今行人，幸自扪心。

“须菩提！于意云何？如来得阿耨多罗三藐三菩提耶？如来有所说法耶？”

须菩提言：“如我解佛所说义，无有定法名阿耨多罗三藐三菩提，亦无有定法如来可说。何以故？如来所说法，皆不可取、不可说，非法、非非法。所以者何？一切贤圣，皆以无为法而有差别。”

法若可得及可说，即是有为非实义。
所说非是无因缘，顺于贤圣无为证。
无为差别义应知，譬如丈尺虚空等。

论曰：若复度彼岸时，法与非法皆舍，云何世尊得菩提法有所说耶？为遣此疑，故设此问。尊者深会佛旨，故随答言：无上菩提超情离见，即是究竟彼岸，不但无非法相，亦无法相可得，故云“无有定法名无上菩提”。所证既超情离见，所说亦超情离见，故云“亦无有定法如来可说”。何以故？实相彼岸，虽复言语道断，心行处灭，不可取说，而如来以四悉檀因缘故，亦可得说。但所说法，由其随顺四悉檀故，所以一文一句，罔不超情离见、离过绝非，而皆不可取不可说、非法非非法也。盖不惟如来所证所说超情离见、离过绝非，即一切贤圣所证亦皆超情离见、离过绝非，以一切贤圣同入无为法故。既曰无为，云何差别？须知无为无差别，差别不离无为。譬如虚空非丈尺，丈尺显虚空。又如入海渐次转深，海非深浅，浅深皆海。以无为法而有差别，则非断无，明矣！柰何执性夺修，许即不许六耶？

“须菩提！于意云何？若人满三千大千世界七宝以用布施，是人所得福

德，宁为多不？”

须菩提言：“甚多，世尊！何以故？是福德即非福德性，是故如来说福德多。”

“若复有人，于此经中受持乃至四句偈等，为他人说，其福胜彼。何以故？须菩提！一切诸佛及诸佛阿耨多罗三藐三菩提法，皆从此经出。须菩提！所谓佛法者，即非佛法。

法施具足二庄严，财施非因故非胜。
应知法施离取著，取著不名为受持。

论曰：此以财施福德与法施为格量也。财施虽多，于三檀中但属资生。今能受持为他人说，须具三种善根，如前所明，当知具足二庄严也。又财施若非般若为导，则彼修痴福者，名为第三世怨，以其增长生死，不动不出，故云“即是非福德性”。但是对少说多，多则有限。法施出生佛果功德，是出世因，其福极胜。

既作此格量已，仍恐末世随语生解，偏执此经以为佛法，不复更修余福，故复告云：“所谓佛法者，即非佛法。”盖受一非余，是名魔业故也。又复应知，既一切佛法皆从此经出，则一切法皆即此经。譬如金作种种器具，则种种器具皆金。故知六度万行，无非般若。若妄计此般若别是一法独胜余法者，则便成非法矣。言乃至四句偈者，明其极少。随以少文而摄全义，堪名一偈，无偏指也。

“须菩提！于意云何？须陀洹能作是念：‘我得须陀洹果’不？”

须菩提言：“不也，世尊！何以故？须陀洹名为入流，而无所入，不入色、声、香、味、触、法，是名须陀洹。”

“须菩提！于意云何？斯陀含能作是念：‘我得斯陀含果’不？”

须菩提言：“不也，世尊！何以故？斯陀含名一往来，而实无往来，是名斯陀含。”

“须菩提！于意云何？阿那含能作是念：‘我得阿那含果’不？”

须菩提言：“不也，世尊！何以故？阿那含名为不来，而实无来，是

故名阿那含。”

“须菩提！于意云何？阿罗汉能作是念：‘我得阿罗汉道’不？”

须菩提言：“不也，世尊！何以故？实无有法名阿罗汉。世尊！若阿罗汉作是念：‘我得阿罗汉道’，即为著我、人、众生、寿者。世尊！佛说我得无诤三昧，人中最为第一，是第一离欲阿罗汉。我不作是念：‘我是离欲阿罗汉。’世尊！我若作是念：‘我得阿罗汉道’，世尊则不说须菩提是乐阿兰那行者！以须菩提实无所行，而名须菩提是乐阿兰那行。”

以无为法有差别，四果智断皆无生，
无诤离欲最寂静，无所行故如是行。

论曰：此即释上“一切贤圣皆以无为法而有差别”之疑也。疑曰：“既称无为，那有差别？既有差别，那是无为？”今明四果，同证无为，不妨差别；虽有差别，皆证无为。故《大品》云：须陀洹若智若断，是菩萨无生法忍，乃至阿罗汉若智若断，是菩萨无生法忍也。

须陀洹，此翻预流，亦翻逆流。言入流者，入即是预，约圣法流言之。入亦名逆，约生死流言之。理实无入无出、无逆无顺，但以背觉合尘，假名为出法性入生死；背尘合觉，假名为逆生死预法性耳。

无所入者，无为法性无能所故，非六尘故。众生无始以来，迷情妄见，不脱六尘境界。乃至非想非非想定，只是意家微细法尘。若见道十六心满，无漏智生，不见有少许法相可得，尔时初预无为圣流，于无为法中尚多差别。

今时暗证之徒，不达法相，每取空寂以为究竟；能所宛然，辄言无能无所；大似灵龟曳尾，转扫转多。不知彼所取空，不出二种。一者逼拶功极，忽令世界身心平沉不现，如击石火，似闪电光，瞥尔乍睹空寂，名豁达空。二者平日习闻真空言教，不解真空旨趣，于习坐时，舍生取灭，念念希求空寂胜境；由功深故，空境现前，名变相空。此二种空，皆法尘摄，乃是定中独头意识所现相分，于须陀洹所证无为，永非其分，以彼分别我执种子全未断故。譬如认驴鞍桥，唤作阿爷下颔，岂不谬哉！是故末世狂禅，往往证此二种空后，方便破戒破见，自误误他。若实预流，云何破戒？破戒已非预流，云何滥叨极圣，而云无罪无果报耶？

斯陀含，名一往来，谓欲界九品思惑，前六品尽，余有三品，故一往天上，一来人间，便得漏尽。言实无往来者，如瓶中擎空，本无出入故。

阿那含，名为不来，谓欲思已尽，即于上界入般涅槃，不复来生此欲界中。言实无不来者，彼界不增，欲界不减，如瓶贮空去，此本瓶地虚空不减少故。

阿罗汉，名无著，亦名应供，亦名杀贼，亦名不生，三界诸惑永断尽故。实无有法名为不生，若有不生法可得，则能所宛然，四相全在，故尊者复述自行为证。夫有欲则有诤，有诤则名喧杂，非真寂静。若有得有行，即便有欲有诤，云何得名无诤离欲？故《不思议经》云："佛问文殊：汝得不思议耶？文殊答言：不也，世尊！我即不思议，云何以不思议得不思议？"故知大小虽殊，冥会是一，故得援四果以证般若。末世禅讲，各有以所得心，自是非他，炽然诤竞，其违二空甚矣！

佛告须菩提："于意云何？如来昔在然灯佛所，于法有所得不？"

"不也，世尊！如来于然灯佛所，于法实无所得。"

悟无生忍获授记，无生无性无所得，
是故了无所得时，方堪无上菩提记。

论曰：四果既不可得，无生法忍亦不可得，云何说言佛于然灯佛时得无生法忍耶？为断此疑，故言"于法实无所得"。实无所得，是名无生法忍。设有少法可得，皆是诳妄。譬如演若之头、衣里之珠，决定非从他得，然不得言无头、无珠也。

"须菩提！于意云何？菩萨庄严佛土不？"

"不也，世尊！何以故？庄严佛土者，即非庄严，是名庄严。"

四种佛土皆惟心，心净土净离造作。
迷心严土严非严，知土惟心严自在。

论曰：无生法忍既无所得，摄取佛土、教化众生，亦复无所得耶？为断此疑，故云“庄严佛土者，即非庄严，是名庄严”。夫土有四种：一常寂光土，即自受用处；二实报土，三方便土，四同居土，即化众生处；而皆不离自心。若自心无明究竟永尽，即庄严常寂光土毕竟清净。若为摄化自心菩萨众生，故庄严实报土令得清净。若为摄化自心二乘众生，故庄严方便土令得清净。若为摄化自心六凡众生，故庄严同居土令得清净。所化众生既非性外，所取佛土岂离自心。故《净名》云：“随其心净，则佛土净。”实非离于心性，别有外依报境可庄严也。是故诸佛心内种种众生，还依净心之业，随其修力，生于众生心内诸佛土中。所谓五浊障轻生同居净，体法断惑生方便净，圆妙三观生实报净，究竟智断生寂光净。如此能化所化、能生所生，皆惟心故，性离造作。若达心外无土，净心即是净土，终日庄严而无庄严之相可取，亦无庄严之相可著，是名真实庄严佛土，能于一心性中，施设四种净秽等土，横竖示现，种种自在。若不达惟心，妄谓心外有土可施庄严，则是有相有为，尘非常住，故云即非庄严也。

“是故须菩提，诸菩萨摩诃萨应如是生清净心，不应住色生心，不应住声、香、味、触、法生心，应无所住而生其心。

生心无住二非二，了无二义名净心。
净心六[①]度净土因，是故菩萨应修学。

论曰：此承上离相庄严之土，而正示离相庄严之行也。应如是生清净心者，即是三檀六度妙行之心，以其不住色等六尘，故名清净。但诫令勿住六尘，非教令不生心也。终日生心，终日无住。终日无住，终日生心。惟生心故无住，惟无住故生心。说虽有二，义实非二。了此方名净心，必克净土妙果。所以六祖一闻此语，顿悟真乘。后世承言滞句，罕达深宗。惟幽溪师《般若融心论》，颇窥堂奥。今应略述其意：言无住者，不住诸有为相也。言生心者，生六度万行心也。自有生心而不能无住者，事度

① “六”，《全集》本作“云”，现按《卍续藏》本、《嘉兴藏》本校订。

菩萨是也。自有无住而不能生心者，藏通二乘是也。自有先生心而后无住者，藏通佛果是也。自有先无住而后生心者，出假菩萨是也。自有无住非生心、生心非无住者，别教地前是也。自有即无住而生心、即生心而无住者，别教地上及圆教名字住去是也。别教虽界外法，于此二义，始犹分二，后方不二。惟圆教行人，从始至终，了达非二，是故圆观最[①]为净土真因。复次，一切凡夫，妄于三界种种取著，恒住六尘；究竟推之，心境递迁，何尝有住。是谓理即无住。一切二乘，妄于偏真，灰心泯智，离分段生；尽理言之，变易全在，何尝不生，是谓理即生心。圆人了知住即无住，无生即生，从此故有名字无住生心，乃至究竟无住生心。复次，言无住者，不住生死、不住涅槃，不住二边、不住中道，故名无住。言生心者，生上求心、生下化心，生折伏心、生摄受心，遍于法界，穷于三际，故名生心。今人闻空，便取于空，尚非无住少分之旨，况生清净心耶？

“须菩提！譬如有人，身如须弥山王，于意云何？是身为大不？”

须菩提言：“甚大，世尊！何以故？佛说非身，是名大身。”

妙高山王胜一切，而不取我是山王。
报佛非身亦如是，无分别故名大身。

论曰：若不取一切法者，云何诸佛得成遍满自在身耶？为断此疑，故言“非身，是名大身”。古论云：如须弥山王，势力高远，故名为大，而不取彼山王体，云我是山王，以无分别故。受乐报佛亦如是，以得无上法王体故，名为大身，而不取彼法王体，云我是法王，以无分别故。

复次，须弥山王止是片喻，以彼山王非余山故。佛以法界为身，非如山王对小说大；一切诸法皆即佛身，是名大身。

“须菩提！如恒河中所有沙数，如是沙等恒河，于意云何？是诸恒河沙宁为多不？”

须菩提言：“甚多，世尊！但诸恒河尚多无数，何况其沙。”

---

① “最”，《全集》本作“取”，现按《卍续藏》本、《嘉兴藏》本校订。

“须菩提！我今实言告汝。若有善男子、善女人，以七宝满尔所恒河沙数三千大千世界，以用布施，得福多不？”

须菩提言：“甚多，世尊！”

佛告须菩提：“若善男子、善女人，于此经中，乃至受持四句偈等，为他人说，而此福德胜前福德。

功德施云：“此之胜喻，何不先举？以诸凡夫未见真实，先为广说，不生信解；渐次闻之，乃生信故。复次，受持福多，以十三种因而得成福，所谓处可恭敬故，人可尊崇故，一切胜因故，彼义无上故，越内外多故，胜佛色因故，超内施福故，同佛出现故，希能信解故，难有修行故，信修果大故，信解成就故，威力无上故。世尊何故殷勤说此诸因相耶？以诸众生行资生施求财位果，不持正法断诸苦因故。”

“复次，须菩提！随说是经乃至四句偈等，当知此处，一切世间天、人、阿修罗皆应供养，如佛塔庙。

论曰：此即处可恭敬也，以是转法轮处故。

“何况有人尽能受持、读诵。须菩提！当知是人成就最上第一希有之法。若是经典所在之处，即为有佛，若尊重弟子。”

论曰：此即人可尊崇也。领纳无违曰受，终始不忘曰持。对卷曰读，离卷曰诵。最上第一希有法，即菩提也，成就故可尊崇。非果而果，即为有佛。非因而因，即为尊重弟子，谓文殊、普贤等。私谓：何况有人等，是人可尊崇；经典所在等，是法可贵重，以文字住世，能传实相因果法故。亦可分为二种福因。

尔时须菩提白佛言：“世尊！当何名此经？我等云何奉持？”

佛告须菩提：“是经名为金刚般若波罗蜜，以是名字，汝当奉持。所以者何？须菩提！佛说般若波罗蜜，即非般若波罗蜜，是名般若波罗蜜。”

论曰：此即一切胜因也。遵修为奉，任宏为持。金刚般若，破惑、惑无不尽，照理、理无不显；体即非破非显；以般若离一切相、即一切法，非别有法名般若故，一切诸法皆般若故。如是奉持，能于世出世法究竟达其本末边际，名波罗蜜。

“须菩提！于意云何？如来有所说法不？”

须菩提白佛言：“世尊！如来无所说。”

论曰：此即彼义无上也。以般若波罗蜜中，文字性离，不可以文字而说取故。故云四十九年不说一字，所谓终日说而无说，非以默然为不说也。若不了无上义，即彼默然，亦意言故。

“须菩提！于意云何？三千大千世界所有微尘是为多不？”

须菩提言：“甚多，世尊！”

“须菩提！诸微尘，如来说非微尘，是名微尘。如来说世界，非世界，是名世界。

论曰：此即越内外多也。微尘指内多言，世界指外多言。微尘非微尘，则微尘不多而持经福多，名越内多。世界非世界，则世界不多而持经福多，名越外多。

复次，凡愚不了诸法惟心，谓微尘积为世界，世界析为微尘。不知微尘非微尘，云何可积为世界。世界非世界，云何可析为微尘。惟般若菩萨，了知微尘、世界无实性故，故云即非微尘、世界。了知无性之性，即是微尘、世界之实性故，故云是名微尘、世界。斯则空有双明，遮照不二，所以福德超胜也。

“须菩提！于意云何？可以三十二相见如来不？”

“不也，世尊！不可以三十二相得见如来。何以故？如来说三十二相，即是非相，是名三十二相。”

论曰：此即胜佛色因也。若据藏佛三十二相，积百福成一相，治大千盲人愈为一福等，则以积福为因。然使不达法身应本，不达性具相好，则应化身相，终归无常，岂可以此见如来耶？般若菩萨深知法身非相、具一切相，随拈一相，皆极尘刹相海不可思议，安得定作相解？故云“即是非相”，是名“微妙净法身，具相三十二”，相相皆法界也。

“须菩提！若有善男子、善女人，以恒河沙等身命布施；若复有人，于此经中，乃至受持四句偈等，为他人说，其福甚多。”

论曰：此即超内施福也。七宝乃至国城妻子名为外施，今施身命名为内施。内施福德虽复倍多，以格持经，终不能及，以施身未必永断身因，持经法施能断自他生死因故。

尔时须菩提闻说是经，深解义趣，涕泪悲泣而白佛言：“希有，世尊！佛说如是甚深经典，我从昔来所得慧眼，未曾得闻如是之经。

论曰：此即同佛出现也。佛兴于世，薄福难遇；此经亦然，预闻者少。须菩提随佛觉悟，于此正法昔尚不闻，是故希有同于佛现。

“世尊！若复有人得闻是经，信心清净，即生实相。当知是人成就第一希有功德。世尊！是实相者即是非相，是故如来说名实相。

论曰：此即希能信解也。闻慧清净，登圆五品，名为得闻。思慧清净，垢落根净，名信心清净。修慧成就，分破分显，名生实相。任运决至大菩提果，名为成就第一希有功德。实相无生而言生者，犹《大品》所明诸法不生而般若生。盖解诸法本自不生，即是无生；观智现前，说名为生也。实相即是非相者，非有相，非无相，非亦有亦无相，非非有非无相，以要言之，离一切相、即一切法，离即离非、是即非即，故名实相。

“世尊！我今得闻如是经典，信解受持，不足为难；若当来世后五百岁，其有众生得闻是经，信解受持，是人即为第一希有。

论曰：此即难有修行也。末世障深，故信解受持倍为希有。

“何以故？此人无我相、无人相、无众生相、无寿者相。所以者何？我相即是非相，人相、众生相、寿者相即是非相。何以故？离一切诸相，即名诸佛。”

论曰：此即信修大果也。设复计有少许我人等相，决不能信此经。设于此经信解受持，决能了达我人等相，当体即是无相。如翳尽华亡，华处即是空处，非灭华而取空也。是故离一切华相，亦离别取空相，即名诸佛证大果矣。

佛告须菩提：“如是，如是！若复有人得闻是经，不惊、不怖、不畏，当知是人甚为希有。

论曰：此即信解成就也。疏云：一往怛愕名惊，心胆怯弱名怖，深恶前事名畏。又惊是始行，怖是二乘，畏是外道。又初闻经不惊，次思议不怖，后修行不畏。

“何以故？须菩提！如来说第一波罗蜜，即非第一波罗蜜，是名第一波罗蜜。

论曰：此即威力无上也。据功德施《论》云：“经曰：‘须菩提！如来说第一波罗蜜。须菩提！此第一波罗蜜如来说，彼无量诸佛亦如是说。’释曰：云何名第一？无与等者故。云何无与等？一切佛法中威力最胜故，一切诸佛同演说故。”今经无诸佛同说之文，直云“即非第一波罗蜜，是名第一波罗蜜”。当知第一波罗蜜，统一切法，无有一法独是第一，亦无一法而非第一。如转轮王之所统御，一切皆是轮王境界。设无轮王，则无所统；设无所统，亦不名轮王也。

齐此是明十三种因，持经之福，多于宝施。以颂摄曰：

处尊人重经同佛，一切胜因义无上，
越内外多胜色因，超内施福同佛现，
希能信解难修行，果大成就威无上，
是故受持说此经，沙界宝施福非类。

“须菩提！忍辱波罗蜜，如来说非忍辱波罗蜜，是名忍辱波罗蜜。何以故？须菩提！如我昔为歌利王割截身体，我于尔时无我相、无人相、无众生相、无寿者相。何以故？我于往昔节节支解时，若有我相、人相、众生相、寿者相，应生嗔恨。须菩提！又念过去于五百世作忍辱仙人，

于尔所世，无我相、无人相、无众生相、无寿者相。是故须菩提！菩萨应离一切相，发阿耨多罗三藐三菩提心。不应住色生心，不应住声香味触法生心，应生无所住心。若心有住，即为非住，是故佛说菩萨心不应住色布施。须菩提！菩萨为利益一切众生故，应如是布施。如来说一切诸相即是非相，又说一切众生即非众生。

忍即般若离四相，三施六度亦复然，
是故应生无住心，利益一切如幻众。

论曰：若佛法中惟般若第一，何必更修余行？为遣此疑，故言忍辱即非忍辱等，以般若摄一切行，一切行皆是般若故也，遂引往昔妙行为证。

言无我相等者，直是了达生空不起我人等想，亦非顽然无想。设使顽无分别，则是愚痴。痴心作因，嗔念还起。纵令竟同木石，终非般若妙智。今以正慧观察，了知人我本空，故于恶王起大慈悲，兴大誓愿，乃至成佛最先度之。须知五百世中为忍辱仙修持般若，其来久矣。是故一切菩萨，皆应如此离相发心。言离相者，即是不住六尘等相。言生心者，即是常发大菩提心。若心有住，即为非所应住。既达无住，应行三檀妙行。盖不可因于布施，而遂取著六尘；尤不可希心无住，而遂息其三施，以菩萨之法，为欲利益一切众生故也。

又恐人生于空见，谓既云离一切相，如何行施利生？故释之曰：如来说一切诸相，当体即是非相，不是拨相而别求非相。又恐人生于有见，谓既云利益众生，如何无众生相？故释之曰：又说一切众生即非众生。此正欲人行即相离相之施，利无生幻生之众也。

“须菩提！如来是真语者、实语者、如语者、不诳语者、不异语者。须菩提！如来所得法，此法无实无虚。

不伪无虚必当理，非妄始终能具照，
证法无实亦无虚，以是因缘应谛信。

论曰：若诸佛离一切相，证法无性，世间以何相故而信知耶？为断此疑，故言是真语等。

真是不伪。譬如世人为名利故，未证言证，即是伪语。如来不尔，现证无上大菩提故。

实是无虚。譬如世人，贪鄙矫妄，虽曾获通，自知已失，有人来问，但云先得，即是虚语。如来不尔，于大菩提无退失故。

如者当理。譬如世人修得四禅，心暂不生，相同寂灭，便向人说“我证涅槃”，名不当理。如来不尔，真实证于大涅槃故。

不诳者，非是幻妄。譬如愚夫，于乾城、幻事、镜像、水月及阳焰等，非有计有，妄生取著，种种言说，名为诳语。如来不尔，证法实相，是第一义真现量故。

不异者，始终无二。譬如术士，于过去事，以其伎能悬远推测，或然不然、或应不应，则有异语。如来不尔，大圆镜智普照三世，洞悉始末无有遗余，观彼久远犹若今日，尽未来际悉见悉知，所说事理皆无异故。

复次，如来所得法，即是一切法之实性。实性无性，无性之性乃为实性。设于一切法有所取著，则实语是虚语，以其生语见、法见，不知实性本无性故。若于一切法无所取著，则虚语是实语，以其不生语见、法见，了知无性即实性故。故云“此法无实无虚”。如此五语，如此妙法，应谛信也。

“须菩提！若菩萨心住于法而行布施，如人入暗，即无所见；若菩萨心不住法而行布施，如人有目，日光明照，见种种色。

发心修行及慧照，三事互资无先后，
如目与色及光明，展转相资成见义。

论曰：若法无生无性、非实非妄，即是诸佛第一义身，何故菩萨须行施等？既已炽然行施，云何复云不住法耶？为遣此疑，遂说明暗二喻。取相则暗，达理则明。此以目喻所发之心，种种色喻三施万行，日光喻般若妙慧也。推此喻意，若不发心，则虽常居般若、万行光明境中，亦无所见；譬如日光明照诸色，而无目者终无所见。又[①]无万行，则发心、般若亦为虚设；譬

① “又”，《全集》本作“及”，现按《卍续藏》本、《嘉兴藏》本校订。

如无种种色，用目与日何为？今为行施菩萨而说，故但举二喻耳。

“须菩提！当来之世，若有善男子、善女人，能于此经受持读诵，即为如来，以佛智慧悉知是人、悉见是人，皆得成就无量无边功德。

“须菩提！若有善男子、善女人，初日分以恒河沙等身布施，中日分复以恒河沙等身布施，后日分亦以恒河沙等身布施，如是无量百千万亿劫以身布施；若复有人闻此经典，信心不逆，其福胜彼，何况书写、受持、读诵、为人解说。

“须菩提！以要言之，是经有不可思议、不可称量、无边功德。如来为发大乘者说，为发最上乘者说。若有人能受持读诵、广为人说，如来悉知是人、悉见是人，皆得成就不可量、不可称、无有边、不可思议功德。如是人等，即为荷担如来阿耨多罗三藐三菩提。何以故？须菩提！若乐小法者，著我见、人见、众生见、寿者见，则于此经不能听受读诵、为人解说。须菩提！在在处处若有此经，一切世间天、人、阿修罗所应供养。当知此处即为是塔，皆应恭敬作礼围绕，以诸华香而散其处。

“复次，须菩提！善男子、善女人受持读诵此经，若为人轻贱，是人先世罪业应堕恶道，以今世人轻贱故，先世罪业即为销灭，当得阿耨多罗三藐三菩提。

“须菩提！我念过去无量阿僧祇劫，于然灯佛前，得值八百四千万亿那由他诸佛，悉皆供养承事，无空过者。若复有人于后末世能受持读诵此经，所得功德，于我所供养诸佛功德，百分不及一，千万亿分、乃至算数譬喻所不能及。

“须菩提！若善男子、善女人，于后末世有受持读诵此经，所得功德我若具说者，或有人闻，心即狂乱，狐疑不信。须菩提！当知是经义不可思议，果报亦不可思议。”

受持读诵及如来，成就功德佛知见，
大事大时不能及，以是大乘最上乘，
荷担菩提小不堪。经处即塔应供养，

销灭夙业证菩提，永超值佛昔功德，
具说能令浅识疑，义及果报难思故。

论曰：此广显受持功德果报也。初总示云“受持读诵即为如来”，以其深悟实相，了知一切众生与佛无别，始从名字，终至究竟，位位皆即佛故。次云“以佛智慧悉知悉见”等，谓知见其从因克果此生余生一切诸功德也。次以八种殊胜显其功德：

一者大事大时所不能及。恒河沙身是名大事，经无量劫是名大时。虽如此施，犹故不及持经福德；以此施门五通菩萨亦能为之，未若此经正断无明漏故。

二者此经如来为发大乘最上乘者说。不是三乘共般若教，名为大乘。于大乘中推为圆顿菩萨，名发最上乘者。

三者如是人等即为荷担无上菩提，以其受持读诵广为人说，绍隆佛种使不断故。任持运行，犹如荷担。

四者乐小法人不能受说，著我著见，故皆不堪。

五者在处有经即为是塔，法身舍利具足在故。

六者销灭夙业，转重令轻，不复堕恶道故。

七者当得菩提。以业既销，菩提之体自明净故。

八者超于如来昔时值佛功德。以如来昔在然灯佛前虽值多佛，尚存有所得心，未达无相，不蒙授记，是故不及持经功德；见然灯佛，悟无生忍，尔时方与般若恒相应故。

具此八种殊胜，故具说者，浅识之人必不能信，但总结云“义不思议，果报亦不可思议”也。

尔时须菩提白佛言：“世尊！善男子、善女人发阿耨多罗三藐三菩提心，云何应住？云何降伏其心？”

佛告须菩提：“若善男子、善女人发阿耨多罗三藐三菩提心者，当生如是心：我应灭度一切众生；灭度一切众生已，而无有一众生实灭度者。何以故？须菩提！若菩萨有我相、人相、众生相、寿者相，即非菩

萨。所以者何？须菩提！实无有法发阿耨多罗三藐三菩提心者。

发心应住及降伏，亦无发住及降者，
不于心外有一法，如是具显清净因。

论曰：此重遣菩萨心中微细我法二执，令尽净无余也。前文具明二空实义，宁有不尽。此重问者，略有二义：一者义既如此不可思议，岂容凑泊。则诸菩萨发菩提心，毕竟云何应住、云何降伏其心？二者既言发心，便谓我能发心；既言住无所住，便谓我能无住；既言降伏其心，便谓我能降心；我、法宛然，如何得与般若相应？此则特为钝根再求方便。佛仍告云：发菩提心者，当生如是心，乃至即非菩萨等，所以酬其毕竟如何应住、降伏之请。次又答云："实无有法发菩提心"，则是荡其我能发心、无住、降伏之执也。盖发心者，只是全性起修，全修在性，心相尚不可得，岂别有法令心得发？心无心相，则我执何存；法无实法，则法执何有。情累既净，般若现前。既非妄有，亦岂但空。离句绝非，因清净矣。

"须菩提！于意云何？如来于然灯佛所，有法得阿耨多罗三藐三菩提不？"

"不也，世尊！如我解佛所说义，佛于然灯佛所，无有法得阿耨多罗三藐三菩提。"

佛言："如是，如是！须菩提！实无有法如来得阿耨多罗三藐三菩提。须菩提！若有法如来得阿耨多罗三藐三菩提者，然灯佛则不与我受记：'汝于来世，当得作佛，号释迦牟尼。'以实无有法得阿耨多罗三藐三菩提，是故然灯佛与我受记，作是言：'汝于来世，当得作佛，号释迦牟尼。'何以故？如来者，即诸法如义。

"若有人言如来得阿耨多罗三藐三菩提，须菩提，实无有法佛得阿耨多罗三藐三菩提。须菩提！如来所得阿耨多罗三藐三菩提，于是中无实无虚。是故如来说一切法皆是佛法。须菩提！所言一切法者，即非一切法，是故名一切法。

"须菩提！譬如人身长大。"

须菩提言："世尊！如来说人身长大，则为非大身，是名大身。"

因无所得果亦然，无法可得得授记，
诸法非法名佛法，大身非身名佛身。

论曰：若言实无有法发菩提心，云何而有授记作佛得菩提果之事？为遣此疑，故明因既无法可得，果亦无法可得。惟其了无所得，方堪授记。设有少法可得，便不与诸法如义相应，云何而可授记作佛耶？

言诸法如义者，一切诸法，本原真如，性相常住，不变不异。今不过如法自性，来成正觉，故名如来。若言如来得证菩提，此是世俗言说，非实义也，以如来所得菩提只是即心自性。如来别无可增，故无实；真得不颠倒觉，觉诸法之自性，故无虚。又菩提非一切法，故无实；一切法皆即菩提，故无虚。又一切法皆即菩提，故菩提无实；菩提非一切法，故菩提无虚。

一切法皆是佛法者，以法界无外故。法界不变常随缘故，故言一切法；法界随缘常不变故，即非一切法。法法皆是不变随缘、随缘不变法界性故，是故名一切法。证此法界，名为法身。法身离一切相、即一切法，非别有身，故非大身；法界为身，故名大身。此正[1]圆满菩提归无所得之妙庄严果也。

"须菩提！菩萨亦如是，若作是言：'我当灭度无量众生'，则不名菩萨。何以故？须菩提！实无有法名为菩萨。是故佛说一切法无我、无人、无众生、无寿者。须菩提！若菩萨作是言：'我当庄严佛土'，是不名菩萨。何以故？如来说庄严佛土者，即非庄严，是名庄严。须菩提！若菩萨通达无我、法者，如来说名真是菩萨。

能度所度不可得，能严所严亦复然，
无我无法善通达，真因清净宜修习。

---

① "正"，《全集》本作"证"，现按《卍续藏》本、《嘉兴藏》本校订。

论曰：此承上广明无得妙果，而劝修无得真因也。盖不但无心外众生可度，无心外佛土可严，即此心性之中，求一能度所度、能严所严实法了不可得；以能所之性，只是即心自性，无有少许我法而可得故。如此通达，即名真实菩萨，非谓有能通达、有所通达也。

“须菩提！于意云何？如来有肉眼不？”

“如是，世尊！如来有肉眼。”

“须菩提！于意云何？如来有天眼不？”

“如是，世尊！如来有天眼。”

“须菩提！于意云何？如来有慧眼不？”

“如是，世尊！如来有慧眼。”

“须菩提！于意云何？如来有法眼不？”

“如是，世尊！如来有法眼。”

“须菩提！于意云何？如来有佛眼不？”

“如是，世尊！如来有佛眼。”

“须菩提！于意云何？恒河中所有沙，佛说是沙不？”

“如是，世尊！如来说是沙。”

“须菩提！于意云何？如一恒河中所有沙，有如是沙等恒河，是诸恒河所有沙数佛世界，如是宁为多不？”

“甚多，世尊！”

佛告须菩提：“尔所国土中所有众生若干种心，如来悉知。何以故？如来说诸心，皆为非心，是名为心。所以者何？须菩提！过去心不可得，现在心不可得，未来心不可得。

“须菩提！于意云何？若有人满三千大千世界七宝以用布施，是人以是因缘得福多不？”

“如是，世尊！此人以是因缘，得福甚多。”

须菩提！若福德有实，如来不说得福德多；以福德无故，如来说得福德多。

五眼具足成菩提，了了见于恒沙界，
心即非心福非福，是故能所恒寂然。

论曰：上明清净真因，毕竟无我无法，则佛境界为有为无？为遣此疑，故显如来五眼不有而有，众心福德不无而无，有无互彰，巧遮戏论。夫五眼者，能照之知见也。众生诸心及施福者，所照之境界也。以前例后，则能照既有，所照安得独无？以后例前，则所照既无，能照安得独有？特以如来五眼，凡愚之所不达，以不达故妄计为无；今故特明其[①]有，显非断空。众心福德，凡愚之所取著，以取著故，妄计为实；今故特明其无，显非有性。

言五眼者，次第为语，肉眼同人，见现前色；天眼同天，见障外色；慧眼示同二乘，见于真空；法眼示同菩萨，见于俗谛；佛眼不共三乘，见于第一义谛。若圆融为语，一眼一切眼，一切眼一眼，通照三谛，无有遗余。是故亦知尔所国土差别，亦知尔所众心差别，亦知差别即非差别；亦知尔所福德，亦知福德非实。若差别非差别、福德非福德者，当知五眼即非五眼。若以无碍妙智分别说为五眼者，当知一法界中，分别说有种种世界、种种众心、种种施因、种种福果，亦为不错不谬矣。依假名说，能照所照，皆悉历然；依实义观，所无别所，能无别能，故曰恒寂然也。

“须菩提！于意云何？佛可以具足色身见不？”

“不也，世尊！如来不应以具足色身见。何以故？如来说具足色身，即非具足色身，是名具足色身。”

“须菩提！于意云何？如来可以具足诸相见不？”

“不也，世尊！如来不应以具足诸相见。何以故？如来说诸相具足，即非具足，是名诸相具足。”

色身相好离分剂，应见如来净法身。

论曰：若佛境界离有离无，色身相好宁复非有？为遣此疑，故明具足即非具足，欲令即于色身相好，达其无分无剂，得见如来净法身故。净法身者，法界为体，不局丈六及四八故。彼丈六身及四八相，一一皆即相好

① “其”，《全集》本作“具”，现按《卍续藏》本、《嘉兴藏》本校订。

之海，不可但作丈六、四八观故。

“须菩提！汝勿谓如来作是念：我当有所说法。莫作是念，何以故？若人言如来有所说法，即为谤佛，不能解我所说故。须菩提！说法者，无法可说，是名说法。”

说无可说性自离，解说非说始免谤。

论曰：色身相好既非具足，说法度生岂无语言分剂耶？云何众生得承如来言说而解诸乘？为遣此疑，故云：若言如来有所说法，即为谤佛，以不能解我所说故。我所说者，无有少许法相可得，无所说相、无能说相，以诸法性无声字故，以诸声字性非声字，即是无性法故。此中无法可说一语，具遮二谤：一者为遮有法可说谤故；二者为遮总不说法谤故，谓说即非说，非以杜口为无说故。

尔时慧命须菩提白佛言：“世尊！颇有众生，于未来世，闻说是法，生信心不？”

佛言：“须菩提！彼非众生，非不众生。何以故？须菩提！众生、众生者，如来说非众生，是名众生。”

是法难信亦有信，以诸众生非生故。

论曰：此重疑信受者难也。然众生原非实有众生之性，但一念迷惑，假名众生；一念了悟，当体即佛。佛与众生，皆依俗谛言说建立，而终非有实性也。

须菩提白佛言：“世尊！佛得阿耨多罗三藐三菩提，为无所得耶？”

“如是，如是！须菩提！我于阿耨多罗三藐三菩提乃至无有少法可得，是名阿耨多罗三藐三菩提。

“复次，须菩提！是法平等，无有高下，是名阿耨多罗三藐三菩提。以无我、无人、无众生、无寿者，修一切善法，则得阿耨多罗三藐三菩提。须菩提！所言善法者，如来说非善法，是名善法。

“须菩提！若三千大千世界中所有诸须弥山王，如是等七宝聚，有人

持用布施;若人以此般若波罗蜜经,乃至四句偈等,受持读诵、为他人说,于前福德百分不及一,百千万亿分、乃至算数譬喻所不能及。

智无所得法平等,善法非法成菩提,
全性起修修即性,是故持说功德多。

论曰:若第一义佛境界,色相言说皆不可得,法身体性岂亦然耶?为遣此疑,故曰:我于无上菩提乃至无有少法可得,以是法平等无高下故。请稍证之:

一切法者只是六尘。色无高下者,譬如一恒河水,鱼龙视为窟宅,修罗视为刀杖,人间视为清泉,饿鬼视为脓血,二乘了其本空,菩萨知其差别,佛眼知即法界;而恒河水,性无高下,随诸众生,妄见不同。当知一切诸色,亦复如是。

声无高下音。譬如一咒,魔外闻之恐怖,佛子闻之安隐。又如魔以恶声怖佛,反成赞咏;而北朝败衄,风声鹤唳,皆为晋兵。当知一切诸声,亦复如是。香无高下者,譬如世间沉檀,蝇蚋闻即远去;幻士厕室,佛坐便成香殿等。味无高下者,譬如目连钵饭,母揣便成火炭;饥世马麦,佛受便如甘露等。触无高下者,譬如暗中扪膝,怖为他人;龙雨刀杖,变成天华等。法无高下者,譬如为名利发菩提心,是三途因;为断邪杀婆罗门,转增功德等。

是故一切诸法,其性平等本无高下,随众生心妄见高下,而高下悉皆无性。达此无性,名为无上菩提,非别有少法可得也。

既显示菩提无所得已,乃的示妙修之要云:以无我、无人、无众生、无寿者修一切善法,即得无上菩提。盖不达无我而修一切善法,止成人天伪果。不修一切善法而但证我空,止成二乘小果。妄言我法俱空而恣行恶法,则为阐提狱种。惟以无我修一切善法,正所谓应无所住而生其心,故即得无上菩提也。

夫是法平等,无有高下,即境妙也。无我人众生寿者,即智妙也。修一切善法,即行妙也。三法成乘,故得菩提。而又言善法即非善法等者,为遣疑故。恐有疑云："既无少法可得，云何复修一切善法？此善法者，独非法耶？"今释之曰：善法即非善法，以善是对恶之名，因于恶法假名善法，若非对恶，无善名故；以诸善法惟心所修，心既不有，善亦性空不可得故；以诸善法，互具一切善恶诸法，性不定故。如布施、持戒等，虽是善法，而名利矫饰心修之，是三涂因；人我胜负心修之，是修罗因；著相计果心修之，是人天因；出世灭苦心修之，是二乘因；利益众生心修之，是菩萨因；法界平等心修之，是无上因；如是差别有无量故，以诸善法体即法界，实相无相，不思议故。

结云是名善法者，即是对恶因缘故，惟心空寂故，出生十界故，全体法界故。如此善法，全性所起，故名为修；全修即性，故无实法。至圆至顿，了义了义；持说功德，岂财施所可较哉！

"须菩提！于意云何？汝等勿谓如来作是念：我当度众生。须菩提！莫作是念。何以故？实无有众生如来度者。若有众生如来度者，如来则有我、人、众生、寿者。须菩提！如来说有我者，则非有我，而凡夫之人以为有我。须菩提！凡夫者，如来说则非凡夫。

如生非生如是度，说我无我亦复然，
凡亦非凡性自空，是故假名皆不坏。

论曰：前明众生即非众生，如何复有经言"无量众生以佛为善知识，得脱诸苦"？为遣此疑，故云实无众生如来度者；以第一义中，佛与众生皆无性故；以同体大悲，不于心外有众生故。若实有众生异于如来是所度者，如来即有我等四相。须知如来虽复有时说我，但是假名，实非有我；而凡夫闻语起见，自生执著耳。又恐转计凡夫是实有法，故随释云"即非凡夫"，以圣凡皆是假名，从来无实性故。言是名凡夫者，但是不坏假名而已。

"须菩提！于意云何？可以三十二相观如来不？"
须菩提言："如是，如是！以三十二相观如来。"
佛言："须菩提！若以三十二相观如来者，转轮圣王则是如来。"

须菩提白佛言："世尊！如我解佛所说义，不应以三十二相观如来。"

尔时，世尊而说偈言：

若以色见我，以音声求我，

是人行邪道，不能见如来。

如来不可以相观，遣著应知离四句。

论曰：诸相非相，前已重重发明之矣。兹复设此问者，意欲具[①]遣一切句故。不曰见如来而曰观如来者，以如来即诸法如义，则三十二相独非诸法、独无如义可观耶？故须菩提即顺答曰：如是如是，以三十二相观如来。然诸佛法身，毕竟四句皆离。若直以三十二相而观，则转轮圣王亦可为如来矣，岂知如来法性身哉！尊者解旨，寻答不应。佛乃以偈述成，但举一隅。若欲具足说者，即色声求固是邪道，离色声求亦是邪道，亦即亦离求、非即非离求，均是邪道。据诸论本，皆有二偈。前一偈同，更一偈云："如来法为身，但应观法性。法性非所见，彼亦不能知"，则文义俱全矣。

"须菩提！汝若作是念：'如来不以具足相故得阿耨多罗三藐三菩提'；须菩提！莫作是念：'如来不以具足相故得阿耨多罗三藐三菩提。'须菩提！汝若作是念：'发阿耨多罗三藐三菩提心者，说诸法断灭'，莫作是念。何以故？发阿耨多罗三藐三菩提心者，于法不说断灭相。

四句皆离相好圆，发心终不说断灭。

论曰：若如来不可以色声求，乃至四句皆不可得，将无毕竟断灭相耶？为遣此疑，故曰"莫作是念"等。须知如来惟其离四句故，所以无边相好皆得具足。设但如转轮圣王，则舍身之后，相好即灭，反成断灭相矣。

"须菩提！若菩萨以满恒河沙等世界七宝，持用布施；若复有人知一

---

① "具"，《全集》本作"其"，现按《卍续藏》本、《嘉兴藏》本校订。

切法无我，得成于忍，此菩萨胜前菩萨所得福德。何以故？须菩提！以诸菩萨不受福德故。”

须菩提白佛言：“世尊！云何菩萨不受福德？”

“须菩提！菩萨所作福德，不应贪著，是故说不受福德。

第一义忍此得成，无著无贪福最胜。

论曰：知法无我得成于忍，此般若功成也。由其不贪不著故，福德无与等者。若有所受，便有分剂。

“须菩提！若有人言如来若来若去、若坐若卧，是人不解我所说义。何以故？如来者，无所从来，亦无所去，故名如来。

如来无去亦无来，果德究竟不生故。

论曰：若第一义无福可取，何故余经作如是说“如来福智资粮圆满，坐菩提座趣于涅槃”？为遣此疑，故云：是人不解我所说义。以真如无别处所可从彼来，生死无别处所可从此去故。以有缘则现，譬如水清月现，月实不来；缘尽则隐，譬如水浊月隐，月实不去故。

“须菩提！若善男子、善女人，以三千大千世界碎为微尘，于意云何，是微尘众宁为多不？”

须菩提言：“甚多，世尊！何以故？若是微尘众实有者，佛即不说是微尘众。所以者何？佛说微尘众，即非微尘众，是名微尘众。世尊！如来所说三千大千世界，即非世界，是名世界。何以故？若世界实有者，即是一合相。如来说一合相，即非一合相，是名一合相。”

“须菩提！一合相者，即是不可说，但凡夫之人贪著其事。

微尘世界有非有，碎非可碎合非合，
如来果德不可说，一切譬喻无能喻。

论曰：上明如来无所从来亦无所去，但以有缘则现，缘尽则隐，恐有疑云：“佛真法身譬如世界，佛应化身譬如微尘”，复有疑云：“迷涅槃成生死如碎界为尘，悟生死成涅槃如合尘为界耶？”故今释云：微尘即非微尘，世界即非世界，乃至一合相即非一合相等。盖法身应化，原非世界微尘可比。生死涅槃，亦非碎尘合界可喻。然即此微尘便非微尘，即此世界便非世界；碎无可碎，合无可合，但凡夫妄生贪著耳。

“须菩提！若人言佛说我见、人见、众生见、寿者见，须菩提，于意云何，是人解我所说义不？”

“不也，世尊！是人不解如来所说义。何以故？世尊说我见、人见、众生见、寿者见，即非我见、人见、众生见、寿者见，是名我见、人见、众生见、寿者见。”

智者应知四见离，说有非有解实义。

论曰：此结显四见本离，以为修行般若之方便也。恐有疑云：“佛破我人众生寿者，为其有故。若本无我人众生寿者，何用破为？譬如无病，何须用药？”今明四见即非四见，所以可破。如病非实病，所以可医；翳非实体，所以可抉。但了四见本非四见，譬如了病非实，便可安心调理矣。

正宗分竟。

“须菩提！发阿耨多罗三藐三菩提心者，于一切法应如是知、如是见，如是信解，不生法相。须菩提！所言法相者，如来说即非法相，是名法相。

如是知见及信解，法相非相故不生。

论曰：此付嘱流通也。如是者，广指上文所说也。知见者，谓证时。信解者，修学时。正修学时不生法相，以法相即非法相故，但依俗谛说名为法相耳。

“须菩提！若有人以满无量阿僧祇世界七宝持用布施，若有善男子善女人发菩提心者，持于此经乃至四句偈等，受持读诵，为人演说，其福胜彼。

无量世界宝施福，不如发心持说胜。

论曰：此较量流通也。发菩提心已为大难，持说此经倍为希有。盖不发菩提心者，不堪持说此经。发心而不持说此经，无以圆满称性福聚。

今由发心及持说，故非施福所及也。功德施《论》云："何故复说受持之福？欲令众生毕竟信故。"

"云何为人演说？不取于相，如如不动。何以故？
一切有为法，如梦幻泡影，
如露亦如电，应作如是观。"

如理演说不取相，观察有为体相故。
如是六喻或九、十，性即无住大涅槃。

论曰：此流通方法也。欲宏通此经者，须是不取于相，如于真如，常不动故。言不动者，即是不动空有等法。一切诸法，约真谛边，一切皆空；约俗谛边，一切皆有。十界皆空，故非偏空，此空即具一切法，名为真如；十界皆有，故非偏有，此有即泯一切相，亦名真如。今以如智如于如理，故不取偏有相，不取偏空相，而空有等法皆得不动。又正演说时，不挂一元[①]字脚，以文字相即解脱相故，不取演说相，亦不离文字而别取默然相也。

何以故下，重示般若观门。一切有为法者，举所观境，即指阴、处、界等，竖穷十界，横亘色心，以要言之，种种假实国土，总名有为，以是随染净缘成故。如梦幻泡影等者，示观察门。此译止有六喻。他译九喻，谓星、翳、灯、幻、露、泡、梦、电、云。《大品》十喻，谓幻、焰、水月、虚空、响、乾城、梦、影、镜像、化。然法数虽殊，理致惟一。今略为三释：一附事释，二次第释，三圆融释。

附事释者。梦幻泡影，是无我观。如露如电，是无常观。色阴如梦，觉时不可得故。受、想如幻，随心变现故。行阴如泡，虚妄生灭故。识阴如影，无有实性故。色法如露，不久停故。心法如电，起即灭故。

二次第释者。譬如梦等因缘妄有，一切有为亦复如是，因缘妄有，无实体性。譬如梦等当体即空，一切有为亦复如是，当体即空，非灭故空。

① "元"，《全集》本作"系"，现按《卍续藏》本、《嘉兴藏》本校订。

譬如梦等种种变现，一切有为亦复如是，种种变现，假名无量。譬如梦不异睡，幻不异本，泡不异水，影不异质，露不异湿，电不异光，一切有为亦复如是，不异实相。

三圆融释者，即一心三止三观也。即止而观，故一切皆梦幻等。即观而止，故一切梦等悉皆如如。由此一心圆止观力，则知一切诸法，皆即无住大涅槃性。依此演说，即是金刚般若波罗蜜也。

佛说是经已，长老须菩提，及诸比丘、比丘尼，优婆塞、优婆夷，一切世间天、人、阿修罗，闻佛所说，皆大欢喜，信受奉行。

三事清净故欢喜，二利具足成受行。

论曰：此流通相貌也。一能说人清净，佛证金刚般若体故，远离名利诸过患等。二所说法清净，无上正法实相印故，离于有无诸戏论等。三闻者得解脱清净，持戒修福，有正智慧，不惊、不怖、不畏，能深信故，不复取著法非法等。自利成就名信受，转化他人名奉行也。

般若实相不思议，如是妙义如大海。
仰承三宝胜威力，演说此中一滴相。
抉诸生盲空见膜，令见实相如金刚。
回兹福利施群生，同成究竟度无极。

原跋

《金刚般若》大旨，应无所住而生其心一语，足以蔽之。盖无住正所谓应住，生心正所以降心也。而生心二字，尤为下手工夫。以凡外不生出世心，故恒住生死。二乘不生上宏下化深心，故恒住涅槃。唯菩萨不住六尘而行六度，故能如所教住，名第一义住，亦名住于佛住。试玩经中劝生心处，不一而足，如云“发阿耨多罗三藐三菩提心”，又云“应如是生清净心”，又云“信心清净，则生实相”，又云“为利益一切众生，应如是布施”，又云“于法不说断灭相”等。而中间一处，直云：“应生无所住心。”由是观之，若不生心修六度，则住断灭相矣。故余尝谓此经以实相为体，观照为宗，文字为用。旧云无相为体、无住为宗者，非也。

四、《金刚般若波罗蜜经》观心释①

菩萨沙弥智旭际明　述

已申如实不空义　　如如演说不取着
摄彼名句及文身　　融归一念成观行

金刚者，喻现前一念心也。譬如金刚，体则无上至宝，相则纯净无杂，用则广能利益。现前一念，亦复如是，体即法界，相无尘染，用遍一切。复次现前一念，即是金刚。世间金刚之宝，假心为喻，乃世宝似心，非心似世宝也。此现前一念金刚之心，即三般若。法界真体，名为实相；无尘染相，名为观照；遍一切用，名为文字。达此一念三般若者，名波罗蜜，以即三德究竟之彼岸故。此一念性，亘古亘今常不变故，可轨持故，一切圣贤由此得成诸道果故，即名为经。

复次，现前一念之性，从来不异，名如；此外更无别法，名是；统摄自在，名我；了了印境，名闻；十世古今不离当念，名一时；虚灵绝待，名佛；竖穷横遍，名在；含育出生一切诸法，名舍卫国。但悟惟心，能降魔外，名战胜。功德之林，名树。性具功德，周给一切，名给孤独。万善所集，名园。

复次，现前一念，当体常遍，名大；出生福慧，名比丘。诸心心所相应，名众。一念具足百界十如，为千。自行、化他，十善各各互具，为二百。五根、五力各各互具，为五十。犹如海印炳现，无前无后，名俱。

复次，无有一法出过于心，名为世尊。一切时中，常应观察自心，名

---

① 依《蕅益大师全集》所收同治十年如皋刻经处本为底本，《卍续藏》本（No.480）、《嘉兴藏》本（新文丰版第十九册 No.37）为参校本。

食时。自心本具惭愧法忍，名衣。自心事理和合相应，名钵。历阴、界、处观察理性，名入城乞食。于一一法得见理性，名次第乞已。会事归理，名还本处。观理究竟，名饭食讫。全修在性，名收衣钵。福慧明显，名洗足。证于第一义空，名敷座而坐。

复次，相应解心所，名须菩提。此解有殊胜力，名为长老。诸心所中能为导首，名为在大众中。不取空证，名从座起。顺方便道，名偏袒右肩，右膝着地。权不异实，名为合掌。如理观察自觉圣智境界，名恭敬白佛。心性不可思议，故名希有。无量众善，名诸菩萨。众善不离一心，名善护念。一心具行众善，名善付嘱。一念照性，名善男子。一念寂性，名善女人。依寂照体，起寂照用，名为发菩提心。用如其体，名为应住。永离昏扰，名为降伏其心。心之理性随解现故，名佛告须菩提。如理而观，观即如理，名善哉、善哉。

复次，现前一念，具足无量染净种子及现行故，名为一切众生之类。无明覆蔽，名为卵生。隐覆含藏，名为胎生。爱取所润，名为湿生。非有现有，名为化生。心生像生，名为有色。觅心无像，名为无色。种种攀缘，名为有想。攀缘无性，名为无想。所缘不实，名非有想。能缘不断，名非无想。无明妄想本性空寂，名为无余涅槃。了妄不生，名为令入灭度。一心不生，万法无咎，譬如翳除，空华悉殒，名为灭度无量、无数、无边众生。华性本空，非今始灭，名为实无众生得灭度者。于一念中，妄计宰主、形相、众缘、相续，名我等四相。迷空计华，名非菩萨。

复次，心无心相，名无所住。念念出生，名之为行。不取一法，名为布施。不染一法，名为持戒。不碍一法，名为忍辱。不舍一法，名为精进。不动一法，名为禅定。不昧一法，名为智慧。不坏一法，名为福德。不见一法有分剂相，名如虚空。不计一法异于般若，名如教住。

复次，现前一念，体即法界，名非身相。本原真如，名为如来。由观心故，不毁三业，名为持戒。质直柔和，名为修福。一念觉故，名为一佛。念念相续，至无量念，善觉悟故，名为无量佛所种诸善根。本觉之性，印持摄受诸修德故，名为如来悉知悉见无量福德。了心无相，名无四相。行无相善，名无法相。离一切恶，名为无非法相。谛喻彼岸，观智喻筏。安住实谛，观解亦绝，名为法尚应舍。

复次，现前一念，即如来故，亦即菩提，不应如来得于如来，不应菩提得于菩提。以能得所得、能说所说，皆是即心自性，无能所故。此心之性，即无为法，一切圣贤，不离心性有修证故。现前心性，即名为经，是法是常，无变坏故；一切诸佛及菩提法，无不依于心性而施设故。若达心法，即知佛法，亦知一切众生之法，三无差别，非别更有诸佛法故。

复次，现前一念，即是法界，无内外故，故无出入，亦无往来，无道无果，无欲无离，无喧无寂，名为四果阿兰那行。复次，现前一念，光光相续，名为然灯；万法所依，名为佛土；遍满自在，名为大身；福田所宗，名为塔庙。一体三义，名金刚般若。究竟秘藏，名波罗蜜。如理观心，名奉。观成不失，名持。自此以后，虽有种种名句文身，以义摄取，亦复不离现前一念。可以意知，不复委释。

如是微妙金刚义，不离现前一念心，
观心具足般若经，亦复具足余妙典。
十二分教二种藏，乃至量等大千经，
于一念中悉剖出，一切诸念亦复然。
如于念念剖大经，一切根尘亦如是，
乃至无有少许尘，而不具足法界藏。
如是正慧应了知，一切惟心心一切，
若不观心类说药，真药现前亦不知。
是故我今稽首礼，性具三德无遗者，
一一启请劝观心，速登般若金刚岸。

五、《佛遗教经》解[①]

明古吴蕅益释智旭述

归命常住大悲尊，应病与药权实法，
亦礼天亲造论主，为顺初机重解释。

述曰：天亲菩萨以七分建立所修行法释此经义，推征精密，开诱殷勤，万古以下无能更赞一辞。观其言曰："为彼诸菩萨，令知方便道。以知彼道故，佛法得久住，灭除凡圣过，成就自他利。"噫！此经奥旨，菩萨诚尽之矣。末世钝根，读菩萨《论》，或解或不解、或昧或明，虽有源师《节要》、宏师《补注》，仍亦摄机未遍。今不揣庸愚，辄复为解，庶几下里巴人易为赓和而已。

△将释此经，大分为二：初题目，二入文。

△初中二：初正释题，二出译人。

△今初

佛遗教经

佛遗教三字，是别名；经之一字，是通名。就别名中，佛为能说之人，遗教为所说之法，人法双标、能所并举也。佛翻为觉。众生长劫在梦，佛断无明，如从梦觉。既自觉已，又能觉他，觉一切法无不究竟，故

① 依《蕅益大师全集》本为底本，《卍续藏》本（No.666）为参校本。

名为佛。又在梦之心，心不可灭，名为本觉。从梦初醒，知梦本空，名为始觉。既从梦醒，惟一觉心，更无二心，名究竟觉。此之觉性，含灵本具，无始无终。释迦牟尼不过先得我等之所同然，所以示成佛道，为我等师。又因我等长迷不觉，故于无生无灭性中，示有生灭。譬如月轮在天，水清影现，水浊影亡。是故佛实常住，未尝灭度，特为我等一辈浊恶凡夫，唱言入灭，令生悲恋。又以大悲无尽，旷济无边，故虽示灭，仍留遗教，接引后昆。遗者，贻留；教者，训诫，犹儒书所称顾命，亦人世所谓遗嘱也。依而行之，则是法子。不依所嘱，则是大逆不孝者矣。经者，训法、训常，具如余处广释。

亦名佛垂涅槃略说教诫经

垂者，将入未入之时。涅槃者，离过绝非、不生不灭之义，而有四种。一自性清净涅槃，即一切诸法本来常寂灭相，佛与众生平等无二，不增不减，此则不论出入。二有余依涅槃，谓三乘已断见思子缚，而所依果缚身心尚在，此约证果时入。三无余依涅槃，谓三乘灰身泯智，复归无名无物本体，今正约此论垂入也。四无住涅槃，谓诸佛菩萨，有智慧故不住生死，有慈悲故不住涅槃。不住生死，故能非灭示灭；不住涅槃，故能非生示生。佛久证此无住涅槃，今为有缘度尽，故示垂入无余涅槃，实不同二乘之一灭永灭也。

又涅槃有三义。一性净涅槃，即法身理体，此则无出无入。二圆净涅槃，即般若，断惑究竟，冥合性真，此则一入永入。三方便净涅槃，即解脱，方便示现，起诸应化，此则数出数入。

若以三义对上四种者，性净即自性清净涅槃，亦即无住涅槃之体；圆净即无住涅槃之相；方便净即无住涅槃之用。其有余依、无余依二种，若在二乘分中，则摄属圆净，以是圆净之少分故，但显偏真，未显俗谛、中谛；但净见思、分段，未净尘沙、无明及变易也。若在如来分中，则摄属方便净。初成道时，示同二乘之有余依。今灭度时，示同二乘之无余依也。

略说者，对平日广说，此为要略；又对大机所见《大般涅槃经》，此为简略故。

△ 二出译人

姚秦三藏法师鸠摩罗什译

姚兴建国，亦称为秦，故名姚秦。三藏者，经、律、论也。经诠一心，律规三业，论开慧辩。以兹三学自轨、轨他，名为法师。鸠摩罗什，此云童寿，童年时便有耆德故。翻梵成华，名之曰译。

△ 二入文为三：初序分，二正宗分，三流通分。

△ 今初

释迦牟尼佛，初转法轮，度阿若骄陈如；最后说法，度须跋陀罗。所应度者，皆已度讫，于娑罗双树间，将入涅槃。是时中夜，寂然无声，为诸弟子略说法要：

释迦，此翻能仁，佛之姓也。牟尼，此翻寂默，佛之名也。约姓，则事相有异，故《论》中称为别相。约名，则诸佛理同，故《论》中称为总相。又能仁则具大慈悲，不住无为，此相与二乘全别；寂默则具大智慧，不住有为，此相与二乘略同。具此总别二相，名之为佛，义如前解。《论》判此句，是法师成就毕竟功德也。佛成道已，说法四十九年，度人无量，今举初后，以括始终。初在鹿野苑中，三转四谛法轮，骄陈如最先得度，乃至涅槃会上，须跋陀罗最后得度。言转法轮者，佛以自心中所悟四谛之法，度入一切众生之心，名之为转。此法能摧众生烦恼、业、苦三障，名之为轮。陈如闻此法故，见四谛理出生死海，名之为度。梵语阿若，此翻为解，亦翻无知。解者，明见四真谛理。无知者，根本智证见谛理，不存能所故也。骄陈如，此翻火器，乃尊者之姓。须跋陀罗，此翻好贤，或翻善贤，本是外道，住鸠尸那城，年一百二十，闻佛将涅槃，方往佛所。闻八圣道，遂得初果，因即出家。嗣闻四谛，成阿罗汉。

是中“初转法轮”及“最后说法”二句，《论》名为开法门成就毕竟功德。“度阿若骄陈如”及“度须跋陀罗”二句，《论》名为弟子成就毕竟功德也。“所应度者皆已度讫”，明佛智鉴机，恒无忘失，得益之众，算数莫穷，《论》名为大总相成就毕竟功德也。

娑罗，此翻坚固。双树者，此树四方各二，各各一荣一枯，上枝相合，下根相连，以表四德破于八倒。或惟见一双，即表破于断常。由大小机异，故异见耳。中夜，即表中道，大乘以非荣非枯为中道，小乘以离断离常为中道也。寂然者，心行处灭。无声者，言语道断。《论》名此四句，为因果自相成就毕竟功德。谓双树间，是因自相。将入涅槃，是因共果自相。是时中夜，是总自相。寂然无声，是果自相也。诸弟子者，上首眷属人位差别；法要者，世出世间法位差别，《论》名此句，为分别总相成就毕竟功德也。

夫垂入涅槃，则无复再会；已在中夜，则为时不多，故取要略说，以作最后警策，真不啻一字一血矣！读者可弗思乎？

△ 二正宗分为二：初明共世间法要，二明不共世间法要。

△ 初中三：初对治邪业法要，二对治止苦法要，三对治灭烦恼法要。

△ 初又四：初明根本清净戒，次明方便远离清净戒，三明戒能生诸功德，四说劝修戒利益。

△ 今初

“汝等比丘，于我灭后，当尊重珍敬波罗提木叉，如暗遇明，贫人得宝。当知此则是汝等大师，若我住世无异此也。

比丘，此翻除馑，即福田之称也，又含三义：一怖魔，二乞士，三破恶。然佛之遗教，通诫一切四众弟子，而经中处处独举比丘者，亦有三义：一者示远离相故；二者示摩诃衍方便道与二乘共故；三者比丘为四众之首，举其首以该四众亦皆同远离行故。言灭后者，即示现遗教义。波罗提木叉，此翻保解脱，亦翻别别解脱，亦云处处解脱，此即是不尽灭法。依此法身，度二种障：得度烦恼暗障，故云如暗遇明；得度空无善根障，故云如贫得宝。佛在世时，以佛为师。佛灭度后，以戒为师。不能持戒，则同堂犹隔万里。苟能持戒，则百世何异同时。金口诚言若此，柰何舍此别求。

△次明方便远离清净戒

“持净戒者，不得贩卖贸易、安置田宅、畜养人民、奴婢、畜生，一切种植及诸财宝，皆当远离，如避火坑。不得斩伐草木、垦土掘地。合和汤药、占相吉凶、仰观星宿、推步盈虚、历数算计，皆所不应。节身时食，清净自活，不得参预世事、通致使命。咒术仙药、结好贵人、亲厚媟慢，皆不应作。当自端心正念求度，不得包藏瑕疵、显异惑众。于四供养知量知足，趣得供事不应畜积。

是中有二段文。从初至垦土掘地，是护戒令不同凡夫增过。从占相至不应畜积，是护戒令不同外道损智。

初中凡十一事。一不得贩，是方便求利增过。二不得卖，是现前求利增过。三不得贸易，是交易求利增过。若依世价，无求利心，不犯。卖买法式，如律广说。四不得安置田宅，是所居业处求多安隐增过。五不得畜养人民，是眷属增过。此示外眷属，非同意者。六不得畜奴婢，是难生卑下心增过，以向此等人易生我慢故。七不得畜畜生，是养生求利增过。八不得一切种植，是多事增过。九不得畜诸财宝，是积聚增过。十皆当远离如避火坑，是不觉增过。十一不得斩伐草木垦土掘地，是不顺威仪及损众生增过。此十一种增过事，修行菩萨宜速远离，不应亲近。或有为众许开者，具如律说，大须精审也。

第二文中，先总遮五事，次明三处波罗提木叉。先五事者，一不得合和汤药，二占相吉凶，三仰观星宿，四推步盈虚，五历数算计。凡此皆属邪心求利，不达正因缘法，故遮止也。次身处波罗提木叉有五句：一节身，对治他求放逸障；二时食，对治内资无厌足障；三清净自活，对治共相追求障；四不得参预世事，是自性止多事；五不得通致使命，是自性尊重不作轻贱事。次口处波罗提木叉，有二种邪语不应作：一者依邪法语，谓邪术恼众生语，及依邪药作世辩不正语，即咒术仙药是也；二者依邪人语，谓与族姓同好多作鄙媟语，及亲近族姓多作我慢语，即结好贵人亲厚媟慢是也。次意处波罗提木叉有六句：一当自端心，对治多见他过障，不犯自净心故。二正念求度，对治邪思惟障，能自度下地故。三不得包藏瑕疵，不污净戒、不受持心垢故。四不得显异惑众，远离无缘显己胜行令他不正解故。五于四供养知量知足，对治于受用众具中无限无厌足障，若入三昧分则知量、若入道分则知足故。四供养，谓饮食、衣服、卧具、医药也。六趣得供事不应畜积，远离贪覆心贮积众具故。

以上方便远离凡夫外道过，则令戒身清净，堪绍如来净法身也。

△ 三明戒能生诸功德

“此则略说持戒之相。戒是正顺解脱之本，故名波罗提木叉。因依此戒，得生诸禅定及灭苦智慧。

戒体惟一，所谓无作。戒相至多，所谓五篇、七聚。今举恒情最易犯者言之，故名略说。由此戒故，能度身口意恶彼岸，成就三业解脱，是故行人若欲正顺解脱，必以此戒为本。因戒生定，因定发慧，定慧无不从戒生也。

△ 四说劝修戒利益

“是故比丘，当持净戒，勿令毁缺。若人能持净戒，是则能有善法。若无净戒，诸善功德皆不得生。是以当知，戒为第一安隐功德住处。

是中凡有五劝。一当持净戒，是劝不失自体。二勿令毁缺，是劝不舍方便。三能有善法，是劝常集功德。四若无净戒等，是劝知多过恶。五安隐功德住处，是劝住安隐处、勿住不安隐处也。

△ 初对治邪业法要竟。

△ 二对治止苦法要三：初根欲放逸苦对治，二多食苦对治，三懈怠睡眠苦对治。

△ 初中二：初根放逸苦对治，二欲放逸苦对治。

△ 今初

“汝等比丘，已能住戒，当制五根，勿令放逸入于五欲。譬如牧牛之人，执杖视之，不令纵逸犯人苗稼。若纵五根，非唯五欲将无涯畔不可制也，亦如恶马不以辔制，将当牵人坠于坑陷。如被劫贼苦止一世，五根贼祸殃及累世，为害甚重，不可不慎。是故智者制而不随，持之如贼，不令纵逸。假令纵之，皆亦不久见其磨灭。

已能住戒，指前根本、方便二种言之。以下正明护根法要，凡有三喻。初当制五根下，是牧牛喻，先法、后喻。五根，谓眼、耳、鼻、舌、身。五欲，谓色、声、香、味、触。牛喻五根，牧人喻比丘，执杖喻戒念，苗稼喻诸善功德，即定慧等法也。次若纵五根下，是恶马喻，亦先法、后喻。恶马亦喻五根，辔制亦喻戒念，坑陷喻三恶道。盖纵五根，不惟妨善，又必坠恶，故云“非唯五欲将无涯畔”也。三如被劫贼下，是劫贼喻，先喻、后法。殃及累世，其祸甚于劫贼。倘非制而不随，岂得名为智者？又假令纵之，不久磨灭。如刀刃上蜜，不足一餐，小儿舐之，徒遭割舌之患耳。

△二欲放逸苦对治

“此五根者，心为其主，是故汝等当好制心。心之可畏，甚于毒蛇、恶兽、怨贼，大火越逸，未足喻也。譬如有人手执蜜器，动转轻躁，但观于蜜不见深坑。譬如狂象无钩、猿猴得树，腾跃踔踯，难可禁制。当急挫之，无令放逸。纵此心者丧人善事，制之一处无事不办。是故比丘，当勤精进，折伏汝心。

五根是色法，顽钝无知，依心而转，故皆以心为主。所以欲制五根，莫如制心。言“好制心”者，应知此心有三种三昧相，有三种障法。一者心性差别障，能障无二念三昧。二者轻动不调障，能障调柔不动三昧。三者失诸功德障，能障起多功德三昧。文中“心之可畏”等，先明心性差别障。贪分烦恼吸噬善根，过于毒蛇；嗔分烦恼吞害善根，过于恶兽；痴分烦恼损灭善根，过于怨贼；等分烦恼焚烧善根，过于大火越逸；故云未足喻也。次“譬如有人”下，明轻动不调障。蜜器，喻五根受五尘乐。动转轻躁，喻转识随逐诸根，念念不定。但观于蜜，喻六识唯缘现世六尘。不见深坑，喻不知未来障碍。障碍有二种：一生处障碍，二修一切行时困苦不能成就障碍。狂象无钩，喻心无三昧法所制；猿猴得树，喻心缘六尘境生染；故当急挫，令入调柔不动三昧也。次“纵此心者丧人善事”，明失诸功德障。次“制之一处”句，示无二念三昧相。“无事不办”句，示起多功德三昧相。“精进折伏汝心”句，示调柔不动三昧相。

△ 二多食苦对治

“汝等比丘，受诸饮食当如服药，于好于恶勿生增减，趣得支身以除饥渴。如蜂采华，但取其味，不损色香。比丘亦尔，受人供养趣自除恼，无得多求坏其善心。譬如智者筹量牛力所堪多少，不令过分以竭其力。

多食能障三昧，故以五观治之。一当如服药，是受用对治观。二勿生增减，是好恶平等观。三支身除饥渴，是究竟对治观。四如蜂采华等，先喻、后法，是不损自他观。五譬如智者筹量牛力等，是知量知时观也。药以疗病，食以疗饥，苟可疗饥则已，柰何于好便贪心增啖、于恶便嗔心减受耶？趣者，裁取。支者，支持。蜂喻比丘，华喻供养，味喻借此修道除恼，色香喻自他善心。贪食多求，既损自三昧善，亦损檀越善心也。牛能负重，然所负过分，其力则竭。喻比丘虽为人世福田，然贪受多供，则其道自败矣。

△ 三懈怠睡眠苦对治

“汝等比丘，昼则勤心修习善法无令失时，初夜、后夜亦勿有废，中夜诵经以自消息，无以睡眠因缘令一生空过无所得也。当念无常之火烧诸世间，早求自度勿睡眠也。诸烦恼贼常伺杀人，甚于怨家，安可睡眠不自警寤？烦恼毒蛇睡在汝心，譬如黑蚖在汝室睡，当以持戒之钩早摒除之。睡蛇既出乃可安眠，不出而眠是无惭人。惭耻之服，于诸庄严最为第一。惭如铁钩，能制人非法，是故常当惭耻，无得暂替。若离惭耻，则失诸功德。有愧之人则有善法，若无愧者，与诸禽兽无相异也。

心懒惰故懈怠，身闷重故睡眠。此二相须，共成一苦，障于定慧令不得生。然此睡眠从三事起：一从食起，二从时节起，三从心起。经中“勤修善法无令失时”，是对治从食所起睡眠。“初夜后夜亦勿有废”等，是对治从时所起睡眠。“当念无常之火”以下，皆对治从心所起睡眠，复有二意：初从“当念无常”至“不自警寤”，是观察对治；二从“烦恼毒蛇”至“无相异”也，是净戒对治。

初观察对治中，无常有二：一者一期生灭，为粗；二者念念生灭，为细。世间亦二：一者三界依报，是器世间；二者六道正报，是众生世间。依正皆归磨灭，无可停留，故如火烧。且爱见二种烦恼，约三界九地，则见有八十八使，爱有八十一品，无不足以伤法身、戕慧命，故尤甚于怨家。如此观察警寤，名观察对治也。

次净戒对治中，谓烦恼虽不现行时，亦未尝不眠伏在汝藏识心中。而此烦恼毒害可畏犹如黑蚖，不起则已，起必杀人法身慧命。自非持戒之钩，何能屏除。言戒钩者，木叉戒能防身口，定共戒能伏心惑，道共戒能断心惑。具此三戒，永灭八识田中烦恼种子，名为“睡蛇既出”。从此所作已办，不受后有，名为“乃可安眠”。是故阿罗汉断心眠已，不断食起、时节起眠，以彼眠不为盖故。今若烦恼种子未断而辄安眠，则不知尊重己灵，名为无惭；不知羞己过恶，名为无愧。又不希圣贤，名为无惭；不耻卑下，名为无愧。惭愧二善心所，起必同时，人之所以异于禽兽，正在此耳，可弗勉乎！

△ 二对治止苦法要竟。

△ 三对治灭烦恼法要三：初嗔恚烦恼障对治，二贡高烦恼障对治，三谄曲烦恼障对治。

△ 今初

“汝等比丘，若有人来节节支解，当自摄心无令嗔恨，亦当护口勿出恶言。若纵恚心，则自妨道，失功德利。忍之为德，持戒、苦行所不能及。能行忍者，乃可名为有力大人；若其不能欢喜忍受恶骂之毒如饮甘露者，不名入道智慧人也。所以者何？嗔恚之害，则破诸善法、坏好名闻，今世后世人不喜见。当知嗔心甚于猛火，常当防护无令得入。劫

功德贼，无过嗔恚。白衣受欲非行道人，无法自制，嗔犹可恕；出家行道无欲之人而怀嗔恚，甚不可也。譬如清冷云中霹雳起火，非所应也。

文有六节。初“若有人来节节支解”，是举所忍之境以重况轻。支解尚在所忍，余诸逆镜何足介怀。

次“当自摄心”等，正示堪忍之相。“无令嗔恨”，则身意清净。“勿出恶言”，则口业清净也。

三“若纵恚心”等，明不忍之失。“自妨道”者，不能自利。“失功德利”者，不能利他。恚心一起，二利俱丧，甚明其不可纵也。

四“忍之为德”等，深叹胜力以劝修行。盖持戒者未必能忍辱。忍辱者决无不持戒。所以六度之中，戒居第二，忍居第三，以前不兼后、后必具前故也。以我心而持戒，则报仅在人天；以无我而行忍，便成出世大道。犯而不校，譬如海阔天空，一任鸢飞鱼跃，故名有力大人。

五“若其不能”等，重明不忍之过以诫行人。甘露，是不死之药。因他恶骂，成我忍力，如猪揩金山，金则愈光；石磨良剑，剑则愈利。所以歌利、调达，皆是释迦真善知识。设不于恶骂作甘露想，不能欢喜忍受，便是愚痴，未闻道故。况一念嗔心起，百万障门开。破诸善法，何能自利？坏好名闻，何能利他？今世无二利之因，后世无二利之果，谁当喜见之者？所以欲护自利善法，当防嗔火；欲护利他功德，当防嗔贼也。

六“白衣受欲”等，结况不应。从人至六欲天未入道者，皆名白衣。彼有二过：一者受欲，欲与嗔相为表里；二不行道，无善法以制心；故嗔犹可恕，所谓俗人造罪是其分内，不足深责也。出家行道无欲如清冷云，岂容怀嗔恚心如起霹雳火耶？

△二贡高烦恼障对治

“汝等比丘，当自摩头，已舍饰好著坏色衣，执持应器以乞自活，自见如是，若起骄慢当疾灭之。增长骄慢尚非世俗白衣所宜，何况出家入道之人，为解脱故自降其身而行乞耶？

文有二节。初“汝等比丘”下，正设对治。二“增长骄慢”下，较量不应。初中有五句对治：一当自摩头，则无冠冕以严首；二已舍饰好，则无佩剑以饰身；三著坏色衣，则无五彩以焕服；四执持应器，则无僮仆以供役；五以乞自活，则无帑藏以积财。故应用智慧常自观察，设起骄慢，便应疾疾灭除之也。坏色衣，即 三种袈裟及一切下裙坐具等，皆用青、黑、木兰三种坏色。应器，即钵多罗，体色量三皆悉应法。体惟瓦铁二物，色则熏如鸠鸽，量乃随腹大小也。次文举白衣较量，白衣尚不宜骄慢，况求解脱者耶？

△ 三谄曲烦恼障对治

“汝等比丘，谄曲之心与道相违，是故宜应质直其心。当知谄曲但为欺诳，入道之人则无是处。是故汝等宜当端心，以质直为本。

逢迎希合之言名谄，随境逶迤之念名曲。谄则不质，曲则不直，只为自欺诳，亦欺诳他人，决非入道者所有也。直心是道场，心言直故永无诸委曲相。设非正念真如，岂得名端心哉！

△ 初明共世间法要竟。

△ 二明不共世间法要，谓成就出世间大人功德也，文分为八：初无求功德，二知足功德，三远离功德，四不疲倦功德，五不忘念功德，六禅定功德，七智慧功德，八毕竟功德。

△ 今初

“汝等比丘，当知多欲之人多求利故，苦恼亦多；少欲之人无求无欲，则无此患。直尔少欲尚宜修习，何况少欲能生诸功德！少欲之人则无谄曲以求人意，亦复不为诸根所牵。行少欲者，心则坦然无所忧畏，触事有余常无不足。有少欲者则有涅槃。是名少欲。

文有五种所知觉相。一知觉障相，谓多欲是烦恼障，多求是业障，苦恼亦多是报障也。二知觉治相，谓无求无欲则无此患也。三知觉因果集起相，谓少欲无患已应修习，况能生诸功德、成就无量圣善法耶？四知觉无诸障毕竟相，谓无谄曲，是无惑障；无求人意，是无业障；不为诸根所牵，是无苦障，盖眼根牵人受色乃至身根牵人受触，令人不得自在，是大苦故。五知觉果成就相，谓心则坦然，故法身成就；无所忧畏，是般若成就；触事有余常无不足，是解脱成就。三德具足，名大涅槃。是知少欲为因，涅槃为果也。

△ 二知足功德

“汝等比丘，若欲脱诸苦恼，当观知足。知足之法，即是富乐安隐之处。知足之人虽卧地上，犹为安乐；不知足者虽处天堂，亦不称意。不知足者虽富而贫，知足之人虽贫而富。不知足者常为五欲所牵，为知足者之所怜愍。是名知足。

前无求功德是远离他境界事，今知足功德是于自事中远离也。文中欲脱苦恼，是对治苦因果。富乐安隐，是复说清净因果。次地上与天堂对辨，是约二处示现差别。又富与贫对辨，是约二事示现差别。又欲牵与怜愍对辨，是约二法无自利有自他利示现差别：一则常为五欲所牵是无自利；一则五欲不牵是有自利，又能怜愍不知足者，是有利他也。

△ 三远离功德

“汝等比丘，欲求寂静无为安乐，当离愦闹、独处闲居。静处之人，帝释诸天所共敬重。是故当舍己众、他众，空闲独处，思灭苦本。若乐众者则受众恼，譬如大树众鸟集之，则有枯折之患。世间缚著没于众苦，譬如老象溺泥不能自出。是名远离。

文有三门摄义。一自性远离门，体出故。示现四种对治，谓寂静无为安乐，对治我相执著障。寂静，即法无我空。无为，即无相空。安乐，即无取舍愿空也。当离愦闹，对治我所障。五阴乱起无有次第，名愦闹也。独处闲居，对治彼二无相障，谓我及我所本自无相，今修三三昧，显无相理，彼障随灭也。帝释诸天所共敬重，对治无为首功德障。静处是可重法，于诸善法最为首故也。

二修习远离门，方便出故。己众，谓五阴心心所法。他众，谓师徒同学。空闲独处，如法而住，是方便慧成就。思灭苦本，远离起因，是善择智成就也。

三受用诸见门，常缚故，谓乐众者则受众恼。大树喻第六识，众鸟喻诸心所法，此约己众言之。大树喻比丘，众鸟喻同学弟子等，此约他众言之。从此诸见集生，喻招枯折之患。又因见成业，因业招苦，故喻如老象溺泥不能自出。老，譬观智衰微，即是惑障。象身重大，譬缚著情厚，即是业障。溺泥，譬没于众苦，即是报障。一不远离，三障恒缚，奈何不深思出要乎！

△四不疲倦功德

“汝等比丘，若勤精进则事无难者，是故汝等当勤精进。譬如小水长流，则能穿石。若行者之心数数懈废，譬如钻火未热而息，虽欲得火，火难可得。是名精进。

勤则不惰，精则不杂，进则不退，所以三乘圣果克获无难，不同外道无益苦行也。次以小流穿石喻恒不休息之功，钻火数息喻懈怠失念之过。如文可知。

△五不忘念功德

“汝等比丘，求善知识、求善护助，无如不忘念。若有不忘念者，诸烦恼贼则不能入。是故汝等，常当摄念在心，若失念者则失诸功德。若念力坚强，虽入五欲贼中不为所害，譬如著铠入阵则无所畏。是名不忘念。

此不忘念，是一切行上首。言一切行者，略说三种：一闻法行，即求善知识；二内善思惟行，即求善护；三如法修行，即求善助。此三行亦名三慧，慧以照了为义，行以进趣为义。照了、进趣，悉由不忘念也。无闻行，如覆器不能受水。无思行，如漏器虽受而失。无修行，如秽器虽不漏失，秽不可用。今有不忘念，则有三行。有三行者，能破无始烦恼怨贼。是故常当摄念在心，即著坚铠入阵，则不被贼害而能杀贼矣。

△六禅定功德

“汝等比丘，若摄心者心则在定，心在定故能知世间生灭法相，是故汝等常当精勤修习诸定。若得定者，心则不散。譬如惜水之家善治堤塘，行者亦尔，为智慧水故善修禅定令不漏失。是名为定。

摄心，谓善巧方便诃弃下地心行，便能次第证入诸禅，乃至出生种种三昧也。心既在定，则如杲日当空，明照万象，故即能知世间生灭法相。言精勤者，对治三种懈怠：一精勤修习节量食卧、调出入息，对治不安隐懈怠；二精勤修习觉知诸定，有通慧功德，能尽苦源及能成就大希有事，对治无味懈怠；三精勤修习观察生老病死苦及四恶趣苦我未能离，对治不知恐怖懈怠。由修习此三对治已，心则不散，无所对治，便能发无漏慧、断惑证果也。举喻合法，在文易知。

△ 七智慧功德

“汝等比丘，若有智慧则无贪著，常自省察不令有失，是则于我法中能得解脱。若不尔者，既非道人，又非白衣，无所名也。实智慧者，则是度老病死海坚牢船也，亦是无明黑暗大明灯也，一切病者之良药也，伐烦恼树之利斧也。是故汝等，当以闻、思、修慧而自增益。若人有智慧之照，虽是肉眼，而是明见人也。是名智慧。

若有智慧则无贪著，是标实慧离障功德，谓远离真实义处障及世间事处障故。由断迷理无明，故六七二识不贪著第八识之见分以为我法，是名远离真实义处障。由断迷事无明，故前六识不于六尘境界而生贪著，是名远离世间事处障也。常自省察不令有失，是总勖增益闻、思、修慧。是则于我法中能得解脱，谓由三慧得证实智慧也。增益三慧以证实慧，乃名道人。未曾出家，乃名白衣。今既出家，又无四慧，进退咸失，故无所名也。

次以四喻，喻实智慧：见苦谛智，如坚牢船；断集谛智，如大明灯；证灭谛智，犹如良药；修道谛智，犹如利斧。然实智难证，故必当以闻、思、修慧而自增益。名字位中，闻慧增益，得入停心、别总相念。观行位中，思慧增益，得入暖、顶、忍、世第一法。相似位中，修慧增益，得见四圣谛理，发无漏实慧，证四道果。因中三慧未具天眼，慧解脱人亦无天眼，然皆四谛分明、不堕邪见，则是明见人矣。且约藏教义解如此，通教例知，以是三乘共方便故。

△ 八毕竟功德

“汝等比丘，种种戏论其心则乱，虽复出家犹未得脱。是故比丘，当急舍离乱心戏论。若汝欲得寂灭乐者，唯当善灭戏论之患。是名不戏论。

上来七种功德，皆是长养方便功德；此示自性远离，非对治法，故名毕竟功德也。真如涅槃，本性清净，言语道断，心行处灭，本非戏论所行境界；由戏论故，违寂灭乐。初果得实智慧，见四圣谛，分别烦恼虽已永断，而三界九地八十一品思惑，皆是无始名言戏论熏习所成，令心扰乱、不契真常，是故当急舍离戏论，乃得涅槃寂灭之乐。言善灭者，即以所得四谛实慧，重虑缘真，数数观察，净除业识种现，令其究竟不生也。此亦且约三藏义解。若开显者，真居事外，仍是戏论；即事恒真，乃非戏论。又即空不具，仍是戏论；中道不空，乃非戏论。又离边立中，仍是戏论；即边即中，乃非戏论。又对权明实，仍带戏论；开权显实，无粗非妙，乃非戏论。又说权说实、说本说迹，亦皆戏论；观心若起，本、迹俱绝，乃非戏论。又唯贵默然，堕绝言见，仍属戏论；知四句皆不可说，有因缘故亦可得说，说与不说性自平等，不作二解，不作一解，不作亦一亦二解，不作非一非二解，乃非戏论也。

△已上正宗分竟。

△三流通分为四：初劝修流通，二证决流通，三断疑流通，四嘱付流通。

△今初

“汝等比丘，于诸功德常当一心，舍诸放逸如离怨贼。大悲世尊所说利益皆已究竟，汝等但当勤而行之。若于山间、若空泽中，若在树下、闲处静室，念所受法勿令忘失，常当自勉精进修之，无为空死后致有悔。我如良医，知病说药，服与不服，非医咎也。又如善导，导人善道，闻之不行，非导过也。

诸功德，指正宗分中共世间法要三种对治功德，及不共世间法要八种大人功德也。常当一心者，依第一义心而修也。舍诸放逸如离怨贼者，远离一心相违行也。所说利益皆已究竟者，无限剂大悲于法无遗吝也。此中云何修，谓宜勤而行之也。何处修，谓山间空泽树下闲处静室也。何所修，谓念所受法也。何故修，谓勿令忘失也。以何方便修，谓常当自勉精进修之也。若未入真实，皆名空死；若得少为足，后必有悔，悔何及哉！约灭恶拔苦，喻如良医；约生善与乐，喻如善导。佛不负众生，众生多负佛耳，可不悲夫！

△ 二证决流通

“汝等若于苦等四谛有所疑者，可疾问之，毋得怀疑不求决也。”

尔时世尊如是三唱，人无问者。所以者何？众无疑故。时阿㝹楼驮，观察众心，而白佛言：

“世尊！月可令热，日可令冷，佛说四谛不可令异。佛说苦谛实苦，不可令乐。集真是因，更无异因。苦若灭者，即是因灭，因灭故果灭。灭苦之道，实是真道，更无余道。世尊，是诸比丘，于四谛中，决定无疑。

如来一代教法，义理虽多，四谛摄尽，以苦集二谛，摄尽世间因果；灭道二谛，摄尽出世因果。故于四谛怀疑，则一切法咸皆有疑。苟于四谛无疑，则一切法皆得无疑。所以垂灭殷勤三唱，深显除四谛外更无余法也。文中有三门摄义，示现决定无疑。

从初至“不求决也”，是第一方便显发门，以此四谛乃修行者常所观察，及依之起行故。

从“尔时世尊”至“众无疑故”，是第二满足成就门。于中“如是三唱”句，示现法轮满足成就；“人无问者”句，示现证法满足成就；“众无疑故”句，示现断功德满足成就也。

从“阿㝹楼驮”至“决定无疑”，是第三分别说门。阿㝹楼驮，亦云阿那律，亦云阿泥楼豆，亦云阿难律陀，皆梵音楚夏耳，此翻无贫，亦翻无灭，亦翻如意；昔于饥世施辟支佛一食，获九十一劫中往来人天，常受福乐，至今不灭，所求如意，故得此名；天眼第一，故能观察众心，决定分别说也。月是太阴精故冷，日是太阳精故热。然此依报器世间法，皆是吾人唯识所现，即是识之相分，本无实法，故有得神通者，便可令月热日冷。至于佛所说之四谛，乃是众生心性法尔道理，理无变异。如苦谛者，三界二十五有，下自阿鼻地狱，上至非非想天，虽升沈迴异，然无不为四相所迁、八苦所逼，安可令乐？如集谛者，见、思二惑，善、恶、不动三有漏业，的的是牵生三界之因，岂有异因？如灭谛者，因灭则苦果随灭，岂非寂静无为安乐？如道谛者，戒定慧三，能断苦因苦果，至无苦处，安有余道？此四皆审实不虚，故名为谛。佛如实说，比丘亦如实解，所以决定无疑也。

△三断疑流通又三:初显示余疑，二为断彼彼疑，三重说有为无常相劝修。

△今初

“于此众中所作未办者，见佛灭度，当有悲感。若有初入法者，闻佛所说即皆得度，譬如夜见电光即得见道。若所作已办、已度苦海者，但作是念：世尊灭度，一何疾哉！”

此仍是阿㝹楼驮分别语也，于中有三种分别：一所作未办者，指初果、二果、三果，以思惑未尽断故，当有悲感，如阿难愁忧等是也。二初入法者，指内外凡，由观行力深，故今一闻佛法速疾见道，如夜见电光，更非延缓，以见道一十六心不出一刹那故也。三所作已办者，指阿罗汉，见思断尽，永超三界苦海，故无复情爱悲感；但未知佛实不灭，故谓灭度何疾也。

△二为断彼彼疑

阿㝹楼驮虽说此语，众中皆悉了达四圣谛义。世尊欲令此诸大众皆得坚固，以大悲心，复为众说：

“汝等比丘，勿怀悲恼。若我住世一劫，会亦当灭，会而不离，终不可得。自利利他，法皆具足，若我久住，更无所益。应可度者，若天上人间，皆悉已度，其未度者，皆亦已作得度因缘。自今以后，我诸弟子展转行之，则是如来法身常在而不灭也。

四圣谛者，证此四谛，得成圣果，故名圣谛。又理虽固然，唯圣谛了，故名圣谛也。时众虽悉了达，而如来悲心湣至，普为未来永断余疑，所以复为众说。是中文亦分三：

初从“勿怀悲恼”至“更无所益”，即断所作未办见灭悲感之疑。既自利利他法皆具足，便可依之修道。至于会必有离，自是世法应尔。且我久住，于汝无益，何用悲感为哉！

二从“应可度者”至“得度因缘”，即断电光见道之疑。谓有疑曰：佛住世时，闻说即皆得度；佛灭度后，见道无由。故今释曰：所应度者我已度讫，纵未度者皆已为作得度因缘，因缘若到，勿愁不见道也。

三“自今以后”至“而不灭也”，即断灭度何疾之疑，既弟子展转行之，则因分住持不坏，既法身常在不灭。因果分住持不坏，因果俱常，何云疾灭？然此仍对权机，故且说五分法身为常住耳。若入实者，应化亦常，灵山一会俨然未散，非欺我也。

△ 三重说有为无常相劝修

“是故当知，世皆无常，会必有离，勿怀忧恼。世相如是，当勤精进早求解脱，以智慧明灭诸痴暗。世实危脆无坚牢者，我今得灭，如除恶病，此是应舍之身、罪恶之物，假名为身，没在老病生死大海，何有智者得除灭之，如杀怨贼而不欢喜？

文有二意。从初至“无坚牢者”，正明无常观门，以劝勤修。从“我今得灭”以下，是引己作证也。佛妙色身，等真法性，无量功德庄严显现，而云是罪恶物、喻以恶病怨贼者，示同凡夫令警省耳。

△ 三断疑流通竟

△ 四嘱付流通

“汝等比丘，常当一心勤求出道，一切世间动不动法，皆是败坏不安之相。汝等且止，勿得复语，时将欲过，我欲灭度，是我最后之所教诲。”

常当一心，是嘱令住于实慧。勤求出道，是嘱令方便修习。以实慧难得，故劝令精进以修之也。欲界为动法，色、无色界为不动法，虽有动静之殊，总属无常无我，不可不思出离也。勿得复语，是劝止三业，成就寂灭无我法器。时将欲过，是示当归灭，不离中道以为究竟。最后教诲，是正显遗训，住持法中最胜最要。呜呼！末后殷勤，悲心极矣！为弟子者，宜何如镂骨铭肝也。

跋 语

旭未出家时，读此《遗教》，便知字字血泪。既获剃染，靡敢或忘。所恨慧浅障深，悠悠虚度，二十余年空无克获，既非道人，又非白衣，方抚心自愧、对镜生惭，而虚名所误，谬膺恭敬。承甫敦沈居士，固请解释此经。嗟夫！予不能臻修世出世间功德，徒以语言文字而作法施，何异诸天说法鸟耶？然一隙之明，弗忍自吝。藉此功德，回向西方，仍作迦陵频伽，代弥陀广宣法要可矣！

甲申九月二十日记

六、《佛说四十二章经》解[①]

明　古吴蕅益释智旭著

经题七字，通别合举，人法双彰。“经”之一字是通名，一切大小乘修多罗藏，同名经故。“佛说四十二章”六字是别名，异众经故。就别名中，佛为能说之人，四十二章为所说之法。佛者，梵语具云佛陀，此翻觉者，谓自觉、觉他、觉行圆满。自觉不同凡夫，觉他不同二乘，觉满不同菩萨。即是释迦牟尼如来万德慈尊、娑婆世界之教主也。说者，悦所怀也。佛以度生为怀，机缘未至，默然待时；机缘既熟，应病与药也。四十二章者，约数标名，盖从一代时教之中，摘其最切要最简明者，集为一册，以逗此土机宜，所以文略义广，该通四教，未可辄判作小乘也。

后汉迦叶摩腾、竺法兰同译

后汉，即东汉，对前汉而言之。孝明皇帝永平三年，岁次庚申，帝梦金人项有日光，飞来殿庭。以问群臣，太史傅毅对曰：“臣闻西域有神，号之为佛。陛下所梦，其必是乎！”博士王遵亦奏曰：“按《周书异记》，载佛诞于周昭王二十六年甲寅，时江河泛溢，大地皆动，五色光贯太微。太史苏由卜之，得乾之九五，飞龙在天，是西方大圣人也，后

① 依《蕅益大师全集》本为底本，《卍续藏》本（No.670）为参校本。

一千年，声教流被此土。王命刻石为记，埋之南郊。后于周穆王时，乾坤震动，有白虹十二道，贯日经天。太史扈多占之，谓是西方大圣人入灭之象。”明帝乃于七年岁次甲子，敕郎中蔡愔、中郎将秦景、博士王遵等一十八人，西寻佛法。至印度国，请迦叶摩腾及竺法兰，用白马驮经，并将舍利及画佛像，以永平十年岁次丁卯，至洛阳。帝悦，造白马寺，译《四十二章经》。至十四年正月一日，五岳道士褚善信等，负情不悦，表请较试。乃于十五日，大集白马寺南门。信等以《灵宝》诸经置道东坛上，帝以经像舍利置道西七宝行殿上。信等绕坛涕泣，启请天尊，词情恳切，以旃檀柴等烧经，冀经无损，并为灰烬。先时升天入火、履水隐形等术，皆不复验。而佛舍利，光明五色，直上空中，旋环如盖，遍覆大众，映蔽日轮。摩腾以神足通，于虚空中飞行坐卧，神化自在。天雨宝华，及奏众乐。时众咸喜，得未曾有。此即佛法入震旦之始也。按迦叶摩腾及竺法兰，皆中印度人，二名俱不见有翻。所云译者，谓以华言易彼梵语，令此方之人得解义也。

世尊成道已，作是思惟：离欲寂静，是最为胜。住大禅定，降诸魔道。于鹿野苑中，转四谛法轮，度骄陈如等五人而证道果。复有比丘，所说诸疑，求佛进止。世尊教敕，一一开悟。合掌敬诺，而顺尊敕。

诸经通序，皆有六种证信：一法体、二能闻、三机感、四教主、五处所、六同闻，所谓“如是我闻，一时佛在某处”等。今文次第与通途稍异，盖由佛法初来，且顺此方文字之体，贵在简略。然细绎之，六义俱备。“世尊”二字，即标教主。“成道已”三字，即标机感。“鹿野苑中”，即标处所。“骄陈如等”及“复有比丘”，即标能闻及余同闻。“法轮”、“教敕”，即标法体。

就此一文，仍分四节。初“世尊成道已”一句，乃总叙一化之由。次从“作是思惟”至“降诸魔道”，乃追叙成道之法。三从“于鹿野苑”至“证道果”三句，乃别叙法轮之始。四从“复有比丘”至“顺尊敕”，乃正叙此经发起也。

初文“世尊”者，即我释迦牟尼如来，乃天中之天、圣中之圣，于一切器世间、一切众生世间、一切正觉世间独称尊也。“成道”者，若论世尊实成佛道以来，已经不可说微尘数劫，如《法华经·寿量品》中所明。今为此土有缘众生，故于过去人寿二万岁时迦叶佛会，示居补处位中，上生兜率内院。以净天眼，观可化机。直至人寿百岁时，机缘方熟，乃示降神于中印度迦维卫国。父名净饭，母名摩耶，处胎十月，从左肋生①，一手指天，一手指地，目顾四方，周行七步，自言：天上天下，惟吾独尊。次复示为童子，遍学众艺，无不超伦。至年二十九岁，游城四门，睹老病死及沙门相，决志出家。子夜逾城，金刀剃发，尽弃珍饰，披树神所献麻衣，游学诸国。先从阿蓝迦蓝习无所有处定，不久得证，知非究竟，舍之而去。次从郁头蓝子习非想非非想处定，亦不久得证，知非究竟，舍之而去。见诸外道竞修苦行，希冀得道，各以三年为期，终无克获。将欲度之，遂往雪山，示修六年苦行，每日止食一麻一麦，皮骨连立，终不成道。乃舍苦行，受牧女十六转乳糜之供，精气充足。次往熙连河中，浴身而出，取天帝释化现童子所施吉祥草，诣摩竭提国金刚场菩提树下，敷草结跏趺坐。以慈心三昧，降伏魔军。深入四禅，观察四谛。于腊月初八夜，明星出时，豁然大悟，证无漏道，是为佛宝初现世间也。

次文“作是思惟”等者，乃追叙坐树下时，以无师智、自然智，了知离欲寂静为胜，故先诃弃欲界恶不善法，与觉观俱而入初禅。次复离于觉观，内净一心而入二禅。次又离喜而证妙乐，入于三禅。次又双弃苦乐，舍念清净，入第四禅。从四禅中，顿发三明，破魔王之爱网，断外道之见缚也。

或初“成道”句，是根本智，自证菩提。次“作是思惟”等，是后得智，重观四谛以为说法之本。寂静最胜，即观灭谛。住大禅定，即观道谛。诸魔外道，即苦集二谛也。

第三文中“鹿野苑”者，亦名鹿园，在波罗柰国，即佛初转法轮之处。转四谛法轮者，苦集灭道名四谛。苦是世间之果，即指三界六道色心

---

① “从左肋生”，据《长阿含经》等佛经，为“从右肋生”。

五蕴。集是世间之因，即指见思烦恼及有漏善恶不动等业。灭是出世之果，谓因灭故果灭，便得寂静无为安乐。道是出世之因，谓略则戒定慧，广则三十七品，所谓四念处、四正勤、四如意足、五根、五力、七觉支、八正道也。此四皆名谛者，审实不虚故。复名四圣谛者，惟有圣智乃证知故。佛既证见此四谛理，转令一切众生咸使闻知，从佛后得智中，流出法音，度入众生心中，故名为轮。又轮者，摧碾之义，以此教法转破众生见思诸惑，故名为轮。说此四谛法轮，凡有三转。一者示转，谓此是苦，逼迫性；此是集，招感性；此是灭，可证性；此是道，可修性。二者劝[①]转，谓此是苦，汝应知；此是集，汝应断；此是灭，汝应证；此是道，汝应修。三者证转，谓此是苦，我已知；此是集，我已断；此是灭，我已证；此是道，我已修。是为法宝初现世间也。骄陈如等五人者，一阿湿婆，此翻马胜；二跋提，此翻小贤；三拘利，或名摩诃男，此三人皆佛父党。四骄陈如，此翻火器；五十力迦叶，或名婆敷，此二人皆佛母舅。初太子逾城出家，父王思念不置，命此五人寻之。太子既誓不肯归，五人不敢归国，遂相侍从。太子既修苦行，二人不堪苦行者先自遁去；太子后受美食，三人乐苦行者亦复舍去；于鹿苑中各修异道。佛既成道，观此五人应先得度，遂往就之。初转法轮，陈如先悟；次说布施持戒生天之法，诃欲不净，赞叹出离为乐，阿湿、跋提寻悟；第三说法，迦叶、拘利亦悟；是为僧宝初现世间也。

第四文中“复有比丘等”者，佛既度此五比丘已，次复度耶舍等五十五人、三迦叶等一千人、舍利弗、目犍连等二百人。从是以后，度人无量，咸令成比丘性。言比丘者，此翻除馑，谓其具持二百五十净戒，堪为人世福田，除彼众生因中果上之饥馑也。又含三义：一破恶，二乞士，三怖魔。“所说诸疑求佛进止”，犹言决择可否也。合掌表于一心听法，不惰不散。

已上序分，下皆正说。

---

① “劝”，全集本作“勤”，现按《卍续藏》本校订。

佛言：辞亲出家，识心达本，解无为法，名曰沙门。常行二百五十戒，进止清净，为四真道行，成阿罗汉。阿罗汉者，能飞行变化，旷劫寿命，住动天地。次为阿那含。阿那含者，寿终灵神上十九天，证阿罗汉。次为斯陀含。斯陀含者，一上一还，即得阿罗汉。次为须陀洹。须陀洹者，七死七生，便证阿罗汉。爱欲断者，如四肢断，不复用之。

此第一章，总明沙门果证之差别也。欲证沙门四果，必须辞亲出家，识心达本，解无为法。盖父母不许，则佛法中不听出家。出家而不识心达本，则身虽离俗，仍缚有为，不得名为沙门。识心者，了知心外无法，即悟遍计本空。达本者，了知心性无实，即悟依他如幻。解无为法者，了知真如与一切法不一不异，即证圆成实性。

梵语沙门，此翻勤息，谓勤修戒定慧，息灭贪嗔痴也。常行二百五十戒，即增上戒学。进止清净，即增上心学。为四真道行，即增上慧学，谓观察四谛而修道行也。

阿罗汉，具含三义：一杀贼，二应供，三不生，乃沙门所证第四无学之果，断尽三界见思二惑。飞行变化，聊举六神通之一事。旷劫寿命，谓三种意生身，堪能随愿久住。住动天地，言罗汉所住之处，天神地祇皆为感动；或可一行一住，皆能震动天地也。

阿那含，此云不还，即第三果。十九天者，从四王天，上至无烦，为第二十，则超过下十九天。由彼已断欲界九品思惑，即于五净居天中证阿罗汉，不复还来欲界也。

斯陀含，此云一来，即第二果，已断欲界六品思惑，余三品在，故一上欲天、一还人中，即证阿罗汉也。

须陀洹，此云预流，即是初果，已断三界见惑，初预圣流，不复堕三恶道，但欲界九品思惑全在，故能更润七生。谓欲界上上品任运贪嗔痴慢，能润二生；上中品惑，能润一生；上下品惑，亦润一生；中上品惑，亦润一生；中中品、中下品惑，共润一生；下上品、下中品、下下品惑，共润一生。七番生死之后，方证阿罗汉果。此约任运断者。若加行断，则复不定。

然三界见思，虽有多品多类，总以爱欲为本。爱欲一断，便出苦轮，故喻如四肢一断决不复用也。

佛言：出家沙门者，断欲去爱，识自心源，达佛深理，悟无为法。内无所得，外无所求。心不系道，亦不结业。无念无作，非修非证。不历诸位，而自崇最，名之为道。

此第二章，明沙门果证虽有差别，而所证之理无差别也。

断凡圣同居欲爱，识自心源我执本空，达佛真谛深理，悟生空所显真如无为之法。断方便有余欲爱，识自心源法执本空，达佛俗谛深理，悟法空所显真如无为之法。断实报无障碍欲爱，识自心源俱空不生，达佛中谛深理，悟俱空所显真如无为之法。又了知三土欲爱即空，名断欲去爱，识自心源遍计本虚，达佛真谛深理，一空一切空，无假无中而不空，悟如来藏如实空义，名无为法。了知三土欲爱即假，名断欲去爱，识自心源依他如幻，达佛俗谛深理，一假一切假，无空无中而不假，悟如来藏如实不空义，名无为法。了知三土欲爱即中，名断欲去爱，识自心源圆成本具，达佛中谛深理，一中一切中，无空无假而不中，悟如来藏离即离非、是即非即义，名无为法。

此无为法，本自有之，非属新生，故内无所得；惟一真心，心外无法，故外无所求。知法如筏，故心不系道。已断惑种，故亦不结业。证无分别根本实智，故无念。证不思议后得权智，故无作。称性之修，修即无修，故非修。全性作证，证无别证，故非证。诸位如丈尺显虚空，而虚空元非丈尺；又如入海虽辨浅深，而浅深无非大海；故云不历诸位而自崇最名之为道也。藏教则因灭会真，灭非真谛，故真谛不历诸位。通教即事全真，故真谛不历诸位。别教则中道随缘不变，故中道不历诸位。圆教则一色一香无非中道，故中道不历诸位。由上一章，方知性不废修。由今一章，方知修不碍性。由上一章，方知即而常六。由今一章，方知六而常即。四教皆论性修，皆论六即。通此旨者，则于一代时教，思过半矣。

佛言：剃除须发而为沙门，受道法者，去世资财，乞求取足。日中

一食，树下一宿，慎勿再矣！使人愚蔽者，爱与欲也。

此第三章，赞叹头陀胜行以为证道要术也。上文既云非修非证，恐人错会，执性废修，故今特申抖擞尘劳之行，以为断欲去爱之方。譬如古镜虽复本具光明，理须磨拭，方得莹净耳。

佛言：众生以十事为善，亦以十事为恶。何等为十？身三、口四、意三。身三者，杀、盗、淫。口四者，两舌、恶口、妄言、绮语。意三者，嫉、恚、痴。如是十事，不顺圣道，名十恶行。是恶若止，名十善行耳。

此第四章，明善恶无性，犹如反掌；而生死涅槃，惟此三业，更非他物也。断他物命，名之为杀。不与而取，名之为盗。两相交会，名之为淫。斗乱彼此，名为两舌。咒咀骂詈，名为恶口。心口相违，名为妄言。无义浮辞，名为绮语。悭鄙贪欲，不耐他荣，名之为嫉。暴戾残忍，怀恨结怒，名之为恚。于诸事理盲无所晓，名之为痴。身口七支，惟是业道。意地三支，属烦恼道。由惑造业，必招苦果，长系三界，故不顺圣道。是恶若止，即名十善，譬如破暗即是光明、泮冰即便成水也。然恶既有事恶、理恶，故翻恶为善，亦有事善、理善。就事善中，下品十善为修罗因，中品十善为人道因，上品十善为天道因。就理善中，真谛善为二乘因，俗谛善为菩萨因，中谛善为佛乘因。此三理善，俱名上上品十善，以行事善者未必能达理善，而行理善者必兼圆满事善故也。

佛言：人有众过，而不自悔，顿息其心，罪来赴身，如水归海，渐成深广。若人有过，自解知非，改恶行善，罪自消灭，如病得汗，渐有痊损耳。

此第五章，承上止恶行善之意，而劝勉改过迁善也。有过不悔，则如水赴海，日深日广。知过必改，则如病发汗，客邪自除。

佛言：恶人闻善故来扰乱者，汝自禁息，当无嗔责。彼来恶者而自恶之。

此第六章，申明善能胜恶，而恶不能破善也。上文劝人止恶行善、改过迁善，恐有愚者畏彼恶人扰乱，遂不敢行，故诫以慎勿嗔责恶人，以恶乃在彼，于我无涉故也。如明镜中现于丑容，彼容自丑，镜何丑哉。倘一生嗔责，则反揽彼之恶成我之恶矣。

佛言：有人闻吾守道行大仁慈，故致骂佛。佛默不对。骂止，问曰：子以礼从人，其人不纳，礼归子乎？对曰：归矣。佛言：今子骂我，我今不纳，子自持祸归子身矣。犹响应声、影之随形，终无免离，慎勿为恶。

此第七章，即上章"彼来恶者而自恶之"之明证也。今人闻骂，鲜不发嗔，大似领谢帖子，正中骂者之计耳。思之！思之！

或问：佛既大慈，何不令骂者无祸耶？

答曰：佛岂欲令其得祸，无奈彼人自招祸患。今诫以慎勿为恶，即是除其祸源，慈悲甚矣！

佛言：恶人害贤者，犹仰天而唾，唾不至天，还从己堕；逆风扬尘，尘不至彼，还坌己身。贤不可毁，祸必灭己。

此第八章，深诫恶人令勿害贤，而兼以勖贤人也。人若果贤，则如天亦如上风，岂受唾尘。倘可受毁，便非贤矣。

佛言：博闻爱道，道必难会。守志奉道，其道甚大。

此第九章，诫劝禀教行人，须闻而思，思而修，不宜但贵口耳之学也。博闻者，不知随文入观，惟图强记名言也。爱道者，不知道本即心，妄于心外取道也。守志者，念念趋向菩提，不杂名利心也。奉道者，念念体会心源，不复向外觅也。

佛言：睹人施道，助之欢喜，得福甚大。沙门问曰：此福尽乎？佛言：譬如一炬之火，数千百人各以炬来分取，熟食除冥，此炬如故；福亦如之。

此第十章，明随喜功德，自他兼利，福无穷尽也。施道有三：一资生施，谓以财济其贫穷；二无畏施，谓于难中拔其忧苦；三者法施，谓以三学令得四益。不惟自行三种施道得福甚多，即使见他行施，助令欢喜，福亦无尽。

“沙门”下，释疑。恐有愚人正行施时，见他随喜，惧他分我功德，故以炬火如故晓之，盖不惟无减于我，而福报展转殊胜矣。昔有二人采花，一自供佛，一转施人供佛。以问弥勒。弥勒曰：自供者成辟支佛果，施人者成无上菩提。盖独乐不若与人，与少不若与众，世出世道，无不皆然也。熟食，喻成圣果。除冥，喻破三障。

佛言：饭恶人百，不如饭一善人。饭善人千，不如饭一持五戒者。饭五戒者万，不如饭一须陀洹。饭百万须陀洹，不如饭一斯陀含。饭千万斯陀含，不如饭一阿那含。饭一亿阿那含，不如饭一阿罗汉。饭十亿阿罗汉，不如饭一辟支佛。饭百亿辟支佛，不如饭一三世诸佛。饭千亿三世诸佛，不如饭一无念无住、无修无证之者。

此第十一章，较量福田胜劣不等，令人知所归向也。一善胜百恶人，显易可知。一持五戒人胜千善人者，以世间善人所奉十善，仅属旧医之法，不以三归为体，不成出世津梁；若能受三自归、奉持五戒，为佛弟子，便知四谛、四念处门，于一生中堪证三果，故得千倍胜于常流也。一须陀洹胜万五戒者，须陀洹已断见惑、已预圣流，故得远胜内外凡也。一斯陀含胜百万须陀洹者，斯陀含已断欲界六品思惑，烦恼渐薄，正使百万住果须陀洹未修胜进行时，终不能知二果境界，何况能到耶？一阿那含胜千万斯陀含者，阿那含已断欲界思惑九品皆尽，正使千万斯陀含终不能知三果境界，况能到耶？一阿罗汉胜一亿阿那含者，万万曰亿，阿罗汉断尽见思，超出三界，尤非住三果人能知能到故也。辟支佛有二种：一者出有佛世，禀十二因缘教，悟道侵习，名为缘觉；二者出无佛世，观物幻化，自悟无生，断结侵习，名为独觉。以阿罗汉但断正使，辟支佛兼侵余习，故一辟支能胜十亿阿罗汉也。三世诸佛，约藏头佛果言之，三大阿僧祇劫修行六度，正习皆悉断尽，利益无量众生，故一佛能胜百亿辟支佛也。无念无住、无修无证之者，指圆教初住已上，亦可兼摄别教初地、通教佛地。盖通教体色入空，知一切法无性，故念即无念、住即无住、修即无修、证即无证，至成佛时，能于色究竟天示现最高大身，统王三千世界；

别欢喜地、圆发心住，皆已分证法身，皆能示现百界作佛、八相成道；所以供此一人，胜于千亿三世诸佛也。

复次前之八番，皆是约田。此第九番，即是约心。盖未达一切诸法念本无念、住本无住、修本无修、证本无证，故于平等法中，分胜分劣。若了达无念无住、无修无证妙理，则下自恶人，上至诸佛，罔非无念无住、无修无证之者。所以人上佛饭，佛施饿狗，功德无异。维摩以一分奉难胜如来，一分施一最下乞人，福亦平等。若不知福胜劣差别，则无以显修德之足贵；若不达生佛本自平等，则无以悟性德之渊源；是谓常同常别、常别常同、法界法尔微妙法门。

佛言：人有二十难：贫穷布施难，豪贵学道难，弃命必死难，得睹佛经难，生值佛世难，忍色忍欲难，见好不求难，被辱不嗔难，有势不临难，触事无心难，广学博究难，除灭我慢难，不轻未学难，心行平等难，不说是非难，会善知识难，见性学道难，随化度人难，睹境不动难，善解方便难。

此第十二章，略举二十难事以为劝诫也。顺情则易，逆情则难。然能深发肯心，则虽难而易；其或但随流俗，则虽易亦难。夫贫穷则布施为难，故虽少许之施，得福甚多，不可不勉力也。然现见有贫而能施者，乃富人反不肯施，则悭鄙为何如耶！豪贵学道，例施可知。人所最重者身命，诚能弃命，则何事不可为者。然未闻保命畏死之人，果能长生不死，则亦何事贪惜耶？佛经难睹，今幸睹佛经而不研精殚思，则与不睹何异？佛世难值，今幸值佛世而不及时进修，则与不值何殊？色欲虽恒情所好，然或察其味少苦多，或观其如幻如影，则亦何难忍制？若见好时，知其未必可求，则贪心自息。若被辱时，但以情恕理遣，则嗔意自平。视富贵若草头露，何容以势临人。观事境同梦所缘，何必劳心措置。广学而不博究，如入海无指南针，安能会理。恃学而生我慢，如沃壤以滋稊稗，反害良禾。佛尝言四种不可忽：一者火虽小不可忽，二者龙虽小不可忽，三者王子虽小不可忽，四者沙门虽小不可忽。今有轻未学者，未知其不可忽故也。心平等，则施难胜如来与施最下乞人，功德无异。泯是非，则一切诸法无非佛法。是非情见未忘，决不能见法界真善知识。不见现前一念心之实性，决不可以学无上道。不学称性权实之道，不能随化度人。未达随化度人方便，安能睹十法界境而一心不动？若不能于一一法界中具见一切法界事理，何由善解同体方便？故知此二十事，后后难于前前也。

沙门问佛：以何因缘，得知宿命，会其至道？佛言：净心守志，可会至道。譬如磨镜，垢去明存；断欲无求，当得宿命。

此第十三章，问意重在宿命，答意重在会道。盖知宿命者未必会至道，而会至道者决能知宿命也。

沙门问佛：何者为善？何者最大？佛言：行道守真者善，志与道合者大。

此第十四章，明善莫善于真修，大莫大于实证也。行道守真，则万善同会。志与道合，则法界体圆。

沙门问佛：何者多力？何者最明？佛言：忍辱多力，不怀恶故，兼加安健。忍者无恶，必为人尊。心垢灭尽，净无瑕秽，是为最明。未有天地，逮于今日，十方所有，无有不见、无有不知、无有不闻，得一切智，可谓明矣！

此第十五章，明忍辱力大，灭垢明远也。忍有三种：一耐怨害忍，亦名生忍；二安受苦忍，亦名法忍；三谛察法忍，亦名第一义忍。今即约耐怨害而入第一义也。余文易知。

佛言：人怀爱欲不见道者，譬如澄水致手搅之，众人共临无有睹其影者。人以爱欲交错，心中浊兴，故不见道。汝等沙门，当舍爱欲。爱欲垢尽，道可见矣。

此第十六章，明吾人心水本澄，即是至道；但由爱欲所搅，故不能于一念中炳现十界影像也。舍三界爱欲，见思垢尽，则真谛道可见。舍偏真爱欲，尘沙垢尽，则俗谛道可见。舍果报爱欲，无明垢尽，则中谛道可见矣。

佛言：夫见道者，譬如持炬入冥室中，其冥即灭，而明独存。学道见谛，无明即灭，而明常存矣。

此第十七章，深显无明无性，故见道即可永灭；亦显无明未灭，不得名真见道也。知无明之可灭，不致生于退屈；知真见之常明，亦可祛增上慢矣。

佛言：吾法念无念念、行无行行、言无言言、修无修修，会者近尔，迷者远乎！言语道断，非物所拘，差之毫厘，失之须臾。

此第十八章，明念行言修皆超有无两关，而不可以有无情见凑泊也。念即无念，故常念此无念之念，岂以不念为无念哉！行等三句，例此可知。会得则触事全真，迷者则转趋转远。言语相即解脱相，故言语道断。一切物即真如性，故非物所拘。才涉有无，便隔霄壤，故差之毫厘。才涉思惟，便成剩法，故失之须臾。

佛言：观天地，念非常；观世界，念非常；观灵觉，即菩提。如是知识，得道疾矣！

此第十九章，明唯心识观遣虚存实也。天覆地载，凡情计为常住实有；今观天则寒暑代谢，地则陵谷递迁，既尔生灭非常，岂是心外实法？次观一身之中，世为迁流，界为方位，世固念念不停，界亦互对无定，于中岂有实我实法？此则遣遍计之本虚也。次观现前一念灵觉之性，即离我法二执，便成四智菩提，此则存依、圆之实性也。遣虚则无增益谤，存实则无损减谤，非有非无，速契中道矣！

佛言：当念身中四大，各自有名，都无我者。我既都无，其如幻耳！

此第二十章，示人以四大观身，而入如幻法门也。身中坚者名地，润者名水，暖者名火，动者名风，觅我了不可得。能成所成，体皆如幻。能观所观，亦复如幻。于一幻喻，便可通达空、假、中理。故知四大观身，实四教之总户也。

佛言：人随情欲求于声名，声名显著身已故矣。贪世常名而不学道，

枉功劳形；譬如烧香，虽人闻香，香之烬矣；危身之火而在其后。

此第二十一章，甚明好名之人，不惟无益，而且深有损也。

佛言：财色于人，人之不舍。譬如刀刃有蜜，不足一餐之美；小儿舐之，则有割舌之患。

此第二十二章，甚明财色之味寡而伤害甚多，有智者不可类彼小儿也。

佛言：人系于妻子舍宅，甚于牢狱。牢狱有散释之期，妻子无远离之念。情爱于色，岂惮驱驰。虽有虎口之患，心存甘伏，投泥自溺，故曰凡夫。透得此门，出尘罗汉。

此第二十三章，深明妻子舍宅之埋没人，而劝以速远离也。欲界以男女眷属为妻子，种种宫殿为舍宅。色界以味禅为妻子，四禅天为舍宅。无色界以痴定为妻子，四空天为舍宅。爱见所噬，患同虎口。充类言之，二乘以一解脱味为妻子，偏真涅槃为舍宅；权教以游戏神通为妻子，出真涉俗为舍宅。透得空有两门，方成中道无生之果。

佛言：爱欲莫甚于色。色之为欲，其大无外，赖有一矣，若使二同，普天之人，无能为道者矣。

此第二十四章，深明色欲为众生重病也。《佛顶经》云：淫心不除，尘不可出。

佛言：爱欲之人，犹如执炬逆风而行，必有烧手之患。

此第二十五章，甚明爱欲之不可习近也。逆风把炬，未有不烧手者。习近爱欲，安得不损净法身、害方便手耶？

天神献玉女于佛，欲坏佛意。佛言：革囊众秽，尔来何为？去！吾不用。天神愈敬，因问道意。佛为解说，即得须陀洹果。

此第二十六章，明佛不被魔娆，遂能化魔也。天神即魔王波旬，佛初成道时，先兴甲兵不能害佛，次献三女又不能娆佛，乃归佛化而证初果。人能观彼女人为革囊众秽，则淫意得除，自他俱利矣。

佛言：夫为道者，犹木在水，寻流而行，不触两岸，不为人取，不为鬼神所遮，不为洄流所住，亦不腐败，吾保此木决定入海。学道之人，不为情欲所惑，不为众邪所娆，精进无为，吾保此人必得道矣。

此第二十七章，喻明学道须远离诸障也。两岸以喻情欲，则有见思情欲、无明情欲。见思情欲耽染生死，如触此岸。无明情欲耽染涅槃，如触彼岸。人及鬼神，以喻众邪。爱网所缠，如为人取；见网所覆，如为鬼神所遮。洄流所住，正与精进相反。腐败，正与无为相反。盖不能直心正念真如，每欲进而反退，如流急反洄。不达无为法性，则著相所修福慧，终成腐败。故必不为生死涅槃情欲所惑，不为爱见众邪所娆，正念真如而精进，了达法性本无为，斯得道可保矣。

佛言：慎勿信汝意，汝意不可信。慎勿与色会，色会即祸生。得阿罗汉已，乃可信汝意。

此第二十八章，深诫意马难调，而色祸宜避也。众生无始以来，只因恣情率意，久受轮回，未证阿罗汉，常与无明爱见慢俱，岂可自信汝意而不事推简耶？

佛言：慎勿视女色，亦莫共言语。若与语者，正心思念：我为沙门，处于浊世，当如莲华不为泥污；想其老者如母、长者如姊、少者如妹、稚者如子，生度脱心，息灭恶念。

此第二十九章，申明远女防过、生善灭恶之方便也。先以莲华不染而自期待，则正念自利；复视如母、如姊、如妹、如子而度脱之，则慈心利他。既与二利相应，恶念自然息灭。

佛言：夫为道者，如被干草，火来须避。道人见欲，必当远之。

此第三十章，申诫远离诸欲，勿令为欲火所烧害也。六情根犹如干草，六尘境喻若烈火。未到心境两空，应修远离胜行。

佛言：有人患淫不止，欲自断阴。佛谓之曰：若断其阴，不如断心。心如功曹，功曹若止，从者都息。邪心不止，断阴何益？佛为说偈：欲

生于汝意，意以思想生，二心各寂静，非色亦非行。佛言：此偈是迦叶佛说。

此第三十一章，申明断欲须从心断也。断心之法，推此欲从意生，意复从思想生。只此思想，为自生耶？他生耶？共生耶？无因生耶？又此思想，为在内耶？在外耶？在两中间耶？为在过去耶？现在耶？未来耶？如是推时，思想寂静。思想寂静故，意即寂静。意寂静故，欲即寂静。欲寂静故，观一切色如镜像等，即是非色；观一切行如泡沫等，即是非行。从上诸佛展转传受，不过传此调心方便而已。

佛言：人从爱欲生忧，从忧生怖。若离于爱，何忧何怖？

此第三十二章，推忧怖之由爱欲，而劝人断欲去爱也。众生无始以来，妄认四大为自身相，妄认六尘缘影为自心相，执著贪恋不肯暂舍，遂生种种忧恼、种种恐怖。惟以四大观身，知身无我；以四运观心，知心无常。爱欲既断，忧怖自除。

佛言：夫为道者，譬如一人与万人战。挂铠出门，意或怯弱，或半路而退，或格斗而死，或得胜而还。沙门学道，应当坚持其心，精进勇锐，不畏前境，破灭众魔，而得道果。

此第三十三章，喻明为道之人，须具戒定慧也。专精学道之心，譬如一人；无始虚妄诸惑习气，譬如万人。受持净戒，譬如挂铠；惟坚持其心，则无怯弱之意，此戒力也。精进勇锐，则无半路之退，此定力也。不畏前境，则无格斗致死，此慧力也。合此三力，破灭无始众魔而证道果，是为得胜而还矣。

沙门夜诵《迦叶佛遗教经》，其声悲紧，思悔欲退。佛问之曰：汝昔在家，曾为何业？对曰：爱弹琴。佛言：弦缓如何？对曰：不鸣矣。弦急如何？对曰：声绝矣。急缓得中如何？对曰：诸音普矣。佛言：沙门学道亦然。心若调适，道可得矣。于道若暴，暴即身疲。其身若疲，意即生恼。意若生恼，行即退矣。其行既退，罪必加矣。但清净安乐，道不失矣。

此第三十四章，明学道之法，须善调身心，勿令缓急失所也。儒者亦云：其进锐者其退速。又云：勿忘勿助。盖三乘出要类如此。

佛言：如人锻铁，去滓成器，器即精好。学道之人，去心垢染，行即清净矣。

此第三十五章，喻明垢染不可不除也。但除垢染，即成清净，所谓但尽凡情，别无圣解；但有去翳法，别无与明法也。成佛作祖，岂于心外有法可得哉！不过净除习气而已。

佛言：人离恶道，得为人难。既得为人，去女即男难。既得为男，六根完具难。六根既具，生中国难。既生中国，值佛世难。既值佛世，遇道者难。既得遇道，兴信心难。既兴信心，发菩提心难。既发菩提心，无修无证难。

此第三十六章，展转明难得之事，以深警人，令勿失良缘也。不达无修无证，岂名真正发菩提心？不发真正菩提，岂名信心？不兴信心，岂名遇道？既不遇道，值佛何益？既值犹不值，则中国犹之边方。既中国不异边方，则六根具犹不具。既六根具犹不具，则男子亦非男子。既男子不成男子，则人身何异恶道。静言思之，可不发菩提心、急悟无修无证之要旨乎！

佛言：佛子离吾数千里，忆念吾戒，必得道果；在吾左右，虽常见吾，不顺吾戒，终不得道。

此第三十七章，深明心近则近，心远则远，而不以形迹论远近也。金口诚言，重戒若此，末世弟子，柰何弗思。

《僧祇律》云：波罗脂国有二比丘，共伴来诣舍卫问讯世尊。中路渴乏无水，前到一井，一比丘汲水便饮，一比丘看水见虫不饮。饮水比丘问言：汝何不饮？答言：世尊制戒，不得饮虫水故。彼复劝言：长老但饮，勿令渴死，不得见佛。答言：我宁丧身，不毁佛戒。遂便渴死。即生忉利天上，天身具足。是夜先到佛所，礼足闻法，得法眼净。饮水比丘后日乃到佛所，佛知而故问：汝从何来？为有伴否？彼即以上事答。佛言：痴人！汝不见我，谓得见我。彼死比丘已先见我。若比丘放逸懈怠，不摄诸根，虽共我一处，彼离我远。彼虽见我，我不见彼。若有比丘于海彼岸，能不放逸，精进不懈，敛摄诸根，虽去我远，我常见彼，彼常近我。

佛问沙门：人命在几间？对曰：数日间。佛言：子未知道。复问一沙门：人命在几间？对曰：饭食间。佛言：子未知道。复问一沙门：人命在几间？对曰：呼吸间。佛言：善哉！子知道矣。

此第三十八章，明人命无常，不可不知也。一期色心连持不断，名为命根，乃依本识种子假立，非有实法。出息虽存，入息难保。况刹那刹那，念念生灭，非沉思谛观，岂能知之。

昔西域有一国王不信佛法，问祖师曰：吾见外道种种苦行尚不能折伏淫心，而今沙门四事如意岂能断烦恼耶？祖师曰：王试取一狱中必死罪人，满器盛油，令其手捧；用四屠人出刃随后，若能一滴不失便赦其罪，若倾一滴随手斩之，同彼游于四衢。王更尽出宫女音乐，遍处歌舞。试问罪人何所见闻？王如其言，令一罪人手捧满油，遍历四衢女乐丛中，一滴不堕。因赦其罪，召而问之：汝于四衢何所见闻？罪人答曰：我于尔时唯恐一滴油堕，白刃加颈，故惟见手中之油，更无他见闻也。祖白王曰：彼惟惜此一身之死，遂于色声无所见闻。何况沙门秉佛无常无我至教，痛念无量劫数生死之苦，安得不断烦恼？彼外道等不知无常无我，徒事苦行，故无益耳。王乃信服。噫！诚知人命在呼吸间，何俟屠人执刀随后而心始无放逸哉！

佛言：学佛道者，佛所言说，皆应信顺。譬如食蜜，中边皆甜，吾经亦尔。

此第三十九章，明佛经皆应信顺，不应妄分大小顿渐而生轻重心也。佛之言教，不出权实。为实施权，开权显实。四教各有四门，门门各具四悉。今有执小谤大、执大谤小，执事拨理、执理拨事者，皆违佛旨者也。

佛言：沙门行道，无如磨牛；身虽行道，心道不行。心道若行，何用行道。

此第四十章，明行道在心不在形也。心不入道，徒事外仪，与磨牛何异哉！

佛言：夫为道者，如牛负重行深泥中，疲极不敢左右顾视；出离淤泥，乃可苏息。沙门当观情欲甚于淤泥，直心念道，可免苦矣。

此第四十一章，诫人直心念道，当以出离情欲为期也。

佛言：吾视王侯之位，如过隙尘。视金玉之宝，如瓦砾。视纨素之服，如敝帛。视大千界，如一诃子。视阿耨池水，如涂足油。视方便门，如化宝聚。视无上乘，如梦金帛。视佛道，如眼前华。视禅定，如须弥柱。视涅槃，如昼夕寤。视倒正，如六龙舞。视平等，如一真地。视兴化，如四时木。

此第四十二章，结明佛眼等观一切诸法，所以破众生之法执也。人间一百年，不过忉利天一昼夜；娑婆一大劫，不过极乐世界一昼夜；则王侯荣贵，与过隙尘何异。诸天器皿纯是七宝，极乐国地黄金所成，弥勒成佛道时，此地亦皆琉璃，况金玉瓦砾等是四微所成，何足重哉！服虽纨素，不过蔽形。苟可遮羞，敝帛何害。大千界亦是惟心，一诃子亦是惟心。观相元妄，故于是中横计大小。观性元真，变大千之心非大非多，变诃子之心非小非少也。阿耨池水与涂足油，例此可知。方便门者，诸佛所设三乘五乘七九诸方便也。众生禀此法宝，克果不虚。然在诸佛，不过为实施权，岂有实法，故但如化宝聚耳。无上乘，虽云是最实事，然皆众生性具之理，心外无法，故曰圆满菩提归无所得，如梦中金帛，岂有实物可得哉！种种佛道，为对凡情；凡情不生，佛道何有，所谓无为无起灭、不实如空华也。须弥出海，风浪不能漂动。禅定持心，境识不能迁惑。然须弥无实法，不过四宝、四微合成。禅定亦无实法，不过诸心心所四分合成耳。生死如长夜，无明所缠，故昼夕咸寐。涅槃如永日，智慧开朗，故昼夕咸寤也。流转生死，惟是六根。安乐涅槃，亦惟六根。背觉合尘名为倒，而实无减；背尘合觉名为正，而实无增；故但如六龙舞，不过首尾相换而已。诸法既皆平等，则随举一微尘法，即与一真如地平等，非离一切法外别有一大总相法门，直是头头法法无非大总相法门也。依一真地而施化道，如依大地而有四时之木，春生夏荣，秋实冬落，番番生、番番荣，番番实、番番落，终而复始，始而复终，遍于十方，亘于三世，皆是如来自在神力也。

跋 语

是经顿渐兼收。首唱“识心达本，解无为法，名曰沙门”，又言“心不系道，亦不结业，无念无作，非修非证，不历诸位而自崇最，名之曰道”，《金刚》无住之旨、《维摩》不二之门，不越乎此矣！又言：“饭千亿三世诸佛，不如饭一无念无住、无修无证之者”。夫无念无住、无修无证之者，所谓自性天真佛也。三世诸佛觉此而已，非有所加也。诸供养中法供养最，法供养者，识自本心，了法空寂，念念佛出世，念念佛灭度，是为饭一无念无住、无修无证之者，岂外求哉！此为顿教。其间罗举四真道、十善行，诃斥欲染，策发净业，警世非常，觉诸幻化，此为渐教。夫欲染不去，则净行难成。净行不成，则本明不发。故反复于断爱去欲之修，以为行道守真之助，而要归于无我。了得无我，心垢自尽，常光现前，是则名为解无为法。然而世之人往往贪著有为、不舍爱欲者，何也？由不知人命无常，世界幻化。以须臾之乐，招长劫之殃。刃蜜炬风，其言绝痛。苟有丈夫之志者，其可不瞿然深省乎？经言：佛所言说，譬如食蜜，中边皆甜。学者于此尽心焉，则五部诸经，俱可得门而入矣！

一行道人彭际清书

七、《八大人觉经》略解[①]

西土圣贤集

后汉　沙门安世高译

明　蕅益释智旭解

△ 大文为三：初总标，二别明，三结叹。今初

为佛弟子，常于昼夜，至心诵念，八大人觉：

不论在家出家，但是归依于佛，即为佛之弟子。既为佛子，即应恒修此八种觉。言常于昼夜者，明其功无间断。言至心者，明其亲切真诚。言诵念者，明其文义淯熟、记忆不忘也。八大人觉，释见结叹文中。

△ 二别明即为八。初无常无我觉。

第一觉悟：世间无常，国土危脆；四大苦空，五阴无我；生灭变异，虚伪无主；心是恶源，形为罪薮。如是观察，渐离生死。

此入道之初门、破我法执之前阵[②]也。先观世间无常、国土危脆，如高岸为谷、深谷为陵等，则于依报无可贪著。次以四大观身，地、水、火、风互相陵害，故有四百四病之苦，各无实性故，究竟皆空。次以四阴观心，所谓受、想、行、识，并此色身，共名五阴，于中实无我及我所，但是生灭之法，刹那刹那迁变转异。不实故虚，非真故伪，递相乘代故无主，则于正报无可贪著。又此正报身心，不惟空爱惜之于事无益，而且一迷六尘缘影为自心相，则心便为众恶之源；一迷四大为自身相，则形便为众罪之薮。倘不直下觑破，害安有极？若能如是观察，则身心二执渐轻，

① 依《蕅益大师全集》本为底本，《卍续藏》本（No.672）为参校本。

② “阵”，全集本作“陈”，现按《卍续藏》本校订。

即渐离生死之第一方便也。

△ 二常修少欲觉

第二觉知：多欲为苦，生死疲劳从贪欲起。少欲无为，身心自在。

此既以第一觉降伏见惑，次以第二觉降伏思惑也。思惑虽多，欲贪为首。能修少欲，则可以悟无为而得自在矣。

△ 三知足守道觉

第三觉知：心无厌足，惟得多求，增长罪恶。菩萨不尔，常念知足，安贫守道，惟慧是业。

此既修少欲，复修知足以专心于慧业也。多欲不知足人最能障慧，今于少欲之中又复知足，则慧业任运可进矣。

△ 四常行精进觉

第四觉知：懈怠坠落。常行精进，破烦恼恶，摧伏四魔，出阴界狱。

夫所谓少欲知足者，正欲省其精力以办出要耳。倘托言知足而反坐在懈怠坑中，则坠落不浅矣。故必常行精进，以破见思烦恼。烦恼之魔既破，则阴魔、天魔、死魔皆悉摧伏，而五阴十八界狱乃可出也。

△ 五多闻智慧觉

第五觉悟：愚痴生死。菩萨常念广学多闻，增长智慧，成就辩才，教化一切，悉以大乐。

虽云精进，若不广学多闻增长智慧，则成暗证之愆。又有闻无慧，如把火自烧；有慧无闻，如执刀自割。闻慧具足，方可自利利他。

△ 六布施平等觉

第六觉知：贫苦多怨，横结恶缘。菩萨布施，等念怨亲，不念旧恶，不憎恶人。

虽有智慧而无福德，亦不可以自利利他，故须具行三檀也。知贫苦之多怨，而行布施，即财施也。知怨亲之平等，而不念、不憎，即无畏施也。法施已于上文明之，今以财及无畏圆满三檀耳。

△ 七出家梵行觉

第七觉悟：五欲过患。虽为俗人，不染世乐，常念三衣、瓦鉢、法器，志愿出家，守道清白，梵行高远，慈悲一切。

虽修智慧福德，若不永离居家五欲，终不可以绍隆僧宝，住持佛法。当知三世诸佛，无有不示出家而成道者也。三衣：一安陀会、二优多罗僧、三僧伽梨也。然使身虽出家，而不能守道清白、梵行高远、慈悲一切，则为窃佛形仪，罪加一等，不可不知。

△ 八大心普济觉

第八觉知：生死炽燃，苦恼无量。发大乘心，普济一切。愿代众生受无量苦，令诸众生毕竟大乐。

虽复出家，不发大乘普济之心，则慈心不周；不发代众生苦之心，则悲心不切。慈悲周切，方是绍佛家业之真子也。

△ 三结叹

如此八事，乃是诸佛菩萨大人之所觉悟。精进行道，慈悲修慧，乘法身船，至涅槃岸。复还生死，度脱众生，以前八事，开导一切，令诸众生觉生死苦，舍离五欲，修心圣道。

若佛弟子诵此八事，于念念中灭无量罪，进趣菩提，速登正觉，永断生死，常住快乐。

“如此八事”下十六字，结成名义。“精进行道”下十六字，结成自觉功德。法身船，指所悟性德。涅槃岸，指修德所显也。“复还生死”下三十二字，结成觉他功德，惟自觉方能觉他也。“若佛弟子”下三十二字，结成诵念功德。能诵其文必能精思其义，能思其义必能以此自觉觉他，故能灭罪而断生死苦、趣觉而证常住乐也。

八、《大佛顶首楞严经》玄义、文句①（选要）

唐　天竺沙门般剌密谛　译经

明　菩萨沙弥古吴智旭　玄义、文句

重刻《大佛顶经玄文》序

性相二宗，犹波之与水，从来不可分隔。而其流弊也，甚至分河饮水。此岂文殊、弥勒之过，亦岂马鸣、护法之旨哉！谓真如受熏，譬如劫火洞然，虚空安得独冷。谓真如不受熏，譬如劫火洞然时，虚空何尝烂坏。故知得其语脉者，合则双美；失其宗趣者，离则两伤。观《大佛顶经》第四卷云："譬如虚空，体非群相，而不拒彼诸相发挥。"只此一言，两疑冰释。善夫智者大师有言："偏执法性生一切法，何异自生。偏执梨耶生一切法，何异他生。"例而推之，纵谓法性梨耶和合生一切法，何异共生。纵谓非法性非梨耶生一切法，又何异无因缘生。由此观之，四句无非是谤。倘能妙达无生，不起性计，则四句虽不可说，有四悉檀因缘故，亦可得说。谓真如不思议熏生一切法，谓梨耶是可熏性生一切法，皆无不可。吾乃知智者大师真悟权实秘要，故能于《大佛顶经》未来之时，悬合其旨趣若此。

此经来时，智者不可复作。习台宗者，昧于唯识。习法相者，迷于圆理。所以众解纷纷，咸失纲要。究义理之攸归，大似蚊咬铁橛。判文字之

① 依《蕅益大师全集》本为底本，《卍续藏》本（No.284、285）、《嘉兴藏》本（新文丰版第十七册 No.19）为参校本。

下落，亦如凿孔栽须。旭于未薙发日，即曾研究此典。每翻旧注，迷闷实多。后因双径坐禅，始解文字之缚。复因数番讲演，深理葛藤之根。并探二宗，融以心镜。直至温陵弘法，方得取笔疾书。脱稿未几，剞劂旋毕。板留甘露戒坛，不能携至江外。兹者幻游普德，略露赃私。诸友固追不已，顿公发意重刊。爰述片言，以为弄引。剖千古未破之藩篱，犯从来严设之禁忌，位卑言高，安免于罪。然在出世君子，谅不以人废言也。

甲申春日，古吴蕅益智旭书

原 序

大佛顶者，即心自性之理体也。随缘不变，融四科而惟是本真；不变随缘，妙七大而各周法界。喻冰水之始终，惟是湿性；譬太虚之群相，不拒发挥。十界一心，事造与理具，遍摄遍含；一境三谛，横辨与竖历，非并非别。依此成自行因果，故名如来密因修证了义；即此为化他因果，故名诸菩萨万行首楞严。因果妙修，全归性具；化他力用，宁隔体宗。二本明而金沙立辨，二义决而华屋有门。圆通既陈，信方便之无非圣性；圆根既选，知耳门之独利此方。明诲殷勤，戒乘俱急；道场安立，显密互资。无渐次而立渐次，能历之正助圆彰；即位次而非位次，所历之转依如幻。精研七趣，只因迷此大佛顶理而妄受轮回，谁达空华无别体；详辨五魔，本求悟此大佛顶理而中途成惑，那知妄想作根原。是诚一代时教之精髓、成佛作祖之秘要、无上圆顿之旨归、三根普被之方便、超权小之殊胜法门、摧魔外之实相正印也！所以一念示人，灭业障如翻大地；依教行道，成菩提如观掌果。智者大师，闻名遥礼，不惮其劳；般刺尊者，剖膊远传，不辞其苦。智旭生逢像季，获遘雄诠，自非大士神功，曷由染指。特以文圆义妙，旨远趣深，注疏虽多，宗极未立。悲了义之尚隐，痛迷津之孰告。不辞固陋，聊殚隙明，遍采众长，折衷一理，研精竭思，再述《玄文》。不敢与前人苦较是非，但自向斯经深求脉络。愿我同仁，虚心著眼，必有知其同异浅深、违顺得失者矣！

时崇祯己卯春三月二十有七日，下笔故序

《楞严经·大势至菩萨念佛圆通章》文句

△ 七、势至观根大

大势至法王子，与其同伦五十二菩萨，即从座起，顶礼佛足，而白佛言：“我忆往昔恒河沙劫，有佛出世，名无量光。十二如来相继一劫，其最后佛，名超日月光，彼佛教我念佛三昧。譬如有人，一专为忆，一人专忘，如是二人若逢不逢，或见非见。二人相忆，二忆念深，如是乃至从生至生，同于形影，不相乖异。十方如来怜念众生，如母忆子，若子逃逝，虽忆何为？子若忆母，如母忆时，母子历生，不相违远。若众生心，忆佛念佛，现前当来必定见佛，去佛不远，不假方便，自得心开。如染香人，身有香气，此则名曰香光庄严。我本因地，以念佛心入无生忍；今于此界，摄念佛人归于净土。佛问圆通，我无选择，都摄六根，净念相继，得三摩地，斯为第一。”

七大次第，先根后识，今识大后，方明根大者，以此念佛三昧，亦逗此方机宜，末世众生，须依念佛得度。又四种三昧，同名念佛。念佛三昧，名为三昧中王，能摄一切三昧故也。《十六观经》云：“但见此菩萨一毛孔光，即见十方无量诸佛净妙光明，是故号此菩萨名无边光。以智慧光普照一切，令离三涂，得无上力，是故号此菩萨名大势至。”释此圆通，亦为三意：

△ 一、明境通别者

别则随举一根，皆得为所观境，如那律等五人及下文观音大士是也。今云都摄六根，其境则通。依此六根而修念佛三昧，复有三种不同：一者惟念自佛，二者惟念他佛，三者自他俱念。若惟念自佛，则与二十四种圆通是同。惟须一重能所，所谓以六根为所观，以妙观察智相应心品为能观。如《央掘经》云：“所谓彼眼根，于诸如来常，具足无减修，了了分明见”，乃至“彼意根，于诸如来常，具足无减修，了了分明知”等。此则该摄一切诸教、一切禅宗直指法门，罄无不尽也。若惟念他佛，则与二十四种圆通有别。须知两重能所，所谓妙观察智为能观，六根为所观；六根为能念，诸佛果德为所念。由第六识，夹持六根专注佛境，俾眼所见无非佛色，耳所闻无非佛声，鼻所嗅无非佛香，舌所宣无非佛号，身所对无非佛境，意所缘无非佛法。此则该摄《弥陀》、《药师》、《上生》等经及莲社事想法门罄无不尽也。若自他俱念，则与二十四圣圆通同而复别。先须开圆顿解，了知心、佛、众生三无差别，自他本自不二，乃托他佛，以显本性，故应佛显，知本性明，托外义成，唯心观立，此则开圆解处，与诸圣同，托他佛处，与诸圣异。《十六观经》所谓胜异方便，今文所谓不假方便自得心开，由其方便最为胜异，故更不假余方便也。

△ 二、明观盈缩者

通途教观，具如前文五根中说。今明念佛三昧，亦有四教不同，一一教中，亦复各有念自、念他、自他俱念三种差别。

藏教三者，观此六根无我我所，证入灭谛涅槃，名念自佛。以此六根缘佛三十二相、八十种好，灭罪生福，成出世因，名念他佛。缘想佛境，摄我六根，为欲净诸戒品，生定发慧，现证果故，名自他俱念也。

通教三者，观此六根当体即空，非灭故空，名念自佛。六根如幻，佛身亦然，以如幻根，缘如幻佛，灭如幻罪，生如幻福，乃至得证如幻涅槃，名念他佛。所念能念无二幻故，托如幻境，成如幻观，名自他俱念也。

别教三者，观此六根，依无明有，断无明故，九界六根得灭，佛界六根得成，名念自佛。正因佛性，虽复理同，我无缘了，诸佛已具，缘念诸佛果中胜德，不生疲厌，名念他佛。我与诸佛三因平等，诸佛圆证，我今在迷。先念化身佛，助我缘因；次念报身佛，助我了因；后念法身佛，显我正因，名自他俱念也。

圆教三者，六根皆如来藏，如来藏中，性见觉明，觉精明见，如一见根，见周法界，闻嗅觉知，亦复如是，妙德莹然，周遍法界，是念自佛。观一佛身，即是一切诸佛之身；观一相好，即是一切相好之海；称一佛名，即是一切诸佛之名；观一法门，即是一切微妙法门；观于佛土一尘一法，即是一切诸尘诸法；见一色身，即是圆见法、报、化身；瞻一影像，即是如来三身实相，名念他佛。诸佛乃众生心内之佛，众生乃诸佛心内众生，观身实相，观佛亦然。全由性具三德，成彼诸佛果上三身。观彼诸佛果上三身，即发自心本有三智，名自他俱念也。

△ 三、明证本迹者

自行则本迹俱圆，化他则四教俱用，还须先约三种念佛以释今文，次明四种净土以彰能摄。

约念他佛释今文者，一专为忆，即指十方如来，一人专忘，即指迷倒众生。佛常逢见众生，众生常不逢见诸佛，故云若逢不逢，或见非见。次喻佛忆众生更与寻常忆念不同，直如慈母忆子。子今忆母，亦须如母忆子，方得历生不相违远。忆者，恒审思量；念者，注心一境。忆念若深，则有现前即见佛者，如远公三见圣相之类是也。亦有当来乃见佛者，如临终佛迎，乃至华开见佛之类是也。不惟得见果佛，亦去果佛不远，如经所明不退菩提、多有一生补处是也。不假方便，谓即以念佛为第一胜异方便，非余一切方便所可及也。香喻诸佛果德；染香人身有香气等，喻揽果成因，因能克果也。

约念自佛释今文者，一专为忆，以喻本觉之性，随诸众生流转五道，不相暂离。一人专忘，以喻始觉在无明时，念念背觉合尘。始本不离，故若逢；始本不合，故不逢。本即在始，故或见；始恒迷本，故非见也。十方如来，即指众生本觉之性，元自竖穷横遍，能生始觉，喻之如母。始觉在无明时，全体从本觉起，而违背本觉，喻以如子逃逝也。现前见佛，是圆初住，亲见本觉法身。当来见佛，是圆五品、六根，相似见于本觉。去佛不远，谓去自心妙觉极果不远。不假方便，谓不假诸余方便，非谓念自心佛，不是胜妙方便也。香喻本觉理性；染香人身有香气，喻无明熏变成始觉也。

约自他俱念，例此可知。

次明四种净土以彰能摄者，所谓凡圣同居净土，方便有余净土，实报无障碍净土，常寂光净土也。今以藏、通二教念他佛、念自他佛二种三昧，摄归同居、方便二种净土，谓藏七贤，通干慧、性地，皆归同居净；藏四果，通见地已上，皆归方便净也。以别教二种念佛三昧，摄归同居、方便、实报三种净土：十信位，归同居净；十住、十行、十回向位，归方便净；十地证道同圆，由念他佛之力，归实报净也。以圆教二种念佛三昧，摄归四种净土：五品位，归同居净；十信位，归方便净；初住去，归实报净，亦复分证寂光；妙觉位，归于究竟寂光净也。

若夫单念自佛，则通教已办地，能归方便净土；干慧、性地，不能归同居净土。藏教一总不能。圆教能归实报、寂光二种净土，别教不能。又圆教但念自佛者，但能竖入上三净土，不能横超西方净土。又单念自佛，则是诸圣所同，不显此门独妙；又单被四教利根，不能普被四教三根，故非势至化他之本旨也。

问曰：但念他佛，得非心外取境耶？

答曰：圆人炽然但念他佛，了知他佛不离自心。权乘纵未了达自心，究竟心外决无别佛。故此念佛三昧，若迷若悟，皆可共遵。迷者遵之，则不假方便，自得心开；悟者遵之，则自他不二，始觉合本矣。名为三昧中王，不亦宜乎！

《楞严经·观世音菩萨耳根圆通章》文句

△ 五、观耳根。此门次序，本应在那律后，由其正被当机，故俟众圣各已略陈，乃广陈修证之相也。文分为二：初叙悟缘起，二牒证结答。

△ 初中三：初值佛禀教，二依教修证，三由证起用。

△ 今初

尔时观世音苦萨，即从座起，顶礼佛足，而白佛言：世尊，忆念我昔无数恒河沙劫，于时有佛出现于世，名观世音。我于彼佛发菩提心，彼佛教我，从闻思修，入三摩地。

观者，能观之智，所谓一心三观也。世音者，所观之境，所谓一境三谛也。世有三种：一器世间，所谓同居、方便、实报、寂光；二众生世间，所谓天、人、阿修罗、地狱、鬼、畜生；三正觉世间，所谓佛、菩萨、缘觉、声闻。以要言之，即十法界若依若正也。音者，依正所出种种音声，此音本即如来藏性，循业发现，众生迷本闻，循声流转，故于十界依正音声，不能普遍圆观。又于所闻音声，或是有漏，或是无漏，或善或恶，或乐或苦，随其妄想，起诸分别，不达一切音声皆如来藏三谛妙理。惟此菩萨善证耳根圆通，观一切音皆妙三谛，故名观世音也。古佛亦名为观世音，正显师资一揆。

我于彼佛发菩提心者，亦如阿难圆悟藏性，深发四弘也。

彼佛教我从闻思修入三摩地者，亦如今佛开示阿难定境修观也。闻、思、修三字，寻常作三慧释，今则稍异，谓以闻根为所观境，从此思惟修习而入三昧。下正备明思惟修习及证入起用之相也。

释此圆通，亦须三意：

境通别者。随闻一动一静，一声一响，皆可触发闻机，别成所观之境。今但云“从闻思修”，其境通也。

观盈缩者。观此耳入，因缘所生，全体虚妄，无我我所，是藏教意。耳入即空，是通教意。耳入出生十界因果，是别教意。耳入本如来藏，如来藏中性闻觉明，觉精明闻，妙德莹然，周遍法界等，是圆教意也。

证则本迹俱圆，具如下释。

△ 二依教修证二：初总叙圆修，二别明破阴。

△ 今初

初于闻中，入流亡所。

“初于闻中”四字，明其所观之境。虽十八界，皆得为所观境，而大士初下手时，别从耳门而入，故定闻根为所观境。此境不取所闻声相，亦不取耳识能分别相，但闻而已。

“入”之一字，明其能观之智。众生循声流转，非背而背，名之为出。大士反闻自性，非合而合，名之为入，即一心三止三观也。

“流”之一字，明其所显之谛。下文云，“此则圆真实”，“此则通真实”，“此则常真实”，乃是闻性真流。以此圆通常性，不变随缘，随缘不变，故名为流。若随染缘，则流为九界；若随净缘，则流为佛界。九界名生死流，佛界名涅槃流。正随流时，水性不变，十界俱非十界，名真谛法流。惟一水性，随十界流，十界俱即十界，名俗谛法流。流外无水，水外无流，非水非流，即流即水，十界俱离即离非、是即非即，名中谛法流。真谛即圆真实，俗谛即通真实，中谛即常真实。又三谛俱圆，量周遍故；三谛皆通，具胜用故；三谛皆常，体不变故。

若以能入止观，对所入法流，须知横竖二义，方达非横非竖。言竖入者，体真止，空观，入真谛流；方便随缘止，假观，入俗谛流；息二边分别止，中观，入中谛流。言横入者，一心三止，入真谛流；一心三观；入俗谛流；止观不二，入中谛流。如此横竖，即非横竖。又所观闻境，本具三谛，总名妙假。能观止观，三智一心，总名为空。所入法流，能所双绝，总名为中。当知约义说三，实非三体，非一非三，而三而一。根、尘、识性，一一咸尔，众生迷闷，日用不知。今以妙止观力，向耳门中圆显此理，则一显一切显矣。

言“亡所”者，“亡”之一字，总显澄浊得清，妄结得解之功；“所”之一字，总指耳根门头，五叠浑浊虚妄结根之相。盖迷背时，全即以此真流之理而成妄所；今了悟时，全即融彼妄所之法而成真流，故云“入流亡所”。

又复应知，“入”之一字，一心三止三观，止观不二，是般若德。“流”之一字，一境三谛，三非定三，是法身德。“亡所”二字，即解脱德。所无实体，则亡无可亡；所是幻妄，则不亡而亡；所非有无，则非亡非不亡而论于亡也。

△ 二别明破阴。夫所亡妄所，元无实体；能亡观智，亦无渐次。但就迷中五叠浑浊，不无浅深。故令悟时，不妨无次第中说于次第，直是语不顿彰，实则次第元非次第也。分文为五，初圆破色阴超劫浊，至五圆破识阴超命浊。

△ 今初

所入既寂，动、静二相，了然不生。

此以一心圆妙止观，直观闻性本圆、本通、本常，了知耳根所对动、静二尘，本如来藏妙真如性，动亦不生，静亦不生。不生之理，了然即在二相之中，非灭二相而后为不生也。夫动、静二相，既已了然不生，则凡明暗、通塞、恬变、合离、生灭等相，又岂有生？故得圆破色阴超劫浊也。

欲知此中修德浅深，仍须善达横竖二义。竖约六即，横约四土，竖中有横，横中有竖，乃能会入非横非竖。

言六即者。众生循声流转，妄计动灭静生，静灭动生。而动本无动，静本无静，是谓理即不生。知此动、静二相，来无所从，去无所至，是谓名字即不生。依于闻根而观闻性，深达不生之理，圆伏五住，是谓观行即不生。观力既深，相似理现，六根清净，粗垢先除，是谓相似即不生。无明豁破，秘藏理显，一动一静，无非三德，是谓分证即不生。动亦法界，静亦法界，法界圆照，惟妙觉明，是谓究竟即不生。今一往约竖，先亡声尘之所，位在观行；若即竖论横，通于究竟不生也。

言四土者。六凡众生以声生为动，声灭为静，是同居土动、静二相。二乘以生死为动，涅槃为静，是方便土动静二相。菩萨以二边为动，中道为静，是实报土动静二相。佛以不变随缘为动，随缘不变为静。又不变随缘，故非动说动，非静说静；随缘不变，故动亦不生，静亦不生，是寂光土动、静二相。今一往约横，则四土动、静，皆悉了然不生。即横论竖，则六凡动、静二相了然不生，超同居土劫浊，位在圆教七信；二乘动、静二相了然不生，超方便土劫浊，位在十信；菩萨动、静二相了然不生，超实报土劫浊，位在初住已上；佛界动、静二相了然不生，证寂光土真善妙色，一念普观无量劫，一尘普现十方界，十世古今，始终不离于当念，微尘刹土，自他不隔于毫端，又能示现种种时劫，种种延促，皆悉自在，位在妙觉也。

是谓初于闻中，入色阴本如来藏之流，亡九界劫浊之所。

△ 二圆破受阴超见浊

如是渐增，闻、所闻尽。

如是渐增者，理则顿悟，乘悟并销；事非顿除，因次第尽。纵令利刀一截千纸，而中间层数元自不乱；纵令大鹏一举九万，而中间寻尺亦自历然，故不妨于非渐次中说渐次也。动、静二相了然不生，则所闻之性本尽；所闻既尽，能闻亦然，所谓“旋闻与声脱，能脱欲谁名？”夫能闻、所闻既尽，则能见、所见，能嗅、所嗅，能尝、所尝，能觉、所觉，能知、所知，又岂不尽？故得圆破受阴超见浊也。

约六即者，众生终日循声流转，而声本无性，闻亦本空，是理即尽；达此本尽之理，是名字即尽，余可例知。今一往约竖，次亡闻根之所，位在初信乃至七信。若即竖论横，通于究竟尽也。

约四见者，六凡以根为能闻，声为所闻，起有我见；二乘以慧耳为能闻，以真谛为所闻，起无我见；菩萨以法耳为能闻，以俗谛为所闻，起亦我亦无我见；佛以佛耳为能闻，以中谛为所闻，成非我非无我无上正见。今一往约横，则四种闻、所闻皆尽。即横论竖，则凡夫闻、所闻尽，超有我见浊，位在七信；二乘闻、所闻尽，超无我见浊，位在十信；菩萨闻、所闻尽，超亦我亦无我见浊，位在初住已上；佛界闻、所闻尽，成非我非无我正见，位在妙觉也。

是谓初于闻中，入受阴本如来藏之流，亡九界见浊之所。

△ 三圆破想阴超烦恼浊

尽闻不住，觉、所觉空。

“不住”二字，即是于未足中不生满足证也。后文云：“若动念尽，浮想销除，于觉明心如去尘垢，一伦生死，首尾圆照，名想阴尽。”又云：“想阴尽者，是人平常梦想销灭，寤寐恒一，觉明虚静，犹如晴空，无复粗重前尘影事”，乃至“唯一精真”。故知此文，是圆破想阴以超烦恼浊也。

约六即者，众生终日起诸妄想，而妄想无性，是能觉、所觉，理即是空；知此妄想无性，无能无所，是名字即空。余可例知。今一往约竖，次亡觉观之所，位亦在圆七信。若即竖论横，通于究竟即空也。

约四慧者，凡夫以根尘为所觉，邪慧为能觉，成见思烦恼；二乘以真谛为所觉，空慧为能觉，成尘沙烦恼；菩萨以二谛为所觉，道慧为能觉，成无明烦恼；佛以中谛为所觉，佛慧为能觉，成无上菩提。今一往约横，则四种觉、所觉皆空。即横论竖，则凡夫觉、所觉空，超见思烦恼浊，位在七信；二乘觉、所觉空，超尘沙烦恼浊，位在十信；菩萨觉、所觉空，超无明烦恼浊，位在初住已上；佛界觉、所觉空，烦恼即菩提，位在妙觉也。

是谓初于闻中，入想阴本如来藏之流，亡九界烦恼浊之所。

△ 四圆破行阴超众生浊

空觉极圆，空、所空灭，生灭既灭，寂灭现前。

极之一字，即是不生满足，任运增进之功也。后文云：“若此清扰熠熠元性，性入元澄，如波澜灭，化为澄水，名行阴尽。”又云：“行阴尽者，诸世间性，幽清扰动，同分生机，倏然隳裂，沉细纲纽，补特伽罗酬业深脉，感应悬绝。于涅槃天，将大明悟”，“内外湛明，入无所入”，乃至“已灭生灭，而于寂灭精妙未圆”。故知此文是圆破行阴以超众生浊也。

约六即者，众生妄见种种生灭，而本无生灭可得，是谓理即寂灭。余可例知。今一往约竖，次亡空理生灭之所，位在十信。若即竖论横，通于究竟寂灭也。

约四行者，凡夫以有名生，以无名灭，成有漏行，作世间众生；二乘以生死为生灭，偏真为寂灭，成无漏行，作出世众生；菩萨以二边为生灭，但中为寂灭，成漏无漏行，作大道心成就众生；佛以不变随缘为生灭，随缘不变为寂灭，成不思议行，作无上众生。今一往约横，则四种生灭皆灭。若即横论竖，则凡夫生灭既灭，超世间众生浊，位在七信；二乘生灭既灭，超出世众生浊，位在十信；菩萨生灭既灭，超大心众生浊，位在初住已上；佛界生灭既灭，成无上众生，位在妙觉也。

是谓初于闻中，入行阴本如来藏之流，亡九界众生浊之所。

△ 五圆破识阴超命浊

忽然超越世、出世间，十方圆明，获二殊胜：一者上合十方诸佛本妙觉心，与佛如来同一慈力；二者下合十方一切六道众生，与诸众生同一悲仰。

后文云："十方世界及与身心，如吠琉璃内外明彻，名识阴尽。"又云："识阴若尽，则汝现前诸根互用。从互用中，能入菩萨金刚干慧，圆明精心，于中发化，如净琉璃内含宝月。如是乃超十信、十住"等，乃至"圆满菩提，归无所得"。故知此文是圆破识阴以超命浊也。夫如来藏妙真如性，本自俱非世、出世间，所以俱即世、出世间。由众生迷闷，背觉合尘，妄为五浊之所覆障，是故凡夫以世间自囿，圣人以出世自局。既囿且局，则其相不圆，其光不明，譬如月体虽无增减，而光相妄有盈亏。今以称性所起圆顿止观，圆破五阴而澄五浊，故得发本明曜，彻证三无差别之性而上合下同也。诸佛本妙觉心，即是众生心内诸佛，今既自证九界中本具佛界之性，便能遍与十界道灭，故云与佛如来同一慈力，是名无缘大慈。十方一切众生，即是诸佛心内众生，今既自证佛界中本具九界之性，便能遍拔十界苦集，故云与诸众生同一悲仰，是名同体大悲。十界惟是一心，慈悲本自不二，且约究竟义显，故但称诸佛本妙觉心，非谓本妙觉心独在诸佛。又约拔苦义强，故但称一切六道众生，非谓同体悲仰不遍九界也。

约六即者，世间本非世间，出世本非出世，是谓理即超越。余可例知。今一往约竖，次亡寂灭之所，位在初住已上。若即竖论横，通于观行超越，乃至究竟超越也。

约四识者，凡夫以现前为世间，妄计诸天神仙为出世间，成有漏识，起分段命浊；二乘以三界为世间，以偏真涅槃为出世间，成无漏识，起方便土变易命浊；菩萨以生死、涅槃皆为世间，以中道佛性迥超二谛为出世间，成漏无漏识，起果报土变易命浊；佛以如来藏性不变随缘为俱即世、出世间，随缘不变为俱非世、出世间，成庵摩罗识，证法性无量寿命。今一往约横，则四种世、出世间皆悉超越。若即横论竖，则破凡夫世间有漏识阴，超同居命浊，位在七信；破二乘出世间无漏识阴，超方便命浊，位在十信；破菩萨亦世间亦出世间漏无漏识阴，超实报命浊，位在初住已上；显佛界非世间非出世间庵摩罗识阴，证寂光无量寿命，位在妙觉也。

是谓初于闻中，入识阴本如来藏之流，亡九界命浊之所。

△ 三、由证起用三：初明三十二应，二明十四无畏，三明四不思议无作妙德。

二十四圣所证藏性既同，则所具妙用亦等，但非此会当机，故皆略而不说，慎勿因此作胜劣想也。此三妙用，不出慈悲感应。以观音大士心中所有十界苦乐而为能感，以十界众生心中所具大士慈悲而为能应，则有显感显应，冥感显应，显感冥应，冥感冥应，亦冥亦显感而显应，亦冥亦显感而冥应之不同。显感显应者，众生现在三业精勤，得见大士所现自身他身，得闻大士所说权实诸法；冥感显应者，众生过去善根淯熟，得见大士自他等身，得闻大士权实等法。此二通于三十二应、十四无畏及四妙德。显感冥应者，现在三业精勤，虽不见身闻法，而密得四益；冥感冥应者，过去善根淯熟，密得四益。此二惟在十四无畏及第四妙德。亦冥亦显感而显应者，过去善根淯熟，现在三业精勤，得见大士自他等身、闻权实法，此亦通于三十二应、十四无畏及四妙德；亦冥亦显感而冥应者，过现善根业力，虽不见身闻法，密成四益，此亦惟在十四无畏及第三、第四二妙德也。然此三种妙用，各有欢喜、生善、灭恶、入理四益，各有拔苦、与乐二用。而一往为语，则三十二应与乐义强，故承上文慈力言之；十四无畏拔苦义强，故承上文悲仰言之；四无作德，慈悲不二，故名不思议也。又三十二应，既称与佛同慈，而现身说法，乃具十法界身，则知众生是诸佛心内众生。十四无畏既称与生同仰，而所获功德，不离大士身心，则知大士是众生心内大士矣！

△ 初明三十二应，此与《法华》普门示现，同而不同。同者，皆现十法界身；不同者，《法华》说法惟指流通圆教，此经说法遍用权实四悉也。又分为三：初总明大用所起，二别明应说之相，三结明功由三昧。

△ 今初

世尊，由我供养观音如来，蒙彼如来授我如幻闻熏闻修金刚三昧，与佛如来同慈力故，令我身成三十二应，入诸国土。

全性起修，修即无修，故云如幻。以本觉闻性，熏于始觉，以闻性中所起始觉，修于本觉，故云闻熏闻修。以其顿破无明结根，顿显常住藏性，故云金刚三昧也。三十二应，总不出十法界身。入诸国土，即是于实报、方便、同居三土横竖而入也。

△ 二别明应说之相二：初现四圣法界，二现六凡法界。

△ 今初

世尊，若诸菩萨入三摩地，进修无漏，胜解现圆，我现佛身而为说法，令其解脱。若诸有学，寂静妙明，胜妙现圆，我于彼前现独觉身而为说法，令其解脱。若诸有学断十二缘，缘断胜性，胜妙现圆，我于彼前现缘觉身而为说法，令其解脱。若诸有学得四谛空，修道入灭，胜性现圆，我于彼前现声闻身而为说法，令其解脱。

诸菩萨者，遍指四教因中大士。现佛身者，各现当教极果之身。为说法者，随其所应，说于四种第一义悉。令解脱者，令证四教佛果解脱之道，究竟归于圆教解脱也。出无佛世，名为独觉。寂静妙明，指无生观慧言也。出有佛世，禀因缘教，名为缘觉。缘断胜性，言已能成就断缘生之胜性也。得四谛空等，言先于四谛悟生空理，证须陀洹，今进修无漏道品，欲入灭度也。不言现菩萨身者，大士示居菩萨位故。

△ 二现六凡法界又为二：初成就乐欲，二成就厌离。

△ 今初

若诸众生欲（使其）**心明悟，不犯欲**（染秽）**尘，欲**（令其）**身清净，我于彼前现梵王身而为说法，令其解脱。若诸众生欲为天主，统领诸天，我于彼前现帝释身而为说法，令其成就。若诸众生欲身自在，游行十方，我于彼前现自在天身而为说法，令其成就。若诸众生欲身自在，飞行虚空，我于彼前现大自在天身而为说法，令其成就。若诸众生爱统鬼神，救护国土，我于彼前现天大将军身而为说法，令其成就。若诸众生爱统世界，保护众生，我于彼前现四天王身而为说法，令其成就。若诸众生爱生天宫，驱使鬼神，我于彼前现四天王国太子身而为说法，令其成就。若诸众生乐为人王，我于彼前，现人王身而为说法，令其成就。若诸众生爱主族姓，世间推让，我于彼前现长者身而为说法，令其成就。若诸众生爱谭名言，清净自居，我于彼前现居士身而为说法，令其成就。若诸众生爱治国土，剖断邦邑，我于彼前现宰官身而为说法，令其成就。若诸众生，爱诸数术，摄**（持护）**卫**（以）**自居**（身），**我于彼前现婆罗门身而为说法，令其成就。若有男子好学出家，持诸戒律，我于彼前现比丘身而为说法，令其成就。若有女人好学出家，持诸禁戒，我于彼前现比丘尼身而为说法，令其成就。若有男子乐持五戒，我于彼前，现优婆塞身而为说法，令其成就。若有女子五戒自居，我于彼前现优婆夷身而为说法，令其成就。若有女人内政立身，以修家国，我于彼前现女主身及国夫人、命妇、大家而为说法，令其成就。若有众生不坏男根，我于彼前现童男身而为说法，令其成就。若有处女爱乐处身，不求侵暴，我于彼前现童女身而为说法，令其成就。**

欲心明悟者，且指欲界为暗，色界为明；欲染为迷，梵行为悟也。梵天以上品十善、根本禅定为因，此亦称解脱者，暂离欲界系缚苦故，又令转入出世道故。梵王即初禅天王。

帝释即忉利天王，以上品十善化他为因。自在天，居欲界顶，以十善及未到地定为因。大自在天，居色界顶，以四禅及四无量心为因。天大将军、护世四王及王太子，同以五戒十善摧邪辅正为因。

人王有五种：一金轮王，王四天下；二银轮王，王三天下，除于北洲；三铜轮王，王二天下，除西北二洲；四铁轮王，王一天下，唯统南洲；五粟散王，如西域十六国王，此土诸侯王等；同以五戒十善化他为因。

长者，须具十德：一姓贵，二位高，三大富，四威猛，五智深，六年耆，七行净，八礼备，九上叹，十下归也。居士者，隐居求志之士。名言者，典雅名世之言。宰官者，上自卿相，下至百僚。婆罗门，此云净裔，亦云梵志，即道术之流。比丘解现初卷。尼者，女也。优婆塞，此云近事男；优婆夷，此云近事女；受持三归、五戒，堪能亲近承事三宝故也。

大家，家字，读作“姑”音，乃后妃之所师事。

令其成就，各有二意：一者现在成就乐欲，二者密令将来成就菩提。

△二成就厌离

若有诸天，乐出天伦，我现天身而为说法，令其成就。若有诸龙乐出龙伦，我现龙身而为说法，令其成就。若有药叉乐度本伦，我于彼前现药叉身而为说法，令其成就。若乾闼婆乐脱其伦，我于彼前现乾闼婆身而为说法，令其成就。若阿修罗乐脱其伦，我于彼前现阿修罗身，而为说法，令其成就。若紧那罗乐脱其伦，我于彼前现紧那罗身而为说法，令其成就。若摩呼罗伽乐脱其伦，我于彼前现摩呼罗伽身而为说法，令其成就。若诸众生乐人修人，我现人身而为说法，令其成就。若诸非人，有形、无形，有想、无想，乐度其伦，我于彼前皆现其身而为说法，令其成就。

诸天虽乐，亦有二苦：一者为乐所醉，不得见佛闻法；二者复有一种天人，虽由总业得受天身，别业福微，恒受饥渴；故有乐出其伦者也。龙有热沙、金翅诸苦。药叉，亦云夜叉，此翻轻捷。乾闼婆，此云寻香行。阿修罗，此云无端正，女美男丑；又云无天，有天福无天德；又云无酒，酿海为酒而不能成。紧那罗，此云疑神，亦云歌神。摩呼罗伽，此云地龙，即大蟒腹行之神。此等所受果报，皆苦乐相杂，而形相丑陋，故每每乐脱本伦，而欣慕人身，以诸佛皆于人中得道，又人道最能趋菩提故。有形者，休咎精明之类。无形者，空散销沈之类。有想者，神鬼精灵之类。无想者，精神化为土木金石之类。此皆八难中摄。虽不明言地狱之身，而理必具有也。

令其成就，亦各二意，一者成就脱离，二者成就菩提。

△ 三结明功由三昧

是名妙净三十二应入国土身，皆以三昧闻熏闻修无作妙力，自在成就。

随类巧现，故曰妙。不染过患，故曰净。称性所起，故曰无作妙力也。

△ 二明十四无畏。此与《法华》七难、三毒、二求义同，并其初文总答，最后劝持名答，共成十四。然《法华》但明果上胜用，此经兼显从因克果。又《法华》双明机应，此经但明能应也。分文为三：初总明大用所起，二别明施无畏相，三结明福备众生。

△ 今初

世尊，我复以此闻熏闻修金刚三昧无作妙力，与诸十方三世六道一切众生同悲仰故，令诸众生于我身心获十四种无畏功德。

悲能拔苦，故令获无畏也。虽云六道，实该九界。

△ 二别明施无畏相五：初总明脱苦无畏，二别明七难无畏，三别明三毒无畏，四别明二求无畏，五结明持名无畏。

△ 今初

一者由我不自观音以观观者，令彼十方苦恼众生，观其音声，即得解脱。

按《法华经》云：“无量众生受诸苦恼，闻是观世音菩萨，一心称名，观世音菩萨即时观其音声，皆得解脱。”实与此文互为表里。今先正释此文，后与《法华》会释。

此文云“由我不自观音以观观者”，乃显其从因克果、从证起用之由致也。旋闻与声脱，不复循声流转，故言“不自观音”。反闻闻自性，故言“以观观者”。上观字，去声呼之，即是观智；下观字，平声读之，即耳根境。以耳根境名为观者，正显六根无二故也。

观其音声，谓观其称菩萨名之音声也。众生正称菩萨名时，即须一心观彼音声，由能一心观其音声，故得解脱。观此音声，有事有理。事一心者，历历分明，称名不乱；理一心者，了知音声性空，惟心所现，能称、所称，体即法界，能、所宛然，能、所双绝。若但有事一心观，能脱事苦；若具有理一心观，能脱理苦也。

与《法华》会释者。《法华》明言称菩萨名，今文不说。《法华》观其音声，意在于应。今文观其音声，意在于机。设无前机，欲何所应？设无能应，何以接机？故知相表里耳。又复应知，《法华》是如来述此菩萨果上化他功德，意令众生归依得度。今文是菩萨自述始终修证体用，意令当机悟入圆通。得此意已，往释下文十三无畏及四妙德，妙旨泠然。

△ 二别明七难无畏

二者知见旋复，令诸众生设入大火，火不能烧。

三者观听旋复，令诸众生大水所漂，水不能溺。

四者断灭妄想，心无杀害，令诸众生入诸鬼国，鬼不能害。

五者熏（彼妄）**闻成**（于）**闻**（性）**，六根**（皆悉）**销复，同于声听**（之不相黏）**，能令众生临当被害，刀段段坏，使其兵戈犹如割水，亦如吹光，性无摇动。**

六者闻熏精明，明遍法界，则诸幽暗（之）**性**（为明所破）**不能**（自）**全，能令众生，药叉、罗刹、鸠槃茶鬼及毗舍遮、富单那等虽近其傍，目不能视。**

七者音性圆销，观听返入，离诸尘妄，能令众生，禁系枷锁所不能著。

八者灭音（尘之妄）**圆**（成）**闻**（性）**，遍生**（同体）**慈力，能令众生经过险路，贼不能劫。**

见根属火，此火既灭，何火能烧？是故果报大火、恶业大火、烦恼大火，悉不能烧。果报火，上至初禅。恶业火，通于三界。烦恼火，通于九界。以要言之，灭九界妄火，证佛界清凉也。

闻机属水，此水既灭，何水能溺？果报水，上至二禅。恶业水，通于三界。烦恼水，通于九界。以要言之，灭九界妄水，登佛界彼岸也。

妄想如鬼，此鬼既灭，何鬼能害？果报鬼，惟恼欲界。恶业鬼，通于三界。烦恼鬼，通于九界。以要言之，灭九界鬼伦，证佛界神力也。

妄根如刀，触坏法界，此刀既销，何刀能害？割水以喻无损，吹光以喻无动。果报刀，惟坏欲界。恶业刀，通于三界。烦恼刀，通于九界。以要言之，灭九界事理杀具，成佛界慧剑智刀也。

根尘为黑暗稠林，此暗既除，何暗不破？药叉是轻捷鬼，罗刹是可畏鬼，鸩槃茶是魇魅鬼，毗舍遮是啖精气鬼，富单那是热病鬼，性皆幽暗。果报暗，仅在人世。见思暗，通于三界。尘沙暗，通于二乘。无明暗，通于九界。以要言之，灭九界暗妄，证佛界真明也。

所妄既立，明理不逾，以为枷锁。此锁既开，何锁能禁？果报锁，禁系人畜。恶业锁，禁系六凡。烦恼锁，禁系三乘。以要言之，脱九界系缚，开佛界关键也。

六尘为贼，劫夺家珍，此贼既平，何贼能劫？果报贼，劫夺人间。恶业贼，劫于三界。烦恼贼，劫于三乘。以要言之，降九界怨贼，成佛界大慈也。

由我成此妙应之本，故令众生称名得脱。

△ 三别明三毒无畏

九者熏闻离尘，色所不劫，能令一切多淫众生远离贪欲。

十者纯音无尘，根境圆融，无对所对，能令一切忿恨众生，离诸嗔恚。

十一者销尘旋明，法界身心，犹如琉璃，朗彻无碍，能令一切昏钝性障诸阿颠迦，永离痴暗。

二法相对，妄生贪染，名之为淫。欲界以男女相染而为贪欲，色、无色界以味禅相染而为贪欲。二乘贪染偏真涅槃，菩萨贪染六度万行，亦复贪染但中佛性。今熏于闻根，永离前尘，了知色性本即藏性，与诸闻性元无二性，不应以闻劫闻，以色劫色，是故更无能贪及所贪也。

二法相对，妄生违忤，名之为嗔。凡夫嗔于逆缘，二乘厌恶三界，菩萨轻鄙小乘，亦复弃舍二边。今既达纯是法性妙音，无复尘相，则根即是境，境即是根，称性圆融，无有能对及与所对，是故更无一法可嗔恚也。

有明明觉，失彼精了，迷己为物，认物为己，名为痴暗。凡夫不达诸法惟心，本性空寂；二乘不达诸法唯心，假名无量；菩萨不达诸法唯心，体即中道。今既销落尘缘，旋归明性，则法法唯心，法法圆照，故法界身心，朗彻无碍也。阿颠迦，此云无善心。不知心、佛、众生三无差别，不知性具缘了二善，皆名为无善心。

此亦自行功成，化他有本，故令众生念者离毒。

△ 四别明二求无畏

十二者融形复闻，不动道场，涉入世间，不坏世界，能遍十方，供养微尘诸佛如来，各各佛边为法王子，能令法界无子众生欲求男者，诞生福德智慧之男。

十三者六根圆通，明照无二，含十方界，立大圆镜空如来藏，承顺十方微尘如来秘密法门，受领无失，能令法界无子众生欲求女者，诞生端正福德柔顺众人爱敬有相之女。

权智干事，义之如男；实智顺理，义之如女。融形复闻，言融灭妄形而复还闻性也。不动道场，证诸法之实性也。涉入世间等者，由实智而起权智也。明照无二等者，照诸法之差别也。立大圆镜等者，即权智而归实智也。果报男女惟在欲界，法门男女通于十界。恶法男女，此非所求。今约善法以辨男女，复为六意：一约五戒，二约十善，三约四禅，四约二乘，五约菩萨，六约佛法。

一约五戒者，不杀是仁，不盗是义，此二属定法，表之以女。不邪淫是礼，不妄语是信，不饮酒是智，此三属慧法，表之以男。若不得此男女，失人天身，堕诸恶趣，穷苦孤独。今令求五戒者戒得清净，即是诞生福德智慧男女也。夫不淫、不妄、不饮，一往说是慧法，而慧必有定，如男子虽尚智能，亦必具于福德。不杀不盗，一往说是定法，而定必有慧，如女子虽尚福相，亦必具于端正，端正即是慧无邪丑。由福德故人爱之，由端正故人敬之也。

二约十善者，不杀、不盗属女，不淫及口四、意三属男，余如上说。

三约四禅者，且约五法修于初禅及初禅所证五支言之。修五法中，乐欲、精进及慧三属男，念及一心二属女。证五支中，觉、观、喜三支为男；乐、一心二支为女。余如上说。

四约二乘者，出世禅定为女，出世观慧为男，若不得此男女，即当堕落三界，飘零孤露。余如上说。

五约菩萨者，藏教事度，以前五度为女，般若为男；通教以入空断惑为男，出假慈悲为女；别教以功德庄严为女，智慧庄严为男。

六约佛法者，即实智之权智为男，即权智之实智为女，若不得此男女，不能究竟自利利他。

今大士自既男女具足，亦令众生得具足也。

△五结明持名无畏

十四者，此三千大千世界，百亿日月，现住世间诸法王子，有六十二恒河沙数，修法垂范，教化众生，随顺众生，方便智慧各各不同。由我所得圆通本根，（乃是）**发妙**（悟于）**耳门，然后身心**（一切）**微妙含容，周遍法界，能令众生持我名号，与彼共持六十二恒河沙诸法王子，二人福德正等无异。世尊，我一名号，与彼众多名号无异，由我修习得真圆通。**

名号只是音声，音声即是如来藏性。未达藏性，妄存一多情计，既达藏性，则一亦法界，多亦法界。一不为少，多不为多。良由闻性圆明，不由声尘而起知见故也。

由我修习得真圆通者，正逗阿难及此方之机，故名为真，非谓二十四圣有未真也。

△三结明福备众生

是名十四施无畏力，福备众生。

诸畏既灭，净福自成。拔九界畏，成佛界福，遍于十方，亘于三际，故名为备也。

△三明四不思议无作妙德二：初总明大用所起，二别明不思议相。

△今初

世尊，我又获是圆通，修证无上道故，又能善获四不思议无作妙德。

△ 二别明不思议相四：初现容不思议，二说咒不思议，三受供不思议，四兴供不思议。

△ 今初

一者由我初获妙妙闻心，心精遗闻，见、闻、觉、知不能分隔，成一圆融清净宝觉，故我能现众多妙容，能说无边秘密神咒。其中或现一首、三首、五首、七首、九首、十一首，如是乃至一百八首、千首、万首、八万四千烁迦罗首；二臂、四臂、六臂、八臂、十臂、十二臂、十四、十六、十八、二十至二十四，如是乃至一百八臂、千臂、万臂、八万四千母陀罗臂；二目、三目、四目、九目，如是乃至一百八目、千目、万目、八万四千清净宝目。或慈或威，或定或慧，救护众生，得大自在。

此虽容、咒并说，而结归在现容也。妙妙闻心，初妙字是妙谛，次妙字是妙境。妙谛约性，通于诸法，妙境从机，独在耳根，以此方众生耳根最利，易显圆通常性故也。烁迦罗首者，金刚坚固之首，表法身德。母陀罗臂者，印手表于方便，是解脱德。清净宝目者，表于实慧，是般若德。各言八万四千者，意显众生迷本觉性，具足八万四千尘劳烦恼，即此烦恼业果，一一无非三德秘藏也。

△ 二说咒不思议

二者由我闻思脱出六尘，如声度垣，不能为碍，故我妙能现一一形，诵一一咒。其形、其咒，能以无畏施诸众生，是故十方微尘国土，皆名我为施无畏者。

此亦[①]容、咒并说，而结归在诵咒也。现一一形，即指前文首、臂、目等；诵一一咒，具如《不空罥索经》等。

△ 三受供不思议

---

① “亦”，《蕅益大师全集》本作“方”，现按《卍续藏》本、《嘉兴藏》本校订。

三者由我修习本妙圆通清净本根，所游世界，皆令众生舍身珍宝，求我哀愍。

所游世界，即实报、方便、同居诸土也。九界众生云兴供养以求哀愍，良由不受诸受，故能无所不受。

△ 四兴供不思议

四者我得佛心，证于究竟，能以珍宝种种，供养十方如来，傍及法界六道众生，求妻得妻，求子得子，求三昧得三昧，求长寿得长寿，如是乃至求大涅槃得大涅槃。

不惟供十方佛，亦供法界众生无所不遍，良由圆满菩提归无所得，故能无所不得。

△ 二牒证结答

佛问圆通，我从耳门圆照三昧，缘心自在，因入流相，得三摩提，成就菩提，斯为第一。世尊，彼佛如来叹我善得圆通法门，于大会中授记我为观世音号。由我观听十方圆明，故观音名遍十方界。

缘心自在等者，不误认缘心听法，则能因指见月，亲见法性，从此遂入圆通常法而成三昧也。

△ 第三众圣各说证门竟。

《楞严经·清净明诲章》文句

△ 初总显三学以戒为本，二别示四重以彰无漏。

△ 今初

佛告阿难：汝常闻我毗奈耶中，宣说修行三决定义，所谓：摄心为戒，因戒生定，因定发慧，是则名为三无漏学。

毗奈耶，亦云毗尼，即律藏也。摄心为戒者，为字，训作由字，言欲摄其心，必由持戒也。若非以戒摄心，何由甄别邪正？又必摄心，方可名戒，正显持犯不但束身而已。由此波罗提木叉戒以摄其心，然后生定发慧，斯则名为三无漏学。若无此戒，纵有禅定多智现前，必落魔邪，成有漏矣！

问曰：摄心为戒，摄真心耶？摄妄心耶？若摄妄心，妄本无体，云何可摄？若摄真心，真何用摄？又戒法虽一，历四教观慧，则有四别，未审如何摄心，方成圆戒？若云戒即无漏，则凡夫持戒，报在人天者，亦可称无漏否？若成有漏，还得名净戒否？

答曰：真心妄心，元非二体。随染缘，则全真成妄，如水成冰；随净缘，则全妄归真，如冰成水。克论迷真起妄，只因妄为明觉，所谓“知见立知”，过在“立”字，亦即“自心取自心”之“取”字，“认悟中迷”之“认”字。克论反妄归真，只贵不随分别三种相续，所谓“知见无见”，功在“无”字，亦即“不取无非幻”之“不取”二字，“弃生灭守真常”之“守”字，“脱黏内伏”之“伏”字，皆与今“摄”字同也。故知不摄，则真心便为妄心；能摄，则妄心便成真心。而摄心妙法，无过于戒。念念与妙戒相应，则名为摄，非谓戒有方隅，摄是束缚也。如下文云：“必使淫机，身心俱断，断性亦无。”夫身断，律仪戒也。心断，定共戒也。断性亦无，道共戒也。又身心俱断，故不住生死；断性亦无，故不住涅槃。又身断故出生死，真谛戒也；心断故游戏神通，俗谛戒也。断性亦无，达杀、盗、淫、妄等性即是佛性，无复可断，中道第一义谛戒也。经文又云："众生不识本心，不得真净，皆由随顺杀、盗、淫故。反此三种，又则出生无杀盗淫。有名鬼伦，无名天趣，有无相倾，起轮回性。若得妙发三摩提者，则妙常寂，有无二无，无二亦灭。"正与此中"身心俱断，断性亦无"义同。如此方名净戒，方可称为摄心，方是无漏之学。彼以戒善感人天者，喻如摩尼博贸一衣一食，非法有优劣也。故今欲摄心者，先备明戒法以为其境，次深明观慧以成其功，则庶几近之矣！

△ 二别示四重以彰无漏二：初牒征，二详示。

△ 今初

阿难，云何摄心，我名为戒？

言云何善摄其心，与身口一齐清净，我方名为戒耶？此正总显非戒决不能摄心，非摄心亦决不名戒也。

△ 二详示四：初淫戒，二杀戒，三盗戒，四大妄语戒。此即比丘四重戒法，乃大小乘之根本也。

△ 初、淫戒。生死根本，欲为第一，故首陈之。

若诸世界六道众生，其心不淫，则不随其生死相续。汝修三昧，本出尘劳，淫心不除，尘不可出。纵有多智禅定现前，如不断淫，必落魔道。上品魔王，中品魔民，下品魔女。彼等诸魔亦有徒众，各各自谓成无上道。我灭度后末法之中，多此魔民炽盛世间，广行贪淫为善知识，令诸众生落爱见坑，失菩提路。汝教世人修三摩地，先断心淫，是名如来先佛世尊第一决定清净明诲。

是故，阿难，若不断淫修禅定者，如蒸砂石欲其成饭，经百千劫，只名热砂。何以故？此非饭本，砂石成故。汝以淫身求佛妙果，纵得妙悟，皆是淫根，根本成淫，轮转三涂，必不能出，如来涅槃，何路修证？必使淫机身心俱断，断性亦无，于佛菩提，斯可希冀。如我此说，名为佛说；不如此说，即波旬说。

此言不但执身不淫，须是心亦不淫也。纵有多智禅定，尚为魔侣，况无定慧，直坠何疑！魔侣为善知识，亦复现慈悲相，而不断淫心，则落爱坑；妄谓淫不障道，则落见坑。既堕深坑，永违觉路矣！夫淫心为生死根本，决不与佛果相应，如砂石决非饭本。禅定熏修，喻之以蒸。不生不灭为本修因，然后圆成果地修证，喻如蒸米成饭；别成魔家邪福，喻如蒸砂成热耳。

身断者，木叉戒也；心断者，禅戒也；断性亦无者，无漏戒也；此入空意也。身断者，律仪及定共也；心断者，道共也；断性亦无者，涉境而不染也；此出假意也。身断者，证无漏也；心断者，涉境不染也；断性亦无者，断不断俱寂灭也；此中道意也。曰淫机者，如前偈云："虽见诸根动，要以一机抽"，若未息机，纵能伏断烦恼，不曾永除幻本，故须直向机字觑破，则断与不断，二俱寂灭矣！

△ 二、杀戒

阿难，又诸世界六道众生，其心不杀，则不随其生死相续。汝修三昧，本出尘劳，杀心不除，尘不可出。纵有多智禅定现前，如不断杀，必落神道。上品之人为大力鬼，中品则为飞行夜叉诸鬼帅等，下品当为地行罗刹。彼诸鬼神亦有徒众，各各自谓成无上道。我灭度后末法之中，多此鬼神炽盛世间，自言食肉得菩提路。阿难，我令比丘食五净肉，此肉皆我神力化生，本无命根。汝婆罗门，地多蒸湿，加以砂石，草菜不生。我以大悲神力所加，因大慈悲，假名为肉。汝得其味，奈何如来灭度之后，食众生肉，名为释子！汝等当知，是食肉人，纵得心开似三摩地，皆大罗刹，报终必沉生死苦海，非佛弟子。如是之人，相杀相吞，相食未已，云何是人得出三界？汝教世人修三摩地，次断杀生，是名如来先佛世尊第二决定清净明诲。

是故，阿难，若不断杀修禅定者，譬如有人自塞其耳，高声大叫，求人不闻，此等名为欲隐弥露。清净比丘及诸菩萨，于岐路行，不蹋生草，况以手拔？云何大悲，取诸众生血肉充食？若诸比丘不服东方丝绵绢帛，及是此土靴履裘毳、乳酪醍醐，如是比丘于世真脱，酬还宿债，

不游三界。何以故？服其身分，皆为彼缘，如人食其地中百谷，足不离地。必使身心，于诸众生若身、身分，身心二涂，不服不食，我说是人真解脱者。如我此说，名为佛说；不如此说，即波旬说。

此言非但执身不杀，须是心亦不杀也。五净肉者，不见杀、不闻杀、不疑为己杀、自死、鸟残也。五天竺国，悉号为婆罗门，是尊姓故。

问曰：佛既具足神力，何不化作草菜，而乃化作五净肉耶？

答曰：佛顺时宜，不立异故。此地既本不生草菜，而今忽生，则人将以为怪。又复如来灭后，设遇草菜不生，又将奈何？是故佛及比丘遇世饥荒，目连请愿番取地味及取北洲自然粳等，佛皆不许，而云：后世无目连时，又将奈何？当知佛法可传可继为若此也。

妄谓杀生食肉无有罪报，如自塞其耳；杀彼生命，如高声大叫；求其不闻，不可得也。修禅欲出生死，故名欲隐；杀生连仇结祸，故名弥露。

服有二种，一者衣服，二者服食。丝、绢、绵、帛，靴、履、裘、毳，衣服之服也；乳酪、醍醐，服食之服也。然此中虽一概遮止，而准诸经律，不无分别。若丝、绵、绢、帛，大小二乘并皆严禁，以其由此害多命故。若靴、履、裘、毳，小乘一向听许，大乘亦不全遮，以其非专为此而害命故。若乳酪、醍醐，大小并许。乃至《大涅槃经》，仍复开听。此经亦云："汝常二时众中持鉢，其间或遇乳酪、醍醐，名为上味"，后文坛场仪式，又仍用此供享三宝，以其但分余润，不害命故。今云不服，则是充类至尽之意，言能不服则弥善耳。

如人食其地中等者。劫初之人，身能飞行，由食地味及自然粳，足不离地，以喻服彼众生身分，不能永离众生之种类也。身者，血肉之类。身分者，皮毛等物。身既不服其身分，不食其身肉，心又永无贪求服食之想，岂非真解脱者！

问曰：小乘求出生死，何故反许五净及靴、履等？大乘度生为务，何反严遮？

答曰：小乘但求自度，止须不造杀业，不障出世足矣。喻如举家远逃之人，则小债可弗偿也。大乘须在三界广化众生，喻如乡国大姓长者，设有分毫负人，便有惭色，不能自在设化矣。行菩萨道者思之。

△ 三、盗戒

阿难，又复世界六道众生，其心不偷，则不随其生死相续。汝修三昧，本出尘劳，偷心不除，尘不可出。纵有多智禅定现前，如不断偷，必落邪道。上品精灵，中品妖魅，下品邪人，诸魅所著。彼等群邪亦有徒众，各各自谓成无上道。我灭度后，末法之中多此妖邪炽盛世间，潜匿奸欺，称善知识，各自谓已得上人法，詃惑无识，恐令失心，所过之处，其家耗散。我教比丘循方乞食，令其舍贪，成菩提道。诸比丘等不自熟食，寄于残生，旅泊三界，示一往还，去已无返。云何贼人假我衣服，裨贩如来，造种种（恶）**业，皆言佛法**（应尔），**却非**（毁）**出家具戒比丘**（以）**为**（是）**小乘道，由是疑误无量众生堕无间狱。若我灭后，其有比丘发心决定修三摩地，能于如来形像之前身然一灯，烧一指节，及于身上爇一香炷，我说是人无始宿债，一时酬毕，长揖世间，永脱诸漏。虽未即明无上觉路，是人于法已决定心。若不为此舍身微因，纵成无为，必还生人，酬其宿债，如我马麦正等无异。汝教世人修三摩地，后断偷盗，是名如来先佛世尊第三决定清净明诲。**

是故，阿难，若不断偷修禅定者，譬如有人，水灌漏卮，欲求其满，纵经尘劫，终无平复。若诸比丘，衣钵之余，分寸不畜，乞食余分，施饿众生；于大集会合掌礼众，有人捶詈，同于称赞；必使身心二俱捐舍，身肉骨血，与众生共；不将如来不了义说，回为己解，以误初学；佛印是人，得真三昧。如我所说，名为佛说；不如此说，即波旬说。

此言非但执身不盗，须是心亦不偷也。邪道者，奸欺之类。精灵者，盗日月之精气而为神灵。妖魅者，盗人精气为妖魅鬼。

循方乞食者，谓循顺方法而行乞食。《僧祇律》中名为分卫，言分施众僧，卫护道力也。肇法师云：乞食略有四意，一为福利众生，二为折伏骄慢，三为知身有苦，四为除去滞著。

裨贩如来者，裨附佛法贪贩利养也。

身然一灯等者，依于身见而起偷心，故以舍身微因对治盗业。温陵云：一切难舍，无如己身。难舍能舍，则自余贪爱决能弃舍，故曰是人于法已决定心也。苟但舍身而心不决舍，则无益于道，故下文云：必使身、心，二俱捐舍。

如我马麦等者。佛于往世曾诟比丘可食马麦，故于毗兰邑中，食麦三月，以示宿债必偿也。

禅定喻水，偷心喻如漏卮。衣鉢之余，分寸不畜，是贪心毕舍；乞食余分，施饿众生，是悭心毕舍；于大集会，合掌礼众，是毕舍慢心；有人捶詈，同于称赞，是毕舍嗔心。

不将如来不了义说等者，上文是于依正二报永断偷心，此即于佛法上永断偷心也。谓若欲说法利生，接引初学，必须备讨如来大小教典，知其四悉因缘，不可但执一义一解而自以为是，兼以误初学也。

△ 四、大妄语戒

阿难，如是世界六道众生，虽则身心无杀盗淫，三行已圆。若大妄语，即三摩地不得清净，成爱见魔，失如来种。所谓未得谓得，未证言证。或求世间尊胜第一，谓前人言：我今已得须陀洹果、斯陀含果、阿那含果、阿罗汉道、辟支佛乘、十地、地前诸位菩萨，求彼礼忏，贪其供养，是一颠迦，销灭佛种，如人以刀断多罗木，佛记是人永殒善根，无复知见，沉三苦海，不成三昧。我灭度后，敕诸菩萨及阿罗汉，应身生彼末法之中，作种种形，度诸轮转。或作沙门，白衣、居士，人王、宰官，童男、童女，如是乃至淫女、寡妇，奸偷、屠贩，与其同事，称赞佛乘，令其身心入三摩地，终不自言我真菩萨、真阿罗汉，泄佛密因，轻言（之于）**未学**（人前）**；唯除命终，阴有遗付。云何是人惑乱众生，成大妄语？汝教世人修三摩地，后复断除诸大妄语，是名如来先佛世尊第四决定清净明诲。**

是故，阿难，若不断其大妄语者，如刻人粪为旃檀形，欲求香气，无有是处。我教比丘直心道场，于四威仪一切行中尚无虚假，云何自称得上人法？譬如穷人妄号帝王，自取诛灭；况复法王，如何妄窃？因地不真，果招纡曲，求佛菩提，如噬脐人，欲谁成就？若诸比丘心如直

弦，一切真实，入三摩地，永无魔事。我印是人，成就菩萨无上知觉。如我所说，名为佛说；不如此说，即波旬说。

爱见魔者，稍有所得，起增上慢，则是爱魔；执此是实，余皆虚妄，则是见魔。又借此贪求供养，则是爱魔；执性废修，妄谓已实齐于诸圣，则是见魔也。地前诸位，即信、住、行、向。一颠迦，即是一阐提。三乘圣果，喻如旃檀。名利恶心，喻如粪秽。噬脐人者，人不能自噬其脐，以喻悔无所及。或云麝被人逐，自噬其脐，虽复噬脐，终不免难也。余皆如文可知。

后序

至矣哉！《大佛顶经》之为教也。依妙性而开妙悟，起妙行而历妙位，成妙果而归妙性。永超七趣沉沦，不堕修心岐径。戒乘俱急，顿渐两融，显密互资，事理不二。诚教海之司南，宗乘之正眼也！

旭年二十三时，岁在辛酉，创获闻熏，决志离俗。次年剃染，坐禅双径，每遇静中诸境，罔不藉此金錍。乙丑、丙寅两夏，为二三友人所逼，频演此经二遍，实多会心，愿事阐发，但以志在宗乘，未暇笔述。己巳春，与博山无异师伯盘桓百日，深痛末世禅病，方乃一意研穷教眼，用补其偏。然虽遍阅大藏，而会归处不出《梵网》、《佛顶》二经。越七年丙子，抱病窜居九华，惟以念佛伫死期。不意诵帚昉师，蹈冰远至，首以《梵网合注》为请，遂力成之。次年昉师归闽，续有同志数人乐闻此经要旨，一番商究，会心更多。戊寅幻游新安，结夏休邑，重拈妙义，加倍精明。今夏弘法温陵，昉师及一切知己，坚请疏解，以发前人之所未发。予谓此经旧解多矣，利根者一指便可见月，钝根者多指益复眩眼耳。昉师曰："不然。药无贵贱，起病者良；法无精粗，救时为要。痛兹末世，宗教分河，尽谓别传实在教外，孰知教内自有真传。纵令截去指头，依旧不曾见月。每聆吾师竖义，快痛直捷，实与本分宗旨相应，并不蹈袭前人窠臼。始信不离文字而说解脱，非欺我也。何忍秘此妙悟，不以全体示人，吾师于法有悭心乎？"于时复有修白慕公、若水轮公，极力劝成。予感其意，兼理夙愿，述为《玄义》二卷、《文句》十卷，固不敢矫古人而立异，亦不敢殉古人而强同。知我罪我，听诸高明而已。

独可悲者，讲至〈大士圆通〉，而昉师示疾；解至〈大士圆通〉，而昉师西逝，劝予始事，乃不及观予竣事也。然昉师既游净土，观世音菩萨为其胜友，不久将入耳门圆照三昧，观听十方圆明，又何有于数卷《玄文》，而不悉知悉见也哉！予亦可以无憾矣。

是岁秋八月二十有五日，阁笔故序

九、《妙法莲华经》纶贯[①]

古吴蕅益道人智旭　述

《妙法莲华经》者，诸佛究竟之极谈也。原夫释迦牟尼如来，实成佛道以来，已经不可思议阿僧祇劫，为度众生，无有休息，数数示生，数数示灭。未种善根者令种善根，已种善根者令其成熟，已经成熟者令得解脱。所有法味，不出藏、通、别、圆等四种。所有化仪，不出顿、渐、秘密、不定等四种。

且据此番八相成道，说法四十九年，略为五时。初坐菩提道场，为大根众生说大乘法，名第一华严时。于化仪为顿，譬如日出，先照高山，又如从牛出乳。于化法为圆兼别，圆被界外利根，别被界外钝根。此则小机绝分，不见不闻，所以不动寂场，而游鹿苑，为五比丘等，说四谛法，诠生灭理，及说十二因缘、事六度等，名第二阿含时。于化仪为渐之始，譬如日照幽谷，又如从乳出酪。于化法为藏，但被界内钝根，令其转凡成圣。次借维摩等诸大士，互相酬唱，弹偏斥小，叹大褒圆，名第三方等时。于化仪为渐之中，譬如食时，又如从酪出生酥。于化法为四教并谈，对半明满。藏为半字教，通、别、圆为满字教，使利根得满益，钝根得半益，先成圣者密得通益。次与四大弟子共转法轮，会一切法皆摩诃衍，名第四般若时。于化仪为渐之终，譬如禺中，又如从生酥出熟酥。于化法为带通、别，正明圆教，使界内机得通教三乘共般若益，界外机得别、圆不共般若益，先成圣者密得别益。次乃于灵山会上开权显实，开近显远，名

① 依《蕅益大师全集》本为底本，《卍续藏》本（No.615）为参校本。

第五法华时。于化仪为会渐归顿，亦名非顿非渐，譬如日轮当午，大地普照，罄无侧影，又如从熟酥出醍醐。于化法为纯圆，无有一人不得作佛，出世本怀，于兹始畅。举凡如来化度众生之方便，施设教网之宏纲，咸于此经开发显示，所以独名为妙。至于《涅槃》，扶律谈常，不过曲为末世钝根，重施方便，令同会真实耳。其秘密、不定二种化仪，遍在前之四时。惟法华是显露，非秘密，是决定，非不定也。

此经灵山演说，凡有八年。贝叶传持，积至八里。流入震旦者，凡有三译。今鸠摩罗什所译，共七卷、二十八品。自古注家，纷纷不一。或简或繁，莫得真要。惟天台智者大师，初见南岳慧思大师于光州大苏山，思授以普贤道场，令修法华三昧。诵经至〈药王菩萨本事品〉“是真精进，是名真法供养如来”，豁然大悟，寂而入定，亲见灵山一会，俨然未散，获一旋陀罗尼。自是以后，照了《法华》，如曦和之临万象；达诸法相，似清风之游太虚。遂以五重玄义，解释总题，章安尊者记成《玄义》十卷。复以四意消释经文，章安尊者记成《文句》十卷。言五重玄义者，一法喻为名，二实相为体，三一乘因果为宗，四断疑生信为用，五无上醍醐为教相也。言四意消文者，一因缘，二约教，三本迹，四观心也。消文浩博，未暇委悉，今略出五重玄义。

一、法喻为名者。妙法二字谓之法，莲华二字谓之喻。法者，略而言之，众生法、佛法、心法也。妙者，略而言之，相待妙、绝待妙也。经云：“为令众生开示悟入佛之知见。”若众生无佛知见，何所论开？当知佛之知见，蕴在众生，故众生法妙也。佛法不出权实。经云：“是法甚深妙，难见难可了。一切众生类，无能知佛者”，即是叹实智妙。又云：“及佛诸余法，亦无能测者”，即是叹权智妙。“惟佛与佛，乃能究尽诸法实相。”诸法是即实之权，实相是即权之实，故佛法妙也。〈安乐行品〉云：“修摄其心，观一切法不动不退。”《普贤观》云：“我心自空，罪福无主。观心无心，法不住法。”《净名》云：“观身实相，观佛亦然。诸佛解脱，当于众生心行中求。”《华严》云：“心、佛及众生，是三无差别。”故心法妙也。相待妙者，待半字为粗，明满字为妙。三藏但半字生灭门，不能通满理，故粗。满字是不生不灭门，能通满理，故妙。又方等、般若，带方便通满理，故粗。今经直显满理，故妙。绝待妙者，说无分别法，即边而中，无非佛法，亡泯清净，无复有法可相形比，待谁为粗、形谁为妙？无所可待，亦无可绝。不知何名，强言为绝。妙名不可思议，不因乎粗而名为妙。若谓独有法界广大独绝者，此则大有所有，何谓为绝？今法界清净，不可以待示，不可以绝示。灭待、灭绝，故言寂灭。用是两妙，妙上三法。众生之法，亦具二妙；佛法、心法，亦具二妙，故称妙法。

又广释妙者，有迹门十妙，本门十妙，观心十妙。

迹门十妙者，一境妙，二智妙，三行妙，四位妙，五三法妙，六感应妙，七神通妙，八说法妙，九眷属妙，十功德利益妙。实相之境，非佛天人所作，本自有之，非适今也，故居最初。迷理故起惑，解理故生智。智为行本，因于智目，起于行足。目足及境，三法为乘，乘于是乘，入清凉池，登于诸位。位何所住？住于三法秘密藏中。住是法已，寂而常照，照十界机，机来必应。若赴机垂应，先用身轮，神通骇动。次以口轮，宣示开导。既沾法雨，禀教受道，成法眷属，拔生死本，开佛知见，得大利益。前五约自行，因果具足。后五约化他，能所具足。经云："惟佛与佛，乃能究尽诸法实相，所谓诸法如是相、如是性、如是体、如是力、如是作、如是因、如是缘、如是果、如是报、如是本末究竟等"，即境妙也。"我所得智慧，微妙最第一。"以此妙慧，求无上道，即智妙也。"本从无数佛，具足行诸道"，"行此诸道已，道场得成果"，"佛子行道已，来世得作佛"，即行妙也。天雨四华，表住、行、向、地。开、示、悟、入，亦是位义。"乘是宝乘，游于四方，直至道场。"四方，是因位；道场，是果位，即位妙也。"佛自住大乘，如其所得法，定慧力庄严。"大乘，即真性轨；定，即资成轨；慧，即观照轨，是三法妙也。"于三七日中，思惟如是事"，"我以佛眼观，见六道众生"等，即感应妙也。入定、雨华、动地、放光等，即神通妙也。"其所说法，皆悉到于一切智地"，"已今当说，最为难信难解"等，即说法妙也。"但教化菩萨，无声闻弟子”，即眷属妙也。“现在未来，若闻一句、一偈，我皆与授阿耨多罗三藐三菩提记”，“须臾闻之，即得究竟三菩提”，“不令一人独得灭度，皆以如来灭度而灭度之”，即功德利益妙也。

本门十妙者，一本因妙，二本果妙，三本国土妙，四本感应妙，五本神通妙，六本说法妙，七本眷属妙，八本涅槃妙，九本寿命妙，十本利益妙。本因妙者，本初发菩提心，行菩萨道，所修因也。若十六王子，在大通佛时，宏经结缘，皆是中间所作，非本因也。过是尘点劫前所行道者，名本因妙。本果妙者，本初所行圆妙之因，契得究竟常乐我净，乃是本果，不取寂场舍那成佛为本果也，但取成佛以来甚大久远初证之果，名本果妙。本国土妙者，本既成果，必有依国。今既迹在同居，或在三土，中间亦有四土。本佛亦有四土，复居何处？文云：“自从是来，我常在此娑婆世界说法教化。”按此文者，实非今日迹中娑婆，亦非中间权迹处所，乃是本之娑婆，即本土妙也。本感应者，既已成果，即有本时所证二十五王三昧，慈悲誓愿，机感相关，能即寂而照，故言本感应也。本神通者，亦是昔时所得无记化化禅，与本因时诸慈悲合，施化所作，神通骇动可度众生，故言本神通也。本说法者，即是往昔初坐道场，始成正觉，初转法轮，四辩所说之法，名本说法也。本眷属者，本时说法所被之人，如下方住者，弥勒不识，即本之眷属也。本涅槃者，本时所证断德涅槃，亦是本时应处同居、方便二土，有缘既尽，唱言入灭，即本涅槃也。本寿命者，既唱入灭，则有长短远近寿命也。本利益者，本时眷属所获诸功德也。

观心十妙者，迹门、本门，皆论观心。迹门观心，散在诸文。本门观心者，“佛如众生如，一如无二如。”佛既观心，得此本妙，迹用广大，不可称说。我如如佛如，亦当观心出此大利，亦愿我如速如佛如。故文云：“闻佛寿无量，深心须臾信，其福过于彼。愿我于未来，长寿度众生，如今日世尊，诸释中之王，道场师子吼，说法无所畏。我等于未来，一切所尊敬，坐于道场时，说寿亦如是”，此即观心本妙，得六即利益之相也。

次明莲华者，譬喻妙法也。华有多种，或狂华无果，可喻外道空修梵行，无所克获；或一华多果，可喻凡夫供养父母，报在梵天；或多华一果，可喻声闻种种苦行，止得涅槃；或一华一果，可喻缘觉一远离行，亦得涅槃；或前果后华，可喻须陀洹却后修道；或前华后果，可喻菩萨先藉缘修，生后真修。此皆粗华，不可以喻妙法。惟此莲华，华果俱多，可譬因含万行，果圆万德；又为莲故华，华实具足，可喻即实而权；华开莲现，可喻即权而实；华落莲成，莲成亦落，可喻非权非实，故以莲华喻于妙法。

又以此华喻迹本两门，各有三喻。迹门三者。一华生必有于莲，为莲故华，而莲不可见，此譬为实施权，意在于实，无能知者。二华开莲现，而须以华养莲，譬权中有实，昔无人知，今开权显实，意须于权广识恒沙佛法者，只为成实，使深识佛知见耳。三华落莲成，譬废权立实，唯一佛乘，直至道场。菩萨有行，见不了了，但如华开。诸佛以不行故，见则了了，譬如华落莲成也。本门三者。一华必有莲，譬迹必有本，迹含于本。意虽在本，佛旨难知，弥勒不识。二华开莲现，譬开迹显本，意在于迹，能令菩萨识佛方便，既识迹已，还识于本，增道损生。三华落莲成，譬废迹显本。既识本已，不复迷迹，但于法身修道，圆满上地也。

又经中凡有七喻，皆喻权实，今以莲华而总喻之。七喻者，一火宅中三车一车喻，以三车喻权，大白牛车譬实。二〈信解品〉中穷子喻，以雇作譬权，付业譬实。三药草喻，以三草二木譬权，一地譬实。四化城喻，以作化譬权，宝处譬实。五〈授记品〉系珠喻，以少有所得譬权，宝珠贸易譬实。六〈安乐行品〉轮王喻，以随功赏赐譬权，解髻明珠譬实。此六皆迹门开权显实喻也。七〈寿量品〉中良医喻，以使告父死譬权，来归使见譬实，此即本门开近显远喻也。更有王膳、凿井二喻，既非全譬一期开显，所以智者大师略而不举。后世辄云九喻，可谓依文不依义矣。

经者，佛所说法之通名也。梵云萨达磨芬陀利修多罗。萨达磨，此翻妙法。分陀利，此翻莲华，具如前释。此名异于众典，故称为别。一代时教，皆名为修多罗，故称为通。修多罗，或翻为经，或翻为契，或翻为法本，或翻为线，或翻为善语教。或云无翻，而含五义：一法本，亦云出生；二微发，亦云显示；三涌泉，四绳墨，五结鬘。就此翻五含五，各具教行理三。教即世界悉檀，行即为人、对治二种悉檀，理即第一义悉檀也。又此方圣说为经，经者训法、训常。法以轨持为义，教可轨、行可轨、理可轨，故名为法。常者，不变为义。天魔外道不能改坏，即教常；真正无杂，无能逾过，即行常；湛然不动，决无异趣，即理常也。

二、实相为体者。经云："今佛放光明，助发实相义。"又云："诸法实相义，已为汝等说。"又云："惟佛与佛，乃能究尽诸法实相。"又云："诸佛法久后，要当说真实。"又云："我以相严身，为说实相印。"又云："开方便门，示真实相。"又云："观诸法实相。"故知诸佛为一大事因缘出现于世，只令众生开佛知见，见此一实非因非果之理耳。

三、一乘因果为宗者。此经始从〈序品〉，讫〈安乐行品〉，破废方便，开显真实佛之知见，亦明弟子实因实果，亦明师门权因权果。文义虽广，撮其枢要，为成弟子实因实果，因正果傍，故于前段明迹因迹果也。从〈涌出品〉讫〈劝发品〉，发迹显本，废方便之近寿，明长远之实果，亦明弟子实因实果，亦明师门实因实果，而显师之实果，果正因傍，故于后段明本因本果也。

四、断疑生信为用者。迹门用佛菩提二智，断七种方便最大无明，同入圆因。本门破执近迹之情，生于本地深信，乃至等觉亦令断疑生信也。

五、无上醍醐为教相者。五时譬喻，略如前说。若《华严》初逗圆别之机，高山先照，直明次第不次第修行地上、住上之功德，不辩如来说顿之意。若四《阿含》，通说无常，知苦断集，证灭修道，不明如来曲巧施小之意。若诸《方等》，折小弹偏，褒圆叹大，慈悲行愿，事理殊绝，不明并对诃赞之意。若《般若》，共则三人同入，别则菩萨独进，广历阴入，尽净虚融，亦不明共别之意。若《涅槃》在后，略斥三修，粗点五味，亦不委说如来置教原始要结之终。凡此诸经，皆是逗会他意，令他得益，不谭佛意，意趣何之。今经不尔，举凡法门纲目，大小观法，十力无畏，种种规矩，皆所不论，为前经已说故。但论如来布教之元始，中间取与，渐顿适时，大事因缘，究竟终讫。当知此经，惟论设教大纲，不委微细网目。譬如算者，初下后除，纪定大数，不存斗斛。只为深论圣教，妙说圣心，近会圆因，远申本果，所以请疑不已。若能精知教相，则识如来权实二智也。

经文二十八品，智者大师分为三分。初品为序。〈方便品〉讫〈分别功德〉十九行偈，凡十五品半，名正宗。从偈后尽经，凡十一品半，名流通。又一时分为二：从序至〈安乐行〉，十四品，约迹开权显实，从〈涌出〉讫经，十四品，约本开近显远。本迹各序、正、流通。初品为序，〈方便〉讫〈授学无学人记品〉为正，〈法师〉讫〈安乐行〉为流通。〈涌出〉讫"弥勒已问斯事，佛今答之"半品为序，从"佛告阿逸多"下，讫〈分别功德品〉偈为正，此后尽经为流通。初序有通，有别。通则总冠两门，别则发起三周正说。后之流通，有劝持，有嘱累。劝则别约本门，嘱则通嘱全部大经。迹门后五品，但是劝持迹门。本门初序分，但是发起本门。

初〈序品〉者，次也，由也，述也。"如是"等六义证信，冠于经首，次序也；放光六瑞，发起之端，由序也；问答释疑，正说弄引，叙述也，故名序品。

次〈方便品〉以下，凡有三周说法。今〈方便品〉，作三乘一乘说，名法说一周，上根得悟，授舍利弗记。次〈譬喻品〉，作三车一车说，名譬说一周，中根得悟，授四大弟子记。次〈化城喻品〉，明宿世结缘事竟，重作三百由旬、五百由旬说，名因缘说一周，下根得悟，授五百及二千人记。此即迹门开权显实之正宗也。

言〈方便品〉者，略为三解。一曰：方者，法也；便者，用也。善用偏法，巧逗众生，名为方便。此可释他经，非今品意。二曰：方便者，门也。门名能通，通于所通。方便为真实作门，真实得显，功由方便。此亦可释他经，非今品意。三曰：方者，秘也；便者，妙也。妙达于方，即是真秘。点内衣里无价之珠，与王顶上惟有一珠，无二无别。指客作人，是长者子，亦无二无别。如斯之言，是秘是妙，正是今品意也。

此品正开三乘之权，显一乘之实。于中有略有广，略则动执生疑，广则断疑生信。略中要旨不出“唯佛与佛，乃能究尽诸法实相”数语，乃一经之宏纲，众义之渊府。南岳大师，约义三转读之。一者，“是相如、是性如”，乃至“是报如”，如名不异，即空义也。二者，“如是相、如是性”，乃至“如是报”，点空相性，名字施设，逦迤不同，即假义也。三者，“相如是、性如是”，乃至“报如是”，如于中道实相之是，即中义也。分别令易解，故明空假中。得意为言，空即假中。约如明空，一空一切空。点如明相，一假一切假。就是论中，一中一切中。非一二三，而一二三，不纵不横，名为实相。唯佛与佛究尽此法，是十法摄一切法。

智者大师复约四番释之：一约十界，二约佛界，三约离合，四约位。

一约十界者，谓六道、四圣也。法虽无量，数不出十。一一界中，虽复多派，不出十如。如地狱界，当地自具相性本末，亦具畜生界相性本末，乃至具佛法界相性本末，无有缺减。当知一一界，皆有余九界十如。若照自位九界十如，皆名为权。照其自位佛界十如，名之为实。一中具无量，无量中具一，所以名为不可思议。凡夫虽具，绝理情迷。二乘虽具，舍离求脱。菩萨虽具，照则不周，名不了了。如来洞览，横竖具足。

二约佛法界释者。佛界非相非不相，而名如是相，指万善缘因，故下文云：“众宝庄校[①]。”佛界非性非不性，而名如是性，指智慧了因，故下文云：“有大白牛。”佛界非体非不体，而名如是体，指实相正因，故下文云：“其车高广。”佛界非力非不力，而名如是力，指菩提道心慈善根力等，故下文云：“又于其上张设幰盖。”佛界非作非不作，而名如是作，指任运无功用道，故下文云：“其疾如风。”佛界非因非不因，而名如是因，指四十一位，故下文云：“乘是宝乘，游于四方。”佛界非缘非不缘，而名如是缘，指一切助菩提道，故下文云：“又多仆从而侍卫之。”佛界非果非不果，而名如是果，指妙觉朗然，圆因所克，故下文云：“直至道场。”佛界非报非不报，而名如是报，指大般涅槃，故下文云：“得无量无漏清净之果报。”佛界非本非末，而言本末，本即佛相，

① “校”,《全集》本作“较”,《卍续藏》本作“挍”,现按《妙法莲华经》校订。

末即佛报，是自行之权。佛界非等非不等，而言究竟等，指于实相，是自行之实。即实而权，故言本末。即权而实，故言为等。

三约离合者。若佛心中所观十界十如，皆无上相乃至无上果报，惟是一佛法界，如海总万流，千车共辙，此即自行权实。若随他意，则有九法界十如相性等，即是化他权实。化他虽复有实，皆束为权。自行虽复有权，皆束为实。此即自行化他权实。随他则开，随自则合。横竖周照，开合自在。

四约位释。如是相者，一切众生，皆有实相，本自有之，乃是如来藏之相貌也；如是性，即是性德智慧第一义空也；如是体，即是中道法性之理也；是为三德，通十法界，位位皆有。若研此三德，入于十信位，则名如是力、如是作；入四十一位，名如是因、如是缘；若至佛地，名如是果、如是报。初三名本，后三名末。初后同是三德，故言究竟等也。

广开三显一中，虽遍引十方三世佛佛道同，总不出于四一，所谓理一，人一，行一，教一。

理一者，约开、示、悟、入佛之知见明之，复约四意：一约圆位，二约圆智，三约圆门，四约观心。

一约圆位者，“开”即十住，初破无明，开如来藏，见实相理；“示”即十行，惑障既除，知见体显，体备万德，法界众德，显示分明；“悟”即十回向，障除体显，法界行明，事理融通，更无二趣；“入”即十地，事理既融，自在无碍，自在流注，任运从阿到茶，入萨婆若海。然圆道妙位，一位之中即具四十一地功德，只开即具示、悟、入等，更非异心。但如理知见，无有分别浅深之相，欲显如量知见，故分别四位耳。

二约圆智者，一道慧，见道实性，实性中得开佛知见；二道种慧，知十法界诸道种别解惑之相，一一皆示佛知见；三一切智，知一切法一相寂灭，寂灭即悟佛知见；四一切种智，知一切法一相寂灭相，种种行类相貌皆识，即入佛知见。又道慧如理名开，道种慧如量名示，一切智理量不二称悟，一切种智理量双照为入。此亦约实理无浅深中而浅深分别也。

三约圆教四门横释四句者，空门，一空一切空，即开佛知见也；有门，一有一切有，即示佛知见；亦空亦有门，一切亦空亦有，即悟佛知见；非空非有门，一切非空非有，即入佛知见。能通则四，所通则一。开、示、悟、入，是能通之门。所知所见，是所通之理也。

四约观心释者，观于心性三谛之理，不可思议，此观明净为开；虽不可思议，而能分别空假中心，宛然无滥，名示；空假中心，即三而一，即一而三，名悟；空假中心，非空假中，而齐照空假中，名入。是为一心三观，而分开、示、悟、入之殊也。

所以四种释者，见理由位，位立由智，智发由门，门通由观。观故则门通，门通故智成，智成故位立，位立故理见，见理故名为理一也。"诸佛如来但教化菩萨"，即是人一。"诸有所作，常为一事"，即是行一。"但以一佛乘故，为众生说法"，即是教一。此之四一，遍会昔日权理、权人、权行、权教，成今实理、实人、实行、实教，故名开权显实，妙达于方，即是真秘也。

第三〈譬喻品〉者。比况名譬，晓训名喻，托此比彼，寄浅训深。前文法说一周，上根获悟。中下之流，抱迷未遣。大悲不已，巧智无边，借世间父子以况出世师弟，借火宅以喻三界，借三车一车以喻三乘一乘，故名譬喻品也。

第四〈信解品〉者。中根闻譬说一周，信发解生，疑去理明，乃自陈穷子之喻，领上法譬二周之旨也。

第五〈药草喻品〉者。土地是能生，云雨是能润，草木是所生所润。所生所润，通皆有用，而药草用强，喻有漏诸善，悉能除恶，而无漏为最。无漏众中四大弟子，以譬领佛譬，深会圣心，佛故述成而推广之。

第六〈授记品〉者。梵语和伽罗，此云授记，又云受记、受决、受莂。授，是与义。受，是得义。记，是记事。决，是决定。莂，是了莂。此即授中根四人成佛记也。

第七〈化城喻品〉者。无而欻有名化，防非御敌称城。以喻二乘涅槃，乃如来权智所为也，以权智力，无而说有，用教为化，防思御见，名为涅槃。若藏通二乘，生安隐灭度想，不知是化。通教菩萨入而还出，亦不知是化。别教从城门径过，不以为极，亦不说是化。惟圆教知无贼、病，亦不须城，故言化城。此正为下根人，作夙世因缘说一周也。

第八〈五百弟子受记品〉、第九〈授学无学人记品〉，即是普与下根授记作佛。迹门正宗齐此。

此下有五品流通。〈法师〉、〈宝塔〉两品，明宏经功深福重，流通未闻，利益巨大。〈达多〉一品，引往宏经，彼我兼益，以证功德深重。〈持品〉，八万大士忍力成就者此土宏经，新得记者他土宏经。〈安乐行品〉，以外凡初心，欣斯胜福，见声闻畏惮，闻菩萨摈辱，顾己力弱，无益自他，便生退没。佛为此人，说安乐行，依之宏法，不虑危苦。又〈法师品〉，释尊自说宏经功福，命觅流通。〈宝塔品〉，多宝及分身佛，且证且助，劝觅流通。

今第十〈法师品〉。法者，轨则也。师者，训匠也。法虽可轨，体不自宏，通之在人。五种通经，皆得称师。举法成其自行，皆以妙法为师。师于妙法，自行成就，故言法师。又以妙法训匠于他，故举法目师，名为法师。文中先叹美五种法师能持法人：一受持，二读，三诵，四解说，五书写。后叹美所持之法，及示通经方轨，所谓入如来室、著如来衣、坐如来座。如来室，是大慈悲，若就同体，即法身也；若被众生，即是解脱；能令众生会于同体，即是般若。如来衣者，若就所覆，即法身也；若就能覆严身，即寂灭忍也；若就和光利物，即解脱也。如来座者，若就能坐，即般若也；若就所坐，即法身也；身座冥称，即解脱也。虽复各具，只是一三。三尚非三，岂离为九。是则菩萨常观涅槃，故劝宏经者，而常观之。不观能宏之心，焉晓所宏之理，故佛令入我室、著我衣、坐我座。若无三法，何谓宏经。

第十一〈见宝塔品〉者，多宝佛塔从地涌出，大众咸见，发大音声以证前，集佛开塔以起后也。

第十二〈提婆达多品〉者。提婆达多，此云天热，生时人天生热，因此立名。迹行逆行，本是佛师。众生烦恼烧热，故菩萨示同病行而度脱之。文中先明昔日达多通经，释迦成道。次明文殊今日通经，龙女成佛。

第十三〈持品〉者，有受持、有劝持也。

第十四〈安乐行品〉者，身无危险故安，心无忧恼故乐。身安心乐，故能进行，此依事释也。著如来衣，则法身安；入如来室，故解脱心乐；坐如来座，故般若导行进，此附上品文释也。住忍辱地故身安，而不卒暴故心乐，观诸法实相故行进，此附本品文释也。安名不动，六道生死，二圣涅槃，所不能动。乐名无受，不受三昧广大之用，不受凡夫之五受，乃至圆教中五受生见，亦皆不受。有受则有苦，无受则无苦。无苦无乐，乃名大乐。行名无行，不行凡夫行，不行贤圣行，故言无行；而行中道，是故名行，此法门释也。

文中凡有四段，即是以止观慈悲导三业及誓愿也。身业有止，故离身粗业；有观，故不得身，不得身业，不得能离，无所得故，不堕凡夫；有慈悲故，勤修身业，广利一切，不堕二乘地。有止行故，著忍辱衣；有观行故，坐如来座；有慈悲故，入如来室。止行离过，即成断德；观行无著，即成智德；慈悲利他，即成恩德。恩德资成智德，智德能通达断德，是名身业安乐行。余口、意、誓愿亦如是。齐此是迹门流通竟也。

第十五〈从地涌出品〉者，下方空中法身大士，是释尊本时弟子，今奉命涌出宏经，弥勒尚自不识，由此发起开近显远之大教也。

第十六〈如来寿量品〉，正开近迹而显远本。如来者，十方三世诸佛、二佛、三佛、本佛、迹佛之通号也。寿者，受也。量者，诠量也。今正诠本地报身功德，而报身智慧，上冥下契，三身宛足，故言〈如来寿量品〉。

第十七〈分别功德品〉者，佛说寿量，三世弟子得种种益，故言功德浅深不同，故言分别也。品中有授记、领解、流通。佛说长行，为总授法身记。弥勒说偈，为总申领解。此后为流通分，于中先明现在四信，次明灭后五品。四信者，一一念信解，未能演说，二略解言趣，三广为他说，四深信观成。五品者，一直起随喜心，二加自受持读诵，三加劝他受持读诵，四加兼行六度，五加正行六度也。

第十八〈随喜功德品〉，明初品因功德，以劝流通。随者，随顺事理，无二无别。喜是庆已、庆人。顺理者，闻佛本地深远深远，信顺不逆，无一毫疑滞。顺事者，闻佛三世益物，横竖该亘，遍一切处，亦无一毫疑滞。顺理有实功德，顺事有权功德。庆已有智慧，庆人有慈悲。权实、智断合而说之，故言〈随喜功德品〉。

第十九〈法师功德品〉，明初品果功德，以劝流通，所谓六根清净。

第二十〈常不轻菩萨品〉，引信毁罪福，证劝流通。内怀不轻之解，外敬不轻之境，身立不轻之行，口宣不轻之教，人作不轻之目，故名常不轻也。

已上三品半文，即劝持流通竟。此下有八品文，明付嘱流通，又分为三。〈神力〉、〈嘱累〉两品，正明嘱累流通。〈药王〉下五品，约化他劝流通。〈普贤〉一品，约自行劝流通也。

第二十一〈如来神力品〉者，神名不测，力名干用。不测则天然之体深，干用则转变之力大。此中为付嘱深法，现十种大力，故名为〈神力品〉。

第二十二〈嘱累品〉者，嘱是佛所付嘱，累是烦尔宣传，此从圣旨得名。又嘱是顶受所嘱，累是甘而弗劳，此从菩萨敬顺得名。又嘱是如来金口所嘱，累是菩萨丹心顶荷，此从授受合论。是故如来躬从座起，申手摩顶，授以难得之法，大众曲躬合掌，如世尊勑，当具奉行。殷勤授受，故名嘱累。

第二十三〈药王菩萨本事品〉者，勖宏法之师，应当竭其神力，尽其形命，以宏大法也。

第二十四〈妙音品〉、第二十五〈观世音普门品〉，皆劝受法弟子，令知他方大士，奉命宏经，普现色身，形无定准，不可以牛羊眼看，不可以凡庸识度，于所闻处，勿生轻想，轻想则法不染心也。

第二十六〈陀罗尼品〉者，恶世宏经，每多恼难，故以咒护之，使道流通。

第二十七〈妙庄严王本事品〉者，说四圣之前缘，显人护之功德。

第二十八〈普贤菩萨劝发品〉者。梵音邲输颰陀，此翻普贤，亦翻遍吉。伏道周遍名普，邻终际极名贤。劝发者，恋法之辞也。遥在彼国，具闻此经，始末既周，欲令自行化他，永永无已，故自东而来劝发。

又总约十一品半流通之文生起次第者。现在闻经，得真似两益，如上说。若直闻一句，而生随喜，如现在四信，格其功德。未来无佛，恐人疑福少，故说灭后五品功德也。因功德微密，未若果功德彰灼，故说〈法师功德品〉。因果双举，未若引证分明，故说〈不轻〉。虽举往人，未若现变，故说〈神力〉。虽示神力，未若摩顶付嘱，故说〈嘱累〉。虽通途嘱累，未若示具要术，弃身存道，故说〈药王〉。虽诫能化，未若诫其所化，随闻法处，应生佛想，故说〈妙音〉、〈观音〉。若初心宏经，既无神力，当依内禁，故说〈陀罗尼〉。复须外护，故说〈严王〉、〈普贤〉。联翩重叠，使大法宏通耳。

复次普贤更请正说，劝发自行，更请流通，劝发化他。佛总以四法答之。一者为诸佛护念，二者植众得本，三者入正定聚，四者发救一切众生之心，即是双答正及流通大旨。何者？佛虽无偏，若能远恶从善，反迷还正，开权知见，显佛知见，则称可圣心，诸佛护念。若佛知见开，则般若照明，是植众德本，亦是入正定聚，不乱不味，不取不舍，亦是发救众生心。当知此四，与开权显实，名异体同，无二无别。又佛护念者，是开佛知见。植众德本者，是示佛知见。发救众生心，是悟佛知见。入正定聚，是入佛知见。迹门之要，此四收矣。又迹则有本，从本开示悟入，故有迹中开示悟入。今开迹即显本，本迹无二无别。以四法答其请正，于义明矣。以四法答请流通者。流通之方，唯三、唯四。发救众生心，是入如来室；入正定聚，佛所护念，是著如来衣；植众德本，是坐如来座，是宏宣之要，即四而三也。又发救众生心，是誓愿安乐行。入正定聚，是意安乐行。植众德本，是口安乐行。诸佛护念，是身安乐行。当知后四，即前四也。一答酬其两请，举四冠罩一经，《法华》之重演，岂不巧且妙哉！

所愿一句沾神，咸资彼岸；思惟修习，永用舟航；随喜见闻，恒为主伴；若取若舍，经耳成缘；或顺或逆，终因斯脱。愿解脱之日，依报正报，常宣妙经，一刹一尘，无非利物。惟愿诸佛，冥熏加被；一切菩萨，密借威灵。在在未说，皆为劝请；凡有说处，亲承供养。一句一偈，增进菩提；一色一香，永无退转。

《妙法莲华经纶贯》后序

昔李青莲登黄鹤楼，见崔灏题诗，遂为阁笔，知其不可胜也。智者大师，亲证法华三昧，光宅尚破，余家可知。后人纷纷再出手眼，未具青莲学识故耳。余既述《佛顶玄文》，诸友咸请再解《法华》，坚以此意辞之。适因演妙典于紫云，有达际法友，督梓梵文，欲撮略全经大旨，以便初学。敬依《玄义》、《文句》，节取大纲，名为纶贯，庶几染指而知全鼎之味云尔。若以抄录旧文为诮，予何敢辞。

蕅益智旭谨识

十、《妙法莲华经》台宗会义·自序[①]

后秦　三藏法师鸠摩罗什译

古吴后学蕅益智旭述

或问蕅益子曰：吾闻讲《法华》者，莫善于台宗。是故智者大师妙悟之后，以不思议四无碍辩，宣《玄义》、《文句》二书。章安尊者记为各二十卷，不异阿难结集。迨荆溪尊者，又以《释籤》转翼《玄义》，《文句记》转翼《文句》，于是教观大明，称为中兴烈祖。依之修证，得道如林。虽有圣人复起，不能复赞一辞矣。曩曾见子《纶贯跋》云："譬如崔灏《黄鹤楼诗》，足使李白阁笔"，予亦服膺此语。今乃无故复事管城，何哉？

蕅益子曰：噫！此予万不得已之苦心也。方予寓温陵述《纶贯》也，盖欲诱天下之学人无不究心于三大部也。今屈指十余年矣，舌敝耳聋，曾不能劝得两人、三人正事教观，辄以浩繁而兴望洋之叹。倘不稍事节略，则《玄籤》、《妙乐》诸圆顿法，甘使其终置高阁乎？

曰：若是，则但节录《文句》及《文句记》，例如《妙玄节要》可耳。何以更科、易文，窜入己意，直名为《会义》耶？

曰：是尤不得已也。古者经、疏各行，故疏于经义之奥者，则发挥不厌深详；而于经文之显者，则分科点示而已。后人强欲以疏合经，遂使经文句读割裂。今欲随文演义，而仍不伤经文血脉，科安得不稍更乎？智

① 依《蕅益大师全集》本为底本，《卍续藏》本（No.616）、《嘉兴藏》本（新文丰版第十六册 No.10）为参校本。

者大师，辩才敷演。章安于大师示寂之后，方教阿难结集。虽全合大师之义，未必一向皆是大师之文。故笔力古朴，不事雕巧，惟久读方知其妙；初心之士，对卷茫然，文安得不稍易乎？荆溪尊者，精金百炼，文义俱深，然亦微有六朝风气，稍拂时机。至其阐泄大师言外之旨，并非循行数墨者之所能知，不几亦为窜入己意乎？夫《法华》经藏，深固幽远，智者大师能契其源，岂复尽宣其委；章安尊者能记其概，岂复尽录其详；即荆溪尊者能阐其要，亦岂复尽析其曲折哉！兹以凡愚千虑一得，用逗时宜，安得畏背古之讥，而不竭寸明，用附窃取其义之科也耶？然则知我者其惟《会义》，罪我者其惟《会义》也已！

己丑仲冬五日，下笔故序

十一、《楞伽阿跋多罗宝经》义疏[1]（选要）

天竺三藏求那跋陀罗译经

支那沙门蕅益释智旭疏义

《楞伽经·如来藏章》疏

△ 第五如来藏自性清净门二：初疑问，二答释。

△ 初中二：初举佛语，二疑同外。

△ 今初

尔时大慧菩萨摩诃萨白佛言：世尊！世尊修多罗说：如来藏自性清净，转三十二相，入于一切众生身中（转，二[2]皆作具。入，二皆作在），**如大价宝，垢衣所缠。如来之藏，常住不变，亦复如是，而阴界入垢衣所缠，贪欲恚痴不实妄想尘劳所污，一切诸佛之所演说。**

疏曰：前明空无生无二离自性相，普入诸佛修多罗中。何故复有修多罗说如来藏常住不变，亦是一切诸佛所演说耶？故问之也。转入众生身者，不变举体随缘，如水成冰也。常住不变者，随缘举体不变，如冰之湿性如故也。阴界入所缠，贪恚痴所污，此有二意。若即所缠所污而性本清

---

① 依《蕅益大师全集》本为底本,《卍续藏》本（No.328、329）、《嘉兴藏》本（新文丰版第十八册 No.26）为参校本。

② “二”，指《楞伽经》其它两个译本，即北魏菩提流支所译《入楞伽经》，与唐实叉难陀所译《大乘入楞伽经》，下同。

净，缠污无性者，圆教意也；若离所缠所污而清净始露，缠污须断者，别教意也。圆教如汤消冰，别教如镜去垢。《大方广如来藏经》具此二意。

△ 二疑同外

云何世尊同外道说我，言有如来藏耶？世尊！外道亦说有常作者，离于求那，周遍不灭。（魏[1]云：不依诸缘，自然而有，周遍不灭。唐[2]云：自在无灭。）**世尊！彼说有我。**（魏云：若如是者，如来、外道说无差别。）

疏曰：说空无生无二离自性相，则与外道不同。说如来藏，恐同外道人我、法我，故难之也。求那，此翻为依，即所谓不依诸缘也。夫如来藏性举体随缘，今云离于求那，则是别有一物矣。或执我人，或执相续寿命，或执众缘，或执微尘，或执胜性，或执大自在天，而皆计常，是能作者，具如《唯识》广破。

△ 初疑问竟。

△ 二答释二：初直明不同，二释其说意。

△ 今初

佛告大慧：我说如来藏，不同外道所说之我。

△ 二释其说意三：初正明说意，二引譬释成，三结成利益。

△ 今初

大慧！有时说空、无相、无愿，如实际、法性、法身、涅槃、离自性，不生不灭、本来寂静、自性涅槃，如是等句说如来藏已，如来应供等正觉为断愚夫畏无我句故，说离妄想无所有境界如来藏门。大慧！未来现在菩萨摩诃萨，不应作我见计著。

疏曰：如来藏第一义心，荡无一物，故说为空；非生死涅槃等相，故说无相；无可攀求，故说无愿；非诸变动虚幻境界，故说为如实际；诸

---

① 指北魏菩提流支所译《入楞伽经》，下同。

② 指唐实叉难陀所译《大乘入楞伽经》，下同。

法之本，故名法性；诸法之体，诸法所依，故名法身；无生住灭，故说涅槃；诸法体空，故说为离自性；非自非他，非共非离，前际无始，故说不生；后际无终，故说不灭；无可喧杂，故说本来寂静；非由择灭之所克证，故说自性涅槃。凡此皆为对治我法二执而言之也，非断无也。而愚夫闻已，妄生恐怖，畏此无我句故，作断灭见，故又为说如来藏门。而此如来藏门，乃是离妄想无所有境界，不同外道所计之我。是故未来现在菩萨，不应于此如来藏而作我见计著也。

△ 二引譬释成

譬如陶家，于一泥聚，以人工水木轮绳方便，作种种器。如来亦复如是，于法无我离一切妄想相，以种种智慧善巧方便，或说如来藏，或说无我。以是因缘故，说如来藏，不同外道所说之我。

疏曰：泥聚无性，随诸方便作种种器；而种种器，无非泥聚。法无我如来藏，离一切妄想相故，亦复无性；随诸方便，说种种名，而种种名，皆法无我如来之藏，岂同外道所说之我，或人、或相续，乃至或自在等耶？

△ 三结成利益二：初长文，二偈颂。

△ 今初

是名说如来藏。开引计我诸外道故说如来藏，令离不实我见妄想，入三解脱门境界，希望疾得阿耨多罗三藐三菩提。是故如来应供等正觉，作如是说如来之藏。若不如是，则同外道。是故，大慧！为离外道见故，当依无我如来之藏。

疏曰：正为外道妄计人我、法我，故说如来藏以开悟而引导之，令离不实二种我见妄想，令入空、无相、无愿三解脱门，令其即得无上菩提。若不如是方便善说，则一向说有，一向说空，反同于外道矣。是故应知佛所说如来藏，正是二无我之所显。而佛所说二无我离妄想境界，乃名为如来藏耳。

△ 二偈颂

尔时世尊欲重宣此义，而说偈言：

人、相续、阴，缘与微尘，

胜、自在作，心量妄想。

（唐云：士夫相续蕴，众缘及微尘，胜自在作者，此但心分别。）

疏曰：此重破外道所计二我，皆惟妄想分别，不同佛说如来藏也。人，即士夫；相续，即寿命；阴，即众生；皆是人我执也。缘，谓四大虚空及时方等；微尘可知；胜，即冥初自性；自在，即大自在天；谓彼等为能作者，体实遍常，皆是法我执也。此人我、法我二执，皆是妄想分别，不达自心现量如来藏也。

△第五如来藏自性清净门竟。

《楞伽经·自觉圣智章》疏

△第十七自觉圣智一乘门三：初请问，二许宣，三正说。

△今初

大慧菩萨摩诃萨复白佛言：世尊！惟愿为说自觉圣智相及一乘。（唐云：自证圣智行相，及一乘行相）**若自觉圣智相及一乘，我及余菩萨善自觉圣智相及一乘，不由于他，通达佛法。**（唐云：我及诸菩萨得此善巧，于佛法中不由他悟）

△二许宣

佛告大慧：谛听，谛听！善思念之，当为汝说。

大慧白佛言：唯然受教。

△三正说二：初说自觉圣智，二说一乘。

△今初

佛告大慧：前圣所知，转相传受，妄想无性。（唐云：依诸圣教，无有分别）**菩萨摩诃萨独一静处，自觉观察**（唐云：观察自觉），**不由于他，离见妄想，上上升进，入如来地，是名自觉圣智相。**

疏曰：此正唯心直进圆顿妙修也。妄想者，所观境也。无性者，境之谛也。空故无性，假故无性，中故无性，三一、一三，不可思议，故无性也。独一静处者，约事即是阿兰若处，约理即是绝待妙谛也。自觉观察者，以自觉为所观察也。不由于他者，自外无他也。离见妄想者，既无他，则无自，无自无他，则无可分别也。此是圆初住位，创证自觉圣智之体；从此上上升进，乃超十住、十行、十回向、十地，等觉圆明，入于如来地也。

△ 二说一乘二：初正释，二释疑。

△ 今初

大慧！云何一乘相？谓得一乘道觉，我说一乘。云何得一乘道觉？谓摄所摄妄想，如实处不生妄想，是名一乘觉。（唐云：云何名为知一乘道？谓离能取所取分别，如实而住）**大慧！一乘觉者，非余外道、声闻缘觉、梵天王等之所能得，唯除如来，以是故说名一乘。**

疏曰：诸法实相，本来平等。由有能取所取妄想分别，遂有六凡、四圣差降不同；而此十界，仍即实相；所谓无差而差，差即无差者也。但唯如来，乃能究尽。二乘尚不能知，况外道及梵天乎？

△ 二释疑二：初问，二答。

△ 今初

大慧白佛言：世尊！何故说三乘，而不说一乘？

△ 二答二：初长文，二偈颂。

△ 初中二：初明隐实施权，二明从权入实。

△ 今初

佛告大慧：不自般涅槃法故（唐云：声闻、缘觉无自般涅槃法故），**不说一切声闻、缘觉一乘。以一切声闻、缘觉，如来调伏，授寂静方便而得解脱，非自己力，是故不说一乘。复次，大慧！烦恼障**（二云智障）**业习气不断故，不说一切声闻、缘觉一乘，不觉法无我，不离分段死**（魏云：未得不可思议变易生。唐云：未名不思议变易死。），**故说三乘。**

疏曰：二乘之人，必赖如来说法调伏，不能以自力而入涅槃；又烦恼断，智障不断；正使断，业习不断；所以隐一乘之实而不说也。彼既不觉一切法无我，若非方便说三，则何由离分段生死、入变易生死？所以施善诱之权而说三也。

问：独觉何藉如来调伏？

答：若非四生百劫之前，于如来所发辟支心，禀因缘教，何由瓜熟蒂落，睹花飞钏动而悟无生耶？

问：如来亦于三祇百劫承事诸佛，方证菩提，岂单自力？

答：一乘觉者，离摄所摄妄想，了知心佛众生三无差别，故虽微尘劫中事微尘佛，而无自他遍计分别，所谓是心作佛，是心是佛，岂同二乘不达藏识、妄计心外有佛者耶？

△ 二明从权入实

大慧！彼诸一切起烦恼过习气断，及觉法无我，彼一切起烦恼过习气断，三昧乐味著非性，无漏界觉。（唐云：若彼能除一切过习，觉法无我，是时乃离三昧所醉，于无漏界而得觉悟）**觉已，复入出世间上上无漏界，满足众具**（唐云：修诸功德，普使满足），**当得如来不思议自在法身。**

疏曰：由法我执，起人我执，譬如迷杌，方执为鬼，故以法执为一切过习也。除其法执，觉法无我，不复味著偏真三昧，譬如酒消，故从偏真无漏界觉，复入中道上上无漏界中，称性修行，普使满足，乃证究竟法身也。无漏界，即方便有余土。上上无漏界，即分证常寂光土，亦名实报庄严土。满足众具，谓四十二位所有功德智慧二种庄严。自在法身，谓平等真如本源佛性也。

△ 初长文竟。

△ 二偈颂

尔时世尊欲重宣此义，而说偈言：

诸天及梵乘，声闻缘觉乘，

诸佛如来乘，我说此诸乘，（唐云：诸乘我所说）

疏曰：此颂为实所施权也。天乘者，十善法也。梵乘者，四禅、四无量心、四无色定也。声闻乘者，生灭四谛法也。缘觉乘者，生灭、无生十二因缘法也。诸佛乘者，事六度，理六度，乃至次第三观等诸法也。

乃至有心转（唐作“起”），**诸乘非究竟。**

若彼心灭尽，无乘及乘者，

无有乘建立（魏云“差别”），**我说为一乘。**

疏曰：此颂破权归实也。分别永尽，知一切法即心自性，如如之理，不在智外，故无乘；如如之智，不在理外，故无乘者。十界百界千如，皆是实相，故无有差别建立。此乃绝待无外之一乘也。

引导众生故，分别说诸乘。

（唐云：为摄愚夫故，说诸乘差别）

解脱有三种，及与法无我，
烦恼智慧等，解脱则远离。

（唐云：解脱有三种，谓离诸烦恼，及以法无我，平等智解脱）

疏曰：此颂方便说三之意也。若不分别说三，何以摄引愚夫？故先明权教三解脱门，令离烦恼。又明法无我平等不思议解脱门，令净所知也。

譬如海浮木，常随波浪转，
声闻愚亦然，相风所飘动。
彼起烦恼灭，余习烦恼愚，
味著三昧乐（唐云：三昧酒所醉），**安住无漏界。**
无有究竟趣（唐云：彼非究竟趣），**亦复不退还，**
得诸三昧身，乃至劫不觉。
譬如昏醉人，酒消然后觉，
彼觉法亦然，得佛无上身。

（唐云：声闻亦如是，觉后当成佛）

疏曰：此正颂从权入实也。

△第十七自觉圣智一乘门竟。

《楞伽经·阴界入生灭章（佛性品、刹那品）》疏

△ 第三十四阴界入生灭门。（魏云：〈佛性品〉第十一。唐云：〈刹那品〉第六）文分为三：初请问，二许宣，三正说。

△ 今初

尔时大慧菩萨复白佛言：世尊！唯愿世尊更为我说阴、界、入生灭。彼无有我，谁生谁灭？愚夫者依于生灭，不觉苦尽，不识涅槃。（唐云：不求尽苦，不证涅槃。）

疏曰：《阿含》诸经，但说阴、界、入刹那生灭，无我我所，不说如来藏举体随缘，故问谁生谁灭也。又生灭若总无体，云何依之长溺苦流、不证涅槃彼岸耶？

△ 二许宣

佛言：善哉！谛听，当为汝说。

大慧白佛言：唯然受教。

△ 三正说二：初长文，二偈颂。

△ 初中三：初总指藏性随缘，二别示迷悟得失，三广劝胜进修学。

△ 今初

佛告大慧：如来之藏，是善不善因，能遍兴造一切趣生，譬如伎儿，变现诸趣，离我我所。

疏曰：善不善者，遍指十界染净法也。藏性非善，亦非不善，随迷染缘，则为不善之因；随悟净缘，则为善因。由善不善，遍造一切趣生；譬如伎儿，非丑装丑，非生装生，非旦装旦，非外装外也；然正装丑时，

元非是丑，乃至正装外时，元非是外；所以离我我所。以要言之，不变随缘，故变现诸趣；随缘不变，故离我我所。所以前文名为无我如来之藏也，岂同外道所计神我及冥谛哉！

△ 二别示迷悟得失二：初示迷者之失，二示悟者之得。

△ 初又二：初约凡外示，二约二乘示。

△ 今初

不觉彼故，三缘和合方便而生。（唐云：以不觉故，三缘和合而有果生）**外道不觉，计著作者。**（唐云：外道不知，执为作者。）**为无始虚伪恶习所熏，名为识藏，生无明住地，与七识俱。**（唐云：无始虚伪恶习所熏，名为藏识，生于七识无明住地。）**如海浪身，长生不断。离无常过，离于我论，自性无垢，毕竟清净。**（唐云：譬如大海而有波浪，其体相续，恒住不断，本性清净，离无常过，离于我论。）**其余诸识，有生有灭，意、意识等，念念有七，因不实妄想，取诸境界，种种形处计著名相，不觉自心所现色相，不觉苦乐，不至解脱，名相诸缠，贪生、生贪**（唐云：其余七识意、意识等，念念生灭，妄想为因，境相为缘，和合而生；不了色等自心所现，计著名相，起苦乐受，名相缠缚，既从贪生，复生于贪。）

疏曰：如来藏心，所谓性觉妙明、本觉明妙也。不觉彼故三缘和合而有果生，所谓妄为明觉，觉非所明，因明立所，所既妄立，生汝妄能也。计著作者，所谓外道执之为神我也。恶习所熏名为识藏，所谓生灭与不生灭和合，名为阿赖耶识也。生于七识无明住地者，由第八识中具有我法二执种子，所生现行，与第七、第六二识相应。若六七二识相应之俱生法执，名为根本无明住地烦恼；若六七二识相应之俱生我执，名为欲爱住地、色爱住地、无色爱住地烦恼；若第六识相应之分别我法二执，名为见一切住地烦恼。又第六识界内分别法执，名为见惑；若界外分别法执，亦名无明也。自性无垢者，虽未转依，性是无覆无记也。不觉苦乐者，起苦乐受，而不知其因缘，故终不至解脱也。余可知。

△ 二约二乘示

若因若攀缘，彼诸受根灭（唐云：若因及所缘诸取根灭），**次第不生余自心妄想，不知苦乐**（唐云：不相续生自慧分别苦乐受者），**入灭受想正受第四禅，善真谛解脱。**（唐云：或得灭定，或得四禅，或复善入诸谛解脱）**修行者作解脱想，不离不转名如来藏识藏**（唐云：便妄生于得解脱想，而实未转如来藏中藏识之名），**七识流转不灭。所以者何？彼因攀缘，诸识生故。**（唐云：若无藏识，七识则灭。何以故？因彼及所缘而得生故。）**非声闻缘觉修行境界，不觉无我，自共相摄受生阴界入。**（唐云：然非一切外道二乘诸修行者所知境界，以彼唯了人无我性，于蕴界处取于自相及共相故）

疏曰：此明外道二乘，修得四禅已上，出离忧苦喜乐诸受，或入灭定，或见真谛，遂妄生解脱想，不知未舍藏识之名，未断第七识中俱生法执。纵令二乘觉人无我，犹未觉法无我，犹取蕴等自共相故，所以不能通达如来藏性之境界也。

△ 初示迷者之失竟。

△ 二示悟者之得

见如来藏，五法、自性、人法无我则灭，地次第相续转进（唐云：若见如来藏，五法、自性，诸法无我，随地次第而渐转灭），**余外道见不能倾动，是名菩萨住不动地，得十三昧道门乐。**（唐云：不为外道恶见所动，住不动地，得于十种三昧乐门）**三昧觉所持，观察不思议佛法、自愿，不受三昧门乐及实际**（唐云：为三昧力、诸佛所持，观察不思议佛法及本愿力，不住实际及三昧乐），**向自觉圣趣，不共一切声闻缘觉及诸外道所修行道。**（唐云：获自证智，不与二乘诸外道共）**得十贤圣种性道，及身智意生，离三昧行。**（唐云：得十圣种性道及意生智身，离于诸行。）

疏曰：由诸众生迷如来藏，举体而为生灭八识，著相计名，妄想分别。对治彼故，说有正智及与真如，建立三性染净差别，显彼所执若我若法，皆不可得。若见如来藏心，从迷得悟，则地地转进，种种对治施设法门自转灭矣。由通八地得见中道，不为二边所动，故亦名不动地，从此登圣种性十地智身，不唯离有为行，亦且离三昧行矣。前文所谓十地则为初、初地则为八，此之谓也。

△ 二别示迷悟得失竟。

△ 三广劝胜进修学

是故大慧！菩萨摩诃萨欲求胜进者，当净如来藏及识藏名。大慧！若无识藏名如来藏者（唐云：若无如来藏名藏识者），**则无生灭。大慧！然诸凡圣，悉有生灭。修行者自觉圣趣，现法乐住，不舍方便。**（唐云：是故一切诸修行者，虽见内境，住现法乐，而不舍于勇猛精进）**大慧！此如来藏识藏，一切声闻缘觉心想所见，虽自性清净，客尘所覆故，犹见不净**（唐云：此如来藏藏识，本性清净，客尘所染而为不净，一切二乘及诸外道臆度起见，不能现证），**非诸如来。大慧！如来者，现前境界，犹如掌中视阿摩勒果。**（唐云：如来于此分明现见，如观掌中庵摩勒果）**大慧！我于此义，以神力建立，令胜鬘夫人，及利智满足诸菩萨等，宣扬演说如来藏及识藏名，七识俱生；声闻计著，见人法无我。**（唐云：我为胜鬘夫人，及于深妙净智菩萨，说如来藏名藏识，与七识俱起，令诸声闻见法无我）**故胜鬘夫人承佛威神，说如来境界，非声闻缘觉及外道境界。如来藏识藏，唯佛及余利智依义菩萨智慧境界。**（唐云：为胜鬘夫人说佛境界，非是外道二乘境界。大慧！此如来藏藏识，是佛境界，与汝等比净智菩萨随顺义者所行之处，非是一切执著文字外道二乘所行之处）**是故汝及余菩萨摩诃萨，于如来藏识藏，当勤修学**（唐云：当勤观察），**莫但闻觉，作知足想。**

疏曰：如来藏举体而为识藏，由我执故，名阿赖耶；由法执故，名为异熟；故其名未净也。凡夫则有分段生灭，圣人则有变易生灭。虽得现法乐住，证无分别法空真如，而异熟未空，犹须不舍方便。况但闻觉，可作知足想乎？闻觉者，圆闻圆解，胜于二乘外道之不闻或虽闻不解也。

△ 初长文竟。

△ 二偈颂

尔时世尊欲重宣此义，而说偈言：

甚深如来藏，而与七识俱，

二种摄受生，智者则远离。

（唐云：执著二种生，了知则远离。）

如镜像现心，无始习所熏，

（唐云：无始习所熏，如像现于心。）

如实观察者，诸事悉无事。

（唐云：若能如实观，境相悉无有。）

如愚见指月，观指不观月，
计著名字者，不见我真实。
心为工伎儿，意如和伎者，
五识为伴侣，妄想观伎众。（想，唐作心）

疏曰：前二偈，颂如来藏为迷悟及染净依。次一偈，颂诫但闻不修胜进。后一偈，譬显八识差别相也。第八受熏持种，能变根身器界，故如工伎儿。第七妄执我法，熏成染法种子，故如和伎者。五识缘现在境，起惑造业，故为伴侣。第六妄现分别，起诸计执，故为观伎众也。

△ 第三十四阴界入生灭门竟。

后自序[①]

犹忆初发心时，便从事于禅宗。数年之后，涉律、涉教，著述颇多，独此《楞伽》，拟于阅藏毕后方注。壬辰结夏晟溪，无处借藏，乃以六月初三日举笔，至八月十一日，阁笔于长水南郊之冷香堂。仅阅七旬，而佛事魔事，病障外障，殆无虚日。易三地而稿始脱。

嗟嗟！《梵网》、《佛顶》、《唯识》、《法华》、《占察》、《毗尼》诸述，何其顺且易；《楞伽》一疏，何其逆且难也！得无自觉圣智法门，正破末世流弊，有以激波旬之怒耶？然波旬能俾予席不暇暖，而不能挠予襟期，亦不能阻予笔阵。则予必当化彼波旬，同成佛道。维摩所谓“邪魔外道，皆吾侍者”，岂不信哉！

予愧为虚名所误，犯达磨明道而不行道之记，然犹愈于说道而不明道也。贤达苟能因语入义，如灯照色，庶不负予损己利人之苦心耳。今而后，仗三宝力，更成《阅藏知津》、《法海观澜》，及《圆觉》、《维摩》、《起信》诸疏，圆满莲花因行，则此生无遗憾矣！

蕅益旭识于蕅花洲

① 本文依《蕅益大师全集》本《楞伽阿跋多罗宝经义疏》，原题为“阁笔后序”。

十二、《占察善恶业报经》义疏[1]（选要）

隋外国沙门菩提登译

古吴蕅益沙门智旭疏

《占察善恶业报经》卷下疏

《占察善恶业报经》（出《六根聚经》中）卷下

△ 二示进趣义二：初问，二答。

△ 今初

尔时坚净信菩萨摩诃萨，问地藏菩萨摩诃萨言：云何开示求向大乘者进趣方便？

上来已为末世钝根，巧设除疑转障之法。然而障转疑除之后，正可进趣大乘。欲趣大乘，必假方便，故今特问之也。

△ 二答为二：初略示，二详明。

△ 今初

地藏菩萨摩诃萨言：善男子！若有众生欲向大乘者，应当先知最初所行根本之业。其最初所行根本业者，所谓依止一实境界以修信解。因修信解力增长故，速疾得入菩萨种性。

① 依《蕅益大师全集》本为底本，《卍续藏》本（No.370、371）为参校本。

最初所行根本之业，即《大佛顶经》所谓最初方便也。一实境界，谓如来藏自性清净心，惟一实相，更无他物，即《大佛顶经》所谓阴、入、处、界、七大，本如来藏妙真如性也。依此不生不灭为本修因，然后圆成果地修证，中间永无诸委曲相，故能速入菩萨种性。

△ 二详明三：初示一实境界以开圆解，二示二种观道以显圆行，三示三忍、四佛以彰圆位。

△ 初中三：初标起，二广释，三总结。

△ 今初

所言一实境界者，

△ 二广释三：初明体，二明相，三明藏，即体相用三大意也。体即法身，正因佛性。相即般若，了因佛性。藏即解脱，缘因佛性。体亦即空假中，不可思议；相亦即空假中，不可思议；藏亦即空假中，不可思议；故云举一即三、言三即一，非一非三、而一而三，不纵不横、不并不别，是为一实境界也。又初明体，即同《起信》心真如门。二明相、三明藏，即同《起信》心生灭门。

△ 初明体二：初显真，二会妄。真外无妄，故须显真；妄外无真，故须会妄。真妄不二，乃为一实境界。

△ 初显真又三：初显性体，二显性量，三显性具。体即体大，量即相大，具即用大。即一而三，即三而一，此之谓也。

△ 初显性体

谓众生心体，从本以来，不生不灭，自性清净，无障无碍，犹如虚空，离分别故。

众生，指十法界一切有情也。十界众生，同一心体。迷之而为蜎飞蠕动，心体无减；悟之而为诸佛菩萨，心体无增。以一切十界，从来无有二心，惟是一心真体。又一一含生，即具心之全体，非是心之少分。良由心体绝待，不可割裂，无有方隅，不思议故。譬如日光，遍照一切隙中，一一隙中，皆见日之全体大用，非是日之少分。又一刹那中所见日光，即是亘古亘今日光。除此现前日光之外，更无过去未来日光，可别贮积何处。夫日光仅是色法，尚尔不可思议，况一心灵妙而不尔耶！又如人世岁朝，则普天下人同增一岁。只一岁朝，人人各得其全，不可分此一岁以为多分，使天下人各得少分；又不可谓天下之人各增一岁，遂使共成多多岁朝。夫岁时仅是假法，尚尔不可思议，况一心实体而不尔耶！是故不论昏迷倒惑、蠢动含灵，现前一念心体，无不从本以来不生不灭乃至离分别，故非待成佛之后方证不生不灭乃至离分别也。

从本不生不灭者，譬如瞖目见空中华，华即是空，故有瞖时华本不生，纵瞖尽时华本不灭，以无实华可灭故也。众生于无生灭中妄见生灭，生实不生，灭实不灭也。

从本自性清净者。譬如烟雾腾于虚空，虚空之性原无垢染。众生于清净中，妄见垢染，垢染自性恒清净也。

从本无障无碍者。譬如方圆器妄现方圆空，空体原无方圆。众生于无障碍体中，妄见障碍，障碍即无障碍也。

犹如虚空离分别故者。譬如虚空，离四句、绝百非，不可谓有、不可谓无，无分际、无动摇，无形质、无方隅，无彼此、无内外，无生无灭、无垢无净，无在无不在，离诸戏论，不可分别。一切众生现前一念心性，亦如是也。此是直指现前一念昏迷倒惑心体本来如此。故云："一切众生，皆证圆觉。"又云："如来成正觉时，悉见一切众生成正觉"也。如此方是直指人心，见性成佛。若离现前一念，别谈真心，何异离波觅水耶？

△ 二显性量

平等普遍，无所不至，圆满十方，究竟一相，无二无别，不变不异，无增无减。

此直指众生现前一念心体，从来竖穷横遍，不可区局也。现前一念，虽复觅之了不可得，而遍知一切根身器界，无有遗余。譬如眼光，晓了前境，其光圆满，得无憎爱，故云"平等普遍，无所不至，圆满十方"也。又知色之时，知非是色；知声之时，知非是声；知香之时，知非是香；知味之时，知非是味；知触之时，知非是触；知法之时，知非是法；故云

“究竟一相”也。又色声香味触法，无是知者，无非知者，不可分析，不可指陈，故云“无二无别”也。又发白面皱，知体无皱；六尘迁灭，知体无迁；故云“不迁不异”也。又遍缘法界，知体不舒；清心户堂，知体不缩；故云“无增无减”也。

△ 三显性具

以一切众生心，一切声闻、辟支佛心，一切菩萨心，一切诸佛心，皆同不生不灭，无染无净，真如相故。

此直指现前一念心体，法尔具足十法界也。一切众生，即六凡法界，并声闻、辟支、菩萨、诸佛，如此十界，皆同现前一念不生不灭无染无净真如相故。除此现前一念心体之外，更无十法界心可得。是故若约诸佛，则余九界皆是佛心中之九界，九界无非佛心所具。若约地狱，则余九界亦皆地狱心中九界，九界无非地狱心中所具。中间八界，并可例知。譬如一室而有十灯，随一灯光，必能遍摄余九灯光同为一光，互在互融也。又一界既具九界，则彼九界法尔亦必还各互具，便是百界。每界各论十如，便是千如。约五阴实法，亦具千如；约众生假名，亦具千如；约依报国土，亦具千如；便是三千性相，总不离现前一念心体也。譬如一隙中之日光，顿摄日轮全体，则必遍摄百千隙中日轮全体同归此一隙中，亦必将彼一一隙中日轮所有遍照百千隙之功能，同归此一隙中，又必将彼过去未来一一刹那所有遍照遍在全体功能，并同归此一隙一刹那中，断断不可分剖，无有分剂故也。

△ 初显真竟

△ 二会妄三：初会妄即空，二会妄即假，三会妄即中。空则无非性量，假则无非性具，中则无非性体。前显真时，则真该妄末。今会妄时，则妄彻真源。真该妄末，故一实无非境界；妄彻真源，故境界无非一实也。

△ 初会妄即空又二：初明觉知空，二明境界空，即五蕴本空也。

△ 今初

所以者何？一切有心起分别者，犹如幻化，无有真实。所谓识、受、想、行，忆念、缘虑、觉知等法，种种心数，非青非黄，非赤非白，亦非杂色，无有长短方圆大小。乃至尽于十方虚空一切世界，求心形状，无一区分而可得者。但以众生无明痴暗熏习因缘，现妄境界，令生念著。所谓此心不能自知，妄自谓有，起觉知想，计我我所，而实无有觉知之相，以此妄心毕竟无体，不可见故。

识，即八识心王。受、想，即遍行五数之二。行，即指余四十九心数法。此等心心数法，虽有忆念缘虑觉知，而非显色，故非青黄赤白杂色；亦非形色，故无长短方圆大小；亦非内外中间诸处，故无形状区分可得。是则但有觉知之名，实无觉知之相，毕竟无体，觅之了不可得；如波以水为体，别无自体也。《大佛顶经》七处征心，正欲显此妄心无体。若达无体，必不误认所推影子以为能推矣。

△ 二明境界空

若无觉知能分别者，则无十方三世一切境界差别之相。

前云熏习因缘，现妄境界，是由心生故种种法生也。又云令生念著，是由法生故种种心生也。然境界犹似可以指陈，妄心毕竟觅不可得，是夺心不夺境也。今明由分别故妄见境界差别，既无觉知能分别者，那有境界为所分别。如无眼见，那得有色；如无耳闻，那得有声。则是心境俱夺，五蕴皆空，非待灭而后空也。

△ 初会妄即空竟

△ 二会妄即假又三：初依心故境假，二依境故心假，三重显唯心。

△ 今初

以一切法皆不能自有，但依妄心分别故有。所谓一切境界各各不自念为有，知此为自，知彼为他。是故一切法不能自有，则无别异，唯依妄心，不知不了内自无故，谓有前外所知境界，妄生种种法想，谓有谓无，谓彼谓此，谓是谓非，谓好谓恶，乃至妄生无量无边法想。当如是知，一切诸法，皆从妄想生，依妄心为本。

不知不了内自无故者，谓妄认四大为自身相，妄认六尘缘影为自心相也。依此无内之内，虚妄分别无外之外，而生有无、彼此、是非、好恶种种情谓。如是诸法，非实有生，但从妄想生耳。妄想尚不可得，况有所生法耶？但有假名境界而已。

△二依境故心假

然此妄心无自相故，亦依境界而有，所谓缘念觉知前境界故，说名为心。

此即所谓心本无生因境有也。然虽说名为心，究竟觅之了不可得，以非显色、形色，亦非内外中间故也，但有假名心心数法而已。

△三重显唯心

又此妄心与前境界，虽俱相依，起无先后，而此妄心能为一切境界源主。所以者何？谓依妄心不了法界一相故，说心有无明。依无明力因故，现妄境界；亦依无明灭故，一切境界灭。非依一切境界自不了故，说境界有无明；亦非依境界故生于无明，以一切诸佛于一切境界不生无明故。又复不依境界灭故，无明心灭，以一切境界从本已来体性自灭，未曾有故。因如此义，是故但说一切诸法依心为本。

前明境界依妄心有，则是心生法生，可名唯心。次明妄心依境界有，则是法生心生，似非唯心之义。今故合明虽俱相依，仍以心为主也。当知境界依妄心有，是自证分为增上缘，转成相分。妄心依境界有，是由相分为所缘缘，显示见分。见相二分，起必同时，故无先后。而此妄心，总摄见分及内二分，同名为心，但指相分以为境界。见相俱依自证而起，是故离心无别境界，但说诸法皆依心也。

问：既但唯心，何故台宗复云唯色、唯香等耶？

答：正以六尘相分依自证起，体即是心，故唯色、唯香仍即唯心，不相违也。倘计色香别有自体，如何能使一切法趣？今依一心而有相见，种种相见全体是心，故可互摄互入、互遍互融耳。

△二会妄即假竟

△ 三会妄即中又二：初就义体会，二就缘起会。

△ 今初

当知一切诸法，悉名为心，以义体不异，为心所摄故。

义不异者，同是因缘生法，同皆即空、即假、即中也。体不异者，同以三德秘藏为体也。为心所摄者，见相二分，皆依自证分起，摄末归本，总名唯识，唯识即唯心也。

△ 二就缘起会

又一切诸法，从心所起，与心作相，和合而有，共生共灭，同无有住。以一切境界但随心所缘，念念相续故，而得住持，暂时为有。

从心所起，即依自证分而起相分也。与心作相，即与见分为亲所缘缘也。和合而有，谓不可分别心境之际畔也。共生共灭，谓刹那无前后也。同无有住，谓心境无不初生即灭，终不迁至第二念也。第二念之心境，但与前念相似相续，所以似常似一，昧者不知，妄计为常一耳。

△ 初明体竟

△ 二明相三：初标名，二别释，三会释。

△ 今初

如是所说心义者，有二种相。何等为二？一者心内相，二者心外相。心内相者，复有二种。云何为二？一者真，二者妄。

上明众生心体，体无分别，量周横竖，具同十界，全妄即空假中，不可思议，那得论相。然以无相，无所不相，故得有二种相。当知二相即皆无相，所以名为相大也。心内相者，实非在内，但以自证分及证自证分微妙幽密，不可见故，故名心之内相。心外相者，实非在外，但以相分及与见分作用显然，世共许故，故名心之外相。内相外相，同名为心，则心外更无他物也。又于内相分真妄者，真即诸心心数四分所依理体，亦名实相。此真虽遍内外二相，以微密故，且名为内。妄即诸心心数各内二分，迷真而起，即以真如为体，无别自体，故名为妄。此妄亦无方隅分剂，以不可见，且名为内也。

△ 二别释三：初释真，二释妄，三释外相。

△ 今初

所言真者，谓心体本相，如如不异，清净圆满，无障无碍，微密难见，以遍一切处常恒不坏，建立生长一切法故。

上明体中，则摄一切生灭同归真如，以真如外无生灭故。今明相中，则摄一切真如同归生灭，以生灭外无真如故。所言真者，犹《起信论》所言觉义也。心体本相者，即所谓离念相者，等虚空界，无所不遍，法界一相，故云如如不异清净圆满等也。只此觉义，则能摄一切法、生一切法，故云建立生长一切法也。又如如不异，即性体。圆满难见，即性量。建立生长，即性具。

△ 二释妄

所言妄者，谓起念、分别、觉知、缘虑、忆想等事，虽复相续，能生一切种种境界，而内虚伪，无有真实，不可见故。

所言妄者，犹《起信论》所言不觉义也。起念即是业相，不觉心动，说名为业，即诸心心数各有内二分也。分别觉知、缘虑忆想，即能见相，诸心心数各有见分是也。所生一切境界，即境界相，诸心心数各有相分是也。而内虚伪无有真实者，依本觉故而有不觉；念无自相，不离本觉，若离觉性，则无不觉；故此不觉，别无真实自体可得见也。

△ 三释外相

所言心外相者，谓一切诸法种种境界等，随有所念境界现前故，知有内心及内心差别。

随有所念境界现前，即依自证分起相分也。故知有内心及内心差别，即由所缘相分，显示有能缘见分也。相分如镜像，见分如镜光，故名心之外相，非谓在心外也。自证分如镜面，证自证分如镜背，故名心之内相，非谓在心内也。譬如镜面镜背，以铜为体，别无自体，故名为妄；本觉真如，譬如镜铜，故名为真。以真收妄，则若背若面、若光若像，无非是铜，即生灭门是真如门。依真起妄，则只此一铜，为背为面、为光为像，即真如门是生灭门。约相分别，则铜及背面皆属于体，故名内相。光之与像皆属于用，故名外相也。

△ 二别释竟

△ 三会释二：初直会外归内，二就外相会理。

△ 今初

如是当知内妄相者，为因为体；外妄相者，为果为用。依如此等义，是故我说一切诸法悉名为心。

因果体用，统惟一心，心外无法。即显此心无外之相，名为相大也。

△ 二就外相会理又三：初会性体，二会性量，三会性具。

△ 今初

又复当知心外相者，如梦所见，种种境界，唯心想作，无实外事。一切境界，悉亦如是，以皆依无明识梦所见，妄想作故。复次应知内心念念不住故，所见所缘一切境界亦随心念念不住。所谓心生故种种法生，心灭故种种法灭。是生灭相，但有名字，实不可得，以心不往至于境界，境界亦不来至于心，如镜中像，无来无去。是故一切法，求生灭定相，了不可得，所谓一切法毕竟无体，本来常空，实不生灭故。

一切众生恒迷外相，不达惟心，所以更须会归一理也。如梦所见下，是立喻。一切境界下，是法合。复次应知下，重明境界实不生灭。心生故种种法生，则但是心生，非别有法而得生也。心灭故种种法灭，则但是心灭，非别有法而可灭也。故曰："诸法从本来，常自寂灭相。"又曰："是法住法位，世间相常住。"如镜中像，体只是铜，生何曾生、灭何曾灭耶？

△ 二会性量

如是一切法实不生灭者，则无一切境界差别之相，寂静一味，名为真如第一义谛自性清净心。彼自性清净心，湛然圆满，以无分别相故。

假如眼所见之一色，鼻所嗅之一香，此色此香，实不生灭。既不生灭，则无差别，即是寂静一味，即是真如第一义谛，即自湛然圆满，故云“一色一香，无非中道”也。中道体无分剂，扩同太空，故名性量。色香既尔，法法皆然。

△三会性具

无分别相者，于一切处无所不在。无所不在者，以能依持建立一切法故。

假如一色一香扩同太空，无分别相，则必无所不在，普能依持建立一切诸法，故云“一切法趣色，是趣不过；一切法趣香，是趣不过”也。依持建立，故名性具。色香既尔，法法亦然。夫一切法实不生灭，则因缘即中。一切法无分别相，则因缘即空。一切法皆能依持建立一切诸法，则因缘即假。相分尚尔，况见分耶？况自证分、证自证分耶？诸心心数四分之相，同是一实境界之相明矣！

△二明相竟

△三明藏三：初就佛界明妙用，二就佛界明具九，三就迷悟明十界。

△今初

复次彼心名如来藏，所谓具足无量无边不可思议无漏清净功德之业。以诸佛法身，从无始本际来，无障无碍，自在不灭，一切现化，种种功业，恒常炽然，未曾休息，所谓遍一切世界，皆示作业，种种化益故。以一佛身即是一切诸佛身，一切诸佛身即是一佛身，所有作业亦皆共一。所谓无分别相，不念彼此，平等无二，以依一法性而有作业，同自然化，体无别异故。

彼心，正指众生现前一念心也。众生现前一念心体，具足无漏功德之业，即是平等无二如来之藏。诸佛证此以为法身，不过全证众生理本。此理从无始来，相本无障无碍，体本自在不灭，用本一切现化，非俟成佛然后有也。但诸众生虽即同共依此法性，由妄分别，妄念彼此，故于一体横计别异。诸佛已破我法二执，断无明源，证此一性，故遍一切十方三世，所示作业，种种化益，亦皆共一也。

△ 二就佛界明具九又三：初直明体遍，二立喻，三法合。

△ 今初

如是诸佛法身，遍一切处，圆满不动故，随诸众生死此生彼，恒为作依。

众生心体，既即诸佛法身。法身遍满不动，当知即是众生心体遍满不动也。但众生在迷不觉，故约诸佛所证以显法身。只此法身流转六道，名曰众生。设无诸佛法身以为所依，何处得有众生死此生彼。

△ 二立喻

譬如虚空，悉能容受一切色像种种形类，以一切色像种种形类，皆依虚空而有，建立生长，住虚空中，为虚空处所摄，以虚空为体，无有能出虚空界分者。当知色像之中，虚空之界不可毁灭。色像坏时，还归虚空，而虚空本界无增无减，不动不变。

此借虚空以喻诸佛法身，借彼色像形类以喻众生果报烦恼也。

△ 三法合

诸佛法身，亦复如是，悉能容受一切众生种种果报。以一切众生种种果报，皆依诸佛法身而有，建立生长，住法身中，为法身处所摄，以法身为体，无有能出法身界分者。当知一切众生身中，诸佛法身亦不可毁灭。若烦恼断坏时，还归法身，而法身本界无增无减，不动不变。

此以诸佛法身合虚空喻，以众生果报合彼色像形类喻也。依法身而建立生长，故名即假。为法身处所摄，故名即空。以法身为体，故名即中。众生身中法身不可毁灭，故原无减。烦恼断时还归法身，故亦无增也。由烦恼故，妄于法身之中见有种种果报。果报似动而法身不动，果报似变而法身不变。譬如瞖目，见空中华，华相飞舞似动而空本不动，华相生灭似变而空本不变也。

问曰：喻中既云色像坏时还归虚空，今法合应云果报坏时还归法身，胡乃云烦恼断坏耶？

答曰：果报无体，全以法身为体。由烦恼故，不见果报体即法身。若断烦恼究竟尽时，便见身诸毛孔，量同虚空，遍含尘刹，不可思议，岂更有果报可坏，令其扩同顽空耶？

问曰：设云果报坏时还归法身，亦有何过？

答曰：有过。若烦恼未断，则果报坏时，复生异熟，何能证会法身。若烦恼断时，则幻化空身，本即法身，何俟更坏果报。

问曰：此则法喻有不齐过。

答曰：凡言喻者，只是少分相似。如雪山喻象，岂可责其尾牙。满月喻面，岂可求其眉目。今以虚空而喻法身，岂可责其灵知寂照。当知众生现前一念心体，即是诸佛所证究竟法身，绝待真常，不可为喻。但由烦恼自覆，有而不知，故不得已，须设众喻。欲明举体随缘，则喻以如金铸十界像，仍恐迷者谓有造作，谓有分剂。欲明对至即现，则喻以如镜写妍丑容，仍恐迷者谓有彼此，谓有内外。欲明迷悟无性，则喻以空华起灭、冰水互成，仍恐迷者谓迷能生悟，悟亦生迷。欲明智断不坏，则喻以如金出矿、如木成灰，仍恐迷者谓一分是常，一分无常。所以一切言诠，皆不能及。譬如盲人欲辨乳色，闻鹤谓动，闻雪谓冷，闻粆为软，闻贝谓坚，种种忆想，终不能见乳之真色。《圆觉经》云："云驶月运，舟行岸移，未证无为而辨圆觉，彼圆觉性即同流转"，此之谓也。

今不得已，更助观心一释，令有智者直下荐取。现前一念心体，悉能容受一切众生种种果报，以一切众生种种果报，皆依现前一念心体而有建立生长，住于现前一念心体之中，为现前一念心体所摄，以现前一念心体为体，无有能出现前一念心体界分者。当知一切众生身中现前一念心体，不可毁灭。若烦恼断坏时，还证现前一念心体。而现前一念心体本界，无增无减，不动不变。思之、思之！

问：若果报即是法身，不须灭者，则烦恼即是般若，亦何须断？

答：若知烦恼即是般若，般若现前，无复烦恼，名烦恼灭，乃是非灭非不灭而论灭耳，岂真有烦恼实体而可灭耶？

又问：若烦恼非灭非不灭而得论灭，则果报亦非灭非不灭，何不论灭？

答：烦恼如形，果报如影。烦恼如声，果报如响。烦恼如目瞖，果报如空华。故但论烦恼灭，不须更论果报灭也。

问：以虚空喻诸佛法身，几义相似？几不相似？

答：一无始终，二不生灭，三无处不遍，四包容无外，五无障无碍，六不可撮摩，此是似义。一虚空顽然，法身真觉；二虚空但名，法身有体；三虚空凝然不变，法身举体随缘；四虚空荡无一物，法身具无边德；五虚空与色为二，法身众生不二；六虚空但是心心数之相分，法身总摄心心数之四分，四分无非法身体故；此即不相似也。若能了达四分无非法身，则此虚空相分，亦即法身全体，非是法身少分。所以芥子中空，便同十方太空，便同十界众色，此岂烦恼情谓所计对色之空也哉！

△ 二就佛界明具九竟

△ 三就迷悟明十界又二：初明迷悟差别，二明究竟平等。

△ 初又二：初约无明熏习有六凡，二约法身薰习有四圣。

△ 今初

但从无始世来，与无明心俱，痴暗因缘熏习力故，现妄境界。以依妄境界熏习因缘故，起妄相应心，计我我所，造集诸业，受生死苦，说彼法身名为众生。

无明心者，依本觉故而有不觉，即根本住地无明，所谓界外同体惑也。由此根本无明痴心所故，令法身体，举体而为业相，即成诸心心数自证分及证自证分之内体也。痴暗因缘熏习力故现妄境界者，即无明熏真如体，令彼心心数体，幻成见相二分也。依妄境界熏习因缘，乃至计我我所者，从根木无明法执，而起枝末无明我我所执，所谓界内见思惑也。造集诸业者，无明缘行，造于有漏善、恶、不动三种业也。受生死苦者，三界分段生死。乐是坏苦，苦是苦苦，不乐不苦是行苦也。即是法身流转六道，故名众生。设无法身，即无众生之名可得矣。

△ 二约法身熏习有四圣

若如是众生中，法身熏习而有力者，烦恼渐薄，能厌世间，求涅槃道，信归一实，修六波罗蜜等一切菩提分法，名为菩萨。若如是菩萨中，修行一切善法满足，究竟得离无明睡者，转名为佛。

法身熏习者，即以本觉之性而为法身，由众生无不具此本觉性故，得受有漏闻思修等熏习。由熏习力为增上缘，资本觉性，令起无漏出世间智，更不资熏烦恼种子，故得烦恼渐薄。由烦恼薄，故能厌离世间虚伪果报。厌离虽同，发心有异。若其无始法执重者，则先求涅槃道。若其无始法执轻者，则能信归一实。若约发心差别，则求涅槃者名为二乘，信一实者乃名菩萨。若约究竟所行，则一是渐悟，一是顿悟，同名菩萨也。究竟离无明睡即转名佛，设无众生，亦无菩萨、佛可得矣！

△初明迷悟差别竟

△二明究竟平等

当知如是众生、菩萨、佛等，但依世间假名言说故，而有差别；而法身之体，毕竟平等，无有异相。

法身喻如湿性，众生如冰，佛如纯水，二乘、菩萨，如冰渐泮而未尽也。冰之湿性无减，水之湿性无增，故云毕竟平等，可谓但转其名无实性矣！

△二广释竟

△三总结

善男子！是名略说一实境界义。

合前心体、心相及如来藏三义，乃可略显一实境界，以为进趣最初方便也。

△初示一实境界以开圆解竟

△二示二种观道以显圆行二：初正明二观，即圆正行；二曲为障缘，即圆方便助行。

△初中三：初总标，二别释，三料简。

△今初

若欲依一实境界修信解者，应当学习二种观道。何等为二？一者唯心识观，二者真如实观。

△ 二别释二：初释唯心识观，二释真如实观。

△ 初中三：初正示观门，二观成胜进，三结观功能。

△ 初又三：初观境唯心，二善知心相，三观门成就。

△ 初又三：初示所观境，二示能观观，三劝修简过。

△ 今初

学唯心识观者，所谓于一切时、一切处，随身口意有所作业，

一切时，谓行住坐卧等时。一切处，谓见色闻声等处。随身口意有所作业，谓做作、语言、攀缘等业。以要言之，不出六行、六境，一一无非所观境也。六行者，一行，二住，三坐，四卧，五语言，六做作。六境者，一见色，二闻声，三嗅香，四受味，五觉触，六知法。于此十二事中，并须修学唯心识观。

△ 二示能观观

悉当观察，知唯是心。乃至一切境界，若心住念，皆当察知，勿令使心无记攀缘，不自觉知。于念念间，悉应观察，随心有所缘念，还当使心随逐彼念，令心自知。知己内心自生想念，非一切境界有念有分别也，所谓内心自生长短、好恶、是非、得失、衰利、有无等见，无量诸想，而一切境界未曾有想起于分别。当知一切境界自无分别想故，即自非长非短、非好非恶，乃至非有非无，离一切相。如是观察一切法唯心想生，若使离心，则无一法一相而能自见有差别也。

此唯心识观，乃是破法执之利刀，烧烦恼之猛焰，证涅槃之要津，成菩提之秘诀。至简至易，至妙至玄。子科有五：

初云“悉当观察知唯是心”者，总示唯心止观门也。

次云“乃至一切”讫“不自觉知”，示分别性观门也。心若住念于一切境，则成遍计所执，名分别性。今即察知，勿令无记攀缘不觉，故名为观。此言无记，与三性中无记不同。三性中无记性者，于善不善不可记别，故名无记。今以唯心识观守记内心，名之为记。若复忘失唯心识观，妄想攀缘计有外境，名为无记也。

三云“于念念间”讫“令心自知”，示分别性止门也。“悉应观察”，谓当观察知唯是心，正《大乘止观》所明强观诸法唯是心相，虚状无实也。“还当使心随逐彼念，令心自知”者，正《大乘止观》所谓次第以后念破前念，令知无实念也。然亦不可妄计前念为所观，后念为能观，以后念起时，前念已灭，不得成所观境。但借前念之非实，以知后念之本虚。仍是当念为能观，后念为所观，由此能观，令于所观不起实执耳。

四云“知己内心”讫“起于分别”，示依他性中观门也。内心自生想念，谓长谓短，谓好谓恶，谓是谓非，谓得谓失，谓衰谓利，谓有谓无，于依他起而成遍计。而诸境界，本无有念，亦无分别，不过皆是自心之相分耳。

五云“当知一切”已下，示依他性中止门也。一切诸法，既唯自心相分，则有即非有，无生无灭，并不执此虚相矣。言“一切境界即自非长非短”等者，且如有境于此，短者视之则以为长，境非长也；长者视之则以为短，境非短也。喜者视之则以为好，境非好也；厌者视之则以为恶，境非恶也。同想视之则以为是，境无是也；异想视之则以为非，境无非也。虚妄摄受则以为得，境非得也；虚妄分离则以为失，境非失也。违其妄情则以为衰，境非衰也；顺其妄情则以为利，境非利也。计彼是实则以为有，境非有也；计彼是虚则以为无，境非无也。譬如同在一处，天见瑠璃，鱼见窟宅，人见清水，鬼见脓血炭火。离彼四类有情心想，何尝别有法相可得？又如同一美女，有欲男子视之以为妙好，等辈妒妇视之以为怨家，鱼见之深入，鸟见之高飞，麋鹿见之决骤，不净观人视之以为行厕，出世圣人视之知其本空，入假菩萨视之知其能为十界染净缘起，佛眼视之知即法界实相。举此一法，总不出于十界各自心量，心外无境。一切诸法，例皆可知。摄法归心，则心外无法，因缘即空也。心生想念，则法随心现，无量差别，因缘即假也。法唯心生，以心为体，非有非无，离一切相，本无差别，不生不灭，因缘即中也。若能念念如此观察，则何执不破，何惑不消。执破惑消，朗然大觉，方知诸法本来寂灭，不复更灭矣！

△ 三劝修简过又二：初劝修，二简过。

△ 今初

常应如是守记内心，知唯妄念，无实境界，勿令休废，是名修学唯心识观。

守者，不令驰散，即是定也。记者，恒令分明，即是慧也。内心者，不念前境，了知心外无法，故名为内，非枯守一腔之谓，不可不知。

△ 二简过

若心无记，不知自心念者，即谓有前境界，不名唯心识观。

设有外境当情，即是慧心失照，不可不觉察也。

△ 初观境唯心竟

△ 二善知心相

又守记内心者，则知贪想、嗔想，及愚痴、邪见想，知善，知不善，知无记，知心劳虑，种种诸苦。

众生无始以来，由于自心所现境界不了知故，但能内外妄生分别，不能反观内自心相。今由善修唯心识观，知境唯心，心不外驰，故想起即知，不随想而漂堕也。贪、嗔、邪见，根本三毒，一起便知，知便不令相续，《阿含经》中所以贵知恶也。与信、惭等善法相应，名之为善。与无惭等恶法相应，名为不善。俱不相应，名为无记。知此三性差别，则必能断不善、无记，令其恒善。知心劳虑种种诸苦，则必能息虚妄尘劳，令证寂灭一心法界矣！

△ 三观门成就

若于坐时，随心所缘，念念观知唯心生灭，譬如水流、灯焰，无暂时住，从是当得色寂三昧。

前论修观，通一切时及一切处。今约入定，则四威仪中，坐为最胜也。知惟心生，则色本无生；知唯心灭，则色本无灭；故得色寂三昧。又心生灭相，譬如水流、灯焰，无暂时住，则刹那才生，无间即灭，无容从此转至余方。既无动转，心相本寂。心既本寂，色岂不然。观色唯心而悟本寂，故名色寂三昧，非谓色寂而心不寂也。得此三昧，是圆五品观行即佛。

△ 初正示观门竟

△ 二观成胜进又三：初总示应修，二别示二观，三结示利益。

△ 今初

得此三昧已，次应学习信奢摩他观心，及信毗婆舍那观心。

从事入理，名奢摩他，即一心三止也。从体起用，名毗婆舍那，即一心三观也。二皆名观心者，皆有智慧照了故也。皆言信者，指圆十信位中不二妙止观也。前于名字位中，修行唯心识观，而登五品色寂三昧，非无一心不二止观，但以定慧未深，未得名信。今既得此色寂三昧，观行位极，故应学习信二观心，念念冥理，念念起用，令其平等正直，速登佛慧也。

△ 二别示二观又二：初奢摩他，二毗婆舍那。

△ 今初

习信奢摩他观心者，思惟内心不可见相，圆满不动，无来无去，本性不生不灭，离分别故。

修行唯心识观，已能了达实无外境，唯有内心。今即思惟此内心相，觅之了不可得，故不可见，是即空也；横遍十方，故圆满不动，竖穷三际，故无来无去，是即假也；体即法身，法界常住，故本性不生不灭，离于分别，是即中也。一念内心，本是因缘生法，观其即空、假、中，无一事而非理，故名奢摩他观。此观遍能止息三惑，遍能停止三境，遍不分别止与不止，是故亦名一心妙止。

△ 二毗婆舍那

习信毗婆舍那观心者，想见内外色，随心生、随心灭；乃至习想见佛色身，亦复如是，随心生、随心灭，如幻如化，如水中月，如镜中像，非心、不离心，非来、非不来，非去、非不去，非生、非不生，非作、非不作。

先知境界唯心，又知此心即空假中，则无事而非理矣。事既即理，理能成事，故设欲想见内色生，则内色便随心生；设欲想见内色灭，则内色便随心灭；设欲想见外色生灭，亦复如是，具如八背舍、八胜处、十一切处所明也。所执受色，名为内色。不执受色，名为外色。背舍、胜处及一切处，小乘修之止名不坏法观。今以圆解修之，便成圆行也。

乃至习想见佛色身者，观想三十二相、八十种好等事，中间超略余九法界及与佛界依报眷属等想，故云乃至也。

如此若自若他十界色像，无不随心而生，随心而灭，从体起用，转变自在，一一皆如幻化水月镜像，非有似有，有而非有也。巧术力故，种种变现，名之为幻。心是能幻，十法界色皆所幻也。神通力故，无而示有，名之为化。心是能化，十法界色皆所化也。此心如水，十界月影恒于中现，而非外来。此心如镜，十界形像对至即现，而无出入。心本无色，故十界色一一非心；由心有色，故十界色皆不离心。心外无色，故十界色皆悉非来；心生色生，故十界色皆非不来。色只是心，故十界色皆悉非去；心灭色灭，故十界色皆非不去。有而不有，故十界色皆即非生；不有而有，故十界色皆非不生。缘起无性，故十界色皆即非作；无性缘起，故十界色皆非不作。即中之空假，名为非不来非不去、非不生非不作，是心作十界色也；即空假之中，名为非来非去、非生非作，是心是十界色也。随于背舍、胜处及一切处乃至佛身观中，一一了达一心三观，故名毗婆舍那。此观遍能观穿三惑，遍能观达三谛，遍不分别观与不观，是故亦名一心妙观。

△ 二别示二观竟

△ 三结示利益

善男子！若能习信此二观心者，速得趣会一乘之道。

△ 二观成胜进竟

△ 三结观功能

当知如是唯心识观，名为最上智慧之门。所谓能令其心猛利，长信

解力，疾入空义，得发无上大菩提心故。

了知心外无法，而修一心圆顿止观。从五品位，增长信解而登六根净位，则得疾入第一义空，不堕凡夫及二乘地，任运三心圆发，入圆初住，名为无上大菩提心也。

△ 初释唯心识观竟

△ 二释真如实观三：初正示观门，二观成胜进，三结观功能。

△ 初中三：初明观法，二明所超，三明观成。

△ 今初

若学习真如实观者，思惟心性无生无灭，不住见闻觉知，永离一切分别之想。

前依他性止门，已知一切法唯心想生，唯心生灭，无暂时住。今即因此而入真实性中观门，故云思惟心性无生无灭也。何者？不了法界，似有心生。生时觅之了不可得，则性即无生。既无有生，云何有灭？灭则无心，而心性非无，故无灭也。

次入真实性中止门，故云不住见闻觉知。何者？心性虽无生灭，本非色声香味触法，如何可得见闻觉知。设有可见、可闻、可觉、可知，便非心性，以心不自知心、心不自见心故。又复不得别认不可见闻觉知境界以为心性，故云永离一切分别之想。何者？心性虽复不可见闻觉知，而见闻觉知体即是心，不可别唤不见、不闻、不觉、不知境界以为心也。

△ 二明所超

渐渐能过空处、识处、无少处、非想非非想处等定境界相，得相似空三昧。

观行位中习此真如实观，直观心性，永离分别，则虽不学次第禅门，自渐能超四空定境，以彼四空定境皆不能离分别想故。且如入空处定者，必先厌患色笼，修观破色，缘无边空而入于定。定心与彼空处相应，住此觉知，是分别想，非无分别也。次入识处定者，必先厌患虚空，舍空缘识而入于定。定心与彼识处相应，住此觉知，亦是分别，非无分别也。次入无少处定者，亦名无所有处，必先厌患于识，舍识缘无所有而入于定。定心与彼无所有处相应，住此觉知，亦是分别，非无分别也。次入非想非非想处定者，必先厌患无所有处，舍无所有想，缘非想非非想而入于定。定心与彼非想非非想处相应，住此微细觉知，犹复是分别想，非无分别，所以报尽还堕，不证真常也。今修真如实观，永离一切分别之想，所以观行位中，即已善超三有，而得相似空三昧门。

△ 三明观成

得相似空三昧时，识、想、受、行粗分别相不现在前。从此修学，为善知识大慈悲者守护长养，是故离诸障碍，勤修不废，展转能入心寂三昧。

既登观行一品，即能圆伏五住烦恼，故心心数粗分别相不现在前。十方诸佛菩萨真善知识，同皆守护，令得长养，乃至能入心寂三昧。由观心性无生无灭而入三昧，故名心寂，心寂则色亦寂矣。

△ 初正示观门竟

△ 二观成胜进又二：初证入，二离过。

△ 今初

得是三昧已，即复能入一行三昧。入是一行三昧已，见佛无数，发深广行心，住坚信位，所谓于奢摩他、毗婆舍那二种观道，决定信解，能决定向。

心寂、色寂，是五品之终。一行三昧，是十信之始。观行位极，相似解发，故云即复能入也。言一行者，圆信圆解，一行即一切行，一切行即一行，所谓系缘法界，一念法界，法界无外，更无余行。以即空故，名圆圣行；以即假故，名圆梵行及婴、病行；以即中故，名圆天行。又事即理故，一心圆具圣、梵、天行；体即用故，一心圆兴婴儿、病行。又入一行三昧，即前所明信奢摩他观心。见佛无数发深广行心，即前所明信毗婆舍那观心。由此一心圆顿止观，住六根净坚信位中，此但名为决定信解。决定能向一乘大菩提心，登圆住也。圆住以上，乃名真实奢摩他、毗婆舍那道故。

△二离过

随所修学世间诸禅三昧之业，无所乐著，乃至遍修一切善根菩提分法，于生死中无所怯畏，不乐二乘。

圆教坚信位人，仍有二种：一者直修顿观，中中流入。二者或修渐及不定两观，双照二边。虽照二边，恒契中道，故学世间禅三昧时，不同凡夫之著有；修出世间菩提分时，不同二乘之乐空也。

△二观成胜进竟

△三结观功能

以依能习向二观心最妙巧便，众智所依行根本故。

明此真如实观，乃是能向奢摩他、毗婆舍那二观心之最妙巧便。依此得成一心三智，故是众智所依。从此发生五行、万行，故是行之根本也。

△二别释二观竟

△三料简

复次修学如上信解者人有二种，何等为二？一者利根，二者钝根。其利根者，先已能知一切外诸境界，唯心所作，虚诳不实，如梦如幻等，决定无有疑虑；阴盖轻微，散乱心少。如是等人，即应学习真如实观。其钝根者，先未能知一切外诸境界，悉唯是心虚诳不实故，染著情厚，盖障数起，心难调伏，应当先学唯心识观。

虽依一实境界以修信解，并属圆教名字位人，而此圆人仍有利钝。若久熏圆解，知境唯心，五浊习轻者，则阴盖轻微，散乱亦少，所以即可体达识心本寂，了知三千宛然即空假中，名为学习真如实观也。若初获圆闻，染情尚厚，五浊习重者，则盖障数起，心难调伏，所以必须照于起心变造十界，知其无不即空假中，名为先学唯心识观也。然钝根之人，不可即修真如实观；而利根之人，不妨亦修唯心识观。但以理摄事，则名真如实观；从事入理，则名唯心识观耳。设欲舍事观理，则既非唯心识观，又非真如实观。所以《大乘止观》深诫初心之人，不可越前二性，径依第三性修，但可念念之中三番并学，资成第三番也。准此，则名字位中，止可先习唯心识观，以其未能不起九界心故。观行初品，便可随意修此二观。若起九界心时，则观唯识。若不起九界心时，则观真如。观唯识，则色寂而心亦寂；观真如，则心寂而色亦寂也。

△ 初正明二观竟

△ 二曲为障缘三：初现离障缘，二求生净土，三结叹方便。

△ 初中三：初明障缘，二示方便，三明得离。

△ 今初

若人虽学如是信解，而善根业薄，未能进趣；诸恶烦恼，不得渐伏；其心疑怯，畏堕三恶道，生八难处，畏不常值佛菩萨等，不得供养听受正法，畏菩提行难可成就，有如此疑怖及种种障碍等者，

虽学如是信解，谓依一实境界而学信解，亦即名字初心人也。净熏习浅，故善根业薄。染熏习厚，故烦恼不伏。此须四句料简。自有善根厚而烦恼薄者，如前即应学习真如实观者是也。自有善根厚而烦恼厚者，如前应当先学唯心识观者是也。若善根虽薄，烦恼亦薄者，事可两向。以烦恼薄故，可习真如实观；以善根薄故，或先学唯心识观也。今为善根薄而烦恼厚者，多疑多障，并不能即修唯心识观，须为别示善巧方便也。

△ 二示方便又三：初称名字，二观法身，三修厌离。称名字者，即附净分分别、依他二性止观以助唯心识观，对治不常值佛菩萨听法之畏。观法身者，即附净分真实性之止观以助真如实观，对治菩提行难可成就之畏。修厌离者，正破染分分别、依他二性，成就唯心识观，渐伏烦恼，对治三恶八难之畏也。

△ 今初

应于一切时一切处，常勤诵念我之名字。

诸佛菩萨真实功德、通别名号，并由证真实性称性所成缘起作用，能与众生作增上缘。众生不了，计有心外佛菩萨名，即为净分分别性摄。若知名号是我自心所现相分，即为净分依他性摄。能于一切时处常勤诵念，勿令间断，则心不散乱，名为妙止；名号历然，名为妙观；便可助显唯心识观，兼有灭障胜功能矣！

△ 二观法身

若得一心，善根增长，其意猛利，当观我法身，及一切诸佛法身，与己自身，体性平等，无二无别，不生不灭，常乐我净，功德圆满，是可归依。

若得一心善根增长者，由前一切时处勤念称名，伏除昏散也。昏散既除，意即猛利，堪依一实境界以修信解。观察地藏大士及一切诸佛，同皆证此现前一念自性清净心如来之藏以为法身，我身亦复全揽自性清净心如来之藏以为其体。迷悟虽殊，性恒平等。生佛唯此一心，故无二；不因迷悟而有隔异，故无别。无始成就，故不生；永永常住，故不灭。无对待，故常；无所受，故乐；无戏论，故我；无所离，故净。性具不可思议无漏清净之业究竟显发，故功德圆满。是则归依大士及佛，全即归依自心，故云“自归依佛，自归依法，自归依僧”也。除自法外，更于何处别有三宝可归依耶！？一切归依三宝，无论达与不达，克实论之，皆是自归依耳。

△ 三修厌离

又复观察己身心相，无常、苦、无我、不净，如幻、如化，是可厌离。

现前一念心性，本与大士诸佛体同。而由无始迷惑，妄认四大为己身相，妄认六尘缘影为己心相，譬如弃海认沤，安得不于常住之中妄见无常，乐中受苦，自在性中不得自在，清净性中妄成杂染。而此无常苦无我不净之妄身妄心，仍依现前一念心性而起，但如幻化，非别有实，何乃被此虚诳不实身心所惑，而起诸恶烦恼耶？修此厌离，对治分别染著，则能成就二种观道也。

△ 二示方便竟

△ 三明得离

若能修学如是观者，速得增长净信之心，所有诸障，惭渐损减。何

以故？此人名为学习闻我名者，亦能学习闻十方诸佛名者；名为学至心礼拜供养我者，亦能学至心礼拜供养十方诸佛者；名为学闻大乘深经者，名为学执持书写供养恭敬大乘深经者，名为学受持读诵大乘深经者；名为学远离邪见，于深正义中不堕谤者；名为于究竟甚深第一实义中学信解者；名为能除诸罪障者；名为当得无量功德聚者。此人舍身，终不堕恶道八难之处，还闻正法，习信修行，亦能随愿往生他方净佛国土。

学如是观，双指法身及厌离观也。现前一念之心，即是依他起性。今观法身，则能显出依他性中圆成实性。复修厌离，则能除灭依他性中遍计执性。由显圆成，则净信增长。由除遍计，则诸障损减也。

何以故下，叹其善学。盖我及十方诸佛，不过转灭依他中之遍计，令其净尽，转显依他中之圆成，令其满足。只此所显圆成实性，名为一体三宝，亦名究竟甚深第一实义。何者？如如之理，名为法宝。如如之智，名为佛宝。理智不二，名为僧宝。满证一体三宝者，名为十方诸佛。分证一体三宝者，名为诸大菩萨。诠显一体三宝者，名为大乘深经。闻此一体三宝而不疑惑，名为闻慧。观察一体三宝而无滞碍，名为思慧。念念觉此一体三宝而无间断，名为修慧。今此行人既能一心称名，观察法身，厌离妄执，则闻地藏洪名，即为遍闻十方佛名；礼拜供养地藏，即为遍礼遍供十方诸佛。可谓佛不说法，恒闻梵音；口无言声，遍诵众典；手不执卷，常演是经；心不思惟，普照法界矣。有何罪障而不除、有何功德而不满、有何恶趣门而不闭、有何净佛土而不生耶！

△ 初现离障缘竟

△ 二求生净土

复次若人欲生他方现在净国者，应当随彼世界佛之名字，专意诵念，一心不乱，如上观察者，决定得生彼佛净国，善根增长，速获不退。

上文既明求离障缘者，修三方便，不惟现离诸障，兼能随愿往生。今更特明求生净土者，若能修三方便，不惟决生净土，亦能现获不退也。专意诵念彼佛名字，令离昏散，即名一心不乱，即是称名方便也。如上观察，即观法身又修厌离二方便也。具三方便，则舍身定生彼国，现在善根增长，速获不退。故知持名有大功德，不可视作浅近法门。

△ 三结叹方便二：初叹一心业胜，二简杂乱益微。

△ 初又二：初正叹，二结释。

△ 今初

当知如上一心系念思惟诸佛平等法身，一切善根中，其业最胜。所谓勤修习者，渐渐能向一行三昧。若到一行三昧者，则成广大微妙行心，名得相似无生法忍。

依于一实境界以开圆解，知十方佛、我及众生，同一净心为体，是名一心。常勤称念佛之名字，是为系念。观于诸佛法身与己平等，是为思惟诸佛平等法身。此于一切善根，则为最胜。故《阿弥陀经》云：不可以少善根福德因缘，得生彼国。执持名号，一日乃至七日，一心不乱，即得往生。由此执持名号，即是多善根福德因缘故也。上明修二观者，须得色寂、心寂三昧，方能入于一行三昧。今即以系念名字而当唯心识观，思惟法身而当真如实观，故即能向一行三昧也。了达一心而持名号，其功若此，奈何弗信。

以能得闻我名字故，亦能得闻十方佛名字故。以能至心礼拜供养我故，亦能至心礼拜供养十方诸佛故。以能得闻大乘深经故，能执持书写供养恭敬大乘深经故，能受持读诵大乘深经故，能于究竟甚深第一实义中不生怖畏，远离诽谤，得正见心，能信解故，决定除灭诸罪障故，现证无量功德聚故。

谓由圆闻圆思圆修，所以能到一行三昧也。闻我名，闻十方佛名，闻大乘深经，即名字位中闻慧也。至心礼拜供养我及诸佛，执持读诵大乘深经，不生怖畏，得正见心，即观行位中思慧也。决定除灭罪障，现证无量功德，即相似位中修慧也。

△ 二结

所以者何？谓无分别菩提心寂静智现，起发方便业种种愿行故。能

闻我名者，谓得决定信利益行故。乃至一切所能者，皆得不退一乘因故。

无分别菩提心，即信解一实境界之心也。寂静智现，即习信奢摩他观也。起发方便业种种愿行，即习信毗婆舍那观也。由得决定信利益行，方为能闻我名。由得不退一乘因，方为能至心礼拜等一切所能。

△ 初叹一心业胜竟

△ 二简杂乱益微又二：初闻犹不闻，二修犹不修。

△ 今初

若杂乱垢心，虽复称诵我之名字，而不名为闻。以不能生决定信解，但获世间善报，不得广大深妙利益。

不达心外无法，名之为杂。自心还取自心，名之为乱。妄起种种染著，名之为垢。所以虽复称诵，不得为闻，以未闻地藏二字之实义故。地即心地，藏即性藏，心性无二，安得有杂。既本无杂，何由有乱。既已无乱，何得有垢。今彼不达无二心性，所以本无杂乱垢中，妄成杂乱垢障，不闻地藏之圆名也。若于名字位中，圆闻一实境界而生于慧，则心无杂。随于观行位中，圆思唯识、真如而生于慧，则心无乱。次于相似位中，圆修一行三昧而生于慧，则心无垢乃成决定信解也。然虽杂乱垢心称诵名字，亦获世间种种善报，所谓现离衰恼，后生人天，渐渐熏习，终成佛道，但现前不能即得广大深妙利益耳。

△ 二修犹不修

如是杂乱垢心，随其所修一切诸善，皆不能得深大利益。

意显若开圆解，则随所修善，皆得大益，所谓圆人受法，无法不圆也。

△ 二示二种观道以显圆行竟

△ 三示三忍四佛以彰圆位三：初总标，二别释，三简修。

△ 今初

善男子！当知如上勤心修学无相禅者，不久能获深大利益，渐次作佛。

无相禅，即指依于一实境界乃修唯识、真如二种观也。此二种观，无生死相，无涅槃相，故名无相；而悉具足止观定慧，故名为禅。梵语禅那，此翻静虑。静即止定，虑即观慧，亦即寂照之异名也。深大利益，意指功德庄严。渐次作佛，意指智慧庄严。又利益约忍，约无间道；作佛约智，约解脱道也。

△ 二别释二：初释利益，二释作佛。

△ 初又二：初明入位，二释忍义。

△ 今初

深大利益者，所谓得入坚信法位，成就信忍故；入坚修位，成就顺忍故；入正真位，成就无生忍故。

十发趣心，名坚信忍；十长养心，名坚法忍；十金刚心，名坚修忍；今但合称为坚修位。体性十地，名无生忍，分证法身，名入菩萨正位也。然诸经明忍，开合多少不同，大小横竖亦异。今须略辩，以示方隅。复须以义定名，令其不滥。共为三意：一列名，二解释，三结属。

一列名者。或明二忍，谓一生忍，二法忍。或明三忍，如此文。或明四忍，谓一伏忍，二顺忍，三无生忍，四寂灭忍。或明五忍，谓加第二信忍。或明六忍，谓加第三和从忍，顺为第四也。

二解释者。小乘以耐怨害为生忍，耐勤苦为法忍，非今所用。别教以地前名生忍则浅，地上名法忍则深，亦非所用。圆教明十界假名皆空故为生忍，十界实法皆空故为法忍，圆观二空，无次第无浅深也。三忍者。别教则十信为信忍，三十心为顺忍，登地为无生忍。圆教则初后皆信实相，悉名信忍；初后皆与实相不相违背，悉名顺忍；初后皆不起二边心，悉名为无生忍也。四忍者。别教则以十信为伏忍，顺忍、无生忍如前说，妙觉名寂灭忍。圆教则从初心至金刚顶，皆悉圆伏五住，皆名伏忍；初后皆悉休息众行，通得名寂灭忍；顺及无生，例如前说也。五忍者。别教以十信初心为伏，后心为信，顺等如前。圆亦如前说也。六忍者。别教则分十住以为和从，十行、十向为顺。圆教则始终不乖实相，悉得名和从也。

三结属者。今经言局意圆，不论二忍、三忍、四忍、五忍、六忍，但取观行位中所有诸忍，束之以为信忍；相似位中所有诸忍，束之以为顺忍；分证乃至极位所有诸忍，束为无生忍也。

△ 二释忍义

又成就信忍者，能作如来种性故。成就顺忍者，能解如来行故。成就无生忍者，得如来业故。

如来无漏智慧所依妙定，名之为忍。依于此忍，发一切智，作如来种，故名信忍。依于此忍，发道种智，解如来行，故名顺忍。依于此忍而发一切种智，得如来业，名无生忍。非横非竖，可横可竖，竖约三位，横约一心也。

△ 初释利益竟

△ 二释作佛

渐次作佛者，略说有四种。何等为四？一者信满法故作佛，所谓依种性地，决定信诸法不生不灭，清净平等，无可愿求故。二者解满法故作佛，所谓依解行地，深解法性，知如来业无造无作，于生死、涅槃不起二想，心无所怖故。三者证满法故作佛，所谓依净心地，以得无分别寂静法智，及不思议自然之业，无求想故。四者一切功德行满足故作佛，所谓依究竟菩萨地，能除一切诸障、无明梦尽故。

满法，谓一实境界圆满无分别法也。信满法故，观行即佛。解满法故，相似即佛。证满法故，分证即佛。功德行满足故，究竟即佛。性恒平等，故皆名佛。修分明昧，故说有四。圆家之渐，渐无不圆，天台六即，盖本诸此，除慢除怯，尽美尽善之法门也！

△ 二别释竟

△ 三简修二：初简三种人，二示十种相。

△ 今初

复次，当知，若修学世间有相禅者，有三种。何等为三？一者无方便信解力故，贪受诸禅三昧功德而生骄慢，为禅所缚，退求世间。二者无方便信解力故，依禅发起偏厌离行，怖怯生死，退堕二乘。三者有方便信解力，所谓依止一实境界，习近奢摩他、毗婆舍那二种观道故，能

信解一切法唯心想生，如梦如幻等，虽获世间诸禅功德而不坚著，不复退求三有之果；又信知生死即涅槃故，亦不怖怯，退求二乘。

上明修出世间无相禅者，速能成就三忍四佛。今简修学世间有相禅者，则有三种差别，欲人先学大乘进趣方便，依于一实境界而修信解，庶不误堕世间及二乘也。言有相者，即是十二门禅，所谓四禅、四等、四无色定，皆有境相可攀缘也。贪受诸禅而生骄慢，名增上慢；甫伏欲界思惑，仍起上界思惑；暂离欲缚，仍被禅缚；故遂违远菩提，退求世间色无色界果报乐也。依禅发起偏厌离行者，谓由证得初禅等故，定心观察三界过患，见生死苦、断烦恼集、欣涅槃灭、修永离道，不复发起大悲方便也。若依一实境界以为最初方便，习学奢摩他、毗婆舍那不二止观，则知一切诸法，唯心想生，皆如梦幻，当体不实，何容于此梦幻之法，而生坚著，生布怯耶？是知无方便信解者，贪著诸禅，则成生死有相；依禅起厌，则成涅槃空相。若有方便信解者，游戏诸禅，禅不能缚，即生死之有，便是实相之有；深观涅槃，亦不取证，即涅槃之空，便是第一义空。实相之有，有无有相；第一义空，空无空相；一一皆成无相禅矣。

△二示十种相

如是修学一切诸禅三昧法者，当知有十种次第相门，具足摄取禅定之业，能令学者成就相应，不错不谬。何等为十？

此明不论修学无相、有相诸禅，并须知止十种相门，方能成就不错谬也。若不得此十门意者，世间初禅尚难成就，况出世间上上禅耶？若得此十门意，则一切禅定之业，无不具足摄取成就。

一者摄念方便相。

此如天台《止观》所明二十五前方便也。不论修学世出世禅，并须具之。一具五缘，二诃五欲，三弃五盖，四调五事，五行五法。幸自细简《摩诃止观》、《禅波罗密》等书。

二者欲住境界相。

此是内方便之初门，谓或系缘止，或制心止，或体真止，必各各有所观境也。

三者初住境界，分明了了，知出知入相。

此是内方便中初学安心法也，随所观境不令昏散，坐起则知出相，坐时则知入相。

四者善住境界得坚固相。

此是内方便中已得安心法也。且如修安般者，则心善住于出入息，乃至修体真者，则心善住诸法空等。

五者所作思惟，方便勇猛，转求进趣相。

且如修安般者，已得欲界粗住，转求细住；乃至修体真者，历观诸法无不空也。

六者渐得调顺，称心喜乐，除疑惑信解，自安慰相。

且如修安般者，证欲界定，觉心明净，与定相应，定法持心，无分散意；乃至修体真者，了了信解诸法本空也。

七者克获胜进，意所专者，少分相应，觉知利益相。

且如修安般者，从未到定，泯然虚豁，失于欲界之身，始证初禅八触，或动或痒，或凉或暖，或轻或重，或涩或滑；随发一触，则有十种善法功德相应俱起：一定，二空，三明净，四喜悦，五乐，六善心生，七知见明了，八无累解脱，九境界现前，十心调柔软；故云少分相应觉知利益相也。乃至修体真者，发得初禅，与法空理少得相应，觉知利益也。

八者转修增明，所习坚固，得胜功德，对治成就相。

且如修安般者，已发初禅，五支成就，所谓一觉，二观，三喜，四乐，五一心支；不退不转，对治欲散，具足成就初禅功德。乃至修体真者，空理增明，断诸有结也。

九者随心有所念作，外现功业，如意相应，不错不谬相。

且如证初禅者，能起二种变化，谓初禅化，欲界化；证二禅者，能起三化；证三禅者，能起四化；证四禅者，能起五化；共名十四变化。乃至证体真者，能起六神通也。

十者若更异修，依前所得而起方便，次第成就，出入随心，超越自在相。

且如证初禅者，若更异修四禅、四等、四无色定，并及观练熏修一切诸禅，无不依于所得初禅而起方便，乃可次第成就。既成就已，乃能出入随心。既随心已，乃能超越自在。又如已证体真止者，或更异修方便随缘止，乃至息二边分别止，亦无不依于所得体真止而起方便，乃能次第成就，出入随心，超越自在也。

是名十种次第相门，摄修禅定之业。

纵令修学唯心识观、真如实观出世无相禅者，亦必有此十种次第相门，方获成就，方与奢摩他、毗婆舍那恒得相应。思之、思之！

△ 二示进趣义竟

△ 三示善巧说二：初问，二答。

△ 今初

尔时坚净信菩萨摩诃萨，问地藏菩萨摩诃萨言：汝云何巧说深法，能令众生得离怯弱？

上虽开示一实境界彻底分明，犹恐愚钝众生，于空假中宛转相即之义未能信解，则不能修二种观道，故特问之；又由佛先叹其善安慰说故也。

△ 二答为二：初示种种巧说，二明离相违过。

△ 初中二：初总示，二别明。

△ 今初

地藏菩萨摩诃萨言：善男子！当知初学发意求向大乘未得信心者，

于无上道甚深之法，喜生疑怯。我常[1]以巧便，宣显实义而安慰之，令离怯弱，是故号我为善安慰说者。

△ 二别明三：初慰小心怯弱，二慰不解意旨，三慰妄计自然。小心怯弱，由闻大乘即假义生，故以大乘即空慰之。不解意旨，由闻大乘即空义生，故以大乘即中慰之。妄计自然，由执即中性德义生，故以大乘修得慰之也。

△ 初中三：初明怯弱，二明善说，三明得益。

△ 今初

云何安慰？所谓钝根小心众生，闻无上道最胜最妙，意虽贪乐，发心愿向；而复思念求无上道者，要须积功广极，难行苦行，自度度他，劫数长远，于生死中久受勤苦，方乃得获；以是之故，心生怯弱。

本为执性废修者，说此称性修行之法，是圆有门；而钝根闻之，则作三大阿僧祇劫苦行之解，又以小心而生怯弱也。

△ 二明善说

我即为说真实之义，所谓一切诸法，本性自空，毕竟无我，无作无受，无自无他，无行无到，无有方所，亦无过去现在未来，乃至为说十八空等，无有生死涅槃一切诸法定实之相而可得者。又复为说一切诸法，如幻、如化，如水中月，如镜中像，如乾闼婆城，如空谷响，如阳光、如泡、如露、如灯、如目�、如梦、如电、如云，烦恼生死，性甚微弱，易可令灭。又烦恼生死，毕竟无体，求不可得，本来不生，实更无灭，自性寂静，即是涅槃。

此是善说第一义空以破有执，皆约圆教空门，仍复依三谛说。初云“所谓一切诸法”乃至“而可得者”，即圆真谛。次云“又复为说”乃至

① “常”，《全集》本作“尝”，现按《嘉兴藏》本（新文丰版，第19册No. 68）校订。

“易可令灭”，即圆俗谛。后云“又烦恼生死”乃至“即是涅槃”，是圆中谛也。

初言一切诸法者，即十界百界千如假实国土等法也。本性自空者，缘生无性也。毕竟无我者，十界内外诸法，推求主宰实不可得也。无作无受者，无我故无作因受果之人也。无自无他者，既无我人，则不可分别自他也。无行无到、无有方所者，既无实迷，亦无实悟，无有此岸、彼岸处所可分别也。亦无过去现在未来者，过去已灭，现在不住，未来未有，三世皆悉性空寂灭也。十八空者，空尚非一，那有十八。约十八境而显空理，名十八空，所谓一内空，二外空，三内外空，四空空，五大空，六第一义空，七有为空，八无为空，九毕竟空，十无始空，十一散空，十二性空，十三自相空，十四诸法空，十五不可得空，十六无法空，十七有法空，十八无法有法空也。生灭涅槃一切诸法，皆无定实之相，所谓性真常中，求于去来迷悟生死了无所得，此则一空一切空，假中皆空，依于圆融真谛说也。

如幻如化等者，非有似有，有非实有，五住烦恼、二种生死，性皆微弱易灭，此则一假一切假，空中皆假，依于圆融俗谛说也。是中举十四喻，总是六喻、九喻、十喻出没开合有殊，而义并无增减。又虽并含空假中意，而皆对治实有法执，仍属空门。言阳光者，即是阳焰，亦名野马。灯焰喻其易灭，目瞎妄见空华，电不久停，云易出没，余并可知。

又五住烦恼、二种生死，即以一实境界法性为体，故毕竟别无自体可得，即是不生不灭寂静涅槃。此则一中一切中，空假皆中，依于圆融中谛说也；而亦对治实有法执，还属空门。

△三明得益

如此所说，能破一切诸见，损自身心执著想故，得离怯弱。

一切皆空，何所不破。涅槃尚空，况复身心情见。一切皆假，复何所不破。涅槃亦假，况复身心情见。一切非空非假，又何所不破。生死烦恼皆悉非空非假，更何得有身心情见。所以能破诸见，能损执著，令离佛道长远之怯弱也。

△初慰小心怯弱竟

△二慰不解意旨三：初明不解，二明善说，三明得益。

△初又三：初直标不解，二示佛旨意，三正明谬解。

△今初

复有众生，不解如来言说旨意故，而生怯弱。

△二示佛旨意

当知如来言说旨意者，所谓如来（已能）**见彼一实境界故，究竟得离生老病死众恶之法，证彼法身常恒清凉不变等无量功德聚；复能了了见一切众生身中，皆有如是真实微妙清净功德，而为无明暗染之所覆障，长夜恒受生老病死无量众苦。如来于此起大慈悲意，欲令一切众生离于众苦，同获法身第一义乐。而彼法身，是无分别离念之法，唯有能灭虚妄识想不起念者，乃所应得。但一切众生，常乐分别取著诸法，以颠倒妄想故而受生死。是故如来为欲令彼离于分别执著想故，说一切世间法毕竟体空无所有，乃至一切出世间法亦毕竟体空无所有。若广说者，如十八空。如是显示一切诸法，皆不离菩提体。菩提体者，非有、非无，非非有、非非无，非有无俱，非一、非异，非非一、非非异，非一异俱。乃至毕竟无有一相而可得者，以离一切相故。离一切相者，所谓不可依言说取，以菩提法中，无有受言说者及无能言说者故；又不可依心念知，以菩提法中，无有能取可取，无自无他，离分别相故。若有分别想者，则为虚伪，不名相应。**

见彼一实境界，证于中道实相体也。究竟得离生老病死，即证如实空义也。证彼无量功德，即证如实不空义也。自证三德秘藏，了知众生同具如是三德秘藏，故起大慈大悲，欲拔其苦，欲与其乐，为说毕竟第一义空，令彼得离分别执著。然所谓一切世间法、一切出世间法毕竟体空无所有者，正以十界假实国土染净诸法，皆不离菩提体，所以别无自体。正显因缘所生，无不即中。而菩提体，即是一实境界第一义自性清净心如来之藏。此体本自非有非无，乃至离分别相故也。言菩提体非有者，不同情计生死有故。言菩提体非无者，不同情计断灭无故。非非有非非无者，不堕双非戏论句故。非有无俱者，不堕双亦相违句故。非一者，不变随缘作种种故。非异者，随缘不变无二性故。非非一非非异者，离戏论句故。非一异俱者，离相违句故。乃至毕竟无有一相而可得者，不堕有无一异种种四句相故。言菩提体离一切相者，以不可依言说取，亦不可依心念知故，即是言语道断，心行处灭，方显菩提法体。此等开示，本依圆教非有非空门说，三谛皆悉非有非空。大部《般若》多明此义，昧者不知，故判作空宗耳。

△三正明谬解

如是等说，钝根众生不能解者，谓无上道如来法身但唯空法，一向毕竟而无所有；其心怯弱，畏堕无所得中，或生断灭想，作增减见，转起诽谤，自轻轻他。

遮遣情执，本为显示法性无分别体。而钝根随语谬解，一向谓空，或生恐畏，或计断灭。畏则作增见而转起诽谤，谓非佛说。计则作减见而自轻轻他，谓归断灭也。

△初明不解竟

△二明善说

我即为说如来法身，自性不空，有真实体，具足无量清净功业，从无始世来，自然圆满，非修非作；乃至一切众生身中，亦皆具足，不变不异，无增无减。

此依圆教有门，直显法身中道之体，诸佛众生平等具足，非断灭也。

△三明得益

如是等说，能除怯弱，是名安慰。

△二慰不解意旨竟

△三慰妄计自然三：初明妄计，二明善说，三明得益。

△今初

又复愚痴坚执众生，闻如是等说亦生怯弱，以取如来法身本来满足，非修非作相故，起无所得相而生怯弱，或计自然，堕邪倒见。

圆满菩提，归无所得。以无所得，则无所不得，故得大用现前，二利满足。而彼妄起无所得相，则以不可凑泊而生怯弱。又妄计生佛平等，不假修习，闻说淫怒痴性即是佛性，则恣行贪恚，无惭耻心；闻说幻化空身即是法身，则宝其臭秽，不复厌离；闻说地狱天宫皆为净土，则安此泥沙，不求出要。当今谈圆顿者，类皆堕此，亦可哀也。

△ 二明善说

我即为说修行一切善法，增长满足，生如来色身，得无量功德清净果报。

此依圆教全性起修之义，仍属有门，对治无所得见，并治自然邪倒见也。

△ 三明得益

如此等说，令离怯弱，是名安慰。

△ 初示种种巧说竟

△ 二明离相违过三：初标，二释，三结。

△ 今初

而我所说甚深之义，真实相应，无有诸过，以离相违说故。云何知离相违相？

△ 二释为三：初释慰怯弱者所说空义，二释慰不解者所说不空义，三释慰妄计者所说修得义。

△ 今初

所谓如来法身中，虽复无有言说境界，离心想念，非空非不空，乃至无一切相，不可依言说示，而据世谛幻化因缘假名法中相待相对，则可方便显示而说。以彼法身性，实无分别，离自相、离他相，无空、无不空，乃至远离一切诸相故，说彼法体为毕竟空无所有。以离心分别(之时)**，想念则尽，**(更)**无一相而能自见自知为有，是故空义决定真实相应不谬。**

此明如来藏如实空义，与彼藏体相应不谬也。

△ 二释慰不解者不空义

复次即彼空义中，以离分别妄想心念故，则尽毕竟无有一相而可空者，以唯有真实故，即为不空。所谓离识想故，无有一切虚伪之相，毕竟常恒，不变不异，以更无一相可坏可灭，离增减故。又彼无分别实体之处，从无始世来，具无量功德自然之业，成就相应，不离不脱故，说为不空。

此明如来藏如实不空义，正从如实空义而显，恒与无分别之藏体相应也。

△三释慰妄计者所说修得义

如是实体功德之聚，一切众生虽复有之，但为无明瞌覆障故而不知见，不能克获功德利益，与无莫异，说名未有。以不知见彼法体，所有功德利益之业，非彼众生所能受用，不名属彼。唯依遍修一切善法，对治诸障，见彼法身，然后乃获功德利益。是故说修一切善法，生如来色身。

此明如来藏所具性德，必藉修显，故名修得，亦不违平等体也。今更借喻以合明之。譬如室中本无鬼魅蛇虫，但有金银珍宝。盲人不见，触彼珍宝而受毁伤，妄计蛇鬼，忧怖失措。今指蛇鬼本无，名为如实空义；珍宝本有，名为实不空义。须彼盲人去无明膜，开智慧眼，方能受用金银珍宝，名修得义。二乘信如来语，知无蛇鬼，不生恐怖，于空作证，如彼盲人兀然中坐，不触珍宝，故不能见不空义也。又如来色身，亦如乳中醍醐、尼拘律子中五丈树性，不可谓有，不可谓无，须藉因缘，然后得之。

△二释竟

△三结

善男子！如我所说甚深之义，决定真实，离相违过，当如是知。

△止说段中，二演说竟。

△三获益

尔时地藏菩萨摩诃萨，说如此等殊胜方便深要法门时，有十万亿众生发阿耨多罗三藐三菩提心，住坚信位，复有九万八千菩萨得无生法忍，一切大众各以天妙香华供养于佛及地藏菩萨摩诃萨。

初开圆解，能知如来秘密之藏，名为发无上心。信解不动，名为坚信，观行佛也。证圆初住，名得无生法忍，分证佛也。天妙香华以为供养，表圆道无作缘了。

△ 二正说段竟

△ 三流通段三：初嘱付受持，二结法名义，三时众欢喜。

△ 初中二：初嘱付，二受持。

△ 今初

尔时佛告诸大众言："汝等各各应当受持此法门，随所住处，广令流布。所以者何？如此法门，甚为难值，能大利益。若人得闻彼地藏菩萨摩诃萨名号，及信其所说者，当知是人速能得离一切所有诸障碍事，疾至无上道。"

汝等各各下，正劝受持广布。所以者何下，释成嘱劝意也。疾至无上道者，显是圆顿纯妙法门，不同方便权说。

△ 二受持

于是大众皆同发言："我当受持，流布世间，不敢令忘。"

△ 二结法名义二：初问，二答。

△ 今初

尔时坚净信菩萨摩诃萨白佛言："世尊！如是所说六根聚修多罗中，名何法门？此法真要，我当受持，令末世中普皆得闻。"

本是坚净信菩萨代为末世众生请问，所以还请结名受持，流通永永也。由结名故，则显真要。真是经体，要是经宗。宗体既明，方有力用也。

△ 二答

佛告坚净信菩萨："此法门名为占察善恶业报；亦名消除诸障，增长净信；亦名开示求向大乘者进趣方便，显出甚深究竟实义；亦名善安慰说，令离怯弱，速入坚信决定法门。依如是名义，汝当受持。"

结此诸名，各有通别二义。通则一部圆诠，皆是占察善恶业报之义，略如《玄义》所明；又皆能除障增信，皆是开示大乘进趣方便；皆能显深实义，皆是善安慰说。别则指初示占察法，名为占察善恶业报；指彼第二轮中修忏悔法，名为消除诸障增长净信；指二示进趣义，名为开示求向大乘显出甚深究竟实义；指三示善巧说，名为善安慰说令离怯弱。总此通别二义，皆令速入坚信决定法门也。又占察二字，约宗立名。善恶业报，约体立名。消除诸障增长净信，约用立名。开示求向大乘者进趣方便，约宗立名。显出甚深究竟实义，约体立名。善安慰说令离怯弱，约用立名。速入坚信决定法门，亦约用名，兼显圆顿大乘教相也。

△ 二结法名义竟

△ 三时众欢喜

佛说此法门名已，一切大会悉皆欢喜，信受奉行。

三义故喜，如常可知。

自跋[①]

忆辛未冬，寓北天目，有温陵徐雨海居士，法名弘铠，向予说此《占察》妙典。予乃倩人特往云栖请得书本。一展读之，悲欣交集。癸酉冬日，寓金庭西湖寺，依经立忏。乙亥夏初，寓武水智月庵，讲演分科，是时即有作疏之愿。病冗交沓，弗克如愿。屈指十五年来，《梵网》、《佛顶》、《唯识》、《法华》，皆已注释，独此夙愿，尚未填还，亦可叹也！今庚寅年，阅世已及五十二岁，百念灰尽。偶有同志数人，仍来结夏北天目之藏堂，究心毗尼。予念末世欲得净戒，舍此《占察》轮相之法，更无别途。爰命笔于六月朔日，成稿于十有四日。输一滴以益大海，捧一尘而培须弥，虽无补于高深，庶善钻于乳酪。公我同志，共享醍醐。

前安居第四褒洒陀前一夜，蕅益智旭搁笔故跋。

① 原题为“跋语”,《灵峰宗论》中为“《占察疏》自跋”。

十三、《法华经玄义》节要·自跋[①]

一字法门，海墨书而不尽。九旬谭妙，奚足云多？且九旬之中，纵四辩以宣扬，文义何限？章安所记，亦自略矣，岂容更删节耶？特以末世钝根，畏繁乐简，望《妙玄》而如海，甘蛙守而不前，致使无上醍醐，毕世罔法一滴，良可痛也！窃闻《大智度论》千卷，罗什十倍略之；而《摩诃止观》全书，荆溪亦复录其大意。因仿厥旨，辑为《节要》二卷，庶几易于染指，渐充法味，然后遍讨《玄》、《文》，深证法华三昧。则斯举也，未必非循循善诱之一术也。若乃守《节要》为已足，而终置《玄》、《文》于不探，则予固智者、章安之罪人，而彼又予之罪人矣！

庚辰仲夏二十有六日，智旭谨识

① 依《蕅益大师全集》本为底本，《卍续藏》本（No.589）、《嘉兴藏》本（新文丰版第十六册 No.15）为参校本。原题"《妙玄节要》跋"，《灵峰宗论》中为"自跋"。

蕅益大师文集

律　释

十四、《梵网经》合注[①]（选要）

姚秦　三藏法师鸠摩罗什译

明　菩萨沙弥古吴智旭注

《梵网经》合注缘起

大哉《梵网经·心地品》之为教也！指点真性渊源，确示妙修终始。戒与乘而并急，顿与渐而同收。约本迹，则横竖俱开，兼《华严》、《法华》之奥旨；约观行，则事理俱备，揽五时八教之大纲。文虽仅传一品，义实统贯全经。

缅惟智者大师之时，人根尚利，故既广宣教观法门，乃仅疏此下卷戒法。而大师精谙律藏，文约义广，点示当年之明律者则易，开悟今时之昧律者则难。千有余年，久成秘典。我莲池和尚，始从而为之《发隐》。此其救时苦心，诚为不可思议。特以专弘净土，律学稍疎，故于《义疏》，仍多阙疑之处。又下卷虽获流通，而上卷犹未开阐。呜呼！四依大士，于法岂有吝心。直是众生缘薄，罕能遘于稀有法门耳。

智旭幼崇理学，即以千古圣贤道脉为己任。但恨障深慧劣，往往执东鲁而谤西乾。后因闻《自知录序》，并阅良知寂感之谈，始发信心。嗣又闻《地藏本愿》，并听《大佛顶经》，猛图出世。于是矢志参禅，逃家

---

① 依《蕅益大师全集》本为底本,《卍续藏》本（No.639、694）、《嘉兴藏》本（新文丰版第三十六册 No.344）为参校本。

行脚。虽亦数发悟解，柰何克证无期。赖有一点惭愧正因，断不敢错下承当，生增上慢，以蹈迩来大妄语之覆辙。爰念夙因力薄，应须兼戒兼教，以自熏修。先从阇梨古德法师，遵学戒之法于莲老遗规。次探《法华玄义》、《摩诃止观》等书，私淑台家教观。而《毗尼》一藏，细阅三番。《梵网》一经，奉为日课。遂于《发隐》所阙之疑，涣然冰释。即上卷文古义幽，昔人所称不能句读者，亦复妙旨泠然现前。因拟一为合注，以补前人之缺。而此志虽发，缘障多端。六七年来，悠悠未遂。客岁藉大病为良药，方遂入山本志。适如是昉公，远从闽地，携杖来寻，为其令师肖满全公，请讲此经，以资冥福。复有二三同志欢喜乐闻。予由是力疾敷演，不觉心华开发，义泉沸涌。急秉笔而随记之。共成《玄义》一卷，《合注》七卷。注既成，叙厥本末，以告来哲。盖虽不敢谓凡夫心力，实能超越前贤；而夙有微因，今复久诵，半生淹浃，自不无千虑之一得。故于理观事相，不惜一一指陈，诚可勸开解笃行者之半臂也。后之览者，尚勿以繁琐而厌忽之。俟解行双圆，乃归诸筏喻可耳。

时岁在丁丑后安居第一褒洒陀日，

菩萨戒弟子智旭撰于九子别峰之梵网室中。

《梵网经·十重戒章》注

△次列重轻戒法二：初十重，二四十八轻。

△初中三：初总标，二别解，三总结。

△今初

佛告诸佛子言：有十重波罗提木叉，若受菩萨戒不诵此戒者，非菩萨，非佛种子。我亦如是诵，一切菩萨已学，一切菩萨当学，一切菩萨今学。已略说菩萨波罗提木叉相貌，应当学，敬心奉持。

十重名波罗提木叉者，犯之则永弃佛海，持之则保取解脱也。既受须诵，诵则知持知犯，知轻知重，知善护持。不诵则日就遗忘，现在失菩萨之位，将来失成佛之种，甚明其不可不诵也。相貌者，戒虽无形，由持犯而表示。广即十重四十八轻，略说即是孝顺。若不敬心奉持，便非孝顺矣。

△二别解十：第一杀戒，至第十谤三宝戒。

○第一杀戒（此等皆是后人科文，不宜杂入经文读诵。）

佛言：若佛子，若自杀、教人杀、方便杀、赞叹杀，见作随喜，乃至咒杀，杀因、杀缘，杀法、杀业，乃至一切有命者不得故杀。是菩萨应起常住慈悲心、孝顺心，方便救护一切众生，而反自恣心快意杀生者，是菩萨波罗夷罪。

释此重轻戒法，须用十门明义。一随文释义，二性遮重轻，三七众料简，四大小同异，五善识开遮，六异熟果报，七观心理解，八忏悔行法，九修证差别，十性恶法门。诸条悉具十门，可以意得，不复委标，惟今初戒总出其意。

初随文释义。若佛子者，发菩提心，受菩萨戒，绍佛家业，住佛律仪，不狂不乱，不病坏心，不隔他阴，自知我已受菩萨戒也。若理即佛子，未秉此戒，无罪可结，止得性罪。若相似、分证、究竟佛子，烦惑已断，永不犯戒，但有清净戒体常在。今所指者，即是名字、观行二种佛子耳。自杀者，或用内色谓手足等，或用外色谓刀杖木石等，或双用内外色谓手执刀杖等，令前人命断，名之为杀。教人杀者，或面教，或遣使，或作书等。方便杀者，即杀前方便，束缚捉系等。或指示道路，令前人捕获，亦名方便。赞叹杀者，前人本无杀心，赞誉令起杀心。随喜杀者，前人先有杀心，奖劝令其成就。乃至咒杀者，作起尸咒及伏弩火坑等种种恶事，具如《五戒相经》广明。杀因者，心欲前人命断。杀缘者，方便助成其事。杀法者，刀剑坑弩毒药咒术等。杀业者，前人命根不得相续。乃至一切有命者，下及微细有情，如蜎飞蠕动等。不得故杀者，拣非误伤。常住者，了知心佛众生，三无差别，其性常住。慈悲心者，同体大哀，若保赤子，惟思拔苦与乐。孝顺心者，尊重佛性，视同父母，不敢轻于一切。方便救护者，慈悲孝顺之实事。反者，明其不应。恣心者，因贪起杀，不知制止。快意者，因嗔起杀，泄其怨恨。是菩萨者，由本受戒，故有此名。波罗夷罪者，此云弃罪，犯此戒者，永弃佛海边外，永失妙因妙果；亦云堕罪，犯此戒者，堕落三涂；亦云他胜处法，受菩萨戒，本欲破坏烦恼，摧伏魔军，今犯此戒，反被烦恼所胜，又被魔军所胜；亦云是极恶法，亦云是断头法，亦云如断多罗树心，如针鼻缺，如大石破二分等。夫律中明一人受比丘戒，地神、空神展转传告，顷刻声遍初禅，魔则震恐。若一人破比丘戒，护身神出大叹息之声，亦复展转传告，遍于初禅，魔则欢喜。今《菩萨戒羯磨文》，明一人受戒，则十方佛菩萨前法尔相现，由是诸佛菩萨忆念怜愍。倘一人破戒，宁不遍令法界圣贤咨嗟悲悼耶？持戒者审思之。

二性遮重轻。此戒具二业成罪：一性业，二遮业。性业者，虽不受佛戒，世间法尔有罪。如轮王十善，亦制杀生。国制杀人，会须偿命。遮业者，佛制之所遮止，犯者得破戒罪。此之杀业，不受戒人但得性罪，已受戒者兼得性遮二罪也。

问：同一杀盗淫妄等事，未受戒人止得一罪，已受戒人反得二罪，则受戒乃招罪之途，有损无益？

答：受佛戒即入佛位，皆名第一清净，功德岂可思议。惟其持者功德力大，所以破者罪业倍深。功德力大，必宜秉受。罪业倍深，必宜莫犯也。

此戒备四缘成重：一是众生，二众生想，三有杀心，四前人命断。一是众生者，略为三品。上品谓诸佛圣人、父母师僧。佛不受害，但令恶心出其身血，即犯逆罪。害罗汉，犯逆。害三果以下，但犯重。菩萨取发趣以上，害者犯逆。害外凡位未入毕定性者，但犯重。杀父、杀母，杀和尚、杀阿阇梨，同犯逆罪。中品谓一切人天，害皆犯重。下品谓四趣众生，修罗鬼神畜生等。此有两解。一云同重，大士防杀严故，文云“一切有命者不得故杀”，即其证也。二云但轻垢，在重戒中兼制，以非道器故，文云“有命”者，举轻况重耳。今更推详其致。比丘戒法，局在人伦，故谓余趣非器，杀天亦止结轻。今菩萨戒法，全收五道，则鬼神畜生，咸堪载道，害心断命，那得结轻。然使故杀一蚊蚋等，便成重罪，便失菩萨无上律仪，则害及人天者，又将以何罪判之？若以义斟酌，畜生等解语受戒者，害则犯重；不解语者，害则犯轻。又菩萨重戒，有二分别：一失戒，二不失戒。害人天等，犯重失戒。害蚊蚋等，但犯重罪，不失戒体。或数数故伤，都无惭愧，烦恼增上，不知厌舍，亦可失戒也。

二众生想者，有当，有疑，有僻，共成六句。谓实是众生实众生想，实非众生非众生想，二句为当。实是众生，心中疑为是众生耶？非众生耶？实非众生，心中疑为是众生耶？非众生耶？二句为疑。实是众生，心中决谓非众生想；实非众生，心中决谓是众生想；二句为僻。若众生，众生想、众生疑，杀者犯重。若众生，非众生想，如见蛇误以为绳，见虫误以为土，虽斫之捻之，本无杀心，无犯戒罪。若非众生，作众生想及疑，如见绳误以为蛇，见土误以为虫，斫之捻之，虽无所害，具有杀心，犯轻垢罪。若非众生，非众生想，此全无罪。又圣人圣人想，父母父母想，师僧师僧想，人天人天想等，各有六句，结判逆与非逆，若重若轻，可以例知。

三杀心者，谓恼害前境，愿其命断，正是业主。由此恶心，或自身行杀，或教他遣使等。杀心复二：一通心，二隔心。通心者，如漫作坑弩，漫为烧斫，随有死者，皆悉犯罪。都无死者，犯方便罪，亦名不遂轻垢。隔心者，本为此人作杀方便，误伤彼人，于彼人都无杀心，故不结罪，仍于此人边结方便罪。

四前人命断者。色心连持，相续不断，名为命根。今使不得相续，故成杀业。此有两时：一者于现生中，见彼命断；二者作杀方便已，先自舍命，彼方命断。现生见彼命断，复有二句：一者自身有戒，二者自身舍戒。若有戒时，前人命断，结重。若舍戒后，前人命断，止于舍戒之前，结方便罪，后命断时，不复结罪，但有世间性罪也。先自舍命彼方命断，复有两种：一者后生自忆宿命，二者不忆。若自忆宿命者，彼人或任势命断，或更加方便令断，皆结重罪。若不忆宿命者，彼人任势命断，结重，以菩萨死后戒体不失故。或更加方便令断，当知不因前方便死，但结轻垢。后加方便，由夙业牵，不自忆知，譬如比丘痴狂心乱，及病坏心，故不犯也。又菩萨未登不退，或由业报因缘，得痴狂心乱等病。当知有五因缘，令狂病生：一亲里死尽故狂，二财物失尽故狂，三田业人民失尽故狂，四或四大错乱故狂，五或先世业报故狂。有五因缘，令心散乱：一为非人所打，故心散乱；二或非人令心散乱；三或非人食心精气，故心散乱；四或四大错，故心散乱；五或先世业，故心散乱。有五因缘，令心病坏：或风发故病坏心，或热发故病坏心，或冷发故病坏心，或三俱发故病坏心，或时节气发故病坏心。虽有如是狂乱等病，若自觉是受菩萨戒者，杀心害命，仍犯重罪。若见火而捉，如金无异；见屎而捉，如栴檀无异，如是狂乱，都不自忆有菩萨戒，犯戒无罪。若菩萨未狂乱时，作杀方便，狂乱之后，彼人命断，犯重。若菩萨狂乱时，作杀方便，得本心后，彼人命断，无犯。若得本心后，更加方便令命断者，犯重。又菩萨本所受戒，极至佛身，舍身他世，戒体不失。若忆知宿命作杀生者，犯重。若不忆宿命，虽作杀生，不名犯戒，与狂乱心坏同科。

三七众料简。七众者，一比丘众，二比丘尼众，三式叉摩那众，四沙弥众，五沙弥尼众，六优婆塞，七优婆夷。前五是出家弟子，后二是在家弟子。此戒七众同制，犯者皆得重罪。

四大小同异。大者大乘七众，小者声闻七众也。此戒与声闻不全同。同者，同不得杀。异者，大士见机得杀，如下所明。又大士害二师成逆，声闻但结重罪。大士杀天犯重，声闻非重。大士杀四趣，如上料简。声闻杀鬼神与杀天同，杀傍生又略轻。大士舍身不失戒，结罪如上说。声闻舍身，戒亦随尽，不复结罪也。

五善识开遮。唐译《菩萨戒本》云："若诸菩萨，安住菩萨净戒律仪，善权方便，为利他故，于诸性罪少分现行，由是因缘，于菩萨戒无所违犯，生多功德。谓如是菩萨，见劫盗贼为贪财故，欲杀多生，或复欲害大德声闻、独觉、菩萨，或复欲造多无间业。见是事已，发心思惟：我若断彼恶众生命，堕那落迦；如其不断，无间业成，当受大苦。我宁杀彼堕那落迦，终不令其受无间苦。如是菩萨，意乐思惟，于彼众生，为当来故，深生惭愧，以怜愍心而断彼命。由是因缘，于菩萨戒无所违犯，生多功德。"解曰：此则大悲增上，纯以代苦之心而行杀业也。深生惭愧，明其不自以为功能。以怜愍心，明其实无一念嗔忿。故虽甘受犯戒之罪，而究竟无违犯耳。倘私忿未忘，或贪图功德，驾言于大士弘规，岂能免性遮二业哉！

六异熟果报。异熟者，异时而熟，异性而熟，异处而熟。异时者，今生造业，或现生受报，或来生受报，或无量生后受报。异性者，造业通于三性，谓善、不善、无记，受报惟属无记之性。异处者，人中造业，六道酬偿也。

此杀生罪，果报如何？《华严·二地品》云："杀生之罪，能令众生堕于地狱、畜生、饿鬼。若生人中，得二种果报：一者短命，二者多病。"解曰：三涂是正报，人中是余报也。上杀堕地狱，中杀堕畜生，下杀堕饿鬼。或约前文三品众生分上中下，或约杀心猛弱分上中下。或虽造上罪，殷勤悔过，转成中下。虽造下罪，护过饰非，不知惭愧，转成中上。三义互成，事非一致。故业性差别，惟佛穷尽耳。

持不杀戒，复得何报？《十善业道经》云："若离杀生，即得成就十离恼法：一于诸众生普施无畏；二常于众生起大慈心；三永断一切嗔恚习气；四身常无病；五寿命长远；六恒为非人之所守护；七常无恶梦，寝觉快乐；八灭除怨结，众怨自解；九无恶道怖；十命终生天。若能回向阿耨多罗三藐三菩提者，后成佛时，得佛随心自在寿命。”解曰：十离恼法是花报，自在寿命是果报也。又《大乘理趣六波罗密经·净戒品》云："此十善业，一一皆感四种果报：一现在安乐；二烦恼怨贼，势力羸弱；三于当来世，常得尊贵，无所乏少；四精勤修习，当得无上正等菩提。离杀四者：一菩萨于诸众生不起害心，能施无畏，亦不恐怖，以无怖故。一切众生亲近供养，尊重赞叹，菩萨于彼生怜愍心。由慈心故，过去所有一切怨恨自然心息。二嗔恚害心悉皆羸劣，以慈甘露用涂其心，而能蠲除嗔等热恼，睡眠安隐，恒无恶梦，以慈心故药叉诸鬼食血肉者舍离害心，及诸恶兽常相守护。三者于未来世获三果报：一寿命长远常无中夭，二所生之处常无病苦，三大富饶财恒得自在。四者以不杀故，得佛法分，于五趣中所生之处，于世自在，随意能住，乃至坐于菩提树下，诸魔鬼神不能为障，成等正觉，无量圣众之所围绕。”解曰：此四果报，二属现在，二属当来，约之即是转三障义。除恶生善，即是先转业障。因业障转，能令报障亦转，兼能进转烦恼。盖业由惑造，报由业感。不了业因，复从报法起惑。由业现行，亦熏烦恼种子。故三法展转不离，如恶叉聚。今先断其业，不复熏于惑种。又既令后报不起，亦令先报渐薄。此中初种即转现报，第二是转烦恼，第三是转生报，第四是转后报也。夫以杀业苦报其剧如彼，不杀善报其大如此，金口诚言，纤毫无谬，奈之何不信受奉行哉！

七观心理解，有事杀，有理杀。事杀如上所明。理杀者，凡夫外道，执常执断，破害真谛；藏教析色观空，破害俗谛；通教虽达无生，终归灰断，不知常住真心，是杀中谛；别教仰信中道，谓是迥出二边，修中观时，复杀二谛。惟圆人了达一心三观，全体法界，不动法界，始从名字，终于究竟，皆不犯理杀也。

八忏悔行法。犯此事理二杀，既各有轻重，则欲令罪灭，须知三种忏法不同。先明事理二杀轻重差别。事杀有三差别：一逆，二重，三轻。

重复分二：一失戒，二不失戒。

一失戒者，又分为二：一须见好相，如此经云："若有犯十戒者，应教忏悔，要见好相，便得灭罪；若无好相，虽忏无益也。"二堪任更受，如《羯磨文》云："若诸菩萨毁弃净戒，于现法中，堪任更受。"又云："若上品缠，违犯他胜处法，失律仪戒，应当更受。"不云须见好相也。今会通其意：此经虽一往偏指十重，而理须独归前四，以《善生经》中无后四戒，《地持经》中无第五、第六戒故。《羯磨文》虽似独指后四，而前六等流，亦可例通，以杀盗等必有上中下别，非可一概论故，故失戒重罪，须通途作此二类也。

二不失戒者，如《羯磨文》云："非诸菩萨暂一现行他胜处法，便舍菩萨净戒律仪也。"

轻戒复二：一染污起，或称重垢。二非染污起，或称轻垢。今经总名轻垢，直对十重言之，实则轻戒之中，复有重轻差别，兼有方便、等流之不同，故今合而明之，共有六聚：一逆；二失戒重，不任更受，欲受须见好相；三失戒重，堪任更受；四不失戒重；五染污犯，及方便重垢；六非染污犯，及方便轻垢也。此戒于六聚中，杀上品是逆；杀中品是失戒重，须见好相；杀下品是失戒重，堪任更受，或是不失戒重。又方便罪者，三品杀因、杀缘皆轻垢；或上品缘即属重垢，三品杀法皆重垢；或上品杀法应同不失戒重也。

理杀有四差别：一杀真谛，二杀俗谛，三杀中谛，四双杀二谛也。

次明三种忏法：一作法忏，二取相忏，三无生忏。此三种忏，前不兼后，后必具前。作法忏又有三种：一向一人悔过，二向三人悔过，三向众僧悔过。非染污犯及方便轻垢，但向一人悔过，罪便得灭。染污犯及方便重垢，须向三人悔过。或无三人，止向二人、一人，亦可得灭。不失戒重，须向众僧悔过；或无众僧，向三二人亦得；设总无清净大小乘众堪向悔过，但殷重自誓，终不复犯，罪亦得灭。若有人可向悔过，不得自誓灭也。失戒重罪堪任更受者，须向众僧悔过重受。

失戒重罪不堪更受者，即须用取相忏法。取相忏者，所谓日夜六时诵重轻戒，苦到礼三世千佛，二七、三七，乃至一年，以见好相为期。此须十科行道，备极精诚，仍复内资理观，外假坛仪。凡《法华》、《方等》、《大悲》、《占察》等一切行法，皆属取相忏摄，能灭根本重罪，令净戒复生，亦能灭七逆罪，使重报轻受，但不云使得戒耳。

无生忏者，正灭理杀之罪，亦除七逆重愆。此复四种：一析观无生，谓观此身六分所成，所谓地、水、火、风、空、识，微细推求，实无有我及以我所。二体观无生，谓观此身如幻、如化，如镜中像、梦中物等，当体不实，彼六分法尚自不有，云何复有我及我所？三次第无生，谓虽知中道佛性含灵本具，由迷强故不能顿观；先观一切假名诸法从因缘生，无有实性，从假入空，得见真谛；既见真空，不住于空，从空出假，遍观俗谛；二谛既明，遮照和融，方归中道。四一心无生，谓了知中道佛性遍一切法，如心佛亦尔，如佛众生然，心佛及众生，是三无差别，此心即空假中，三谛既是天然性德，三观亦非造作修为，一心之中法尔具足，如此观智全即谛理，深达罪福相，遍照于十方，是名实相忏悔。以迷则全实相而为罪相，悟则全罪相而即实相故。

是中析观无生，能除凡外杀真谛罪，亦除七逆，令得无根信，堕狱即出，不复受一劫苦，如《阿含经》中阿阇世王是也，但不能令现身证初果耳。体观无生，能除藏教杀俗谛罪，亦除七逆，例同《阿含》。次第无生，能除通教杀中谛罪，亦除七逆，如阿阇世王转重受轻，身生恶疮，照以月爱三昧光明，令免痛苦，得无根信，但不云得菩萨戒耳。一心无生，能除别教双杀二谛之罪，亦除七逆，如阿阇世王悟无生忍，发迹显本，即是不可思议大菩萨也。

九修证差别。别圆观行位人，善伏烦恼，能防故杀；相似初心，先断见惑，与藏通初果齐，得道共力，能断故、误二杀。如释种宁死不战，是断故杀；初果耕地，虫离四寸，是断误杀也。《华严·二地》云“性不杀生”者，此约教道，二地戒波罗密增上；或约理杀，二地即是界外须陀洹果故也。藏教外内二凡，能防杀真谛罪；初果以上，永断杀真之罪。通教干慧、性地，能防杀俗谛罪；八人以去，亦复永断。别教初心仰信中道，能防杀中谛罪；十住、十行，犹未永伏；十向永伏，初地永断，兼断双杀二谛之罪，以证道同圆故。圆教初心了知法界，不坏一法，能防双杀二谛之罪，故名第一清净；亦复论于名字清净、观行清净，乃至究竟清净也。

十性恶法门。善恶之法，皆是性具。达其性，则能用善用恶，而不被善恶所用。不达其性，则被善恶所用，不知称性功能，以被善恶所用。故全性德而成逆顺二修，感于苦乐二报。以能巧用善恶，故即二修咸合平等一性，成于折摄二门。今明性恶，复约二义。一用事杀，如古昔圣王，杀仙豫婆罗门等五百人，乃是与其无量寿命，此亦可称为善识开遮。又如无厌足王，幻作恶人而行治罚，沙弥吞食外道，度令出家证果等，皆巧用事杀也。二用理杀，所谓弑无明父，害贪爱母，护生须是杀，杀尽始安居也。前明不杀，必至佛果方得究竟清净。此文明杀，亦至佛果方得究竟杀尽耳。

○ 第二盗戒

若佛子，自盗、教人盗、方便盗、咒盗，盗因、盗缘，盗法、盗业，乃至鬼神、有主、劫贼物，一切财物，一针一草，不得故盗；而菩萨应生佛性孝顺心、慈悲心，常助一切人生福生乐；而反更盗人财物者，是菩萨波罗夷罪。

不与而取他物，名之为盗。自盗有八种：或灼然劫取，或潜行窃取，或诈术骗取，或势力强取，或词讼取，或抵谩取，或受寄托而不还，或应输税而不纳，是名八种。教人盗者，教人为我劫取，乃至为我偷税也。若但教人作八种盗，利不入己，不结重罪，是此戒兼制耳。方便盗者，彼物自来，方便藏举，如攘羊之类。咒盗者，以种种咒术取他物，或遣役鬼神等。盗因者，兴心故取他物，或以谄心、或以曲心，或嗔恚心、或恐怖心，是名盗因。盗缘者，穿窬窥阚等缘。盗法者，发钥拣取等事。盗业者，举他物离本处。乃至等者，举轻况重。佛性者，一切众生皆有当果之性，性是不改为义，即前戒中常住之意。盗人财物者，意显从人边结重也。

此戒亦具性遮二业，以侵他依报，夺他外命，令他忧苦，王法亦治罪故。五缘成重：一是有主物，二有主想，三盗心取，四直五钱，五举离本处。

主有三品：若佛物、法物、现前僧物、四方僧物、父母师长物，名上品；若人天物，名中品；若鬼神畜生物，名下品。盗上品，及中品中人物，则重。盗中品中天物，及下品物，结轻；或虽重，不失戒。

二有主想，亦具当、疑、僻六句：有主有主想，有主疑，二句结重；无主有主想，有主疑，二句结轻；有主无主想，无主无主想，二句无犯。又人物，人物想、人物疑，二句结重。人物非人物想，及非人物非人想，人物疑，非人物想，四句结轻。

三盗心者，非与想，非己物想，非粪扫想，非暂用想，非亲厚想，正是业主。

四直五钱者，西国一大钱，直十六小铜钱。若取五钱，若取直五钱物，结重。四钱以下，结轻；或虽重，不失戒。若二番三番，共取五钱物，有意相续者，数满结重；无相续意者，逐次结轻。若所取物，此处不直五钱，取处直五钱者，结重。若此处直过五钱，取处不直五钱，结轻。

五举离本处者，他物置在此处，移动令出本界，或自移、或教他移、或方便移、或咒移，从此时结成盗罪，详如《五戒相经》中说。若抵债不还，前人决作失想时结罪。若受寄不还，亦于前人决作失想时结罪。若偷税已过关津，不复受诘时结罪。若教人盗，前人受教，取离本处时结罪。若教人取某处某物，彼人于异处取，或取异物，彼人结重，教者结方便罪。若教者是盗心，受教者无盗心，谓是取彼所应取物，取离处时，教者犯重，受教者无犯。若教者非盗心，受教者谓是盗心，取离处时，受教者犯重，教者无犯。若教令盗五钱物，受教者取得四钱以下，二俱结轻。若教盗四钱以下，受教者取得五钱以上，受教者结重，教者结轻。若本意不论多少，随取离处时，二人同其轻重。若二人共盗，取物离本处、直五钱，虽分时各得减五钱，然各犯重。若但教人盗，本无心欲取其分，离处时不结重；后受其分，知是所盗物者结罪，不知者无罪。此生有戒无戒，后生忆不忆等，具如杀戒中辨。不犯者，与想、己物想、粪扫想、暂用想、亲厚想，若痴狂、若心乱、若病坏心、若转生不自忆知。

七众同犯。

大小乘不全共。同者，同不得盗。异者，大士见机得盗，如下所明。

旧云：声闻于佛灭后，盗佛物，轻；菩萨恒重。今据《僧祇律》中，寺主用塔物供僧，直五钱，即结重，况自用耶？又毕陵伽婆蹉，于贼舟上取檀越二子还其父母，以无盗心，不名犯戒，亦是见机得作之意，未必一向与大乘异也。

开遮者。《菩萨戒本》云："又如菩萨见有增上增上宰官，上品暴恶，于诸有情无有慈愍，专行逼恼。菩萨见已，起怜愍心，发生利益安乐意乐，随力所能，若废若黜增上等位，由是因缘，于菩萨戒无所违犯，生多功德。又如菩萨见劫盗贼夺他财物，若僧伽物、窣堵波物，取多物已，执为己有，纵情受用。菩萨见已，起怜愍心，发生利益安乐意乐，随力所能，逼而夺取，勿令受用如是财物，当受长夜无义无利。由此因缘，所夺财宝，若僧伽物还复僧伽，窣堵波物还窣堵波，若有情物还复有情。又见众生，或园林主，取僧伽物、窣堵波物，言自己有，恣情受用。菩萨见已，思择彼恶，起怜愍心，勿令因此邪受用业，当受长夜无义无利，随力所能，废其所主。菩萨如是虽不与取，而无违犯，生多功德。"解曰：前条是夺他名位，后条是夺他财宝。以怜愍心，能生功德。然僧伽物还复僧伽，乃至有情之物还诸有情，故无犯也。倘分毫沾染，是名贼复劫贼矣！

果报者。《华严·二地品》云："偷盗之罪，亦令众生堕三恶道，若生人中，得二种果报：一者贫穷，二者共财不得自在。"解曰：盗亦三种三品，牵堕三涂，例如杀戒所明。共财者，世间财物，五家所共，谓王、贼、水、火、不肖子孙；惟功德法财，乃不共他有也。《十善业道经》云："若离偷盗，即得十种可保信法：一资财盈积，王贼水火及非爱子，不能散灭；二多人爱念；三人不欺负；四十方赞叹；五不忧损害；六善名流布；七处众无畏；八财命色力、安乐辩才，具足无缺；九常怀施意；十命终生天。若能回向菩提，后成佛时，得证清净大菩提智。"〈净戒品〉云："离不与取，亦四果报。一者于现生中得离贪嫉，身心安乐；二者以离贪嫉，一切众生之所信向，委寄任用，无复疑惑，与诸有情而作伏藏；三者于未来世得大富饶，豪贵自在，所有珍财，王贼水火无能侵夺；四者能与殑伽沙等一切诸佛主功德藏，所谓十八不共法等清净法财，二乘之人耳尚不闻，何况得见。”

观解者，有事盗，有理盗。理盗者，未达性具法门，心外取法，取非其有，故名为盗。凡夫盗有，外道盗空，二乘盗真，菩萨盗俗，别教盗取中道。惟圆人了达性遍性具，不于心外别取一法，不犯理盗。

忏悔者。若盗三宝父母师长物，失戒，先须偿还，方行取相忏法。盗人道物，失戒，偿与不偿，随时斟酌，忏须取相。盗天及鬼神畜生物，须向众僧悔过，或向三人悔过。又三品盗因、盗缘，向一人悔。上中二品盗法，向三人悔，或向众僧。下品盗法，向一人悔，或向三人。盗有、盗空，忏以析观无生。盗真、盗俗、盗中，皆悉忏以一心无生。又一心三观妙无生忏，通灭一切事盗、理盗也。

修证者。别圆观行位人，能防故盗；相似初心，位齐初果，永断故盗。《华严·二地》中义，如杀戒辨。藏教内凡外凡，伏于空有二盗；初果永断盗空，四果永断盗有。圆教观行，圆伏盗真、盗俗、盗中之罪；初住分断，妙觉究竟断尽。别教登地，证道同圆，亦能分断理盗。

性恶者，事盗如开遮所明；理盗则菩提无与者，然我取菩提，三世诸佛乃称究竟大盗耳。

○ 第三淫戒

若佛子，自淫，教人淫，乃至一切女人不得故淫，淫因、淫缘，淫法、淫业，乃至畜生女、诸天鬼神女，及非道行淫；而菩萨应生孝顺心，救度一切众生，净法与人；而反更起一切人淫，不择畜生，乃至母女、姊妹、六亲行淫，无慈悲心者，是菩萨波罗夷罪。

淫者，污秽交遘，鄙陋堪耻，名非梵行，亦名为不净行，正是生死根本。自淫者，自作污行。教人者，劝他作污染行，如媒嫁等事，自无迷染，但结轻垢，是此戒兼制，不同杀盗一概结重。或有一种别异烦恼，教人于自身行淫，此则结重。淫因者，染污之心。淫缘者，瞻视随逐等事。淫法者，摩触称叹等事。淫业者，二根交接，入如胡麻许，即成淫罪，不论精之出与未出。乃至畜生女等，举劣结过。非道者，如《善生经》云：“若于非时、非处、非女、处女、他妇、若属自身，是名邪淫。”释曰：

此六皆不顺世间道理，故名非道也。非时者，或在日中，或月六斋日、年三斋月，或八王日，或自妻娠妊、产后等。非处者，除小便道，或于大便道及口中。非女者，或是男子，或黄门、二根。处女者，未曾嫁人，又非己所摄受。他妇者，属他所摄。自身者，令他人于自身，或大便道，或口中，作不净行。净法与人者，应教人精持梵行，永离生死苦本也。

此戒旧云非性惟遮，以男女居室，世法所不禁故。今言正淫可尔，若邪淫事，国制强奸者斩，和奸者笞，淫男者杖，安得无罪？又前朝古制，和奸者男女皆坐宫刑，罪亦不轻。况出家人既不娶妇，触境皆邪，故知亦具性遮二业。若在家菩萨受八关斋，一日一夜断于正淫，可云惟遮业耳。三缘成重：一是道，二淫心，三事遂。

一是道者，小便道，大便道，口道。若于人女、天女、修罗女、鬼神女、畜生女，三道中行淫欲，皆波罗夷。若于人男、天男、修罗男、鬼神男、畜生男，大便道及口中二道行淫，皆波罗夷。若于人黄门，乃至畜生黄门，二道中淫，皆波罗夷。若于人二根，乃至畜生二根，二道中淫，皆波罗夷。乃至一切已死者，但令三道未坏，于中行淫，皆波罗夷。若令一切男子于自身二道行淫，皆波罗夷。

二淫心者，心生喜乐，如饥得食，如渴得饮，非如热铁刺身。

三事遂者，于三道中，男根得入如胡麻许，据此时结重罪，失戒体。未入而中止，结方便罪。不犯者，为怨家所执，如热铁刺身，惟苦无乐，或熟睡不知，或狂乱坏心，或转生不自忆。

七众者。出家五众，全断淫欲。在家二众，惟制邪淫；就己妻妾，复制非时非处，又月六斋日、年三斋月等。若受八关戒时，无复邪正，一切俱制，犯者皆结重罪。

大小乘略不同。小乘梦中失精不犯，或云但自责心。大乘若梦行淫，寤应生悔，诃责烦恼倍于声闻也。

开遮者。《菩萨戒本》云："又如菩萨处在居家，见有女色，现无系属，习淫欲法，继心菩萨求非梵行。菩萨见已，作意思惟，勿令心恚，多生非福；若随其欲，便得自在方便安处，令种善根，亦当令其舍不善业；

住慈愍心，行非梵行；虽习如是秽染之法，而无所犯，生多功德。出家菩萨，为护声闻圣所教诫令不坏灭，一切不应行非梵行。”解曰：处在居家，则断非出家人事；现无系属，则断非他所守护；继心来求，则断非自起染心；方便安处，则断是以礼摄受；故无犯而有功也。出家菩萨护圣教诫，岂容稍借口哉！

果报者，《华严•二地品》云：“邪淫之罪，亦令众生堕三恶道。若生人中，得二种果报：一者妻不贞良，二者不得随意眷属。”解曰：邪淫亦三品分别：母女姊妹六亲行淫，名上品；余一切邪淫，名中品；己妻非时非处等，为下品。又约心猛弱论三品，又约悔不悔论三品，致感三涂也。《十善业道经》云：“若离邪行，即得四种智所赞法：一诸根调顺，二永离喧掉，三世所称叹，四妻莫能侵。若能回向菩提，后成佛时，得佛丈夫隐密藏相。”〈净戒品〉云：“离欲邪行，亦四种报：一者于现生中一切人天之所称赞，亦无疑阻，人所敬重，远离恶名；二者六根调顺，令染欲火势力微劣；三者未来生处，父母宗亲，妻子眷属孝友贞顺，纯一无杂，离于女人所有过失，令诸众生无复染爱；四者为离邪淫而得马王阴藏之相，乃至成就无上菩提。”

观解者，淫名耽染，有事淫，有理淫。色界凡外，耽著味禅。无色凡外，耽著空定。二乘耽著涅槃寂灭，菩萨耽著游戏神通。别教弃于二边，耽著中道。惟圆人，了达一心三观，性修不二，理智一如，亡能所，绝对待，不犯理淫。

忏悔者。淫因向一人悔，或自责心。淫缘向三人悔，或向一人。淫法向众僧悔，或向三人。淫业失戒，须取相忏。又弄阴失精、触女身，向女人作粗恶语或赞身索供，或为媒嫁事，比丘自依僧法出罪，余众向众僧悔过。若弄未出精而中止，若触黄门二根男子身，若向黄门二根男子作粗恶语、赞身索供，若媒嫁事未成等，向三人悔，或向一人。若耽著色无色定，用析观无生忏治之，亦可用后三无生忏。若耽著涅槃，用体观无生治之，亦可用后二无生忏。若耽著游戏神通，用次第无生忏之中观治之，亦可用一心无生妙忏。若耽著中谛，惟用一心无生妙忏治之。

修证者，初果永断邪淫；三果永断正淫，乃至梦中不复失精。别教初住同初果，五住同三果。圆教初信同初果，五信同三果。理淫者，藏四果、通已办、别七住、圆七信，永断色无色爱。通教菩萨分三根。上根三地、四地出假，中根五地、六地出假，下根七地、八地出假，永断涅槃法爱。别教十向习中观，永断神通法爱。圆教五品，善知法界，伏中道爱；初住分断，妙觉究竟断尽。

性恶者，用事淫，如释迦以化人度淫女，菩萨以分身应魔女令发菩提心，婆须密多以淫女身令人证解脱门等；用理淫，则法喜为妻，佛得第一无上法喜之乐，名为究竟受五欲人。

○ 第四妄语戒

若佛子，自妄语、教人妄语、方便妄语，妄语因、妄语缘，妄语法、妄语业，乃至不见言见、见言不见，身心妄语；而菩萨常生正语、正见，亦生一切众生正语、正见；而反更起一切众生邪语、邪见、邪业者，是菩萨波罗夷罪。

虚而不实，欺凡罔圣，回惑人心，名为妄语。此有四别：一妄言，谓见言不见、不见言见，闻觉知等亦尔，共称八种妄语。眼根名见，耳根名闻。鼻、舌、身三名觉，亦名为触。鼻亦可名为闻。意根名知。又实有言无、实无言有，乃至法说非法、非法说法等，但令违心而语，皆名妄言。二绮语，谓一切华靡浮辞，无义无利，及一切世间王论、贼论、饮食论等。三两舌，谓向此说彼，向彼说此，互相离间，令成乖诤。四恶口，谓粗重骂詈，忿怒咒咀，令他不堪。此戒正制大妄语罪，余一切妄言绮语，是此戒兼制。若两舌恶口，重者自属说过、毁他二戒，轻者自属十三、十九戒制也。自妄语者，自言我得十地、辟支、四果、四向，四禅、四空，成不净观、成安般念，六通、八解，天来、龙来，修罗鬼神悉来问答，或言已断结使，或言永离三涂，如是等虚而不实，图致名利，名大妄语。教人妄语者，教人为我传扬美德，以致名利，同重。若教人自言是圣，名利自属彼人，但结轻垢，此戒兼制。方便妄语者，作种种显异方便，或借鬼神仙乩，或用咒术，令人得梦境等。妄语因者，起心欲诳他人，以取名利。妄语缘者，行来动止，语默威仪，种种方便，以显圣德。妄语法者，即十地、四果等法。妄语业者，了了出口，前人领解。乃至等者，举轻况重，兼制小妄言也。身心妄语者，身业表相，亦名妄语。如问其得果，点首示相；问清净不，默然不答等，由欺诳心，表示身相，令前人领解，口虽不言，亦名妄语也。正语者，如实而语。正见者，为生死，为菩提，为众生，不为名利。邪语邪见，反此可知。邪业者，依于邪语邪见，必成邪命恶业也。

此亦性遮二业。五缘成重：一是众生，二众生想，三欺诳心，四说重具，五前人领解。

一众生者，上中下三品如前说。上品境中，向父母师僧妄语，犯重；向诸圣人妄语，此人不惑，又能以神力遮余人令不闻，但结方便罪；若圣人中未证他心智者，向说仍重。向中品境天人等同重，正是回惑之境；或诸天有他心通，不受其惑，亦止结方便罪。向下品境，或云同重，《义疏》结轻。今言下境既有解语受戒之机，向说亦应犯重，以鼓惑鬼畜，尤堪作名利媒故。或可失戒，犹许重受，或可结不失戒重耳。

二众生想，亦当、疑、僻六句，二重，二轻，二无犯，如前可例。又圣人，圣人想、圣人疑，为说妄语，结轻。圣人非圣人想，为说妄语，稍重。非圣人，非圣想、非圣疑，为说妄语，结重。非圣人圣人想，为说妄语，稍轻。又人，人想、人疑，为说妄语，结重。人非人想，稍轻。非人，人想、人疑，稍重。非人非人想，更轻。上文众生想六句，约无情为非众生，与有情相对，故有二句无犯。此指鬼畜为非人相对，故但论重轻，无不犯者。

三欺诳心，谓希图名利，非增上慢，亦非戏笑假说，正是业主。此仍分通心，隔心。若通欲一切人闻，随有闻者结重。若本惟欲此人闻，此人不闻而彼人闻，于彼无欺诳心，总不结罪，还于此人结方便罪。若增上慢，亦犯轻垢。《戒本经》云：菩萨见味禅以为功德，是染污犯也。

四说重具，谓十地、辟支等；虽四禅、四空凡外亦能修证，而是世间胜法，故亦同重。不净、安般二观，乃佛法二甘露门，今言成就，即是有证有得；天龙等来，正是彰其圣德；断结使，离三涂，皆属果证中事；故皆犯重。若欲说初果误说二果，欲说二果误说初果等，既不遂妄语本怀，止结方便罪。若言成就总别相念，暖顶等法，干慧、性地，别十信、圆五品，既是凡夫法，似不结重。或虽重，亦不失戒。若言旋风土鬼来至我所，若言持戒清净，善通三藏，能习禅思等，虚而不实，皆犯轻垢。

五前人领解。或自说，或教人说，或作书说，但令彼人领知信服，据此时结重。若对面不解，且结方便；后追思前言忽解时，结重。若人问汝得果得道否？若点首自肯者，结重；默然不言非者，结轻。其余小妄言等，随一一语，结一一轻垢。随多人领解，结多多轻垢。若增上烦恼，数数违犯，无惭愧心，失菩萨戒。失戒后更说，止得性罪。若深生惭愧，永断相续，亦许更受，未必须见相也。不犯者，狂乱，病坏心，后生不自忆，及戏笑说，误说，独说，或向人说十地四果等法，不言自证。又绮语亦此戒兼制。《戒本经》中，别有绮语戒云："若菩萨掉动，心不乐静，高声嬉戏，令他喜乐，是犯染污起。若忘误，犯非染污起。不犯者，为断彼故，起欲方便，摄受对治，性利烦恼更数数起。又不犯者，他起慊恨，欲令止故；若他愁忧，欲令息故；若他性好戏，为摄彼故，欲断彼故，为将护故；若他疑菩萨慊恨违背，和颜戏笑，现心净故。"又有世论戒云："若菩萨以染污心，论说世事经时者，是犯染污起。若忘误经时，犯非染污起。不犯者，见他聚话，护彼意故须臾暂听，若暂答他问未曾闻事。"

七众同犯。大小乘俱制。

开遮者。《戒本》云："又如菩萨为多有情解脱命难、囹圄缚难、刖手足难、劓鼻、刵耳、剜眼等难，虽诸菩萨为自命难亦不妄语，然为救脱彼有情故，知而思择，故作妄语，自无染心，惟为饶益诸有情故，于菩萨戒无所违犯，生多功德。又如菩萨见诸有情，信乐倡妓，吟咏歌讽，或有信乐王、贼、饮食、淫荡、街衢、无义之论，菩萨于中皆悉善巧，于彼有情起怜愍心，发生利益安乐意乐，现前作倡妓吟咏歌讽，王贼饮食淫衢等论，令彼有情观喜引摄，自在随属，方便奖导出不善处，安立善处。菩萨如是现行绮语，无所违犯，生多功德。"又《大般涅槃经》云："一切众生虽有佛性，要因持戒然后乃见。因见佛性，得成阿耨多罗三藐三菩提。若有说言：‘佛说一切众生悉有佛性，烦恼覆故，不知不见，是故应当勤修方便，断坏烦恼。’作是说者，当知不犯四重。若有说言：‘我已成就阿耨多罗三藐三菩提。何以故？以有佛性故。有佛性者，必定当成阿耨多罗三藐三菩提。以是因缘，我今已得成就菩提。’当知是人犯波罗夷。何以故？虽有佛性，以未修习诸善方便，是故未见。以未见故，不能得成阿耨多罗三藐三菩提。”

果报者。〈二地品〉云：“妄语之罪，亦令众生堕三恶道。若生人中，得二种果报：一者多被诽谤，二者为他所诳。绮语之罪，亦令众生堕三恶道。若生人中，得二种果报：一者言无人受，二者语不明了。”解曰：大妄语亦分三品。对父母、师、僧、人天为上品；对鬼畜等为中品；对佛菩萨圣人为下品，以不受惑故也。又欺诳心强弱分三品，又悔不悔分三品，以此牵堕三涂。小妄语及绮语，则对上境为上品，罪在欺侮故；对中境为中品，对下境为下品。又亦约心约悔论三品、牵三涂也。《十善业道经》云：“若离妄语，即得八种天所赞法：一口常清净，优鉢罗香；二为诸世间之所信伏；三发言诚证，人天敬重；四常以爱语安慰众生；五得胜意乐，三业清净；六言无误失，心常欢喜；七发言尊重，人天奉行；八智慧殊胜，无能制伏。若能回向菩提，后成佛时，即得如来真实语。若离绮语，即得成就三种决定：一定为智人所爱；二定能以智如实答问；三定于人天威德最胜，无有虚妄。若能回向菩提，后成佛时，得如来诸所授记皆不唐捐。”〈净戒品〉云：“离虚诳语，亦四种报。一者现行实语，诸天怜念，常共守护。二者既无虚诳，众生信受，若说法时人皆谛信，无劳功力，乃至断妄语者不复造作恶业。何以故？以他问时，如实答故。若在闲静，不起妄念。何以故？若人问我：‘汝闲居时，生妄念否？’若言无者，是虚诳语。若言有者，羞愧他人。以是因缘，能令妄心渐渐微薄。三者所生之处，口中常出青莲华香，苏曼那香，一切有情之所爱敬，不疑他人有虚诳语，亦令他人信己实语，能令众生永断疑网。四者所有言辞，人皆信受，能令众生闻法欢喜，乃至当得无上菩提。离无义语，亦四种报。

一者现在世中智人赞叹，心无卒暴而得安乐。二者所出言教，人皆信受，粗恶微薄。三者未来生处，恒闻种种如意音声。四者渐次能得无上菩提，获无碍辩。设彼大千世界一切天龙人非人等，来诣佛所，同于一时各各别问自所疑事，时佛于一刹那，以一言音悉能酬对，皆契本心，断除疑网。”

理解者，违如实理，有所言说，皆名妄语。凡夫说有，违于本空；外道说无，违于缘起；二乘说真违俗；菩萨说俗违中；别教说中，双违二谛。惟圆人了达法界，如理而说，名不妄语，亦名非无义语。

忏悔者。大妄语成，失戒，须取相忏。小妄语、绮语等，增上频犯，失戒，应须更受。余一切等流及方便罪，随其轻重，用三种作法除之。复有法说非法等一切妄语，或破法轮僧，或破羯磨僧。若破法轮事成，犯逆罪，不可悔，惟得用无生忏，转重令轻耳；不成，犯方便重垢，须向一切僧悔过。若破羯磨事成，据声闻律不犯逆罪，今观此经云："破羯磨、转法轮僧，均名七逆"，似非专指破法轮僧。以大士绍隆义胜，故破羯磨亦成逆也；不成，亦方便重垢，向一切僧悔过。若违理妄语，凡外用真谛无生忏，二乘用从空出假忏，菩萨用中道无生忏，别教用一心无生忏。又一心无生忏，除一切事理妄语罪，无有不尽。

修证者。藏通初果，别住、圆信，永断事妄。藏通初果，断违空、违缘起妄。出假菩萨，断违俗妄。别十回向，伏违中妄，登地永断。圆五品位，伏违二谛之妄，初住永断。

性恶者。用事妄，如开遮所明。用理妄，则生生不可说，作生生说；生不生不可说，作生不生说；不生生不可说，作不生生说；不生不生不可说，作不生不生说。法非言说，言说皆妄；法非默然，默然亦妄。以四悉檀因缘，用妄言说，及妄默然，巧诱众生，出魔入佛，名大妄语，亦最绮语。

〇 第五酤酒戒

若佛子，自酤酒、教人酤酒，酤酒因、酤酒缘，酤酒法、酤酒业，一切酒不得酤，是酒起罪因缘；而菩萨应生一切众生明达之慧，而反更生一切众生颠倒之心者，是菩萨波罗夷罪。

酤者，货卖求利。酒者，饮之醉人，是无明药。自酤者，身行货卖；

教人者，令他为我卖酒；同重。若教他自酤，利不入己，结轻，乃此戒兼制。因者，求利之心。缘者，种种器具。法者，斤两价直，出纳取与等事。业者，运手卖酒授与前人。一切酒者，西域酒有多种，或华或果皆可造酒，但令饮之醉人，皆不得酤。起罪因缘者，《四分律》明饮酒十失：一颜色恶，二少力，三眼视不明，四现嗔恚相，五坏田业资生法，六增致疾病，七益斗讼，八无名称、恶名流布，九智慧减少，十身坏命终堕三恶道。《大论》复明三十五失等。

此惟遮业，以王法所不禁故。然是恶律仪所摄，虽不受戒人作此业者，亦招苦报，故特为大士设此厉禁。倘总无罪报，又何须结戒令大士掣肘哉！五缘成重：一是众生，二众生想，三希利货卖，四是真酒，五授与前人。众生三品如上说。上品者，卖与无醉乱人则轻，卖与有醉乱人则重。中品人天，正是所制，犯重。下品，旧云结轻，以乱道义弱故；今云酤与受戒鬼畜等亦重。众生想者，有醉乱，醉乱想、疑，犯重，余四句轻。又中品，中品想、疑，二句则重。中品下品想，及下品三句，皆轻。又下品有戒，有戒想、疑，二句则重，余四句轻。希利货卖者，正是业主。出家菩萨，一切贩卖求利都制。在家菩萨，止许如法求财，不许作此恶律仪也。是真酒者，酒色、酒香、酒味，饮之醉人，犯重。虽无酒色、酒香，而有酒味醉人，亦重。虽似酒色、酒香，而无酒味，饮不醉人，无罪。药酒虽亦希利，不能乱人，在家菩萨酤者无罪。又在家菩萨，或在淫舍，或卖净肉，皆犯轻垢，以招呼引召，不能如酒故也。授与前人者，从授受时结重。

七众同犯。

大小乘不全同。小乘作酒，止结不应，酤者同于贩卖。大乘作时结方便罪，酤犯重也。

遍观律论，惟遮不开。

果报者。过酒器与人饮酒，尚云五百世无手，况复酤酒。

理解者。有三毒酒，散乱酒，禅定酒，无知酒，无明酒。三毒、散乱，迷醉欲界中人。禅定，迷醉色无色界中人。无知，迷醉二乘。无明，迷醉菩萨。自醉结轻，招呼同伴结重也。

忏悔者。酤酒业成，失戒。据此经中，例须取相。若约《地持》为例，或向众僧殷重悔过，堪任更受，以是遮业故也。若未成酤业，及卖净肉、在淫坊等，或向众僧，向三人一人等，例得悔除。若三毒酒、散乱酒、禅定酒，治以析观、体观、次第、一心，四种无生。无知酒，治以次第、一心，二种无生。无明酒，惟以一心无生治之。

修证者。初果得道共力，永断事酤。凡外酤三毒、散乱、禅定等酒，初果亦永不酤，未免自饮，四果永不复饮。若无知酒，二乘但饮不酤；出假位中，更不复饮。若无明酒，地前菩萨亦酤亦饮，登地但饮不酤，妙觉永不复饮也。

性恶者。事恶，惟用饮，不用酤，用饮如末利夫人事。理恶，亦酤亦饮，谓法性理水，陶然真乐，名为真酒；诸佛菩萨，自既醉饱，亦广饮人。又中谛酒，俗谛酒，真谛酒，三昧酒，十善酒。以中谛酒，酤与别圆菩萨；以俗谛酒，酤与藏通菩萨；以真谛酒，酤与藏通二乘；以三昧酒，酤与色无色界；以十善酒，酤与人天；各令醉饱。又中谛药酒，治菩萨病。俗谛药酒，治二乘病。真谛药酒，治凡夫病。三昧药酒，治散乱病。十善药酒，治十恶病。既酤与人，亦示自饮。又一切众生醉三毒酒，与其同事，亦复示饮。又如婆薮仙人，示酤三毒酒，为众作诫。

○ 第六说四众过戒

若佛子，口自说出家、在家菩萨、比丘、比丘尼罪过，教人说罪过，罪过因、罪过缘，罪过法、罪过业；而菩萨闻外道恶人及二乘恶人，说佛法中非法非律，常生慈心，教化是恶人辈，令生大乘善信；而菩萨反更自说佛法中罪过者，是菩萨波罗夷罪。

说者，向未受菩萨戒人，说大乘七众罪过；向未受具戒人，说比丘比、丘尼二众罪过也。出家、在家菩萨，即通指大乘七众。比丘、比丘尼，即别指小乘二众，以住持僧宝，关系法门，故亦同重。罪过因等，应云说因、说缘、说法、说业。因者，说罪之心。缘者，欲说时庄严方便。法者，轻重罪相。业者，了了出口，前人领解。二乘名恶人者，执一定之规绳，疑大人之作略，不知大乘妙用，故斥之为恶人。佛法中罪过者，拣非外道罪过，亦拣非犯边罪已失戒人罪过也。

此亦性遮二业，六缘成重：一众生，二众生想，三说罪心，四所说过，五所向人，六前人领解。众生者，上中二境，有菩萨戒、有比丘、比丘尼戒者重，无戒者轻。下境，旧云有戒无戒皆轻，今云有菩萨戒者宜重，但未必失戒耳。若前人实犯重罪，已失戒者，说但犯轻；或虽犯重而未失戒，或虽失戒如法重受，说皆犯重。众生想者，有戒无戒六句，二重，四轻。说罪心者有两：一陷没心，欲令前人失名利等；二治罚心，欲令前人被系缚等。此二心正是业主，不论是实是虚，皆犯重。若奖劝心说，及僧差说罪，皆不犯。所说过者，或说罪事，或说罪名，各有当、疑、僻六句。罪事者，杀盗淫妄饮酒食肉等事。罪名者，大则七逆、十重、轻垢，小则五篇、七聚等名。若重名重事，作重想、重疑而说，犯重；作轻想说，犯轻。若轻名轻事，作轻想、轻疑而说，犯轻；作重想说，犯重。所向人者，上中二境，无菩萨戒，为说菩萨七众罪过，犯重。无比丘、比丘尼戒，为说二众罪过，犯重。若向有大乘戒、有具戒者，如法说实举过，令其忏悔，不犯。若所说不实，自属谤毁戒也。下境，不论有戒无戒，向说皆轻，毁损不深故。前人领解者，口业事遂，据此时结罪。随语语结，随人人结。若未解时，止结方便。

七众同。

大小异。小乘说第一篇，犯第二；说第二篇，犯第三；说第三篇以下，悉犯第七聚。大士宜掩恶扬善，故说重同重，说轻同轻。

开遮者。惟除僧差，及奖劝因缘，余悉不开。

果报者。若所说是实，即上品两舌，亦兼恶口。若所说不实，复是妄语。《华严•二地品》云："两舌之罪，亦令众生堕三恶道。若生人中，得二种果报：一者眷属乖离，二者亲族弊恶。恶口之罪，亦令众生堕三恶道。若生人中，得二种果报：一者常闻恶声，二者言多诤讼。"解曰：两舌恶口，约境、约心、约悔不悔，亦各三品，牵堕三涂也。《十善业道经》云："若离两舌，即得五种不可坏法：一得不坏身，无能害故；二得不坏眷属，无能破故；三得不坏信，顺本业故；四得不坏法行，所修坚固故；五得不坏善知识，不诳惑故。若能回向菩提，后成佛时，得正眷属，诸魔外道不能沮坏。若离恶口，即得成就八种净业：一言不乖度，二言皆利益，三言必契理，四言辞美妙，五言可承领，六言则信用，七言无可讥，八言尽爱乐。若能回向菩提，后成佛时，具足如来梵音声相。”〈净戒品〉云：“不离间语，亦四种报。一者现在能令自他无诤，所在安乐。二者以和合故，众人爱敬，过去所有离间语罪，悉得销灭，于三恶趣，心无忧惧。三者于未来世，得五种果。一能获金刚不坏之身，世间刀杖无能损坏。二于所生处，得善眷属，无诸乖诤，不相舍离。三于所生处，设不遭遇善友知识为说法者，自然觉悟无二法门，于佛法僧深生信向，无有退转。四令诸有情一心一事，欢喜相向，速能证得慈三摩地。五能劝发一切有情修习大乘，令不退转。四者由远离间，常和合语，得善眷属，随顺调伏，乃至涅槃不相舍离。离粗恶语，亦四种报。一者现在世中，心常清净，兴大悲云，降慈心雨，灭妄贪欲，止恚风尘，令得清净。二者软语之人，一切爱敬，赞叹随顺，令粗恶者渐得调伏，六根清净，三业无染。三者于当来世，永离三涂，常生善处。四者渐次能得无上菩提，具梵音声，说法之时，随类各解，而生念言：‘今薄伽梵为我说法，不为余人。所说妙法，皆契我心，除我身心烦恼习气。’”

理解者。如《大涅槃经》云：“佛禁无常，汝犹说者，即破佛禁。”又云：“我等皆应善覆无常，说于常住。”以此为例，即是隐恶扬善之义。若隐覆常住，说于无常，是说佛过，亦是说四众过。

忏悔者。犯重失戒，应须更受，或复取相弥善。犯轻作法，随事斟酌。犯于理说，惟用一心无生。

修证者。初果以去无事说，圆人初心无理说。

性恶者，说佛菩萨为究竟五逆、究竟大盗、究竟五欲、究竟大妄语人。

○ 第七自赞毁他戒

若佛子，自赞毁他，亦教人自赞毁他，毁他因、毁他缘，毁他法、毁他业；而菩萨应代一切众生受加毁辱，恶事向自己，好事与他人；若

自扬己德，隐他人好事，令他人受毁者，是菩萨波罗夷罪。

自赞者，称己功德。毁他者，讥人过恶。彼此互形，显己德而彰人短，使名利归于自身，故犯重也。若但以贪心自赞，但以嗔心毁他，各各结染污犯，《戒本经》中别有此条，今经亦此戒兼制也。教人者，或教人赞我毁他则重，或教彼自赞毁人则轻。因者，贪利之心。缘者，作诸方便。法者，陈其善恶。业者，前人领解。

此亦性遮二业。五缘成重：一众生，二众生想，三赞毁心，四说赞毁具，五前人领解。众生者，上中二境重，下境轻。众生想者，上中，上中想、疑，二重，余四句轻；或下境作上中想，亦重也。赞毁心者，欲彰彼短，使名利悉归于己，非为折伏、非为利益也。说赞毁具者，一种姓或尊或卑，二行业或贵或贱，三伎术工巧或上或下，四过犯或有或无，五结使或轻或重，六形相或好或丑，七善法或具不具。前人领解者，口业事遂，随语语结重。《羯磨文》云："若以上品缠犯，失菩萨戒，应须更受。中品缠犯，应向三人，或过三人，悔过除灭。下品缠犯，向一人悔。"以下三戒并同。又不随喜他善，亦应此戒兼制。《戒本经》云："知他众生有实功德，以慊恨心，不向人说，亦不赞叹；有赞叹者，不唱善哉；是犯染污起。若懒惰懈怠放逸，犯非染污起。不犯者，知彼少欲，护彼意故；若病、若无力；若以方便令彼调伏；若护僧制；若令彼人起烦恼、起溢喜、起慢、起非义，除此诸患故；若实功德似非功德，若实善说似非善说；若为摧伏外道邪见；若待说竟。"

七众同。

大小异。大士利安为本，故重。小乘自赞犯第七聚，毁他犯第三篇，不合结也。

开遮者，《戒本经》云："若轻毁外道，称扬佛法。若以方便令彼调伏，舍离不善，修习善法。又令不信者信，信者增广。"

果报者。自赞若实，即如淫女为一钱故而现戏笑；若复不实，自得大妄语报。毁他若实，名为恶口；不实，复兼妄语。所有果报，悉如上说。

理解者。菩提为自，烦恼为他。涅槃为自，生死为他。菩提是道谛，烦恼是集谛。涅槃是灭谛，生死是苦谛。若生灭四谛，即具赞毁；无生四谛，即无赞毁。若无量四谛，即具赞毁；无作四谛，即无赞毁。又二乘以真为自，以俗为他；菩萨以俗为自，以真为他；别教以中为自，二谛为他；皆具赞毁。圆无自他，故无赞毁。又对待妙，即具赞毁；绝待妙，即无赞毁。

忏悔者。事中赞毁，如《羯磨文》所云。理中赞毁，即用体观、一心，二种无生。

修证者。初果以上，永断事恶。八人、见地，永断界内理恶。别地、圆住，永断界外理恶。

性恶者。用事赞毁，则摧邪显正，弹偏斥小，叹大褒圆。用理赞毁，则法性为自，无明为他。无明之性，即是法性，无可赞毁，而炽然赞毁。

○ 第八悭惜加毁戒

若佛子，自悭、教人悭，悭因、悭缘，悭法、悭业；而菩萨见一切贫穷人来乞者，随前人所须一切给与；而菩萨以恶心嗔心，乃至不施一钱一针一草，有求法者不为说一句一偈一微尘许法，而反更骂辱者，是菩萨波罗夷罪。

吝惜所有，名之为悭，或吝财，或吝法，皆所不应。教人者，或使人为我拒毁，则重；或教人自行悭毁，则轻。因者，鄙吝之心。缘者，庄严方便。法者，示秘惜打骂等相。业者，前人领纳。贫穷人者，或贫于财，或穷于法。又空乏名贫，空乏则手足无措名穷。财法皆有贫穷二苦也。随前人所须者，财则若多若少，法则若大若小，皆应与之。恶心者，悭吝鄙惜。嗔心者，不喜其人，明非见机折伏也。《决定毗尼经》云："在家菩萨，应行二施：一财，二法。出家菩萨行四施：一纸，二墨，三笔，四法。得忍菩萨行三施：一王位，二妻子，三头目、皮骨。"《义疏》云："当知凡夫菩萨，随宜惠施，都杜绝故犯也。"

此亦性遮二业。五缘成重：一众生，二众生想，三悭毁心，四示悭毁相，五前人领纳。众生者，上中二境及下境，有戒者悉重，余轻。众生想六句，三重，三轻，如上说。悭毁心者，谓恶嗔吝惜财法，欲以打骂拒绝，是犯。若彼不宜闻法得财，宜见诃辱，皆不犯。二悭毁相者，或隐避不与财法，或言都无，或手杖驱斥，或恶言加骂，或自作，或使人打骂，皆重。前人领纳者，知我吝惜之相，受我打骂之辱，随事随语结重。若彼遣使求财、请法，对使人悭惜，遥作诃骂，既非对面，损恼稍轻，皆不结重；或虽重，不失戒也。不犯者，《戒本经》云："若自无，若求非法物，若不益彼物，若以方便令彼调伏，若彼犯王法护王意故，若护僧制。"此明不与财不犯也。又云："若外道求短；若重病，若狂；若知不说令彼调伏；若所修法未善通利；若知前人不能敬顺，威仪不整；若彼钝根，闻深妙法生怖畏心；若知闻已增长邪见，若知闻已毁呰退没，若彼闻已向恶人说。"此明不与法不犯也。又《菩萨善戒经》云："求者三至，若不施者，是名犯重。不犯者，若以方便善语慰喻，令彼求者不生恨心。求者二种：一者贫穷，二者邪见。不施贫者，则便得罪。不施邪见，则不名犯。"又菩萨摄受徒众，即应以二事将护，所谓法及衣食，亦应此戒兼制。《戒本经》云："若菩萨摄受徒众，以嗔恨心，不如法教授，不能随时从婆罗门、居士所，求衣食、卧具、医药、房舍，随时供给，是犯染污起。若懒惰懈怠，犯非染污起。不犯者，若以方便令彼调伏；若护僧制；若病，若无力，若使有力者说；若彼有力，多知识大德，自求众具；若曾受教，自已知法；若外道窃法，不能调伏。"

七众同。

大小异。大乘不拣亲疏，求者皆施；不与加毁悉犯，以本誓兼物故。小乘惟弟子不教法，犯第七聚；不与财，不制；加毁随事各结，不合为重。

开遮者，《戒本经》云："观众生应以苦切之言方便利益，恐其忧恼而不为者，是犯非染污起。不犯者，观彼现在少所利益，多起忧恼。"

果报者。悭毁之罪，亦在三涂。又悭财余报，生生贫穷。悭法余报，世世愚钝。当知不悭，即是无贪善根所摄。《十善业道经》云："若离贪欲，即得成就五种自在：一三业自在，诸根具足故；二财物自在，一切怨贼不夺故；三福德自在，随心所欲物皆备故；四王位自在，珍奇妙物皆奉献故；五所获之物过本所求百倍殊胜，由于昔时不悭嫉故。若能回向菩提，后成佛时，三界特尊，皆共敬养。”〈净戒品〉云：“离贪嫉者，亦四种报：一者现在世中，于他富贵起随喜心，不舍毫厘获大功德；二者一切爱敬，身心安乐，威德自在，能净心中贪欲云翳，犹如夜月众星围绕；三者所生之处六根圆满，财宝丰足，众人爱敬，常行惠施，无碍辩才，处众无畏；四者乃至证得无上菩提，众圣围绕，功德最上，一切众生同受教命。”

理解者，秘真妙法名悭，令获陋果名毁。《法华经》云：“若以小乘化，乃至于一人，我则堕悭贪，是事为不可。”

忏悔者。事悭悔过，例前可知，理悭须用一心无生。《法华》云：“惟以如来灭度而灭度之。”

修证者。初果断事悭，亦断真谛悭。菩萨不悭俗谛，别人不悭中谛。圆人不悭法性，名字不悭，乃至究竟不悭。

性恶者，不舍一法名悭，破相归性名毁。

〇 第九嗔心不受悔戒

若佛子，自嗔、教人嗔，嗔因、嗔缘、嗔法、嗔业；而菩萨应生一切众生善根无诤之事，常生慈悲心、孝顺心；而反更于一切众生中，乃至于非众生中，以恶口骂辱，加以手打及以刀杖，意犹不息，前人求悔，善言忏谢，犹嗔不解者，是菩萨波罗夷罪。

因者，忿恨隔绝之心。缘者，嗔隔方便。法者，示相发口。业者，前人领解。非众生者，变化幻人等，彼虽无情，作有情想而行嗔辱，亦犯轻也。

此亦性遮二业。五缘成重：一众生，二众生想，三嗔隔心，四示不受相，五前人领解。众生者，上中二境重；下境轻，或有戒者亦重，但不失戒也。众生想六句如上。嗔隔心者，心怀忿恨，不欲和解，正是业主。示不受相者，或关闭断隔，发口不受。前人领解者，知彼不受，随身口业多少结重。不犯者，《戒本经》云：“若以方便令彼调伏，若彼不如法悔，其心不平，不受其忏，无罪。”又云：“若不慊恨，性不受忏，是犯非染污起。”又云：“若菩萨侵犯他人，或虽不犯令他疑者，即应忏谢。慊恨轻慢，不如法忏谢，是犯染污起。若懒惰懈怠，犯非染污起。不犯者，若以方便令彼调伏，若彼欲令作不净业然后受者，不谢无罪。若知彼人性好斗讼，若悔谢者，增其嗔怒；若知彼和忍，无慊恨心，恐彼惭耻；不谢无罪。”解曰：此轻垢罪，亦应此戒兼制也。

七众同。

大士接取众生为务，以乖化他之道，故重。小乘自利，嗔他犯第七聚。

开遮者。《戒本经》云：“见有众生应诃责者、应折伏者、应罚黜者，以染污心不诃责，若诃责不折伏，若折伏不罚黜，是犯染污起。若懒惰懈怠，犯非染污起。不犯者，彼不可治，不可与语，难可教诲，多起慊恨；若观时；若恐因彼起斗诤相违，若相言讼，若僧诤，若坏僧；若彼不谄曲，有惭愧心，渐自改悔。”又云：“若菩萨成就种种神力，应恐怖者而恐怖之，应引接者而引接之，欲令众生消信施故，不以神力恐怖引接者，是犯非染污起。不犯者，若彼众生更起染著，外道谤圣成就邪见，若彼发狂，若增苦受，一切不犯。”又唐译《戒本》云：“又如菩萨见诸有情，为行越路，非理而行，出粗恶语猛利诃摈，方便令其出不善处，安立善处。菩萨如是以饶益心，于诸有情出粗恶语，无所违犯，生多功德。”解曰：以饶益心，则非嗔隔心明矣。

果报者。〈二地品〉云：“嗔恚之罪，亦令众生堕三恶道。若生人中，得二种果报：一者常被他人求其长短，二者恒被于他之所恼害。”《十善业道经》云：“若离嗔恚，即得八种喜悦心法：一无损恼心，二无嗔恚心，三无诤讼心，四柔和质直心，五得圣者慈心，六常作利益安众生心，七身相庄严、众共尊敬，八以和忍故速生梵世。若能回向菩提，后成佛时，得佛无碍心，观者无厌。”〈净戒品〉云：“离嗔恚者，亦四种报。一者现世六根聪利，仪容可观，人所亲附。二者心无嗔恚，一切恼害打骂诃责，尽皆不起。譬如有人持迦噜罗咒，一切诸毒无能害之。以无恚怒增长慈心，以慈真言，令三十六俱胝天魔鬼神悉皆摧伏，奉慈真言，无所损害。三者于未来世，以慈心梯，上生梵世，一劫安乐，令诸众生断恶修善。四者渐次能得无上菩提，具足庄严三十二相、八十种好，炽然炳著，无量功德蕴集其身。”

理解者，凡外隔真，二乘隔俗，出假隔中，但中隔于二谛。

忏悔者。事嗔作法，例前可知。隔真，用析体等四种无生，随一皆得。隔俗，于体观等三，随用其一。隔中，于次第、一心二忏，亦随用一。隔二谛者，惟用一心无生。

修证者。三果断事嗔尽，初果不隔真，出假不隔俗，别向不隔中，别地、圆住不隔二谛。又圆信、圆观，皆伏一切理嗔。

性恶者。现忿怒大明王相，是用事嗔。一法不取，名为理嗔。

〇 第十谤三宝戒

若佛子，自谤三宝、教人谤三宝，谤因、谤缘，谤法、谤业；而菩萨见外道及以恶人一言谤佛音声，如三百矛刺心；况口自谤，不生信心、孝顺心，而反更助恶人邪见人谤者，是菩萨波罗夷罪。

此戒亦名谤菩萨藏，说相似法，或云邪见邪说戒。谤者，乖背之称，凡解不称理、言不审实，异解异说，皆名为谤。因者，邪见之心。缘者，邪说方便。法者，言说著述等事。业者，前人领解。

此亦性遮二业，邪见为本，复加口过也。五缘成重：一众生，二众生想，三欲说心，四正吐说，五前人领解。众生者，向上中二境谤则重，向下境轻。众生想六句，如前可知。欲说心者，谓邪见推画，惟此是实，余皆虚妄。既心存谬解，喜向人说也。邪见虽多，大端有四：一上邪见，二中，三下，四杂。上者，拨无因果，如阐提等。中者，谓三宝不及外道；若心中计成，失戒；若心知三宝胜，口说不如，既未翻归，不失戒体，语语结重。下者，弃大取小；计成，失菩萨戒；计若未成，犯轻，属下文心背大乘戒摄。杂者，或偏执，或杂信，或系念小乘，或思义僻谬。偏执又二：一执大谤小，如《戒本经》云："若菩萨如是见、如是说言：'菩萨不应听声闻经法，不应受、不应学。菩萨何用声闻法为？'是犯染污起也。"二偏谤一部。于方等中，偏言某部非佛说，亦犯轻垢，如《戒本经》云："若菩萨闻菩萨法藏甚深义、真实义、诸佛菩萨无量神力，诽谤不受，言非利益、非如来说，是亦不能安乐众生，是犯染污起也。"杂信者，不背因果，及三宝大乘，但言外道鬼神亦有威力，奏章解神，或复劝他，悉犯轻垢。系念小乘者，知大乘高胜，且欲先取小果，后更修大，此名念退，犯轻垢，亦下文暂违菩提心戒摄。思义僻谬者，如今人义浅，三五家释，是智力不及，此应非罪。若轻辄去取，复有知他为是，强欲立异，皆犯轻垢。又有说相似法，如《戒本经》云："若菩萨如是见、如是说言：'菩萨不应乐涅槃，应背涅槃。不应怖畏烦恼，不应一向厌离。何以故？菩萨应于三阿僧祇劫久受生死，求大菩提。'作是说者，是犯染污起。何以故？声闻深乐涅槃、畏厌烦恼，百千万倍不及菩萨。彼习不染污心，胜阿罗汉也。"正吐说者，若自说，若令人传说，若作书著述等。前人领解者，纳受邪言，随语语结罪。披书发解，亦语语结罪。

七众同。

大小异。大士化人为任，故重。小乘说杀无果报、淫不障道、世界有边无边等，均名恶见，语语犯第七聚。三谏不舍，结第三篇。更或不舍，作恶见不舍举羯磨；虽非灭摈，而治法最严，冀令永舍恶见故，然终不结重也。

惟遮不开。

果报者。〈二地品〉云："邪见之罪，亦令众生堕三恶道。若生人中，得二种果报：一者生邪见家，二者其心谄曲。"《十善业道经》云："若离邪见，即得成就十功德法：一得真善意乐，真善等侣。二深信因果，宁殒身命终不作恶。三惟归依佛，非余天等。四直心正见，永离一切吉凶疑网。五常生人天，不更恶道。六无量福慧，转转增胜。七永离邪道，行于圣道。八不起身见，舍诸恶业。九住无碍见。十不堕诸难。若能回向菩提，后成佛时，速证一切佛法，成就自在神通。"〈净戒品〉云："离邪见者，亦四种报。一者于现世中，离恶知识，亲近善友，闻法信受，未生不善令永不生，已生不善令尽除断，未生善法修习令生，已生善法修令增长。此正见者，一切善法之根本也。二者能闭不善行门，于大众中名称普闻，心无疑悔。三者未来生处，遇善知识，得善伴侣，顺于正见，归佛法僧，更无异向。于菩萨行无退转心，除灭罪愆，增长福聚。有漏无漏、生死涅槃，过患利益，能善分别。了达诸法无我我所，无有执著，正见力能究竟清净。四者所有三乘胜妙功德，人不能测，正见之力，皆悉圆满，能为众生作归依处，度脱有情出生死苦，悉皆安置无上大乘，乃至处于法王之位。”

理解者，凡外谤真，二乘谤俗，出假谤中，但中谤于二谛。

忏悔者。事谤作法，例前可知。谤真，于四无生，随用一忏。谤俗，于体观等三，亦随用一。谤中，于次第、一心，亦随用一。谤二谛者，惟用一心无生。

修证者。藏不谤真，通不谤俗，别不谤中，圆不谤二。各于外内二凡永伏，分证永断。

性恶者。用事谤，如婆薮仙人。用理谤，四句即为四门，门门皆入道。

△三总结

善学诸仁者！是菩萨十波罗提木叉，应当学，于中不应一一犯如微尘许，何况具足犯十戒。若有犯者，不得现身发菩提心，亦失国王位、转轮王位，亦失比丘、比丘尼位；亦失十发趣、十长养、十金刚、十地、佛性常住妙果，一切皆失；堕三恶道中，二劫三劫，不闻父母三宝名字；以是不应一一犯。汝等一切菩萨，今学、当学、已学，如是十戒应当学，敬心奉持，〈八万威仪品〉当广明。

此十重戒，与《璎珞经》同。若《善生经》，单明在家六重，则无后四。若《地持经》，单明出家八重，则无酤酒、说过二戒。又〈地持羯磨文〉中明受戒法，亦通在家。今此经及《璎珞》，去复存单，合成十重。然《善生经》意被界内，不制后四，犹之可也。《地持》被界外机，胡不制酤、说二戒耶？若谓出家不妨酤酒、说过，此决不然；若谓在家不妨赞毁乃至邪说，此尤不可。盖或各就僧俗易起过边制之，实则十戒皆通僧俗也。

不得现身发菩提心者，直指此生为语。亦失国王位等者，现在既失其义，未来必并失其名也。

问：犯前四戒，则一切戒体俱失。犯后六戒，止是失菩萨法，何云亦失比丘、比丘尼位？

答：此是一往乘势之语。又或如从高处坠，法尔至底，理无中止。所以身子六心中退，仍向五道轮回，亦其验也。

自 跋[1]

夫本源心地，含生共有；无染性戒，日用不知。翳目而华舞太空，梦蚁而寻膻阶下。然晴虚之体依然，轮王之身如故；哀哉妄惑，枉受幻轮；劳我慈尊，现身同患；示成不倦于八千，垂化无偏于尘刹。一滴之心地既敷，积劫之沉迷立醒。而琅函久锢，半珠仅呈。繄我愚蒙，得探全宝，竭思殚机，尘培泰岳。思法缘之匪易，辄涕泗以滂沱。愿我同仁，深思力学，解行同遵，自他俱利，庶得上报佛恩、不负己性矣。

时崇祯丁丑，地藏大士诞日，菩萨沙弥智旭搁笔故记

① 《卍续藏》本《梵网经合注》自跋，《全集》本缺。原题“跋”，《灵峰宗论》中为“自跋”

十五、《菩萨戒本经》①笺要②

慈氏菩萨说

北凉　天竺三藏昙无谶第二译

北天目蕅益沙门智旭笺要

△ 大文为三：初归敬述意，二正列戒相，三结示宗趣。初及第三，皆结集家所安。二正列戒相，出《瑜伽师地论·菩萨地·戒品》中，谶师于《地持论》已先译竟，今更译出别行，故称第二译也。

△ 初中四：初归凭，二诫听，三喻赞，四劝持。

△ 初归凭

归命庐舍那，十方金刚佛，

亦礼前论主，当觉慈氏尊。

庐舍那，此翻净满。恶无不断故净，善无不行故满。即修德究竟圆极，克证本性，具足三身，恒居报土，乃菩萨戒之大和尚也。十方金刚佛者，金刚道后，证不坏性，亦是圆满报身，与庐舍那一身一智慧，力无畏亦然，各遍法界，无碍无杂，非一非异，乃菩萨戒之同坛尊证也。慈氏尊者，梵称弥勒，于前则为《地论》主，于后则次当作佛，乃菩萨戒之羯磨阿阇黎也。将欲诵戒，故先归命敬礼，以求加被。

---

① 经名“菩萨戒本经”，有些版本经本也题作“菩萨戒本”，且有夹注：出《地持·戒品》中。

② 依《嘉兴藏》本（新文丰版第十九册 No.64）为底本，《卍续藏》本（No.702）、《蕅益大师全集》本为参校本。

△ 二诫听

今说三聚戒，菩萨咸共听。

只此重轻学处，能断诸恶，即是摄律仪戒；能成诸善，即是摄善法戒；能益有情，即是摄众生戒也。

△ 三喻赞

戒如大明灯，能消长夜暗；
戒如真宝镜，照法尽无遗；
戒如摩尼珠，雨物济贫穷。

大明灯者，喻赞摄律仪戒，能断生死长夜一切恶业愚惑暗也。真宝镜者，喻赞摄善法戒，能照佛地一切功德智慧法也。摩尼珠者，喻赞摄众生戒，如如意珠能雨一切圣财普济九界贫穷苦也。

△ 四劝持

离世速成佛，唯此法为最，
是故诸菩萨，应当勤护持。

非离世则不能度世，如岸上人方可拯溺水人也。故《华严经》普贤常行，亦名〈离世间品〉。离世乃下化之本怀，成佛乃上求之夙愿。上求下化，惟此三聚净戒为最，可不精勤护持哉！

△ 初归敬述意竟。

△ 二正列戒相二：初明四重，二明四十一轻。

△ 初中三：初总标，二别列，三结问：

△ 今初

诸大士！此四波罗夷法，是菩萨摩得勒伽，和合说。

波罗夷，此翻弃罪，犯此罪者永弃佛海边外故；又翻极恶，正违胜妙善法故；又翻堕罪，堕在三涂受苦故；又翻重罪，又翻过恶深重，不易悔除故。

摩得勒伽，此云智母，善释诸法相义，能生智故，即指《瑜伽师地论》也。

和合说者，同一住处，不相乖诤，乃可如法诵戒也。

问：《梵网》具明十重，此胡仅列四重耶？

答：菩萨戒法，通乎七众。若优婆塞、优婆夷，必已先受五戒；若沙弥、沙弥尼，必已先受十戒；若式叉摩那，必已先受六法；若比丘、比丘尼，必已先受具戒；万无单受此菩萨戒之理。是故通途根本四戒，已于七众戒中明之，此不重说，今但申明菩萨增上戒也。又此四戒，失许重受。若杀、盗、淫、妄，犯者须见好相，故不与此同列。又杀盗淫妄，菩萨为众生故容开，如唐译本广明。今此四重惟遮不开，故独列之。

△ 二别列四：第一自赞毁他戒，第二悭惜财法戒，第三嗔不受悔戒，第四谤乱正法戒。

△ 第一自赞毁他戒

若菩萨为贪利故，自叹己德，毁呰他人，是名第一波罗夷处法。

自叹己德者，扬己德以形他短。毁呰他人者，借人短以显己长。人己互形，欲令利养尽归于己，正违大菩提心，故犯重也。若贪心自赞而不毁他，或恚心毁他而不自赞，自在下文轻戒中摄。

△ 第二悭惜财法戒

若菩萨自有财物，性悭惜故，贫苦众生无所依怙来求索者，不起悲心给施所求；有欲闻法，吝惜不说；是名第二波罗夷处法。

菩萨之道，常应财法二施，摄取众生。自有财物，明其非乏财也。贫苦众生，明其非越理妄求也。有欲闻法，明其非不堪闻也。吝惜不说，明其非不知法也。吝惜鄙涩不起慈心，正违大菩提道，故亦犯重。

△ 第三嗔不受悔戒

若菩萨嗔恚、出粗恶言，意犹不息，复以手打，或加杖石，残害恐怖，嗔恚增上；犯者求悔，不受其忏，结恨不舍；是名第三波罗夷处法。

一念嗔心，已违摄取众生之道矣，况口出恶言、身行打杖乎！身口加恶，已失慈悲心矣，况拒绝而不受忏悔乎！弃舍众生，故失菩萨法也。

△ 第四谤乱正法戒

若菩萨谤菩萨藏，说相似法，炽然建立于相似法，若心自解，或从他受，是名第四波罗夷处法。

相似法者，实非正法，有似正法，譬如紫之夺朱、郑声之乱雅乐，此则名为谤菩萨藏，非必毁骂而后谓之谤也。又设毁骂，罪犹稍轻，以不能惑乱人故。说相似法，其罪更重，以最能疑误人故。而此炽然建立相似法者，凡有二类：一者若心自解，谓意见穿凿，邪悟发明；二者或从他受，谓领纳邪教，坚党邪师。此二并违出世正法，故犯重也。

△ 二别列竟。

△ 三结问

诸大士！已说四波罗夷法。若菩萨起增上烦恼，犯一一法[①]**，失菩萨戒，应当更受。**

今问诸大士：是中清净不？（三说）

诸大士！是中清净，默然故。是事如是持！

增上烦恼，谓上品贪或上品悭、上品嗔、上品邪悟解也。犯一一法，谓四法中随犯一法也。失菩萨戒，谓失菩提所感无作戒体也。应当更受，谓应深革前非，重复发起增上大菩提心，对治增上烦恼也。于半月中设有犯者，未诵戒前，必应发露忏悔；既忏悔已，还得清净；故至正诵戒时，仍与不犯戒者同皆默然，而表清净。应恒如是持此戒也。

问：设先有犯，忘而未忏，今诵戒时方自忆知，为即出众发露、为仍默然？若出众发露，则不可默然。故仍若默然，则岂不犯覆藏罪耶？

答：律有之矣。尔时设自忆知有罪，应向比座同意之人，心口发露；俟事毕后，如法悔除。设无同意人可得，应作是念：待事毕已，当向清净

① “法”，有些版本的经本作“犯”。

比丘发露悔除。作是念已，虽默坐听，不犯覆藏罪也。

△初明四重竟。

△二明四十一轻三：初总标，二别列，三结问：

△今初

诸大士！此菩萨众多突吉罗法，是菩萨摩得勒伽，和合说。

突吉罗，此翻恶作，即不净有罪也。言众多者，下文虽列四十一条，而每条之中事非一概故也。

△二别列四十一：第一不供养三宝戒，至第四十一神力不折摄戒。

△第一不供养三宝戒

若菩萨住律仪戒，于一日一夜中，若佛在世、若佛塔庙，若法、若经卷，若菩萨修多罗藏、若菩萨摩得勒伽藏，若比丘僧、若十方世界大菩萨众，若不以少多供养，乃至一礼，乃至不以一偈赞叹三宝功德者，乃至不能一念净心者，是名为犯众多犯。若不恭敬、若懒惰、若懈怠犯，是犯染污起。若妄误，犯非染污起。不犯者，入净心地菩萨，如得不坏净比丘，常法供养佛法僧宝。

住律仪戒，谓已受得菩萨学处，不破不舍、不犯不乱、不病坏心也。佛在世及佛塔庙者，总举佛宝为所供境也。法者，金口所宣；经卷者，贝叶所传；菩萨修多罗藏者，别指大乘经典；菩萨摩得勒伽藏者，别指大乘论释；此总举法宝为所供境也。比丘僧者，出世仪，表住持胜福田相；十方世界大菩萨众者，三贤十圣，影响神通，形无定准，志在菩提；此总举僧宝为所供境也。住戒菩萨于三宝境，每一日夜之中，必应三业供养，身业极少亦须一礼，口业极少亦须一偈赞叹，意业极少亦须一念净心。若并此极少供养亦不能修，则犯突吉罗罪。言众多犯，即上文所谓众多突吉罗法也。就此众多犯中有二分别：一者是染行起，或翻重垢，应向人忏；二者非染污起，或翻轻垢，应自责心。入净心地菩萨者，若约通教则是见地以上。若约别接通义，则是初欢喜地。若约实义，则是别初住、圆初信，断分别惑，位齐初果，故云如得不坏净比丘也。比丘若证初果，则于三宝及戒得不坏净，故名常以真法供养三宝。菩萨入净心地，应知亦尔，纵令身口不行礼赞，而心恒不违背佛法僧也。(于佛得不坏净，宁舍身命，终不归于外道天神。于法得不坏净，假使以邪法窜入正法，能辨其邪；假使以正法混入邪法，能识其正，终不依于外道典籍。于僧得不坏净，见胜义及清净僧，恭敬亲近；见哑羊及无惭僧，怜愍摄护，不生骄慢及退堕心，终不依于外道邪众。于戒得不坏净，宁舍身命，终不毁犯所受诸佛净戒。)[①]

△ 第二贪财物戒

若菩萨多欲不知足，贪著财物，是名为犯众多犯，是犯染污起。不犯者，为断彼故，起欲方便摄受对治，(而无奈)[②]**性利烦恼更数数起。**

习所成性，各有偏重，如好财、好色、好名、好食等。菩萨即知生平烦恼习性，何者最为猛利，必当断之。为断彼故，必于佛法起善乐欲，思惟种种方便摄受而对治之。如多贪者修不净观，多嗔者修慈悲观等。若已勤修对治方便而此性利烦恼更数数起，则是无可奈何，但当仍起胜善乐欲，则不名犯戒也。（下文所云“为断彼故”，悉皆仿此。）

△ 第三不敬同法戒

若菩萨见上座有德、应敬同法者，骄慢嗔恨，不起恭敬，不让其座；问讯请法，悉不酬答；是名为犯众多犯，是犯染污起。若懒惰懈怠，若无记心，若妄误，犯非染污起。不犯者，若重病，若乱心，若（我本）**眠**（彼上座等）**作觉想，**（而来）**问讯请法，**（我实睡眠不知）**悉不答者，是名不犯。若上座说法及决定论时，若自说法、若听法、若自决定论时，若说法众中、若决定论众中，不礼不犯。若护说者心；若以方便令彼调伏，**（使其）**舍离不善修习善法；若护僧制，若护多人意。**（不礼不答皆悉不犯。）

① 此段补充说明，《嘉兴藏》本、《卍续藏》本有，《全集》本无。

② 此句补充说明，《嘉兴藏》本、《卍续藏》本有，《全集》本无，下同。

先受戒者，名为上座；具持戒者，名为有德；同持菩萨净戒，名为同法；此等皆应敬之人也。骄者，恃己。慢者，轻他。瞋恨者，心怀恼恚。乱心者，得心乱病。决定论时者，评论正法律时。余并可知。

问：第一戒中，懒惰懈怠结染污起，今何结非染污起耶？

答：住戒而不供三宝，其过则重。今不敬上中下座，但是别人，未是僧众，故其过稍轻。然设非染污起，若不责心悔除，亦能障菩萨戒。莫轻小罪以为无殃也。

△ 第四不应供戒

若菩萨，檀越来请，若至自舍，若至寺内，若至余家，若施衣食种种众具，菩萨以瞋慢心，不受不往，是名为犯众多犯，是犯染污起。不犯者，若病、若无力、若狂，若远处、若道路恐怖难，若知不受令彼调伏舍恶住善，若先受请，若修善法不欲暂废，为欲得闻未曾有法饶益之义及决定论，若知请者为欺恼故，若护多人嫌恨心故，若护僧制。

瞋心慢心而不受请，正违菩萨慈摄之道，故为应忏重垢罪也。狂，即乱心等病。

△ 第五不受施戒

若菩萨，有檀越以金银真珠摩尼琉璃种种宝物奉施菩萨，菩萨以瞋慢心，违逆不受，是名为犯众多犯，是犯染污起，舍众生故。若懒惰懈怠，犯非染污起。不犯者，若知受已必生贪着，若知受已施主生悔，若知受已施主生惑，若知受已施主贫恼，若知是物是三宝许，若知是物是劫盗得，若知受已多得苦恼，所谓杀缚、谪罚、夺财、诃责。

是三宝许，犹言已许三宝，即是属三宝之物也。

△ 第六不施法戒

若菩萨，众生往至其所，欲得闻法，若菩萨瞋恨悭嫉不为说法者，是名为犯众多犯，是犯染污起。若懒惰懈怠，犯非染污起。不犯者，若外道求短，若重病、若狂，若知不说令彼调伏，若所修法未善通利，若知前人不能敬顺、威仪不整，若彼钝根闻深妙法生怖畏心，若知闻已增

长邪见，若知闻已毁呰退没，若彼闻已向恶人说。

问：此与四重戒中悭法何异？

答：彼约上品烦恼，故犯重。此约中下烦恼，故犯轻。又据《梵网》，则加毁乃结重。今虽悭惜，未必加毁，故结轻也。

△第七不教悔罪戒

若菩萨于凶恶犯戒众生，以瞋恨心，若自舍、若遮他令舍不教化者，是名为犯众多犯，是犯染污起。若懒惰懈怠，若忘(误故)**遮他**(令舍)**，犯非染污起。何以故？菩萨于恶人所起慈悲心，深于善人。不犯者，若狂，若知不说令彼调伏如前**（不施法戒）**说，若护他心，若护僧制。**

慈以与乐，悲以拔苦。善人自知避苦求乐，恶人则但有苦无乐，故菩萨深起慈悲。譬如父母，虽等爱子，而于病者，尤偏怜也。

△第八不同声闻戒，此有二意：一者护众生戒，应须同学，不同则犯；二者少方便戒，不应同学，同学则犯也。

若菩萨，于如来波罗提木叉中毗尼建立遮罪，护众生故，令不信者信、信者增广，同声闻学(此指菩萨比丘，既为出家人，便应同出家法也)。**何以故？声闻者，乃至**(不过)**自度，乃至**(亦须)**不离护他**(欲)**令不信者信、信者增广**(而)**学**(诸比丘)**戒，何况菩萨**(自他兼利之)**第一义度**(岂可反不学此比丘戒耶？此则应同不同，为有罪也)？**又复遮罪**(中有)**住少利少作少方便，世尊**(单)**为声闻**(人)**建立者，菩萨**(虽为比丘亦)**不同学此戒。何以故？声闻自度舍他，**(所以)**应住少利少作少方便，非**(可谓)**菩萨自度度他，**(亦)**应住少利少作少方便**(也)。**菩萨为众生故，**(当)**从非亲里婆罗门居士所，求百千衣**(是为一)，**及**(彼居士等)**自恣与**(衣，但)**当观施主堪与不堪，**(不拘多少，堪则)**随施应受**(是为二)。**如衣，钵亦如是**(是为三)。**如衣钵，如是自乞缕，令非亲里织师织**(亦如是，是为四)。**为众生故，应畜积骄奢耶卧具、坐具，乃至百千**(是为五)，**乃至金银百千**(为众生故)**亦应受之**(是为六)。**如是等住少利少作少方便**(之)**声闻遮罪，菩萨**(比丘)**不共**(声闻)**学，**(既已)**住菩萨律仪戒**(便应)**为诸众生。若嫌恨心住少利少作少方便者，是名为犯众多犯，是犯染污**

起。若懒惰懈怠住少利少作少方便，犯非染污起。（此则不应同而同，为有罪也）

波罗提木叉，此翻保解脱，又翻别别解脱，通指大小七众戒法而言之也。毗尼，此翻为灭，又翻为律，别指比丘律藏而言之也。毗尼法中，有性罪、有遮罪。性罪者，纵使不受戒人，于世法中亦自有罪，如杀生、偷盗、邪淫、妄语、两舌、恶口等是也。遮罪者，佛为出家弟子护惜讥嫌，遮令莫作。若违佛制，则便得罪，故亦名制罪也。是故菩萨比丘，须同声闻比丘护持戒法，不得媒嫁，不得私作大房，不得在难处、妨处作房，不得污他家行恶行，不得自畜长衣而不说净，不得离三衣宿，不得使尼浣故衣，不得求益衣价，不得求合价买衣，不得过六反索衣，不得杂野蚕绵作卧具，不得作纯黑羊毛卧具，不得未满六年更作新卧具，不得坐具不帖故者，不得持羊毛远行，不得使尼染羊毛，不得卖买宝物，不得贩卖，不得畜钵求好，不得求织好衣，不得与衣瞋夺，不得畜含消药过七日，不得非时求用雨衣，不得回僧物入己，不得与妇女同室宿，不得与未受大戒人过三宿，不得与未受戒人共诵，不得向外人说他粗罪，不得向外人说所证法，不得与女人多说法，不得掘地，不得坏生草木，不得敷僧卧具不举，不得僧房不举卧具，不得强夺止宿处，不得牵他比丘出房，不得于重阁上坐脱脚床，不得覆房过三重，不得自往教尼，不得教尼至暮，不得讥论教尼，不得为尼作衣，不得与尼屏坐，不得与尼期行，不得与尼同船，不得因尼赞得食，不得与妇女同行，不得过受一食施，不得展转食，不得别众食，不得过三钵[①]受饼麨饭，不得不作余食法，不得使他犯余食法，不得非时食，不得残宿食，不得自取食，不得索好食，不得自与外道食，不得不嘱授诣余家，不得食家强坐及屏处坐，不得独与女人坐，不得故使他失食，不得过受请药，不得观军阵，不得饮酒，不得水中戏，不得相击攊，不得不受谏，不得恐怖他，不得过洗浴，不得露地燃火，不得戏藏他物，

---

① “三钵”，《卍续藏》本作“二钵”，《嘉兴藏》本、《全集》本作“三钵”。

不得辄着净施衣，不得衣不坏色，不得故恼他，不得覆他粗罪，不得授未满二十者比丘戒，不得发起诤事，不得同贼伴行，不得党恶见人，不得畜被摈沙弥，不得拒谏难问，不得轻诃说戒，不得受戒而不知，不得违反羯磨，不得不与欲，不得与欲后悔，不得辄入宫阈，不得辄捉宝物，不得非时入村，不得作高床，不得兜罗棉贮褥，不得作骨牙角针筒，不得过量作覆疮衣，不得等佛衣量，不得任尼代索食，不得学家受食，不得恐处受食，不得不齐整着衣，不得反抄衣入白衣舍，乃至人持杖剑刀盖等不得为说法。如此二百五十戒中，但除少利少作少方便之六戒，其余二百四十四戒，悉皆同学。若不学者，仍同比丘结罪，以是菩萨比丘，不可谓是菩萨沙弥、菩萨优婆塞等故也。菩萨比丘既尔，菩萨比丘尼亦然。菩萨式叉摩那亦须同学六法，菩萨沙弥亦须同学十戒也。

骄奢耶，此翻虫衣，即是蚕绵，但许为众生畜，不许自用。《大涅槃经》明文昭著，《大佛顶经》亦有诚诫，慎之慎之！又菩萨比丘虽云不同学此少利少作少方便之六戒，然亦同须说净。故《地持》云："菩萨先于一切所畜资具，为非净故，以清净心，舍与十方诸佛菩萨，如比丘将现前衣物舍与二师等。"《涅槃》亦云："虽听受畜，要须净施笃信檀越也。"荆溪《辅行记》云："有人言：'凡诸所有，非己物想，有益便用，说净何为？'今问：等非己财，何不任于四海？有益便用，何不直付两田(悲敬)而闭之深房、封于囊箧？实怀他想，用必招愆(犯盗)。忽谓己财，仍违说净。"故知不说净人，深乖佛制，两乘不摄，三根不收。若此出家，岂非虚丧！《缁门警训》云："今时讲学，专务利名，不耻五邪，多畜八秽，但随浮俗，岂念圣言。宁知日用所资，无非秽物；箱囊所积，并是犯财。慢法欺心，自贻伊戚。谁知报逐心成，岂信果由因结。现见袈裟离体，当来铁叶缠身。况大小两乘，通名净法，倘怀深信，岂惮奉行。"

△ 第九住邪命戒

若菩萨，身口谄曲，若现相、若毁呰、若因求利利，住邪命法，无惭愧心，不能舍离，是名为犯众多犯，是犯染污起。不犯者，若断彼故起欲方便，烦恼增上更数数起。

身口谄曲者，总明邪命之相。若现相者，或现奇特相，或现寒热等相，皆是身谄曲也。若毁呰者，或卜相吉凶，为人说法；或高声现威，令人敬畏，皆是口谄曲也。若因利求利者，或自说功德，或说所得供养以动人心，则亦是口谄曲；或以物赠遗白衣，或贩卖出纳求利，则亦是身谄曲。故总结云住邪命法也。不知尊重己灵，故无惭。不知仰希贤哲，故无愧。然仅云染污犯、不云失菩萨戒者，犹有菩提智愿不忘故耳。倘不悔革，必招秽果。

△ 第十掉戏戒

若菩萨，掉动，心不乐静，高声嬉戏，令他喜乐，作是因缘，是名为犯众多犯，是犯染污起。若忘误，犯非染污起。不犯者，为断彼故起欲方便，如前说。又不犯者，他起嫌恨欲令止故；若他愁忧欲令息故；若他性好戏，为摄彼故，欲断彼故，为将护故；若他疑菩萨嫌恨违背，和颜戏笑现心净故。

△ 第十一倒说菩萨法戒

若菩萨作如是见、如是说言："菩萨不应乐涅槃，应背涅槃，不应怖畏烦恼，不应一向厌离。何以故？菩萨应于三阿僧祇劫，久受生死，求大菩提。"作如是说者，是名为犯众多犯，是犯染污起。何以故？声闻深乐涅槃、畏厌烦恼，百千万倍不及菩萨深乐涅槃、畏厌烦恼。谓诸声闻但为自利，菩萨不尔，普为众生。彼习不染污心，胜阿罗汉；成就有漏，离诸烦恼。

谓声闻阿罗汉所习不染污心，乃是成就无漏，离诸烦恼，譬如水中莲花，是不为难。今菩萨所习不染污心，以普为众生故，须要成就有漏，而仍离诸烦恼，譬如火中莲花，是最为难也。设非百千万倍深乐涅槃、畏厌烦恼，何能涉有漏而不起烦恼过患耶？倘不畏厌烦恼，则是以染污心受生死果，不久必当迷失大菩提道，其为倒说甚矣！然不名为波罗夷者，亦约下中品言之耳。若决起此增上执见，便是说相似法、谤菩萨藏。

△ 第十二不护讥嫌戒

若菩萨不护不信之言，不护讥毁，亦不除灭；若实有过恶不除灭者，是名为犯众多犯，是犯染污起；实无过恶而不除灭，非染污起。不犯者，若外道诽谤，及余恶人（横生诽谤）；若出家乞食、修善因缘，生他讥毁；若前人若瞋若狂而生讥毁（不除灭者，是名不犯）。

实有过恶，固宜改过除讥。设无过恶，亦宜远嫌避疑也。惟除外道恶人瞋狂谤毁，不可强除灭耳。

△ 第十三不折伏众生戒

若菩萨，观众生应以苦切之言方便利益，恐其忧恼而不为者，是名为犯众多犯，是犯非染污起。不犯者，观彼现在少所利益，多起忧恼。

△ 第十四瞋打报复戒

若菩萨，骂者报骂，瞋者报瞋，打者报打，毁者报毁，是名为犯众多犯，是犯染污起。

△ 第十五不如法忏谢戒

若菩萨侵犯他人，或虽不犯令他疑者，即应忏谢。嫌恨轻慢，不如法忏谢，是名为犯众多犯，是犯染污起。若懒惰懈怠，犯非染污起。不犯者，若以方便令彼调伏，若彼欲令作不净业然后受者，不谢无罪。若知彼人性好斗讼，若悔谢者，增其瞋怒；若知彼和忍无嫌恨心，恐彼惭耻，不谢无罪。

△ 第十六不受忏谢戒

若菩萨，他人来犯，如法悔谢，以嫌恨心欲恼彼故，不受其忏，是名为犯众多犯，是犯染污起。若不嫌恨，性不受忏，是犯非染污起。不犯者，若以方便令彼调伏，如前说；若彼不如法悔，其心不平，不受其忏，无罪。

我瞋他而不受他悔，故前文结重。他犯我而不受其悔，故今文结轻也。

△ 第十七嫌恨他戒

若菩萨，于他起嫌恨心，执持不舍，是名为犯众多犯，是犯染污起。

不犯者，为断彼故起欲方便，如前说。

△ 第十八贪心畜眷属戒

若菩萨，为贪奉事，畜养眷属者，是名为犯众多犯，是犯染污起。不犯者，无贪心畜。

若无贪心，则必审己德行堪为师否？既畜眷属，能以财法二事善将护否？虽能将护，知彼依我果能增长出世业否？虽稍益彼，果于自己修行无妨损否？倘不能自他两利，仍是为贪奉事耳。可不慎乎！

△ 第十九贪睡眠戒

若菩萨，懒惰懈怠，耽乐睡眠，若非时不知量，是名为犯众多犯，是犯染污起。不犯者，若病，若无力，若远行疲极；若为断彼故起欲方便，如前说。

△ 第二十世论经时戒

若菩萨，以染污心，论说世论经时者，是名为犯众多犯，是犯染污起。若忘误经时，犯非染污起。不犯者，见他聚话，护彼意故，须臾暂听；若暂答他问未曾闻事。

△ 第二十一不受师教戒

若菩萨，欲求定心，嫌恨骄慢，不受师教，是名为犯众多犯，是犯染污起。若懒惰懈怠，犯非染污起。不犯者，若病，若无力，若知彼人作颠倒说，若自多闻有力，若先已受法。

夫欲求定心，必须咨承师教，然后可以依教修习，未有卤莽辄自进功者也。或疑师教繁细而不直捷，故嫌恨骄慢而不肯受，则其罪反重于懒惰懈忘。今之学人，可不慎哉！

△ 第二十二随五盖心戒

若菩萨起五盖心不开觉者，是名为犯众多犯，是犯染污起。不犯者，为断彼故起欲方便，如前说。

五盖者，一贪欲，二瞋恚，三睡眠，四掉悔，五疑惑也。贪欲盖者，正修禅慧之时，其心猛利思念五尘不能暂止也。瞋恚盖者，正修禅慧，其心猛利思念怨家不能暂忘也。睡眠盖者，正修禅慧，身心沉重昏昧不能自持也。掉悔盖者，正修禅慧，三业散荡飘流不能自安也。掉不名盖，由掉难摄而生于悔，悔如毒箭，能障禅慧，乃名为盖。疑惑盖者，复有三种：一疑法，谓此法未必能得禅慧；二疑人，谓师虽教我修禅慧法，自既未证种种禅慧，何必可依；三疑自，谓我根钝障深，安能修证种种禅慧。

此五盖心，随起一种，便为大障，急须方便而开觉之。贪欲盖起，应观不净无常苦空。瞋恚盖起，应念实无我人等相。睡眠盖起，应当策励警觉经行。掉悔盖起，应当系心一处，渐令调伏，勿事追悔。疑惑盖起，应念佛所说法，决无虚诳。师虽凡夫，能说圣法；如食母乳，勿嫌面丑；如采树果，勿嫌枝曲。夙根难测，不可自弃；障无实性，不应自暴。

△ 第二十三取世禅戒

若菩萨见味禅以为功德者，是名为犯众多犯，是犯染污起。不犯者，为断彼故起欲方便，如前说。

外道凡夫修六行观(厌下苦粗障、欣上净妙离)所得四禅、四等、四空，名为味禅，以其暗证无闻慧、地地生爱染、境界不分明故。若佛弟子依六妙门、十六特胜等修之，不过借此对治欲散，令发出世正慧，非以此为真实功德也。倘乍得禅境而生味着，则与凡外何异？必当随禅受生，退失大菩提道，岂不险哉！

△ 第二十四毁声闻法戒

若菩萨如是见、如是说言：“菩萨不应听声闻经法，不应受，不应学。菩萨何用声闻法为？”是名为犯众多犯，是犯染污起。何以故？菩萨尚听外道异论，况复佛语。不犯者，专学菩萨藏，未能周及。

△ 第二十五背大向小戒

若菩萨于菩萨藏，不作方便，弃舍不学，一向修习声闻经法，是名为犯众多犯，是犯非染污起。

前戒毁声闻法，则大小俱失，故犯属染污。此戒弃大习小，则小为大阶，故犯非染污。观此二戒，则后世之自负大乘不甘小节者，深违慈尊之训明矣！

△第二十六不习学佛戒

若菩萨于佛所说弃舍不学，反习外道邪论、世俗经典，是名为犯众多犯，是犯染污起。不犯者，若上聪明能速受学（佛经），**若**（已）**久学**（佛经）**不**（复）**忘**（失），**若**（已）**思惟**（佛经深）**知**（其）**义，若于佛法**（已曾）**具足观察**（已能）**得不动智**（决不为外学所动），**若于日日常以二分**（胜时）**受学佛经、一分**（劣时旁涉）**外典，是名不犯。如是菩萨**（离许一分劣时旁涉外典，若复）**善于世典、外道邪论**（随书生见），**爱乐不舍，不作毒想**（不知爱见二论过患），**是名为犯众多犯，是犯染污起。**

律云：为降伏外人故，日三时中，许一时读外书，然不得随书生见。夫欲伏彼，则不宜爱乐于彼。知其不能出离生死，则应作毒想矣。

△第二十七不信深法戒

若菩萨，闻菩萨法藏甚深义、真实义、诸佛菩萨无量神力，诽谤不受，言非利益、非如来说，是亦不能安乐众生，是名为犯众多犯，是犯染污起。或自心不正思惟故谤，或随顺他故谤（皆悉犯也）。**是菩萨闻第一甚深义，**（虽或）**不**（能即）**生解心，**（然）**是菩萨应**（于此甚深义勉）**起信心、不谄曲心，作**（如）**是**（心而）**学：**（应自责言）**我本不是，盲无慧目，如来**（具足十力）**慧眼，如是随顺**（上根众生而作此第一义）**说，如来**（亦复更）**有余说**（以逗我等浅机之人。然则若深若浅，皆是佛说，皆是慧眼应机之法，我今），**云何**（妄自）**起谤？是菩萨**（若能如是）**自**（知退）**处**（于）**无知处，**（而于）**如是如来现知**（现）**见**（之）**法，正**（念而）**观、正**（信趣）**向，**（是名）**不犯，**（以）**非不解**（而便起）**谤**（故不犯也）。

甚深义者，事理皆超情离见也。真实义者，全事即法界理，三谛圆融，不可思议，如所云"烦恼即菩提、生死即涅槃"等是也。诸佛菩萨无量神力者，全理成希有事，重重含摄，不可穷尽，如所云"于一毫端现宝王刹、坐微尘里转大法轮”等是也。以要言之，大藏教中，匪夷所思事理甚多，虽不即解，亦应仰信，不可辄生诽谤也。寄语来哲，特宜慎此。

△ 第二十八叹己毁他戒

若菩萨，以贪恚心，自叹己德，毁呰他人，是名为犯众多犯，是犯染污起。不犯者，若轻毁外道，称扬佛法；若以方便令彼调伏，如前说。又不犯者，令不信者信，信者增广。

自叹己德者，虽有实德而贪心故叹也。毁呰他人者，虽有实过而恚心面[1]毁也。贪故叹，恚故毁，二事决不并起，故各结轻。若以贪心自他相形，即犯重矣。惟以佛法与外道相形，则是摧邪显正，故不犯戒。又或方便调伏众生，令舍彼恶，学己之善，故亦不犯。又或因于赞毁，能令不信者信、信者增广，则亦不犯戒也。此须真实知机，非可滥引为例。

△ 第二十九骄慢不听法戒

若菩萨，闻说法处，若决定论处，以骄慢心、瞋恨心，不往听者，是名为犯众多犯，是犯染污起。若懒惰懈怠，犯非染污起。不犯者，若不解，若病，若无力；若彼颠倒说法；若护说者心；若数数闻，已受持、已知义；若多闻，若闻持，若如说行；若修禅定不欲暂废；若钝根，难悟、难受、难持；不往者，皆不犯。

△ 第三十轻毁法师戒

若菩萨轻说法者，不生恭敬，嗤笑毁呰，但著文字，不依实义，是名为犯众多犯，是犯染污起。

说法之人，自有文义俱妙者，自有义妙而文粗者，自有文美而义浅者。故听法人，但当依义，不当依文。倘因文粗而生嗤笑毁呰，其过深矣。

△ 第三十一不同事戒。菩萨有四摄法，摄取众生：一布施，二爱语，三利行，四同事。今即同事摄也。

① “面”，《全集》本作“故”。

若菩萨住律仪戒，见众生所作，以瞋恨心不与同事，所谓思量诸事，若行路、若如法兴利、若田业、若牧牛、若和诤、若吉会、若福业，不与同者，是名为犯众多犯，是犯染污起。若懒惰懈怠，犯非染污起。不犯者，若病，若无力，若彼自能办，若彼自有多伴，若彼所作事非法非义，若以方便令彼调伏如前说，若先许他，若彼有怨，若自修善业不欲暂废，若性暗钝，若护多人意，若护僧制，不与同者皆不犯。

是中兴利、田业、牧牛等事，则唯是在家菩萨应同。若行路、和诤、吉会、福业等事，则出家菩萨亦应同也。不犯有十二种，各一若字为句首，可知。

△ 第三十二不看病戒(此中兼明不看贫苦)

若菩萨见羸病人，以瞋恨心不往瞻视，是名为犯众多犯，是犯染污起。若懒惰懈怠，犯非染污起。不犯者，若自病，若无力，若教有力随顺病者，若知彼人自有眷属，若彼有力自能经理，若病数数发，若长病，若修胜业不欲暂废，若暗钝难悟、难受、难持、难缘中住，若先看他病。如（看他）**病**（有犯不犯，看他），**穷苦**（有犯不犯）**亦尔。**

难缘中住，唐译云“难于其中缘心而住”，谓暗钝之人，虽复系心一境，难得心住一缘也。余并可知。

△ 第三十三不谏恶人戒

若菩萨见众生造今世后世恶业，以嫌恨心不为正说，是名为犯众多犯，是犯染污起。不犯者，若自无智，若无力，若使有力者说；若彼自有力，若彼自有善知识；若以方便令彼调伏，如前说；若为正说，于我憎恨，若（为正说必）**出恶言，若**（为正说必）**颠倒为，若**（彼与我总）**无爱敬**（说必不受），**若复彼人性弊恈戾**（与说非但不能调伏顺法而行，而且反得与我增恨）。

能招现报，名为今世恶业。能招生报、后报，名为后世恶业。又杀盗淫妄等，名为今世恶业。愿求人中天上五欲长寿而修施戒禅等，名为后世恶业。前之恶业，由于异熟果愚，应为正说世间因果。后之恶业，由于真实义愚，应为正说出世因果也。

△ 第三十四不报恩戒

若菩萨受他恩惠，以嫌恨心不以答谢，（所谓不以）**若等、若增酬报彼者，是名为犯众多犯，是犯染污起。若懒惰懈怠，犯非染污起。不犯者，若作方便而无力；若以方便令彼调伏，如前说；若欲报恩而彼不受。**

△ 第三十五不慰忧恼戒

若菩萨见诸众生有亲属难、财物难，以嫌恨心，不为开解，除其忧恼，是名为犯众多犯，是犯染污起。若懒惰懈怠，犯非染污起。不犯者，如前不同事中说。

△ 第三十六不施财戒

若菩萨，有求饮食衣服，以瞋恨心不能给施，是名为犯众多犯，是犯染污起。若懒惰懈怠，犯非染污起。不犯者，若自无，若求非法物，若不益彼物；若以方便令彼调伏，如前说；若彼犯王法，护王意故；若护僧制。

虽不给施，亦不加毁，故仅结轻。又或中下品悭，非上品悭，故结轻也。不犯有六种，并可知。

△ 第三十七不如法摄众戒

若菩萨摄受徒众，以瞋恨心，不如法教授，不能随时从婆罗门居士所，求衣食卧具医药房舍随时供给，是名为犯众多犯，是犯染污起。若懒惰懈怠放逸，犯非染污起。不犯者，若以方便令彼调伏，如前说；若护僧制；若病，若无力，若使有力者说；若彼有力，多知识大德，自求众具；若曾受教，自已知法；若外道窃法，不能调伏。

菩萨若自乐远离行，不收徒众则已，苟受徒众，必当以二事将护，所谓以法、以财。法者，如法教授戒定慧学。财者，衣食等四事供给也。犯不犯并如文可知。言外道窃法者，本是外道，诈为徒众，意在盗取正法以附邪宗。向由未具他心天眼，误摄受之；今既不能令其调伏，不以财法将护，亦不犯也。

△ 第三十八不随他戒，此即四摄法中第三利行摄也。普贤十大愿王之中，名为恒顺众生。当知众生有事，我往助之，名为同事；众生求愿，我应许之，名为随他。

若菩萨，以嫌恨心，不随他者，是名为犯众多犯，是犯染污起。若懒惰懈怠，犯非染污起。不犯者，若彼欲为不如法事；若病，若无力；若护僧制；若彼虽如法，能令多人起非法事；若伏外道故，若以方便令彼调伏。

△ 第三十九不随喜功德戒

若菩萨知他众生有实功德，以嫌恨心，不向人说，亦不赞叹；有赞叹者，不唱善哉；是名为犯众多犯，是犯染污起。若懒惰懈怠放逸，犯非染污起。不犯者，知彼少欲，护彼意故；若病，若无力；若以方便令彼调伏；若护僧制；若令彼人起烦恼、起溢喜、起慢、起非义，除此诸患故（所以不说不赞，不犯）；**若实功德**（之）**似**（而原）**非功德，若实善说**（之）**似**（而原）**非善说**（所以不说不赞，不犯）；**若为摧伏外道邪见**（所以不说不赞，不犯）；**若待说竟**（方乃赞叹唱善）。

若实功德二句，据余译文，应正回云"若似功德实非功德，若似善说实非善说"，方于文理俱顺。今是译人回文不尽。然不敢改，但添字释之，则意自显。

△ 第四十不行威折戒

若菩萨，见有众生应诃责者、应折伏者、应罚黜者，以染污心（而）**不诃责，若**（但）**诃责**（而）**不折伏，若**（但）**折伏**（而）**不罚黜，是名为犯众多犯，是犯染污起。若懒惰懈怠放逸，犯非染污起。不犯者，彼不可治，不可与语，难可教诲，多起嫌恨**（故置不诃责、折伏、罚黜，所谓默摈法门）；**若观时**（然后诃责、折伏、罚黜）；**若恐因彼起斗诤相违，若相言讼，若僧诤，若坏僧**（故不诃责、折伏、罚黜）；**若彼不谄曲，有惭愧心，渐自改悔**（故不须诃责等）。

罪有三等，小者应诃责，中者应折伏，大者应罚黜。又误犯则容可恕，故犯则应诃责。诃责不改，则应折伏。折伏不改，则应罚黜。若眷属情重，或受彼利养而姑恕之，皆名为染污心，皆犯染污起也。

△第四十一神力不折摄戒

若菩萨，（既已）**成就种种神力，**（则于）**应恐怖者而恐怖之，应引接者而引接之，欲令众生消信施故。**（若）**不以神力恐怖、引接者，是名为犯众多犯，是犯非染污起。不犯者，若**（知）**彼众生**（设见神力，则必）**更起染着，**（或令）**外道谤圣，**（或反）**成就邪见，**（故不恐怖、引接，）**一切不犯。**（又）**若彼**（见神力则必）**发狂，若**（彼由神力而）**增苦受。**（故不恐怖引接，不犯。）

已成神力菩萨尚尔有犯，所以戒波罗蜜，非佛地不能究竟满也。

△二别列竟。

△三结问：

诸大士！已说众多突吉罗法。若菩萨犯一一法，应作突吉罗忏。若不忏者，障菩萨戒。

今问诸大士：是中清净不？(三说)。

诸大士！是中清净，默然故。是事如是持。

于此众多法中，随犯一法，即应忏悔。若不忏悔，虽不失戒，而能障戒，如尘障镜、如云障日，不能显明菩萨道也。勿轻小罪，以为无殃。水滴虽微，渐盈大器。苟数数违犯，不生厌离，积轻成重，亦能失戒，具如《羯磨文》中所明。可不慎哉！

△二正列戒相竟。

△三结示宗趣三：初结指戒法功能，二劝示护持心要，三结显护戒利益。

△今初。

诸大士！我已说菩萨四波罗夷法、众多突吉罗法。此是弥勒世尊摩得勒伽，和合说，（即此）**律仪戒，**（便是）**摄善法戒，**（便是）**摄众生戒。此诸戒法，能起菩萨行，能成菩萨道。**

起行，则万善庄严，缘因佛性力也。成道，则一性圆极，了因佛性力也。并由此戒，戒之功能大矣哉！

△二劝示护持心要。

诸大士！欲发心求阿耨多罗三藐三菩提者，当善护持。若护持者，不起像法、法灭尽想。

由发大菩提心，方得菩萨净戒；由护菩萨净戒，方成无上菩提；更相由藉，不得暂离也。像法、末法，自是众生妄见分别耳。既欲护持菩萨妙戒，必须深观法性常住，如佛在世，等无有异，所谓灵山一会俨然未散，安得起于像法、法灭尽想，而姑自宽恕哉！

△三结显护戒利益。

能令像法实义炽然，能令正法永不灭尽；心得止[①]住，自成佛法；教化众生，常无劳倦；善业毕竟，速成佛道！

言若护持此戒，则能令像法之世实义仍得炽然，犹如正法住世不异；能令如来正法常住在世，永不灭尽。以恒安住真法，故心得止住，自能成就佛法，此自利毕竟也。即以此教化众生，则有善巧方便，故常无劳倦，此利他毕竟也。心得止住，是律仪戒力。自成佛法，即摄善法戒力。教化众生常无劳倦，即摄众生戒力。由三聚戒，令成二利，故善业无不毕竟坚固，速成佛道何疑。甚矣护戒之利益大也！

《菩萨戒本经笺要》毕

① “止”，有些版本的经文作“正”。

跋 语[①]

予囊寓九华时，述《梵网合注》，已将此《戒本经》所有开遮持犯，尽会入于十重四十八轻中矣。比因半月半月诵此《戒本》，犹有未解其文义者，坚以笺释为请。予恐犯重繁过，辞之再三。复更请曰：末世钝根，或不能遍阅《合注》，何不曲顺时机，令诵者略知大意，庶不堕无知罪乎？于是黾勉笺其最切要处，以便初学。若夫菩萨比丘，自应遍学大小律藏；即菩萨沙弥及优婆塞，亦应广学大乘经律；岂容守此一滴而遗弃法海哉！

辛卯夏日，蕅益智旭书于长干精舍

① 此跋语，《嘉兴藏》本、《卍续藏》本有，《全集》本无。

十六、《菩萨戒羯磨文》[①]释[②]

弥勒菩萨说

唐　三藏法师玄奘译

明　菩萨弟子智旭释

此文出《瑜伽师地论》本地分中菩萨地之戒品，凡受菩萨戒者，最宜知之，故奘师译出别行也。按《地论》百卷，共为五分：一本地分，二摄决择分，三摄释分，四摄异门分，五摄事分。就初本地分中，分为十七地：一五识身相应地，二者意地，三者有寻有伺地，四者无寻唯伺地，五者无寻无伺地，六者三摩呬多地，七者非三摩呬多地，八者有心地，九者无心地，十者闻所成地，十一者思所成地，十二者修所成地，十三者声闻地，十四者独觉地，十五者菩萨地，十六者有余依地，十七者无余依地。就第十五菩萨地中，复分四持。就初持中，分十八品。第十戒品，《菩萨戒本经》及《羯磨文》，咸出其中。

言菩萨者，梵语具云菩提萨埵，此翻觉有情，谓能发起大智大悲。智则上求佛道，悲则下化有情。又设无大悲，则不成佛道。设无大智，则难度有情。悲智双行，悲智不二，故名为菩萨也。戒有三聚：一摄律仪戒，无恶不止；二摄善法戒，无善不行；三饶益有情戒，亦名摄众生戒，无生不度。梵语羯磨，或翻作法，或翻办事，或翻为业，以义求之，即是白众作法，办如法之事业也。

---

① 藏经本经名“菩萨戒羯磨文”后有夹注：出《瑜伽论》本地分中菩萨地。

② 依《蕅益大师全集》本为底本，《卍续藏》本（No.703）为参校本。

△ 文分为三：受戒羯磨第一，忏罪羯磨第二，得舍差别第三。

受戒羯磨第一

△ 又分为二：初明从师受，二明像前受。

△ 初中有四：初启白请证，二正授戒法，三总结毕仪，四拣择非器。

△ 初中二：初求许，二正白。

△ 初又二：初求，二许。

△ 今初

若诸菩萨，欲学菩萨三聚净戒，或是在家，或是出家，先于无上正等菩提发弘愿已，当审访求同法菩萨已发大愿、有智有力、于语表义能授能开。于如是等功德具足胜菩萨所，先礼双足，偏袒右肩，膝轮著地，合掌恭敬，如是请言：

“大德忆念，我如是名，于大德所，乞受一切菩萨净戒。惟愿须臾不辞劳倦，哀愍听授。”第二、第三，亦如是说。

既作如是无倒请已，偏袒右肩，恭敬礼拜供养十方三世诸佛世尊、已入大地得大智慧得大神通诸菩萨众，现前专念彼诸功德，生殷净心。

菩提心宝，人所固有，发心求戒，便得名为菩萨。既为菩萨，须学三聚净戒。欲学此戒，理应秉受。盖只此重轻诸戒，既能止恶，便具众善；既能自摄，便能摄生；故即名为三聚净戒。此戒不论在家出家，但要先发弘愿以为其本，然后堪受。若不发弘愿者，纵令求受，不得戒也。既发愿求受，当审访求同法菩萨。审者，求之精详。访者，求之周切。盖不审则恐归非其师，不访则恐失于良导。言同法者，即是先得我心之所同然，必欲上求下化者也。若非同法，岂堪作师？又虽已发大愿，更须有智，则自知法用；有力，则能加被人；于语表义能授能开，则依义不依语，故能应根而与、随机而答；具足如斯胜功德者，方可为师。既得师已，乃须三业专请，先礼双足，表于至敬；偏袒、跪膝，表于至谦；合掌，表于心无二向；此皆身业清净。恭敬二字，即意业清净。如是请言等，即口业清净。请辞须三说者，二则不切，四则太烦，故但三说，名为处中。三业皆净，如法而请，乃名为无倒请。既请之后，又复敬礼供养诸佛菩萨，念彼功德，生于殷重清净心者，以此菩萨戒法，乃遍用法界诸佛菩萨为师为证，一受之后，十方诸佛皆是我师，大地菩萨皆同我学，生如是心，方名殷重、方名清净也。大地，即欢喜地乃至法云地，具如《华严》等经广明。

△ 二许

若诸菩萨，欲授（此）**菩萨**（以）**菩萨戒时，先应为说菩萨法藏摩怛理迦、菩萨学处及犯处相，令其听受。**（应）**以**（智）**慧观察**（彼人）**自所意乐，**（必须）**堪能思**（量抉）**择受菩萨戒，非惟**（以）**他**（人相）**劝**（故受）**，非为**（欲）**胜他**（故受）**。当知是名坚固菩萨，堪受菩萨净戒律仪，**（乃）**以受戒**（之）**法，如**（其所）**应**（而）**正授**（之）**。**

弟子求师，既须审访；师摄弟子，亦须详慎也。摩怛理迦，此云本母，善释诸法相义，有似于阿毗昙。本母能生妙慧，妙慧因论而生，故展转皆名慧论。菩萨学处，指重轻诸戒。犯处，指诸戒中犯有染污不染污等。夫以彼来求受，尚须如此观察，则其慎重可知。今有辄劝人受者，胡不稍思之耶？

△ 二正白为三：初求受者白，二授法者白，三明其获益。

△ 初中又三：初白仪，二白辞，三白后净心。

△ 今初

其受戒菩萨，复于彼有智有力胜菩萨所，谦下恭敬，膝轮据地，对佛像前，合掌请言：

△ 二白辞

“惟愿大德哀愍，授我菩萨净戒。”

前是师前私请，今复像前正请也。私请须三说者，师未听许，应郑重故。正请惟一说者，师已听许，不烦渎故。

△ 三白后净心

如是请已，专念一境，长养净心：我今不久当得无尽、无量、无上大功德藏。即随思惟如是事义，默然而住。

一境，即现前受戒事境。净心，即求戒之心也。摄众生戒，是解脱德，名无尽大功德藏。摄善法戒，是般若德，名无量大功德藏。摄律仪戒，是法身德，名无上大功德藏。又一聚即三聚，故无尽。三聚即一聚，故无量。最尊最贵，不可思议，故无上。

△ 二授法者白又二：初审问，二启白。

△ 今初

尔时有智有力菩萨，于彼能行正行菩萨，以无乱心，若坐若立，而作是言："汝如是名善男子听。汝是菩萨不？"

彼应答言："是。"

"发菩提愿未？"

应答言："已发。"

自此已后，应作是言："汝如是名善男子听。汝等今者欲于我所受诸菩萨一切学处，受诸菩萨一切净戒，谓律仪戒、摄善法戒、饶益有情戒。如是学处、如是净戒，过去一切菩萨已具，未来一切菩萨当具，普于十方现在一切菩萨今具。于是学处、于是净戒，过去一切菩萨已学，未来一切菩萨当学，现在一切菩萨今学。汝能受不？"

答言："能受。"

能授菩萨第二、第三，亦如是说。能受菩萨第二、第三，亦如是答。

无乱心者，正慧观察，与菩提心相应，乃能以心印心，不惟口读文言而已。是中共有三番问答：初须直下承当菩萨之名，不生退屈；二须真实发菩提愿，不惟虚名；三须真实能受能学三聚净戒，不惟空愿也。前二问答止一遍者，意决定故。第三问答须三遍者，贵详审故。

△ 二启白

如是受已，能受菩萨不起于座，能授菩萨对佛像前，普于十方现住诸佛及诸菩萨，恭敬供养，顶礼双足，作是白言："仰启十方无边无际诸世界中诸佛菩萨。今于此中，现有某名菩萨，于我某菩萨所，乃至三说受菩萨戒。我为作证。惟愿十方无边无际诸世界中诸佛菩萨第一真圣，于现不现一切时处一切有情皆现觉者，于此某名受戒菩萨，亦为作证。"第二、第三，亦如是说。

能受菩萨不起于座，谓仍前胡跪，以听授者之启白也。此之三白，正是授戒羯磨。初羯磨竟，十方世界妙善戒法，由心业力，悉皆震动。二羯磨竟，十方世界妙善戒法，如云如盖覆受者顶。三羯磨竟，十方世界妙善戒法，从受者顶门流入身心，充满正报，尽未来际永为佛种。

△ 三明其获益

如是受戒羯磨毕竟。从此无间，普于十方无边无际诸世界中现住诸佛、已入大地诸菩萨前，法尔相现，由此表示如是菩萨已受菩萨所受净戒。尔时十方诸佛菩萨观是菩萨法尔之相，生起忆念故，正智见转。由正智见如实觉知某世界中某名菩萨，(在于)**某菩萨所，正受菩萨所受净戒，一切于此受戒菩萨，如子、如弟，生亲善意，眷念怜愍。由佛菩萨眷念怜愍，令是菩萨希求善法，倍复增长，无有退减。如是名为受菩萨戒启白请证。**

现前一念心性，本自竖穷横遍。今能称性发菩提心、受菩萨戒，则与一切诸佛菩萨心精通吻。故羯磨一毕，法尔能令诸佛菩萨悉知悉见，乃至眷念怜愍加被，使其倍增进也。感应道交，不可思议若此，奈何群迷不发心耶？

△ 初启白请证竟

△ 二正授戒法四：初明戒相，二明犯相，三简异小乘，四结叹功胜。

△ 初又三：初标征，二别释，三结成。

△ 今初

若诸菩萨住戒律仪，有其四种他胜处法。何等为四？

他胜处法者，智慧为自，烦恼为他；佛法为自，魔力为他。发心受菩萨戒，本欲摧伏魔军、破烦恼贼。今犯此戒，反被烦恼所胜，亦为魔力所胜也。然《梵网》具明十重，今只列后四者，凡有三义：一者杀、盗、淫、妄，名为根本戒法，无论在家出家，沙弥、比丘，欲受此菩萨戒者，必已先受五戒、十戒及具戒等，何劳更宣，今但申明上弘下化增上律仪而已。二者根本戒法，七众设犯，不通忏悔。纵令大乘许其忏悔，须见好相。今此四戒，若软中品缠犯，止须忏除；上品缠犯，犹容重受；故不可以根本四戒相滥同也。三者菩萨之行，或顺或逆，方便甚多。故杀、盗、淫、妄，容有开遮。惟此四戒，随于一一方所，一一趣中，悉不得犯，故独明之。

△ 二别释即为四：第一自赞毁他戒

若诸菩萨，为欲贪求利养恭敬，自赞毁他，是名第一他胜处法。

嗔毁尚轻，贪赞乃重。赞毁合行，令人疏他亲已，岂菩萨之心哉！

△ 第二悭惜财法戒

若诸菩萨，现有资财，性悭财故，有苦有贫无依无怙正求财者来现在前，不起哀愍而修慧舍；正求法者来现在前，性悭法故，虽现有法而不舍施；是名第二他胜处法。

财法二施，菩萨正务。现有资财，拣非无财。贫苦无怙，拣非不应求者。此而不施，无慧甚矣！为菩提故，勤行布施，不住于相，名为慧舍也。正求法者，拣非不求。虽现有法，拣非无法。此而不舍，安用知法耶！

△ 第三嗔不受悔戒

若诸菩萨，长养如是种类忿缠，由是因缘，不惟发起粗言便息，由忿蔽故，加以手足块石刀杖，捶打伤害损恼有情；内怀猛利忿恨意乐，有所违犯，他来谏谢，不受不忍，不舍怨结；是名第三他胜处法。

一念嗔心起，百万障门开。况可捶打损恼、况可忏犹不受乎！既已隔绝众生，菩提愿力安在？

△ 第四说相似法戒

若诸菩萨，谤菩萨藏，爱乐宣说、开示、建立像似正法；于像似法，或自信解，或随他转；是名第四他胜处法。

真实正法，决与一印、三印相应。像似正法，则似是而非，决与爱见二网相应。说此像似之法，即名谤菩萨藏，盖不必排拨毁呰而后为谤法也。旧已流通，重为举扬，名宣说。阐扩辅翼，令使增广，名开示。自创新谈，别陈宗旨，名建立。自信解者，即是邪师。随他转者，即邪弟子。邪正不辨，则弘法者尽皆谤法者耳。可不悲夫！

△ 三结成

如是名为菩萨四种他胜处法。

名为菩萨他胜处者，正显不与小乘共也。若杀盗淫妄，则大小乘共，名为根本戒矣。

△ 初明戒相竟

△ 二明犯相二：初出过，二简别。

△ 今初

菩萨于四他胜处法，随犯四种，况犯一切，不复堪能于现法中增长摄受广大菩提资粮，不复堪能于现法中意乐清净，是即名为相似菩萨，非真菩萨。

随犯四种，言四中随犯其一也。况犯一切，言具犯四种也。现法，即现在一生。广大菩提资粮，即六度万行等。意乐清净，即菩萨净心地也。

△ 二简别

菩萨若用软中品缠，毁犯四种他胜处法，不舍菩萨净戒律仪。上品缠犯，即名为舍。若诸菩萨毁犯四种他胜处法，数数现行都无惭愧，深生爱乐见是功德，当知说名上品缠犯。

缠即十缠：一嗔，二覆，三睡，四眠，五掉，六悔，七嫉，八悭，九无惭，十无愧。各有下中上品，软即下品也。下品、中品十缠犯戒，不名失戒。上品缠犯，便为失戒，舍即失也。数数现行以下，重释上品缠犯之相。

△ 二明犯相竟

△ 三简异小乘二：初明不失，二明失已容受。

△ 今初

非诸菩萨暂一现行他胜处法便舍菩萨净戒律仪，如诸苾芻犯他胜处法即便弃舍别解脱戒。

苾芻，即比丘，梵音楚夏耳。比丘戒法，专藉外缘，故易失。菩萨戒法，由菩提心所感，故难失也。又比丘他胜处法，是杀盗淫妄，故一犯永失。菩萨他胜处法，是毁悭嗔谤，故偶犯仍未失也。别解脱者，梵名波罗提木叉。

△ 二明失已容受

若诸菩萨，由此毁犯，弃舍菩萨净戒律仪，于现法中堪任更受，非不堪任，如苾芻住别解脱戒，犯他胜法，于现法中不任更受。

由此毁犯，谓上品缠犯也。纵令失戒，犹许更受，故不同小乘也。然复应知，以上品缠犯此毁悭嗔谤四戒，但失菩萨戒，不失比丘戒；故设忏悔，仍任更受。若犯杀盗淫妄四戒，则既失比丘戒，并失菩萨戒，不任更受。虽依《梵网》忏悔，得见好相，止许作菩萨优婆塞，或作菩萨沙弥，终不得作菩萨比丘矣。

△ 三简异小乘竟

△ 四结叹功胜二：初明胜，二例明。

△ 今初

如是菩萨所受净戒，于余一切所受净戒最胜最上，无量无边大功德藏之所随逐，第一最上善心意乐之所发起，普能除灭于一切有情一切种恶行。

余一切所受净戒，指八戒、五戒、十戒、具戒等。以此种种净戒，无不从菩萨净戒海中流出，无不还归菩萨净戒海中，故惟此戒为最胜最上，乃总叹也。大功德藏之所随逐，叹其所获胜益。第一意乐之所发起，叹其因地胜心。普能除灭一切恶行，叹其灭罪胜力。

△ 二例明

一切别解脱律仪，于此菩萨律仪戒，百分不及一，千分不及一，数分、计分、算分、喻分，乃至邬波尼杀昙分亦不及一，摄受一切大功德故。

一切别解脱律仪，亦指八戒乃至具戒言之。邬波尼杀昙，此翻近少，谓微尘是色之近少分也。

△ 大文二正授戒法竟

△ 三总结毕仪

如是已作受菩萨戒羯磨等事，授受菩萨俱起，供养普于十方无边无际诸世界中诸佛菩萨，顶礼双足，恭敬而退。

此总结启白请证及正授戒法之后，应各运心普供养也。

△ 四拣择非器二：初不从受，二不为说。

△ 今初

又诸菩萨，不从一切诸聪慧者求受菩萨所受净戒：无净信者，不应从受，谓于如是所受净戒，初无信解，不能趣入，不善思惟；有悭贪者，悭贪蔽者，有大欲者，无喜足者，不应从受；毁净戒者，于诸学处无恭敬者，于戒律仪有慢缓者，不应从受；有忿恨者，多不忍者，于他违犯不堪耐者，不应从受；有懒惰者，有懈怠者，多分耽著，日夜睡眠，乐倚乐卧，乐好合徒侣，乐嬉谈者，不应从受；心散乱者，下至不能毂牛乳顷善心一缘住修习者，不应从受；有暗昧者，愚痴类者，极劣心者，诽谤菩萨素怛缆藏及摩怛迦者，不应从受。

此明菩萨法师应须拣择根器，不可妄顺人求而使其辄受也。盖此菩萨净戒，乃是诸聪慧者之所求受。今彼既无净信，乃至诽谤经论，何堪受此戒耶？文中略列二十二类。一无净信，所谓不能趣入，不善思惟。二有悭贪。三悭贪增上成蔽。四有大欲。五无喜足。六毁净戒，谓随于所受八戒、五戒、十戒、具戒既有毁犯，未经忏悔得好相者，皆为遮障。七不恭敬学处。八有慢缓，既于八戒至具戒等尚尔不恭慢缓，何堪受此增上大戒？九有忿恨。十多不忍。十一不堪耐他违犯。十二懒惰而不勇猛。十三懈怠而不精进。十四多分有所耽著。十五睡眠倚卧。十六乐合徒众。十七乐于嬉谈。十八散乱，不能善心一缘。十九暗昧。二十愚痴。二十一极劣心。二十二诽谤经论。如此诸人，决定不能被弘誓铠，趣向菩提，故皆不应从受也。穀，音遘。取牛乳顷，明其至暂。素怛缆，即修多罗，此云契经。摩怛迦，即摩怛理迦，解现上文。《梵网》不许拣择种姓，今文特令拣择根器，影略互成，不可不知。

△ 二不为说

又诸菩萨，于受菩萨戒律仪法，虽已具足受持究竟，而于毁谤菩萨藏者无信有情，终不率尔宣示开悟。所以者何？为其闻已不能信解，大无知障之所覆蔽，便生诽谤。由诽谤故，如住菩萨净戒律仪成就无量大功德藏，彼诽谤者亦为无量大罪业藏之所随逐，乃至一切恶言恶见及恶思惟未永弃舍，终不免离。

菩萨说法，贵在观机。若见有情于此净戒能生信乐，则应宣示开悟，令其发起受戒之心，故《梵网》有不化众生之戒。然大须随时思察，岂容率尔妄宣，反令众生堕罪业耶？当知彼经、此论亦互成也。

△ 已上大科初明从师受竟

△ 二明像前受

若诸菩萨欲受菩萨净戒律仪，若不会遇具足功德补特伽罗，尔时应对如来像前，自受菩萨净戒律仪。应如是受：偏袒右肩，右膝著地，作如是言："我如是名，仰启十方一切如来、已入大地诸菩萨众，我今欲于十方世界佛菩萨所，誓受一切菩萨学处，誓受一切菩萨净戒，谓律仪戒、摄善法戒、饶益有情戒。如是学处、如是净戒，过去一切菩萨已具，未来一切菩萨当具，普于十方现在一切菩萨今具。于是学处、于是净戒，过去一切菩萨已学，未来一切菩萨当学，普于十方现在一切菩萨今学。"第二、第三，亦如是说。说已应起。所余一切，如前应知。

补特伽罗，此翻有情。具足功德，谓已发大愿，有智有力，于语表义能授能开等也。审访不得，方许像前自受。若遇明师而不从受，非痴即慢矣！《梵网》制令求见好相，此中但贵发菩提心。今人设欲自誓受戒，大须自斟酌也。仰启十方等，即是三羯磨文。所余一切如前应知，谓法尔相现及四重法等。

△ 已上受戒羯磨第一竟

忏罪羯磨第二

△ 又分为二：初诫令勿犯，二设犯应忏。

△ 今初

若诸菩萨，从他正受戒律仪已，由善清净求学意乐、菩提意乐、饶益一切有情意乐，生起最极尊重恭敬，从初专精，不应违犯。

或于师前，或于像前，皆名从他正受。善清净求学意乐，约摄律仪戒言之；菩提意乐，约摄善法戒言之；饶益一切有情意乐，约摄众生戒言之。从初受已，即应专一精纯，恒时护持。护持此戒不令违犯，即便具足三聚功德也。

△ 二设犯应忏又二：初总诫疾除，二别示二忏。

△ 今初

设有违犯，即应如法疾疾悔除，令得还净。

有犯不悔，则日夜增长罪恶，故应疾疾除之。欲除其罪而不能如法，罪亦不除，故先诫令如法也。譬如净衣，偶触污秽，速以灰水洗浣，乃可还净。不用灰水，臭气不灭。停待时日，臭气亦难除矣。

△ 二别示二忏又二：初对首忏，二自誓忏。

△ 初又二：初明所对之人，二明忏法差别。

△ 今初

如是菩萨一切违犯，当知皆是恶作所摄。应向有力、于语表业能觉能授小乘、大乘补特伽罗，发露忏悔[1]。

一切违犯，通指此中四重及《戒本》中四十一轻而言之也。比丘戒法局在僧轮，故详列五篇七聚，名为秘法。菩萨戒法通于七众，故一切违犯，均名恶作，但有可悔不可悔、若轻若重之殊耳。受戒必须大乘法师，忏悔不拘小乘大乘者，以小乘比丘亦是住持僧宝，堪为菩萨灭罪故也。

△ 二明忏法差别又三：初忏上品缠犯，二忏中品缠犯，三忏下品缠犯及余违犯。

△ 今初

若诸菩萨，以上品缠违犯如上他胜处法，失戒律仪，应当更受。

如上他胜处法，即指毁、悭、嗔、谤四戒而言之也。故虽失戒，犹许更受。若犯杀盗淫妄，则须求见好相矣。

△ 二忏中品缠犯

若中品缠违犯如是他胜处法，应对于三补特伽罗，或过是数，应如发露除恶作法，先当称述所犯事名，应作是说："长老专志（或言大德），**我如是名，违越菩萨毗柰耶法，如前称事犯恶作罪。"余如苾刍发露悔灭恶作罪法，应如是说。**

余如苾刍等者，应言："长老一心念。我某甲，犯某甲罪。今从长老忏悔，不敢覆藏。忏悔则安乐，不忏悔不安乐。忆念犯发露，知而不覆藏。长老忆念我清净戒身，具足清净布萨。"如是三说。彼应语言："自责汝心，应生厌离。"答言："尔。"又若对三有情忏悔者，彼犯罪人，既至三有情边说罪事已，于此三有情中，随一受忏悔者，应先问余二有情言："若长老听我受某甲菩萨忏者，我当受。"二人应答言："可尔。"然后受其忏悔。若对过三人数忏悔，即是对僧，应往僧中偏袒脱屣礼僧

---

① "忏悔"，有版本经文作"悔灭"。

足，胡跪合掌，如是白："大德僧听。我某甲，犯某甲罪，今从僧乞忏悔。"如是三说。是中随一受忏者，应作白言："大德僧听。此某甲菩萨，犯某甲罪，今从僧忏悔。若僧时到，僧忍听，我受某甲菩萨忏。白如是。"白已，犯罪者方陈忏辞，乃至语言："自责汝心，应生厌离。"犯罪者答言："尔。"

△ 三忏下品缠犯及余违犯

若下品缠违犯如上他胜处法，及余违犯，应对于一补特伽罗发露，悔法当知如前。

余违犯，即《戒本经》中四十一轻，亦名众多犯，亦名轻垢罪也。初对首忏竟。

△ 二自誓忏

若无随顺补特伽罗可对发露，悔除所犯，尔时菩萨以净意乐，起自誓心：我当决定防护当来，终不重犯。如是于犯还出还净。

随顺补特伽罗，谓随顺小乘、大乘正法，于语表业能觉能授者也。不应向未受戒人忏悔，亦不应向有违犯人忏悔。故设无清净大小乘人，但可自誓而已。自誓诚切，则罪还出而戒还净矣。

△ 已上忏罪羯磨第二竟

得舍差别第三

△ 又分为二：初明舍戒差别，二明得戒差别。

△ 今初

略由二缘，舍诸菩萨净戒律仪：一者弃舍无上正等菩提大愿，二者现行上品缠犯他胜处法。

舍戒，即失戒也。先发无上正等菩提大愿乃得受戒，今既弃舍此愿，则戒亦随失，此一缘也。上品缠犯他胜处法，此二缘也。然或重发大愿，如法悔除，仍可重受。

△ 次明得戒差别又二：初明尽未来永得，二释转生重受疑。

△ 今初

若诸菩萨，虽复转身遍十方界，在在生处不舍菩萨净戒律仪，由是菩萨不舍无上菩提大愿，亦不现行上品缠犯他胜处法。

八关戒法，局在一日一夜。五戒、十戒、具戒，局在尽寿。惟此菩萨戒法，一得永得，直至尽未来时。若无退心、犯重二缘，终不舍失也。

△ 二释转生重受疑

若诸菩萨转受余生，忘失本念，值遇善友，为欲觉悟菩萨戒念，虽数重受，而非新受，亦不新得。

无作戒体，一发之后，永为佛种。纵令转生忘失，然既无退心、犯重二缘，当知戒体仍在。虽数数重受，但令觉悟而已，岂名新受新得哉！

十七、《毗尼事义集要》缘起[①]

毗尼藏者，佛法之纪纲，僧伽之命脉，苦海之津梁，涅槃之要道也。粤自鸡园初唱，召善来而戒体斯成。迨夫鹤树潜晖，申顾命而木叉是重。必因犯以乃遮，体则叶于无作；若缘开与随制，用复契乎妙圆。实大小之通途，讵声闻之独辙？堪嗟像季，罕达真宗，愚者昧于罔闻，狂者置诸弗屑；或以禅机而巧遁，或以方广为驾言；并属依文，谁思实义。且如能师，佩心印于黄梅，胡以阐化曹溪，犹用登坛受具？观师宏《华严》于五顶，胡以范模朝野，必须十誓律身？盖大雄御极，则法、僧二宝，咸由正觉扬辉。而善逝藏机，则佛、法二尊，同藉僧伽建立。倘惟十重、众轻，即与在家奚别？自非五篇、七聚，安知离俗高标？是知《梵网》、《戒经》，五道齐收，但除地狱，则以通而成其大；毗尼法藏，止许人伦，犹遮诸难，正以局而成其尊。必使仰慕大乘、不甘小节，自可畜发舍衣，作火中之优钵；如或情悲末法，有志住持，岂得恣情荡检，为狮子之身虫？

智旭自念障深，弗克仰修玄理，复悲生晚，末由随侍哲人。痛隙驹之莫挽，舍慈母以披缁。思乐土之可归，羡莲师而私淑。纲宗急辨，每怀紫柏之风。护法忘身，愿续匡山之派。睹时流以长叹，读遗教以增哀。爰于甲子季冬，礼无量光塔，倍复发增上心。乞古德阇梨，证明学菩萨戒。次即备阅大小二律，辄宗四分，并采余家，录为《事义要略》。漫率愚蒙之鄙见，岂堪呈似大方。拟作岩谷之资粮，亦无心于兼利。戊辰春，遇雪

① 本文依《卍续藏》本《重治毗尼事义集要》，题为“原序”，在《灵峰宗论》中题为现名。

航楫公，欣然有严净毗尼之志。因念向以入山心迫，所录犹多疏漏。乃就龙居禅窟，再检藏文，不问本部他宗，凡切要者，悉皆录出。深详轻重之宜，备显开遮之准。兼参大律，委示别同。俾畏拘执者，不招谤小之殃；喜儱侗者，难开藉大之口。考定成帙，更名为《毗尼事义集要》。质诸真寂闻谷老人、博山无异禅师，咸以付梓流通为嘱。于是复同壁如、归一二友，商確参详，备殚其致。而佛日金台法主，遂欣然命付剞劂。佛法缘起，固自有时。呜呼！斯集也，虽于妙高之体，不啻微尘，其在驽劣之资，已称竭力。所恨解慧疏庸，躬行缺略，仰惭往哲，俯怍后贤。惟愿同学善友，鉴我苦心，愍我不逮，一意秉持，共扶法运，庶报佛恩于万一尔！

辛未孟春，智旭识于皋亭古永庆寺。

蕅益大师文集

论释

十八、《大乘起信论》裂网疏[①]（选要）

灵峰蕅益沙门智旭述

自 序[②]

佛祖之道，以心传心。菩萨造论通经，亦唯此一大事，故云“十方谛求，更无余乘”。纵令曲为群机，循循善诱，从实施权，说种种道，譬如三草二木，受润不同，而能润之雨，原只一味，故云：“如食石蜜，中边皆甜。”又云：“粗言及细语，皆归第一义。”岂应封文失旨、横执名相、剖判虚空也哉！

且如弥勒世尊，迹居补处，本必难思。无著、天亲，既是龙华辅弼，则与文殊、普贤何异？至于马鸣、龙树，并属金口授记，传佛心宗。其所著述，决定不当互相乖异。乃后世讲师，辄妄判曰：天亲《识论》是立相始教，龙树《中论》是破相始教，马鸣《起信》是终教兼顿，并未是圆。呜呼！其亦不思甚矣。夫天亲宗《瑜伽》而立唯识，先以唯识破我法二执，次明识亦如幻，非真实有，故亦名为破色心论。今乃目之为立相教，可乎？龙树依甚深般若，遍荡四性情执以显法性，故曰：“欲具足一切佛法者，当学般若。”又曰：“若以无此空，一切无所作。以有空义故，一切皆得成。”今乃目之为破相教，可乎？马鸣以一心真如门，显甚深般

① 依《蕅益大师全集》本为底本，《大正藏》本（No.1850）、《卍续藏》本（No.769）、《嘉兴藏》本（新文丰版第二十册 No.89）为参校本。

② 此序原无题名，在《灵峰宗论》中题为“《裂网疏》自序”。

若随智说；以一心生灭门，显《瑜伽》八识随情说。真如即一真法界，统事理而泯绝事理者也。生灭即全理所成之事、全事无性之理也。二门不离一心，则无一生灭而非全体真如，无一真如而不全具生灭，即事事无碍法界也。今乃谓其不同《唯识》、《中论》，仍非圆极一乘，可乎？况经论中，并谓真如与一切法，如水与波，不一不异。诚证具在，何容偏执。盖若言定一，则真如不生灭，应一切法亦不生灭；或一切法生灭，应真如亦生灭，固为不可。若言定异，则真如非即一切法之实性，应在一切法外，别有方隅，不常不遍，尤为不可。故《起信》谓真如受熏者，譬如触波之时，即触于水，所以破定异之执，初未尝言真如随熏转变也。《唯识》谓真如不受熏者，譬如波动之时，湿性不动，所以破定一之执，初未尝言别有凝然真如也。（《唯识论》云："不同余宗，离色心等，有实常法，名曰真如。"又云："真如即是唯识实性。"明文彰灼若此，后人乃以凝然真如诬谤《唯识》，罪何如哉。）然则《唯识》所谓"真故相无别"，即《起信》一心真如门也。《唯识》所谓"俗故相有别"，即《起信》一心生灭门也。《楞伽经》云："诸识有三种相，谓转相、业相、真相。"《宗镜》释云："起心名转，八俱起故，皆有生灭，故名转相。动则是业，八识皆动，尽名业相。八之真性，尽名真相。"由此观之，《起信》、《唯识》，皆宗《楞伽》明矣。宗本既同，则诸名义自不相违。乃注疏家不能以义定名，漫尔依名定义，致令二论乖同水火，可不哀哉。

此《大乘起信论》，《藏》有二本。一是梁·真谛译，一是唐·实叉难陀译。二译对阅，唐本更为文显义顺。但旧既流通梁本，私心弗敢自专。敬以阄决于佛，拈得宜解唐本。遂殚一隙微明，剖尽两宗迷执，名之为《裂网疏》云。

癸巳十月十有八日，下笔故叙。

大乘起信论

马鸣菩萨造

唐　三藏法师实叉难陀译

〈立义分〉释

△ 二立义二：初标，二释。

△ 今初

云何立义分？谓摩诃衍，略有二种：有法，及法。

摩诃衍，此翻大乘，略如题目中释。又七义故名为大乘：一法大，谓方广经典；二心大，谓四弘誓愿；三解大，谓圆常信解；四净大，谓净心地，净二分别；五庄严大，谓福德智慧；六时大，谓三阿僧祇；七具足大，谓无上菩提。前六是大乘因，后一是大乘果也。

"有法"者，梁本云法，犹因明所谓前陈有法以为宗依，乃指因缘生法以为所观境也。"法"者，梁本云义，犹因明所谓后陈宗体，指所显理谛，以明大乘义也。

△ 二释二：初释有法，二释法。

△ 今初

言有法者，谓一切众生心。是心则摄一切世间出世间法，依此显示摩诃衍义。

统论因缘所生，皆是有法，皆悉即空假中，皆可显示摩诃衍义，故曰：心佛众生，三无差别。但初机之人，若令观于佛法，则疑太高；若令观众生法，则疑太广。所以只令观心。又恐人谬谓众生心外别有真心，故但立一切众生心以为所观境也。夫举佛法，则摄一切心法及众生法；举众生法，则摄一切佛法及以心法；今举众生现前介尔心法，则摄一切众生法及佛法，故云“摄一切世间出世间法”也。依此众生现前介尔心法，显示摩诃衍义，则一显示，一切显示。随举一一众生法，一一佛法，无不皆是摩诃衍义矣。故《法华》云“七宝大车，其数无量”也。

以此心真如相，即示大乘体故。

即此现前介尔之心，不在内、不在外、不在中间，过去无始、未来无终、现在无际，非有相、非无相、非亦有亦无相、非非有非无相，非生死相、非涅槃相，非二边相、非中道相，非可说相、非不可说相、非亦可说亦不可说相、非非可说非不可说相。不得已故，强名为真如相。即此真如是大乘体，更无别体也。应立量云：众生心是有法。即大乘体宗。因云：真如相故。同喻：如迷悟所依之方，方非迷悟。

此心生灭因缘相，能显示大乘体、相、用故。

即此真如不变心体，举体随缘而有生灭。所谓随于染净缘，具造十法界。虽造十界，十界皆是假名无性，随缘不变，当体即真，故能显示大乘体也。由随染缘，妄起无明，有见不见，似不清净，非常非乐、非我非净，非寂静，是变异，不自在，具过恒沙虚妄杂染。今翻染成净，无明不起，无见不见，心性无动，无有余法而可更求，即于真如立大智慧光明义、遍照法界义、真实了知义、本性清净义、常乐我净义、寂静不变自在义、满足过于恒沙清净功德义，故能显示大乘相也。由与众生同在生死轮回海中，方肯自悯悯他，发大誓愿，修大福慧，证本法身，任运起于不思议业，尽未来际利乐有情，故能显示大乘用也。

然则现前介尔心体，即大乘体。现前心中惑相，即大乘相。现前心中业用，即大乘用。而众生迷染因缘，日用不知。由有迷染因缘，方立悟净因缘。由有悟净因缘，方显体、相、用大。故云“此心生灭因缘相，能显示大乘体相用”也。譬如水结成冰，则湿体、融相、润用，皆不可见。若知冰原是水，方便令泮，方能显示湿体、融相、润用耳。设不观心生灭因缘，则不能显体、相、用大。如守坚冰，无可受用。设离众生现前之心，别求大乘，亦不能显体、相、用大。如大冻时，若弃坚冰，别无有水。学大乘者，幸深思之。应立量云：众生心是有法。能显示大乘体相用宗。因云：生灭因缘相故。同喻：如依方故迷，因迷故悟于方。

△ 初释有法竟

△ 二释法二：初释大义，二释乘义。

△ 今初

所言法者，略有三种：一体大，谓一切法真如，在染在净，性恒平等，无增无减，无别异故。

前云“此心真如相，即示大乘体”，今云“一切法真如”者，以心真如即一切法真如，无二真如故也。一切法，即染法、净法，略则五位百法，广则百界千如也。随拈一法，并是真如全体，非是少分，故云“性恒平等”。悟时无得，迷时无失；又芥子毛端之真如非小，须弥宝刹之真如非大，故云“无增无减”。一相无相，不可分离，故云“无别异”也。夫既言一切法，又言在染在净，是全约生灭因缘；而随云“性恒平等，无增无减，无别异故”，则知生灭因缘即是真如门矣，故下文云“展转不相离也”。若舍生灭因缘，何由体会真如？若执生灭因缘，又何由了达真如也哉！

二者相大，谓如来藏本来具足无量无边性功德故。

此谓众生现前介尔之心，即是如来藏也。夫真如不变随缘，举体而为众生介尔之心。则介尔心，便是真如全体。今又名为如来藏者，是约生灭门中，隐名如来藏、显名法身故也。然法身与如来藏，虽有二名，终无二体。故不唯显名法身之时，具足无量无边性功德相；即正在隐名如来藏时，本来具足无量无边性功德也。

三者用大，能生一切世出世间善因果故。

只此众生现前介尔之心，无法不具，无法不造。所谓随于染净缘，具造十法界，遍能出生十界因果。但约九界言之，则三涂等诸恶因果，虽亦此心之用，如以金作秽器、利刀割泥、无上宝珠而作弹丸，不名用大。人天有漏因果，虽亦此心之用，如以摩尼仅贸一衣一食，不名用大。二乘无漏因果，虽亦此心之用，如空守阎浮檀金，不生息利，不名用大。权乘菩萨五通因果，虽有自利利他之用，如以阎浮檀金而作商贾贸易，未能统御自在，亦不名用大。虽又希心极果，如以阎浮檀金作王宝冠，未能拔宅飞升，亦不名用大。唯有佛乘种性，知此现前介尔之心，体即真如，具无边德；便能观察一切妄念无相，自愍愍他，发大誓愿，称性修习，灭无始无明，证本法身，任运起于不思议业，种种自在作用差别，周遍法界，与真如等；譬如以阎浮金，炼作仙丹，便能拔宅飞升，游戏自在，故名用 大也。

问：果中用大，垂形九界。有时示现三涂，亦应生恶因果，如何但言善因果耶？

答：为度众生，示作恶因，本无迷染，即无漏善；为度众生，示受恶果，亦无苦受，如三禅乐，是故但名善因果也。又所言能生一切善因果者，谓果中大用，遍与众生作增上缘，令生世出世间诸善因果，非谓既成佛已，自生世出世间善因果也，以诸佛所有一切变现，皆是真如自在甚深之用，皆合涅槃清净妙德，不可唤作实因果故。

问：用大既约佛果，何名此心生灭因缘相耶？

答：若无众生心，则无大乘体相。若无大乘体相，何处有乘用？

问：既云真如甚深用，何故不属真如，乃属生灭因缘？

答：若非生灭因缘，则真如之名，尚自不立，何得辨用大耶？夫众生现前介尔生灭之心，体即真如，相即如来藏，用即能生一切因果。而日用不知，是谓理即大乘。若能知此一心体大、相大、用大，是谓名字即大乘。若能观察妄念无相，是谓观行即大乘。若粗垢先落，六根清净，是谓相似即大乘，此论名之为相似觉。若能亲证此体相用，任运增进，是谓分证即大乘，此论名之为随分觉。若至心根本性常住现前，是谓究竟即大乘，此论名之为究竟觉。六而常即，始终平等，即此心真如门也。即而常六，升沉硕异，即此心生灭门也。故立一切众生心为有法，显示摩诃衍义。

△ 初释大义竟

△ 二释乘义

一切诸佛本所乘故，一切菩萨皆乘于此入佛地故。

此更约能乘之人，以显所乘之法，故曰：言大乘者，文殊、普贤等一切大人之所乘也。夫一切众生心，莫不具体相用三大。即此三大，便名为乘。而九界众生，不能尽此心大乘之用，枉作坏驴、羊、鹿、水牛诸乘。唯一切佛，已乘此大乘，到究竟地。一切菩萨，皆乘此大乘，乃入佛地。故必约众生心以显大乘义也。

△ 立义分竟

〈修信分·示胜异方便章〉释

△更示胜异方便二：初泛明念佛除障，二的指求生极乐。

△今初

复次，初学菩萨，住此娑婆世界，或值寒热，风雨不时，饥馑等苦；或见不善可畏众生，三毒所缠，邪见颠倒，弃背善道，习行恶法。菩萨在中，心生怯弱，恐不可值遇诸佛菩萨，恐不能成就清净信心，生疑欲退者，应作是念：十方所有诸佛菩萨，皆得大神通，无有障碍，能以种种善巧方便，救拔一切险厄众生。作是念已，发大誓愿，一心专念佛及菩萨。以生如是决定心故，于此命终，必得往生余佛刹中，见佛菩萨，信心成就，永离恶趣。

初学菩萨，已解一心真如、生灭二门而修信行。但止观力微，境缘粗恶，未入正定聚中，不能保其无退，故更示此胜异方便，令仗自心中之他佛，度脱佛心中之自身也。须知前止观门，名念自佛三昧。今示念佛菩萨，即念他佛三昧。以念佛及菩萨，不生妄想分别，即是止行。了知诸佛菩萨有大神通巧便，能救拔我及诸众生，即是观行。所以修止观时，设见佛菩萨形，知是魔事不生取著。今念佛菩萨时，设更别商止观，大似骑牛觅牛矣。然正念佛菩萨时，或得见佛菩萨，即应了知唯心所现，万勿取著，勿生喜动，勿向人说。如远公生平三见圣相，不语一人。此为要诀。唯至临终见佛菩萨，方是感应道交，定非魔事，不必致疑。以佛菩萨得大神通，决定护念有缘念佛众生，不失时故。言“发大誓愿”者，为度众生求生净土，非为自身独出生死。有此菩提弘愿，方是往生正因。不然纵令念佛菩萨，与佛菩萨气分不相契合，不能生净土也。

△二的指求生极乐

如经中说：若善男子、善女人，专念西方极乐世界阿弥陀佛，以诸善根回向愿生，决定得生，常见彼佛，信心增长，永不退转。于彼闻法，观佛法身，渐次修行，得入正位。

十方诸佛，净土无量，经论多指归极乐者，略有四意。一者阿弥陀佛与此土人最有缘故，乃至穷村僻坞，若男若女、若长若幼、若智若愚，无不知称阿弥陀佛名者。二者法藏比丘愿力胜故；诸佛果德虽实平等，因中愿力任运摄生，无差别中有差别故。三者令人系念得专心故。若不专叹，则众生既欲生西，又欲生东，心无一定，净业难成。所以十方诸佛同出广长舌相，赞此一门，令人专忆。四者阿弥陀佛即法界藏身，极乐世界即莲华藏海。故见一佛，即为见无量佛；生一土，即为生无量土；念一佛，即是念一切佛，即为一切佛所护念，以法身不二故，生佛不二故，能念所念不二故。一念相应一念佛，念念相应念念佛。因该果彻，更无二故。余如净土经论广明，不能备述也。

自 跋[1]

《大乘起信论》者，佛祖传心之正印，法性法相之总持也。如来昔以《大乘阿毗昙》付与弥勒，《摩诃般若》付与文殊。《般若》破执有而显妙有，《毗昙》破恶空而显真空。一音所宣，曾无异旨。佛灭五百年后，异见滋生。马鸣大士，应佛悬记，重兴正法。始则示为计我外道，后乃广显二空妙宗。作无我大师子吼，破凡外二乘偏执。宗百洛叉大乘经典，造此略论，申畅一心二门，即生灭而显真如，收《般若》真空不空之妙旨；即真如而辨生灭，阐《毗昙》幻有不有之玄诠。厥后龙树依《般若》而造《中论》，还以空义成一切法。护法依《毗昙》而解《唯识》，还以幻有显二种空。故知马鸣、龙树、护法三大菩萨，同契佛心，曾无稍异。奈何以文解义，泥名相而昧旨归；伐异党同，竖门庭而坚斗诤。谬谈圣旨，错解真乘。千百年来，竟同长夜。哀哉末叶，诚可痛心。旭以业障深缠，未登正位。夙因微善，游刃圆宗。客岁尽散学人，志图修证。今春偶遇戒子，邀入新安。顷从汤泉白岳，还寓歙浦回龙。窃为二三子商究《楞伽》。复以余力，再解兹论。最喜此地枯寂，不异桃源。兼爱主人率真，绝无世态。食粟米饭，啖豆腐滓。仅十一日，草疏遂成。是役也，上藉诸佛菩萨、马鸣大师加被之力，所以略无疑滞。又赖允持循公法主外护，故无他缘所侵。至于性相关头，种种问辩，则戒子坚密时公之启予者多矣。

是月二十有八日，阁笔故跋。

① 原题为“原跋”，在《灵峰宗论》中为“自跋”。

十九、《大乘百法明门论》直解[①]

蕅益沙门智旭　解

大乘百法明门论[②]

天亲菩萨　造

三藏法师玄奘　译

此于《瑜伽师地论·本地分第一》中略录名数。而名为大乘百法明门者，盖小乘立七十五法，但明补特伽罗无我，犹妄计有心外实法；今大乘明此百法，皆不离识，不惟实我本空，亦复实法非有。若于一一法中照达二空，则一一皆为大乘证理之门也。

如世尊言："一切法无我。"何等一切法？云何为无我？

此借圣言以征起也。法名轨持，我名主宰。今既言一切法无我，须遍于一切法中通达二无我义也。

一切法者，略有五种：一者心法，二者心所有法，三者色法，四者心不相应行法，五者无为法。

法既称为一切，则何所不摄。设欲广说，穷劫莫尽。今以五位百法收之，故名为略。略虽五位，已收一切世出世间假实、色心、主伴罄无

① 本文在《蕅益大师全集》及《嘉兴藏》（新文丰版第十九册 No.77）中为《相宗八要直解》之第二种，在《卍续藏》本 (No.805) 中为单行本。

② 藏经本《大乘百法明门论》题后有夹注"本事分中略录名数"。

不尽。何者？前之四位，收世出世有为诸法。第五无为，收世出世无为法性。就前四中，前三是实，第四是假。就前三中，前二是心，第三是色。就前二中，初一是主，第二是伴。有主必有伴，伴不离主。有心必有色，色不离心。有实必有假，假不离实。有有为必有无为，无为亦岂离有为而别有自性哉！于此五位百法，求所谓有情、命者等了不可得，是补特伽罗无我；求所谓轨解、任持者亦了不可得，是法无我也。

一切最胜故，与此相应故，二所现影故，三位差别故，四所显示故，如是次第。

此申明百法列为五位之次第，即显离心别无自性，故一切惟心而无实我实法也。心法于一切法中最胜，由其能为主故，此能统一切法也。心所有法，即与此心相应，故不离心也。色法即是心及心所二者所现之影，故不离心及心所也。不相应行，即是依于心、心所、色三者之分位差别而假立，故不离心、心所、色也。无为法即是心、心所、色、不相应行四有为法所显示故，亦与四有为法不一不异也。

第一心法，略有八种：一眼识，二耳识，三鼻识，四舌识，五身识，六意识，七末那识，八阿赖耶识。

心性离过绝非，尚不可名之为一，云何有八？若论相用，浩然无涯。今就有情分中相用最显著者，略有八种。依于眼根，了别色尘，名为眼识。依于耳根，了别声尘，名为耳识。依于鼻根，了别香臭，名为鼻识。依于舌根，了别滋味，名为舌识。依于身根，了别痛痒寒热等触，名为身识。依于意根，遍了五尘，亦能分别落谢影子，亦能通缘过去未来，名为意识。前五识所依五根，皆是净色。此第六识所依意根，则是心法。此之意根，从无始来，内缘第八识之见分，虚妄执为实我实法，故名为末那识。梵语末那，此翻为意，由其恒审思量为性相故。然前六识，时起时灭，喻如水波。第七末那，无始相续妄执我法，喻如水流。阿赖耶识，则喻如水。梵语阿赖耶，此翻为藏，具有能藏、所藏、执藏三义。若无此识，则根身是谁执受？器界是谁变现？一切善恶漏无漏种是谁摄受？且如吾人疲倦熟睡梦想俱无之时，前六转识俱不现起，若无此识，岂不同于死人？既无梦无想仍非死人，验知必有此第八识，与第七识微细我执，仍自俱转。然此第八识，决非实我实法。若是实我实法，则应常无变易。而此识者，乃从先世引业所招，名异熟果。既从业招，便非常住。又善业则感天人乐报，恶业则感三涂苦报。往来六道，犹如车轮；变形易貌，曾无一定，岂是实我实法哉！

第二心所有法，略有五十一种，分为六位：一遍行有五，二别境有五，三善有十一，四烦恼有六，五随烦恼有二十，六不定有四。

心所有法，亦名心数，与心相应，如臣随王，如仆随主，故名心所也。此应甚多，今略明六位五十一者，举相用之最著者言耳。

一遍行五者，一作意，二触，三受，四想，五思。

具四一切，名为遍行，谓遍于善、恶、无记三性，遍于三界九地，遍于有漏无漏、世出世时，遍与八识心王相应也。

一作意者，警觉心种令起现行以为体性，引现起心趣所缘境以为业用。

二触者，于根、境、识三和之时，令心心所触境以为体性，受、想、思等所依以为业用。

三受者，领纳顺、违、非顺非违境相以为体性，起于欲合、欲离、欲不合不离之爱以为业用。

四想者，于境取像以为体性，施设种种名言以为业用。

五思者，令心造作以为体性，于善、恶、无记之事役心以为业用。

二别境五者，一欲，二胜解，三念，四三么地[①]**，五慧。**

所缘境事多分不同，缘别别境而得生故，名为别境。

一欲者，于所乐境希求冀望以为体性，精勤依此而生以为业用。

二胜解者，于决定非犹豫境印可任持而为体性，不可以他缘引诱改转

① “三么地”，藏经本《论》文作“定”。

而为业用。

三念者，于过去曾习之境令心明审记忆不忘而为体性，定之所依而为业用。

四三么地者，此翻为定，于所观境令心专注不散而为体性，智依此生而为业用。

五慧者，于所观境简别决择而为体性，断疑而为业用。

三善十一者，一信，二精进，三惭，四愧，五无贪，六无瞋，七无痴，八轻安，九不放逸，十行舍，十一不害。

能为此世他世顺益，故名为善。

一信者，于实德能深忍乐欲、心净而为体性，对治不信、乐求善法而为业用。谓于诸法实事理中，深信其为实有而随顺忍可。复于三宝真净德中，深信而生喜乐。又于一切世出世善，深信其有力，能得乐果，能成圣道，而起希望之欲。由斯对治不信实德能之恶心，爱乐证修世出世善。

二精进者，于断恶修善事中勇猛强悍而为体性，对治懈怠、成满善事而为业用。

三惭者，依于自身及法，生于尊贵增上，由斯崇尚敬重贤善，羞耻过恶而不敢为，以为体性；别则对治无惭，通则息诸恶行，以为业用。

四愧者，依于世间他人诃厌增上，轻拒暴恶，由此羞耻过罪而不敢为，以为体性；别则对治无愧，通亦息诸恶行，以为业用。

五无贪者，于三有及三有资具无所染着而为体性；别则对治贪着，通则能作众善，以为业用。

六无瞋者，于三苦及三苦资具无所憎恚而为体性；别则对治瞋恚，通则能作众善，以为业用。

七无痴者，于诸谛理及诸实事明解而为体性；别则对治愚痴，通则能作众善，以为业用。

八轻安者，远离粗重杂染法品，调畅身心，于善法中堪任修持，而为体性；对治昏沉，转舍染浊身心，转得清净身心，而为业用。

九不放逸者，即精进及无贪、无瞋、无痴三种善根，于所断恶防令不生，于所修善修令增长，而为体性；对治放逸，成满一切世出世间善事，而为业用。

十行舍者，亦即精进及三善根，能令其心平等正直无功用住，而为体性；对治掉举，寂静而住以为业用。此与五受中之舍受不同，故名行舍。

十一不害者，于诸有情不为侵损逼恼，即以无瞋而为体性；能对治害、悲伤怜愍以为业用。无瞋名慈，不害名悲，与乐拔苦，度生胜用，故体虽一，约用分二。

四烦恼六者，一贪，二瞋，三慢，四无明，五疑，六不正见。

烦躁扰动，恼乱身心，故名烦恼。

一贪者，于有、有具染著为性，能障无贪善根、生苦为业。

二瞋者，于苦、苦具憎恚为性，能障无瞋善根、不安隐性恶行所依为业。

三慢者，恃己所长于他有情心生高举为性，能障不慢、生苦为业。

四无明者，亦名为痴，于诸理事迷暗为性，能障无痴善根、一切杂染所依为业。

五疑者，于诸谛理犹豫为性，能障不疑及诸善品为业。

六不正见者，亦名恶见，于诸谛理颠倒推求、染慧为性，能障善见、招苦为业。复有五种：一萨迦耶见。萨迦耶，义翻积聚，亦名身见，谓于五蕴执我我所，一切见趣所依为业。二边执见，谓即于身见随执断常，障出离行为业。三见取，谓于诸见之中，随执一见及所依蕴，执为最胜能得清净，一切斗诤所依为业。四戒禁取，谓于随顺诸见之戒禁及所依蕴，执为最胜能得清净，无利勤苦所依为业。五邪见，谓谤无因果，谤无作用，谤无实事，及非前四所摄诸余邪执，皆此邪见所摄。

五随烦恼二十者，一忿，二恨，三恼，四覆，五诳，六谄，七骄，八害，九嫉，十悭。十一无惭，十二无愧，十三不信，十四懈怠，十五放逸，十六昏沉，十七掉举，十八失念，十九不正知，二十散乱。

或无别体，惟是烦恼分位差别；或有别体，性是烦恼同等流类，故名为随烦恼。

一忿者，依对现前逆境愤发为性，能障不忿、执仗为业。此即瞋恚一分为体。

二恨者，由忿为先，怀恶不舍，结怨为性；能障不恨、热恼为业。此亦瞋恚一分为体。

三恼者，忿恨为先，追念往恶，触现逆境，暴热狠戾为性；能障不恼、多发凶鄙粗言蛆螫于他为业。此亦瞋恚一分为体。

四覆者，于自作罪，恐失利养名誉，隐藏为性；能障不覆、悔恼为业，谓覆罪者，后必悔恼不安隐故。此以贪痴一分为体。恐失现在利誉是贪，不惧当来苦果是痴也。

五诳者，为获利誉，矫现有德，诡诈为性；能障不诳、邪命为业。此亦贪痴一分为体。

六谄者，为罔他故，矫设异仪，险曲为性；能障不谄、不任师友真正教诲为业。此亦贪痴一分为体。

七骄者，于自盛事深生染着、醉傲为性，能障不骄、生长杂染为业。此以贪爱一分为体。

八害者，于诸有情心无悲愍、损恼为性，能障不害、逼恼为业。此亦瞋恚一分为体。

九嫉者，殉自名利、不耐他荣、妒忌为性，能障不嫉、忧戚为业。此亦瞋恚一分为体。

十悭者，耽着财法，不能慧舍，秘吝为性；能障不悭、鄙涩畜积为业。此亦贪爱一分为体。

此十各别起故，名为小随烦恼。

十一无惭者，不顾自法、轻拒贤善为性，能障碍惭、生长恶行为业。

十二无愧者，不顾世间、崇重暴恶为性，能障碍愧、生长恶行为业。

此二遍不善故，名为中随烦恼。

十三不信者，于实德能不忍乐欲、心秽为性，能障净信、懈怠所依为业。

十四懈怠者，于断恶修善事中懒惰为性，能障精进、增染为业。设于染事而策勤者，亦名懈怠，退善法故。

十五放逸者，于染不防、于净不修、肆纵流荡为性，障不放逸、增恶损善所依为业，即以懈怠及贪、瞋、痴四法为体。

十六昏沉者，令心于境无堪任为性，能障轻安、毗钵舍那为业。

十七掉举者，令心于境不寂静为性，能障行舍、奢摩他为业。

十八失念者，于诸所缘不能明记为性，能障正念、散乱所依为业，即以念及痴各一分为体。

十九不正知者，于所观境谬解为性，能障正知、多所毁犯为业。此以慧及痴各一分为体。

二十散乱者，于诸所缘令心流荡为性，能障正定、恶慧所依为业。

此八遍于不善及有覆无记之二种染心故，名为大随烦恼。

六不定四者，一睡眠，二恶作，三寻，四伺。

不定是善、不定是烦恼，不定遍一切心、不定遍一切地，故名不定。

一睡眠者，令身不自在，心极暗昧，略缘境界为性，障观为业。

二恶作者，追悔为性，障止为业。

三寻求者，令心匆务急遽，于意言境粗转为性。四伺察者，令心匆务急遽，于意言境细转为性。此二俱以安不安住身心分位所依为业，并用思及慧之各一分为体。思正慧助，不深推度，名之为寻。慧正思助，能深推度，名之为伺。

第三色法，略有十一种：一眼，二耳，三鼻，四舌，五身，六色，七声，八香，九味，十触，十一法处所摄色。

心心所所变相分，皆名为色。今且约内五根外六尘，故但略有十一种也。

眼、耳、鼻、舌、身五根，皆第八识相分，而各有二：一者胜义五根，即八识上色之功能，以能发识，比知是有，非他人所能见知；二者浮尘五根，即胜义五根所依托处，乃四大之所合成，众生妄计以为我身，实与外之地水火风无二无别；均是第八识相分耳。

就此第八识所变依正二报之相，眼识缘之，即名为色，此色即是眼识相分。乃托第八识之相分以为本质，自于识上变相而缘，喻如镜中之影，未尝亲缘本质色也。依正二报，动则有声，耳识缘之，自变声相。依正二报，具香臭气，鼻识缘之，自变香相。依正二报，具甜淡等六味，舌识缘之，自变味相。依正二报，具冷暖坚润等触，身识缘之，自变触相。五尘落谢影子，并及表无表色、定果色等，惟是意识所缘相分，名法处所摄色。盖法处所摄有二：一者心法，即五十一心所是也；二者色法，即意识所变相分是也。然五十一个心所，亦各自变相分。其所变相，随于心王，摄入六尘。故除此十一色法，更无他色可得，则知色惟心王、心所二者所现之影明矣。

第四心不相应行法，略有二十四种。

相应者，和顺之义。今得及命根等二十四种，非能缘故，不与心及心所相应；非质碍故，不与色法相应；有生灭故，不与无为法相应。故《唯识论》云："非如色心及诸心所体相可得，非异色心及诸心所作用可得。由此故知定非实有，但依色心及诸心所分位假立。"今直云心不相应行者，虽依三法假立，而色是心及心所之所现影，心所又即与心相应，故但言心，明其总不离心也。

一得，二命根，三众同分，四异生性，五无想定，六灭尽定，七无想报，八名身，九句身，十文身，十一生，十二住，十三老，十四无常，十五流转，十六定异，十七相应，十八势速，十九次第，二十时，二十一方，二十二数，二十三和合性，二十四不和合性。

一得者，依一切法造作成就假立。

二命根者，依于色心连持不断假立。

三众同分者，如人与人同，天与天同，依于彼此相似假立。

四异生性者，妄计我法，不与圣人二空智性相同，依于圣凡相对假立。

五无想定者，外道厌恶想心，作意求灭，功用淳熟，令前六识心及心所一切不行，惟第七识俱生我执与第八识仍在，不离根身，依此身心分位假立。

六灭尽定者，三果以上圣人，欲暂止息受想劳虑，依于非想非非想定，游观无漏以为加行，乃得趣入。入此定已，前六识心及心所一切不行，第七识俱生我执及彼心所亦皆不行，惟第七识俱生法执与第八识仍在，不离根身，依此身心分位假立。

七无想报者，外道修无想定既得成就，舍此身后，生在第四禅天，五百劫中，前六识心及彼心所长时不行，惟有第七识俱生我执与第八识仍在，揽彼第四禅中微细色质为身，彼微细色即是第八识所变相分，依此色心分位假立。

八名身者，名诠诸法自性，如眼、耳等种种名字。九句身者，句诠诸法差别，如眼无常、耳无常等种种道理。十文身者，文即是字，为名、句之所依。此三皆依色声法尘分位假立。若语言中所有名、句及字，即依声立。若书册中所有名、句及字，即依色立。若心想中所有名句文字，即依法立。此方眼、耳、意三种根识独利，故偏约三尘立名句文。若他方余根识利，则香饭、天衣等，并可依之假立名句文三。是故六尘皆为教经，亦复皆为行经，皆为理经也。

十一生者，依于色心仗缘显现假立。

十二住者，依于色心暂时相似相续假立。

十三老者，亦名为异，依于色心迁变不停、渐就衰异假立。

十四无常者，亦名为灭，依于色心暂有还无假立。

十五流转者，依于色心因果前后相续假立。

十六定异者，依于善恶因果种子现行各各不同假立。

十七相应者，依于心及心所和合俱起假立。

十八势速者，依于色心诸法迁流不暂停住假立。

十九次第者，依于诸法前后引生庠序不乱假立。

二十时者，依于色心刹那展转假立，故有日月年运长短差别。

二十一方者，依于形质前后左右假立，故有东西南北四维上下差别。

二十二数者，依于诸法多少相仍相待假立，故有一十百千乃至阿僧祇之差别。

二十三和合者，依于诸法不相乖违假立。

二十四不和合者，依于诸法互相乖违假立。

第五无为法者，略有六种：一虚空无为，二择灭无为，三非择灭无为，四不动灭无为，五想受灭无为，六真如无为。

上之四种色心假实，皆是生灭之法，名有为性。无此有为，假名无为，非更别有一个无为之法，在于有为法外而与有为相对待也，故云但是四所显示。然为既无矣，尚不名一，云何有六？正由是四所显，故不妨随于能显，说有六别。

一虚空无为者，非色非心，离诸障碍，无可造作，故名无为。

二择灭无为者，正慧简择，永灭烦恼，所显真理，本不生灭，故名无为。

三非择灭无为者，复有二种：一者不由择力，本性清净，故名无为；二者有为缘阙，暂尔不生，虽非永灭，缘阙所显，故名无为。

四不动灭无为者，入第四禅，双忘苦乐，舍念清净，三灾不到，亦名无为。

五想受灭无为者，入灭尽定，想受不行，似涅槃故，亦名无为。

六真如无为者，非妄名真，非倒名如，即是色心假实诸法之性。诸法如波，此性如水。诸法如绳，此性如麻。诸法非此则无自体，此离诸法亦无自相，故与诸法不一不异。惟有远离遍计所执，了达我法二空，乃能证会本真本如之体。真如二字亦是强名，前五无为又皆依此假立，此即唯识实性，故皆唯识，决无实我实法也。

上略明一切法竟。

言无我者，略有二种：一补特伽罗无我，二法无我。

此正显示一切法无我者，即前五位百法之中，一一推求，皆无此二种我相也。补特伽罗，此云有情。有情无我，即生空也。法无我，即法空也。

且有情无我者，于前五位之中，若云心即是我，则心且有八，何心是我？又一一心，念念生灭，前后无体，现在不住，以何为我？若云心所是我，则心所有五十一，何等心所是我？三际无性亦然。若云色法是我，则胜义五根不可现见，浮尘五根与外色同，生灭不停，何当有我？若云不相应行是我，则色心有体尚不是我，此依色心分位假立，又岂是我。若云无为是我，对有说无，有尚非我，无岂成我。故知五位百法，决无真实补特伽罗可得也。

次法无我者，依于俗谛，假说心、心所、色、不相应行种种差别。约真谛观，毫不可得，但如幻梦，非有似有，有即非有。又对有为，假说无为。有为既虚，无为岂实。譬如依空，显现狂华。华非生灭，空岂有无。是知五位百法，总无实法。无实法故，名法无我也。

能于五位百法通达二无我理，是为百法明门。

二十、《唯识三十论》直解[①]

蕅益沙门智旭解

唯识三十论[②]

世亲菩萨 造

三藏法师玄奘 译

护法等菩萨，约此三十颂造《成唯识》。

此玄奘师叙述之辞也。按佛灭后九百年，世亲菩萨提挈《瑜伽师地论》之纲领，作三十颂，同时有亲胜、火辩二师造释。又二百年，次有德慧、安慧、难陀、净月、胜友、陈那、智月、护法八大论师，相继造释。而护法立义最为周足，奘师宗之，故云"护法等菩萨"也。

今略标所以，谓此三十颂中，初二十四行颂明唯识相，次一行颂明唯识性（"此诸法胜义"等四句），**后五行颂明唯识行位**（"乃至未起识"已下也）。**就二十四行颂中，初一行半略辩唯识相，次二十二行半广辩唯识相。谓外问言："若唯有识，云何世间及诸圣教说有我法？"举颂以答，颂曰：**

由假说我法，有种种相转。

① 本文在《蕅益大师全集》及《嘉兴藏》（新文丰版第十九册 No.77）中为《相宗八要直解》之第三种，在《卍续藏》(No.828) 中为单行本。

② "唯识三十论"，藏经本原论题为"唯识三十论颂"。

彼依识所变，此能变唯三，

谓异熟、思量，及了别境识。

此即略辩唯识相也。世间说有我相，谓有情、命者等。圣教假说我相，谓预流、一来等。世间说有法相，谓实、德、业等。圣教假说法相，谓蕴、处、界等。外人问意，以为既唯有识，别无实我、实法，何故世间及诸圣教仍说有我法耶？颂中以“假说”二字，释彼“说有”二字之疑。问意谓无则不宜说，答意谓虽说但是假。问意谓说有不应无，答意谓非有但假说也。既无实我、实法，但是由于假说，所以随情施设，妄有种种相转；而彼种种我、法之相，不过皆依识所变现。然此能变之识虽有八种，以类别之，则唯有三，谓一者第八名异熟识，二者第七名思量识，三者前六总名了别境识也。

次二十二行半广辩唯识相者(此中前十四行半广明三能变相，次有八行广明所变唯识)，**由前颂文略标三能变，今广明三变相。**

且初能变，其相云何？颂曰：

初阿赖耶识(一自相门)，**异熟**(二果相门)**一切种**(三因相门)，

不可知执受，处了(“不可知”三字，四不可知门。“执受、处”三字，五所缘门。“了”字，六行相门)**常与触，**

作意、受、想、思，相应(七心所相应门)**唯舍受**(八受俱门)。

是无覆无记(九三性门)，**触等亦如是**(十心所例王门)，

恒转如暴流(十一因果法喻门)，**阿罗汉位舍**(十二伏断位次门)。

此以十二门释初能变识之相也。

一名“阿赖耶识”者，此云藏识，具有能藏、所藏、执藏义故，即约当体自相言也。

二名“异熟识”者，由过去善恶业习成熟之力所感无记果报总主。以此异熟识体，望前善恶业习，业习是因，此识是果也。

三名“一切种识”者，此识一类无记，受前七识诸法之熏，持前七识诸法之种。现在未来前七诸法一切现行，皆由此识所藏种子发起。诸法现

行是果，此识是因也。

四言“不可知”者，谓此识能缘行相极为微细，此识所缘五净色根及诸种子亦甚微细，此识所缘外器世间难可测量也。

五言“执受、处”者，即指此识所缘相分。执受二字，指胜义、浮尘五根及诸种子；处之一字，指依报世间；此三皆是第八识所缘境也。

六言“了”者，即指此识能缘见分，识以了别为现行之相状也。

七云“常与触、作意、受、想、思相应”者，谓与此遍行五心所恒相应起也。遍行心所，具如《百法》中释。

八云“唯舍受”者。受有三种，谓苦、乐、舍。今第八识行相极不可知，不能分别苦乐，故唯与舍受相应也。

九云“是无覆无记”者。性有三种：能为此世他世顺益，名为善性；能为此世他世违损，名不善性，亦名恶性；于善不善损益义中不可记别，名为无记。就无记性，复分为二：若与染污相应，名为有覆无记；若无染污，其性白净，名为无覆无记。今第八识，是善恶所招苦乐之果，体非善恶，又不与根、随烦恼相应，故是无覆无记也。

十云“触等亦如是”者，谓触等五个心所，亦如第八识惟是无覆无记性摄，亦属异熟，所缘行相亦不可知也。

十一云“恒转如暴流”者。恒，谓此识无始以来一类相续，常无间断。转，谓此识无始以来，念念生灭，前后变异。恒则非断，转则非常。非断非常，因果法尔。望前名果，望后名因。喻如暴流，长时相续而非断常也。

十二云“阿罗汉位舍”者。烦恼断尽，名阿罗汉，即声闻乘之第四果、缘觉乘之辟支佛果，永断俱生我执；大乘菩萨八地以上，永伏俱生我执；皆名为阿罗汉。尔时此第八识不复名阿赖耶，但名异熟及一切种。若至如来位中，并舍异熟识名，但名一切种识，亦名庵摩罗识，亦名大圆镜智相应心品也。

已说初能变相，第二能变其相云何？颂曰：

次第二能变，是识名末那(一释名门)，

依彼转(二所依门)**缘彼**(三所缘门)，**思量为性相**(四体性门，五行相门)。

四烦恼常俱，谓我痴、我见，

并我慢、我爱(六染俱门)，**及余触等俱**(七余相应门)。

有覆无记摄(八三性门)，**随所生所系**(九界系门)，

阿罗汉、灭定，出世道无有(十伏断门)。

此以十门释第二能变识之相也。

一“名末那”者，此翻为意。

二云“依彼转”者。“彼”指第八识。第八识之现行，是此识之根本依。第八识中所藏第七识之种子，是此识之种子依。“转”谓相续生起也。

三云“缘彼”者，谓此第七识，即缘彼第八识之见分而起微细我法二执也。

四云思量为性、五云思量为相者，此识以恒审思量而为体性，即以恒审思量而为行相，是故名末那也。

六云“四烦恼常俱”等者，谓此识从无始来，若未转与平等性智相应，则任运恒缘藏识见分，与四根本烦恼相应。一者我痴，即是无明，愚于自识所变我相，迷于无我真如之理。二者我见，即是妄执，谓第八识之见分，本非我法，妄执为我。三者我慢，谓恃所执我，倨傲高举。四者我爱，谓于所执我深生贪着也。

七云“及余触等俱”者，谓遍行五心所定得相应，及八种大随烦恼、别境中慧亦得相应，共有十八心所也。大随烦恼释，见《百法论》中。

八云“有覆无记摄”者，由与四烦恼等相应，隐蔽真理，故名有覆；非善不善，故名无记也。

九云“随所生所系”者，谓随其所生三界九地，即系属于此界此地也。

十云“阿罗汉、灭定，出世道无有”者，谓此我执相应之末那，二乘无学方得永断，菩萨八地以上方得永伏，故阿罗汉无有。那含圣者、登地菩萨，入灭尽定，亦暂伏灭，故云灭定无有。声闻初果以上，菩萨登地以上，真无我解及后得智，二无漏道若现前时，亦暂伏灭，故云出世道无有也。

如是已说第二能变，第三能变其相云何？颂曰：

次第三能变，差别有六种(一差别门)，

了境为性相（二体性门，三行相门），**善不善俱非**（四三性门）。
此心所遍行，别境、善、烦恼，
随烦恼、不定（五心所相应门），**皆三受相应**（六受俱门）。

此以九门释第三能变识之相，而先举前六门颂也。

一云“差别有六种”者，谓依六根而住，由六根而发，系属于六根，助六根了别，如六根之各缘一尘，故有六种识也。

二云了境为性者，六识皆以了别尘境为自性也。

三云了境为相者，六识即以了别尘境为行相也。

四云“善不善俱非”者，谓此六识若与信等十一相应，即善性摄；若与无惭等法相应，不善性摄；俱不相应，即非善非不善无记性摄也。

五云“此心所遍行”等者，谓遍行有五、别境有五、善有十一、烦恼有六、随烦恼有二十、不定有四，共有五十一心所法，皆得与第六识相应。若前五识，但除慢、疑、见三种根本烦恼，亦除四不定、十小随烦恼，余皆得相应也。

六云“皆三受相应”者，谓前六识皆能领纳顺违俱非境相。领顺境相，名为乐受。领违境相，名为苦受。领非顺非违境相，名不苦不乐受，亦名舍受也。

初遍行触等，次别境谓欲、
胜解、念、定、慧，所缘事不同。

此覆解遍行、别境二种心所也。触等已如初能变释。别境则一欲，二胜解，三念，四定，五慧。欲缘所欲观境，胜解缘决定境，念缘所曾习境，定、慧缘所观境，故云所缘事不同也。余如《百法》中释。

善谓信、惭、愧，无贪等三根，
勤、安、不放逸，行舍及不害。

此覆解十一善心所也。一信，二惭，三愧。四无贪，五无瞋，六无痴，此三名为三善根者，以能生一切诸善法故。七精勤，八轻安，九不放逸，十行舍，十一不害。俱如《百法》中释。“及”之一字，显余翻染诸善心所，谓一欣，二不忿，三不恨，四不恼，五不嫉，六厌，七不悭，八不骄，九不覆，十不诳，十一不谄，十二不慢，十三不疑，十四不散乱，十五正见，十六正知，十七不忘念。然皆不别立者，为显少善能敌多恶，又显悟解理通，不似烦恼之迷情事局故也。

烦恼谓贪、瞋、痴、慢、疑、恶见。
随烦恼谓忿、恨、覆、恼、嫉、悭、
诳、谄与害、骄、无惭及无愧，
掉举与昏沉，不信并懈怠，
放逸及失念，散乱、不正知。

此覆解六根本烦恼、二十随烦恼也，亦如《百法》中释。颂中“与”字、“及”字、“并”字，显随烦恼非但二十，如邪欲、邪解及染污寻伺等。

不定谓悔、眠，寻、伺二各二。

此覆解四不定心所也。“悔”即恶作，“眠”即眠睡，“寻”即寻求，“伺”即伺察，亦如《百法》中释。言“二各二”者，谓悔眠为一，寻伺为一，此二各通善染二性也。

已说六识心所相应，云何应知现起分位？颂曰：
依止根本识（七共依门），**五识随缘现，**
或俱或不俱，如涛波依水（八俱转门）。
意识常现起，除生无想天，
及无心二定，睡眠与闷绝（九起灭分位门）。

此明第三能变识之后三门也。

七云“依止根本识”者，谓前六转识，必以第八根本识之现行而为共依，又必以第八识中所藏前六转识种子为各别亲依也。

八云“五识随缘现”等者，谓前五转识，皆仗众缘方得生起现行，如眼识九缘生，耳识八缘生，鼻、舌、身三识七缘生。缘具则不妨俱起，缘缺则不必俱生，故云“或俱或不俱”。如涛波依水，多少无定，水喻第八藏识，涛波即喻前五识也。

九云“意识常现起”等者，谓前五识所藉缘多，缘有具缺，故起灭不定。第六意识所待缘少，缘具无缺，故常得现起。但除五位，暂时不行：一者生无想天，二者入无想定，三者入灭尽定，四者极重睡眠，五者极重闷绝也。

已广分别三能变相，为自所变二分所依。

三能变相，指八识自证分。所变二分，即相分、见分也。相见俱依自证而起，故自证分是相见二分所依。此结上广明三能变相也。

此下有八行颂，广明所变唯识，又分为二：初一颂正明所变，次七颂广释外难。

云何应知依识所变，假说我、法，非别实有，由斯一切唯有识耶？

颂曰：

是诸识转变，分别、所分别，

由此彼皆无，故一切唯识。

此正明所变唯识，而决无实我、实法也。“是诸识”者，指前所明八个心王、五十一个心所也。“转变”者，诸心心所之自证分，皆能变似见相二分也。所变见分名为分别，所变相分名所分别。离此见相二分，则彼实我实法决定皆无，是故一切无不唯识。谓心王有八，即自体唯识；心所有五十一，即相应唯识；色法十一，即所变影像唯识；不相应行有二十四，即分位唯识；无为有六，即实性唯识也。

此下广释外难，又分为三：初一颂释分别由何难；次一颂释生死用何难；后五颂，并明唯识性之一颂，总释违经三性难。

若唯有识，都无外缘，由何而生种种分别？

颂曰：

由一切种识，如是如是变，

以展转力故，彼彼分别生。

此先释分别用何难也。谓由第八识中含藏前七识心心所法一切种子，此等种子熏习生长乃至成熟，转变不一；又以此现行互相资助力故，彼彼分别而便得生，何假外缘方生分别哉！

虽有内识而无外缘，由何有情生死相续？

颂曰：

由诸业习气，二取习气俱，

前异熟既尽，复生余异熟。

此次释生死由何难也。谓生死相续，由内因缘，不待外缘，故唯有识。盖界内分段生死，由有漏善不善业种子为因，烦恼障种以为助缘，招于六道身命粗异熟果，前尽后生。即彼界外不思议变易生死，亦由无漏有分别业种子为因，所知障种以为助缘，感于三种意生身细异熟果，前后改转。是则二种生死，皆由内识惑业所感，何藉外缘哉！“二取”即指烦恼、所知二障，俱有执着义故。

此下后释违经三性难中，复分为二：初三颂正释三性不离识；次二颂并唯识性一颂，转释无性即识性。

若唯有识，何故世尊处处经中说有三性？

应知三性亦不离识，所以者何？颂曰：

由彼彼遍计，遍计种种物，

此遍计所执，自性无所有。

依他起自性，分别缘所生。

圆成实于彼，常远离前性，

故此与依他，非异非不异，

如无常等性，非不见此彼。

此正释三性不离识也。

初云“由彼彼遍计”者，谓能周遍计度，妄执我法。然第八识及前五识，非能遍计。第七末那，但计不遍。惟第六识，为能遍计也。次云“遍计种种物”者，谓所遍计，即是依他所起色心诸法也。次云“此遍计所执，自性无所有”者，谓彼不过即于依他所起心心所体见相分等，虚妄执为实我实法，如于绳上妄执为蛇。而实我法，离于心心所体见相分等皆无自性，如绳外别无实蛇也。此四句，明遍计性不离识竟。

次云“依他起自性，分别缘所生”者，谓此心心所体及相见分，皆由分别缘之所生，故名依他起自性也。心心所法，皆有缘虑，故若染若净，皆名分别。即以此分别为缘，展转复生染净心心所体及见相分。此明依他性不离识竟。

次云“圆成实于彼”等者，谓圆满成就诸法实性，即于彼依他起性之上，常远离前遍计所执，故此圆成实性与彼依他起性，譬如麻之与绳、水之与波，既非是异，亦非不异。亦如无常无我等蕴处界有为诸法，与无常无我等性，非异亦非不异。盖若言异，则应蕴处界不是无常；若是不异，则应无常不是蕴处界等共相。今圆成实与依他性，亦复如是。若言是异，则应真如非彼依他实性，如水非波所依体性；若言不异，则应圆成实性亦是无常，如波生灭，水亦生灭，岂可乎哉！后云“非不见此彼”者，谓若未达遍计本空，未证见于圆成实理，不能见彼依他起性。盖必无分别智证真如已，后得智中，方能了达依他起性如幻等故。此明圆成实性亦不离识，以即识之实性故也。

若有三性，如何世尊说一切法皆无自性？

颂曰：

即依此三性，立彼三无性，
故佛密意说，一切法无性。
初即相无性，次无自然性，
后由远离前，所执我法性。
此诸法胜义，亦即是真如，
常如其性故，即唯识实性。

此转释无性即识性也。前二颂释三无性，后一颂释识实性。前意者，谓即依此三种自性，立彼三无性名，乃是为遣执故，密意说为无性耳，非了义极谈也。初依遍计所执，立相无性，由此体相毕竟非有，如空华故。次依依他起性，立生无性；此如幻事，托众缘生，无如妄执自然性故。后依圆成实性，立胜义无性，谓此胜义，由远离前遍计所执我法性故，假名无性，非谓全无胜义性也。既三无性但依三性假立，三性皆不离识，无性又岂离识哉！

已上二十四颂，明唯识相竟。

次一行颂，牒前圆成实性，此乃远离我法二执、二空妙智所显，即诸法之胜义，所谓一真法界，亦即名为真如，真实而不虚妄、如常而无变易，在凡不减、在圣不增，在迷不染、在悟不净，常如其性故，即唯识之实性也。

后五行颂明唯识行位者，论曰：如是所成唯识相性，谁依几位、如何悟入？

一问谁人悟入，二问几位悟入，三问如何悟入。

谓具大乘二种种性：一本性住种性，谓无始来依附本识法尔所得无漏法因；二谓习所成种性，谓闻法界等流法已，闻所成[①]。具此二性，方能悟入。

何谓五位？

具大乘二种种性，答其谁人之问。方能悟入，答其如何悟入之问。何谓五位，答其几位之问，总征下文也。

一资粮位，谓修大乘顺解脱分，依识相性[②]能深信解。其相云何？颂曰：

乃至未起识，求住唯识性，

---

① “闻所成”，《乾隆藏》、《中华藏》本《唯识三十论颂》如此，而《高丽藏》与《大正藏》本《唯识三十论颂》作“闻所成等熏习所成”，与《成唯识论》中相关内容一致。

② “依识性相”，《全集》本如此，《嘉兴藏》本、《卍续藏》本《唯识三十论直解》中作“于识性相”，藏经本《唯识三十论颂》作“依识性相”，其中“于识性相”与《成唯识论》中相关内容一致。

于二取随眠，犹未能伏灭。

为求无上菩提，修习无量福智，名资粮位。为有情故，勤求解脱，名修大乘顺解脱分。乃至未起加行位中顺决择识，但以四弘誓愿求住唯识真胜义性，齐此皆是资粮位摄。此位菩萨发起大菩提心，亲近真实善友，作意勤求正觉，修集福智资粮。以此四种胜力，于唯识义虽深信解，而于我法二取随眠种子，止观力微，犹自未能伏灭，但能伏于分别二执之现行耳。

二加行位，谓修大乘顺决择分，在加行位能渐伏除所取、能取，引发真见。其相云何？颂曰：

现前立少物，谓是唯识性，

以有所得故，非实住唯识。

为欲见道，复修暖、顶、忍、世第一四种加行，伏除二取，名加行位。顺趣真实决择分故，亦名大乘顺决择分。依明得定，发下寻思，观无所取，名为暖位。依明增定，发上寻思，观无所取，名为顶位。依印顺定，发下如实智，于无所取，决定印持；于无能取，亦顺乐忍，忍境识空，名为忍位。依无间定，发上如实智，双印二取皆空，名世第一位。从此无间，必入见道。异生法中，此最胜故。然诸菩萨于此四位，犹于现前安立少物，谓是唯识真胜义性；以彼空有二相未除，带相观心，有所得故，非实安住真唯识理也。盖暖位、顶位，依识观空，则境空识有。下忍印成境空，上忍印成识空，世第一法双印二空，皆带空相，未得全除。彼相灭已，方实安住真唯识理，名通达位。

三通达位，谓诸菩萨所住见道，在通达位如实通达唯识相性[1]。其相云何？颂曰：

若时无所缘，智都无所得，

---

① “唯识相性”四字，藏经本《唯识三十论颂》中无，而与《成唯识论》中相关内容一致。

尔时住唯识，离二取相故。

体会真如，名通达位。初照真理，亦名见道。谓若时菩萨于所缘境，无分别智都无所得，不取种种戏论相故，尔时乃名实住唯识真胜义性，即证真智真理平等平等，俱离能取所取相故。然真见道，是根本智亲证真如不变相故，名为挟带。若相见道，是后得智变相观空，仍名变带。前真见道证唯识性，后相见道证唯识相。颂但说真见道者，以真见道胜故。

四修习位，谓诸菩萨所住修道，修习位中如实见理，数数修习，伏断余障[①]。其相云何？颂曰：

无得不思议，是出世间智，

舍二粗重故，便证得转依。

无分别智，离诸戏论，说为无得；妙用难测，名不思议；断世间故，名出世间。烦恼、所知二障种子，性无堪任，违于精细轻安之无漏法，名为粗重。令彼永灭，说之为舍。舍烦恼障，便能证得大般涅槃。舍所知障，便能证得大菩提智。菩提、涅槃，名为二种转依果也。

五究竟位，谓住无上正等菩提，出障圆明，能尽未来化有情类。其相云何？颂曰：

此即无漏界，不思议善常，

安乐解脱身，大牟尼名法。

颂中"此"字，即指前颂所说二转依果。此转依果，诸漏永尽，性净圆明，故名无漏；含容无边希有功德，故名为界。界是藏义，能生世出世间五乘利乐。亦名为界，界是因义。此转依果又不思议，超过寻思言语道故。此转依果又惟是善，谓清净法界、四智心品，皆有顺益相故。此转依

---

① "伏断余障"四字，藏经本《唯识三十论颂》中无，而与《成唯识论》中相关内容一致。

果又复是常，谓清净法界性无生灭，四智心品亦永无断尽故。此转依果又是安乐，谓二自性皆无逼恼，又能安乐诸有情故。二乘所得择灭无为生空智品，唯永远离烦恼障缚，无殊胜法，故但名解脱身。大觉世尊成就无上寂默法故，永寂二边，默契中道，名大牟尼。所得二果，永离二障，即名法身，所谓清净法界，四智菩提，五法为性，具足法报化三身体用差别不同，广如论释也。

二十一、《成唯识论》观心法要·自跋[1]

《宗镜》云："智慧合其多闻，终不执诠认指；多闻度其智慧，免成孤陋面墙。设一微尘未了，此犹有无明在，以不了处为障翳故。况自身根门之内，日用之中，有无量应急法门，全未明一，若欲为人，凭何剖析？只成自诳，反堕无知。自眼未明，焉问他目？须三量定其是非，真修匪滥；四分成其体用，正理无亏。然后十因四缘，辨染净之生处；三报五果，鉴真俗之所归。若不达三量，真妄何分？不知四分，体用俱失。"又云："一心实相，悉是诸法；诸法所生，皆从现行善恶熏习第八识含藏种子为因，发起染净差别报应为果。若不微细剖析，问答决疑，何由到一心总别之源、彻八识性相之际？提纲意在张网，不可去网存纲；举领意在著衣，不可弃衣取领。故事理双明，方通圆旨。教观齐运，始达一乘。"又云："不因教所指，何由识自心？设不因教发明，亦须凭教印可。不然皆成自然外道、暗证禅师，直饶生而知之，亦多生闻经熏种、诸圣本愿冥加。"

呜呼！永明大师，以法眼嫡孙，悟齐诸祖，而苦心苦口，劝诫若此，谁谓《成唯识论》非佛祖传心要诀乎！予憾障深惑重，不能克证，而性相源头，颇窥一线，诚或诸圣冥加，故亦不敢自秘，聊竭隙明，和盘托出。举笔于丁亥三月廿五日，脱稿于五月廿五日，阅两月，述成《观心法要》十卷。伏愿见闻随喜，不退菩提；若信若疑，咸成妙种。同生极乐净邦，先觐阿弥陀佛；还入龙华初会，影响弥勒世尊；尽未来广度含识，众生尽方证涅槃。

蕅益沙门智旭阁笔故跋，时年四十有九。

---

① 依《蕅益大师全集》本为底本，《卍续藏》本（No.824）为参校本。原题为"跋语"，《灵峰宗论》中为"《唯识心要》自跋"。

二十二、《大乘止观法门》释要·自序[①]

夫大乘者，心性之异名也。止观者，寂照之异名也。世乃离心性别觅大乘，离止观别谈寂照，何异骑牛觅牛、丙丁童子来求火乎！

儒者之道，有见而知之，有闻而知之。佛道亦然。北齐大师，悟《中论》四句偈义，直接龙树心印。一传南岳，再传天台。天台述为《摩诃止观》等书，由是止观法门盛闻于世，顿、渐、不定，三辙并圆。顾南岳所示《曲授心要》，世皆罔闻。今试细读，实为圆三止观总纲，文不繁而义已备。独慈云忏主于五百年后，序而行之。迄今又将五百余年，微言将绝。予愧不敏，未能闻道，姑效盲人摸象，述为《释要》，以助其传。脱稿已经二载，适因弘法留都，李石兰、张孺含二居士，始集众缘而付诸梓，有以知此方人士夙植大乘种子不浅也。故复序其缘起，以弁简端。

崇祯甲申季春望日，蕅益智旭书于普德讲堂。

① 依《嘉兴藏》本（新文丰版第十九册 No.67）为底本,《卍续藏》本（No.905）、《蕅益大师全集》本、《乾隆藏》本（No.1648）为参校本。原题为“刻《大乘止观释要》序”。

蕅益大师文集

法藏指要

二十三、《阅藏知津》自序[①]

心外无法，祖师所以示即法之心；法外无心，大士所以阐即心之法；并传佛命，觉彼迷情，断未有欲弘佛语而可不深究佛心，亦未有既悟佛心而仍不能妙达佛语者也。今之文字阿师、拍盲禅侣，竟何如哉！呜呼！吾不忍言之矣。

昔世尊示入涅槃，初祖大迦叶即白众云："如来舍利，非我等事。今者宜先结集三藏，勿令佛法速灭。"嗟嗟！倘三藏果不足传佛心，则初祖何以结集为急务耶？窃谓禅宗之有三藏，犹奕秋之有棋子也。三藏之须禅宗，犹棋子之须活眼也。均一棋子也，善奕者则着着皆活，不善奕者则着着皆死。均此三藏也，知佛心者则言言皆了义，不知佛意者则字字皆疮疣。若为惩随语生见，遂欲全弃佛语，又何异因咽废饭哉！夫三藏之不可弃，犹饮食之不可废也，明矣！不调饮食，则病患必生；不阅三藏，则智眼必昧。

顾历朝所刻藏乘，或随年次编入，或约重单分类，大小混杂，先后失准，致使欲展阅者茫然不知缓急可否。故诸刹所供大藏，不过缄置高阁而已。纵有阅者，亦罕能达其旨归、辨其权实，佛祖慧命真不啻九鼎一丝之惧。而诸方师匠，方且或竞人我如兄弟之阋墙，或趋名利如苍蝇之逐臭，或妄争是非如痴犬之吠井，或恣享福供如燕雀之处堂，将何以报佛恩哉！唯宋有王古居士创作《法宝标目》，明有蕴空沙门嗣作《汇目义门》，并可称良工苦心。然《标目》仅顺宋藏次第，略指端倪，固未尽美；《义

---

① 依《蕅益大师全集》本《阅藏知津》为底本，《嘉兴藏》本为参校本，原题为"阅藏知津叙"，在《灵峰宗论》中为现名。

门》创依五时教味，粗陈梗概，亦未尽善。旭以年三十时，发心阅藏。次年晤壁如镐兄于博山，谆谆以义类诠次为嘱。于是每展藏时，随阅随录。凡历龙居、九华、霞漳、温陵、幽栖、石城、长水、灵峰八地，历年二十七祀，始获成稿，终不敢剖破虚空，但藉此稍辨方位。俾未阅者知先后所宜，已阅者达权实所摄；义持者可即约以识广，文持者可会广以归约。若权若实，不出一心；若广若约，咸通一相；故名之为《阅藏知津》云。

甲午重阳后一日，北天目沙门释智旭撰

二十四、法海观澜[①]（节要）

灵峰蕅益大师 著

自 序[②]

子舆氏有言曰：观水有术，必观其澜。况大藏法海，甚深无量，不得其术，何以观之哉！夫统论修证法门，浩若尘沙，非止八万四千而已。然五门收之，罄无不尽。何者？欲游佛海，先资戒航。戒净则解行可遵，行圆则秘密斯证，证入则依果自严。故首律宗，明造修之始；次诸教，明开解之途；次禅观，明实践之行；继密宗，明感应之微；终净土，明自他同归之地也。

中峰本公，谓密咒如春，教乘如夏，南山律宗如秋，禅宗如冬。一往似当，再研未必尽然。克论诸宗，当究旨归，不当取其迹象。禁咒秘密，如冬令，生意含于未发之中，岂全似春？戒为佛法初门，儒不学礼无以立，释不受戒不许听教参禅，如春令，草木萌甲，安得如秋？岂谓佛制毗尼，有似萧何制律，遂拟以肃杀之气耶？可笑甚矣。禅于无修无证中，妙论修证。无证而证，则体舍万用，可拟于冬；无修而修，则刊华就实，正似秋耳。教乘如夏，吾无间然。只此四门，罔不以净土为归，是故亦犹土之寄王于四时也。

夫大小两乘，皆首戒律，而大必兼小，小不兼大。南山不敢自称大

---

① 依《蕅益大师全集》所收光绪二十三年扬州藏经院本为底本。

② 原题为“法海观澜序”，《灵峰宗论》中题为“《法海观澜》自序”。

乘，不应以南山名宗，但云律宗如春可矣。教亦自有大小两乘，西土每每分弘，此土晋魏以来，或分或兼。今皆废小，独弘大乘，复有三家：一天台宗，二贤首宗，三慈恩宗。天台教观齐举，教可如夏，观即如秋。贤首教多观少，清凉收禅为顿教，圭峰自立三教以对三宗，则三教如夏，三宗如秋。慈恩弘唯识教，自修兜率观门，基公略示唯识五观，未尝克实劝修。然夏后必定有秋，是在学者自知领会而已。故且云诸教如夏也。禅亦自有大小两门。于大乘中，复分顿渐。小及大渐，此所不论。达摩承佛教盛行之后，特来指示心要，譬如画龙点睛，令其飞去。乃至六祖，无不皆然。虽藉《楞伽》、《金刚》印心，未尝废教。而贵行起解绝，不许坐在知解窠臼，故与台宗圆妙止观，同如秋也。密宗唯是大乘法门，身入坛场而结密印，口诵密言，意专密观，名三密法门。若论初修之者，必须先持净戒，发菩提心，解法界理，方许入坛，克期取证，则亦由春夏而入于秋。今约诸佛所说神咒，不许翻译，唯令持者立地证入，又令闻者乃至遇影蒙尘皆成究竟解脱种子，故但云密宗如冬也。

净土者，三德秘藏，常乐我净，究竟安隐之处，所谓常即法身，寂即解脱，光即般若，非一非三，而三而一，不纵不横，不并不别。依正不二，不可思议，不二而二，故全依即正，名为佛身；全正即依，名为净土耳。只此常寂光法性身土，全体迷之而为三界六道，偏证取之而为声闻、缘觉，权位菩萨随分悟之而为三贤十圣。所以诸佛为实施权，不动法性，垂下三土。为接三贤十圣，示实报净土。为接声闻、缘觉、权位菩萨，示方便净土。为接三界六道凡夫，示同居净土。而诸众生根性不同，乐欲亦异。或因持三聚戒而净四土，或因习教解甚深义而净四土，或因禅观直悟自心而净四土，或因专修三密、传持咒印而净四土。或唯以一门而净四土，或以二门、三门、四门而净四土。如世间草木华果，或生长熟脱于春，或生长熟脱于夏，或生长熟脱于秋，或生长熟脱于冬。或唯经一时而即熟脱，或经二时、三时乃至具经四时而得熟脱。故须云净土如土，寄王四时也。

夫八万四千乃至尘沙法门，未有不具戒者，未有不正解者，未有不笃行者，未有不证密者，未有不归净土者。故曰五门收之，罄无不尽也。然则无解行之戒，非戒也。无戒行之教，非教也。无戒教之禅，非禅也。无戒解及禅之密，非密也。非戒、非教、非禅、非密，则非净土真因也。非有四种净土，则戒、教、禅、密，无实果也。非真因实果，则不显非因非果之心性也。不显心性，则无以观法海之甚深无量而彻其涯底也。故以五门之澜，为观法海之术。愿与同志者共之。

甲午重九后一日，北天目蕅益沙门释智旭撰

法海观澜卷第一

律宗要典

佛说梵网经（二卷）
菩萨璎珞本业经（二卷）
菩萨善戒经（共十卷）
佛说受十善戒经（一卷）
佛说十善业道经（五纸）
文殊师利问经（二卷）
佛藏经（四卷）
优婆塞戒经（七卷）
佛说文殊师利净律经（一卷）
清净毗尼方广经（一卷）
菩萨藏经（九纸）
佛说善恭敬经（六纸）
佛说大乘戒经（一纸）
华严·二地品（六纸半）
佛说决定毗尼经（一卷）
佛说净业障经（一卷）
虚空藏菩萨经（一卷）
观虚空藏菩萨经（二纸）
大集·戒清净平等章（六纸）
大乘理趣·净戒波罗蜜多品（一卷）

菩萨戒羯磨文（五纸余）
菩萨戒本经（一卷）
菩萨五法忏悔经（一纸半）

以上大乘

四分律藏（六十卷）
摩诃僧祇律（四十卷，北作四十六卷）
弥沙塞五分律（三十卷）
十诵律（五十八卷）
十诵毗尼序（三卷）
萨婆多毗尼毗婆沙（八卷）
根本说一切有部毗奈耶（五十卷）
根本说一切有部苾刍尼毗奈耶（二十卷）
根本说一切有部杂事（四十卷）
根本说一切有部破僧事（二十卷）
根本说一切有部尼陀那（五卷）、目得迦（五卷）
根本萨婆多部律摄（十四卷）
善见毗婆沙律（十八卷）
毗尼母经（八卷）
舍利弗问经（十三纸半）
佛说目连所问经（二纸）
沙弥十戒法并威仪（一卷）
佛说沙弥十戒仪则经（三纸半）
沙弥尼戒经（四纸）
佛说优婆塞五戒相经（一卷）
戒消灾经（三纸）
佛说斋经（三纸）

以上小乘

律学纲维（节要）

◎《大方广佛华严经》

〈贤首品〉云：

若常信奉于诸佛，则能持戒修学处，
若常持戒修学处，则能具足诸功德。

又云：

家是贪爱系缚所，欲使众生悉免离，
故示出家得解脱，于诸欲乐无所爱。

述曰：出家学处，所谓二百五十戒也。戒名波罗提木叉，此翻保解脱。今既“示出家得解脱”，是明指比丘戒法，决能具足诸功德矣。苟不持修，岂名信佛奉佛。谁谓毗尼仅属小乘非即大华严哉！

〈离世间品〉云：菩萨摩诃萨有十种清净戒。何等为十？所谓身清净戒，护身三恶故。语清净戒，离语四过故。心清净戒，永离贪嗔邪见故。不破一切学处清净戒，于一切人天中作尊主故。守护菩提心清净戒，不乐小乘故。守护如来所制清净戒，乃至微细罪生大怖畏故。隐密护持清净戒，善拔犯戒众生故。不作一切恶清净戒，誓修一切善法故。远离一切有见清净戒，于戒无著故。守护一切众生清净戒，发起大悲故。

〈入不思议解脱境界普贤行愿品〉十七卷，大天告善财云：

如诸众生及草木，一切生长咸依地，
世及出世诸善根，皆依最胜尸罗地。
无戒欲求生善道，如鸟无翼欲飞空，
如人无足欲游行，亦如渡海无船筏。

三十三卷云：有二种戒，具足受持，则得圆满善知识法：一菩萨戒，二别解脱戒（即比丘学处也）。持是二戒，则能圆满善知识法。如佛所说，自不持戒，令他持戒，无有是处。若诸菩萨具足圆满头陀功德，如是二戒悉得清净，不失善法。

三十八卷云：菩萨有十种法，审谛思惟具足圆满，则能成就无骄慢心。一者谛观身界，作是念言：我今出家，无殊死人，父母亲爱朋友眷属一切所有皆弃舍故。二者思惟我今服坏色衣，进止威仪，不同世间。三者思惟既毁形好，执持应器，乞丐于他。四者思惟我今乞食，如旃陀罗。五者思惟为求段食长养我身，我之寿命死在他手。六者思惟所乞之食人畜之余，彼若嫌弃我方得食。七者思惟我今应当于师长所恭敬供养，令生欢喜。八者思惟我今欲令同梵行者生欢喜故，具足威仪，无违法式。九者思惟我今出家，于佛法中未得少分。十者思惟一切众生于我嗔恨，我常安隐。如是思惟，得无骄慢。

晋译〈贤首品〉云：

戒是无上菩提本，应当具足持净戒。
若能具足持净戒，一切如来所赞叹。

◎《增益阿含经》第二卷云：所谓戒者，息诸恶故。戒能成道，令人欢喜。戒璎珞身，现众好故。夫禁戒者，犹吉祥瓶，所愿便克。诸道品法，皆由戒成。如是行禁戒者，成大果报，诸善普具，得甘露味，至无为处。

◎《长阿含经》第十五卷，婆罗门云：“戒即智慧，智慧即戒。有戒有智，然后所言诚实，无有虚妄，我说名婆罗门。”佛言：“善哉！善哉！如汝所说，有戒则有慧，有慧则有戒。戒能净慧，慧能净戒。如人洗手，左右相须。戒慧具者，我说名比丘。”

◎《正法念处经》云：有垢戒者，生于天中。无垢戒者，至于涅槃。世间戒者，则有流动。出世间戒，则无流动。

又云：

意受持戒故，师则能与戒。
无心谄受戒，必定入地狱。

又云：自余死者，唯弃其身。毁戒比丘，一切善法，皆悉破坏。

◎《中阿含经》云：人犯一法，谓妄言是，不畏后世，无恶不作。宁啖铁丸其热如火，不以犯戒受世信施。若畏于苦不爱念者，于隐显处莫作恶业。若不善业已作、今作，终不得脱，亦无避处。

又云：若有比丘犯戒、破戒、缺戒、穿戒、秽戒、黑戒者，欲依戒立戒，以戒为梯升无上慧堂正法阁者，终无是处。

◎《杂阿含经》云：世尊告诸比丘：当恭敬住，常当系心，常当畏慎，随他自在诸修梵行上中下座。所以者何？若有比丘不恭敬住、不系心、不畏慎、不随他自在诸修梵行上中下座，而欲令威仪足者，无有是处。不备威仪，欲令学法满者，无有是处。学法不满，欲令戒身、定身、慧身、解脱身、解脱知见身具足者，无有是处。解脱知见不满足，欲令得无余涅槃者，无有是处。

◎《本事经》云：

出家而破戒，二俱无所成，
谓失在家仪，及坏沙门法。
宁吞热铁丸，洋铜而灌口，
不受人信施，而毁犯尸罗。
诸毁犯尸罗，无悔无惭愧，
多受人信施，定当生地狱。
诸有智慧人，应坚持净戒，
勿受人信施，而毁犯尸罗。

◎《大宝积经》

〈三律仪会〉云：世若有人于别解脱起违背想，则为于佛力无所畏而生违背。彼若于佛力无所畏生违背者，则于去来现在诸佛而生违背。由此未来所受异熟无量大苦，假使三千大千世界一切众生受地狱苦，比前众生所受苦毒，百分不及一，乃至算数譬喻优波尼沙昙分亦不及一。

又云：我终不听执著我见、众生见、寿者见、补特伽罗见者，于我法中而得出家。我若不许强出家者，皆为是贼，食重信施，亦不成就真比丘戒。

〈菩萨藏会〉云：

勿自恃持戒，轻毁犯戒者。

恃戒陵于人，是名真破戒。

又云：我说一切习近欲时，无有少恶而不造者。彼若报熟，无有少苦而不摄受。

〈文殊师利授记会〉云：菩萨成就三法，令愿不退，摄受佛刹功德庄严：一者尊重爱乐住阿兰若，二者无所染著而行法施，三者坚固安住净戒律仪。菩萨坚住戒律得十无畏：一者入聚落无畏，二者众中说法无畏，三者饮食无畏，四者出聚落无畏，五者入寺无畏，六者大众中食无畏，七者教授无畏，八者亲近和尚阿阇黎无畏，九者于自眷属慈心教诲无畏，十者受用衣服、饮食、卧具、医药无畏。住戒律者，所有言说，令他信受。

〈摩诃迦叶会〉云：宁以烧热铁叶为衣，不以破戒之身而著袈裟。宁吞热铁，不以破戒之身食人信施。

〈胜鬘夫人会〉云：毗奈耶者，即大乘学。所以者何？为佛出家而受具足，是故大乘戒蕴是毗奈耶。

◎《文殊师利所说不思议佛境界经》云：持戒具足八法而得清净：一者身行端直，二者语业淳净，三者心无瑕垢，四者志向坚贞，五者正命自资，六者头陀知足，七者离诸诈伪不实之相，八者恒不忘失菩提之心。

◎《大集经》

〈海慧菩萨品〉云：

客烦恼起生惭愧，即向十方佛忏悔。

修集善法调诸根，是故菩提心最胜。

又云：不为我见受持净戒，能坏阴魔。不为有贪受持净戒，坏烦恼魔。若为远离生死过失受持净戒，能坏死魔。若能生心令毁禁者悉持净戒受持净戒，则坏天魔。

〈无言菩萨品〉云：若有受持清净禁戒，不求果报，是名信力。不生烦恼毁坏禁戒，是名进力。如是净戒，至心护持，愿向菩提，是名念力。观身口意，如水中月、响、幻、焰等，是名慧力。

〈日密分·护法品〉云：若无量僧悉破禁戒，但令五人清净如法，若有施者，得福不可称计。何以故？以有护持佛法者故，怜愍一切诸众生故，其心平等无二相故。破戒比丘虽在众中受取信施，不得安乐。何以故？破禁戒故，不如法故。如是人者，一切十方无量诸佛所不护念，虽名比丘，不在僧数。何以故？入魔界故。持禁戒者即佛弟子，毁禁戒者即魔弟子。我都不听毁戒之人，受人信施如葶苈子。

◎《大乘本生心地观经》云：出家菩萨，以三观门修忍辱行，名真出家。观诸众生是佛化身，观于自身为实愚夫。观诸有情作尊贵想，观于自身为僮仆想。又观众生作父母想，观自己身如男女想。出家菩萨常作是观，或被打骂，终不加报，善巧方便调伏其心。

◎《大萨遮经》云：一切功德助道之行，举要言之，以戒为本，持戒为始。若不持戒，乃至不得疥癞野干身，何况当得功德之身。以戒净故，不断佛种，成等正觉；不断法种，分别法性；不断僧种，修无为道。以持净戒相续不断故，功德无尽。

◎《思益梵天经》云：问曰："世尊，谁能亲近于佛？"佛言："乃至失命因缘不毁禁者。"

◎《月灯三昧经》云：

无物能将此定来，必由净戒之所起。

又云：菩萨净戒有十种利益：一为满足一切智，二如佛所学而学，三智者不毁，四不退誓愿，五安住于行，六弃舍生死，七慕乐涅槃，八得无缠心，九得胜三昧，十不乏信财。

又云：常行乞食有十种利：一摧我慢幢。二不求亲爱。三不为名闻。四住在圣种。五不谄不诳，不现异相，又不傲慢。六不自高举。七不毁他人。八断除爱恚。九若入人家，不为饮食而行法施。十住头陀行，有所说法，为人信受。

又云：

不以无身手，故名阙身分，

若不持戒者，是名身分缺。

◎《师子月佛本生经》云：

戒为甘露药，服者不老死。
戒德可恃怙，福报常随己。
持戒得安隐，生处无患难，
亦当见诸佛，受法得解脱。

◎《法集经》云：菩萨修持净戒，不破不漏，不点不污，智者赞叹。住彼如是持净戒中，所作大愿，皆悉成就。

又云：世间出世间一切胜妙果报，皆由持戒而得，依因净戒根本力故。譬加一切草木丛林依地为根本，菩萨住于持戒，能与一切天人作大福田，复能满足施者功德。复次，菩萨出家修持净戒，则能远离一切世务之事。著于染衣，则能满足舍一切所爱之物。受持净戒，则能满足身口意清净。爱念持戒，则能满足六通。宴坐持戒，则能满足菩提分法。闻于妙法修持净戒，则能满足四无碍智。推求多闻智慧修持净戒，则能满足不自高心。亲近善知识修持净戒，则能满足一切功德。修持施波罗蜜戒，则能满足一切智智。如所闻法如说修持净戒，则能满足为大法师。如所闻法思惟持戒，则能满足得陀罗尼。念菩提心修持净戒，则能超过一切诸恶，得满足戒。不生害心修持净戒，则能满足不失菩提心。不失菩提心修持净戒，则能满足不失三宝心。若有能护修持戒者，世间所有可护之者皆悉能护。是名菩萨念戒。

◎《商主天子所问经》云：若自有犯而不覆藏，如是菩萨当得直心。若见破戒，乃至为命不舍菩提心，如是菩萨，得名持戒。

◎《大迦叶问经》云：有二种法，增出家热恼：一受持袈裟，心怀不净；二恃己戒德，呵责非行。

◎《大般若经》

第四云：若染色欲，于生梵天尚能为障，况得无上正等菩提！是故菩萨断欲出家修梵行者，能得无上正等菩提，非不断者。

又云：菩萨于五欲中深生厌患，不为五欲过失所染，以无量门诃毁诸欲。欲为炽火，烧身心故；欲为秽恶，染自他故；欲为魁脍，于去来今常为害故；欲为怨敌，长夜伺求作衰损故；欲如草炬，欲如苦果，欲如利剑，欲如火聚，欲如毒器，欲如幻惑，欲如暗井，欲如诈亲、旃荼罗等。舍利子，诸菩萨摩诃萨以如是等无量过门，诃毁诸欲。既善了知诸欲过失，宁有真实受诸欲事！但为饶益所化有情，方便善巧示受诸欲。

第四十七云：若菩萨生如是心：我应从初发心，乃至证得无上菩提，于其中间，誓当不起贪欲心、嗔恚心、愚痴心、忿心、恨心、覆心、恼心、诳心、谄心、嫉心、悭心、骄心、害心、见慢等心，亦复不起趣向声闻、独觉地心，如是名为菩萨殊胜广大心。

第五十一云：发应一切智智心，大悲为上首，以无所得而为方便，自住十善业道，亦劝他住十善业道。持此善根，与一切有情同共回向阿耨多罗三藐三菩提。是为菩萨净戒波罗蜜多。

第五十四云：菩萨作是思惟：此十恶法，尚碍善趣、二乘圣道，况大菩提？故应远离。

又云：于所学戒坚守不移，而于其中能不取相，是为菩萨于诸学处未曾弃舍。

第七十五云：若菩萨虽受持戒而有所依，谓作是念：我为饶益一切有情受持净戒，我随佛教于净尸罗能无所犯，我行净戒波罗蜜多。彼持戒时，以有所得而为方便，与诸有情同共回向阿耨多罗三貌三菩提。复作是念：我持此福，施诸有情，令得此世他世安乐，乃至证得无余涅槃。彼著三轮而受持戒：一者自想，二者他想，三者戒想。由著此三轮受持戒故，名世间净戒波罗蜜多。何缘此戒名为世间？以与世间同共行故，不超、动出世间法故。若菩萨受持戒时，三轮清净：一者不执我能持戒，二者不执所护有情，三者不著戒及戒果，是为菩萨摩诃萨受持戒时三轮清净。

又舍利子，菩萨以大悲为上首，所持戒福普施有情，于诸有情都无所得。虽与一切有情同共回向阿耨多罗三藐三菩提，而于其中不见少相。由都无所执而受持戒故，名出世间净戒波罗蜜多。何缘此净戒名出世间？不与世间同共行故，能超、动出世间法故。

三百二十七云：是菩萨虽现处居家，而常修梵行，终不受用诸妙欲境。虽现摄受种种珍财，而于其中不起染著。又于摄受诸欲乐具及珍财时，终不逼迫诸有情类，令生忧苦。

三百七十三云：云何菩萨修戒随念？是菩萨修行般若波罗蜜多时，从初发心，乃至安坐妙菩提座，恒住净戒，无缺无隙，无瑕无秽，无所取著，应受供养，智者所赞，妙善受持，妙善究竟，随顺胜定。思惟此戒以无性为自性，由是因缘不应思惟。何以故？如是净戒，都无自性。若法无自性，则无所有。若无所有，则不可念。所以者何？若无念无思惟，是为戒随念。

善现白佛：若一切法皆以无性为自性者，则应无色，亦无受想行识，广说乃至一切法皆应是无。

佛言：于汝意云何，于一切法皆以无性为自性中，有性无性为可得不？

善现答言：不也，世尊！不也，善逝！于一切法皆以无性为自性中，有性无性俱不可得。

佛言：若尔，云何汝今可为是问："若一切法皆以无性为自性者，则应无色，广说乃至一切法皆应是无？"

时善现白佛言：世尊！我于是法无惑无疑。然当来世有苾刍等求三乘者，彼作是说："佛说一切法皆以无性为其自性。若一切法皆以无性为自性者，谁染、谁净？谁缚、谁解？"彼于染净及于缚解不了知故，破戒、破见、破威仪、破净命。由破戒、见、威仪、净命，当堕地狱、傍生、鬼界，受诸剧苦，轮回生死难得解脱。我观未来当有如是可怖畏事，故问如来如是深义。然我于此无惑无疑。

佛言：善哉！善哉！如是，如是，如汝所说。于一切法皆以无性为自性中，有性无性俱不可得，不应于此执有无性。

第三百四十九云：不应容纳破戒之心经刹那顷，况经多时。

四百十六云：十种不善业道，尚当能碍人天善趣，况于圣道及大菩提而不为障？

四百四十八云：一切不退转菩萨，常乐受行十善业道。自离害生命，亦劝他离害生命，恒正称扬离害生命法，欢喜赞叹离害生命者。乃至自离邪见，亦劝他离邪见，恒正称扬离邪见法，欢喜赞叹离邪见者。是菩萨乃至梦中亦不现起十恶业道，况在觉时！

五百五十二云：若菩萨如是学时，所生之处，离害生命，离不与取，离欲邪行，离虚诳语，离粗恶语，离离间语，离秽恶语，亦离贪欲、嗔恚、邪见，终不摄受虚妄邪法，不以邪法而自活命，亦不摄受破戒恶见谤法有情以为亲友。

五百六十六云：虽知诸法离，而深畏众罪。如佛所说，应持净戒，修诸福业乃至般若波罗蜜多。于少罪中应怀大惧，不与同止，以世尊说："譬如毒药，多少俱害。"

五百六十八云：乃至梦中不近恶友，况于觉时而亲近彼。所以者何？诸菩萨于破戒人、著邪见人、不律仪人、行邪命人、无义语人、住懒惰人、乐生死人、背菩提人、爱俗务人，虽常怜愍而不共住。

又云：念佛世尊所说禁戒，谓作是念：三世诸佛皆学此戒成无上觉，证大涅槃。如是知已，精勤修学。

天王当知，诸菩萨行深般若波罗蜜多，为化有情及自修习，少欲喜足，著粪扫衣，心常清洁，信力坚固，宁失身命于戒不犯；心离骄慢，游行城邑，虽服弊衣而不生耻；远离懈怠，常修精进，所作未办终不中止；于粪扫衣不见过患，朽故弊坏终无轻鄙，但取其德，夫离欲者乃服此衣，如来所赞，息悭贪著[①]；亦不自赞我能服此，于他不服终无毁言。

五百八十三云：若诸有情，修诸善法心无厌倦，受持净戒终不毁犯，常乐利益一切有情，虽遇苦缘而无怯弱，随所修学愿与有情同证菩提、毕竟安乐，是为菩萨摩诃萨相。具此相者，名为菩萨。

◎《放光般若经》云：菩萨行般若波罗蜜，亦不见身口意。虽有身口

---

① "息悭贪著"，原作"失悭贪者"，现按《大般若经》校订。

意，终不嫉恚邪见，不两舌恶口、妄言绮语，无杀盗淫，无懈怠意，初不起恶智之事。若有菩萨不能舍此诸恶事者，此非菩萨。

◎《佛母出生三法藏般若经》云：乃至梦中亦行十善，而不暂起十不善行，是为不退转菩萨。

◎《大般涅槃经》云：受持是经而毁戒者，则是众生恶知识也，非我弟子，是魔眷属。如是之人，我亦不听受持是典。宁使不受不持不修，不以毁戒受持修习。若我弟子受持读诵书写演说《涅槃经》者，当正身心，慎无掉戏轻躁举动。

又云：菩萨摩诃萨常不犯恶，设有过失即时忏悔，于师同学终不覆藏，惭愧自责不敢复作，于轻罪中作极重想。

又云：为利养故受持禁戒，当知是戒不见佛性及以如来。虽闻佛性及如来名，犹不得名为闻见也。若为正法受持禁戒，当知是戒能见佛性及以如来。

◎《十住毗婆沙论》云：持戒与七法和合，故为善行：一惭，二愧，三多闻，四精进，五念，六慧，七净命、净身口业。行此七法，具持诸戒，是名善行诸行，于曲人中行质直心，败坏人中行真正心，谀谄人中行无谄心，不知恩中行于知恩，不知作中而行知作，无利益中能行利益，邪众生中行于正行，骄慢人中行无慢行，不随教中而不愠恚，罪众生中常作守护，众生所有过不见其失。

若受佛戒不能护持，则欺诸佛，是污佛家。何以故？受戒时生佛家中，破戒则欺诸佛，名污佛家。

◎《弥勒菩萨所问经论》云：言大施者，谓受持五戒，此是如来所说大施，以能摄取无量众生故，成就无量众生乐故。

◎《大智度论》云：好行善道，不自放逸，是名尸罗。或受戒行善，或不受戒行善，皆名尸罗。

持戒之人无事不得，破戒之人一切皆失。

佛如医王，法如良药，僧如瞻病人，戒如服药禁忌。

若破戒者，恼乱一切，是故菩萨不生破戒心，何况破戒。

持戒则摄一切众生，布施则不能普周一切，持戒遍满无量。如不杀生戒，则施一切众生命；如众生无量无边，福德亦无量无边。略说诸能破佛道事，此中皆名破戒。离是破戒垢，皆名清净。乃至声闻、辟支佛心，尚是戒垢，何况余恶。

菩萨知诸法实相故，尚不见持戒，何况破戒！

恶人破戒者，有可化，有不可化。不可化者若摄取共住，则自坏其道，于彼无益。譬如救溺，自不能济，而欲济彼，二俱不免。

菩萨住尸罗，或未得无生法忍故，诸烦恼风吹动愿树，欲坏其尸罗。尔时应求禅定乐，除却五欲乐。五欲乐除故，戒得清净。

初发心菩萨虽起诸烦恼，终不染心作恶；虽加杖楚，终不夺命，不取他财令其失命。

◎《瑜伽师地论》云：能建立义，能任持义，是根本义。由此尸罗建立任持一切世间及出世间，能引无罪最胜第一快乐功德，令生令证，是故尸罗说名根本；譬如大地建立任持一切药草卉木丛林，令生令长。

戒庄严具，于一切类，于一切时，若有服者，皆为妙好。

由此所受清净无罪妙善尸罗，能正除遣一切所受恶戒为因身心热恼；譬如最极炎炽热时，涂以栴檀、龙脑香等，一切郁蒸皆得除灭；是故尸罗说名涂香。

具戒士夫补特伽罗，遍诸方域妙善称誉，声颂普闻；譬如种种根熏香等，随风飘飏遍诸方所，悦意芬馥，周流弥远；是故尸罗名为熏香。

由此尸罗清净善行，能趣妙乐，往妙天趣，向妙安隐，故名妙行。

由此尸罗清净善法，是防护性，是息除相，是远离体，故名律仪。

◎《大毗婆沙论》云：何故名为圣所爱戒？答：是诸功德所依处故。谓诸圣者爱乐功德，故爱此戒。如人爱宝，亦爱宝器。如是圣者爱乐清净菩提分法功德宝故，亦爱如是所依戒器。复次圣者憎恶诸破戒恶，戒能对治破戒恶故，圣者爱之。复次圣者憎恶诸险恶趣，戒能超越险恶趣故，圣者爱之。复次圣者憎恶生死流转，戒能超越生死流转故，圣者爱之。复次圣者爱涅槃，戒能趣涅槃故，圣者爱之。

◎《分别功德论》云：毗尼者，禁律也，为二部僧说，检恶敛非，引法防奸，犹王者秘藏，非外官所司，故曰内藏也。

诸藏之中，律藏最在其内，不可示沙弥及以白衣。

◎《解脱道论》云：如人无头，一切诸根不复取尘，是时名死。如是比丘以戒为头，若头断已，失诸善法，于此佛法谓之为死，是戒为头义。

◎《出曜经》云：人之修道，唯有信、戒。信根已全，戒则不毁。

◎《佛所行赞经》云：

山林宝玉石，皆依地而生，
戒德亦如地，众善之所由。
无翅欲腾虚，度河无良舟，
人而无戒德，济苦为实难。
如树美华果，针刺难可攀，
多闻美色力，破戒者亦然。

◎《达磨多罗禅经》云：如天德瓶，守护不坏，常出珍宝，随意无尽。修行如是，不毁净戒，则常出生圣功德宝。轻毁德瓶，珍宝即灭。若破戒瓶，则永失法宝。

◎《续高僧传》释道悦云：蚕衣损命，乖忍辱之名；布服俭素，表慈悲之相。

法海观澜卷第二

天台宗要典

大智度论（一百卷）

中论（四卷）

大乘止观法门（四卷）

《法华经》安乐行义（一卷）

诸法无诤三昧法门（二卷）

南岳立誓愿文（一卷）

《法华》玄义（二十卷）、《玄义》释签（二十卷）

《法华》文句（二十卷）、《文句》记（二十卷）

摩诃止观（二十卷）、《止观》辅行传弘决（四十卷）

止观义例（二卷）

止观大意（十纸余）

禅波罗蜜（十卷）

坐禅法要（二卷）

觉意三昧（一卷）

四教义（六卷）

四念处（四卷）

法界次第初门（三卷）

禅门口诀（一卷）

《观经》疏（一卷）、妙宗钞（六卷）

《金光明》玄义（二卷）、《玄义》拾遗记（六卷）

《金光明》文句（六卷）、《文句》记（十二卷）

《观音》玄义（二卷）、《玄义》记（四卷）
《观音》义疏（二卷）、《义疏》记（四卷）
《般若经》疏（一卷）
《请观音经》疏（一卷）、《观音疏》阐义钞（四卷）
《仁王经》疏（五卷）、《仁王经疏》神宝记（四卷）
《大涅槃经》玄义（二卷）
发源机要（四卷）
《大涅槃经》疏（古十八卷，南作二十六卷，北作三十三卷）
《观心论》疏（三卷，北作五卷）
八教大意（一卷）
智者别传（一卷）
国清百录（四卷）
永嘉集（一卷）、《永嘉集》注（二卷）
金刚錍（一卷）
始终心要（一纸）
十不二门（九纸）、指要钞（二卷）、《指要钞》详解
修忏要旨（九纸）
观心二百问（一卷）
教行录（七卷）
传佛心印记（八纸）、《心印记》注
四教仪（一卷）、《四教仪》集注（十卷）
《三千有门颂》略解

贤首宗要典

《华严》疏钞（疏四十卷，北作六十卷；钞六十卷，北作九十卷）
《华严悬谈》会元记（四十卷）
一乘教义分齐章（三卷，北作四卷）

《华严》指归（一卷）
华严经·明法品内立三宝章（二卷）
《圆觉经略疏》之钞（三十卷）
《金刚经》疏论纂要（三卷）、刊定记（七卷）
《心经》略疏（九纸）
《遗教经论疏》节要（一卷）
注《华严法界观门》（一卷）
《华严》法界玄镜（一卷，北作二卷）
妄尽还源观（十二纸）
金师子章
禅源诠（四卷）
原人论（八纸半）、《原人论》解（四卷）

慈恩宗要典

楞伽阿跋多罗宝经（四卷）
大乘密严经（三卷）
佛地经（八纸）
解深密经（五卷）
瑜伽师地论（百卷）
显扬圣教论（二十卷）
集论（七卷）、杂集论（十六卷）
辨中边论（三卷）
摄大乘论（二卷）
成唯识论（十卷）
相宗八要
《百法明门论》解
《唯识》开蒙

教观警策（节要）

◎《大方广佛华严经》

〈问明品〉云：若欲求除灭无量诸过恶，当于佛法中勇猛常精进。

又云：

非但以多闻，能入如来法。
如人水所漂，惧溺而渴死，
于法不修行，多闻亦如是。
如人设美馔，自饿而不食；
如人善方药，自疾不能救；
如人数他宝，自无半钱分；
如有生王宫，而受馁与寒；
如聋奏音乐，悦彼不自闻；
如盲缋众像，示彼不自见；
譬如海船师，而于海中死；
于法不修行，多闻亦如是。
如在四衢道，广说众好事，
内自无实德，不行亦如是。

〈须弥山顶偈赞品〉云：

譬如暗中宝，无灯不可见，
佛法无人说，虽慧莫能了。

〈十地品〉云：禅善巧决定观察智，不离善巧多闻。菩萨如是观察了知已，倍于正法勤求修习，日夜唯愿闻法、喜法、乐法、依法、随法、解法、顺法、到法、住法、行法。

又云：得闻法已，摄心安住。于空闲处，作是思惟：如说修行乃得佛法，非但口言而可清净。

〈离世间品〉云：若诸菩萨不如说行，当知是人于佛菩提则为永离。是故菩萨应如说行。

〈入法界品〉普贤菩萨云：我法海中，无有一文、无有一句，非是舍施转轮王位而求得者，非是舍施一切所有而求得者。善男子，我所求法，皆为救护一切众生。

〈入不思议解脱境界普贤行愿品〉云：

牛饮水成乳，蛇饮水成毒，
智学成菩提，愚学为生死。
如是不了知，斯由少学过，
是故我国人，多闻无厌怠。

又云：菩萨不但以闻思慧解，而能证入一切法门。具足十法，得此解脱。一者远离诸不善法，二者不违如来制戒，三者远离一切悭嫉，四者供养一切如来，五者勤修一切福业，六者具足智慧，七者具足方便，八者具足大愿，九者具足厌离，十者具足精进。

◎《正法念处经》云：

若人能说法，利益于他人，
其人如父母，示以涅槃城。
若为他人说，一句之善法，
则为善导师，为众生所尊。

◎《大宝积经》

〈菩萨藏会〉云：

多闻解了法，多闻不造恶，
多闻舍无义，多闻得涅槃。
善听增长闻，闻能增长慧，
慧能修净义，得义多招乐。
聪慧得义已，证现法涅槃，

闻法净黠慧，证得第一乐。

又云：若诸含识，于菩萨藏微妙法门虽复听闻而不如理方便作意，当知是人于彼圣道不能正行。

〈文殊师利授记会〉云：菩萨说法心无所著，则能摄受十种功德：一者不生恶欲，二者不求他人识知，三者不起名闻心，四者于檀越家心不系著，五者不占护他家，六者于极下劣四事供养而生喜足，七者说法令他信受，八者善神守护，九者不生邪觉，十者起念佛心。

〈富楼那会〉云：受持读诵，如所说行，是名第一供养于佛。

〈授幻师跋陀罗记会〉云：有四法多闻无厌：一者增长自他正智慧故，二者于他疑惑能断除故，三者于佛正法能摄受故，四者于诸如来赞无尽故。复有四法多闻坚实：一者闻正法已能善解了，二者闻正法已不作诸恶，三者闻正法已为他开示,四者闻正法已回向菩提。复有四法令他信乐所说之法：一者心少欲故，二者常知足故，三者语柔软故，四者身顺法故。

又云：复有四法得净辩才：一者于说法人无所违逆，二者尊重法师、恭敬听受，三者不以多闻而自骄慢，四者于少闻人不生轻贱。

〈摩诃迦叶会〉云：若满三千大千世界珍宝乐具施诸众生，若有为他人说一四句偈令其得闻，所得功德胜前功德无量无边阿僧祇数。何以故？珍宝乐具不能令人离于生老病死忧悲苦恼，惟有正法能大利益，离于生老病死忧悲苦恼。复次，若有菩萨以满无边世界珍宝施诸如来，若有菩萨以大悲心为一众生说四句偈，功德胜彼。

〈普明菩萨会〉云：譬如有人漂没大水，渴乏而死。有诸沙门多读诵经，而不能止贪恚痴渴，法水漂没，烦恼渴死，堕诸恶道。譬如药师持药囊行，而自身病不能疗治。多闻之人有烦恼病，亦复如是，虽有多闻，不止烦恼，不能自利。

◎《文殊师利所说不思议佛境界经》云：多闻以八法而得清净：一者敬顺师长，二者摧伏骄慢，三者精勤记持，四者正念不错，五者说释无倦，六者不自矜伐，七者如理观察，八者依教修行。

◎《地藏十轮经》云：三乘皆应修学，不应骄慢妄号大乘，谤毁声闻、独觉乘法。偈曰：

痴慢号大乘，彼无有智力，
尚迷二乘法，况能解大乘？
譬如阙坏眼，不能见众色，
如是阙坏信，不能解大乘。
无力饮池河，讵能吞大海？
不习二乘法，何能学大乘？
先信二乘法，方能信大乘，
无信诵大乘，空言无所益。
内怀真断见，妄自号大乘，
不护三业罪，坏乱我正法，
彼人命终后，定堕无间狱。

又云：譬如有人痴狂心乱，为作音乐，不能了知。如是众生于二乘法未曾修学，贪嗔痴等猛利烦恼扰乱其心，执著无因及断灭论，根机未熟，为说大乘，虽经多时而不能解。譬如有人不著甲胄、不持刀杖，辄入阵中，必遭伤害，受诸苦恼。如是众生于二乘法未曾修学，智慧狭劣，根器未成，为说大乘，必生妄执，由此展转造恶无穷。如是痴人不久便当肢体废缺，于多日夜结舌不言，受诸苦毒，痛切难忍，命终定生无间地狱，于诸恶趣轮转往来。

又云：夫大乘者，受持第一清净律仪，修行第一微妙善行，具足第一坚固惭愧，深见深畏后世苦果，远离所有一切恶法，常乐修行一切善法，慈悲常遍一切有情，恒普为作利益安乐，救济度脱一切有情所有厄难、生死众苦，不顾自身所有安乐，惟求安乐一切有情。如是名为住大乘者。

又云：若不修行十善业道，设经十方一切佛土微尘数劫自号大乘，或说、或听，或但发心，或发誓愿，终不能证菩提涅槃，亦不令他脱生死苦。

◎《思益梵天经》云：是法无余能报，惟有一事，如说修行。若人于此法中能如说修行者，是名能报师恩，乃至是名转于法轮。

◎《月灯三昧经》云：

虽广读众经，恃多闻毁禁，
多闻非能救，破戒地狱苦。
自恃持戒慢，而不学多闻，
持戒报尽已，还复受诸苦。
多闻与持戒，二俱不自恃，
恃慢薄福人，由是起众苦。

◎《大法炬陀罗尼经》云：法师应勤精进，速灭无明，亦劝他离。常当如是思惟：我今所处即是如来狮子之座，随彼众生一切问难，我当解释皆令欢喜。作是念已，诸有诤论彼我之心，自然消灭。复次，法师常应慈愍，爱语谦下，将护众心。何以故？若怀嗔妒，心存胜负，获大重罪。慈心说法成大功德，能令佛法久住于世，凡所生处常得值遇诸佛菩萨及众贤圣，能消世间种种供养。假以高大狮子宝座、亿数无价名衣奉上法师，岂能报彼恩德。而彼虽受是事，应生惭愧，勿起贪心，应生慈心，不得我慢，无令消灭施主善根，当令众生咸得欢喜。

又云：若人常说法，若人常来听，如是二种人，咸得无量福。

◎《大般若经》云：初得无上正等觉时，作是思惟：我依谁住、谁堪受我恭敬、供养、尊重、赞叹？作是念时，都不见有一切世间若天、若魔、若梵、若沙门、若婆罗门、人非人等，与我等者，况当有胜。复自思惟：我依此法，已证无上正等菩提，此法微妙，甚深寂静，我当还依此法而住，供养恭敬、尊重赞叹。何谓此法？所谓般若波罗蜜多。骄尸迦！我已成佛，尚遵如是甚深般若波罗蜜多依止而住，供养恭敬，尊重赞叹；况善男子善女人等，欲求无上正等菩提，而不于此甚深般若波罗密多至心归依，精勤修学，以无量种上妙华鬘、涂散等香，衣服璎珞、宝幢幡盖，众妙珍奇、妓乐灯明，尽诸所有，供养恭敬、尊重赞叹！

又云：若菩萨摩诃萨不学一切法，终不能得一切智智。

又云：若一善法未能圆满，而得无上正等菩提，无有是处。

又云：复次善现，住菩萨乘诸善男子、善女人等，书写、受持、读诵、修习、思惟、演说如是般若波罗蜜多甚深经时，得大名闻、恭敬供养，所谓衣服、饮食、卧具、医药，及余资财。是善男子、善女人等，受著此事，退失般若所引无边殊胜善业，当知是为菩萨魔事。

又云：是菩萨摩诃萨心，以调伏贪嗔痴及无贪嗔痴，远离贪嗔痴及无贪嗔痴，为性为相，为状为貌。若成就如是性相状貌心，乃于如是甚深般若波罗蜜多能生净信及生胜解。

又云：甚深般若波罗蜜多，不为非器诸有情说，不为外道恶见者说，不为懈怠不信者说，不为求法贸易者说，不为贪爱名利者说，不为嫉妒秘吝者说，不为生盲聋哑者说。

又云：财施有竭，法施无穷。

又云：应净修持身语意戒。何以故？为欲引发闻思修故。

又云：诸欲供养佛世尊者，当修三法：一者发菩提心，二者护持正法，三者如教修行。若能修学此三法者，乃得名为真供养佛。

又云：受持此经有十种法：一者书写，二者供养，三者施他，四者谛听，五者披读，六者受持，七者广说，八者讽诵，九者思惟，十者修习。

又云：诸有情类不应保信微少善根，谓彼即能脱诸恶趣；勤行精进，亦不可保；乃至于法未具正见，于诸恶趣犹有堕落。若于正法圆满修学，得顺忍已，能不复造感恶趣业，不复懈怠起顺退分，于下劣位不恐退转，于所修行心不慢缓。

◎《大般涅槃经》云：有四种法为大涅槃而作近因：一者亲近善友，二者专心听法，三者系念思惟，四者如法修行。不以闻故得大涅槃，以修集故得大涅槃。譬如病人，虽闻医教及药名字，不能愈病；以服食故，能得差病。

又云：宁当少闻能解义味，不愿多闻于义不了。愿作心师，不师于心。

◎《大悲经》云：应学三事：一者欲，二者精进，三者不放逸。汝等若住三事，我此阿僧祇劫所习无上法宝库藏，则得久住。复次阿难，我于阿僧祇劫所习阿耨多罗三藐三菩提法，三事因缘当有隐没：一者无信，二者不住决定之行，三者不忏悔。

◎《十住毗婆沙论》云：

问曰：三乘所学，皆为无余涅槃。若无余涅槃中无差别者，我等何用于恒河沙等大劫往来生死，具足十地，不如以声闻、辟支佛乘速灭诸苦。

答曰：是语弱劣，非是大悲有益之言。若诸菩萨效汝小心无慈愍意、不能精勤修十地者，诸声闻、辟支佛何由得度？亦复无有二乘差别。所以者何？一切声闻、辟支佛，皆由佛出。若无诸佛，何由而出？若不修十地，何有诸佛？若无诸佛，亦无法、僧。是故汝所说者，则断三宝种，非是大人有智之言，不可听察。

菩萨有八法能集一切功德：一者大悲，二者坚心，三者智慧，四者方便，五者不放逸，六者勤精进，七者常摄念，八者善知识。是故初发心者，疾行八法，如救头然，然后当修诸余功德。

若闻佛语，即能自解，如丈夫能服苦药，小儿则以蜜和。

于曲人中行质直心，败坏人中行真正心，谀谄人中行无谄心，不知恩中行于知恩，不知作中而行知作，无利益中能行利益，邪众生中行于正行，骄慢人中行无慢行，不随教中而不愠恚，罪众生中常作守护。众生所有过，不见其失。

菩萨未得至，阿惟越致地，
应常勤精进，犹如救头然。
荷负于重担，为求菩提故，
常应勤精进，不生懈怠心。
若求声闻乘，辟支佛乘者，
但为成己利，常应勤精进。
何况于菩萨，自度亦度彼，
于此二乘人，亿倍应精进。

◎《佛地经论》云：菩萨不应于声闻不生恭敬。由是赞叹声闻功德，亦令其余于声闻众生净信故。

一切众生无始时来，习善时少，造恶时多。是故善法虽遇强缘，亦难生长；恶法虽遇少小外缘，则便炽盛。

◎《弥勒菩萨所问经论》云：菩萨有四种真实功德：一者能信解空，亦信因果；二者知一切法无有吾我，而于众生起大悲心；三者深乐涅槃，而游生死；四者所作施行，皆为众生，不求果报。若如是者，即生在佛家。

◎《大宝积经论》云：不以空故，令诸法空，但法性自空。不以无相故，令诸法无相，但法自无相。

◎《大智度论》云：非但言说名为法施。常以净心、善心以教一切，是名法施。

有人著常颠倒，故舍常相，不著无常相，是名法印，非谓舍常著无常者以为法印。我乃至寂灭亦如是。

佛以般若为母、般舟三昧为父。

无常破常，不应以无常为是。苦、乐、我非我等亦如是。

空破悭而不破檀。余五法亦如是。

诸法毕竟空，而亦不断灭；生死虽相续，亦不是常；无量阿僧祇劫业因缘虽过去，亦能生果报而不灭。是名微妙难知。

行者以有为患，用空破有，心复贵空，著于空者，则堕断灭。

如雨堕，不住山顶，必归下处。若人骄心自高，则法不入。若人恭敬善师，则功德归之。

若有能开释深义，解散疑结，于我有益，则尽心敬之，不念余恶。如弊囊盛宝，不得以囊恶故不取其宝。又如夜行险道，弊人执炬，不得以人恶故不取其照。菩萨亦如是，于师得智慧光明，不计其恶。复次菩萨作是念：法师好恶，非是我事。我所求者，惟欲闻法以自利益。如泥像木像，无实功德，因发佛想故，得无量福。何况是人智慧方便，能为人说。以是故法师有过，于我无咎。

菩萨深入实相，然后悲念众生。譬如人有一子，得好宝物，深心爱念，欲以与之。

是般若波罗蜜，虽毕竟空，而不堕断灭；虽分别有三乘，亦不生著心。于三事中不取定相，是事甚深微妙。

般若波罗蜜无觉观语言相，而因此语言经卷能得此般若波罗蜜，是故以名字经卷名为般若波罗蜜。

新发意菩萨先教取相随喜，渐得方便力，尔乃能行无相随喜。譬如鸟子，羽翼未成，不可逼令高翔；六翮成就，则能远飞。

若但行般若，则心散乱不调顺，多生疑悔邪见，失般若智慧相。若与五波罗蜜合行，则调顺不错，能成办众事。

若悋惜法，则常生边地无佛法处。

如小火能烧，何况大者。菩萨亦如是，新学时能以般若转世间法，令毕竟空，烧诸烦恼，何况得力具足。闻所说而信者，不名为信。智慧知已，名为信。

因缘生法无自性。无自性故，即是毕竟空。是毕竟空，从本以来空，非佛所作，亦非余人所作。诸佛为可度众生故，说是毕竟空相即是一切诸法实体，不因内外有。

诸神天轻贱妄语人，若菩萨不如所说行，则五种执金刚神舍离，不复守护，恶鬼得便，是人喜生恶心。恶心故则生恶业，恶业故则堕恶道。

当来世求三乘人，闻佛说空无所有性，以罪重智钝故，取空相，便言凡夫恶人何以名垢，出家得道人何以名净。是人不解佛语深义以何事而说，著是空故言："何用持戒等为？"即生邪见，破正见、破戒、破威仪，无所畏忌，堕三恶道。

诸佛以说法猛风，吹却颠倒云翳，令得清净，而诸法性常自无垢无净。是菩萨知一切法性空故，能行一切种种道度众生。

菩萨远离怜愍众生心，但行般若求诸法实相，或堕邪见中。

◎《广百论释》云：要具三德，名为法器。一者禀性柔和，无有偏党，恒自审察，不贪己见；二者常希胜解，求法无厌，不守己分而生喜足；三者为性聪慧，于善恶言，能正了知得失差别。若无如是所说三德，虽有师资，终无胜利。

又云：劣慧者前不应辄说空无我理，增其恶见，谓初我执，唯背涅槃；后恶取空，兼向恶趣。

◎《禅法要解经》云：若能依义，一切诸经皆是了义，义毕竟空不可说相故。若不依义，是人于诸经皆不了义，以无深智、随逐音声故。

◎《成实论》云：佛法贵如说行，非但言说。

◎《三法度论》云：若能除淫怒痴是多闻，余者非多闻。

◎《出曜经》云：

所谓持法者，不必多诵习。
若少有所闻，具足法身行，
是谓持法人，以法自将养。
虽多诵习义，放逸不从正，
如牧数他牛，不获沙门果。

虽诵千章，不义何益？宁解一句，闻可得道。
虽寿百年，无慧不定，不如一日，黠慧有定。

◎南岳思大师示众云：道源不远，性海非遥，但向己求，莫从他觅。觅即不得，得亦不真。偈曰：

顿悟心源开宝藏，隐显灵通现真相。
独行独坐常巍巍，百亿化身无数量。
纵令逼塞满虚空，看时不见微尘相。
可笑物兮无比况，口吐明珠光晃晃。
寻常见说不思议，一语标名言下当。

又偈曰：

天不能盖地不载，无去无来无障碍，
无长无短无青黄，不在中间及内外，
超群出众太虚玄，指物传心人不会。

法海观澜卷第三

禅观要典

楞伽阿跋多罗宝经（四卷）

金刚般若波罗蜜经（一卷）

大佛顶首楞严经（十卷）

圆觉经（一卷）

维摩经（三卷）

《华严》合论（四十卷）

摩诃止观（二十卷）、《止观》辅行传弘决（四十卷）

宗镜录（一百卷）

景德传灯录（三十卷）

续传灯录（三十六卷）

传法正宗记（十卷）

宗门统要续集（二十卷）

禅宗正脉（二十卷）

颂古联珠（二十一卷）

六祖坛经（一卷）

古尊宿语（四十八卷）

万善同归（六卷）

唯心诀（一卷）

《心赋》注（四卷）

明觉语录（六卷）

佛果语录（十七卷）
智证传（十卷）
石门文字禅（三十卷）
大慧语录（三十卷）、大慧书（二卷）
正法眼藏（三卷）
雪岩录
高峰语录
中峰语录（三十卷）
天如语录
真心直说（一卷）
修心诀（一卷）
决疑集（一卷）
楚石语录
紫柏集
方便语
寿昌语录

禅宗要旨（节要）

◎《大方广佛华严经》初卷云：尔时，世尊于一切法成最正觉，智入三世，悉皆平等，其身充满一切世间，其音普顺十方国土，乃至一一毛端悉能容受一切世界而无障碍，身遍十方而无来往，皆入诸相，了法空寂，三世诸佛所有神变，于光明中靡不咸睹，一切佛土不思议劫所有庄严，悉令显现。

述曰：此乃所谓大彻大悟、圆证心性之全体大用者也。此之谓涅槃妙心，此之谓正法眼藏。禅者苟知以此为则，决不至于得少为足，起增上慢，成大妄语矣！

◎《本事经》云：

出家有二种，正所应作事，
谓静虑、听说，速证于涅槃。
静虑慧为因，慧必由静虑，
有静虑有慧，速证于涅槃。
百千哑羊僧，无慧修静虑，
设经百千岁，无一得涅槃。
勤修智慧人，乐听法说法，
敛念须臾顷，能速证涅槃。

◎《大宝积经》

〈出现光明会〉云：

愚人修习禅，乐于禅定乐，
便起增上慢，谓得沙门果。
愚人修习禅，无眼尽边智，
设于百千劫，彼终无解脱。

〈菩萨藏会〉云：若有乐定修相应行诸菩萨等，未曾听闻微妙法门，又不听闻圣教法律，但于三摩地中生知足想，当知是人起增上慢，不能解脱生老病死。

〈文殊师利授记会〉云：菩萨乐住寂静入禅定者，获十功德利益：一者得念，二者得慧，三者修行，四者迅辩，五者得陀罗尼，六者善知法生，七者善知法灭，八者戒聚无犯，九者诸天供养，十者不贪他好。

◎《文殊师利所说不思议佛境界经》云：禅以八法而得清净：一者常居兰若宴寂思惟，二者不共众人群聚谈说，三者于外境界无所贪著，四者若身若心舍诸荣好，五者饮食少欲，六者无攀缘处，七者不乐修饰音声文字，八者转教他人令得圣乐。

◎《大集经·海慧菩萨品》云：菩萨若乐受寂静乐，不乐听法、说法、问疑，以寂静故烦恼不起，以不起故，不知知想，不离离想，不证证想，不修修想，不得实义，是名魔业。

◎《出曜经》云：无禅不智，无智不禅。道从禅智，得近泥洹。

◎《大般涅槃经》云：佛告四众，吾今所有无上正法，悉已付嘱摩诃迦叶，当为汝等作大依止，犹如如来。

◎《景德传灯录》云：佛告弟子摩诃迦叶：吾以清净法眼涅槃妙心，实相无相，微妙正法，将付于汝，汝当护持。并敕阿难，副贰传化，无令断绝。

◎第一祖摩诃迦叶尊者。《景德录》云：告诸比丘：佛已荼毗，金刚舍利非我等事，我等宜当结集法眼，无令断绝。

◎第二十八祖菩提达摩尊者，此土初祖也。《景德录》第三卷云：有道育、慧可二沙门，年虽后生，俊志高远，幸逢法师，事之数载。法师感其精诚，诲以真道，令如是安心，所谓壁观（即所谓外息诸缘，内心无喘，心如墙壁，可以入道）；如是发行，所谓四行；如是顺物，防护讥嫌；如是方便，遣其不著。夫入道多途，要唯二种：一是理入，二是行入。

理入者，谓藉教悟宗，深信含生同一真性，但为客尘妄想所覆，不能显了。若舍伪归真，凝住壁观，无自无他，凡圣等一，坚住不移，不随他教，此即与理冥符，无有分别，寂然无为，名理入也。

行入四行，万行同摄。初报怨行者，谓修道人，若受苦时，当念往劫舍本逐末，多起爱憎。今虽无犯，是我宿殃，恶业果熟，非天非人所能见与。甘心忍受，都无怨诉。经云："逢苦不忧。何以故？识达故。"此心生时，与理相应，体怨进道，故言报怨行也。二随缘行者，众生无我，苦乐皆从缘生。纵得荣誉等事，宿因所构，今方得之，缘尽还无，何喜之有。得失从缘，心无增减。喜风不动，冥顺于道也。三无所求行者，世人长迷，处处贪著，名之为求。智者悟真，理与俗反，安心无为，形随运转，万有斯空，无所愿乐。有身皆苦，谁得而安？经云："有求皆苦，无求乃乐。"故言无所求行也。四称法行者。性净之理，目之为法。此理众相斯空，无染无著，无彼无此。经云："法无众生，离众生垢故。法无有我，离我垢故。"智者若能信解此理，应当称法而行。法体无悭，于身命财行檀舍施，心无悋惜。达解三空，不倚不著，但为去垢，称化众生，而不取相。此为自行，复能利他，亦能庄严菩提之道。檀施既尔，余五亦然。为除妄想，修行六度，而无所行，是为称法行也。

又谓二祖曰：二百年后，衣钵止而不传，法亦大盛。当是知道者多，行道者少；说理者多，悟理者少。

又云：此有《楞伽经》四卷，盖如来极谈法要，亦可以与世开示悟入。

◎第三十祖僧璨大师，此土三祖，《信心铭》云：

至道无难，惟嫌拣择。但莫憎爱，洞然明白。
毫厘有差，天地悬隔。欲得现前，莫存顺逆。
违顺相争，是为心病。不识玄旨，徒劳念静。
圆同太虚，无欠无余。良由取舍，所以不如。
莫逐有缘，勿住空忍。一种平怀，泯然自尽。
止动归止，止更弥动。惟滞两边，宁知一种。
一种不通，两处失功。遣有没有，存空背空。
多言多虑，转不相应。绝言绝虑，无处不通。
归根得旨，随照失宗。须臾处照，胜却前空。
前空转变，皆由妄见。不用求真，唯须息见。
二见不住，慎莫追寻。才有是非，纷然失心。
二由一有，一亦莫守。一心不生，万法无咎。
无咎无法，不生不心。能随境灭，境逐能沈。
境由能境，能由境能。欲知两段，元是一空。
一空同两，齐含万象。不见精粗，宁有偏党。
大道体宽，无易无难。小见狐疑，转急转迟。
执之失度，必入邪路。放之自然，体无去住。
任性合道，逍遥绝恼。系念乖真，昏沉不好。
不好劳神，何用疏亲。欲取一乘，勿恶六尘。
六尘不恶，还同正觉。智者无为，愚人自缚。
法无异法，妄自爱著。将心用心，岂非大错。

迷生寂乱，悟无好恶。一切二边，良由斟酌。
梦幻空花，何劳把捉。得失是非，一时放却。
若眼不睡，诸梦自除。心若不异，万法一如。
一如体玄，兀尔忘缘。万法齐归，观复自然。
泯其所以，不可方比。止动无动，动止无止。
两既不成，一何有尔。究竟穷极，不存轨则。
契心平等，所作俱息。狐疑尽净，正信调直。
一切不留，无可记忆。虚明自照，不劳心力。
非思量处，识情难测。真如法界，无他无自。
要急相应，唯言不二。不二皆同，无不包容。
十方智者，皆入此宗。宗非促延，一念万年。
无在不在，十方目前。极小同大，忘绝境界。
极大同小，不见边表。有即是无，无即是有。
若不如此，必不须守。一即一切，一切即一。
但能如是，何虑不毕。信心不二，不二信心。
言语道断，非去来今。

◎六祖谓志彻曰：吾传佛心印，安敢违于佛经？

示智通四智偈曰：

大圆镜智性清净，平等性智心无病，
妙观察智见非功，成所作智同圆镜。
五八六七果因转，但转名言无实性。
若于转处不留情，繁兴永处那伽定。

示智常偈曰：

不见一法存无见，大似浮云遮日面。
不知一法守空知，还如太虚生闪电。
此之知见瞥然兴，错认何曾解方便。
汝当一念自知非，自己灵光常显现。

《坛经》云：若见一切法，心不染著，是为无念。用即遍一切处，亦不著一切处。但净本心，使六识出六门，于六尘中无染无杂，来去自由，通用无滞，即是般若三昧自在解脱，名无念行。若百不思，常令念绝，即是法缚，即名边见。

若真修道人，不见世间过。
若见他人非，自非却是左。
他非我不非，我非自有过。
但自却非心，打除烦恼破。
憎爱不关心，长伸两脚卧。
欲拟化他人，自须有方便。
勿令彼有疑，即是自性现。

内心谦下是功，外行于礼是德。自性建立万法是功，心体离念是德。不离自性是功，应用无染是德。若修功德之人，心即不轻，常行普敬。心常轻人，吾我不断，即自无功。自性虚妄不实，即自无德。

◎鸟窠道林禅师。白居易礼谒，问曰："如何是佛法大意？"师曰："诸恶莫作，众善奉行。"白曰："三岁孩儿也解恁么道。"师曰："三岁孩儿虽道得，八十老人行不得。"

◎大寂道一禅师示众曰：道不用修，但莫污染。何为污染？但有生死心，造作趣向，皆是污染。若欲直会其道，平常心是道。谓平常心无造作，无是非，无取舍，无断常，无凡无圣。经云："非凡夫行，非贤圣行，是菩萨行。"只如今行住坐卧，应机接物，尽是道。道即是法界。乃至河沙妙用，不出法界。若不然者，云何言心地法门？云何言无尽灯？一切法皆是心法，一切名皆是心名。万法皆从心生，心为万法之根本。经云："识心达本源，故号为沙门。"名等，义等，一切诸法皆等，纯一无杂。若于教门中，得随时自在，建立法界，尽是法界；若立真如，尽是真如；若立理，一切法尽是理；若立事，一切法尽是事。举一千从，理事无别，尽是妙用，要无别理，乃至建立亦得，扫荡亦得。

又云：性无有异，用则不同。顺理为悟，顺事为迷。迷即迷自家本心，悟即悟自家本性。一悟永悟，不复更迷。如日出时，不合于冥。了心及境界，妄想即不生。妄想既不生，即是无生法忍，本有今有，不假修道坐禅。如今若见此理真正，不造诸业，随分过生，一衣一钵，坐起相随，戒行增熏，积于净业。但能如是，何虑不通。

◎百丈怀海禅师曰：汝莫言有少分戒善，将为便了。有恒沙无漏戒定慧门，都未涉一毫在。努力猛作早修，莫待耳聋眼暗，头白面皱，老苦及身，眼中流泪，心中慞惶，未有去处。到恁么时，整理脚手不得也。

若怕临终之时慞狂不得自由，即须如今便自由始得。只如今于一一境法，都无爱染，亦莫依住知解，便是自由人。如今是因，临终是果。果业已现，如何怕得。

◎南泉愿禅师云：近日禅师太多，觅个痴钝人不可得。不道全无，于中还少。

赵州问：如何是道？

师曰：平常心是道。

州曰：还可趋向也无？

师曰：拟向即乖。

州曰：不拟争知是道？

师曰：道不属知，不属不知。知是妄觉，不知是无记。若真达不疑之道，犹如太虚，廓然荡豁，岂可强是非耶？

◎白居易问惟宽禅师曰：既曰禅师，何以说法？

师曰：无上菩提者，被于身为律，说于口为法，行于心为禅。应用有三，其致一也。譬如江、湖、淮、汉，在处立名，名虽不一，水性无二。律即是法，法不离禅，云何于中妄起分别？

曰：既无分别，何以修心？

师曰：心本无损伤，云何要修理？无论净与垢，一切勿念起。

曰：垢即不可念，净无念可乎？

师曰：如人眼睛上，一物不可住。金屑虽珍宝，在眼亦为病。

曰：无修无念，又何异凡夫耶？

师曰：凡夫无明，二乘执著。离此二病，是曰真修。真修者，不得勤，不得忘。勤即近执著，忘即落无明。此为心要云尔。

◎沩山祐禅师示众云：夫道人之心，质直无伪，无背无面，无诈妄心行，一切时中，视听寻常，更无委曲，亦不闭眼塞耳，但情不附物即得。从上诸圣，只是说浊边过患。若无如许多恶觉情见想习之事，譬如秋水澄渟，清净无为，澹泞无碍。唤他作道人，亦名无事之人。

时有僧问：顿悟之人，更有修否？

师云：若真悟得本，他自知时。修与不修，是两头语。如今初心虽从缘得一念顿悟自理，犹有无始旷劫习气未能顿净，须教渠净除现业流识，即是修也，不道别有法教渠修行趋向。

◎唐宣宗问弘辨禅师曰：有人持经念佛、持咒求佛，如何？

对曰：如来种种开赞，皆为最上一乘。如百川众流，莫不朝宗于海。如是差别诸数，皆归萨婆若海。

帝曰：禅师既会祖意，还礼佛转经否？

对曰：沙门释子，礼佛转经，盖是住持常法，有四报焉。然依法戒修身，参寻知识，渐修梵行，履践如来所行之迹。

帝曰：何为顿见？何为渐修？

对曰：顿明自性，与佛同俦。然有无始染习，故假渐修对治，令顺性起用；如人吃饭，不一口便饱。

◎仰山寂禅师问沩山祐禅师云：如何是真佛住处？

沩曰：以思无思之妙，返思灵焰之无穷。思尽还源，性相常住，事理不二，真佛如如。

师于言下顿悟，自此执侍。寻往江陵受戒，住夏探律藏。

◎仰山示众曰：汝等诸人，各自回光返顾，莫记吾言。汝无始劫来，背明投暗，妄想根深，卒难顿拔，所以假设方便，夺汝粗识。如将黄叶止啼，有甚么是处。

又云：且莫将心凑泊，但向自己性海，如实而修，不要三明六通。何以故？此是圣末边事，如今且要识心达本。但得其本，莫愁其末。他时后日，自具去在。若未得本，纵饶将情学他，亦不得。

◎玄沙备禅师云：奈何汝无始积劫动诸妄情，结成烦恼，如重病人，心狂热闷，颠倒乱见，都无实事。如今所睹一切境界，皆亦如是，对汝诸根，尽成颠倒。古人以无穷妙药，医疗对治，直至十地，未得惺惺，将知大不容易。古人思惟，如丧考妣；如今兄弟，见似等闲。何处别有人为汝了得？可惜时光虚度。何妨密密地自究，子细观寻，至无著力处，自息诸缘去。纵未发明，种子犹在。若总取我傍家打鼓弄粥饭气力，将此造次排遣生死，赚汝一生，有何所益？

今时人不悟个中道理，妄自涉事涉尘，处处染著，头头系绊。纵悟得尘境纷纭、名相不实，便拟凝心敛念、摄事归空，闭目藏睛，才有念起旋旋破除，细想才生即便遏捺。如此见解，即是落空亡的外道、魂不散的死人，冥冥漠漠、无觉无知，塞耳偷铃，徒自欺诳。

师阅《楞严》，发明心地，由是应机敏捷，与修多罗冥契。诸方玄学有所未决，必从之请益。至与雪峰征诘，亦当仁不让。峰曰：“备头陀，再来人也。”

◎志逢禅师云：教意祖意，同一方便，终无别理。彼若明得，此亦昭然。

又云：古德为法行脚，实不惮勤劳。如雪峰和尚三回到投子，九度上洞山，盘桓往返，尚求个入路不得。看汝近世参学人，才跨门来，便待老僧接引，指掌说禅。且汝欲造玄极之道，岂当等闲。

◎《道原传灯录》云：达磨大师，以心传心，不滞名数，直为上上根智，俾忘筌忘意，故与台教同而不同。智者大师，穷理尽性，备足之门，故与禅宗异而非异也。

◎鹅湖大义禅师问诸硕德：行住坐卧毕竟以何为道？有对知者是道，师曰：不可以智知，不可以识识，安得知者是乎？有对无分别者是道，师曰：善能分别诸法相，于第一义而不动，安得无分别是乎？有对四禅八定是道，师曰：佛身无为，不堕诸数，安在四禅八定耶？众皆杜口。

◎黄檗禅师。或问：“从上皆云即心即佛，未审即那个心是佛？”

师曰："你有几个心？"问："为复即凡心是佛、即圣心是佛？"师曰："何处有凡圣心耶？"问："即今三乘中说有凡圣，和尚何得言无？"师曰："三乘中分明向你道凡圣心是妄，你今不解，返执为有，将空作实，岂不是妄。妄故迷心。汝但除却凡情圣境，心外更无别佛。祖师西来，直指一切人全体是佛。汝今不识，执凡执圣，向外驰骋，还自迷心。"

一切诸法，皆由心造。如今但学无心，顿息诸缘，莫生妄想分别，无人无我，无贪嗔，无憎爱，无胜负，但除却如许多种妄想，性自本来清净，即是修行菩提法佛等。若不会此意，纵你广学勤苦修行，木食草衣，不识自心，皆名邪行，尽作天魔外道、水陆诸神。

◎临济禅师曰：你取山僧口里语，不如休歇无事去。已起者莫续，未起者不要放起，便胜你十年行脚。

问："如何是西来意？"师曰："若有意，自救不了。"问："既无意，云何二祖得法？"师曰："得者是不得。"问："既若不得，云何是不得底意？"师曰："为你向一切处驰求，心不能歇，所以祖师云'咄哉丈夫，将头觅头'，你言下便自回光返照，更不别求，知身心与祖佛不别，当下无事，方名得法。"

师应机多用喝，会下参徒亦学师喝。师曰："汝等总学我喝，我今问汝：有一人从东堂出，一人从西堂出，两人齐喝一声，者里分得宾主么？汝且作么生分？若分不得，已后不得学老僧喝。饶你分得，亦不得学老僧喝。"

◎长沙岑禅师。

皓月问：天下善知识，证三德涅槃也未？

师曰：大德问果上涅槃？因中涅槃？

曰：问果上涅槃。

师曰：天下善知识未证。

曰：为甚么未证？

师曰：功未齐于诸圣。

曰：功未齐于诸圣，何为善知识？

师曰：明见佛性，亦得名为善知识。

◎子湖山神力利踪禅师云：心源朗朗，无物莫疑，直下承当，不劳功用，只少个信之一字。然实不易信。莫非夙习之徒，闻著便能承受。若是萤学之辈，将三寸唇舌惑乱于人。后进初机，把他古圣之谈，向意根下测度，直至头白齿黄，并无纤毫得力处。乃至得少为足，鼓弄片皮，于佛法却为毒害，讥礼塔庙，毁彼持经，狮子身中虫，自食狮子身中肉。

◎赵州禅师。

或问：诸佛还有师也无？师曰：有。问：如何是诸佛师？师曰：阿弥陀佛，阿弥陀佛！

问：和尚受大王如是供养，将什么报答？师曰：念佛。

示众云：佛之一字，吾不喜闻。问：和尚还为人也无？师云：佛！佛！

但究理而坐，二三十年，若不会，截取老僧头去。

老僧九十年前，见马祖大师下八十余员善知识，个个俱是作家；不似如今知识，枝蔓上生枝蔓，大都是去圣遥远，一代不如一代。

兄弟，莫久立，有事商量，无事向衣钵下坐，穷理好。老僧行脚时，除二时斋饭是杂用心力处，余外更无别用心力处也。若不如此，出家大远在。

问：万物中何物最坚？师云：相骂饶你接嘴，相吐饶你泼水。

上堂云：兄弟，但改往修来，若不改，大有著你处在。老僧在此间三十余年，未曾有一个禅师到此间。设有来，一宿一食，急走过，且趁软暖处去也。

◎云门禅师遗诫云：佛有明教，依而行之。

◎叶县省禅师。有问："看经即是，不看即是？"师云："青山无异路，东西任意游。"进云："太不定生。"师云："自是盲者过，非日月咎。"

◎神鼎諲禅师云：参须实参，悟须实悟。阎罗大王，不怕多语。

◎法华举禅师云：夫行脚者，不在观州玩府，看山门景致，盖为生死事大。从上古人，凡到所在，见一个村院主，也须问过。如今晚学，往往蹉过，不肯递相博问。

◎洛浦安禅师。或问："祖意、教意，是同是别？"答曰："日月并轮辉，谁家别有路。”曰：“恁么则显晦殊途，事非一概。”师曰：“但自不亡羊，何须泣岐路。”

◎佛眼远禅师云：诸人每日行千行万，不是行不到，何故却不分晓？只为信之不及。若信得及，则不行而到也，十方世界事，不待思量，一时晓了得。诸人每日说千说万，不是说不到，何故却不分晓？亦是信之不及。若信得及，则实无所说也。三世如来所说之法，不待思量，一时晓了得。大众还到恁么田地也未？若是为生死底人，须求亲证。若是人我参学之人，耻为不会，须求觅解会，到处觅相似语句，递相印证，灭胡种族，教坏人家男女。我此门中，都无是事，还知么？聋人也唱胡笳曲，好恶高低自不闻。

三自省察：一、是身寿命如驹过隙，何暇闲情妄为杂事。既隆释种，须绍门风。谛审先宗，是何标格。二、道业未办，去圣时遥，善友师教，诚不可舍。自生勉励，念报佛恩。唯己自知，大心莫退。三、报缘虚幻，不可强为。浮世几何，随家丰俭。苦乐逆顺，道在其中。动静寒温，自愧自悔。

◎大随禅师云：上代诸德，莫非求实，不自瞒昧。岂比飞蛾投火，自伤自坏。

此身难得，胎卵易成。况是释子之徒，又乃祖宗苗裔。三衣覆体，曩劫修来。四事供须，非从今日。人前行相，总似高僧。乃至语言，不如俗子。称名便是传法沙门，仔细寻思，还传个甚么？一向毁他经教，有目如盲，纯乃谤于祖宗，有心只如木石，不解忖己德行，终日恣纵无明。以无惭愧之心，兀兀何曾觉悟。此身若失，永劫沉沦。非但却复人身，有福底畜生也难得。

莫向口头取俊。他时人天眼目者，非是一生两生修来，盖是恒沙劫功成果满，始得如是。所以向你丛林里示现下来，只图你今时人勤苦修行，只恐你出家人失却人身，莫等闲过日。

问：毁佛谤僧时如何？答：僧有何过，佛辜负你个什么，你毁谤他。

上堂云：此性本来清净，具足万德，但以随染净二缘，而有差别。

故诸圣悟之，一向净用而成觉道。凡夫迷之，一向染用没溺轮回。其体不二，故《般若》云："无二无二分，无别无断故。"

老僧行脚时，到于诸方经冬过夏，未省时中空过。向沩山会里做饭七年，于洞山会中做柴头三年。重处即便先去，只是了得自己，干他人甚事。如诸佛菩萨，尽是勤苦，不计劫数，舍金轮宝位、头目髓脑、国城妻子、所爱之物，不可算数，所以始得名为佛。似诸阇黎，还曾舍得个什么，作得个什么勤苦，便道我会出世间法？世间法尚不会，些些子境界现前，便自张眉怒目，消容不得，说什么解脱法！

◎鼓山宴禅师云：大事未办，宗脉不通，切忌记持言句，意识里作活计。不见道，意为贼，识为浪，尽被漂沦没溺去，无自由分。必若大事未通，不如休去、大歇去、身心纯静去好。时中莫驻著事，却易得露。

◎洞山初禅师云：智有邪正，道有虚伪。多只与么心机意识，认得门前屋后底，学得路布葛藤一堆一担，蕴在胸襟，道我会禅会道。还梦见禅道也未？唤作"打头不遇作家，到老只成骨懂"。

◎云峰悦禅师上堂云：诸禅德，去圣时遥，人心淡薄。看却今之丛林，更是不得也。所在之处，或聚徒三百五百，浩浩地只以饭食丰浓、寮舍稳便为旺化也。中间孜孜为道者无一人。设有十个、五个，走上走下，半青半黄，会即总道我会，各各自谓握灵蛇之宝，孰肯知非。洎乎挨拶鞭逼将来，直是万中无一。苦哉！苦哉！所谓般若丛林岁岁凋，无明荒草年年长。就中今时后生，才入众来，便自端然拱手，受他别人供养。到处菜不择一茎，柴不搬一束，十指不沾水，百事不干怀。虽则一期快意，争奈三涂累身。岂不见教中道："宁以热铁缠身，不受信心人衣。宁以洋铜灌口，不受信心人食。"上座若也是去，直饶变大地作黄金，搅长河为酥酪，供养上座，未为分外；若也未是，至于滴水寸丝，便须披毛戴角，牵犁拽耙，偿他始得。诸上座，光阴可惜，时不待人。莫待一朝眼光落地，菑田无一篑之功，铁围陷百刑之痛。莫言不道。珍重！

近代佛法可伤，多弃本逐末，背正投邪。莫认古人一切言句为禅为道，有甚干涉。直饶达磨西来，亦无禅可传，只要大众自悟自成佛，自建立一切禅道。况神通变化，众生本自具足，不假外求。如今人多是外求，盖根本自无所悟，一向客作，数他人珍宝，都是虚妄，终不免生死轮转。

◎佛照禅师对宋孝宗云：但念念叩己而参，蓦然一念相应，如桶底子脱相似，直至成佛，永无退转。

又云：佛法至妙，无有穷已。如有穷已，则成住著。才成住著，便有窠臼。

◎圆照本禅师曰：岁月不可把玩，老病不与人期。唯勤修勿怠，是真相为。

◎法安禅师住武宁延恩寺，草屋数楹，败床破箦，师安乐之。县令纠豪右谋为一新，师笑曰："檀法本以度人，今非其发心而强之，是名作业，不名佛事也。"栖止十年，而丛林成，僧至如归。

师与法云秀为昆弟，且相得。秀所居庄严妙天下，说法如云雨。尝以书招师，师读之，一笑而已。或问其故，师曰："吾始见秀有英气，谓可以语道。乃今而后知其痴，痴人正不可与语也。"问者曰："何哉？"师曰："比丘法，当一钵行四方。既不能尔，又于八达衢头架大屋，从人乞饭以养数百闲汉，非痴乎？"师每谓人曰：万事随缘，是安乐法。

◎黄鲁直太史与胡少汲书云：公道学颇得力耶？治病之方，当深求禅悦，照破生死之根，则忧畏淫怒无处安脚。病既无根，则枝叶无能为害。投子聪和尚、海会演和尚，皆出世宗师，道行高重，不愧古人，皆可亲近。且胜从文章之士，学妄言绮语增长无明种子也。聪老尤喜接高明士大夫，开怀议论，便穿得诸儒鼻孔。若于义理得宗趣，却观旧读诸书，境界廓然，六通四辟，极省心力也。然有道之士，须以至诚恳恻归向。古人所谓"下人不真，不得其精"，此非虚语。

◎晦堂宝觉禅师，往谒泐潭月禅师，月以经论精义入神闻。诸方同列笑之，以为下乔木入幽谷。师曰："彼以有得之得，护前遮后。我以无学之学，朝宗百川。"

马祖百丈以前，无住持事，道人相寻于空闲寂寞之滨而已。其后虽有住持，王臣尊礼为人天师。今则不然，挂名官府，如有户籍之民。此岂可复为也。

谓潭州守谢师直曰：三乘十二分教，还同说食示人食味。既因他说，其食要在自己亲尝。既自亲尝，便能了知其味是甘是辛、是咸是淡。达磨西来，直指人心，见性成佛，亦复如是。真性既因文字而显，要在自己亲见。若能亲见，便能了知目前是真是妄、是生是死。反观一切语言文字，皆是表显之说，都无实义。如今不了，病在见闻觉知，为不如实知真际所诣。认此见闻觉知，为自己所见。殊不知此见闻觉知，皆因前尘而有分别。若无前尘境界，即此见闻觉知还同龟毛兔角，并无所归。

偈曰：

不住唐朝寺，闲为宋地僧，
生涯三事衲，故旧一枝藤。
乞食随缘去，逢山任意登，
相逢莫相笑，不是岭南能。

◎邵武英禅师云：直饶棒头荐得，不是丈夫；喝下承当，未为达士。那堪更向言中取则，句里驰求。语路尖新，机锋捷疾，如斯见解，尽是埋没宗旨，玷污先贤。于吾祖道，何曾梦见。

◎归宗芝庵主结茅绝顶，偈曰：

千峰顶上一间屋，老僧半间云半间，
昨夜云随风雨去，到头不似老僧闲。

◎开先瑛禅师云：木中有火，不钻不出。沙中有金，不淘不得。心中有道，不觉不悟。游方行脚，唤作道人，还曾悟么？良久曰：白日莫闲过，青春不再来。

◎潭州隆禅师云：若未会，须是叩己而参。直要真实，不得信口掠虚，徒自虚生浪死。

◎黄龙示草堂清禅师曰：子见猫儿捕鼠乎？目睛不瞬，四足踞地，诸根顺向，首尾一直，拟无不中。子诚能如是，心无异缘，六根自静，默然而究，万无一失也。

又曰：得道非难，弘道为难。弘道犹在己，说法为人难。既明之后，在力行之。

◎圆通秀谓黄山谷曰："汝以艳语动天下人淫心，不止马腹中，正恐生泥犁耳。"黄悚然悔谢，著发愿文，痛戒酒色，但朝粥午饭而已。依晦堂得个省处，被死心所搒，无语应之。后左迁黔南，于无思念中，顿明大旨，乃以书报死心曰："往年尝蒙苦苦提撕，长如醉梦，依稀在光影中。盖疑情不尽，命根不断，故望崖而退耳。谪官在黔南道中，昼卧觉来，忽尔寻思，被天下老和尚瞒了多少。唯有死心道人不肯，乃是第一相为也。"

◎佛照杲禅师云：西来祖意，教外别传，非大根器，不能证入。其证入者，不被文字语言所转、声色是非所迷，亦无云门、临济之殊，赵州、德山之异。

◎宝华普鉴禅师云：参禅别无奇特，只要当人命根断、疑情脱，千眼顿开；如大洋海底，辊一轮赫日，上升天门，照破四天之下，万别千差，一时明了；便能握金刚王宝剑，七纵八横，受用自在，岂不快哉！如或见谛不真，影像仿佛，寻言逐句，受人指呼，驴年得快活去。不如屏净尘缘，竖起脊梁骨，著些精彩，究教七穿八穴，百了千当，向水边林下长养圣胎，亦不枉受人天供养。

◎师问佛照曰："禅家言多不根，何也？"照曰："汝习何经论？"答曰："颇通《百法》。"照曰："只如昨日雨，今日晴，是甚么法中收？"师懵然。照曰："莫道禅家所言不根好。"师愤曰："昨日雨，今日晴，毕竟是甚么法中收？"照曰："第二十四时分不相应法中收。"师恍悟，礼谢。

◎龙牙密禅师上堂云：

休把庭花类此身，庭花落后更逢春，
此身一往知何处，三界茫茫愁杀人。

◎大慧杲禅师。师尝语僧俗言：参得禅了，凡读经看文字，如去自家屋里行一遭相似，又如与旧时相识底人相见一般。若欲以文字语言糟粕求，无有是处。

又谓提刑吴伟明曰：不须呈伎俩，直须啐地折、嚗地断，方敌得生死。若只呈伎俩，有甚了期。

◎白杨顺禅师示众云：染缘易就，道业难成。不了目前，万缘差别，只见境风浩浩，凋残功德之林；心火炎炎，烧尽菩提之树。道念若同情念，成佛多时。为众一似为己，彼此事办。不见他非我是，自然上敬下恭。佛法时时现前，烦恼尘尘解脱。

◎法常首座辞世词曰：

此事《楞严》尝露布，梅花雪月交光处。一笑寥寥空万古，风瓯语，迥然银汉横天宇。

蝶梦《南华》方栩栩，斑斑谁跨丰干虎？而今忘却来时路，江山暮，天涯目送飞鸿去。

◎穷谷琏禅师曰：者一段事，不在有言，不在无言；不碍有言，不碍无言。古人垂一言半句，正如国家兵器，不得已而用之。横说竖说，只要控人入处，其实不在言句上。今时人不能一径彻证根源，只以语言文字而为至道，一句来，一句去，唤作禅道，唤作向上向下，谓之菩提涅槃，谓之祖师巴鼻，正似郑州出曹门。

◎圆悟示张持满曰：此既已明，当须践履。但只退步，愈退愈明，愈不会愈有力量。异念才起，拟心才生，即猛自割断，令不相续。则智照洞然，步步踏实地，岂有高低憎爱、违顺拣择于其间哉！无明习气，旋起旋消，悠久间，自无力能扰人也。

赵州三十年除二时粥饭是杂用心处，香林四十年方成一片，从上古人无不皆如此，密密履践，安可计得失长短、取舍是非知解也。何止此生而已，穷未来际，证无量圣身，也未是他泊头处。但一味退步，切莫作限量也。

示吴教授云：探究此事，要透死生，岂是小缘。应当猛利，诚志信重，如救头然，始有少分相应。多见参问之士，世智聪明，只图资谈柄、广声誉，以为高上趣向，务以胜人，但增益我见，如以油投火，其焰益炽，直到腊月三十日，茫然谬乱，殊不得纤毫力。

又云：佛祖出兴，特唱此段大因缘。只贵一闻千悟，直下承当了。修行不求名闻利养，唯务透脱生死。看他古来有道之士，动是降龙伏虎，与神明受戒，攻苦食淡，大忘人世，永谢尘寰，三二十年遁迹埋名，往往坐脱立亡。于中一个半个，诸圣推出，建立宗风，无不禀高行，务报佛恩。当宜师法之，转相勉励，追复古风，切忌希名苟利。兹深祝也。

教中道："是法非思量分别之所能解。"又云："以有思惟心测度如来圆觉境界，如取萤火烧须弥山，终不能着。"祖师道："但尽凡情，别无圣量。凡情尽处，圣量现前。"直须顿歇妄缘，无念无为，放教虚静，千圣万圣未有不从此门而得入者。只在存诚坚固，努力向前，但办肯心，必不相赚。

◎曹山智照禅师看经次，有问："禅僧心不挂元字脚，何得多学？"师曰："文字性异，法法体空。迷则句句疮疣，悟则文文般若。苟无取舍，何害圆伊。"

◎死心新禅师上堂云：清珠下于浊水，浊水不得不清；念佛投于乱心，乱心不得不佛。佛既不乱，浊水自清。浊水既清，功归何所？良久曰：

几度黑风翻大海，未曾闻着钓舟倾。

◎咦庵鉴禅师云：老胡开一条路，甚生径直，只云歇即菩提，性净明心，不从人得。后人不得其门，一向奔驰南北、往复东西，极岁穷年，无个歇处。

法海观澜卷第四

密宗要典

密咒圆因（节要）

◎《大宝积经》

〈无边庄严会〉云：

若不了诸法，自性不可得，
彼则行于相，不得陀罗尼。
诸法如虚空，由是说开示，
虚空及开示，二俱无所有。
此二离于有，诸法亦空无，
如是解法者，彼能获总持。

〈密迹金刚力士会〉云：菩萨有十大法，逮如是象无极大力。何谓为十？一曰宁弃身命，勤受正法。二曰未曾自大，谦恪下意，礼敬众生。三曰见于刚强难化众生，立之忍辱。四曰见饥馑人，以好美膳而充施之。五曰睹诸恐惧，劝慰安之。六曰若有众生得于重疾，疗以良药。七曰若有羸劣人所轻慢，敬念恋之，令无忽易者。八曰以净泥水，涂如来庙，补其亏缺。九曰见孤苦人，贫匮困厄，常负重担，使去其难、极重之殃。十曰若有无护、无所皈依，常将济之，所语如言而不变失。

◎《佛说一切如来真实摄大乘现证三昧大教王经》云：诸欲入曼拏罗者，应先于普遍无余诸有情界，起救护心，悉令获得适悦快乐，及得一切最上悉地。

又云：诸余未知此一印者，汝当慎勿为其指示。何以故？是彼有情，以不见大曼拏罗故，辄结是印者，不得成就。彼即生疑，反招殃咎，速趣命终，堕于无间大地狱中，复堕恶趣。

又云：汝不应以此秘密法，辄为人说，无令反招殃咎，身坏命终，堕大地狱。

◎《佛说大悲空智金刚大教王仪轨经》云：于七日中，施妙饮食，起大悲心，恭敬供养。设恶来者，倍生怜愍，勿复于彼生下劣想，令魔得便。常勤悲念，于昼夜分，以慧决择，无复余事。无非时食，不起邪思。于他善恶，勿乐宣传。观察他身，如护己有。

又云：以佛神力不思议故，得成就已，令诸众生入佛知见。若于众生少分损害，如是法印不能成就。

◎《一字奇特佛顶经》云：持明者，先当受三皈，发菩提心，清净澡浴，大悲愍念一切有情，于寂静处，应结契印，亲承禀而受。若异此结者，诸魅及毗那夜迦而作障难，死堕地狱。不灌顶者，不发菩提心者，彼人前不应结此等印。

◎《大乘瑜伽金刚性海曼殊室利千臂千钵大教王经》云：若有教主阿阇黎，不在受法道场内，与人妄说如来秘密三摩地观、秘教法藏者，此人好求名利，谄谀妄说，得四重罪；其听者生生得盗法罪，堕入地狱，永不闻正教法。若有受得如来秘密妙法，则常应四时不阙，供养行道，念诵坐观，常行精进，勿令懈怠。

又云：魔作幻惑，非关正智。唯心示变，莫取外缘。须常谛观心性，见性最静，心性无物，是相莫取，则无境界妄相因缘。

◎《陀罗尼集经》云：其诵咒人，应当具足坚持七法：一者持戒。二者忍辱。三者离口四过。四者于佛法中生决定信。五者发无上菩提心。六者常诵咒法，心生惭愧。七者于四威仪，身心无倦。犹如轮王，具足七宝，得绍王位，王四天下；咒师亦尔，具前七法，速得证验。

◎《大毗卢遮那成佛神变加持经》云：乃至身分举动住止，应知皆是密印；舌相所转众多言说，应知皆是真言。

又云：

烧除妄分别，成净菩提心，

此名内护摩，为诸菩萨说。

◎《苏婆呼童子经》云：若有诵持一切真言法者，先于诸佛深起敬心。次发无上菩提之心，为度众生，广发大愿，远离贪痴骄慢等业。复于三宝深生珍重，亦应虔诚遵祟大金刚部。当须远离杀、盗、邪淫、妄言、绮语、恶口、两舌，亦不饮酒及以食肉。

口虽念诵，心意不善，常行邪见。以邪见故，变为不善，得杂染果。

持诵人先须持戒。譬如芽种，皆依地生，由勤灌溉，令芽生长。世尊所说别解脱法、清净尸罗，具应修行。若是俗流，唯除僧服，自余律仪，悉皆无差。

◎《一字佛顶轮王经》云：一切咒者，心常寂静，坚持六念，系修咒法，发菩提心，即得成就。离菩提心，毕无成办。

◎《金刚瑜伽中略出念诵经》云：不应与未入坛场人说此法事。汝傥说者，非但违失汝三摩耶，自招殃咎耳。

应坚守正法，设遭逼迫恼害，乃至断命，不应舍离修菩提心。于求法人不应悭吝。于诸众生有少不利益事，亦不应作。此是最上句义，圣所行处。

◎《广大宝楼阁善住秘密陀罗尼经》云：勿以此法于后世时，妄相付与下劣贱人、恶性众生、破戒众生、懈怠众生、邪见众生、小乘众生、贪欲众生、我慢众生，如斯之类，不须为说此陀罗尼。

◎《牟梨曼陀罗咒经》云：若起贪欲心而诵咒乞效验者，当来成于夜叉种子。若无智心中而诵咒求验者，当来成于鬼神种子。若慈愍之心、大慈悲心、念佛之心，如是心中诵咒乞验，当来成于如来种智，所为所作，得无障碍，一切成就。

复次，或欲睡眠，颦申欠呿，謦咳洟唾，整身形供具，一切不安，窃起缘虑，即勿诵咒，急当至心向佛瞻仰，竭诚专注，凝想正观，心意清净，乃可诵咒。若大小遗已，咒水一掬二十一遍，想月临照，自洒头顶周身及衣。所有染污，一切清净。

◎《妙臂菩萨所问经》云：持诵行人求悉地者，以持戒为根本，然后运菩提心，发精进勇施正勤力，持诵真言，常不懈退，于佛菩萨，倍生恭信。譬如轮王具足七宝，方理国土而得安静。

◎《金刚萨埵说频瑟夜迦天成就仪轨经》云：是中成就法，诸持明者欲作此法，以慈悲为本，利乐为先，饶益有情，方便摄化，可作成就。若用怨亲之见、取舍之情而作此法，定不成就，复招重罪。

法海观澜卷第五

净土要典

《大宝积经·无量寿如来会》（二卷）

佛说阿弥陀经（四纸）

阿弥陀鼓音声王陀罗尼经（三纸）

佛说观无量寿佛经（一卷）

《无量寿经》优波提舍（七纸欠）

《佛说阿弥陀经》疏（七纸）

《观无量寿佛经》疏（一卷）、《观无量寿佛经疏》妙宗钞（六卷）

十疑论（一卷）

往生净土忏愿仪（十二纸）

决疑行愿二门（九纸）

净土境观要门（六纸余）

莲宗宝鉴（七卷）

念佛三昧宝王论

净土或问（一卷）

宝王三昧念佛直指（四卷）

楚石禅师西斋净土诗（二卷）

净土生无生论（一卷）

西方合论（十卷）

乐邦文类（六卷）

龙舒净土文

往生集（三卷）

西方发愿文

净土玄门（节要）

◎《大方广佛华严经》

第十六卷云：

宁受地狱苦，得闻诸佛名，
不受无量乐，而不闻佛名。
所以于往昔，无数劫受苦，
流转生死中，不闻佛名故。

又云：

若见如来者，为得大善利，
闻佛名生信，则是世间塔。

〈入法界品〉云：

若得见于佛，除灭一切苦，
能入诸如来，大智之境界。
若得见于佛，舍离一切障，
长养无尽福，成就菩提道。

◎《大宝积经》

〈无边庄严会〉云：若复有人于日日中称说如来名号功德，是诸众生能离黑暗，渐次当得烧诸烦恼。如是称念南无佛者，语业不空。如是语业，名执火炬，能烧烦恼。若复有人得闻如来及佛名号，离诸黑暗，与彼众生为涅槃因。

〈菩萨见实会〉云：

此释种决定，得生安乐国，面奉无量寿。
住安乐国已，无畏成菩提。

能趣十方界，供养无量佛，
安住一佛土，能供十方佛。

〈授幻师跋陀罗记会〉云：有四法得值诸佛：一者恒以一心专念佛故，二者称赞如来诸功德故，三者所受律仪遍清净故，四者以胜意乐发弘愿故。

〈发胜志乐会〉云：若有众生发十种心，随一一心专念向于阿弥陀佛，是人命终当得往生彼佛世界。一者于诸众生起于大慈无损害心。二者于诸众生起于大悲无逼恼心。三者于佛正法不惜身命乐守护心。四者于一切法发生胜忍无执著心。五者不贪利养、恭敬、尊重，净意乐心。六者求佛种智，于一切时无忘失心。七者于诸众生尊重恭敬，无下劣心。八者不著世论，于菩提分生决定心。九者种诸善根，无有杂染清净之心。十者于诸如来，舍离诸相，起随念心。

〈净信童女会〉云：菩萨成就八种法故，于诸佛前莲花化生。一者乃至失命不说他过，二者劝化众生令归三宝，三者安置一切于菩提心，四者梵行无染，五者造立佛像、置莲花座，六者忧恼众生令除忧恼，七者于贡高人中常自谦下，八者不恼他人。

〈文殊师利说般若会〉云：法界一相，系缘法界，是名一行三昧。若善男子、善女人欲入一行三昧，当先闻般若波罗蜜，如说修学，然后能入一行三昧。如法界缘，不退、不坏，不思议，无碍、无相。应处空闲，舍诸乱意，不取相貌，系心一佛，念念相续，即是念中能见过去未来现在诸佛。何以故？念一佛功德无量无边，亦与无量诸佛功德无二。不思议佛法，等无分别，皆乘一如，成最正觉，悉具无量功德，无量辨才。如是入一行三昧者，尽知恒沙诸佛法界无差别相。

◎《大集日藏经》第九云：若种种善愿不得称心，欲令如是种种恶业速灭尽者，应净洗浴，著鲜洁衣，菜食长斋，勿啖辛臭，于寂静处，庄严道场，正念结加，或行或坐，念佛身相，无使乱也，更莫他缘，念其余事。或一日夜，或七日夜，不作余业，至心念佛，乃至见佛。小念见小，大念见大，乃至无量念者，见佛色身无量无边。

◎《菩萨念佛三昧经》云：正念诸法真如之相，是名念佛。

◎《大集念佛三昧经》云：当知如是念佛三昧，则为总摄一切诸法。

◎《大集贤护经》云：若有比丘、比丘尼、优婆塞、优婆夷，清净持戒，具足诸行，独处空闲，如是思惟：于一切处，随何方所，即若西方阿弥陀如来。是人尔时如所闻已，端坐系念，专心想彼阿弥陀如来，如是相好，如是威仪，如是大众，如是说法。如闻系念，一心相续，次第不乱。或经一日，或复一夜，如是或至七日七夜，如先所闻具足念故，是人必睹阿弥陀如来应供等正觉也。

又云：得见彼佛，有三因缘：一者缘此三昧，二者彼佛加持，三者自善根熟。

◎《大树紧那罗王所问经》云：菩萨成就四法，不离见佛。何等四？自往见佛，亦劝众生；自往听法，亦劝众生；自发菩提心，亦劝众生发菩提心；常不舍离念佛三昧。是为四。

◎《观佛三昧海经》云：一者持戒不犯，二者不起邪见，三者不生骄慢，四者不恚不嫉，五者勇猛精进如救头然。行此五事，正念诸佛微妙色身，令心不退，亦当读诵大乘经典。以此功德念佛力故，疾疾得见无量诸佛。见诸佛者，独一心净，不与他共。

◎《宝雨经》云：菩萨成就十种法，生清净佛刹。一成就于戒，无缺、无杂、无点污。二为一切有情，心得平等。三能成就广大善根。四于利养名称、恭敬赞叹，心常舍离，无所染著。五得清净信，心无疑惑。六常修精进，离懈怠心。七能入寂定，无散乱心。八能得多闻而无恶慧。九成就利智，非钝根性。十有慈悲性，无损害心。若有菩萨成就一法，得无缺减，无少违犯，鲜白清净，即得具足成就十法。

◎《大乘入楞伽经》云：

十方诸刹土，众生菩萨中，
所有法报佛，化身及变化，
皆从无量寿，极乐界中出。

又云：

大慧汝应知，善逝涅槃后，

未来世当有，持于我法者，
南天竺国中，大名德比丘，
厥号为龙树，能破有无宗，
世间中显我，无上大乘法，
得初欢喜地，往生安乐国。

◎《月灯三昧经》云：

是人临欲命终时，悲慧勇猛弥陀佛，
是佛为现住其前，以持如是三昧故。
得见十力称所求，及诸声闻住其前，
决定生彼安乐国，以持如是三昧故。

◎《如来智印经》云：

若有书写此法印，读诵宣示为人说，
此功德身不可议，佛子当生极乐国。

◎《十住断结经·神足品》云：西方去此无数佛土，有佛名无量寿；其土清净，无淫怒痴，悉同一心；皆由莲花中生，不因父母情欲生也；纯是童男，亦无女形，无大小便；以禅悦乐法无想念识，以为饭食；共相敬念，如父如母。欲生彼者，可发誓愿。

◎《大乘庄严宝王经》云：观自在菩萨变现种种，救度无数百千万俱胝那庾多有情，令得往生极乐世界，见无量寿如来，得闻法要，皆令当得成菩提道。

◎《大般若经》云：是菩萨摩诃萨由与般若波罗蜜多恒相应故，从此处没，生余佛土；从一佛国至一佛国，在在生处常得值遇诸佛世尊，供养、恭敬、尊重、赞叹，乃至无上正等菩提，终不离佛。

又云：若菩萨暂一睹见佛形像已，乃至证得无上菩提，终不舍于念佛作意。

又云：是菩萨为听法故，常乐见佛。若闻如来在余世界，现说正法，即以愿力往生彼界，恭敬供养，听受正法。

又云：是善男子、善女人等，信乐广大，能依妙色声香味触修广大施。修此施已，复能种植广大善根。因此善根，复能摄受广大果报，专为利乐一切有情。于诸有情，能舍一切内外所有。彼回如是所种善根，愿生他方诸佛国土现有如来宣说如是甚深般若无上法处。彼闻如是般若法已，复能安立彼佛土中无量有情，令发无上正等觉心，修菩萨行，示现劝导，赞励庆喜，令于无上正等菩提得不退转。由斯圆满所发大愿，速证无上正等菩提。

又云：若菩萨能正修行一相庄严三摩地者，疾证无上正等菩提。若善男子、善女人，欲入如是三摩地者，应处空闲，离诸喧杂，结加趺坐，不思众相；为欲利乐一切有情，于一如来专心系念，审取名字，善想容仪，随所在方，端身正向。相续系念此一如来，即为普观三世诸佛。所以者何？一佛所有无量无边功德辩才等一切佛，三世诸佛乘一真如证大菩提无差别故。若精勤修学，得入如是一相庄严三摩地者，普能了达无量无边殑伽沙等诸佛法界无差别相，亦能总持无量无数殑伽沙等诸佛菩萨已转未转无上法轮，一一法门皆能了达甚深义趣，宣说开示，辩才无尽，胜阿难陀多百千倍。

◎《大智度论》云：庄严佛界事大，独行功德不能成故，要须愿力。譬如牛力虽能挽车，要须御者，能有所至。净世界愿亦复如是，福德如牛，愿如御者。

念佛三昧能除种种烦恼及种种罪，又有大福德能度众生。是诸菩萨欲度众生，诸余三昧无如此念佛三昧福德能速灭诸罪者。

菩萨有所见色，皆是佛色。念佛三昧力故，于色不著。

若远离诸佛，便坏诸善根，没在烦恼，自不能度，安能度人！

如少汤投大冰池，虽消少处，反更成冰。菩萨未入法位，若远离诸佛，以少功德，无方便力，欲化众生，虽少益利，反更坠落。

行生忍故，一切众生中发慈悲心，灭无量劫罪，得无量福德。行法忍故，破诸法无明，得无量智慧。二行和合故，何愿不得！以是故，菩萨世世常不离诸佛。复次菩萨常爱乐念佛故，舍身受身恒得值佛。

世人精进持戒者，于念佛三昧心得定时，罪垢不障，即得见佛，闻佛说法，音声清了。

若离有佛国者，虽受人天乐，不知是佛恩力所致，与畜生无异。若一切佛不出世，则无三乘涅槃之道，常闭在三界狱，永无出期。

菩萨得无生法忍受记，更无余事，唯行净佛世界，成就众生。见不净世界相，愿我国土无如是事。

◎《摄大乘论本》云：菩萨念佛法身，由七种念。应修此念：一者诸佛于一切法得自在转，于一切世界得无碍通故；二者如来其身常住，真如无间解脱垢故；三者如来最胜无罪，一切烦恼及所知障并离系故；四者如来无有功用，不作功用一切佛事无休息故；五者如来受大富乐，清净佛土大富乐故；六者如来离诸染污，生在世间一切世法不能染故；七者如来能成大事，示现等觉般涅槃等，一切有情未成熟者能令成熟，已成熟者令解脱故。

◎《有宋高僧传》云：

唐法照问文殊言：末法凡夫，去圣时遥，知识转劣，垢障尤深，佛性无由显现。佛法浩瀚，未审修行于何法门最为其要？唯愿大圣，断我疑网。

文殊报言：汝今念佛，今正是时。诸修行门，无过念佛，供养三宝，福慧双修。此之二门，最为径要。所以者何？我于过去劫中，因观佛故，因念佛故，因供养故，今得一切种智。是故一切诸法，般若波罗蜜、甚深禅定，乃至诸佛，皆从念佛而生。故知念佛，诸法之王。汝当常念无上法王，令无休息。

照又问：当云何念？

文殊言：此世界西，有阿弥陀佛，彼佛愿力不可思议。汝当继念，令无间断，命终之后，决定往生，永不退转。

◎死心新禅师云：清珠下于浊水，浊水不得不清。佛念投于乱心，乱心不得不佛。

文　集

二十五、绝余编（选要）[①]

蕅益道人智旭著

门人圆果录

绝余编序

生平行履，百无一长，独有大菩提心，忘身为法，舍己从人，则堪质诸三世慈尊者也。自庚午至甲戌，五年之中，几经困衡，曾无退悔。盖因乙亥仲秋，复遇一友背盟，而此志遂不啻如槁木死灰矣。丙子春，本拟遁迹万山深处，甘与野兽同死。途中大病，逗留九华，哀祷地藏本师，仍得阅藏著述之决，乃不复与文字般若为仇。嗟乎！文字性空，性空即是实

① 蕅益大师圆寂后，弟子成时大师，辑大师除经律论注疏以外的全部七部文稿，而成《灵峰宗论》一书。蕅益大师的原始七部文稿绝大多数现已佚失，幸有其中之一的《绝余编》保存在《嘉兴大藏经》（新文丰版第二十八册 No.216）中，其中既含有《灵峰宗论》所未收录的文章，如〈吊知白文〉、〈题五钗松〉等文；也有《灵峰宗论》收而未全的文章，如〈山居百八偈〉，《灵峰宗论》中收录六十二偈，又如〈示乳生〉法语两篇，《灵峰宗论》中仅收录一篇。即使被《灵峰宗论》所收录的文章，成时大师在编辑时因篇幅原因也往往有所删减，而在《绝余编》中这些文章都保持了原貌。鉴于《绝余编》是一部非常珍贵的原始文献，本文集中选要收录。（《蕅益大师全集》中没有收录《绝余编》）

相。实相离一切相，即一切法，岂离文字而解脱哉！追思昔年焚弃笔砚，绝而不绝。今也不绝而绝矣。非绝非不绝而论于绝，绝无绝相，姑名绝余。知我者其惟此编乎！笑我者其惟此编乎！吾以俟诸后世子舆可也。

崇祯壬午仲夏，蕅益道人智旭书于吴兴之铁佛观堂

绝余编卷一

愿文

九华地藏塔前香文(丙子三月初九日)

稽首慈悲大愿王，本源心地如来藏，
善安慰说真救世，现声闻相护法者，
愿乘本誓度众生，鉴我微忱垂加护。
我今然臂表精诚，胡跪翘勤哀仰白。

弟子智旭，夙造深殃，丁兹末世，上无师长以提携，下无同行相警策。虽受戒品，轻犯多端；虽习禅思，粗惑不断。乃至读诵大乘，仅开义解；称念名号，未入三摩。外则睹魔党之纵横，痛心疾首；内则见烦恼之纷动，愧地惭天。复由恶业，备受病苦。半身酸楚，已经十载有余；三疟绵缠，又及半年之外。痛娑婆之弊恶，叹沉溺之无端。由是扶病入山，求哀大士，付身命于浮云，矢菩提于永劫。敬然臂香六炷：

一者供养忉利胜会化身无数地藏菩萨摩诃萨，二者供养大集胜会现声闻相地藏菩萨摩诃萨，三者供养六根聚会善巧说法地藏菩萨摩诃萨。

四者悔我三业重罪，所谓从生以来，一切杀业，一切淫机，一切谤三宝罪，一切口过，一切意地种种恶念，乃至旧岁染疾之后，种种饮啖不尽如法，借诸戏剧以自排遣，如是等罪，愿尽消除。

五者为求四愿：愿诸律仪，恒得清净；愿速断惑，证真实道；愿寿命长，康强无病；愿充助缘，广作福事。

六者为决疑网：若先礼忏求净律仪？若先观心断除烦惑？若先阅藏以开慧解？若先立行以广福缘？惟愿救世真士，大智开士，一切知见者，于诸众生得不忘念者，必垂哀鉴，开我迷云。

我复于大慈悲父前，沥血铭心，作如是愿：如一众生未成佛，终不先自取泥洹。倘夙业因缘牵入恶道，愿菩萨弘慈常觉悟我，使我念念恒自忆菩提心，令菩提心相续不断。若夙障稍轻，愿大士威神加被，令我早成念佛三昧，决生阿弥陀佛世界；乘本愿力及神通力，广于无边刹海化度有情，尽未来际，无有疲厌。

惟愿大慈大悲，哀怜摄受。

十周愿文(六月初一日)

稽首释迦大圣尊，十方克尽人伦者，
真实至孝真实忠，真实礼谊真师友，
所说究竟真实法，真实如法修行僧。
我今哀请垂护持，愿赐慈悲同作证。

弟子智旭，生逢末世，福慧并微，蒙二亲独养，深恩罔知攸答。始则违亲教命，造谤佛谤法重愆。既而稍解真乘，弃生事死葬大节。本谓克期取果，顿弃家缘，何意夙障偏多，久滞凡地。追初志而涕泗惭惶，念未来而痛心酸鼻。世出世法，两皆失措。生报后报，婴苦无疑。由是以恐惧心，以殷重心，于壬申岁，作乞恩启，遍求师友、同学，菩萨、比丘，沙弥、居士，各发慈心，各持经咒，不惟先人蒙济，亦令不孝减辜。是时即自发心持灭定业真言二千万，《金光明·空品》二千卷，《梵网》上卷一千遍，互为胜缘。拟于癸酉讳日，即皆回向。又何意障缘多扰，直至今岁入山，方完《梵网经》数。而病体沉重，勉强诵持，威仪不整，散乱多端。抚臆论心，益增愧怖。今值慈母弃世之辰，加念阿弥陀佛洪名万声，敬然臂香三炷，汇诸善友所持经咒，若完未完，若足未足，总申回向：

比丘受筹持《华严经》一部，《净名经》四十八部，《梵网经》百部，《十六观经》四十八部，大悲咒一千，无量寿真言四十八万，佛名四十八万；果海持《梵网经》、《菩萨戒本经》、《四分戒本》各三百部，大悲咒一千，往生咒一万，灭定业真言十万，阿弥陀佛、观音、地藏洪名各五万；智淳持《华严经》一部，大悲咒、往生咒各三千，佛名一万；大猷持《弥陀经》百卷，佛名十万；惟忻持无量寿真言一万；法慧持大悲咒一藏；普福持《法华经》一部，佛名二十万；智西持《法华经》十部；智地持一字大轮真言七日，《梵网经》十部，《涅槃经》一部；法戒持大悲咒一藏；成泰持大悲咒一万；妙真持大悲咒十万；大和持佛名十万；性筏背《起信论》一卷；性妙持往生咒三千；法清持准提咒十千；大香持《法华经》二部；心见持《法华经》五部，大悲咒、〈空品〉各一千；智洵持《梵网经》百部；智亮持《梵网经》二十部，往生咒一千；大建持《梵网经》五十部，《菩萨戒本》、《四分戒本》各百卷；智成持佛名百万。沙弥圆果背《梵网经》一部，持楞严咒三百，《行愿品》百卷，《弥陀经》三百，佛名十万，灭定业真言百万；常乐持《法华经》十部，佛名三百万；净依跪持《行愿品》三百卷；海量持〈心莫作放逸偈〉百万，礼拜阿弥陀佛三万；灵哲持灭定业真言十万；寂辉持大悲咒百遍，《弥陀经》、往生咒各百遍；海明持灭定业真言十万；寂浩持灭定业真言十二万；灵琦持准提咒十万；明机持往生咒一万；成泉持大悲咒一万；成志念佛百万；智明念佛百万。优婆塞程智用持《金刚经》二百，《菩萨戒本经》一百；潘智海持《金刚经》一百，《药师经》一千，佛名一万；潘智建持七佛灭罪真言二万。

以此种种殊胜功德，同共荐拔亡父钟之凤、亡母金大莲。伏愿决生净土，速证无生。蒙授记于十方，度含灵于五浊。

智旭又然臂香三炷，转为比丘、沙弥、居士乞恩三宝。伏愿受筹比丘痛念正法之衰，尽革疑癖之病，舍其偏执，重修旧盟；果海比丘福慧齐增，证真实法；智淳、大猷及大建、智成等，各各志念坚固，戒品昭明，定慧圆修，自他俱利；圆果沙弥开发深智，成就深忍，寿命延长，身心永固；净依沙弥念真实法，生无上慧，成忍辱力，开福德门；常乐、海量及成志、智明等，各各道念弥坚，戒德日懋，福寿绵延，慧性开朗；优婆塞程智用离诸障缘，成就二利，以宰官身，悟解脱道；智海、智建了悟尘缘，增长信力，舍恶住善，坚固菩提。

又愿智旭从今以去，疾病消除，永无魔障，得大寿命，得大助缘，得大辩才，得大智慧，得大闻持，得大禅定；断通别惑于刹那，利冤亲众于沙界；所有誓愿无不圆成，所有著述允可佛意，所有佛事速办无难，所有开化悉皆领悟；兴释迦正法于支那，作弥陀辅弼于乐土；绍地藏之家业，传观音之心印；等文殊之智海，入普贤之行门。以势至念佛三昧自度度他，以迦叶结集深心护法护众。俾邪魔外道遁影藏踪，使教戒禅那日昭月朗。恭惟三宝垂慈，满菩提愿。

阅藏愿文(六月十九日)

归命法界大医王，种种应病妙法药，
观音地藏看病母，愿赐慈悲同哀护。

弟子智旭，与法界众生，背常乐我净之真性，起无明烦恼之幻疾；三惑为众罪根元，四大为百病窟宅；保妄念而尘劫不肯舍离，受毒身而轮回无有穷绝。乃至幸获人伦，仍婴众苦；叨成僧相，尚缠惑根。被业浪之所漂沉，远正法而丁末运。禅那、教观，徒有虚名；戒律、总持，咸无实义。致使魔军得便，障难频侵。身则众病交煎，心则他缘逼迫。欲行善事，每不能成。是以深生惭愧，谛信因缘，归命观音、地藏二大慈尊，求哀忏悔，恳赐护持。曾于三月十九日为始，立愿诵持〈广大圆满无碍大悲心大陀罗尼神妙章句〉二百七十堂，以疗恶疟。今神咒告完，恶疟渐愈，益验妙法、恩力不可思议。敬然臂香三炷，供养观世音菩萨及十方三宝。愿我从今以去，普与法界众生，决定皆得永离病因，永绝病缘，永断病苦，永无病报，身心安乐，真性现前，发起大心，行诸妙行，同生净土，同证菩提。

复然臂香三炷，即于今日为始，暂减恒课，续阅藏经。惟愿法界三宝、二大慈尊、护法天龙一切圣众，慈悲覆护，哀愍智旭，令智旭此番阅藏，决无障缘，从始至终，字字明解。外缘则事事丰饶，行人和顺，毫无片事扰心；内行则精义入神，随文妙证，决得闻持胜力。普与法界众生开顿悟门，成正修路。摧魔外之邪幢，夺权小之僻执。浴法日以重昭，补义天而广覆。俾末运还为正运，文字咸归性灵。法药所沾，沉痾立起；法雨所润，枯槁旋生。

恭惟三宝及二大士，垂哀证明，满菩提愿。

完《梵网》香文（丁丑三月初七日）

归命华台卢舍那，千华上佛千百亿，
梵网契经心地品，玄通华光大智明，
亦礼弥陀大愿王，观音势至大海众，
及我地藏胜慈尊，同赐哀怜垂拔济。

菩萨戒沙弥智旭，自惟业障深重，不遇圣时，少则随邪师教，谤毁三宝。长乃正信舍家，知识已逝。徒怀克期证果之思，谁下钳锤辣手？空抱摧邪显正之志，谁知孤孽？苦衷仅有道友惺谷寿公犹能互相砥砺，堪嗟只履复先归。更有同盟归一筹公差足互相酬唱，深痛三人成市虎。是以自他二利，进退无成；身心二病，内外交发。策拄杖而入深山，埋姓名而藏丑陋。复以佛慈密佑，法性冥熏，一息未亡，四弘犹在。而旧友如是昉公远来相访，兼因荐拔之举，遂作讲演之缘。窃念《梵网》尊经，久秘龙藏，下卷虽有义疏，而古略多含，人罕妙解。上卷则两家草创，皆隔门墙。致使修证要途，千秋贸贸。旭以夙因微善，得遇灵文，再四潜心，宛如故宝。不辞鄙拙，《合注》斯成。敬然臂香二十一炷，回向真乘。一者奉供三身一体卢舍那佛。二者奉供《梵网·心地》教行理经。三者奉供玄通华光主菩萨、华光王大智明菩萨，及文殊、普贤、药王、药上、金刚藏、虚空藏、弥勒、金刚手等一切菩萨，尽梵网海中发趣、长养、金刚、十地菩萨摩诃萨。伏愿智旭无始至今，身不善业、口不善业、意不善业、谤毁僻谬种种罪恶，皆得消除，一切善根皆得坚固。四者奉供极乐世界阿弥陀佛、依正宣扬微妙法藏、观音势至清净海众，伏愿智旭舍此幻身，定生极乐，华开见佛，满大愿轮。五者奉供地藏菩萨摩诃萨，伏愿智旭大智开明、大悲增上，离诸烦恼，广度众生；灭诸罪障，广代群苦。六者痛念孝丰所请藏经未获供养，代为菩萨比丘心见供养三宝，愿心见比丘福慧增隆，成兹胜事。七者奉为先考钟之凤、先妣金氏大莲，暨一切亡过六亲眷属等，供养三宝。愿仗良因，同离八难，超升净土，究竟菩提。八者奉为泉州府开元寺一轩新示寂肖满全公、湛一辉公、开林演公，供养三宝。愿仗良因，同生净土，悟无生忍，广度群迷。九者奉为剃度恩师雪岭峻公、十戒阇梨戒宗孝公，及道友惺谷寿公、璧如镐公、自天浩公、不忘音公、月心愍公等，供养三宝。愿仗良因，灭除罪垢，永离恶道，得宅九莲。十者奉为邪师袁一柱及正师吴一标供养三宝。愿邪师永舍邪见，不受邪报；正师增长正信，成就正修。十一者奉为道友如是昉比丘供养三宝，愿令身心安乐、福慧兼隆，成千古之真品，作末世之药树。十二者奉为道友心见比丘、性士比丘、大建比丘、果海比丘，供养三宝。愿令色力坚固，道念增崇，荷担正法，作大栋梁。十三者奉为菩萨戒沙弥圆果、弘孝，法同沙弥海晏，形同沙弥觉非、定猷、通恒、净尘等，供养三宝。愿令各增福德，各长智慧，各发大心，各修大利，破除习气，成就刚骨，荷负法门，永超权小。十四者奉为山中一切随喜结缘之众，若老若少若僧若俗供养三宝。愿令深植善根，永为道种，脱离尘网，趣向菩提。十五者奉为菩萨戒优婆塞程智用供养三宝，愿令世出世法皆离魔障，早获麟儿，速登科甲，转父母亲族之邪心，成铜殿刻经之大愿，大作护法，重兴道化。十六者奉为菩萨戒优婆塞徐弘铠供养三宝，愿令早离王难，增长正修，得出世之净福，开微细之实智。十七者奉为护法居士正知韩逢祐、道昕陈丹衷、大潮万应鹏、通慧程文济，及钱士贵、项净理、项净香等，供养三宝。愿令道芽坚固，智种深培，福寿弥增，正信开发，三学资神，四弘被物。十八者奉为虚空法界一切曾受菩萨戒者供养三宝，愿令戒品坚牢，细过无犯，定共、道共以同彰，摄善、摄生而圆证。由三十心，登体性地，速成正觉，满足法身。十九者奉为虚空法界一切受菩萨戒有毁犯者供养三宝，愿令罪障消除，戒品复净。或重或轻、或故或误，一切蠲豁，永无累垢。二十者奉为法界之中一切含识虽未受戒曾闻《梵网》名者供养三宝。愿仗良因，同生觉悟，发心秉受，如法修持。二十一者奉为法界之中一切含识虽具《梵网》真常佛性从不闻此名者供养三宝，愿以大慈悲力、不思议力、同体法性真实威力，令其从今以去咸得闻此微妙法门，生于正信、发于正解，离三涂、超八难，决登戒品，并事真修，展转诱化，同证菩提。若诸众生具有无始恶障所缠不能自拔、昏迷倒惑不能觉悟者，愿以三宝究竟大功德力、大智慧力、大慈悲力、阿弥陀佛无边愿力、地藏菩萨勇猛誓力，令诸众生速能觉悟，早拔苦轮。设其定业决应受报，愿令智旭早生净土，一见弥陀，随乘愿轮，普于十方不可说不可说世界海中，遍受阿鼻地狱剧苦，乃至一切重轻地狱诸苦，我皆代受，令彼众生先证菩提。假使尽法界中乃至惟一众生未成正觉，智旭甘于无量地狱备受楚毒，无厌悔心，尽一切劫亦无疲倦。

智旭今日所有誓愿，悉同过现未来一切诸佛、诸大菩萨所发誓愿，悉是一切诸佛、诸大菩萨之所加被。若智旭具有无始恶业应堕无边大苦趣中，神识昏迷不复自觉，违今日大菩提心、大菩提愿、大菩提行者，仰愿舍那慈父、释迦本师、弥陀愿王、地藏悲母，哀我、护我、觉悟于我，令我于苦趣中忆今本愿，不舍于苦而度众生。又愿以今然香发愿功德因缘，令释迦正法重昭于震旦国中，魔外邪风绝扇于恒沙世界。持律者洞明持犯，善识开遮。习教者深知义理，了达性修。坐禅者扩悟心源，不遭魔外。念佛者事理圆融，自他不隔。又愿一切法门，人皆通达，永无斗诤坚固之愆，尽革门庭施设之见。念念绍佛祖心灯，法法汇梵网性海。情与无情，同圆种智。

绝余编卷二

法语、传

示朗融

万法本自融彻，由迷情封执而成隔碍。如一指能蔽山岳，如认沤必遗大海，不惟埋没自己灵光，亦且冤屈六尘境界。讵思六尘非能惑人，人自妄受六尘所惑。根根幻驰，识识纷动。然仔细推求，尘既不居其咎，根亦岂职其愆？根既不职其愆，识宁独当其罪？三科分析，既无真主，纵令共合，那有实法？而众生于此虚妄法中，著我著人，分取分舍。犹如捏目，乱华发生。更欲分别花相，孰妍孰丑，孰大孰小，不亦惑乎！惟将身心世界全体放下，作一超方特达之观，譬如为天下者不顾家，则智眼昭明，而一切障碍境界，不觉其融于性德，无往非真实受用处矣。

示三止

永嘉大师有云："惺惺寂寂是，无记寂寂非；寂寂惺惺是，妄想惺惺非。"此四语丛席争传诵之，然先须彻悟惺寂源头，方不堕守精魂窠臼。即如儒者亦云明镜止水以持心，岂可谓慎独工夫便是禅门中奢摩他妙修行路耶？四祖谓牛头云："观者何人？心是何物？"只此二语，直得遍计妄想百杂粉碎，以此体真，以此方便随缘，以此息二边分别，一句中有三玄，一玄中具三要。唤甚么作独？将谁去慎？不惟妄想无记无处容身，恐惺寂二字亦并无处着落。非惺非寂，是谓寂寂惺惺、惺惺寂寂。唤作不二，早已二也，况可云双修并运哉！悟此成修，是名一心三止。待时而说，乃成《法华》三止。自利利他，俱不离此一字法门。能于一滴水中兴云澍雨，贵在神龙之自奋迅耳。

示文约

做工夫人，每每被昏散二障所扰，不得成就，久久便致退悔。殊不知昏散根源，全由迷己作物。故《楞严经》云："认悟中迷，晦昧为空，乃至昏扰扰相以为心性。"夫昏则障慧，扰则障定。定慧既障，则睡眠与散乱杂呈。若欲去其根源，先须识取心性本体，从来明静，诸佛证之为定慧，行人修之为止观。止观之功，全即明静之体。惟静故明，惟明故静。既非二致，岂有前后。但约对治法门，昏盖重者以观起之，散乱多者以止息之。息散之止非无观，起昏之观非无止。止观不二，勤修不息，自然本体渐露，客尘渐销。要知这着工夫，大段间断不得，又大段性急不得。所以儒门贵勿助勿忘；佛门喻以弹琴太缓、太急，皆所不取。然欲除昏盖，直须打起精神，不可贪恋蒲团稳坐；而欲除散乱，正不必厌恶妄想，直须觑破妄想无性，则自然休去歇去。故僧问岩头云："起灭不停时如何？"岩曰："咄！是谁起灭？"只此一语，可为明心见性者作第一先锋也。

示慧幢上座

予读子舆氏书，至舜尽事亲之道而瞽瞍底豫，忽见圆顿观心要旨焉。夫父虽至顽，不可舍之而别觅他父。虽顽父即我真父，不可如傲象之顺命为恶。顺命为恶，非事亲之道也；舍父别觅，又可称孝乎？现前介尔一念，亦复如是，全体即是无明，又全体即是法性。无明犹顽父也，法性犹真父也。顺无明流，造业流转，犹如傲象；舍妄觅真，别观法性，犹如背父逃逝。虽善恶途辙稍殊，其为不孝均矣。六道凡夫，顺无明而为恶者也。藏、通、别三种行人，舍无明而逃逝者也。若知焚廪、掩井之瞽瞍，即是允若、底豫之瞽瞍，则必尽事亲之道于己躬，而肯作顺逆两法以亏天性耶？所谓尽事亲之道者，亦只是深信父实生我，除此父外别无真父，然断断不可从命为恶，直须竭怨慕之诚以格之，则顽如瞽瞍亦可回心，况未必如瞽瞍者哉！观心亦尔。深信现前一念全体法界，离波觅水终不可得。然断断不可随其生灭，不事观察。直须以不思议一心三观深体达之，则纵令恶无记心，尚成不思议境，况善心哉！知一念中圆具三德秘藏、事理两重三千，互遍互融，深生信解，名之为慕。此境若不现前，只是止观力微。发勤精进，誓以十法成乘，名之为怨。若能如此努力，纵钝逾般陀，也须发明有日。倘悠悠忽忽，纵利逾蓝弗、鹙过达多，的的无济也。

上座久种善根，信力牢固；但平日学问，不知除却求放心外更无余诀，所以千经万论不能同条共贯。今山中聚首一载，复欲相别，惟此一味单方相赠。能服此药，实为千里同风。若谓此外别有，则是自欺自诳；虽历劫同住，终是未曾觌面矣。况色力有限，年光不多，奈何泛泛远求而不束其功于紧要地乎！至于借事助理，则大悲行法以求寿命为开眼之地，《梵网》全经以求圆解为起行之本，佛号千声汇归净土，为归趣之地。然事非徒事，全事即理。因果圆彰，自他不二。贵向头头法法中彻见法界源底，只是一法界更无二法界。所谓一以贯之，儒教尚然，况圆顿佛法乎！思之！择之！

示未能

珠生浊水，莲出淤泥。从来圣贤豪杰，固不择地而生。但习俗移人，贤智不免，非有大识见、大志气、大力量、大方便，鲜克自济。求其无待而兴，不受幻境所侵夺者，厥惟艰哉！夫所谓幻境侵夺者，不惟顺流俗而与之俱化也；即使厌流俗而切思远离，亦名被其侵夺。以一切境界全是无明变现，无明变现之性全即法性。由不达故，横生欣厌。欣成六道，厌堕二乘，去无上菩提远矣！欲趋无上菩提者，固不得随顺幻境，亦不得厌离幻境。但了幻境即法性，悲长夜之在迷。以悲迷故，起无作二誓，欲拔性德之苦；以了性故，起无作二誓，欲与性德之乐。如此慈悲誓愿，方与地藏法脉相应，亦与十方三宝气分交接。先须方便发此心已，则一切不如法境界，一切末世恶态恶习，触目警心，无非助发菩提资粮。故《起信论》云："或有菩萨见法欲灭，为护正法故，发菩提心；或有菩萨见众生苦而发菩提心"，正谓此也。四谛之中，苦为初门。娑婆世界修行一日，胜于净土修行一劫。法不在泛涉，会心者妙。药不论贵贱，起病者良。见思之病虽急，但是其标。无明之病虽缓，却是其本。急则治其标，缓则治其本。皮既不存，毛将安附。坎坎伐木，不如并大地而掀翻之。夫所谓掀翻大地者，只是谛观现前一念，非自非他，非共非离；三际叵得，十方无朕；廓然太空，森然不灭；无倚无依，思议不及；海印炳见，横遍竖穷。如一念，一切诸念亦复如是。念性固然非关观得，藉观圆显，生佛同归。观而未显，障由三惑。弘誓策发，止观安心，破遍护通，调停道品，事理圆进，六即防非，安忍离爱，功成无惑。万勿悠悠，视作等闲，拟心姑待他日。又万勿急急欲图脱离，不知藉境炼心。昔阳明学步，坠五斗米于两足，循堂而走；去米之后，其疾如飞。即做工夫第一妙喻也。灵犀一点通，尤须善此诀窍。

示慈昱

佛法大海，信为能入，智为能度。信如坚舟，智如柁师。其余五度及万行，则皆舟中器具也。欲令信心增长，先须时时念生死苦，警悟无常，不得沉迷五欲，执着世情，以种种世情决定了我生死不得，种种五欲决定牵人入放逸坑，堕恶道苦。今虽处在烦恼之地，也须随缘稍自勉拔，岂可寻波逐浪，直至沃焦而忘返耶？既能于生死长夜中发得一点真实信心，即宜急求智慧以为导师。求智之要，第一在亲近明师良友，第二在读诵方等大乘。非明师良友，决不能益我身心；非方等大乘，决无有出世正楷。若人有信心而无智慧，则能增长烦恼；若人有智慧而无信心，则能增长邪见。故知船及柁师，相须度险，缺一尚自不可，况复俱乏。则茫茫苦海，安有出期。古人云："一失人身，万劫难返"，"此身不向今生度，更向何生度此身？"莫谓火烧眉毛，且图眼下。殊不知人间五十年，不过四天王一昼夜耳。倘不信后世苦乐，只如卧时，身本在床，梦中种种见闻不灭。岂可作断灭见哉！高明之士，早自着眼可矣。

示迦提关主

《法华》一乘妙旨，惟令一切众生开示悟入佛之知见。然佛之知见非他，即诸法实相是也。诸法实相非他，即现前一念心性是也。现前介尔一念，不自生，不他生，不共生，不无因生；未生无潜处，欲生无来处，正生无住处，生已无去处。心无心相，则其性无生。无生故无住、无异、无灭。无生住异灭，即真法性，横遍竖穷，不可思议。若于此无相妙心妄谓有心相可得，则佛知见便成众生知见。若即此妄相幻心，达其本非有相，则众生知见便成佛之知见。而此一念心性，既举体全空，亦复即假、即中。以三谛宛然，故三观亦自法尔。以法尔之三观，照宛然之三谛，能所不二，境智互融。于此妙法能生信解，名为随喜。解义观文，名为读诵。转示他人，名为讲说。历事炼心，名为兼修、正修。五品功深，六根斯净。似成真发，究竟可期。有相、无相二安乐行，一串穿却。只贵笃信力行，别无奇巧方便。至于十妙、五玄，四悉、三法，皆是一心圆具。说之则名相纷然，照之则海印炳现。如人饮水，冷暖自知，当非笔舌所能罄矣。

示乳生

夫置身于海中孤洲，而伯牙善琴，其情移也。望之似木鸡，而余鸡无不走者，其神全也。世间小技尚非聊尔可以奏功，况欲学出世大道、仔肩如来正法者乎！是故智者大师所明圆顿十乘观法，必先之以二十五前方便，所谓具五缘、诃五欲、弃五盖、调五事、修五法。就此二十五事，复各具表法及观心法门。夫然后正助合行，事理双备，如足目并运，安隐入清凉池。后来禅士讲徒，各自率情任意，逞一得之见，罔达大方轨则。以此卤莽蔑裂学问，求成一世间伎术，戛戛乎难之。而欲投足宗教两途，思以自利利他，诚奚望也。是故真正学人，必先移其夙情，则神自全。情之所牵，虽万别千差，总不出色、声、香、味、触五种。神之所亏，虽亦受病不等，总不外贪、瞋、睡、掉、疑五种。急须诃弃，则圣贤可阶梯而至矣。《易》曰："山下出泉，蒙，君子以果行育德。"又曰："蒙以养正，圣功也。"深思"果行、育德"二语，方识养蒙之法。"文殊师利勇猛智，普贤慧行亦复然"，以此出世法乳自养，即可兼养法界众生，莫患世间无子期也。

又示乳生

夫不易移者习情，必有以忘之而始移。不易全者元神，必无以戕之而始全。今以半耗之神，日汩于久沿之习，欲求超凡入圣、制外降魔，安可得乎？世之悠悠无志甘与草木同朽者，诚无足论。最惜徒有大志，弗能自拔；设思自拔，曾不时时自省，究竟与无志者同归，哀莫大焉！试一自省，则晏安习气，华靡习气，温饱习气，贡高习气，疑惑习气，诗文习气，较长竞短、辨是争非习气，乃至寻行数墨、依文解义习气，凡所可昏扰我神明者，六时之内何等纷纭杂沓；而依教观心，澄思忏过，纵有萌蘖之生，盖不啻一暴十寒矣。且人命呼吸，转眼无常。眨得眼来，已成隔世。儒者云：才说姑待明日，便不可也。况二年三年耶？九旬同住，信非偶缘。只恐弈秋未去，鸿鹄先来，情如故而神愈戕耳。必须时时对了义以移情，念净戒以全神，庶不负一夏盘桓，不负出家初志。否则鱼子庵罗华喻，亦可惧也。高明之自忧，能如杞人之代忧，斯大幸矣。念别情深，书此以期他年刮目。

示悬镜

奋发之心人皆有之，而不能不藉于外缘。羞恶之心亦人皆有之，而不能不汩于恶习。呜呼！娑婆国土，善友罕逢，恶缘偏盛。自非咬钉嚼铁，刻骨镂心，其何以自振拔哉！惟有智之士，鉴物理之无爽，达未然之祸福，趣吉避凶，取决于心而不惑于数，故能知天立命，超死脱生。然知天立命、超死脱生之事，人皆可为。即如贤契，乍听《大佛顶经》，便能然香立誓，岂非真正出世种子？但贵时时提醒此心，念念不离了义经典，则善缘淳熟，魔境自退舍矣。勉之！勉之！

璧如、惺谷二友合传

璧如禅师，讳广镐，台州王氏子，俗名立毂，号伯无。父士琦，为大同开府，以清廉著名。师弱冠时即有出世之志，礼云栖莲大师，取法名、受五戒。万历丙午举孝廉，甫年二十七岁。越两大试不第，遂慨然就选，盖以世为廉宦，家业甚薄，而仰事俯育之累未完，急欲完之以图出世也。令新淦，爱民如子，民皆感恩颂德。但因居官事冗，戒德稍疏。戊午冬入觐，舟次荻港，梦鬼使摄见冥王。王责以破戒事，驱令入狱。傍有冥官代请，为取破戒后诸事，查之，见其善多恶少，乃释不入狱，凿两眼，钉诸柱上。及至醒悟，则双目不能视矣。医者进明目之药，复梦为冥王所诃，更以二钉入眼腔中，大痛失声而醒。遂不服药，告病归乡，就台山高明寺傍筑室闲居，日课《金刚般若》并大悲心咒行法。不一年，渐渐复明。诸亲友见其无恙，劝令再仕。师叹曰："人生几何？猛求出世之不暇，犹暇作蜗角蝇头活计乎？"特以太夫人在，未忍舍去耳。寻思既欲离俗，复以母在为碍，岂可不愿其母臻上寿耶？而太夫人亦女中丈夫，笃信三宝，每率其媳及女孙晨昏课诵，鱼磬琅琅，恍若禅宇。游僧过其门，必设蔬供，无空过者。尝见有人子出家而父母悲泣，必笑之曰："出家乃第一好事，应须庆幸，何悲泣为？设吾子出家，吾决不作此态也。"师由是得安心远遁，剃染楚中。单身行脚，备尝诸苦。既登戒品，掩关阅律，并书《华严》大法。次从楚地游历匡庐峰顶诸处，徐到博山，随众参禅，人无知者。予适同归一送惺谷至博山剃发。师昔为居士时，住高明静室，曾与归师交。今虽现比丘相，归师犹仿佛其形。一日在众中执其手曰："公是台山高明寺回生王伯无否？"师不容自讳，为历叙所以出家状，且悲且喜。日见予与无异禅师辩论受戒一事最为详悉，因叹近来律学甚为淆讹。本以破戒，亲受冥谴，久欲留心此道，而历叩名德律主，罕有不瞶瞶者。予出《毗尼集要》示之，师亟读亟赏，叹未曾有，遂与盟千古交。又知予方事阅藏，复以启嘱予曰："三藏义类，宜总为一书。三藏酌要，宜别为一书。诸宗集目，宜别为一书。佛事稽古正讹，宜别为一书。发菩提心集、六度集宜为二书。毗尼中衣事、钵事，及授戒说戒羯磨诸事，日用间宜行者当辑附于《集要》之后。《梵网经》虽前有二大士发明，今宜补以《弥勒戒本》，及诸经中所说有相发者，集附本条之下。然后自出手眼，以补前人之缺，亦不失为二大士忠臣。勿以避嫌，失此胜事。沙弥戒、优婆塞戒俱要少有发明，附于《集要》。以上事凡八则，弟往读契经，薄有微愿，恨齿逼迟暮，精已销亡。近又作蒲团活计，故不能填也。幸逢郢匠，敬附当机。倘三昧酒消，尚冀奉襄半臂。不尔者，当结缟带于来生矣。"予唯唯谢曰："弟亦夙有此志，可谓不谋而合。第六、第八两事业已为之。

余亦当如命耳。”未几，南都余太仆请异师开堂。异师意欲师与我辈同行，师固执不从，遂掩关于东峰静室。次年异师示寂，师出关襄理后事。既毕，适太夫人以其道伴讣音至，师乃归浙省亲。太夫人语之曰：“予尝谓子设出家，吾不悲泣，今果然否？勉矣进修，吾自善养余年。汝子亦善能读书，勿以此挂怀，妨出世大事也。”师奉慈命，乃游学于武林，挂锡莲居，与新伊法师莫逆。时予自皋亭将入孝丰，取道武林，复与师作数日盘桓。师嘱予曰：“《毗尼集要》弟虽预参订，而实未淹浃。拟从师授讲，然后身服习之，不令付诸空言。但今遇华严法席，不能相随。余生若在，准于明岁入山结夏耳。”讵意不旬日间，即婴微疾，师亦预知时至，命侍者写嘱言留贻二子，摄心念佛而去。呜呼！以师之敏而好学，解而能行，其出世正因，怀菩提大愿，谦光厚德，饮人以和，真无愧莲师法脉。天竟不假以年，岂非法门之大不幸乎！师生于万历庚辰，卒于崇祯辛未，世寿五十有二，法腊五年。示居学地，故衣钵无传。唯《回生纪》一卷，流通于世。佛日金台法师敦法门之谊，塔其全身于皋亭山麓。

惺谷禅师，讳道寿，温陵何氏子，俗名启图。为文学时，偶得憨山大师《楞伽记》阅之，且读且泣，遂发出世心，捐弃举业，专究宗乘。因父在，不得出家，即以居士身，与道友如是、雨海等日相砥砺。时泉南久乏闻熏，缁林中曾无一人知参方行脚事者。师鼓舞其一二英杰破格远游，从此闽中缁素，始稍稍有发心北学于江浙者。师初至匡山，谒憨大师。见其规模阔大，而于商究生死一事不甚亲切，遂舍之而归博山。博山居以别室，勉以参究。居年余，每与异师诤论甚厉。侍者多厌恶之，唯异师不以为怪，知其别有长也。然异师法门，必欲先定后慧。师自揣种性，应须先慧后定，药病不投，莫能相疗，因东游武林，访无尽法师于天台，见故友归一师德业俱进，疑法师必有出格钳锤，依之而住，得阅《妙宗钞》等极则教理，回视昔时慧解，倍觉精细。后因刘大参延至吴门，从吴门复游杭州至龙居。予是时亦在龙居阅藏。主人命师访予。一见即问予曰：“师平日有著作否？”予以白牛十颂示之，师大悦，遂欲与予盟千古交，予时心未以为然。相聚既久，每议论佛法，辄与予破格大诤，闻者亦厌恶之。予固坦然不怪，但以其为居士也，未必细加详察。后因归一师同结冬，偶商及耳根圆通法门，归师则持公论，竟是师而非予。予方服膺，因虚心再研旧日诸诤，负堕处实居大半矣。乃共缔千古盟，激令早现僧相。师以旧礼博山，既无大故，不忍背舍，会须往彼剃度。归师与余欣然送之到博山，异师手为剃发。而未受沙弥及比丘戒，盖受戒事曾先与季贤师约，必欲重复古制故也。庚午年春，予病滞龙居。师与如是师在南都。予诚恐一旦律学无传，然臂香刺舌血作书促之至，师乃同如是师来。来则礼季贤师为和尚，觉源师为教授阇梨，新伊师为羯磨阇梨，力复如来旧规，如法受沙弥及比丘戒。唯菩萨戒不重受，以其为居士时曾受之博山也。结夏安居，听予讲《毗尼集要》。而师久习宗乘，得其大益，亦未免染其流弊。竟不能留心律学，但恐负予苦心，知金台法师虚怀好善，遂以《集要》力请流通。辛未年秋，师竟以疾示终佛日。呜呼！师亦最奇人也，为法门则每触时忌，为道友则每忘自身。而慧眼超群，机辩峭拔，往往以短兵取胜，虽名禅宿德欲与之战，大似撼岳家军。倘驯而致之，即兜率、觉范，岂多让焉。予方谓博山有子青出于蓝，何意其入灭之速耶！师生于万历癸未，至崇祯辛未，世寿四十有九，法腊二年。金台法师说偈而荼毗之，令其骨塔与壁师之塔相邻。吾闻昔人欲葬梁鸿，觅要离之墓而附近之，千古以为具眼。金师此举，亦一快也。师与如是师同礼博山，亦同受具戒，而如是师以受师益处最多，同雨海居士辑师平日手札，名为笔语而流通之，述师行纪而彰表之，执弟子之礼于身后，为天下后世之重名相而轻法恩者愧云。

方外史曰：二师皆予最善交也。壁慈而温，惺悲而厉。壁聪俊而详明，惺沉毅而精锐。壁日读数卷，过目无不了了；惺涵泳一偈一句，动经旬月不置。是故惺让壁之博畅，壁服惺之莹彻。壁所至处，人皆爱之；惺所至处，人皆畏之。壁惟欲受人之益而未敢益人，故以能问于不能，以多问于寡，乃至临终犹合掌问法，令侍者代为拜谢；惺惟欲益人，即名自益，故从闽中至江右，从吴下至武林，无一处不与人诤辩，乃至临终犹追念昔时道友不置，如是师劝以宜顾自己勿念余事，则厉声大叱，谓千古安有自私自利之圣贤。噫！孔子谓不得中行，必也狂狷。孟子称伯夷、下惠同为圣人。若二师者，春兰秋菊，正不妨各擅其美，又奚必两融始名全德哉！其与予交善也，壁师则欲受予益，不得不稍以微辞益我；惺师则欲益于我，亦不得不稍受予益。此皆其生平破格处也。独可痛者，壁师欲学毗尼而有志未遂，惺师既听毗尼而不能力学。如来正法，谁共仔肩？斯诚千古有余憾耳。嗟乎！一月之间，二师相继而殁。予虽犹有一二同志，然或但能受益而不能益我，或虽稍可相益，而略遇违缘复掉臂长往矣。予更何所乐于人世，是以浩然永叹而甘没齿于深山也。

绝余编卷三

序、题跋、书柬、杂文、疏

安居止观山房序

海阳西郊，有最高峰名阳山尖峰。侧有阿兰若，名止观山房，九华葆一初公之所构也。茂林修竹，叠嶂层峦。云霞变幻于足端，视听扩彻于天际。予将访友闽中，过而乐之。且以时逼炎暑，征途不易。遂从初公之命，借此结后安居。日永境闲，萧然无事。二三同志喜究《大佛顶经》要旨，因作九旬商确。商至第四卷云："我说佛法从因缘生，非取世间和合粗相"，顿悟《法华经》中佛法从缘之旨。嗟乎！二经妙指，何其巧出一辙也。是故智者大师证法华三昧，乃揽本迹十妙圆归于介尔一心，示摩诃止观法门，与今经所明妙奢摩他、三摩、禅那，若合符节。后之笺释斯典者，无虑数十百家。苟欲舍《摩诃止观》而别立宗途，未免转趣转远。良以摩诃止观，的是如来大事因缘，的非世间和合粗相故也。请尝言之。性觉妙明，本觉明妙，寂而常照，照而常寂，岂非止观不二之真源乎！迷此真源，则寂体成昏，照体成散，是不变之性随染缘而成九界。悟此昏散，则散既本寂，昏亦本照，是谓不变之性随净缘而成佛界。虽成佛界，真源不增；虽成九界，真源无减；是谓随缘之理，历染净而终不变。夫随缘即不变，大事之因也。不变即随缘，大事之缘也。故曰"如来发明世出世法，知其本因，随所缘出。"知此义者，方知心、佛、众生，三无差别。亦知六而常即，修非性外；即而常六，性不废修。修非性外，不堕因缘。性不废修，不堕自然。世有徒闻止观之名、罔窥厥旨者，妄谓但属修成，岂识性修不二真旨趣耶？

予在俗时，创闻《地藏本愿》，而发出世之心。嗣听此经，而为剃染之举。历年行脚，取益无方，于此二经，盖不曾挂一字脚，实又不曾离却一字。后读台宗教观，每每引《占察经》以为诚证，而《占察经》即地藏大士所说妙法也。其开示一实境界，则是一大事因。其开示二种观道，则是一大事缘。愈信如来密因，菩萨万行，一门超出，无二无三之旨，诚不我欺！每思拈此妙义，点示未闻。客岁于九子别峰创讲一过，今乃重拈妙义，于是随其根性，各获法喜。噫嘻！此虽偶缘，岂偶缘哉！倘吾与诸友不同具此一大事因，则法性了不相关。倘吾与诸友不久种此一大事缘，则说听岂能投契。况此山房既已先称止观，而初公法派复是九子传来，当知于此大事，夙缘非浅。从此种而熟、熟而脱，莫如钝根声闻，于中悉忘，他年更作贫儿驰逐也。

嗟乎！智者大师闻此《大佛顶经》名字，向西遥礼一十八年，不获睹见。后百余年，而般剌密谛剖膊传来。复更淹留多载，始渐流通。观此二大士苦心，岂欲为寻行数墨者添葛藤哉！必须教观齐彰，因指见月，由斯典而通乎止观，还由止观而彻信吾言不诬，则九旬结夏，真堪为尘劫缘因矣。更拈一颂，以裨妙观。颂曰：

顶光化佛全彰性，妙观天成不借功。
未歇狂心头亦在，已瞻华屋户宁穷。
密因彻悟无生灭，万行方知究竟同。
魔外升沉目去翳，菩提真路鸟翔空。

刻《般若照真论》跋

夫般若无名，一切法皆般若之别名也。一切法无体，般若即一切法之自体也。一切法不可名，故般若亦不可名。般若无别体，故一切法咸无别体。世有欲借语言而显般若，欲绝语言而显般若者，皆未达甚深般若圆融三德者也。何谓圆融三德？一实相般若，二观照般若，三文字般若。此三非三，亦非定一，以一切皆实相，一切皆观照，一切皆文字故。是故六百卷全帙而非多，二百六十余言而非少。乃至后贤述作无虑数十百家，了得即字字解粘去缚，不了则字字加缚增粘。澄公《照真论》亦其一也。此论自北而南，流通已久，惟新安尚乏闻熏。赖普门安尊宿携入黄海，而积如厚禅师旋为绣梓。观二老苦心，直欲令见闻随喜者，当下即与甚深般若相应，岂可更作借言、绝言两法会哉！若于此论不作借言、绝言会，则于六百卷经、于一大藏教，亦不作借言、绝言会。譬如一星之火遍烧原野，予拭目俟之矣。

血书《法华经》跋

夫一切佛语，皆群灵之眼目、千圣之慧命也，况无上妙法乎！一切读诵受持，皆般若之真因、渡苦之宝筏也，况刺血为墨乎！而掠虚禅者，惟事高谈名理，罔知真实行门。吾以为彼直未悟理耳；设真悟理，则一切行门无非妙理，有何事相可薄、理性可尊？况众生无始，我执恒重，若宗若教，对治咸急。正宜借此微因，充而至于三祇大行，俾正使习气与舌端皮肉一齐破尽，可谓即事而理、即渐而顿，奈何弃此真实功德而以空谈当妙悟哉！

惟乳生法友，夙植正信，年方应法，遂作此不思议功德。是故历参知识，不染近时禅病。今又将笃志教观，深入斯经堂奥。夫非因真果正、形直影端之一验耶？将来亲见灵山一会俨然未散，绍智者大师真正法脉，方知一点一画无非全体法华三昧，决不误认无相安乐行犹在有相安乐行之外也。请即以吾言为券。

复水部胡善住

病卧山中，忽接手教，爱我切而规我深，自非金粟后身，不能说此希有法也。入正位人，尚应泣声震动大千，况我大心凡夫，其能漠然于衷耶？但自利利他事，亦须知彼知己、知时知势。贫衲每每自反，世谓我持律第一，实增惭惧。姑无论三聚、十支、八万微细，即比丘二百五十戒相，虽于开遮持犯之致，了了分明，而未能行其万一。又无论遮罪中，除饮酒、过午二条，余皆未净。即性罪七支，能免故杀，而不能防误杀；能不错因果，不敢以三宝物私自取用，而不能砖钱决不买瓦，犹如古人；能执身不犯世间男女，而不能梦寐清净；能不作妄语两舌，而不能无恶口绮语。良由多劫以来，乘急戒缓，习以成性，遂大段着力不得。是以耻躬不逮，今已退居沙弥位中，万万更无弘戒之理也。惟宗乘中事，未出家时先已留心，苦参十载，颇辨真伪；而当世禅流，反以我为夹杂教、律，横生邪慢。次则教观一途，叨仗夙因，颇窥堂奥；而近时学士，复以我为未历讲席，自设町畦。舍此二法，更欲以何法度人？总之，时未到、势未乘，惟有山中苦行以消夙业，正欲养成毛羽，庶望高飞。待佛法现前，用副梵王劝请。非敢固为石隐，置元元于度外也。

一夏病剧，秋来稍痊。但疟症如故，须听其自止，非药饵可制。初入山时，于地藏肉身塔前，拈得先阅藏阄。今聊以法喜资神，似较参苓倍胜。山中澹泊，冬衣典尽。蒙赐路赀，本不宜领，以寒威将逼，遂用赎之，亦足见因果不甚分明、戒律疏缓之一端矣。遥向丈室忏悔，非敢言谢也。病笔草复，不庄不次，谅之。

复韩莲洲

曩在吴城养病两月，备蒙仁者暨一切缁素善友道爱殷勤，讵忍忘之。特以出家本志分毫未酬，滥膺人世虚名，实深惭悚，不得不避迹深山，再事苦修，图得一当，以报知己耳。不谓夙业所追，无地可避，一夏病苦，空消天日。犹仗地藏弘慈，得以不死，今且阅藏，作著述资粮。倘幸未填壑，冀满《梵网》、《占察》二愿。蒙论天池华山之间，虽亦甚妙，总以人情太熟，取静为难。故悉达大士，尚须远居雪山。况我凡夫，岂容恋恋故乡耶？经云：自未调伏、欲调伏他人，自未度脱、欲令他度脱，无有是处。不肖正为深念父母之邦，广及法界有情，乃誓于山中修道，以济度之，非敢急于自度也。夙愿所牵，致违尊命，罪何可言。然仁者善能设身处地，当不深咎耳。贱恙虽未愈，大约得过十一月后，或有生机。日下计星守命，未免受其侵蚀。总之道力羸弱，故使五行有权。思之可悲，言之可愧。附去幻寓华严四偈博笑。余惟为法、为众生，善巧调摄，至嘱至嘱。

复卓左车

病卧深山，尊使晚到。强起呼灯，捧读尊翰。道爱殷切，溢于言表。兼以尊使暨北溟禅人，极道盛意，不啻口出，铭之五内。但贫衲此番入山，虽非究竟作石隐计，而痛念大法倾颓，绵力难救，姑作数年苦行，以俟人定胜天耳。承谬举于宗伯叶公，谓为宗说俱通、解行双到。试自思之，实增惭愧。倘以古人之俱通双到相比，未免蹴然。倘以今时之俱通双到见称，又未免觍然矣。每忆出家本志，似不在释迦之下。数年被道友所牵，致令虚名盛而实行微。多方作入山计，今始半遂，正欲深之又深，能为居士一人顿改节耶？且秋间彻因持胡善住柬来，悲怆恳切，堪为堕泪，而贫衲亦竟付诸漠然。今忽应居士命，则胡公其谓我何？专此附复，统祈慈亮。叶公笃信斯道，适膺宗伯之任，灵山亲嘱，克副无疑，企羡企羡。但山野病夫，不敢浪通名字，敬以原柬奉缴。

复陈旻昭

法门之衰，如大厦将倾，非一木所支。故数年以来，惟恃道友为命脉。而众生习气各有偏重，亦复不能如水乳合。兴言及此，惟有血泪横流而已。利名两关，从来羁绊，我不得非。适今也，乃极相知人，犹然以名利见疑，所以誓朽此骨于深山，不甘受千古诬谤耳。居常谓坏法门者，皆由于撑法门人。如齐桓、晋文，尊周适所以坏周。方痛惩之不暇，奚忍蹈其覆辙。独有出家一点初志，急欲克获圣果，而悠悠十五六年，竟成虚度，惭天愧地，夫复何言！即此十五六年行脚，打破面皮，放舍身命，仅开得名字即佛位中一只清净肉眼，于佛菩提了了得知，归家道路明如指掌。而形枯气索，前进为难。意欲传得一人，勿令最后佛种从我而断，亦竟未遇其人。呜呼痛心！又惟有梦寐永泣而已。

慧公来，伏读手教，兼承厚施，愧不能消。然讯知居士近况，所处颇艰而道念益固，深以为慰。或我佛遗法，将来不至永坠，尚有否极泰来之机，其终借手于居士乎！每观种种邪外之流，其智甚短，其说甚陋，犹足以簧鼓天下、后世有述者，大底别有一段彻底精神以持之耳；况将彻底精神持此至妙至深正法，岂反不能弘于天下、垂于千古？倘不能弘、不能垂，只是我辈精神未曾彻底。但当自反自励，不必他求也。船子身葬水中，而夹山乃大弘其道。荆溪以居士身参学多载，后方出家，一世不登法座，而其书乃传之万世，不可磨灭。宣圣之木铎、孟轲之好辩，皆此类也。此意愿与居士共之。虽未获一第，亦奚足忧。当勤心道业，誓续佛祖慧命为急务耳。

如是师带病远来，期共作山中朽骨，不意寺内三丧相继，未免内顾之忧，勉强劝其一归，了世间幻局。赖有此人，差慰鄙怀，但身亦多病，竟未知谁死谁手也。山居百八偈，附呈清览。又附《戒消灾经略释》一卷，知居士必能得意于语言文字之外。其余著述，未能一一持上，统俟后缘。贱恙仗庇仅痊，但久病之余，非复向日精力，一息尚存，惟以著述念佛为务。俟金莲现前，便长揖西驰矣。

寄徐雨海

幻住一别，音信杳然，令人悬念无已。世道愈恶，病障日增，遂于丙子初春，作长往之举。埋名易字，暂寓九华，以养沉痾。不意如是师，乃于腊月初八夜，忽从天降。大惊大喜，未及作礼便问："雨海安在？"如师沉吟未答。连问至三，方述居士的信。甚为悲切，亦甚为庆幸。以居士生长富贵，从不知世间些小苦事，况受此大苦，故应悲切。以居士雄才大略，胆识高旷，负盖世之资，具千古之学，怀聪明慢，眼空天下，世出世法，粗心浮气，未入甚微细智法门，自非此等恶辣钳锤，何由得入圣贤阃域、佛祖堂奥？子舆氏曰：天之将降大任，必先苦其心志，乃至行拂乱其所为。此实可庆可幸，但于动心忍性四字，不妨十思百思，乃圜中第一法药也。向曾深诫居士不宜轻举妄动，不听刍荛，致有斯患。然惺师每言：因错得妙，跌法从他得。今于此局，益验不诬。乾之上九曰："亢龙有悔。"而不食之硕果，转为不远之复。复之《象辞》曰："至日闭关，商旅不行，后不省方"，即是潜龙勿用之意。盈虚消息，通于至道。于通起塞，即塞成通，台观所以贵善识也。

如是师正拟与贫衲同隐九华，作潜修著述计。不意满公演子既已西驰，直院湛公亦复长逝，还一乃遣晦文远来哭请，似不得不作归局。贫衲亦万万欲与同行，奈此间尚有小事未完，须一完却，径至泉南闭关静坐。俟居士难星退舍，把臂于莲寺戒坛前也。自腊月初八闻信，每日为居士持大悲咒七遍，以脱难为期。愧凡夫乏神通力，聊尽此心而已。万祈为道自爱自勉。种种阔怀，非笔所罄。

再复陈旻昭

圣祥归，又荷厚供，兼读手札，稔知大愿大悲，真可谓不忘灵山亲嘱，铭企何已！但不肖以病废之余，勉为二三同志作村学究训蒙勾当，何敢滥膺弘法之名。而长干大道场地，既有贤主人，复有大护法，自必有福慧并隆、巧逗时机者，出而应之，岂不肖秦时镀栎钻所宜居此位哉！古人云：改弦易辙，不如就路还家。如不肖者，正宜幽至究竟。如居士者，正宜闹至究竟。闹至究竟，闹即是幽。幽至究竟，幽即是闹。长干、九子，不隔微尘。居士久悟斯旨，何犹示同未悟耶？《梵网合注》，仗庇幸已搁笔，共计十万余言，未遑录上，先以《缘起》呈正。《坛中十问》、《性学开蒙》、《二友合传》，并尘清览。严冬在迩，伏惟为道为生珍摄，不在言。

又寄陈旻昭

山中寂寞，屡蒙厚施，为谢，但愧凉德不能消受耳。每念大法垂秋，乱臣贼子遍满天下。迩年势虽稍衰，而正法受其剥蚀，元气殊觉难复，似未可欲速也。贫衲以孤孽之身，漫抱婴杵之任，而所交硕友，仍多内变。是以感伤切髓，聊附虞仲、夷逸之科，遣兹余喘。冀早生安养，然后乘本愿轮，还来度生。纵令未填沟壑，不终石隐，亦断无即游王舍大城之事。万祈慈谅，勿致徒费往还重招妨命之愆也。居士竭力弘护，即此是大学问、大精进。古人云：从缘荐得相应疾，就体消停得力迟。又云：向上事须从向下会取。岂欺我哉！但贵善自着眼而已。圣譬则力，智譬则巧。虽筈筈相拄，非复巧力所及，终亦不离巧力。居士以为何如？榔梅居士，夙钦道风，乃复佳贶远颁，尤征乐善之怀，愧感兼集。但山野废衲，不敢浪通名字，统祈鼎言致谢为嘱。偶读地藏三经，述出《赞礼忏愿仪》一卷，拟作救时单方，未审当尊意否？余情非笔舌所罄，统希心照不宣。

寄韩莲洲

客岁闰月得接手教，不觉又易岁矣。流光如驶，衰病相仍，舍却乐邦，何处送想？此意愿与仁者共之。故乡本即法界，我今不离法界，即是不离故乡。设更欲飞锡故乡，则故乡又在法界外矣。至于度人桑梓，自是入廛垂手边事。不见悉达嘱车匿云：设我骸骨枯腐，不尽生老病死之原，誓不返还。岂可谓悉达置故乡于度外，又岂可谓不肖今已成道，不比逾城出家时耶？

仁者屡遭拂逆，当是夙因所感，亦是今生善力深厚，转重受轻之局。但于“随缘消旧业，更莫造新殃”二语，不妨再思十思，必自有解脱路也。地远缘疏，音问不能相续。惟神栖安养一念，千里同风，终不以暌违为隔耳。

寄灵隐兄兼讯影渠

病卧荒山，无时不念及仁兄。仁兄眼目志识，俱足千古，而不能千古者，只是欠刚骨也。久欲作一方便，为二兄结伴修行计。无奈福缘浅薄，兼以恶疾缠身。今疾虽渐愈，缘似尚悭。亦祈仁兄挺出刚骨，俯就几分，则深山坐对，庶可期耳。《合注缘起》、《坛中十问》附政。向蒙许《华严大钞》，未审何时发来？意欲细阅一遍，求其与台宗真实相出入处，庶可息从前诤论，为申积冤。否则悠悠门外之谈，殊未足凭据也。闻二兄于台宗教观已有信入，犹愿潜心讨彻源底，为他日相晤时快谈张本。呜呼！

流光如驶，衰老日侵。既自反而痛心，乃敢为同志饶舌，幸勿罪其狂瞽。影师近日法体何似？乞示好音。

复项居士

回音蔼然，深悉道况，兼承厚施，为谢。但细读扇头和偈，未免落在口头三昧，大似初生牛犊不畏虎。居士向本正信笃实，今何忽弄此虚头耶？岂不见古人错下一语，五百世堕野狐身，奈何妄谈般若，作拔舌犁耕种子！万祈戒之，勿视作等闲也。山僧一行一止，各有因缘，漫以赵州相拟，殊为未确。夫帝乡可游也，皈戒之心不可忘也。诗偈可作也，侻侗套语不可袭也。红尘堆里学山居，风尘何能染人，只恐人自染风尘耳。后会未期，聊进药石，以酬一日之知，余非所计，临楮神驰。

吊温陵开元寺肖满师伯文

呜呼！水涨船高，泥多佛大，从来间世之英豪出现，未有不因培植厚德而致之者也。予之得稔知老伯厚德也，因获借交于高足如是昉师也。而昉师之与予莫逆也，则又因惺谷寿师联出世盟也。惺谷以居士身，倡修证法门于泉南佛国。是时法化久息，疑谤颇多，独昉师极力为之表里，而老伯实克成之。至于昉师同寿师行脚，遍参海内知识，遍交海内胜友，费却草鞋钱凡若干数，尽取给于老伯之精舍，曾无倦色。又老伯每以淳厚雅度化导缁素，目击道存，不言而喻；且勤营福业，不吝钵资；供养三宝，惟虞简缺。是以法事之殷勤，仪节之周备，不惟温陵一境亲炙成风，而八闽上下亦且闻风兴起。无怪乎其克享眉寿，允裕后昆也。呜呼！末世障深，竞骋狂慧。持戒修福，鄙其有为。匪藉先辈，孰为典刑。老伯固应住世一劫，昭示未来。而莲蕊欲敷，侍者不请，遂踵只履之风，岂不痛哉！予每悲法道陵夷，魔外充斥，目不忍见，耳不忍闻。遁迹深山，甘群野兽。而昉师犹冲风破浪，冒死捐生，寻予于数千里外，法道重于丘岳，身命等于鸿毛。虽刚骨弘誓，禀自夙习，其受滋培于老伯者，亦岂可思议也。独嗟昉师初出，老伯旋终，于世法中不无永别之恨。然得此贤嗣，毅然以荷担法门为己任，克其志操，决堪光显如来道化，则老伯亦诚可无憾矣！予闻诸儒礼云：知生者吊，知死者伤。予虽不获亲奉慈颜，乃藉昉师而神沐至德。今之望薰风而洒泪，不亦宜乎！

吊知白文

呜呼！习俗移人，贤智不免。法门日替，僧体益卑，求其矜然有以自拔者，几何人哉！维我知白朋公，托迹名山，希心禅理，不染时流之陋习，克臻先哲之典型。秉归戒而毕志茹蔬，闻佛乘而欣怀染指。力疾投身于万德，洗心毕露其千尤。予方庆缁侣有人，山灵增色。拟从闽地言旋，永缔莲邦净社。谁谓暂离三月之间，遂作千秋之隔。呜呼！无常巨力，抑何夺吾良友之速也。四十六年幻梦，虽然当下圆消，九十九峰家业，毕竟凭谁同绍？见其进未见其止，已堪为法门叹惜；可共学未可适道，尤足为身心隐忧。公灵不昧，必能忆大乘止观法门，信净土横超捷径。则千佛社里虽少一人，九莲池内新敷一萼。公既死而不死，予亦怨而无怨矣！公其含笑而存鉴之。

万钵缘疏

一滴水耳，而蛟龙得之为云为雾，普洽寰区，其功果在于水耶？果在于龙耶？果非水与龙之功耶？谓功在于水，则均此一滴，胡以日曝之而干，火炙之而亦干，即渴人饮之亦不足以润其舌。谓功在于龙，则置诸高原，尚不免有热砂之痛、宛转之苦。谓功不在龙与水，则胡以二物相遇，遂得相成。龙既不可思议，水亦不可思议。噫！此亦可以悟法界妙理矣，而更可以喻修证要门。盖水犹福也，龙犹慧也。水、龙之性，即真如法性也。倘水性非真如性，本不能周遍法界，纵遇真龙，岂能令其腾波涌浪。倘龙性非真如性，本不能神明出没，纵遇真水，岂能令其变化飞腾。惟以称性之龙，御称性之水，则龙灵而水亦灵。亦惟以称性之水，得称性之龙，则水妙而龙更妙。福慧二途，亦复如是。修福不修慧，福则有漏，有为，有分剂，有穷尽。修慧不修福，慧则无光，无焰，无力用，无庄严。惟以称性之福，资称性之慧，如得水之龙，虽小亦不可欺。亦惟称性之慧，作称性之福，如遇龙之水，虽少亦不可尽。而福慧二轮，又惟以同一法性故，皆不可思议。倘一尘福聚，本不等于法界，胡能使二钱微供，顿超匿王四十里灯？倘一念真明，本不彻于全体，胡能使一放屠刀，便预贤劫千佛大数？是以修慧必须真，莫类蛇虺之不能腾驾。修福不须择，莫如海鳖之但夸水多。然慧门严真伪之辨，取舍贵精。福门融大小之岐，随缘愈妙。所以出家三学讨究归于师友，日用四事供膳托于檀那。师友必择而后精，檀那必等而后普。欲行等慈，诚莫若万钵缘之设矣。人输一钵，为力甚易。集之成万，为福甚多。如一室中具足万灯，一一灯明各遍室内。当知施一钵者，即已圆具万钵功德。又况灯灯相续、焰焰转明，熟食除暝，功遍一切，宁止于万钵功德而已。多亦法界，少亦法界。少即法界，故施一钵者不必愧其薄。多即法界，故施无数钵者不宜厌其奢。古人云：善人行善，惟日不足。《华严》云：十大愿王，无厌无足。请于此法性海中，兴大法云，注大法雨，滴滴总归大海，莫问斯水何来，亦莫问斯水何去矣。

蕴空精舍募建华严阁疏

自佛法流传震旦，经帙之最富者莫若《华严》，其最简者莫若《心经》。《心经》语仅数百，虽童子亦能诵之。《华严》则浩然八十余帙，虽老宿亦未必尽谙也。顾究其旨趣，广略互收。只如《心经》“照见五蕴皆空”一语，人皆知之，第未审其以何为照也。若照以邪慧，则谓死后无相为空。若照以声闻般若，则六分推析，觅我了不可得为空。若照以缘起般若，则体虚无性、如幻如梦为空。若照以不共般若，则二边叵得、离过绝非为空。惟照以甚深般若，则色等诸法全即法界，体绝纤尘，量穷横竖，遍具遍含，无障无碍为空。依此修观，则法法随心，名观自在；尘尘圆具，亦名普贤；妙智融彻，亦名文殊；大慈普覆，亦名弥勒；法身真常，亦名毗卢。上中下三部《华严》，一言可蔽，巍巍宝阁，焕乎在心目间，更何俟谋诸土木耶？虽然，《华严》以六相明宗。不有坏之，孰为成之；不有其别，孰彰其总；不有其异，孰显其同。则土木一案，正不可少。十玄门中，所谓托事表法生解也。举凡输粟布金者，一切与此甚深般若相应，如空合空，如水投水。人人欢喜鼓舞于自性中，何必更赘一言为劝，而又何妨藉此一言为劝，以此一言亦全是法性故。主募事僧，为惺凡开士，请以此法自惺惺他。

绝余编卷四

铭、诗偈

净信堂铭

我所住堂，皆名净信，轮相初开，破疑前阵。
五悔功成，至心发轫，二观圆融，随机善进。
平等法身，三昧中俊，观察己心，念佛正印。
决定应离，杂乱垢烬，三忍四佛，康庄非峻。

梵网室铭

我所住室，即名梵网，十方佛法，犹如观掌。
文字性离，非默非响，更言不立，无端成两。
心地法门，戒光森爽，性修交成，实相斯朗。
法报化身，体方且广，华藏庄严，镜中现像。

山居百八偈(节选十二偈)

只此万山中，悠然意不同。
望江迷客路，礼塔怀真风。
茅室我晏坐，时复观�丛。
羸来病后质，安问穷与通。

一自芒鞋破，从教万虑慵。
短衫堪度夏，敝袄复经冬。
禅起余长啸，谈时仅短锋。
晨昏伴幽寂，崖上几声钟。

梧桐一叶落，天下同惊秋，
老少死无算，见者胡悠悠。
眼前几许乐，贻却千古愁，
早唱归家曲，莫待捐荒丘。

圣训恒谆谆，令观五盛蕴，
阳焰与空华，无我谁欣忿。
生死靡暂停，幻质同朝槿，
了知呼吸关，至道斯云近。

非我漫伤今，嗟时太不古，
律法如乱丝，禅宗更莽卤。
庶几义学家，犹然水添乳。

悠悠净土门，事理分舍取。
各披祖父甲，翻傲负嵎虎。
哀哉复哀哉，坐致魔军侮。

言居佛祖先，行落凡愚后，
漫抱法门忧，自疾且无救。
耻躬愧儒宗，归爨惭御冠，
莫夸日正长，瞬息闻更漏。

希颜复学孔，未出三界笼，
步老复趋庄，依然旧漆桶。
太极未生形，自心早妄动，
石火电光机，何劳夸一统。

力疾复谈经，非甘背夙盟，
应怜慧命断，谁顾色身羚。
字字杵婴血，言言佛祖型，
寄规龙象众，莫作等闲听。

直指西来意，《楞伽》心可安。
语言同解脱，内守偏蹒跚。
休恋声前句，还思步外竿。
不尝天下醋，那信一般酸。

聚萤不爇草，聚雪不成山。
钻纸信无益，枯坐终痴顽。
未历羊肠险，安知行路难。

千里始初步，休商最后关。

洪钟叩乃鸣，美玉终须琢，
不觅恶钳锤，岂破无明壳。
护兹烦恼情，忍使灵光剥，
幽幽长夜寒，熟睡谁能觉。

日轮挽作镜，海水挹作盆，
照我忠义胆，浴我法臣魂。
九死心不悔，尘劫愿犹存，
为檄虚空界，何人共此舵。

有所慰

君不见，帝释五衰相已现，甫唱三皈貌更姝。
又不见，赵州苦行山中足，螣蛇变作龙戏珠。
从来逆境多成就，叹息几人能自孚。
动心忍性诚实语，自暴自弃非良图。
夏草茸茸霜所败，松柏亭亭冬不殊。
寒威适足坚我骨，冰雪还堪养我株。
老虬千载称神树，岂向春风竞赏娱。
大任舍予谁克荷，精金须炼终非诬。
试看山前行路者，崎岖历尽是通衢。

病余写怀四偈

一条拄杖两芒鞋，海阔天空舒我骸。
爱见慈悲终作疾，婆和学侣谩为侪。
悦心有法聊成赏，糊口无粮却是斋。
好恶云山随意历，莫商何地把身埋。

昔日曾吟五子歌，典刑依旧忆熙河。
宗庭独力除荒草，教律谁能共执柯。
雨露重时恩念少，钳锤辣处怨情多。
堪嗟大愿无方便，还向金錍自切磋。

胜心虽发足凡情，十载依稀旧路行。
疵露任从人世拨，心虚惟念断金盟。
庄生有斧嫌无质，旭子徒存垔孰平。
笑杀巴人犹少和，引商刻羽欲谁赓。

大小由来出路岐，无端埋没好男儿。
花香暗被狂风泄，果嫩偏遭淫雨漓。
收拾败棋输已半，搜罗剩骑气方羸。
三年尝胆嗤非久，须学华严尘劫思。

重阅大藏偈

我年三十岁，阅藏求殊琛。
身心并安适，志欲老丛林。
无端被名累，善友牵我襟。
虽受切磋益，酬酢时相临，
实德愧无寸，虚膺人世钦。
夙障得其便，恶疾斯来侵。
悠悠旦复暮，迁延乃至今。
赖此病良药，入山恐不深。
栖止宁择木，怖曲同伤禽。
乘时理旧业，随缘且自箴。
已识浮生梦，何劳谋釜鬵。
为哀盲道者，恒复长呻吟。
法药须疗病，岂曰甘为蟫。
炼酥能作酒，当令猛光歆。
魔外固多巧，谁堪七纵擒。
勉旃莫辞诞，法雨将咸淋。

有感偶成

他人之恶不可助，助恶犹如投火聚。
他人善事不可阻，阻善犹如违害鬼。
遏恶扬善顺天休，罪灭福长不须求。

以善资善喻水流，终归大海涵千洲。
以恶资恶喻积粪，彻底臭秽终难近。
粪秽犹令田稻肥，恶业徒招地狱悲。

题五钗松

昔时五钗化作龙，今时五钗还成从。
昔时大士孤峰坐，今时大士盈山中。
五钗本自大士种，抚兹道树知慈风。
岁寒不改青山色，雪缀依稀帝释宫。
帝释宫中曾现瑞，百千身相同名字。
愿力尘沙未足奇，谁信泥犁无碍事。
法身轮转水为冰，性恶昭然性善义。
迷悟关头一念融，刀山剑树随游戏。
笑指庭前柏树参，那知此树西来意。

丁丑季冬礼千佛于九华藏楼偈赠诸友

谩云苦瓠换甜瓜，应信慈尊并我家。
念性不劳参水月，低头已驾白牛车。

介尔灵明绝古今，摩尼岂被汨流侵。
珠澄浊水清光露，映彻晴空万像森。

堆山积岳尽尘埃，力把慈风一夕摧。

吹散铁围无暗地，何须拭目问明来。

昔年窠臼一时掀，腊尽春回日已暄，
欲信昆仑泉脉动，但看河冻不胜辕。

岁月如流不可期，强将识性试旋思，
三千鼻孔终无异，一样须眉那自疑。

灵犀一点性元通，触境逢渠道自融，
蓦地举时声历历，相看同在宝楼中。

芥翳非关眼性明，空华飘舞孰枯荣。
道场当处无成毁，记取当年常不轻。

一体横分想与情，泠然性计即无生，
功成五悔非留惑，莫替楼头最后盟。

赠顶瞿师掩关念佛

一句弥陀声历历，自他共离不可觅。
是心作佛是心是，炽然感应真空寂。
蓦直归来莫问津，无明睡里轰霹雳。
醒来扪枕笑呵呵，梦堕大河谁实溺？
梦时非堕醒非超，一任凯风同奏绩。
髻珠解处绍功成，内外空争庶与嫡。
权实由来不二门，白牛背上横吹笛。

一曲无生明月寒，从来不用降魔檄。

梦感正法衰替痛哭而醒述偈写怀二首

几番视听悚狼威，脂欲消时肉渐肥，
自许肝肠终莫改，那堪声气合仍违。
魔军邪帜三洲遍，孽子孤忠一线征。
梦断金河情未尽，醒来犹自泪沾衣。

休言三界尽生盲，珠系贫衣性自明。
肯放眼前闲活计，便堪劫外独称英。
不龟手药犹分用，无上尸罗宁隔程，
泣愬莫嫌频入寐，会须践我最初盟。

道过齐云问讯贞武

烟霞剩癖此中分，遥望名峦势欲棼。
拟向玉屏占瑞气，还从金鼎挹香芬。
千寻曲涧鸣流水，万朵青山缀白云。
予亦佛门为外护，何妨破格友真君。

四十初度写怀

物论悠悠理本齐，年来渐觉脱筌蹄。
拳开非实掌元在，翳去惟空眼不迷。

流水有心终汇海，落花无语亦成溪。
刹那生处生何性，笑把威音劫外提。

别玄览

雨歇松林湿未收，寒蝉怯露声如抽。
九旬同住忽云别，孤怀不语偏悠悠。
丈夫慷慨重一诺，片言矢志须千秋。
白云出没竟何性，碧空青皎光沉浮。
智士从大不从小，愚夫近虑无远忧。
皮囊爱惜终捐弃，虚名赫奕奚能留。
何如旷览寰区表，高登阔步遵玄猷。
檐风吹醒循阶梦，弹指先参慈氏楼。
君不见，
菁菁夏草今如许，翠柏霜残叶不柔。

二十六、《灵峰宗论》[1]（选要）

藕益大师著

灵峰藕益大师自传（前后有门人私识三则）

先大师生平不曾乞缁素一字。不唯佛法难言，知己难得，亦鉴尚虚名之陋习，而身为砥也。西逝时，诫勿乞言，徒增诳误。呜呼！冰操如彼，治命如此,安敢不遵。今刻老人《自传》一通,述其意于首。门人灵晟稽首。

先师壬辰秋，决志肥遁，缁素遮道不得，请述行脚。冬憩长水营泉寺，念行脚未尽致，复述兹《传》。癸巳春，过古吴，有老人二三旧友，或谓《传》既寓名，则宗谱法号可弗出；或谓一生心迹可述，梦感等嫌自言。老人一笑，慨然删改。时从古吴传至留都，与长水本数处不同。后坚密子成时谓《传》收著述未尽，请补，于是与古吴本又增数句矣。今同门刻《传》，命南酌同异。南思老人一生苦心，唯佛祖知之，余难知者。至不获已述传，令后裔有闻，此四宏法门，三祇誓海，可以古人自作别传之例例之也耶？允宜从营泉本，照第三番补遗书，闲字不妨互证。佥曰善，录定本如左。门人照南稽首。

八不道人传（老人亲笔评语三处附。〇取《中论》“八不”、《梵网》“八不”之旨。）

---

① 依《嘉兴藏》本（新文丰版第三十六册 No.348）为底本，《藕益大师全集》本为参校本。

八不道人，震旦之逸民也。古者有儒、有禅、有律、有教，道人既蹴然不敢；今亦有儒、有禅、有律、有教，道人又艴然不屑，故名“八不”也。

俗姓钟，名际明，又名声，字振之。先世汴梁人，始祖南渡，居古吴木渎。母金氏，以父岐仲公持白衣大悲咒十年，梦大士送子而生，盖万历二十七年己亥五月三日亥时也。

七岁茹素，十二岁就外傅，闻圣学，即千古自任，誓灭释老。开荤酒，作论数十篇辟异端，梦与孔、颜晤言。十七岁，阅《自知录·序》及《竹窗随笔》，乃不谤佛，取所著辟佛论焚之。二十岁，诠《论语》，至“天下归仁”，不能下笔，废寝忘餐三昼夜，大悟孔、颜心法。冬丧父，闻《地藏本愿》，发出世心。二十二岁，专志念佛，尽焚窗稿二千余篇。

二十三岁，听《大佛顶经》，谓“世界在空，空生大觉”，遂疑何故有此大觉，致为空界张本？闷绝无措，但昏散最重，功夫不能成片，因决意出家，体究大事。二十四岁，梦礼憨山大师，哭恨缘悭，相见太晚。师云：“此是苦果，应知苦因。”语未竟，遽请曰：“弟子志求上乘，不愿闻四谛法。”师云：“且喜居士有向上志。虽然不能如黄檗、临济，但可如岩头、德山。”心又未足，拟再问，触声而醒。因思古人安有高下，梦想妄分别耳。一月中三梦憨师。师往曹溪，不能远从，乃从雪岭师剃度，命名智旭。雪师，憨翁门人也。

夏秋作务云栖，闻古德法师讲《唯识论》，一听了了，疑与《佛顶》宗旨矛盾，请问，师云：“性相二宗，不许和会。”甚怪之，佛法岂有二岐耶？一日问古师云：“不怕念起，只怕觉迟。且如中阴入胎，念起受生，纵令速觉，如何得脱？”师云：“汝今入胎也未？”道人微笑。师云：“入胎了也。”道人无语。师云：“汝谓只今此身，果从受胎时得来者耶？”道人流汗浃背，不能分晓，竟往径山坐禅。次年夏，逼拶功极，身心世界，忽皆消殒，因知此身从无始来，当处出生，随处灭尽，但是坚固妄想所现之影，刹那刹那念念不住，的确非从父母生也。从此性相二宗一齐透彻，知其本无矛盾，但是交光邪说大误人耳。是时一切经论、一切公案无不现前，旋自觉悟，解发非为圣证，故绝不语一人。久之则胸次空空，不复留一字脚矣！

二十六岁，受菩萨戒。二十七岁，遍阅《律藏》，方知举世积讹。二十八岁，母病笃，四刲肱不救，痛切肺肝。（既悟此身非父母生，何故又刲肱救母？参！）葬事毕，焚弃笔砚，矢往深山。道友鉴空留掩关于松陵。关中大病，乃以参禅工夫求生净土。三十岁，出关朝海，将往终南。道友雪航，愿传律学，留住龙居，始述《毗尼事义集要》及《梵室偶谈》。是年遇惺谷、归一两友，最得交修之益。三十一岁，送惺谷至博山剃发。随无异禅师至金陵，盘桓百有十日，尽谙宗门近时流弊，乃决意宏律。然律解虽精，而烦恼习强，躬行多玷，故誓不为和尚。（三业未净，谬有知律之名，名过于实，此道人生平之耻。）三十二岁，拟注《梵网》，作四阄问佛：一曰宗贤首，二曰宗天台，三曰宗慈恩，四曰自立宗。频拈得台宗阄，于是究心台部，而不肯为台家子孙，以近世台家与禅宗、贤首、慈恩，各执门庭，不能和合故也。（时人以耳为目，皆云道人独宏台宗，谬矣！谬矣！）三十三岁秋，惺谷、壁如二友去世，始入灵峰过冬，为作请《藏》因缘。三十五岁，造西湖寺，述《占察行法》。三十七岁，住武水，述《戒消灾略释》、《持戒犍度略释》、《盂兰盆新疏》。三十八岁，住九华，次年述《梵网合注》。四十一岁，住温陵，述《大佛顶玄义、文句》。四十二岁，住漳州，述《金刚破空论》、《蕅益三颂》、《斋经科注》。四十四岁，住湖州，述《大乘止观释要》。四十六岁，住灵峰，述《四十二章经》、《遗教经》、《八大人觉》解。四十七岁，住石城，述《周易禅解》。是秋，住祖堂。越二年，述《唯识心要》、《相宗八要直解》、《弥陀要解》、《四书蕅益解》。五十一岁，冬返灵峰，述《法华会义》。次年述《占察疏》，重治《律要》。五十四岁，住晟溪，草《楞伽义疏》，迁长水而始竟。尚有《阅藏知津》、《法海观澜》，《圆觉》、《维摩》、《起信》诸疏，厥愿未完，姑俟后缘而已。

生平尝有言曰；“汉宋注疏盛，而圣贤心法晦，如方木入圆窍也；《随机羯磨》出，而律学衰，如水添乳也；《指月录》盛行，而禅道坏，如凿混沌窍也；《四教仪》流传，而台宗昧，如执死方医变症也。”是故举世若儒、若禅、若律、若教，无不目为异物，疾若寇仇。道人笑曰：“知我者，唯释迦、地藏乎！罪我者，亦唯释迦、地藏乎！”孑然长往，不知所终。

先大师示寂，不肖成时谬膺同门严命，辑《灵峰宗论》。辑成，载老人《自传》于卷首。因念老人癸巳、甲午二年中，行脚还山，并所有著述，及乙未正月末后一段光明，皆缺然无纪。同门又谬谓不肖侍行脚，知其事为详，理应附记。辞不获，合十稽首记曰：

《灵峰蕅益大师自传》成于壬辰腊月。次年癸巳，老人五十五岁，夏四月入新安，结后安居于歙浦天马院，著《选佛谱》，阅《宗镜录》，删正法涌、永乐、法真诸人所窜杂说、引经论之误，及历来写刻之讹，于三百六十余问答，一一定其大义，标其起尽。阅完，作《校定宗镜录跋》四则。又汰《袁宏道集》，存一册，名《袁子》。秋八月，游黄山、白岳诸处。冬复结制天马，著《起信裂网疏》。次年五十六岁甲午，于正月应丰南仁义院请，法施毕，出新安。二月后褒洒陀日，还灵峰。夏卧病，选《西斋净土诗》，制赞，补入《净土九要》，名《净土十要》。夏竟，病愈。七月述《儒释宗传窃议》。八月续阅《大藏》竟。九月成《阅藏知津》、《法海观澜》二书。冬十月病，复有《独坐书怀》四律，中有“庶几二三子，慰我一生思”之句。十一月十八日，有《病中口号偈》。腊月初三，有《病间偶成》一律，中有“名字位中真佛眼，未知毕竟付何人”之句。是日口授遗嘱，立四誓，命以照南、等慈二子传五戒、菩萨戒；命以照南、灵晟、性旦三子代座代应请；命阇维后，磨骨和粉面，分作二分，一分施鸟兽，一分施鳞介，普结法喜，同生西方。十三起净社，有愿文，嗣有《求生净土偈》六首，除夕有《艮六居铭》，有偈。乙未元旦有偈二首。二十日病复发。二十一日晨起病止。午刻，趺坐绳床角，向西举手而逝，时生年五十七岁，法腊三十四。僧夏从癸亥腊月，至癸酉自恣日；又从乙酉春，至今乙未正月，共计夏十有九。丁酉冬，门人如法荼毗，发长覆耳，面貌如生，趺坐巍然，牙齿俱不坏，因不敢从粉骴遗嘱，奉骨塔于灵峰之大殿右。（“丁酉”下四十二字，系戊戌春荼毗后补记）。呜呼！痛哉！世间眼灭，正法幢摧，恶心向佛之魔邪，谁与救正？好心遭毒之男女，谁与扶持？良以吾辈业重，不能感哲人久住故耳。老人《传》末云：“尚有《阅藏知津》、《法海观澜》，《圆觉》、《维摩》、《起信》诸疏，厥愿未完，姑俟后缘。”又阅藏毕，然香愿文中云：“一者窃见南北两藏，并皆模糊失次，或半满不辨，或经论互名，或真讹不分，或巧拙无别。虽有宋朝《法宝标目》，明朝《汇目义门》，并未尽美尽善。今辄不揣，谬述《阅藏知津》、《法海观澜》二书。倘不背佛旨，乞得成就流通。二者如《圆觉》、《维摩》、《弥陀》、《地藏》乃至《大涅槃经》，夙有微愿，再加解释，并《僧史宝训》，亦愿增修。仰求庇护，令得速成。”又定嗣注经目，有《行愿品续疏》、《圆觉经新疏》、《无量寿如来会疏》、《观经疏钞录要》、《十轮经解》、《贤护经解》、《药师七佛经疏》、《地藏本愿经疏》、《维摩补疏》、《金光明最胜王经续疏》、《同性经解》、《无字法门经疏》、《十二头陀经疏》、《仁王续疏》、《大涅槃合论》、《四阿含节要》、《十善业道经解》、《发菩提心论解》、《摩诃止观辅行录要》、《僧史删补》、《缁门宝训》，共二十一种。上三处所列，唯《阅藏知津》、《法海观澜》、《起信疏》告成，余俱不可复得矣！虽然，老人著述颇富，识取纲宗，更何所欠？况大用方新，愿轮正转。珍池受记之后，速入娑婆，收拾有缘，喘息未了，公案当可顿完。吾辈现在未来，皆可亲近受学，勿以时方形骸不实之相，贰其心可也。但成时受恩最深，负恩最重，又缅想哲人间出，妙法难逢。又念大事因缘，关系万世，虽流通有时，而众生障难殷繁，爰然香一千炷，舍身洪流，一报师恩，助转愿轮；二供妙法，生生值遇；三转劫浊，救苦众生；四代粉骴，满师弘誓；五忏重罪，决生珍池。呜呼！知我罪我，唯大地众生乎！

顺治乙未腊月十二日，不肖门人成时稽首谨记。

《灵峰蕅益大师宗论》序

佛法无他，谛而已矣。诸佛说法，常依二谛。二谛即三谛也，即四谛也，即一切谛也，即一谛也，即无谛也。二谛如此，诸谛亦然。自心本具之法，非思议所行境界，皆不可说也。然有因缘，亦可得说。以要言之，无可说之谛，无不可说之谛，如是而已矣！不见此则无教，无教则行无由起，理无由显，果无由克。如是而言说，皆臆见也。见此则为真实觉悟，有教，有行、理、果，如是而言说，皆妙法也。

自正像既远，末世抑何言说之多哉！或见谛未全则杂，中者如摩尼处瓦砾，不掩其光，不中未免以一言误天下万世。或见谛未精则执，与之亦成一家言，夺之则无同异中，见同见异，未免堕分河饮水之覆辙。或见谛未神妙则迹，抑扬建荡，总不能为人解粘去缚，起必死沉疴。金锦既不在手，言言与目以明，言言增目之膜。至其下者，博而似杂，实全无所中也，戏论也；僻而似专，实非专家也，斗诤法也；或蛇为龙，袭取神妙，非特迹而已也，罔之徒也。昔魔王害佛不得，誓曰："当于后世，入佛法中，破坏佛法。"佛曰："自坏耳，法可坏哉！"由是观之，下者不足论。论其上，若而人自利未入圆门，利他安得无弊？得失恒无端倪，利害潜相倚伏。欲裂大网，令大地众生咸归大处，苟非其人，道不虚行。

唯灵峰蕅益大师之以言教也，彻悟心性全体，复深入不思议愿轮，一切时、一切处、一切事中，悲智双运，解行互融。实无一法可得，故无峻竖之门庭；实无一法不通、不备，故无隔垣之音响。其发明三学，一以全性起修、全修在性为宗趣。全性起修，无实非权；全修在性，无权非实。非实非权，而权而实，其独契法身向上，以一人开万古欲绝之学，得非以是欤？

尝论之。师之三学，即一大事也，真律、真教、真禅，适还吾心之律、教、禅，适还先佛世尊之律、教、禅，师未曾有一言也。未曾有一言，故无杂也。律既为真律，教既为真教，则何同异？何大小？何律之不即教即禅、教之不即律即禅乎？禅既为真禅，则何分佛祖？何有宗支？何禅之不即律即教乎？是故唯精故不执，无非事事无碍法界，无诤三昧也。

夫言不神妙，以杂与执也。不杂不执，则不自立宗。不自立宗，则纵横变化，不可方物。是以师之言，尽脱窠臼，顿起膏肓，一归于堂堂正正，如唐虞三代之礼乐，不俟干戈而天下太平也。识者谓末法以来，建大法幢，击大法鼓，其味醇平，其道光明，唯师一人而已！

师具开演二智，作广略二说，一四句偈不为少，汗牛充栋不为多。诸疏外，稿有七部，今辑为全书，以文为类。原在稿外别行者，亦以次收入。按三藏，凡高僧撰述，悉入阿毗昙论藏，而有二种：专释一经者，曰释论；概宗十二部经，自成名句文者，曰宗论。今以释论收灵峰诸疏，而七部稿总以《宗论》收之，合十大卷，分三十八子卷。

呜呼！成时不肖，老人在日，不能实学不思议谛，如醉转屋。今哲人虽逝，遗书尚存，敢不自淑，以报师恩于万一？亦愿凡遇是书者，勿离文字而说解脱，勿即文字而忘真月。但因是见谛，则离即双超，圆契自心则不杂，圆收万法则不执，圆说、圆泯则不迹。千百世而后，必有其人，成时愿先舍此身命以供之矣。抑更有虑焉。凡言之揣摹拟议而得者，亦可揣摹拟议而得之。若夫引商刻羽，不涉思议，非从真闻以起思修，则若杂、若执、若迹之祸，尝伏于揣摹议拟之下而不觉。成时愿与天下万世之遇是书者，由博学、审问、慎思、明辨，以阶于笃行可也。

补传后二日，门人成时百拜撰。

《灵峰宗论》卷第一 愿文（选要）

四十八愿（天启元年岁次辛酉七月三十日，时名大朗优婆塞）

稽首三身圆满尊，一切真如觉性海，
称彼法界等虚空，种种庄严大愿海，
果因交彻不思议，菩萨一切修行海，
亦礼阿弥陀如来，观音势至及地藏。
我为慈亲罔极恩，遍悯一切众生界，
发生如实增上心，修行念佛胜方便，
深信净土摄受门，广大誓愿普皆被。
妙戒为舟智慧舵，方便为帆佛力风，
尽未来际渡众生，终不一念舍五浊。
诸佛愿海如帝珠，摄于我愿重重现，
我愿亦如摩尼王，诸佛愿海悉皆摄。
愿轮横遍于十方，亦复竖穷于三际，
一切智智之所乘，故我至心勤修习。

第一愿，我本发心，上报慈父钟之凤生恩，愿三宝力，令我无始慈父咸生净土、速证菩提，令闻我名者亦报父恩。

第二愿，我本发心，上报悲母金大莲养育恩，愿三宝力，令我无始悲母咸生净土、速证菩提，令闻我名者亦报母恩。

第三、愿度法界众生成佛竟，方取泥洹。

第四、愿我淫机身心俱断，断性亦无，令闻我名者永断淫根。

第五、愿我杀害业习灭尽无余，令闻我名者遍生慈力。

第六、愿我痴暗谤三宝业灭尽无余，令闻我名者正信三宝。

第七、愿我诸不善业悉得清净，令闻我名者安住梵行。

第八、愿我决生极乐世界，速证无上菩提，分身尘刹，尽未来际，度生无厌。

第九、愿我生生不忘本愿，于五浊世善化众生。

第十、愿我处处宏通正法，无诸魔障。

十一、愿得无量智慧，达一切佛法。

十二、愿得无量辩才，开迷降外，一切无畏，如狮子吼。

十三、愿得无量神通，遍十方国承事如来及善知识，一切海会无不得与。

十四、愿我能出种种妙音，尽未来际赞叹三宝，令众生知所归依。

十五、愿随意出生种种妙供，供养三宝，为众生作大福田。

十六、愿随喜一切众生所有功德，令成无上菩提。

十七、愿十方如来成正觉时，我先劝请转大法轮，开示众生无上觉路。

十八、愿十方如来般涅槃时，我悉劝请莫入涅槃，常住世间饶益含识。

十九、愿一切海会推我为大法王子，佛赞我功德、智慧、慈悲、愿力，如观世音、地藏王等无有异。

二十、愿以大悲光照诸地狱，触我光者应时变诸苦事悉成妙乐。

二十一、愿以大悲光照诸饿鬼，触我光者应时舍身得净土生。

二十二、愿以大悲光照诸畜生，蒙我光者离诸怖畏，舍身之后得净土生。

二十三、愿以大悲光照诸鬼神，蒙我光者悉舍嗔心，开悟佛道，舍诸丑陋得清净身。

二十四、愿以大悲光照诸苦恼众生，蒙我光者疾病消除，六根具足，厄难恐怖悉皆解脱，无病延年，发菩提意，若临命终即生净土。

二十五、愿以大悲光照有形无形、有想无想，及诸魔外，令其身心舍诸邪见，通达佛乘。

二十六、愿以大悲光照触人天，令不迷欲乐及欣厌定，勤求无上菩提。

二十七、愿以大悲光照声闻、缘觉，令舍无为，速趣佛乘。

二十八、愿以大悲声令一切众生决定明悟，不恋三界，不乐余乘，唯求无上菩提。

二十九、愿以大悲神力随顺众生种种所求，俾于我法生深信心。

三十、愿以救度众生故，于十方现作佛身，或净土摄取，或秽土调伏，方便无量。

三十一、愿救度众生故，随类现身，一一类中，种族尊胜，威德自在，令诸同类敬爱受教，直至菩提。

三十二、愿以大悲方便，现于一切无佛法处、法灭处、佛法不能行处，隐显大化，为长夜灯，救拔沉冥出于苦海。

三十三、愿恒于众生饥渴之时现作饮食，疾疫现作药草，寒作衣服，热作凉风，险阻作津梁，一切所须皆现作之，若服、若食、若倚、若履，咸得安乐，发菩提心。

三十四、愿乐求佛乘众生，闻我名已，不舍肉身得佛菩提。

三十五、愿庄严佛土菩萨，闻我名已，其国逾于极乐，欲现秽土，则得无量方便，善化刚强。

三十六、愿令欲见诸佛土闻法众生，皆得见闻。

三十七、愿令欲往无数世界供养三宝众生，一念之间普得周遍。

三十八、愿令欲生佛土众生，闻我名号即得随愿往生。

三十九、愿令同我誓愿众生，速得无量智慧方便，威德自在。

四十、愿令乐小乘众生，速登圣果，即回心入菩萨乘。

四十一、愿十方修行菩萨，闻我名号，直至菩提，永无魔事。

四十二、愿十方魔外，闻我名号，即舍邪见，同归正觉。

四十三、愿以大悲心力，使五逆、十恶、四弃、八弃当堕大狱众生，知求哀忏悔；随现胜妙色身，摩顶安慰，令罪根永拔，发菩提心。

四十四、愿以平等大慈悲力，能灭谤我法、詈我名者极重恶障，速趣菩提。

四十五、愿我慈眼最极清净，普视尽虚空界，乃至极苦处悉令安乐，极恶众生悉令贤善。

四十六、愿我印手最极庄严，于念念中出一切供养云、珍宝云、衣服云、众具云、饮食云、医药云、三昧云、总持云、辩才云、光照云，遍虚空界，尽未来际利益众生。

四十七、愿我名号尽十方界靡不周遍，彼法灭处，我名不灭，恒令闻称，悉得解脱。

四十八、愿我色身最极微妙，以不可说不可说佛刹极微尘数大人相而自庄严。一一相有不可说不可说佛刹极微尘数随形好，一一好有不可说不可说佛刹极微尘数光明，一一光作不可说不可说佛刹极微尘数色，严饰国界，演不可说不可说佛刹极微尘数声，宣扬妙法，出不可说不可说佛刹极微尘数香华饮食、衣服众具，普供一切，现不可说不可说佛刹极微尘数化佛，教化一切，一一佛有不可说不可说佛刹极微尘数诸化菩萨，一一菩萨有不可说不可说佛刹极微尘数殊胜庄严，一一庄严作不可说不可说佛刹极微尘数广大佛事，一一事于不可说不可说佛刹极微尘数世界利益众生。有见一佛事，则得见我微妙色身，见我身者，则能与我平等，则能速得成佛。

受菩萨戒誓文（天启四年岁次甲子十二月二十二日）

如是戒品，我今于一切三宝前，誓愿受持修学，尽未来际不复舍离。假使持戒因缘，百千万劫恒受困苦，誓不以苦故，退失今日道心。假使破戒因缘，百千万劫恒受安乐，誓不以乐故，退失今日道心。以此学戒功德，愿我及众生，无始众罪尽得消灭。若一切众生定业当受报者，我皆代受，遍微尘国界，历诸恶道，终无厌悔，令彼众生先成佛道。我所发愿，真实不虚，愿十方三宝，现为我证。令我道心，日夜增长；文殊智海，念念清净；普贤行海，念念圆成；命终之后，生诸佛前，证度迷流，同登觉岸。虚空有尽，我愿无穷。

刺血书经愿文（戊戌）

菩萨戒弟子智旭，刺舌血书大乘经律，先于三宝前，然臂香十二炷，发十二愿：愿亡父，及无始慈父，断无始我执，生乐土，受佛记。愿亡母，及无始悲母，断根本烦恼，莲华生，佛授记。愿现在同行，及过去一切真善知识，皆先圆满菩提。愿普与法界众生，破二执，断众苦，得金刚身，净三聚戒，圆正定，证实慧，发菩提心，得不退转，归无上觉。以上发心发愿善力因缘，普施法界，同了无二无生、无得无作，永离虚妄，会证常乐。

礼大悲铜殿偈

稽首圆满大悲尊，慈心普覆虚空界，
陀罗尼力妙威神，诵者随求皆获愿。
我本仰承咒力生，我父梦中曾觉悟，
我幼持斋甚严肃，梦感大士曾相召。
我以无始恶业缘，盲无慧眼从邪教，
破斋毁佛诟大士，大士于我恒怜悯。
无非妙德冥加被，令我终获坚固信，
我今已发菩提心，誓忘身命持正法。
憾我障重惑业深，恒与大士悲相隔，
三漏三垢常炽然，三德三身恒覆蔽，
我今哀恳发深诚，愿求大士恒悲救。
我虽具有无边罪，大士能令悉消灭，
我虽无有胜善根，大士能令悉具足。
我然臂香满十炷，供养大士十界身，

诵持神咒满十万，忏除无始十恶业，
愿我永断十恶业，愿我究竟十善业。
大士地藏之宏誓，十方菩萨微尘愿，
我皆随顺普修习，大圣威神摄受我。

为母四周愿文

稽首大孝尊，孝顺至道法，
及一切三乘，同修孝道者。
我以哀恳心，为母重发愿，
愿法界师友，咸垂哀护持。

智旭自惟居家多染，世孝非真，舍慈母以披缁，拟克果而广济。无奈惑业障深，慧行福浅，未尽三心，罔遵二利。既亏就养无方，复恣负债受用。是以重增惭愧，再沥丹忱。因慈母弃世四周，修称性无作四誓。启善友同体之悲，作净土增上之行。（列比丘、沙弥、净人十五人，共持诸经部卷三百三十六、咒品二万三千四百十四、佛名五十一万六千，礼《千佛名经》一部，其文悉不录。）智旭仍向十方三宝，及一切善友，然香九炷，要九界以同归，以此功勋，悉回向我父母，及无始亲缘，并证寂光，速跻正觉。又愿现前十大比丘，圆行轮，明戒体，离伪因，破俗见，滋慧命，普慈心，远魔事，脱情染，邪正了辨，戒乘俱急；三沙弥，戒身早复，折慢幢，祛邪见；二净人，护威仪，离恶友。又愿诸友，生身父母，历劫亲缘，同游四德之城，悉入二严之地。又愿智旭，恒与诸友为影响众，诸友成佛，请转法轮，请久住世，灭后护持正法，末季重使昭明。乃至一切未发心者令发，已发心者令熟，已成熟者令证，尽众生界成正觉，我始自取般涅槃。仰愿三宝，证明摄受。

结坛水斋持大悲咒愿文（十一月初五日）

智旭自惟障缘深厚，慧力衰微，行浊言清，始勤终惰，负生我重恩，背慈尊明诲。四十八愿，仅托空言。一十二求，罔希实果。悠悠岁月，病与业俱增。罔罔胸怀，志与形并迈。扪心扼腕，惊虑凄神，重策旧图，思收新益。

言念智旭七岁断肉，未知出世正因。十二学儒，乃造谤法重业。赖善根未绝，每潜转默移。一触念于《自知》之序，次旋意于寂感之谭。礼药师妙典，知佛与神殊。闻地藏昔因，知道从孝积。既怀丧父之哀，复切延慈之想。书《慈悲忏法》，矢志尸罗。听《大佛顶经》，决思离俗。舍母披缁，克期取果。无奈夙因力弱，现行惑强，触境多乖，反躬无似。又复喜谈人过，鲜克己非。每忽人长，不知己短。虽时时发愿，亦数数废忘。或猛厉自诃，复纡回自弛。身汩浮沉之浪，云何度他？心缠爱见之丝，云何脱彼？是以再沥丹忱，追补昔愿。自己巳春，已立诵持之誓。及仲冬月，又新惩创之功。于今咒数虽完，心仍未净，岂不愈堪惭愧，更可悲哀？敬对三宝大悲菩萨，然香十炷，结七七坛，谨服水斋，至心持〈大悲圆满神咒〉十万八千。以此功德，必求加被。愿从今去，戒根永净，遮、性无亏，定慧齐彰，寂用自在。三涂息苦，九品莲敷，共睹须弥毫相，同圆法界藏身。

结坛持大悲咒偈

归命施无畏，大悲救世尊，
神妙秘密轮，及一切三宝。
我业深如海，努力勤禅定，

半身感楚酸，实由三毒根。
今惭愧克责，然臂香三炷，
结一七净坛，持大悲一万。
誓当勤精进，护佛法正轮，
不惜身命财，唯宣一乘教。
我今以身心，奉上三宝尊，
唯愿平等悲，究竟垂加护。

结坛持往生咒偈

稽首无量寿，拔业障根本，
观世音势至，海众菩萨僧。
我迷本智光，妄堕轮回苦，
旷劫不暂停，无救无归趣。
劣得此人身，仍遭劫浊乱，
虽获预僧伦，未入法流水。
目击法轮坏，欲挽力未能，
良由无始世，不植胜善根。
今以决定心，求生极乐土，
乘我本誓船，广度沉沦众。
我若不往生，不能满所愿，
是故于娑婆，毕定应舍离。
犹如被溺人，先求疾到岸，
乃以方便力，悉拯瀑流人。
我以至诚心，深心回向心，
然臂香三炷，结一七净坛，

专持往生咒，唯除食睡时，
以此功德力，求决生安养。
我若退初心，不向西方者，
宁即堕泥犁，令疾生改悔，
誓不恋人天，及以无为处。
仰愿大威神，力无畏不共，
三宝无边德，加被智旭等，
折伏使不退，摄受令增长。

结坛念佛回向文

稽首阿弥陀，诸佛护念法，
净土诸圣贤，唯垂哀护持。

智旭无始来，迷常住理，失智慧明，背自性而枉受轮回，取妄心而永违真境。善根虽发，投正教以舍家；宿习偏浓，熏三昧而罔就。矢心净域，誓出苦轮，机感不专，圣应莫显，悠悠岁月，罔罔襟期，可痛可悲，无洲无渚。今依释迦诚训，七日持名，用投无量慈光，一生求度。栖身净坛，专称洪号，若定若散，有记无记，仗佛悲轮，功无唐弃。愿以功德及诸善根，悉共众生回向安养。所冀现生魔障消除，舍报正念决定，一刹那顷生如来前，受菩提记，满本愿轮。

前安居日供阄文

崇祯癸酉前安居日，菩萨戒比丘智旭，然香十炷，奉供遍一切处净满大觉、示灭双林真实常住本师慈父、一体三宝极乐世界阿弥陀佛、十方三世一切诸佛，梵网尊经、毗柰耶藏、十方三世一切尊法，地藏、弥勒、两土二侍、金刚藏、虚空藏、药王、药上、玄通华光主、华光王大智明等十方三世一切菩萨，优波离、迦叶、阿难、马鸣、龙树一切僧宝，愿以大慈悲力，折伏刚强力，摄受善根力，现前证明。

智旭本谤法人，幸闻《地藏》尊经，发心救苦；书《慈悲忏法》，复断酒辛；听《大佛顶经》，决志出家；阅憨山《方便语》，矢心参究。舍母逃逝，誓明大事。既多障缘，仍悲法乱。因思诚训，以戒为师。俯仰斯时，谁堪作范。乃弃衣单，千里陈情云栖塔前，顶受《四分戒本》。一载后，求菩萨律仪，遂检全藏，辑录《要略》。但图自利，未暇化他。不意事成，渐至流布。然既再三翻读，深知时弊多端，不忍随俗淆讹，共蚀如来正法。而自受具，心虽殷重，佛制未周，爰作八阄，虔问三宝：

若智旭比丘戒从心感得，十夏行持，当得作和尚阄；若得戒前轻犯未净，当得礼忏作和尚阄，先行忏法；若未得不成遮难，或已得未堪作范，当得见相好作和尚阄，礼忏求相；若不成难而未得，当得重受阄，如法秉受，更满十夏；若成盗难而通忏，当得礼忏重受阄；若已成难，当得菩萨沙弥阄；若不许沙弥法，当得菩萨优婆塞阄；若一切戒法悉遮，当得但三归阄。

呜呼！不敢师心者，此生之出处；不可忘废者，旷劫之弘誓。但进退语默，弱识岂能自知？逆顺与夺，正觉自然随器。仰对三宝，剖沥一心。若得作和尚等三阄，誓忘身命，护持正法，宁受剧苦作真声闻，不为利名作假大乘。若得重受等二阄，敦弟子职，誓不藐法。若得菩萨沙弥阄，誓尊养比丘，护持僧宝。若得菩萨优婆塞阄，誓以身命护正法，终不迷失菩提心。若得但三归阄，誓服役佛法僧间，种种方便摧邪显正。

我以质直心、殷重心、护正法心、度众生心、伏魔外心、除巧伪心，向一体三宝供如是阄，发如是愿。从今日迄自恣日，现前大众，日持《大悲咒》一遍，自修《梵网忏法》日一时，以求加被。愿三宝大众，护法天龙，同垂哀鉴。重复说偈曰：

三宝护一切，同体无差别。

我悲劫浊苦，法乱邪风炽，
愿续正法灯，照世开迷惑。
内护及外护，未卜当安从？
救世大悲者，知我夙世根，
应以何等位，自利及利他。
愿扶律谈常，从境而发谛，
彻悟声闻法，同归无上印，
终不作对待，隔别诸邪见。
我哀迷惑者，触事生执着，
律昧持犯源，唯事衣与钵；
教失观行旨，但著名句味；
禅道迷纲宗，流入一机境，
或但尚工夫，或专求向上，
或强凿悟门，或并弃正解，
执药反成病，戏论妨实诣；
净土圆顿法，多视作权机，
不发菩提心，但作偷闲法；
不修净戒因，空希净妙果，
密部大威神，翻成世流布，
秽杂不堪闻，几同儿竖戏。
如来无量劫，修习最殷勤，
得此难思法，度我诸含识，
云何至今日，衰替不忍观。
我本具缚人，自哀哀一切，
以何方便力，重显正法轮。
仰学至诚心，深心回向心，
然香表无尽，待命无他向。

大悲行法道场愿文（乙酉五月初三日）

顶礼真实大悲心，究竟分证二觉者。
我无始来堕虚妄，循环生死靡暂停。
失本性乐枉受苦，今欲与拔自无力。
愿大威神同体缘，不舍本誓垂哀济。

弟子智旭，自惟旷大劫来，言不顾行，口与心违。今虽幸厕缁流，仍不能忘故辙。简点一生，有六大罪，而小过盖无数焉。明知向上一路，而不能亲到佛祖真受用处；明知圆顿教观，而不能登五品以净六根；明知大小毗尼，而不能清净性遮诸业；明知杀业是刀兵劫因，而杀机尚未永忘；明知偷盗是饥馑劫因，而偷心尚未全断；明知淫欲是疫病劫因，而淫机尚自炽然。是以别业资乎同分，现行感于共种，睹三灾之洊臻，悲四生之无赖，徒怀旷济之心，反受俱溺之害，扪心自憾，血泪何裨？

今幸遇济生禅院大悲心咒行法道场，发心随众熏修，愿涤自他尘垢，适值母难之辰，敬然顶香六炷，供十方法界佛法僧宝、极乐教主阿弥陀佛、大悲心咒总持秘要、千手千眼观音大士，发六种愿：一干戈永息，二五谷丰稔，三兆民正信三宝，四灵峰古刹复兴，五、六智旭多生恶习，速得克除，烦恼脂消，功德圆满，及永无意外逆顺二缘，早完阅藏、著述二愿。

又然臂香十炷，供十方三宝，发十种愿：一期主净障，二同行成器，三香灯侍者事理齐修，四外坛同行戒乘俱急，五常住一切职事执劳运力助缘营福者，不落有漏；六一切护法宰官、舍财檀越，深悟解脱；七一切见闻随喜，若缁若素，遇影蒙尘，功无虚弃，永为道种，速证圆常；八灵峰住山沙门及某等早得清净轮相，圆成福慧二严，深念苦空，专求出要；九三涂息苦，八难超升，蠕动蜎飞，均沾胜益；十以前功德，回向西方，普与含灵，同生净土。

礼千佛告文

弟子智旭，与法界含识，自从无始至于今生，昧我法本空，起遍计情执，具迷事、迷理二种无明，作分段、变易二死根本。贪嗔痴慢邪见纷纭，杀盗淫欺饮啖颠倒。依于三业六根，广造五逆十重，致使三涂鼎沸，八苦云攒。乃至幸获人身，仍遭劫浊。疾疫饥荒洊至，已足寒心；干戈兵革频兴，尤堪丧胆。父母妻孥莫保，骨肉身首分离。百骸溃散，谁思一性常灵？万鬼聚号，肯信三缘自召？悠悠长夜，泪与血而俱枯；漠漠荒郊，魂与魄而奚泊？哀哉同体之痛，惨矣切肤之悲！憾道力未全，徒怀凄怆。思拯援无策，只裂肺肝。爰鸠同志，五体投诚，代为大地被难众生顶礼三劫三千诸佛，臂然香炷，心发菩提。仰愿大悲拔苦，大慈鉴机，大智慧光烁群盲之积暗，大神通力出苦海之沉沦，令今日海内海外、江北江南已命过者，速脱九横之城，径超九莲之土；未命过者，即离惊窜之怖，永享太平之安。又愿诸佛菩萨兴慈运悲，悯此劫波，来膺众许。又愿遇影蒙尘，蜎飞蠕动，广及法界一切有情，从今已去，乃至菩提，常知警悟，不构恶缘，永灭三涂，顿消八苦，即同居而横彻寂光，不僧祇而圆登妙觉。

阅藏毕愿文（甲午九月初一日）

敬礼无边际，去来现在佛，
等空不动智，救世大悲尊。

弟子智旭，敬然臂香四炷，供养尽十方三世一切诸佛、一切尊法、一切菩萨、一切圣贤。痛念智旭年三十幻寓龙居，第二阅律，遂复发心遍阅大藏。于一夏中，仅阅千卷，旋以事阻。至三十三岁甫进灵峰，结冬时山中无藏，癸酉春藏至未装。丙子季春遁迹九华，于彼抱病阅千余卷。壬午山中藏装成。癸未结制，简阅仅千余卷，又被他缘所牵。幻寓祖堂及石城北，共阅二千余卷。己丑归山，因注《法华》、《占察》二经，改治《律要》，未遑展阅。壬辰秋，拟进山毕兹夙愿，又值幻缘牵至长水，借阅千卷。直至今甲午春，方获归卧林泉。又以一夏病缘居半，乃于仲秋月毕，仅获完满。窃计发心看藏，已经二十七年，出入兹山，亦匝二十三载，凡历龙居、九华、漳州、泉州、祖堂、石城、长水、灵峰八处，方获竣事。于中前后阅律三遍，大乘经两遍，小乘经及大小论、两土撰述各止一遍而已。

呜呼！缅想法缘不易，可胜涕泗滂沱。今幸仗三宝力，已毕微愿。是以然香更求加被，一者窃见南北两藏，并皆模糊失次，或半满不辨，或经论互名，或真伪不分，或巧拙无别。虽有宋朝《法宝标目》、明朝《汇目义门》，并未尽美尽善。今辄不揣，谬述《阅藏知津》、《法海观澜》二书，倘不背佛旨，乞得成就流通。二者如《圆觉》、《维摩》、《弥陀》、《地藏》乃至《大涅槃经》，夙有微愿，再加解释，并《僧史宝训》亦愿增修，仰求庇护，令得速成。三者大殿半倾，前殿尽倒，触目伤心，实难为力。今以付与天龙，愿早成就。四者念此荒野之地，久不闻佛法名，实赖大楫法主、大粹静主、大颀期主，以创其端。至于请藏，则戒周首发大心，道晋、如源等助成其美。印刷则受筹之功，装潢则心见之力。苦守不坠，则成琼为最；助缘成就，则善信是资。伏愿已上，过去者，以今然香功德，三障顿消，四生永脱，莲开上品之华，佛授一生之记；现在者，道心坚固，福德增长，寿命延长，智慧开发。又愿学人（六人）及堂内堂外上下静室一切法眷，各各克除习气，趣向菩提，戒定慧以增明，福寿康而如意。又愿智旭从今以去，病苦消除，烦恼冰释，不遭逆顺两魔，恒得安心著述，以兹法施功德，回向西方净土，普与法界众生，同生极乐世界。

大病中启建净社愿文（十二月十三日）

甲午十二月十有三日，菩萨戒弟子智旭，一心归命极乐世界阿弥陀佛，观世音、大势至、清净海众，及十方三世一切三宝。痛念智旭本为生死大事，二十四岁出家，绝无半点好为人师之念，不意幻缘所逼，谬为人师。二十余年，虽有弘法微善，而虚名所累，观行荒疏，弗能折伏烦恼以登五品。今病患缠身，心虽明了，力不自由，痛哭号呼，罔知攸措。幸仗佛慈，残喘未绝。设非急勖净业，何以永脱苦轮？爰发虔心，敬就灵峰藏堂，邀同志法侣（十人）及外护菩萨沙弥（五人）和合一心，结社三载，每日三时课诵称礼洪名，二时止静研穷大藏。教观双修，戒乘俱急。愿与法界众生，决定同生极乐。智旭从今以去，誓不登座说法，除同志执经问义不敢倦答。若敷文演义，自有照南、灵晟、性旦，略可宣传。誓不背佛平坐，除稍偏及对像坐。誓不登坛授戒，若授戒学律，自有照南、等慈可以教授。誓不应在家人请斋，除寺院静室中。仰乞三宝证明摄受，令智旭诸缘未尽，早就轻安；大限难逃，径归安养。生则念佛兼著述，死则不堕亦不退。又愿同行法侣，无论旭存与否，坚志同修，有始有卒。又愿外护沙弥，无论旭存与否，诚心营事，勿懈勿失。以此殊胜净因，回向无上极果，普与含生，咸归秘藏。

《灵峰宗论》卷第二 法语

示法源

念佛工夫，只贵真实信心。第一要信我是未成之佛，弥陀是已成之佛，其体无二。次信娑婆的是苦，安养的可归，炽然欣厌。次信现前一举一动，皆可回向西方。若不回向，虽上品善，亦不往生。若知回向，虽误作恶行，速断相续心，起殷重忏悔，忏悔之力，亦能往生。况持戒修福，种种胜业，岂不足庄严净土？只为信力不深，胜业沦于有漏。又欲舍此别商，误之误矣！但加真信，一切行履更不须改也。

示陈受之

圣贤皆以同体大悲为学问纲宗。儒谓“万物皆备于我”，释谓“心、佛、众生，三无差别”。推恻隐之心，可保四海；极大悲之量，遍周法界，故曰“天地之大德曰生”。倘杀戒不持，岂名“一日克己复礼，天下归仁”乎？愿即向儒门实究，必能奋然顿决于一日。位天地，育万物，取诸片念而有余矣！

示沈惊百

世出世固不可判作两橛，亦不可混作一事。盖儒、佛下手同，要归异。虽从真儒下手处下手，学道有基，不向真佛要归处要归，真性不显。东坡学佛，然后知儒。以宣圣出春秋世，众生根性机缘未熟，一往且就伦常指点，五乘格之，仅属人乘，间露极谈，终不彰著，复被宋儒知见覆蔽，遂使道脉湮埋。非藉三藏十二部教，求开眼目，不唯负己灵，宣尼亦受屈多矣！

示范明启

三宝深理，非庸儒所知。大智丈夫，乃能谛信。余少时亦拘虚于程朱，后广读内典，稍窥涯畔，莫穷源底，方知有真实心性之学。唯以超方眼，观究竟理，庶不堕井蛙、夏虫之诮也。

示王稚炎

喻义、喻利，在心术不在形骸。果圣贤自期，功名亦道德之用；倘志在目前，不求上达，虽驾言理学，止富贵之媒而已。今以孝父母、和兄弟、致君泽民三种心，持《准提咒》，岂非大乘愿力？精勤一致，始终不渝，君子喻于义，利亦化为义矣。

示律堂大众

流俗知见，不可入道。我慢习气，不可求道。未会先会，不可语道。宴安怠惰，不可学道。顾是惜非，不可谋道。自信己意，不可问道。舍动求静，不可养道。弃教参禅，不可得道。依文解义，不可会道。欲速喜近，不可悟道。隔小于大，不可见道。执秽为净，不可知道。厌常喜新，不可趋道。乐简畏繁，不可明道。将就苟且，不可修道。得少为足，不可证道。惟超群拔俗，谦己虚心，忍苦捍劳，亲近知识，触处体会，以教印心，广大悠久，事理双备，栖神净域，履蹈典型，博通古今，特达勇锐，深心无极，誓穷法海源底，乃真实男子、出世丈夫。

示王简在

有出格见地，方有千古品格。有千古品格，方有超方学问。有超方学问，方有盖世文章。今文章学问不从立品格始，品格不从开见地始，是之楚而北其辕也。呜呼！习俗移人，贤知不免，狃一时耳目，忘旷劫因缘。非以理夺情、以性违习，安能洞开见地，使文章、事业一以贯之也哉！

示王心葵

《法华》一经，殷勤称叹方便。须知有世间方便，布施、爱语、孝悌、忠信等是也。有出世间方便，苦、空、无常、无我、不净、数息、因缘、远离、知足等法门是也。有出世上上方便，十波罗密、四摄、四辩、八万四千三昧总持等是也。有不思议胜异方便，信自性中实有西方现成佛道之弥陀如来，唯心中实有庄严之极乐世界，深心弘愿，决志求生，不唯上上方便是其资粮，将世、出世一切方便，无非往生左券，此法门中点铁成金手段，不历僧祇顿阶不退，名绝待妙法也。

示广戒

无量法门，不出三学。一往戒、定属缘因，慧学为了因。实三学之中，三因圆具。又次第，则因戒生定，因定发慧，后后胜前。推本，则戒无定慧，犹克善果；定慧无戒，必落魔邪。思之！思之！

示彭双泉

既具生死心、参方眼，不可不及时努力，随事着眼，从缘荐取。夫本地风光，虽沉埋而处处迸露，只为眼迟脚慢，错过多端。能向尘劳轻轻觑破，菩提涅槃正在烦恼生死中全身显现。若的见菩提涅槃正因真性，便能称性起缘了二修。今于缘了二因，拈出最要二种，为出生死方便：一发菩提心，受菩萨戒；二炽然作福。于正因拈出最实一事，为归趋之方，所谓净土。以二要行，趋一实地，随观行浅深，任运净于四土。至三惑尽，二死亡，则究竟寂光上上品也。

示未一

圣学究竟处决无满足，下手处决不委靡。孔子十五志学，此即不可夺之志也。志立然后以无厌足心，期尽性命之源。盖自期远大，简点必严。简点严则惟日不足，不肯半涂自安。尧舜犹病，禹拜善言，汤有惭德，“望道未见”、“寡过未能”、“圣仁岂敢”，皆深知性命源底，非大觉不能究竟也。一究竟一切究竟。“子臣弟友，丘未能一”，愈不能愈无息肩地。不然，夜郎自封，区区自得，如贫获一金，志骄意满，何以阶大道哉！

示庸庵

教、观譬膏、火，终始相需。故离教观心者暗，迷心逐教者浮。浮则茫无归著，暗则愈趋愈讹，此末世禅教所以名盛而实衰也。须知一切了义大乘、诸祖公案，皆我现前一念注脚，说来说去，总不离我一心。我今此心，全真成妄，全妄即真。若不能当下反观，则灵知灵觉之性，恒被一切法所区局。纵慧成四辩、定入四空，依旧迷己为物，认物为己。若能直观现前一念，的确不在内、外、中间诸处，无体无相，无影无踪。但有一法当情，皆心所现，终非能现。此能现者，虽云量同虚空，亦无虚空形相可得，若有虚空情量，又是惟心所现之相分矣！一切时放教历历明明，空空荡荡。亦不认历历明明、空空荡荡者为心，以心体离过绝非，不可思议故。了知一切惟心，心非一切，忽然契入本体，一切语言公案，无不同条共贯矣！

示元印

立身行己之道，志欲刚，气欲柔。志不刚不足成千古品格，气不柔不足陶多生习气。夫众生所以沦苦海者无他，任情适意，好顺恶逆，不深求出要故也。《书》云："言逆汝，必求诸道。言逊汝，必求诸非道。"为君尚然，况出世丈夫者乎？出世丈夫以佛祖自期，以四弘为券，以六度万行为家常茶饭，以自利利他为的。发一言，不足自利利他，勿言也。举一步、作一念，不足自利利他，勿举也、勿念也。事苟益身心、裨法化，必黾勉为之，虽劬劳困苦，勿恤也。否，虽有浮名幻利，弗屑也。凝神定志，拓度虚怀，人皆可以为尧舜，满街都是圣人，谓我不能成佛是自弃也。知可成佛，而不肯力行佛行是自暴也。不自弃则志刚，不自暴则气柔。志刚则本立道生，气柔则深造自得。志刚可上求佛道，气柔可下化众生。志刚可荷负众生，气柔可承事诸佛。《易》曰："天行健，君子以自强不息"、"用九，见群龙无首吉"，刚而柔也；"地势坤，君子以厚德载物"、"用六，利永贞"，柔而刚也。刚柔合德，定慧力庄严，此世出世法之正印也。

示念日

显密圆通，皆以解行双进为要。解者，达我现前一念心性，全体三德秘藏，与诸佛所证、众生所具，毫无差别。十方三世显密契经，惟为发明此一念心性。达此一念心性即显密二诠之体，从此起于显密二行。显行依经修观，广如二十五圆通法门，略则唯心识观、真如实观二种收尽。二十五境，各具二观。且约耳根言之，先从征心处破妄，唯心识观也；圆解既开，即于闻中入圆通常流，真如实观也。密行亦具二观，达字字句句无非法界者，真如实观也；心无异缘，专持此咒，悟知音声如响、能持之心如幻者，唯心识观也。由唯心识，进真如实，密行成，显行亦圆满矣。

示解天

具参方志，尤须具参方眼。具参方眼，还须不忘参方志。参方志者，不为虚名、图体面，博一知半见；发无上大菩提心，遍学一切法门，无厌无足。参方眼者，末世师匠，邪正难分。今自卓立，不论宗、教，但与出生死相应、名利不相应，大菩提相应、眼前活计不相应者，则为正，反此则为邪。正则依，邪则舍。具眼不忘参方志者，本求无上菩提，虽邪正分明，不妄生憎爱。善吾师，不善吾资，但随缘触境增长道心智眼而已。此本分中最要紧事，其余丛林粥饭习气，万万不宜沾染，亦不必厌恶也。

示沐苑

发心应学二事：一智慧，二慈悲方便。欲学智慧，莫若读诵大乘方等经典，深解义趣，随文入观，不堕嚼木之讥，不招数宝之诮。又数近明师良友，讨究决择，不可师心自是。欲学慈悲方便，须深信一切众生皆有佛性，定当作佛。见僧俗造恶者，勿生轻慢，须怜悯爱念，种种善巧而回护接引之。倘恃己修，见不修行便生忽慢；自持戒，慢破戒者；自读诵大乘，慢无闻者；自解义，慢愚鲁者；自观心，慢口说者；人我山高，胜负情重，毕生勤苦，止成修罗法界，去菩萨道远矣。

示郭善友

佛法大海，信为能入，智为能度。若信心而乏智慧，未有不泣岐两端者。佛言：末世斗诤坚固，亿亿人学道，罕有一人证果，惟依念佛求生净土，可以横超苦轮。昔有祖师，初但至诚礼《法华经》，拜至“粪”字，遂悟法华三昧。有诵《法华》人来寿昌禅师处请益，叱云：“邪见众生，不识好恶，《法华》便是禅，那别有禅可参？”其人服膺而去，竟以持《法华》悟道。若深信念佛礼拜是佛祖真因，确乎不被时流所转，便是大智慧光明，超登净土，永无泣岐之患矣。

示惺白

佛法之衰也，名利熏心，簧鼓为事，求一真操实履者殆不可得。有能持戒精进、读诵大乘、不驰世务，纵道眼未开，亦三世诸佛所叹许也。况了必藉缘，非持戒读诵，何处得有道眼？今讲家多忽律行，禅门并废教典，门庭愈高，邪见益甚。开士既精非时食戒，勤读方等大乘，但于戒教二门，深造自得，凿井不已，必得及泉；钻木不息，必得出火，无劳更觅玄关也！《观经》谓具诸戒行、读诵大乘方等经典，皆上品上生。操此券以往，吾当携手珍地华池，斯时忆及今日得悟不得悟之疑，当不胜破颜大笑矣！

示陆喻莲

超生脱死，舍净土一门，决无直捷横超方便。而生净土，舍念佛一法，决无万修万去工夫。近世盲禅，妄谓“弥陀不必念，净土不必生”，侊侗鹘突，堕堑落坑。夫夜卧之顷，枕席不安，犹必安置；以三界火宅，而不思出离可乎？若漫云“悟心之士，此间即寂光”，何不曰“恶骂是称赞，恶打即供养，粪秽即栴檀，涂炭是天宫宝殿”乎？倘未能啖粪卧炭，则净土决不可不生。设果能，亦豚豕鸡犬耳。何若老实念佛，导之以信，要之以愿，径登九品莲台，与观音、势至、海众为眷属，回视空头恶见邪禅，博一时假祖师之虚名，堕万劫拔舌犁耕之实苦，何啻云泥也哉！莫论散心定心，只克课程终身不缺，日勤日切，净土华蕊昼夜增荣矣。

示可生

佛法不出唯心、真如二观。盖一切色心依正假实诸法，无非仗因托缘而生，皆是依他起性。不了依他，妄计实我实法，即名遍计执性。了其如幻，有即非有，体惟一心，即名圆成实性。今唯心识观，于依他达其遍计本空；而真如实观，只二空所显理性而已。《大佛顶》最初七处征心，乃直破遍计，明其本空也。次十番辨见，广历阴、入、处、界会理，乃就依他起上，破其遍计余执也。次定耳根为所观境，明其本圆通常，乃就依他起上，显其圆成本具也。然设不向前文破执开解，则圆通常性甚易而甚难。故南岳《大乘止观》，诫初心不得即观圆成实性，惟以四性简责，深达遍计本空，依他如幻，一念观成，转令余念自然契实。实心系实境，实缘次第生，是则前念为能观，后念为所观。故能坐断妄源，无以波逐波之失耳。

示素风

学不难有才，难有志。不难有志，难有品。不难有品，难有眼。惟具超方眼目，不被时流笼罩者，堪立千古品格。品立则志成，志成，才得其所用矣！末世竞逐枝叶，罕达本源，谁知朝华易落，松柏难雕。才志之士，奈何甘舍大从小哉！莫大于现前一念，诚能直下观察，知其无性，则决不妄认四大为自身相，六尘缘影为自心相。身心二妄既消，不真何待？然后以此真解历一切法，俾尽净虚融，无尘影垢习可得，还淳复素，道风竖穷横遍矣！但一念未瞥，使百年活计萦怀、眼下虚名惑志，吾恐天真日漓，负美才好志不浅也。

示方尔阶

念佛法门，虽该罗八教，圆收无量百千三昧，而下手之方，又最直捷痛快。盖凡念相好、念法门、念实相等，固先开真解，然后下手，万无夹带疑情之理。只今持名一法亦止蓦直持去，不用三心两意。深信净土可生，发愿决定往生，以持名为正行，以六度等为助行，万修万人去，断断可保任者。若一点好胜之心，涉入参究，谓为向上，则脚跟不稳，禅、净两失之矣！智者不可不决定其所趋也。

示尔阶

四念处者，佛法之总纲，偏圆权实靡不由之，出生死要路，成菩提通途也。一身念处，二受念处，三心念处，四法念处。身、受、心、法，指果报五阴，即苦谛也。不了虚幻，妄起常、乐、我、净等计，即集谛也。了了观察，知其不净、苦、空，无常、无我，亦如幻化，亦惟假名，亦即法性，即道谛也。不起常、乐、我、净四倒，不招分段生死；不起无常、无乐、无我、不净四倒，不滞偏真涅槃；不起亦常亦无常、亦乐亦苦、亦我亦无我、亦净亦不净双四倒，不招真常流注不思议变易生死，即灭谛也。故勤修四念处，则见四四谛矣！观身不净等，见生灭四谛；观身如幻等，见无生四谛；观身假名无性缘生遍造十界等，见无量四谛；观身法性即实相等，见无作四谛。故维摩云："观身实相，观佛亦然。"毗舍浮佛云："假借四大以为身，心本无生因境有，前境若无心亦无，罪福如幻起亦灭。"谛信审观，不患不立地成佛也。

示刘今度

上品上生三种人，首云慈心不杀，具诸戒行。盖戒为万行总都，而慈心不杀，又为戒行先务。以此圆发三心，何土不净哉！

三心者，直心正念真如，名至诚心，显法身德；乐集一切功德，名深心，显般若德；弘誓无尽，名回向发愿心，显解脱德。

戒亦有三：摄律仪戒，无恶不断，即成法身；摄善法戒，无善不满，即成般若；饶益有情戒，无生不度，即成解脱。

慈亦有三：生缘慈，不杀生缘，观一切众生，皆我父母兄弟六亲眷属也；法缘慈，不杀法缘，观一切地水，是我先身，一切火风，是我本体也；无缘慈，不著我缘，观现前一念佛性，无所不遍，十方三世有情无情，同一觉体，无二无别也。

念念修此三慈，即净三聚。三聚戒净，三心即具，上品上生无疑矣。又观行三心，能生上品凡圣同居净土；相似三心，生上品方便有余净土；分证三心，生上品实报庄严净土；究竟三心，生上品寂光净土。永嘉"谁无念，谁无生？若实无生无不生"，《金刚》"应无所住而生其心"、

“一切贤圣皆以无为法而有差别”，此之谓也。

示苍牧

二死大海，戒为舟楫。欲受戒品，尤以发菩提心为本。盖菩提心正出世戒体，大小律仪则菩提心之相也。发出生死心，降伏爱见，是声闻戒体。发上求下化心，自调调他，是大乘戒体。发生佛体同、平等普度心，是最上乘戒体。既发心已，专精护戒，微细无亏，即三乘正行也。持戒不发心，止得世间乐果。发心不持戒，难免三涂苦轮，故须本末兼举，始终一致，方能保任解脱，名波罗提木叉。不然，有目无足，有足无目，何能速到清凉池哉！

示昙生方丈

境缘无好丑，好丑起于心。愚人除境不除心，至人除心不除境。心既除矣，境岂实有？达境本空，便能素位而行，不愿乎外，以所历位无非无外之法界也。知皆即法界，自无入而不自得。稍或未然，则富贵能淫之，贫贱能移，夷狄患难能屈之矣！孟子论素位而行，则曰：“居天下之广居，立天下之正位，行天下之大道”。其在吾门，则曰：“入如来室，坐如来座，著如来衣”。要之，皆不为物转，方能转物也。

示石友

念佛求生净土，乃一门圆摄百千法门，非举一废百也。但必一门深入，念佛为正行，余一切戒定慧等为助。正助合行，如顺风之舟，更加板索，疾到岸矣！念佛之法虽多，持名最为简便。持名之法亦多，记数尤为稳当。真操实履之士，岂求异愚夫愚妇哉！

示净乡

四不坏信，尤从戒始，盖昏涂宝炬，示人以何路可行，何路不可行，何路超生脱死，何路堕坑落堑。凡发心起行，亲师取友，择法眼目，看教指归，工夫要诀，巨细精粗，无不从学戒而辨。故从上佛祖，虽教观有偏圆权实种种不同，未有不以戒为初基、以戒辨邪正者。〈清净明诲〉，的是乐邦左券，此信不可坏也。

示刘诣昭

学道不难伶俐，难于慎重。发心不难勇锐，难于坚久。涉世不难矫俗，难于自持。作事不难敏达，难于深忍。研义不难领解，难于精确。夫豪杰者，圣贤之基址也。圣贤者，佛祖之阶梯也。不能为豪杰，而能为圣贤，吾所不信。不能为圣贤，而能为佛祖，吾尤不信。然真豪杰，决不以豪杰自局；真圣贤，决不以圣贤自满；真佛祖，岂复以佛祖自命哉！

示莫允臣

世出世事，莫不成于慈忍，败于忿躁。故君子以慈育德，以忍养情。德育，天地万物皆归我春风和气之中；情养，乖戾妖孽皆消于光天化日之下。然后以之自成，则为净满自尊；以之成物，则为慈力悲仰。倘一念嗔起，百万障生，小不能忍，大谋斯乱。况今刀兵劫浊，不过积恚所招；世局土崩，皆无远虑所致。士生斯世，宜何如努力以障狂澜也！

示朝彻

佛法中行佛法非难也，世法中行佛法乃为难事。又佛法仍不坏世法，名难中之难。然第患认佛法不真不亲切耳，世法佛法，何尝不同一缘起哉！读《世主妙严品》及《入法界品》，可悟如来境界矣。

示养德

学道之人，骨宜刚，气宜柔；志宜大，胆宜小；心宜虚，言宜实；慧宜增，福宜惜；虑宜远，思宜近；事上宜虔，接下宜谦，处同辈宜退让；得意勿恣意奢侈，失意勿抑郁失措；作福莫如惜福，悔过莫如寡过。应念身世苦空，切莫随流逐队。衣取蔽形，莫贪齐整。食取克馁，莫嗜美味。常省此世、前生作何功行，可坐享檀施？十二时恒简点身口意业，善多耶？恶多耶？无记多耶？堪消四事耶？不堪耶？如此惭愧觉悟修省，自然习气渐消，智光渐露，祖意佛意，显于一念清净心中矣。

示不岐

十方如来一门超出妙庄严路，不过了妄想无性，悟常住真心、性净明体而已。欲悟真性，贵直心正念真如。欲作真如实观，先修唯心识观。强观诸法无实，惟心所现，则心外无法。次观心无心相，觅之了不可得，则法外无心。既心法两亡，能所性绝，不谓之真如实观，不可得矣。设不正念真如，妄计有心有法，有能有所，则自生岐隔，堕委曲相。只此委曲，亦无别体，元揽真如为体，如狂花以空为体，波浪以水为体，故曰“此想不真”。知想不真，则不随虚妄生死相续，而佛祖传授心法，极尽于此。以此心法，往印千经万论、列祖公案，不啻闭门造车、出门合辙。若不向此门打彻，别商学问工夫，总之多岐亡羊，非大佛顶首楞严三昧。欲修三昧，尤须事理并进，显密互资，除助因，刳正性，违现业，誓于现生取办可也。

示石耕

佛法之盛衰，由儒学之隆替，儒之德业学问，实佛之命脉骨髓。故在世为真儒者，出世乃为真佛。以真儒心行而学佛，则不学世之假佛。

何谓假佛？立门庭，尚施设，取悦耳目，不究极于心源，以衣钵为持律，消文贴句为演教，机锋偈颂为禅宗，名利存怀，偷心见刺，魔王长欢，大圣永叹，“坏周室者齐桓、晋文耳。”

何谓真佛？破我法二执，观二空真如，自见其过，悯他犯过，举心动念，举足动步，皆为自出生死成菩提，亦令众生同出生死成菩提。是故持律，则开遮持犯洞了分明，性业遮业誓求清净；阅教，则辨体明宗，识用知相，若权若实，深达指归；参禅，则截断偷心，直明本性，识取纲宗，不存轨则。

虽三学圆明，仍能不知不愠，决不炫玉求售，决不执己律人。惟随顺物宜，应病与药，沤和般若，双照并行。斯乃不负堂堂僧相，堪称出世丈夫。佛恩既报，则宣圣之恩、君父檀信之恩亦报矣。

示念佛社

吾人从无始来，直至尽未来际，决无不起念时。纵心虑灰凝，入无想定，仍堕八万四千枯槁乱想。但念地狱则地狱界人，念饿鬼则饿鬼界人，乃至念佛则为佛界人耳。此理至明，故《宗镜》云："一念相应一念佛，念念相应念念佛"也。若更问念佛是谁，头上安头，骑驴觅驴，明眼为之喷饭。而近代无知狂悖之徒，反以话头为奇特，名号为寻常，弃如意珠王，竟取瓦砾，可哀矣！

晟溪诸善友，独能结社念佛，尽一日中，出声一炷香，默持一炷香，循环无间，必以一心不乱为期。此简巧之行，须深信勿疑，久久勿替，自当圆超五浊，圆净四土，更莫向含元殿里问长安也。

示如母

道不在文字，亦不在离文字。执文字为道，讲师所以有说食数宝之讥也。执离文字为道，禅士所以有暗证生盲之祸也。达磨大师以心传心，必藉《楞伽》为印，诚恐离经一字即同魔说。智者大师九旬谈妙，随处结归止观，诚恐依文解义反成佛冤。少室、天台，本无两致。后世禅既谤教，教亦谤禅，良可悲矣！予二十三岁，即苦志参禅，今辄自称私淑天台者，深痛我禅门之病，非台宗不能救耳。奈何台家子孙，犹固拒我禅宗，岂智者大师本意哉！憾予为虚名所累，力用未充，不能彻救两家之失。但所得名字位中圆融佛眼，的可考古佛不谬，俟百世不惑。愿如母但学予解，勿学予之早为人师，庶法门有赖乎！

《灵峰宗论》卷第三 答问（选要）

答黄稚谷三问（原问附）

问：佛不能灭定业，地藏菩萨胡为有灭定业真言耶？且既达本来罪福皆空，又何谓耶？

答：业之与报，皆是自心现量，心空一切皆空，心假一切皆假，心中一切皆中。特凡夫不达能造所造、能受所受，当体三德秘藏，而以殷重倒心，作殷重恶业，必招殷重苦报，名为定业。彼心既定，不可挽回，大觉亦不能即令消灭。故大慈悲巧设方便，令地藏大士说咒劝持，即是转其定心，渐使消灭也。是故菩萨功能，全是佛之功能。佛既不居，菩萨亦不居，究竟只在当人一念信受持咒之心耳。此正所谓既达本来罪福皆空之旨，原非拨无因果。以罪福因果当体即空，亦复即假、即中。迷则灭与不灭，俱非达本；达则灭与不灭，总不碍空也。古人云："如何是本来空？业障是。如何是业障？本来空是。"透此二语，便出野狐窠臼矣。

进问：毕竟佛何不自说？所谓佛不能灭，尚有疑在。

答：释此须知三义：

一、诸佛说法，必系四悉因缘。有闻佛说而欢喜、生善、灭恶、入理者，佛即自说，如《楞严》、《尊胜》诸咒，皆灭定业也。有闻菩萨说而欢喜、生善、灭恶、入理者，须菩萨说，如此咒及大悲等咒是也。

二、罪不自灭，不他灭，不共灭，不无因灭，而有时唯说自灭，云"心空业空"；有时惟说他灭，云"佛菩萨力"；有时说须共灭，双举内因外缘；有时说无因灭，云非自非他。皆四悉因缘，否则便成四谤也。

三、不能灭约三藏迹佛，能灭指圆教因人。如《华严》云：“初发心时，已胜牟尼”，亦其例也。

知此三义，一切法无不通达。

问：万缘构时，息心休定，觉甚快乐，而摄入之功甚难。若行数息、作观等门，恐多一番作意起灭。如何顿入一念不生境界？

答：一切境界，本自不生，亦不住、灭。迷此理本，皆是生住灭相，妄见万缘构集，妄生苦恼；又于息心休定境界，妄生快乐。苦恼、快乐，皆醉见也。缘集、缘散，皆屋转也。直须酒醒，方知屋本不转。又须知屋本不转，迷醉方可醒耳。数息、作观等妙法，各逗一机。欲顿悟境界不生，莫若四性推拣：观此现前一念，为自生耶？他生、共生、无因生耶？念若自生，何藉外缘？若他生，何关自己？若共生，应一分有知，一分无知。有因尚不可，况无因生！仔细检责，觅念生相，实不可得。念既无生，境界安有？二俱不生，不复更灭。一切时中，重重照破，不舍一切法，不住一切法，不厌一切法，不著一切法。作意即非作意，起灭亦无起灭，一门超出妙庄严路也。

答陈弘衮二问（原问附）

问：横死之说，与业报矛盾。又既有不应死而死，必有不应生而生，推之富贵贫贱莫不皆然。范缜谓“人生如树花同发，随风而散，或坠茵席之上，或落粪溷之中”，不诚有理耶？

答：一切因果，从来不爽。横死之果，的由横死之因。盖业有三世不同，谓现报业、生报业、后报业。此三世业力，又各论强弱，互相倾夺。且如有人，前生业报，今应长寿，乃忽起猛恶夭折之因，遂入横死科中。据现报则非横死，据夙善即不应死而死。惟业果由心招感，故心能转业，则定而不定；心被业牵，则非定而定。请为决曰：“人生如树花，随善业风吹，堕人天茵席之上；随恶业风吹，堕三涂粪溷之中”。噫！安得深达唯心之士，与旷观业性差别哉！

进问：因果三世义备矣，儒不信也。《易》曰：“积善之家，必有余庆；积不善之家，必有余殃。”论其身及其子孙而止耳。故德之厚者，必曰“宗庙飨、子孙保”，以斩然无后为德之至薄。佛亦有以此论因果者否？

答：因果道理，穷深极远，彻妄该真。尼山大圣，姑就见闻开晓，乃因果一义耳。即此而通之，可信佛法；执此而自是，兼碍儒门。夫积善余庆，何尧舜无肖子、夷齐无后昆？积恶余殃，何盗跖永寿、曹马高爵？此非通于三世，终墨墨矣。由一切无非因果，故穷通寿夭、荣辱得失，杂然互感，事非一辙，乃至父母子孙皆以同业相召，佛经亦雅言之。然世间因果，虚幻不实。且如大舜，宗庙飨、子孙保，已不能留至今日。三千年来，弹指已过。何如度脱亲因，永超生死，为出世大孝耶！是以儒明因果，非不合佛法，但知一不知二，知近不知远。此拘虚者之所不信，明达者之所必求也。

答邓靖起二问

念佛三昧，三昧中王，信不容易。但既三根普被，又不宜一味说难。且七日一心不乱，不可判浅；夜夜伴佛眠，不可判深。盖一心不乱，有事有理。事一心已不容易，理一心何容强臻？而共眠共起之佛，不过本具性德，蠢动皆尔，非关修证，殊未希奇。若达共起共眠之佛，仍炽然言念无间，方得名理一心。若未达共起共眠之佛，一味言念他佛，念至打成一片，得见他佛，即顿悟共起共眠之佛矣。势至云：“不假方便，自得心开”，《十六观》云：“诸佛有异方便，令汝得见”，此之谓也。故一声弥陀，无论解与不解，如染香人，身有香气，念念都是成佛真因，而漫云“炒砂成饭”，不几谤三世诸佛大方便法轮乎？

摄律仪戒成法身德，摄善法戒成般若德，摄众生戒成解脱德，三德即三身极果。戒为法界，一切法所归趣，一切法所从出，故云“惟佛一人持净戒，其余皆名破戒者”，又云“若人受佛戒，即入诸佛位”。《佛顶》谓：纵有多智禅定现前，若不断淫杀等，必落魔道神道。惟以戒摄心，令其生定发慧，方名三无漏学。故知受戒修行，如黄帝尧舜垂衣裳而天下治，不假兵戈也。至别商参究话头等对治法门，是兵者不得已而用之耳。六祖既悟心宗，出世仍须禀具。清凉华严菩萨，十誓凛如冰霜。远公莲社始祖，临终考午后蜜。千古芳规，昭昭具在，何狂禅肆无忌惮、浅学绝不经怀也！

坛中十问十答（之二）

问：《梵网》明不受佛戒，为畜生木石；又犯戒人，畜木无异。夫不受戒，虚生浪死故名畜生，觉悟无期故如木石也。受戒即入佛位，而犯者仍与畜生木头无异，则受戒之益毫无耶？

答：永居门外、永弃佛海，厥苦是均。然不受戒，未必尽堕地狱，破戒决堕地狱。一则常处暗暝，固为可悯；一则舍明入暗，尤为可悲。但不受戒，无成佛期；破戒堕落，犹为成佛缘种，此受戒之胜益也。至于未受而发心秉受，误犯而殷重悔除，木石皆非木石矣。

问：儒云：“君子尊德性而道问学，致广大而尽精微，极高明而道中庸，温故而知新，敦厚以崇礼”，与佛法同耶、别耶？亦同亦别耶？非同非别耶？象山重尊德性，紫阳重道问学，互相矛盾，致成大诤，为一是一非耶？俱是俱非耶？且如何超出是非、究竟无弊耶？

答：儒佛有名同义异者，如“德性”、“广大”、“精微”等，一世间道理，一出世道理也。有名义俱同，而归宗异者，如“问学”、“致尽”等，下手无别，到家实分世、出世也。然为实施权，儒亦五乘中之人乘；开权显实，则世间道理亦顺实相。故同别四句，执之皆谤，善用之即四悉檀。象山虽重尊德性，非弃问学；紫阳虽重道问学，非遗德性。得其旨似顿悟、渐修两门，失其意则为狂罔、愚劣二病，可谓是则俱是，非则俱非。然“广大”、“精微”等，皆“德性”本具之义；“致尽”等，皆“道问学”以尊之之事；原非两法相济，孰能偏重偏轻？此则超出是非两关，永无流弊者也。

答何二华问

欲明大般涅槃，须知小乘无余涅槃之义。小义未了，何由议大？今明无余涅槃，一秘相而谈，二开显而说。

秘相者，佛与耆婆至一荒郊，连举枯骨，问其在生善恶、男女寿夭，乃至死归何处，毫无错答。佛遥向他山取一骨，耆婆再三弹听，茫然不知。佛云：“此罗汉骨，已忘我相，已断后有，非三世所摄、三界所系，汝不能知也。”由此观之，无余涅槃已不可思议，况大涅槃哉！莫见此说便作断灭之解。外道问罗汉死后有无，佛言：“皆是戏论。”又问毕竟如何？佛言：“积薪投以芥火，烧蔓不绝，展转投薪，展转远炽。设使薪尽，火则随灭。此火为有去处、无去处？为断灭、非断灭？”外道言：“火无去处，亦非断灭。此处火灭，非一切火性皆灭。”佛言：“罗汉亦如是，惑业薪尽，果报火灭，何可言有去不去、断与不断？”此秘相而谈也。

开显者，二乘但断界内分段生死，犹未永断界外变易生死。虽凡圣同居土无受生处，犹受方便有余土法性之身。虽非断常，仍似有来去也。

如来五住究尽，二死永亡，知一切法无非即心自性，不离当处，寂湛圆常。约正报名清净法身，约依报名常寂光土，约智德名无上菩提，约断德名大般涅槃。身土不二，智断难思。以要言之，无一微尘不是如来不思议法界全体大用，故云“佛身充满于法界，普现一切群生前”。墙壁瓦砾，清净法身；一色一香，无非中道。当知众生生死轮回境界，尽是如来大般涅槃境界。醉人所见转屋，即醒人所见不转之屋，无二屋也。佛成无上觉，亲证诸法本来常寂灭相，不出不入，不灭不生，为性净涅槃；二死因果永断，名圆净涅槃；为众生故，示生示灭，为方便净涅槃。经谓“佛涅槃”，即方便净之相，非弥陀无量劫后方证大涅槃也。

《灵峰宗论》卷第四 说、文（选要）

歙浦天马院普说

《华严经》云：“若人欲了知，三世一切佛，应观法界性，一切惟心造”。《金刚经》云：“一切有为法，如梦幻泡影，如露亦如电，应作如是观。”当知二偈，旨趣无别。既惟心造，皆是有为。既惟有为，皆如梦幻。然有为有二，一有为有漏，即六凡法界；二有为无漏，即四圣法界。十界圣凡虽别，究竟皆惟心造，而有为有漏如梦幻，有为无漏顺法性故，非梦幻也。

何谓六凡皆唯心造？若一念与上品十恶相应，则法界举体而为地狱。一念与中品十恶相应，法界举体为畜生。一念与下品十恶相应，法界举体为饿鬼。一念与下品十善相应，法界举体为修罗。一念与中品十善相应，法界举体为人道。一念与上品十善相应，法界举体为天道。此六道者，不但三涂及下界人天，生死往还，如幻如梦，假饶非想非非想处，不免堕落空亡，皆如梦幻也。

何谓四圣皆唯心造？若能知苦、断集，慕灭、修道，勤修戒定慧品，得证偏真涅槃，则法界举体而为声闻。能谛观流转还灭十二因缘而得觉悟，则法界举体为独觉。能以先知觉后知、先觉觉后觉，广修六度万行，自利利他，则法界举体为菩萨。菩萨复有四种，若依生灭四谛，发四弘誓愿，三大阿僧祇劫伏惑度生，即是藏教菩萨。依无生四谛发四弘，先断正使，扶习润生，度如幻众，即通教菩萨。依无量四谛发四弘，不但化度六凡出分段生死，兼度三乘权圣出变易生死，即别教菩萨。若能彻悟现前一念心性，本自竖穷横遍，众生迷之举体为集苦，而此心不减；诸佛悟之举体为道灭，而此心不增；妙心虽同，迷悟悬隔。遂依无作四谛发无上菩提心，称性修行六度万行，自觉觉他，即是圆教菩萨。此四种菩萨所修福智，便名有为无漏。况功行圆满，同归无上菩提，则法界举体而为四智菩提、无漏身土，尽未来际，利乐有情，岂可亦谓之如幻如梦乎！

然四圣中，二乘虽出生死，但证偏真，不达心性全体，仅名有为无漏。诸佛菩萨，能证心性全体，故约全性起修，即名有为无漏可也；若约全修在性，即名无为无漏可也。

《金刚经》“如幻如梦”者，为破凡外二乘我法二执言之。夫梦境虽空，而梦心即是觉心；幻事虽虚，而幻本亦不全虚；泡虽无实，而非无水；影虽无实，而非无质。则知六凡生死往还，虽如幻梦，而佛性亦不断灭，但日用不知耳。菩萨了知现前一念心性，亘古亘今，本不生灭，上等诸佛，下等众生，虽欲不上求下化，不可得也。

然虽发大菩提心，无始虚妄无明习重，观力轻微，恐易退转，必须将此圆解，专念阿弥陀佛，求生极乐世界。盖吾现前一念心性，既本竖穷横遍，则本具无边刹海。于我心性无边刹海中，实有十万亿刹外之极乐世界，实有现在阿弥陀佛，先证心性，慈悲接引一切迷流。我今以此菩提心力，称彼名号，便与阿弥陀佛如空合空、水合水，故称名一声，即一声一心不乱，称名十声，即十声一心不乱，乃至称名七日，即七日一心不乱，以正称名时，更无二心、更无可乱故也。

或谓十恶五逆，临终十念，尚得往生，何必平日矻矻称名？此大不然。经云：十恶五逆得往生者，必过去曾种菩提种子。若无菩提种子，何能遇善友？纵遇善友劝发，亦何能顿生信愿、称念弘名耶？故凡修心净业之士，急须荐取妙心，发菩提愿，称念阿弥陀佛。虽不断惑，亦能带业往生，横超三界，乃不可思议法门。十方诸佛，以无量舌、无量音，叹此法门犹莫能尽，应当谛信而力行之。

今篁南圣河吴居士与坚密法友，特为令先慈成净优婆夷、洪太孺人，请说法要，敬为拈出。

答卓左车茶话（原问博山启附）

（上堂则超佛越祖，接众则权引中下，此流俗宗匠未悟心法者所必堕之窠臼，致禅教律及净土诸法，俱失纲宗，俱成实法，智者无所适从，愚人蔑弃一切，有自来也。佛言：“若人专念弥陀佛，是名无上深妙禅。”如今弄虚头逞精魂汉，一味胡言乱语，定不如真实参究念佛底人。宁为上上人拨无净土，令悟土即心，不应为中下人收作权乘，破坏真法。况法王于法自在，随时应机，自无陈见，何必依他古宿扬禅抑净！伏乞竖吹毛剑，击涂毒鼓，大转法轮。如何是念佛门中通身入理向上一路、直踏毗卢顶上行作略？如何是学人初下手时便离四句绝百非念佛？如何是念佛人最后极则淆讹处脑后一锤？从来宗门语句，壁立万仞，一涉净土，定属廉纤。冀和尚将向来自性弥陀、惟心净土等语，撇向一边，亲见如来境界，快说一番，震动大千世界。）

宗乘与净土，二俱胜妙法，众生根性异，不免随机说。向上一著，非净非禅，即禅即净。才言参究，已是曲为下根。果大丈夫，自应谛信是心作佛，是心是佛。设一念与佛有隔，不名念佛三昧。若念念与佛无间，何劳更问阿谁？故参究“谁”字，与摄心、数息等，皆非净土极则事也。净土极则事，无念外之佛为念所念，无佛外之念能念于佛。正下手时便不落四句百非，通身拶入，但见阿弥陀佛一毛孔光，即见十方无量诸佛；但生西方极乐一佛国土，即生十方诸佛净土。此是向上一路。若舍现前弥陀，别言自性弥陀，舍西方净土，别言惟心净土，此是淆讹公案。经云：“三贤十圣住果报，惟佛一人居净土”，此是脑后一锤。普贤十大愿王，导归极乐，谁敢收作权乘？“忆佛念佛，不假方便，自得心开”，谁谓定属廉纤？但能深信此门，依信立愿，依愿起行，则念念流出无量如来，遍坐十方微尘国土，转大法轮，照古照今，非为分外，何止震动大千世界而已！欲知纳僧家事，不妨借中峰一偈，通个消息。偈曰：

禅外不曾谭净土，须知净土外无禅，
两重公案都拈却，熊耳峰开五叶莲。

示念佛法门

念佛法门，别无奇特，只深信力行为要耳。佛云：若人但念弥陀佛，是名无上深妙禅。天台云：四种三昧，同名念佛，念佛三昧，三昧中王。云栖云：一句阿弥陀佛，该罗八教，圆摄五宗。可惜今人，将念佛看做浅近勾当，谓愚夫愚妇工夫，所以信既不深，行亦不力，终日悠悠，净功莫克。设有巧设方便，欲深明此三昧者，动以参究谁字为向上。殊不知现前一念能念之心，本自离过绝非，不消作意离绝；即现一句所念之佛，亦本自超情离计，何劳说妙谭玄？只贵信得及、守得稳，直下念去，或昼夜十万，或五万、三万，以决定不缺为准，毕此一生，誓无变改，若不得往生者，三世诸佛便为诳语。一得往生，永无退转，种种法门咸得现前。切忌今日张三、明日李四，遇教下人又思寻章摘句，遇宗门人又思参究问答，遇持律人又思搭衣用钵，此则头头不了，帐帐不清。岂知念得阿弥陀佛熟，三藏十二部极则教理都在里许，千七百公案向上机关亦在里许，三千威仪、八万细行、三聚净戒亦在里许。真能念佛，放下身心世界，即大布施。真能念佛，不复起贪嗔痴，即大持戒。真能念佛，不计是非人我，即大忍辱。真能念佛，不稍间断夹杂，即大精进。真能念佛，不复妄想驰逐，即大禅定。真能念佛，不为他歧所惑，即大智慧。试自简点，若身心世界犹未放下，贪嗔痴念犹自现起，是非人我犹自挂怀，间断夹杂犹未除尽，妄想驰逐犹未永灭，种种他歧犹能惑志，便不为真念佛也。要到一心不乱境界，亦无他术，最初下手，须用数珠，记得分明，刻定课程，决定无缺。久久纯熟，不念自念，然后记数亦得，不记亦得。若初心便要说好看话，要不著相，要学圆融自在，总是信不深，行不力，饶你讲得十二分教，下得千七百转语，皆是生死岸边事，临命终时，决用不著。珍重！

为大冶

禅、教、律三，总非心外有法。是故分执之固谬也，合求之亦谬也。分执斗诤滋生，合求泛滥无统，皆由不知痛为生死、直趋菩提，所以图名不图实，图枝末不图根本耳。夫禅、教、律，皆名也。真能自觉觉他，乃其实也。机锋转语，偈颂拈提，禅之枝末也；透脱识情，禅根本也。消文衍义，章句名相，教之枝末也；观心入证，教根本也。著衣持钵，锡杖芒鞋，律之枝末也；断有漏法，律根本也。苟依禅透脱识情，何患不观心入证、断有漏法乎？苟依教观心入证，何患不断有漏法、透脱识情乎？苟依律断有漏法，何患不透脱识情、观心入证乎？不惟分无可分，亦且合无可合。分无可分，故古来大圣大贤，无不贯通三学者。合无可合，故古来真实知识，无不各专一门者。六祖、南岳等，未尝为人授戒、说经也。窥基、长水等，未尝为人棒喝、授戒也。道宣、怀素等，未尝为人上堂、讲经也。降自近代尊宿，亦有古风可仰，如寿昌禅师，深知教、律之意，终不授戒、说经；雪浪法师，深知禅、律之意，终不提拈、授戒；大会、示权二律主，亦知禅、教之意，终不谭宗、说教。至紫柏大师，学淹三藏，果证无生，道高德厚，杲日丽天，乃一生绝不上堂，不讲经、传戒，只令人真参实究，深入经藏，誓持根本五戒而已。其视法门中事，何等尊重？岂似后人，茫无所知，肆无忌惮，敢于辄自上堂、讲演、传戒，如贱丈夫之登垄断，几何不以如来正法为戏剧之具也！呜呼痛哉！

江右大冶贤者，苦求一言，发明三学根源。予谓学人出门一步，先须痛绝眼前虚名小利、百年活计，必当置身千古圣贤之列，誓就现前一念，识取三学真正血脉，仍向红炉烈焰中千锤百炼，勿为跃冶之金；然后晦迹韬光，向古庙香炉安身立命，毕志不起一念浮动心，直俟绝后再苏，譬如冷灰豆爆，无秋毫意、必、固、我，方可作陶凡铸圣大冶矣。大众珍重！

慈济说

佛道旷济，以孝为宗。孝该万行，以慈为要。慈心三昧之力，毒药可为甘露、刀杖化为天华，诚救劫浊之良药、解冤业之神咒也。呜呼！四大同体，觉性无差，何彼何我？孰怨孰亲？由迷强故，横计是非；由执重故，妄成憎爱。爱则相生不断，憎则相害不息。顺则憎复成爱，逆则爱复成憎。憎爱递来，怨亲互作，别业同造，劫感刀兵。设不修行大慈，何以济兹大难？诚能设七境以系心，施三乐而调意，乃至上怨缘中与以上乐，心生喜悦，无复嫉恼。以此定向刀山，刀山必折；以此定向火汤，火汤必灭。故知普门究竟无畏神力，不离吾人现前一念慈心也。设满阎浮人尽修此慈心三昧，娑婆不即转为净土者，三世诸佛即为诳语！纵大地造杀，一人独修，此一人未尝不独得清泰也。唯智者能深信之。

持名念佛历九品净四土说

若欲速脱轮回之苦，莫如持名念佛，求生极乐世界。若欲决定得生极乐世界，又莫如以信为前导，愿为后鞭。信得决，愿得切，虽散心念佛，亦必往生。信不真，愿不猛，虽一心不乱，亦不得生。

云何为信？一者信阿弥陀佛愿力，二者信释迦文佛教语，三者信六方诸佛赞叹。夫世间正人君子，便无妄语，况弥陀、释迦、六方诸佛，岂有妄语？此而不信，真不可救。故须先生深信，勿起疑惑。

云何为愿？一切时中，厌恶娑婆生死之苦，欣慕净土菩提之乐，随有所作，若善若恶，善则回向求生，恶则忏愿求生，更无二志，是名为愿。

信愿既具，则念佛方为正行，改恶修善皆为助行。随功力之浅深，以分九品四土，纤毫不滥。只须自己简察，不必旁问他人。谓深信切愿念佛，而念佛时心多散乱者，即是下品下生。深信切愿念佛，而念佛时散乱渐少者，即是下品中生。深信切愿念佛，而念佛时便不散乱者，即是下品上生。念到事一心不乱，不起贪嗔痴者，即是中三品生。念到事一心不乱，任运先断见思、尘沙，亦能伏断无明者，即是上三品生。故信愿持名念佛，能历九品，的确不谬也。

又信愿持名，消伏业障带惑往生者，即是凡圣同居净土。信愿持名见思断尽而往生者，即是方便有余净土。信愿持名豁破一分无明而往生者，即是实报庄严净土。信愿持名持到究竟之处，无明断尽而往生者，即是常寂光净土。故持名能净四土，亦的确不谬也。

问曰：如何持名能断无明？

答曰：所持之佛名，无论悟与不悟，无非一境三谛。能持之念心，无论达与不达，无非一心三观。只为众生妄想执著，情见分别，所以不契圆常。殊不知能持者即是始觉，所持者即是本觉。今直下持去，持外无佛，佛外无持，能所不二，则始觉合乎本觉，名究竟觉矣。

问曰：既始觉合本，则当下即常寂光，如何亦说往生？

答曰：若达当下即常寂光，又何妨说个往生？盖往即非往，非往而往；生即无生，无生而生。文殊、善财之生西方者，此也。咄哉男子！无措思惟。

戒淫文

人知杀生之业最惨，不知邪淫业尤惨也。人知杀生之报最酷，不知邪淫报尤酷也。盖种种受生，肇端淫欲。种种造罪，托因有生。淫为生本，生为罪本，是故三涂剧苦、人世余殃，淫意才萌，一切俱起。淫习难断，如火燎原，于极臭处谬为香美，于极秽处谬为洁净。随处苟合，何异畜生？非道染触，过于鸡犬。此在稍有良心者，便应痛绝，奈何聪明学识之士，甘此丧心无耻耶！？一念欲心是铁床铜柱因，一念爱心是积寒坚冰因。况具行非法，灭理乱常，尘沙劫数不足尽其辜，千万亿言不足数其恶。须发大惭惧、大誓愿，宁火炙刀剜，终不与一切男女欲心相触；宁碎身粉骨，终不与一切男女污秽交遘。设忘正念，更犯前非，必遭毒害横灾，生身陷入地狱。以兹猛决，善自要心，时时忏除往业，切切悔过自新，庶白法可修。而又勤观经论格言以策废忘，精修对治观行以除毒本。不然，纵有多智禅定现前，必落魔道，永无出期。矧世智辩聪，曾非大器，随业直坠，百劫千生受诸烧煮，尚不成魔，安能成佛？尚失人道，安能往生？请于静时仔细思之，于对境努力防之。不然，诸佛无下手处，善友其奈尔何哉！

惠应寺放生社普劝戒杀念佛文

夫物虽至微，未有不贪生恶死者。此贪生恶死之心，全是烦惑，亦全是灵知灵觉所发现也。吾人贪生恶死，情与物同。苟充此情，所欲与共，所恶勿施，安得不是灵知灵觉？苟昧此情，但知我生可贪，不知他亦贪生，我死可恶，不知他亦恶死，安得不是烦惑？是故若欲放生，先须戒杀。欲拔生死烦惑，必须深心念佛。深心者，自救救他之心。佛者，灵知灵觉之极致。深心念佛者，以自救救他之心，契于灵知灵觉之极致，令若自若他，念念解脱者也。以此为正行，以不杀大悲、放生大慈助严之，必生极乐，莲华化现，永脱轮回之苦。所以修昙禅友、公路居士等尽心竭力，普皆劝请也。有缘遇此佛图，便请专精受持。展转劝人，功德尤为不可思议。当知生佛同体，佛者无上众生，众生者即未来诸佛，一念一切念，一切念一念可也。

梵室偶谈（共五十五条之十六）

古者透最后关之谓宗匠，博通三藏之谓法师，尘业不侵之谓持律。今也稍解粗浅机缘，则以宗自鸣；略知流通教典，则以教自负；但护根本四重，则以戒自满。根器狭劣如此，谁与荷担正法！？

予寓龙居，有老僧看《宝积经》，云："若先看此经，和尚做不成。"予曰："若不看此经，和尚做不成。"谓不成和尚法故，谓无所取于为和尚故。噫！可为知者道，难与俗人言也。

一花拈于三藏既说之后，达磨来自佛法盛行之时。龙画就，一点睛则飞去也。今龙影尚无，睛何处点？

如来应世，教随机设，故大小两乘并行不悖。其小乘者，出家受具，先以学戒为基，次读诵、坐禅，随修一法，不必兼行。其大乘者，亦必以戒为基，次读诵、坐禅，虽随根各分主助，而要兼修，决无一往禅思不通了义，一往持说不事观心者。不通了义，味禅之犯必成；不事观心，说食之讥何济？迨夫末法，三学分张，尸罗仅成人天之福，而持犯未达，犹未保其人天；禅思每堕无闻之诮，而戒慧两荒，多见沦于恶取；持说每为名利之媒，而戒定俱废，罕不落于空谈。噫！安得豪杰士，一振其颓者乎！身为床座，所深愿焉。

末法衰败，良以邪正不分。丁斯时者，未暇较深浅，急须甄邪正。如以深浅，则如来三昧迦叶不知，迦叶三昧阿难不知，乃至六群比丘犹胜马鸣、龙树。正法尚尔，末法可求全责备乎？如以邪正，则频伽在鷇，已胜余鸟；砒毒少许，便能伤命，安得不辨于几微乎？故其人正，浅亦可依；其人邪，深愈当斥。正人虽浅，必害少而利多；邪人虽深，必害多而利少。欲辨邪正之致，未有出于教、理二种定量者也。

数见教病则思禅，数见禅病则思教。然有当互救者，亦有可各自救者。良以病在当人，非法门咎也。何谓各自救？实义虎，决不以画饼充饥。真禅人，决不堕恶取空见。三藏十二部，无一法不劝修行。今之不修行者，皆叛教人，非学教人也。西来大意，直指人心，见性成佛。今之不务见性成佛，而妄逞邪解者，皆谤禅人，非参禅人也。既云见性，安得拨教律于性外？既成觉者，安得置教律于不觉？即或未能，且以一句话头作见性成佛方便，权置万行门头，必须信得及，守得定，是非莫管，身世俱忘，愤同杀父，急似烧眉，寒暑饥渴，尚无暇知，律检教门，又何暇谤？直以一门深入，未及兼修，亦以一镜既悬，能含多影。故举起话头，万缘俱舍即檀，十恶俱息即戒，境风不动即忍，绵密不断即进，更无异缘即禅；真疑历历，穷义路之渊源，诣离绝之境界，寻伺无栖，能所双绝即慧。若不能舍缘息恶、不动绵密、更无异缘、真疑历历者，当知不名真提话头也。既不真提，独以之为优免牌，且为邪见本，岂法门咎哉！故知教、禅，法无优劣，特因地不真，利名夺志，不免作狮子身虫耳。果求其本，则禅亦无病，何求救于教？教亦无病，何求救于禅？又学人因地虽或不真，若遇正师，自能中养不中，才养不才。唯师匠自眼未明，自事未了，盲引深坑，虽正因之士，犹被其荼毒，况适相叩者哉？吾故曰：法门之坏，撑法门者坏之也。

唯三种人可参话头。一者，夙具灵根，著手便判，身心世界，全体放下，金刚宝剑，当下提起，直待大事了毕，然后或见知识，或观契经，印证自心，接引后学。二者，虽道路未甚明白，能依真实具眼宗匠，死心参究，到歧涂处，自能为我指点；到根节处，自能为我解辟；到转关处，自能为我拶入。三者，既未深明道路，又无真师，必洞彻教理，方死心参究。虽不能通三藏众典，《楞严》一部，不可不精熟也。譬如独自远行，若不预问路程，断断必有错误。除此三种，其余悠悠泛泛之徒，欲参禅悟道，敢保十个错有五双。

归元性无二，方便有多门。然则参禅、念佛、止观，皆方便也。既谓之门，安得同？若知全性起修，全修在性，则三皆一致，安得异？故真修止贵就路还家，说同说异，增益戏论。

予游历诸山，备览人情物态，颠倒最多，卒难悉举。且如饮食衣服，尘劳也，惟恐不勤；持诵礼拜，胜业也，惟恐不惰。三聚净戒，出世正因也，深厌烦琐；百年活计，生死根本也，常虞缺略。为佛法，慢幢高起；求货利，体面顿忘。乃至同一语也，谓出某经论，则弃如怨敌；谓出某语录，则爱如珍宝。世缘中事，与道无妨；律检教门，有违向上。嘻！吾不知其所趣矣。

发大心犹易，具正见更难。具正见犹易，勤修习更难。勤修习犹易，除心病更难。然心病不除，安事修习？修习不勤，安取正见？正见不具，岂真大心？则直谓之发大心难。

利关不破，得失惊之。名关不破，毁誉动之。既为得失毁誉所转，犹以禅道佛法鸣乎？

古人自牧愈卑，品愈高；今人自视愈高，品愈卑。古人自处愈小，道愈大；今人自视愈大，道愈小。古人自考愈歉，德愈完；今人自恃愈完，德愈歉。是谓不揣其本，而齐其末。

小人以己之过为人之过，每怨天而尤人；君子以人之过，为己之过，每反躬而责己。夫不谓人过谓己过，有四观焉：眼见恶色、耳闻恶声等，皆自业所感，非关他事故；恶境纷纷，皆唯识所现虚幻不实故；众生烦恼无量，应度应断，己分事故；众生修恶，即是性恶，众生性恶，即己性恶故。

法性本常住，云何分正、像？正、像之分，全在人耳。呜呼！时丁末季，去圣时遥，为利者十之九，为名者十之一，为己生死发二乘心者百千中一，为大地众生发无上心者，万万中一，此止就禅和料简耳。应院及俗人，又不必言矣。佛法将安恃耶？

生西方以三种心：至诚心、深心、回向发愿心，此三直至成佛。流俗人亦三种心：轻心、忽心、将就心，此三常游五趣。呜呼！前三百千中或一有，后三百千中或一无，奚怪口言求生者多，真实往生者少也。

云栖大师发挥念佛法门曰：有事一心不乱，理一心不乱。说者谓持名号是事一心，参谁字是理一心，亦何讹也。夫事一心者，历历分明，不昏不散是也。理一心者，默契无生，洞明自性是也。是参时话头纯熟，犹属事门。念时心佛两忘，即归理域。安得事独指念、理独指参也？又参谁字，谓之究理则可，谓理一心不可。然非其人，即究理亦未可轻易。何以故？事有挟理之功，理无只立之能，幸审思之。

阅《阳明全集》毕偶书二则

君子、小人，良知之体，未始不同也。一蔽于私而不能致，遂嫉功忌能，诬忠陷良，无所不至。吁！可哀矣。唯君子昭旷如太虚空，绝不与较是非、辩得失，故小人卒无所骋其毒，而陷溺未深者，犹可化为君子；一与之抗，则其去小人不能以寸，而玉与石角，玉必先敝矣。通此，佛氏二无我观，妙旨泠然，孰谓世间大儒，非出世白茅哉！或病阳明有时辟佛，疑其未忘门庭，盖未论其世、未设身处其地耳。呜呼！继阳明起诸大儒，无不醉心佛乘，夫非炼酥为酒之功也哉！（其一）

学无论儒释，其贵真贱伪，一也。学果真，虽一时受谗被抑，精光终不可掩。学苟伪，虽一时欺世盗名，丑态终亦必露。故曰“斯民也，三代所以直道而行。”夫直道即良知本体而已。致此本体，可建天地、质鬼神、俟百世，况斯世之民哉！顾斯世之民信之，而权奸独诬陷之，俗儒独排斥之。彼权奸俗儒独无良知耶？特有以蔽之、弗能致之耳。呜呼！均此本体，但弗致则与瑾、彬同恶，能致则与阳明同善。读圣贤书者，宜何如慎其独也！今世佛门，陷足于伪者亦多矣。吾为此惧，欲闲之而未能，阅此书，不觉感愤流泪云。（其二）

《灵峰宗论》卷第五 书、论（选要）

寄 母

甲子正月三日，方外男智旭，敬然臂香刺舌血，白母亲大人膝下：

男幼蒙庭训，少长便道学自任，宁不知父宜葬、母宜养？但生死一事，人人有之，静夜深思，真可怖畏。如大母舅宦正浓而忽殒，虞表侄年未壮而早亡。身命无常如朝露，大限至老少莫逃，苦海茫茫，谁能免者？念及自身，已觉酸鼻，更念亡父老母，倍觉伤神。亲身既然，众生宁异？倘不早图出世，正恐追悔无及。男忆二十一，至星家问母寿，言六十二三，必有节限，遂于佛前立深誓，唯愿减我算，薄我功名，必冀母臻上寿。今既切思离俗，倘萌一待心，岂是求益母寿之念？男又安能保无中夭耶？生育一事，世间苦本，况与功名，皆有定数。且青云得志，难敌生死，大母舅即是殷鉴。何如地藏大士、目连尊者，累劫亲恩皆蒙度脱之为孝也。男少年诟大士，赖母痛下钳锤，今得改过从善，志在出世，恐母爱情难割，不得不硬却心肠，潜行方便。又恐母日夜悬念，故于三宝前然香刺血，寄书远达。伏祈勿事劳心，惟努力念佛，求出轮回。亲属可化者，皆以此意示之。

上阇梨古德师

五夏以前，专精戒律。专精者，岂徒著衣持钵而已？律中第一要务，在常一其心，念无错乱，谓依四念处行道也。四念处慧，佛法总关。无念处慧，著袈裟如木头幡，礼拜如碓上下，六度万行皆同外道苦行，无与真修。若依念处行道，则持戒功德，现能获四沙门果，乃至圆十地，克获无难。第二要务，在洞明二百五十戒开遮持犯之致，否则二六时既挂比丘名，当结无量罪，言之骇闻，思之丧胆。此二不明，与邪戒何异？末世流弊，非有力大人不能挽回。吾师德盛名显，僧俗同钦，吾知诸佛所付托矣！

答博山无异师伯

《梵网》戒本，是界外别、圆二教，独菩萨法。其界内藏、通二教，出家菩萨无别戒法，同秉比丘律仪，但发心自度即名二乘，发心度人斯名菩萨耳。然界内之机，不得舍本位而空希界外；界外大士，必须秉权法而游于界中。故菩萨比丘，迥与菩萨士女不同。近世咸谓“小乘所制，大乘悉开；比丘所执，菩萨悉融”，皆属流言，并非实义。

寄了因

年未壮，世态恶，不可轻为去就。往往好心行脚，高者退道心，卑与俗俱化。非大智慧、大力量，罕能出类拔萃也。《圆觉经》云：“一切众生，身心皆是无明。”欲求智慧，须亲善友。然求善友于末世，亦甚难言。有少多行门者，智眼昏昧；有少多学识者，行业荒芜。于中弃短取长，须自眼正，否则无不愦愦耳！

答曹源二书

忏悔殷勤，感佛光现，虽仅二寸，亦得戒前茅也。嗣婴贵恙，是夙习

交加，及向来口腹犯戒所致。然《法华》一部，悲忏二时，尚终不替，猛丈夫矣！（其一）

圆教从名字初心，便用佛知佛见修行。豪杰丈夫，具一切无明烦恼，偏向冰凌剑锋上行。非冰凌剑锋，不能铸无明烦恼成菩提般若故也。天降大任，必先苦劳拂乱，令动心忍性。顽铁不炼不成钢，美玉不治不精莹，松柏不历岁寒不挺秀，孤臣孽子不历熏不达。岂有粥饭习气、暖软形态，可坐进此道者！夫小小境缘，便成事障，因平日无分毫契心恰意处耳。果达妙理，则现前极恶逆事，第一玄妙，为第一明师良友。若舍此等境界，何法可修、可悟、可顿耶？兄平日学问，大率向语言文字上著眼，不向义理上体会、躬行处较勘。转得此关棙子，方是大乘净土因也。（其二）

寄归一兄

鸟必学飞也而后毛羽成，舟必学操也而后江河济，松柏必历岁寒也而后贞干坚，行人必以佛祖自期也而后成佛祖。若以狐疑鼠窜之因，希狮行象顾之果，恐不可得。发大菩提心，使悲智调停可也。

与韩莲洲

韦提以逆子起净业正因，庆喜以染缘为《楞严》弄引，恶因缘是好因缘，转祸为福，在人著眼。倘随遍计分别，雪上加霜，冤结有何了期？若达旷劫因果，则现在冤亲，总非天降地出。以慈忍心调停解释，以梦幻观消遣情怀，未必非炼磨心性、透露真常之一助也。语云：“跌法从他得”，“灯不剔不明，钟不击不鸣”，“他山之石，可以攻玉”，“污泥生莲华，神奇出臭腐”。夫吾人本地风光，埋藏蕴宅，潜伏根门，无时不煞煞欲现。稍藉外缘一击，便当迸裂腾辉。傥不肯向此际荐取，佛界便为魔界。如霜雪寒冰，松柏增妍，凡卉失色，咎在己不在境也。又仁者虽舍比丘、沙弥律仪，而大士木叉，自宜固守。仗此菩提戒光，方可御侮消难。其说似迂，其事实迩，幸精思力行之。

寄修雅法主

云栖大师云：“古人著述，多在晚年，良以道旷无涯，逢人不尽。”上代疏论家，殚一生精神，博综内外学问，得一二帙垂世，尚不免后贤弹驳，况一时口耳草料，欲流布人间耶？须见到养到，从居安资深流出，则辉天烛地，照古腾今，非分外耳。毗尼尤不容片言只字有作，譬礼乐征伐自天子出，稍或僭窃，厥罪不小。《传佛心印记注》，附呈清览。此翁学识俱富，解行两优，堪为近日作家，虚心玩味，知未易及耳。

复圆闻

如来最后以扶律谈常为宗，苟废事谈理，理成乌有。智者、荆溪诸老，无不戒行冰霜，方堪垂范千古，岂可以毒器令贮醍醐？不肖始虽染指宗门，亦既游心教苑，今不得不以持戒为第一急务。又见律学之讹，较禅教更多，爰为集要，以便训蒙。舍举世共趋之辙，遵时豪耻问之涂，知我苦心者，惟如来耳！仁者乘戒并急，当是如来所使，法运可回，喜不寐也。

复灵隐兄

生则隐居求志，死则下下品生，是弟之定局。兄道眼明白，志力勇锐，此生必办。但粥饭习气，软暖粗浮戏论习气，思前算后习气，一一直下斩截，方可立造圣贤阃域，此尤不肖惓惓于知我者。渠师万望于净土一门硬作主宰，如韩信背水阵相似，勿生一念恐不能生之心。至嘱！至嘱！

嘱彻因比丘

吾望公甚高，勿自卑；甚远，勿自近；甚广，勿自狭；甚大，勿自小；甚尊，勿自亵；甚重，勿自轻；甚稳，勿自浮；甚密，勿自疏；甚微，勿自陋；甚妙，勿自粗。圣贤自期谓之高，无数尘劫谓之远，遍周刹海谓之广，超权越小谓之大，不染名利谓之尊，不轻去就谓之重，始终一致谓之稳，精察力行谓之密，穷理尽性谓之微，开佛知见谓之妙。呜呼！律门衰败，大法并危，不具前之十德，鲜克砥其颓波。勉之哉！第一须依念处行道，随文入观，触事会心，心观为主，看教为助；第二须专求己过，勿责人非；第三须作出生死学问，莫作趋时学问；第四须和光同尘，幸勿矜异。欲看教典，且完《玄签》，次《十不二门详解》，次《律藏》五百卷，并《大乘律》五十卷，次《止观辅行》，次《阿含经》等诸小乘经，然后及余经论。或急于修证，唯《律藏》不可不阅，余皆随意。万勿妄想出头。惟真操实履，了当生死。不得为人改法名，剃度师与受戒、教授、传法师，皆有父子之谊，改法名是蔑剃度师也，伤理背情，无道之甚。古来知识，不闻有法派之说，奈何末世以此为亲。吾闻先受戒者在前坐，后受戒者在后坐，不闻先取名者为师兄，后取名者为师弟。既以法派为重，必以戒法为轻，叔伯弟侄，俨然与俗无异，可羞可耻，所宜痛戒。不得曲媚权贵，须如达大师家风。若不能，宁死不出头。不得多收徒众，多畜沙弥，多受依止，教训不周，必有坏法之咎。切忌馈送白衣等事。切忌无耻丧心，到人家念经拜忏，渐成应赴。即檀越到山门作福，须示以佛法尊重，莫如近时丛林套子。亡比丘物，依律分与现前僧，切不可学估唱陋习。其余诸事，不能枚举，总以律为指归，则无过矣。不听吾言，非吾弟也。

与永觉禅师

法运日讹，老成凋谢。兽蹄鸟迹，交于中国。乳臭小儿，竞称宗主。拈花微旨埽地，至此不惟可悲，亦可耻矣！惟老师耆年硕德，坚握寿昌“不肯”二字心印，不必频呻哮吼，狐犴已为丧气。兹者泉南隙地，膻风虽已时来，毒气幸未深入。老师正应久住此方，防护外邪，养育善种。但令二三志士，得接老师法脉，将来魔党败后，泉南佛国，一灯可遍布天下也。不肖幻缘所牵，未能执巾瓶，犹冀法驾蚤临，庶获一晤慈颜，兼欲委陈生平苦心，故敢冒昧，辄助劝请。

简韩茂贻

《紫柏集》点完，此老以博地凡夫，力战烦恼魔军，一生取办，真踞地狮子、透网金鳞也。今观其法语，精悍决裂，犹足令顽夫廉、懦夫立，柔情媚骨不觉冰消瓦解。幸细细留心，必羹墙寤寐见之。

与王季延

《净业障经》，的是佛说，毫无可疑。请试言之。佛广度一切众生，如大医王，亦如大仙，能起必死之证，非循行数墨者可思议也。《大般涅槃》为阿阇世王忏罪，与此经同，所谓实相忏、无生忏，直枯罪源，罪流自涸。如翻大地，树何所依？《大佛顶经》云：“却来观世间，犹如梦中事，摩登伽在梦，谁能留汝形？”又云：“尚无不杀、不盗、不淫，何况更有杀、盗、淫事？”皆是此旨。良由阿阇世王与今无垢光比丘，及过去勇施比丘，此三人惭愧恐怖、急切悔过之心无异，故对治妙药亦无异耳。良医于无名肿毒，初灸不痛者，灸至极痛而止；初灸即痛者，灸至不痛乃止；不如是，病不能疗也。《毗尼藏》中，诃破戒为断头法，是不痛者灸令极痛。此经及《大涅槃经》明罪性本空，是极痛者灸令不痛。如是妙法，但为无知误犯者作救命神丹，非为谈空行有者资牙慧口实。所云“观于犯即是不犯”等者，只此“观”之一字，几许慧解、几许功夫！譬如钻木出火，火出则木必尽。倘犯戒心分毫未尽，岂名观于犯即不犯哉！固知此经，真大乘圆顿无上法门，只就路还家，不改弦易辙，与《华严》、《法华》、《涅槃》等经，同一线索。是故能令犯者闻之，罪根永拔；未犯闻之，永不复犯。譬如灵丹一粒，不论有病无病，但肯服之，可轻身遐举，何止延年益寿而已。倘读此经，不永离淫杀等事，与不读一般。如遇灵丹不服，身婴重病，岂灵丹却致病耶？设无惭人，欲援为例，请语曰：“汝犯戒，亦如二比丘出不得已乎？既犯后，如二比丘恐怖发露、急切求哀乎？纵求哀如二比丘，遇佛菩萨为说法乎？纵闻此法，如二比丘随文入观，顿悟无生、淫心永断乎？”彼达法空已，淫习永除，一成佛于未来，一成佛于现在。然杀人之报，或因中即偿，或成佛方受，如金枪头痛，理必有之。善夫古人曰：“如何是本来空，业障是；如何是业障，本来空是。”故知大彻悟人，但可不堕地狱，决无不偿夙债之理。师子尊者、神光大师、僧肇、岩头等，历历可据，非遍阅大藏、深明教眼宗眼，未可轻议也。至现在无垢光比丘，偶与过去无垢光佛同名，如观世音菩萨与古观音佛同名，迦叶比丘与古迦叶佛同名，奈何混而一之？所云《开元》附《秦录》者，唐开元重叙藏目，偶失译师之名，相传姚秦时译，仍附《秦录》。藏经失译名者颇多，未必皆伪，不当以此为责。

呜呼！末世狂禅罕知教典，依文解义法师又无真正手眼，鼠唧鸟空，遍于寰宇。居士能如此留心，可谓优昙钵华矣！然真正经王，须阐幽旨，以示未闻，方见维摩大士作略。倘粗浮涉猎，辄云可疑，魔王闻之，踊跃欢喜，关系亦不小也。

与智龙

颠沛患难，是煅炼佛祖英灵汉一大炉鞴。能受煅炼，便如松柏历岁寒而逾坚；不受则如夏草春花，甫遇风霜颓靡无似矣。夫松柏、花草，禀质不同，不可强也。现前一念灵明心性，岂有定质？只贵当念自立，将身心世界一眼觑破，平日晏安粥饭习气一力放下，便向刀山剑树游戏出没，有何艰险？纵身心世界情见放不下，而身心世界未尝不是空花；纵晏安粥饭习气除不得，而业运临头，何处保得晏安粥饭如意？千经万论皆磨砻习气之具，习气不除，学问何益？不能亲明师良友，受恶辣钳锤，徒觅几部好佛法，静静闲坐，烧香啜茗，而披阅之，此措大学问，尚不可为世间圣贤，况佛祖哉！佛祖可如此悠悠而得，善财、常啼，真千古极拙人矣，何为《华严》、《般若》之榜样也？

与了因及一切缁素

宋儒云：才过德者不祥，名过实者有殃，文过质者莫之与长。旭一人犯此三病，无怪久滞凡地，不登圣阶也。旭十二三时，因任道学而谤三宝，此应堕无间狱，弥陀四十八愿所不收。善根未殒，密承观音、地藏二大士力，转疑得信，转邪归正。二十年来，力弘正法，冀消谤法之罪。奈烦恼深厚，于诸戒品说不能行。癸酉中元拈阄，退作菩萨沙弥，盖以为今比丘则有余，为古沙弥则不足，宁舍有余企不足也。夙障深重，病魔相缠，从此为九华之隐，以为可终身矣。半年余，又渐流布，浸假而新安，而闽地，而苕城、槜李、留都，虚名益盛，实德益荒。今夏感两番奇疾，求死不得。平日慧解虽了了，实不曾得大受用。且如《占察行法》一书，细玩精思，方敢遵古式述成。仔细简点，并无违背经宗。乃西湖礼四七，不得清净轮相。去年礼二七不得。今入山礼一七又一日，仍不得。礼忏时烦恼习气现起，更觉异常。故发决定心，尽舍菩萨沙弥所有净戒，作一但三归弟子，待了因进山，作千日关房，邀佛菩萨慈悲拔济。不然者，宁粉此骨于关中矣！

复松溪法主

癸亥春，拜见幽溪尊者时，正堕禅病，未领片益。戊辰冬，遇归一兄，方悔向日当面错过。曾刺血书一《然香供师伯文》，寄至台岭，屈指二十二年矣。台宗一脉，我兄勇猛仔肩。次达月管公，亦复半壁。观彼会合《玄》、《签》，一字弗敢稍易，知不坠家风也。如劣弟者，少年误中宗门恶毒，放恣之习沦骨浃髓，今虽痛革，余习难除，故私淑台宗，不敢冒认法派，诚恐著述偶有出入，反招山外背宗之诮。近述《法华会义》，因留都久染知音大窾酸臭气味，绝不知权实本迹纲宗，况得观心悉檀四益？语以三大五小，甫展卷，无不望洋而退，不得已，窃取《文句》、《妙乐》之旨，别抒平易显豁之文，聊作引诱童蒙方便耳。消文分句，不无小殊；教部时味，敢有他议哉！然置弟门外，不妨称为功臣；收弟室中，则不免为逆子。知我罪我，听之而已。

参究念佛论

原夫本觉妙明，真如法界，智理无能所之分，依正绝自他之量。只因迷妄，遍计横生，背觉性而九界杂陈，昧真境而三土幻现。劳我世尊，垂慈设教，随众生根性，示无量法门。或显了说，或隐覆谈；或曲接偏机渐令入道，或直投圆种顿使开明；或从一法中分别说为无量，或以异方便善巧助显一乘。虽复教网万殊，无非醒九界长梦，令复还元觉，了三土幻翳，令冥契寂光耳。

然了义中最了义、圆顿中极圆顿、方便中第一方便，无如净土一门。何以言之？随其心净则佛土净，见思净超同居，尘沙净超方便，无明净超实报。故曰“唯佛一人居净土”，尚何不了之义！众生心念佛时，是心作佛，是心是佛，以一念顿入佛海，故曰“一称南无佛，皆已成佛道”、“若人专念弥陀佛，是名无上深妙禅”，岂不至圆至顿！果德愿力不可思议，因心信力亦不可思议，感应道交，文成印坏，以凡夫而阶不退，未断惑而得横超。又复三根普被，四土横该。五浊轻净在同居，体空巧净在方便，三观圆净在实报，究竟觉净在寂光。尚无等者，矧或过之！是名不可思议功德，世间难信之法也。

总其大要，须具信、愿、行三。信则信事、信理，信自、信他，信因、信果，知心外无土、土外无心，性外无佛、佛外无性，因必该果、果必彻因。愿则念念回向，心心趋往。行则无量法门，会归一致，而净土正行，尤以念佛为首。顾念佛一行，乃有多涂。《小经》重持名，《楞严》但忆念，《观经》主于观境，《大集》观佛实相。后世智彻禅师复开参究一路，云栖大师极力主张净土，亦不废其说。但法门虽异，同以净土为归。独参究之说，既与禅宗相滥，不无淆讹可商。尝试论之：

心佛众生，三无差别，果能谛信，斯直知归。未了之人，不妨疑著，故谁字公案，曲被时机，有大利亦有大害。言大利者，以念或疲缓，令彼深追力究，助发良多。又未明念性本空，能所不二，藉此为敲门瓦子，皆有深益。必净土为主，参究助之，彻与未彻，始不障往生。言大害者，既涉参究，便单恃己灵，不求佛力。但欲现世发明，不复愿往。或因疑生障，谓不能生。甚则废置万行，弃舍经典。古人本意，原欲摄禅归净，于禅宗开此权机。今人错会，多至舍净从禅，于净宗翻成破法，全乖净业正因，安冀往生彼国？

问：净土为主，参究可当念佛否？

答：参、念皆属行摄，切则参亦往生，不切则念亦不生。又虽有切行，若信愿为导则往生，无信愿为导则不生也。

问：彻悟人还须往生否？

答：普贤愿王，导归极乐。初地至十地，皆云“不离念佛”。怡山发愿，承事十方诸佛，无有疲劳。百丈清规，课诵送亡等事，无不指归净土。故天如云：“若果悟道，净土之生，万牛莫挽。”云栖云：“悟后不愿往生，敢保老兄未悟。”是知凡言不必生净土者，皆是增上慢人，非真入菩萨位者也。

问：念佛兼参究，可为助行。参禅兼愿往，非偷心欤？

答：无禅之净土，非真净土；无净土之禅，非真禅。然净土之禅，本不须参究，但一心不乱即静，名号历然即虑。若夫禅之净土，必须证极净心，非可以理夺事。从上诸祖，凡情已尽，圣解未忘，不妨随机埽执。后世学人，虽有干慧，染习未枯，自非发愿往生，依旧随业轮转。永明四料简、楚石十念不缺等，正所谓有禅有净，岂偷心也？

问：参究念佛与止观法门为同为异？

答：理则互融，门实有异。止观以信入，参究以疑入。止观虽三根普被，而上根方真得明了；参究虽亦被三根，而上根始获大总持。且如下根之人，或念佛，或参究，虽未达止观深理，然理无不具，以置心一处即止，用心参念即观故。中根之人，或借解而起念行，或塞解而发参情，虽随机致用不同，亦皆不失止观大义。惟上根之士，直下相应，境智一如，观谛不二。斯时念与不念，皆得而究竟，更无可参。何以故？言前荐得，屈我宗风；句下分明，沉埋佛祖。

故知参究念佛之说，是权非实，是助非正，虽不可废，尤不可执。废则缺万行中一行，执则以一行而碍万行也。高明学道之士，试熟计而力行之。

慈悲缘苦众生论

自佛性之理不明，同体之谊斯晦。但知好善恶恶，罔知与乐拔苦。异类傍生，藐若草芥；囹圄罪苦，视作当然。谁知蠢蠢含生，知觉无别；贸贸恶党，人类是齐。迷性灵而有意招愆，已为可悯；因夙障而无端罹网，尤属堪哀。乃有目睹凄惶，耳聆哀叫，不惟漠不关怀，方且快称应尔。呜呼！悲名拔苦，舍此辈以何缘？慈名与乐，向善趣而奚益？《戒本经》云：“菩萨于恶人所，起慈悲心，深于善人”，良有以也。未探斯旨，借口惩非，自恃暂居福报，邪慢盈怀，庆他剧受苦轮，罗刹无异。岂有稍悟常住慈心，而无同体切肤之痛者耶？

或曰：慈悲与拔，乃果上之功能；惭愧劝惩，实因中之妙行。故尊崇贤善，名之为惭；轻拒暴恶，名之为愧。惭愧自严，方能断恶修善；慈悲利物，乃是接世度生，何得初心，借口大圣？

噫！误矣。夫慈悲、惭愧，同称善心，因中乃可同修，果上方能同满。若如子论，则菩萨不修四无量心，佛果不名具足惭愧。失既非细，罪乃弥天。讵知慈悲、惭愧，恰恰相成，有惭愧者方有慈悲，无慈悲者即无惭愧。盖由了达心佛众生三无差别，观佛即心，是生惭愧；观生即佛，是起慈悲。尊崇本有贤善之性，随愿与一切众生性德之乐；轻拒迷真暴恶之习，随愿拔一切众生性德之苦。有一分惭愧，方有一分慈悲；有十分慈悲，方为十分惭愧。汝今见此同禀血气、同抱灵觉之流，背自真心，枉受困苦，不思拯拔，反起傲心，不惟无慈悲，正属无惭愧耳。倘悟明心性，确知生佛体同，见此未来诸佛，枉堕三涂八难，便当惕目伤心，胼手胝足，如饥食渴饮，欲罢不能，何忍视作泛常，反以救援为迂务耶？只恐前生之善报有限，他世之苦果无穷，既永隔于圆悲，诸佛亦难授手。今日所以笑傲苦伦者，他日复为苦伦所笑傲也。悲夫！

念佛即禅观论

或问蕅益子曰：参禅、教观，与念佛法门，同耶、异耶？

答曰：同异皆戏论也。即亦同亦异、非同非异，亦戏论也。以三种法门，无不离四句故。若知一切法，无非即心自性，仍可四句而诠显之。何者？梵语禅那，此云静虑，静即是定，虑即是慧；静即止，虑即观；静即寂，虑即照。是故定慧也、止观也、寂照也，皆一体而异名也。或谓寂照约性，余二约修；止观约因，定慧约果，不过一往语耳。夫吾人现前一念心性，虽昏迷倒惑，灵知终不可灭；虽流转纷扰，本体终未尝动，此岂非寂照真源、止观血脉、定慧根据乎！究此现前一念心性，名为参禅；达此现前一念心性，名为止观；思惟忆持此现前一念心性，名为念佛，盖念者始觉之智，佛者本觉之理也。

就此念佛法门，有念自佛、他佛、自他佛之不同。若单念自佛，与参禅、止观全同。若单念他佛，与参禅、止观，亦异亦同。若双念自他佛，与参禅、止观，非异非同。夫念自佛者，是四念处观，所谓观身、观受、观心、观法。若一切法门，不为四念处所摄，即外道法，故知与禅观同也。夫念他佛者，或念相好，或法门，或实相，或不能作此三种念者，则但持名号。若念相好，一往似与禅观异，然必止息异缘，专观彼佛，则仍与止观同，亦仍与静虑同也。念法门者，例此可知。若念实相，虽托他果佛为异，然终无两种实相，究竟是同。若持名号，一往亦与禅观异。然无论解与不解，而所持之名，当体无非一境三谛；能持之心，当体无非一心三观，故曰："明珠投于浊水，浊水不得不清。佛号投于乱心，乱心不得不一。"是则心无异缘即是静、是止，名号历历即是虑、是观，亦究竟同也。夫双念自他佛者，了知心佛众生三无差别，乃托他佛，助显本性。由悟本性，故与禅观非异；由托他佛，故与禅观非同。是谓胜异方便，无上法门。《文殊般若经》、《般舟三昧经》、《观无量寿佛经》等皆明此圆顿了义，而《妙宗钞》申之为详。凡栖心净土之士，不可不熟究而力行之也。

《灵峰宗论》卷第六 缘起、序（选要）

《成唯识论观心法要》缘起

夫万法唯识，驱乌亦能言之；逮深究其旨归，耆宿尚多贸贸。此无他，依文解义、有教无观故也。然观心之法，实不在教外。试观十卷论文，何处不明心外无法？即心之法，是所观境；了法唯心，非即能观智乎？能观智起，则二执空而真性现，所以若境、若教、若理、若行、若果，皆名唯识。而五位五观，一以观之，纷而不杂、赜而不乱者也。

慨自古疏失传，人师异解，文义尚讹，理观奚赖？钝者既望洋而退，利者复蔑裂而求。四分之旨未谙，一心之宗徒设，三性之理未究，二谛之致安归？赖有《开蒙》、《问答》，梗概仅存；《大钞》、《宗镜》，援引可据；而溯流穷源，则《瑜伽》、《显扬》诸论，尤黄河之有宿海。于是绍觉法师《音义》，一雨法师《集解》，宇泰居士《证义》，无不殚精竭思，极深研几。然教道已明，观道未显。嗣有新伊法师为之《合响》，力陈五观，冠罩诸家，尚未刊行，仅获染指。适二三同志，拟从能变所变差别之涂，以开性具性遍圆融之钥。漫尔饶舌，兼命管城，不敢更衍繁文，只图直明心观，随讲随录，用质大方。

灵峰寺净业缘起

尝观净土之为胜异，正不在寂光、实报、方便，而在同居。盖三土断惑乃生，惟同居直以信愿相导，感应道交，五浊之习稍轻，三界之苦斯脱。而又即此西方极乐，竖彻方便、实报、寂光，故下愚皆可登其阈，上智终莫逾其阃，三根普资，四悉咸备。正法住世，诸祖已共弘扬；末运迷津，四依能无独赞？乃世之驾言直指者，以西方为钝置；学语大乘者，以净土为退休。不思不假方便自得心开，安有如斯曲径？妙华盛裓，遍供亿方，安有如斯小乘？且既悟直指，是名见性成佛，何故拒弥陀于自性之外？既乘大愿，必须严净佛国，何故拣极乐于刹海之中？夫声闻权教，不闻他方佛名，四果神力，仅周三千界内。彼十万遐方，尊特善逝，非胜进大士、勇猛丈夫，孰能亲近承事？甫育莲台，便阶跋致，较矢心参究，期克三生，已悟心宗，犹曰生生不退佛阶可期者，难易迟速，皎然可知。六方调御，同口赞扬；遍吉、文殊，诚心劝发，岂欺我哉！法流震旦，禅律性相，皆法久弊生，势穷须变。惟兹玄猷，始匡岳，讫五云，或刻莲漏于六时，或发妙宗于三观，或导万善以同归，或融一心于事理，法无不收，机无不摄，故得法流益久，法道愈光，声化所洽，远及山谷。

鄣南灵峰讲寺石峨颀公，请雪航檝公结社兹山，复有抱一粹沙弥、季清程居士，共禀弥陀弘愿，同阐势至法门。佛声浩浩，偕松风鸟语并显圆通；僧德雍雍，率牧竖耕夫同入三昧。横超三界，无烦九次第修；竖彻寂光，不俟三僧祇证。诚劫浊津梁、昏衢宝炬也。

八关戒斋胜会缘起

祖意不明，出世无正眼；教法不讲，修行无正路；斋戒不持，践履无正功。末法通弊，其来久矣。予尝谓有志之士，非明祖意，不足与论教法；非精教法，不足与课戒斋，此理悟事修之说也。若夫因戒生定，因定发慧，如来一代教门，不由斯户，终难入室。

檇李善信，仿佛制作六斋会，六日各修一行：初八放生，先充同体大悲；十四礼忏，共净自他三障；十五诵经，种圆顿之闻熏；廿三究义，开自心之觉路；廿九坐禅，悟一心之本源；三十念佛，净唯心之四土。终而复始，永矢弗谖。未种善根者今当令种，已种善根者今令增长。展转诱化，渐次深入，熟于斯，脱于斯，原始要终，未尝离此八戒斋法，庶几末运为之一转已。

退戒缘起并嘱语

智旭，生于万历己亥。二十四岁壬戌，为天启二年，痛念生死事大，父未葬、母不养，决志出家。时紫柏尊者已寂圜中，云栖老人亦迁安养，憨山大师远游曹溪，力不能往，其余知识，非予所好，乃作务云栖，坐禅双径，访友天台，念念趋向宗乘，教律咸在所缓。后因几番逼拶，每至工夫将得力时，必被障缘侵扰。因思佛灭度后，以戒为师，然竟不知受戒事何为如法？何为不如法？但以云栖有学戒科，遂从天台蹑冰冒雪，来趋五云，苦到恳古德法师为阿阇梨，向莲池和尚像前，顶受《四分戒本》，此二十五岁，癸亥腊月初八也。甲子腊月二十一，重到云栖，受菩萨戒。乙丑春，就古吴阅律藏四旬余，录出《事义要略》一本，此后仍一心参究宗乘矣。戊辰春，雪航檝公留住龙居，再阅律藏一遍，始成《集要》四本。己巳春，送惺谷寿公至博山剃发，无异禅师见而喜之，即欲付梓，予曰未可也。是冬同归一筹师，结制龙居，更阅律一遍，订成。庚午正月初一，燃臂香刺舌血，致书惺谷。三月尽，惺谷同如是昉公从金陵回，至龙居，请季贤师为和尚，新伊法主为羯磨阇梨，觉源法主为教授阇梨，受比丘戒。予三阅律，始知受戒如法不如法事。彼学戒法，固必无此理。但见闻诸律堂，亦并无一处如法者。是夏为二三友尽力讲究，不意或寻枝逐叶，不知纲要；或东扯西拽，绝不留心；或颇欲留心，身婴重恙，听不及半；其余缘众，无足责者。予大失所望。解夏后，结坛持大悲咒。惺谷以此书呈金台法主，随付梓人。次年予入坛持大悲咒十万加被之，然已发念退休。越二年癸酉，安居作八阄供佛像前，燃香十炷，一夏持咒加被，自恣日更燃顶香六炷，拈得菩萨沙弥阄，深自庆快，愿永作外护，奉事如法比丘。孰意末运决难挽回，正法决难久住，予又病苦日增，死将不久。追思出家初志，分毫未酬，数年苦心，亦付唐丧。抚躬自责，哀哉痛心！恐混迹故乡，虚生浪死，故决志行遁，毕此残生。以手书《集要》全帙，谨付彻因海比丘，仍涕泣而嘱曰：

“呜呼！佛法下衰，斯时为盛。毗尼一脉，不绝如丝。教道禅宗，尤为混乱。予数年苦心，未能砥狂澜于万一，仅成此书，并《问辩》、《音义》各二卷，一文一字，罔敢师心，一义一法，咸符圣教。盖不惟律部精髓，亦禅教纲维。由斯户可升堂入室，执斯镜可照胆辨邪。惜公根性稍钝，仅知开遮持犯条目，未达三学一贯源委，且福相未纯，智慧力薄，缺于辩才，短于学问，岂能即弘传斯道？但念公之从予游者五夏，有三事足取焉：几番恶辣钳锤，难堪难忍，绝无退心，纵未顿改旧观，番番略有进益；有人如法受具，未肯细心行持，惟公听《集要》后，轻重诸戒，悉思躬行；予癸酉、甲戌，匍匐苦患，公独尽心竭力相济于颠沛中，毫无二心。充此三善之致，何必不可荷担正法？但须解行双修，戒乘俱急，虚其心，实其志，扩其眼界，牢其脚跟，尽在我修持，任外缘自集，万勿轻举妄动，贻羞法门。倘烦恼未伏，慧眼未开，辩才未具，学问未充，纵有福运，须力却之，况作意邀求耶？苦身形，坚愿力，依念处而精进行道，以律藏为法身父母，临深履薄，守兹一脉。倘遇英哲，当殷重付嘱之。无其人，宁供塔庙尊像中，慎莫授非人也。天定能胜人，人定亦能胜天。予运无数苦思，发无数弘愿，用无数心力，不能使五比丘如法同住，此天定也。然此思、此愿、此心、此力，岂遂唐捐？公若善继吾志，敬守之，以俟后贤，庶几亦可称人定乎？始终不忘吾嘱，千里同风，否则尘劫永隔矣。勉哉！”

《尚友录》序

予十二三，即思尚友。廿四出家，益愿得同学善知识。然但以直谅多闻为贵，正不念“中孚”之在虚，而“夬”、“履”之贞厉也。碌碌七年，我不知人，人亦不知我，“丽泽”之怀，且为“丰蔀”所蔽，几不自觉矣。

旧岁夏初，惺谷寿公见予《白牛十颂》，遂倾缔千古，而予罔知有惺公也。半年余，每发诤论，我不能受益，公亦无由益我。仲冬再遇归一筹师，方能照我所短，而夺我所守，然后日有开发。及新正，又遇雪航檝公，我三人见其有可切磋处，遂力屈其我慢，拔其谄曲，顿令知有正修行路。彼益既大，我益倍深，归、惺二师，受益亦甚，从此始知友朋真乐。

嗟乎！友道岂易得哉！惟心虚则明，明则能知人之长，知人而后直相与、谅相信、多闻相熏。倘陈见横于胸中，人不能益我，我亦不能益人，仅可作悠悠泛泛之交，安所得直谅多闻之实也！且如雪公与我久盟交五云，归师与我向识荆台岳，惺公与我亦既辩论于夏秋，而缔盟雅契，皆俟今日始定，岂非昔者不虚为咎耶？然非归师，不能令惺公益我。非惺公，亦不能令归师益我。而非我，亦不能令归、惺二师互相得益。非我等三人，不能大益雪公。而非雪公，又不能令我三人皆得大益。生我者父母，成我者朋友，讵不信然。今以往，乐多贤友，更何容生厌足心？是以录唱和愿文诸稿，用作尚友前茅。凡欲为千古极则人者，当不以辞之拙而忽其心之苦也。

广孝序

舜孝称大，武周孝称达。大以德为圣人，达以继志述事，此世间孝之极致也。引而伸之，触类长之，可论出世孝矣。出世孝，非圣中圣不能尽。惟大雄世尊，从初发心，深达旷劫因缘，观六道众生，皆我无始以来父母，而迷暗轮回，顽嚣何止倍于瞽妪，故僧祇妙行，直欲尽众生界令其底豫、无不允若，则夔夔斋栗，又何止倍于大舜？是以正觉初成，木叉首唱，必以孝顺为宗，此出世第一大孝也。次地藏大士、目连尊者，发僧那愿，地狱顿同解脱；设盂兰供，亡母即得生天。继先人未有之志，述先人必应之事，此出世第一达孝也。

我等既已发菩提心，行菩萨道，缅思各各生身父母，或生时不闻三宝，或虽闻不信，或虽信不解，或虽解不修，迨生从缘谢，报逐业迁，升沉九有，历尝三苦。斯时舍拔济，更何所志？舍归依，更何所事？继之述之，责在当人。

旻昭陈居士，广修孝思，以真释心行，作真儒事业，为二先大人设妙供、行放救，取法名、求法语。此之荐度，岂仅一生、七生父母得解脱？将尽法界一一尘中有一切世界海，一一世界一切众生海，一一众生一切眷属海，无不解脱者。何以故？以同体故。此同体法性，悟之以为放生主，以报受生恩，以说无生话；迷之不克自全，而乞恩于贤达善信。人之所以异于禽兽者几希，岂欺我哉！

言念昔者丧慈父而舍悲母，迹固异，心实同。睹兹胜举，怆然在怀，有广孝一偈，不免为居士拈出：

空中幻色惟蝴蝶，静里闲声有竹鸡，
莫道故园消息断，落花流水满前溪。

刻《净土忏》序

无净无秽，侬侗真如；即秽即净，颟顸佛性。信释迦之诚语，悟法藏之愿轮，始知若律、若教、若禅，无不从净土法门流出，无不还归净土法门。予初志宗乘，苦参力究者数年，虽不敢起增上慢自谓到家，而下手工夫得力，便谓净土可以不生。逮一病濒死，平日得力处，分毫俱用不著，方乃一意西归。然犹不舍本参，拟附有禅有净之科。至见博山后，稔知末代禅病，索性弃禅修净，虽受因噎废饭之诮，弗恤也。于今专事净业，复逾三载，炽然舍秽取净，与不取舍元非异辙，较西来祖意，岂不更直捷耶？每痛末世狂禅，鸟空鼠即，不惟拨无净土，亦乃谤讟宗风。季清居士，因佛日寺刻六宗，遂任净土一门，即从《忏仪》始。此书十科行道，五悔练心，彻事理之源，极性修之致。如燃和香一丸，饮海水一滴，何香不具？何水不沾？爰为之序。

刻《宝王三昧念佛直指》序

念佛三昧，为如来胜异方便，凡圣均收，利钝悉被，以一念直归佛海，至圆至顿、第一了义故也。而迷义徇名者，见五逆、众恶十念往生，反以为专摄凡劣，但化钝根，可谓昧佛妙旨、谤讟深经矣。予慨末世行人，多疑多障，难悟难开，于深妙法门，非著事忘理，必执理拨事。著事者犹堪下品生因，执理者竟沦恶取空见，至此而直指之道，翻成断灭深坑。非藉金錍，谁抉翳膜？

妙叶导师，法绍宗乘，教兴莲社，应永明角虎之记，畅宝王三昧之谈。境观并彰，纤疑悉破。阐唯心之致，依正宛然；示自性之源，感应不忒。俾达者以理融事，而理非事外；愚者因事入理，而事挟理功。诚除惑前茅，生西左券也。二百余年，流通机塞，莲大师欲见未能。而愿力不磨，韩居士从万融禅师处得之。予获借读，如饫醍醐，悲劫浊方殷，喜津梁有在，急谋付梓，以广厥传。普愿见闻随喜，种乐土圆因；读诵思惟，证宝王法印。转相晓悟，共脱沉沦，庶不负希有良缘已。

印禅人阅台藏序

教观之道难言矣。尚慧辩者，汪洋若大海，其流弊也，逐流忘源，令钝根增望洋之叹。崇修证者，致精如铁橛，其失意也，守株待兔，令无闻招暗证之讥。惟智者悟法华三昧，得旋陀罗尼，九旬谈妙，极教网之幽深；十乘修心，备观门之攸致。灯灯相续，祖祖相传，驾贤首、慈恩而独盛，并黄梅、少室而争芳，心印昭于日月，传习遍于华夷，而部帙最大者有三：曰《法华玄义》、《法华文句》、《摩诃止观》。《玄义》、《文句》，教正观傍；《止观》一书，教傍观正。永无说食数宝之愆，高超暗证无闻之祸。荆溪大师阐扬之，翼《玄义》曰《释签》，翼《文句》曰《妙乐》，翼《止观》曰《辅行》，诚佛祖慧命，众生眼目。古云“台教存则佛法存，台教亡则佛法亡”，非欺我也。

末世行人，障深根钝，学浅志劣，卤莽灭裂，仅涂口耳，惟消文贴句，将就苟且，作名利资粮。语佛法渊源、圣贤道脉，咄嗟曰：“人生几何，能作穷年皓首活计耶？”不思隙驹幻影，名利何裨？苟可契于真源，尚当矢之永劫。况法无繁简，迷悟在人。一句不了，劳匍匐于千山；旷劫缘臻，得总持于瞬息。稍有血性者，决不忍自暴弃，失此甘露门也。

修净土忏并放生社序

净土法门，原为众生迷本自性，不知常寂光理，生死浩然，无有休息，故藉弥陀胜愿为增上缘因。其净土有寂光、实报、方便、同居四种，而上三土，非断惑不生，还同竖出三界之义，故特指西方安养同居，使利根即此顿净四土，钝根亦依此先脱苦轮。虽诚简易，亦非草草。《弥陀经》云：不可以少善根福德因缘得生彼国。一日乃至七日，执持名号，一心不乱，即得往生。夫一心不乱，纵未断惑，可不伏惑耶？倘娑婆事业在在牵系，遇五欲时如胶如漆，遇逆缘时结恨怀冤，而欲命终弥陀接引，此决不可得之数也。又《观经》云：逆恶之人，临终十念皆得往生。夫临终十念，必深植善根。今逆顺境缘，便不复有正念，何况临终？且临终苦现，止藉善友提撕，今青天白日，尚不能于明师友真实格言信受奉行，当临终时，安保善友现前？设现前开示，神识昏迷，而欲求其信解，此又决不可得之数也。至五悔法，本为无知造罪，无可奈何，教以发露披忱，修来改往，逆顺十心，痛切恳到，非可视为悠悠泛泛者。兼以四法助成此行：劝请灭谤法魔障，随喜灭嫉妒重障，回向灭悭贪著三有障，发愿灭退失喜忘误障。更有作法、取相、无生三种忏义。作法依律所说，对首忏悔；取相严净道场，专求感应；无生深观实相，断烦恼源。倘旋忏旋犯，作法之所不许。既不能依律作法，必不招贤感圣。既不睹圣贤一色一相，又何能顿证圣贤清净法身？故三种法，前前不兼后，而能通后；后后必具前，而不废前也。由此观之，净土法门，药也；娑婆爱嗔，忌也。五悔法门，药也；不断相续，忌也。甫服其药，又触其忌，可乎？慈云大师合此二种巧妙方便，述为《往生忏仪》，且云：行人各有无始恶习，速求舍离，勿使行法唐丧其功。药忌昭然，亦可思矣！

或谓："闻白毫名字，功德不可限量，闻一佛二菩萨名，灭无数劫罪，岂现前恶法所能较敌？"噫！误矣。不观《占察经》耶？经称地藏菩萨大悲愿力，诸大菩萨皆不能及，其言曰："能闻我名者，谓得决定信、利益行故。若杂乱垢心，称诵我名字，不名为闻，以不能生决定信解故。"盖杂乱则无定，不与奢摩他相应；垢则无慧，不与毗婆舍那相应。不与二观相应，则不知地藏法身、诸佛法身与自己身，无二无别，故不名为闻也。智者大师释《十六观经》题，必约三德秘藏，释《法华经》题，乃以九旬谈妙，故曰"若闻首题名字，所得功德，不可限量"。若不如所解释，安获无量功德？今杂乱垢心，闻犹不闻，现行烦恼，炽然不息，以此脱苦，杯水投车，逮临终无验，翻疑佛法不灵，自误误他，堕谤法罪。如服药食忌，反致丧身，遂谓医王杀人，颠倒至此极矣！

独放生一事，捐所爱资财，以赎彼命，弊端略少。然或重视大形，于微细蛆虫边，生下劣想。或多视微物，于现前屠宰者，起悭吝心。或留意异类，偏于人中妄隔怨亲，爱憎不息。既昧平等慈心，无以为念佛礼忏之本。智者大师云：虽入道场忏悔，恶心不转，恶业不坏，无益苦行，唐丧劬劳，碓臼上下，竟有何益？虽举手低头，皆成佛道，戏著袈裟，犹为远因，岂六时勤苦，全无功用？但缘因力弱，不能敌现业流注耳。

象岩开士，结往生忏社，买放生命，悲智并运，将此菩提心，为往生正行，予申其说而示之。

劝持《梵网·心地品》

夫有心者皆得作佛，则皆为佛戒所摄。既为佛戒所摄，胡容不诵此戒法？此戒法名为〈心地品〉者，心外无法，法外更无心也。故又云：“不受戒者，如木石无心，名为外道。”噫！可思矣。今人高谈心性，妄谓戒不必受；逮肯受者，又茫不知心性为何物。一义甫晦，两病旋生。狂谈之心，固非真心；愚禀之戒，亦岂真戒？但事能挟理，戒善犹可远作缘因；理不孤立，空谈适为邪见张本。所以《涅槃》后唱，扶律为宗；《梵网》初成，木叉先结。〈心地〉一品，尤末劫津梁、昏衢宝炬哉！予悯了因果沙弥，福慧俱缺，励以日课斯品，稍沾法喜，思劝同仁。经云：“菩萨常应化一切发菩提心。若不发教化众生心者，犯轻垢罪。”果也，勉之！坚其神，强其志，恒其操，笃其行，尽大地有情，咸归心地法门，莫以三千为毕竟也。

警心居士持《地藏本愿经》兼劝人序

惟圣罔念作狂，惟狂克念作圣，此“危”、“微”的传也。佛法亦尔，一念迷，常寂光土便成阿鼻地狱；一念悟，阿鼻地狱便是常寂光土。所以《地藏本愿》，直与《华严》同一血脉。试观华严世界，即空、即假、即中，不可思议；地狱众苦，亦即空、即假、即中，不可思议。《华严》明自心本具之净土，令人知归；《地藏》明自心本具之苦轮，令人知避。一归一避，旨趣永殊，而归亦唯心，避亦唯心，心外决无别法。儒所谓道二，仁与不仁而已。危乎！微乎！善、利，分舜、跖之关；去、存，为人、禽之别。熟读《本愿经》，不思自觉觉他出地狱归华藏者，必不仁之甚者也！

警心居士悯之，遂毕世受持，兼以劝人。予谓适发此心，地狱苦轮便当顿息，欢喜为序，代法界众生普劝云。

《莲漏清音》序

经云："若欲净土，先净其心，随其心净，则佛土净。"此事理因果并彰之旨，自他权实不二之谈也。而昧者一迷缘影为心，决定惑为色身之内。不知色身，外洎山河虚空大地，咸是妙明真心中所现物。是故西方极乐世界，即唯心净土，现在乐邦教主，即自性弥陀。四明《妙宗钞》云："应佛显，本性明，托外义成，唯心观立。"岂似愚人，妄认六尘缘影为自心相，遂置十万亿刹于心性之外哉！

顾惟现前一念心性，觅不可得，是即空义；炳现万法，是即假义；心外无法，法外无心，是即中义。迷心即空，名见思惑；迷心即假，号尘沙惑；迷心即中，称无明惑。三惑既炽，四土斯秽。今一心念佛，不计我我所，即空义显；随念佛时，佛随心现，便知十界皆惟心造，即假义显；不惟是心作佛，亦且是心是佛，即中义显。一心三义既显，便能圆破三惑，圆净四土。仍于无次第中，假说次第：观行破惑，同居土净；相似破惑，方便土净；分证破惑，实报土净；究竟破惑，常寂光土永得清净。即中故常，即假故寂，即空故光。又复三谛皆常，三惑皆寂，三智皆光。此一非一，举一即三。此三非三，言三即一。不纵横，不并别，不可思议，名秘密藏。阿弥陀佛先证此也，一切众生久迷此也，吾人现前注念此也，是谓念佛三昧，是谓心净土净。先悟后修，名理一心，理一事亦一矣。先修后悟，名事一心，事一理亦一矣。文殊一行三昧，普贤十大愿王，远公刻莲漏于东林，云栖号莲池以明志，皆归极于此也。

丁莲侣老居士，深信笃行之余，遍阅古今净土法要，摘最警者，目为《莲漏清音》，始〈法胜〉，终〈现应〉，凡二十五章，条理井然，群疑冰释。夫疑非可强释也，由本无可疑故也。因僭为序如此。

《悲华经》序

大悲释尊，能为难事，较十方三世佛，偏称勇猛。而《悲华》一经，叙述尤详。此经亦名《大乘大悲芬陀利经》，谓摄取净土菩萨如余华，唯大悲苦行菩萨如芬陀利华也。然释尊成佛，刹海微尘数劫，为众生故，于恒沙劫前示作宝海大臣，其长子成佛，名宝藏，既劝轮王千子及诸小王，供佛发心，各取净土，后独发悲誓，愿取秽土。呜呼！我辈垢重障深，久为十方佛所摈弃，聚此五浊世间，自非释尊彻底大悲，何由得闻出世法要？当知今日四众弟子，无非昔日饮大悲血，食大悲肉，受用大悲头目髓脑及余身分者也。释尊舍无量血肉身分，令我辈成菩提种，我辈犹复不思报恩，尚可为人乎？经云："菩萨有四法懈怠：一愿取净世界，二愿于净众作佛事，三愿成佛不说声闻、辟支法，四愿成佛寿命无量。有四种精进：一愿取不净世界，二不净人中作佛事，三成佛说三乘法，四成佛得中寿。"此经宗要，概不出此。然懈怠菩萨如恒河沙，而精进菩萨迄今不满十人，故释尊虽自取秽土，仍劝秽土众生求生极乐，苦口叮咛，不一而足。吾辈信大悲语，即同大悲心。生极乐已，方可速入不净世界，于不净人中说种种法，数示生灭，为第一精进菩萨。

吴兴唐宜之，甫读是经，不禁感泣。山东耿暗然，适闻是经，便誓流通。此皆释尊真实眷属，一切人中芬陀利华也。此经久行世间，五浊不难度尽。深心随喜，为之序。

《西方合论》序

唯大彻大悟人，始可与谈念佛三昧，否则百姓之与知与能，犹远胜仁者见之谓之仁、智者见之谓之智也。达磨西来，事出非常，有大利，必有大害。呜呼！先辈幸得大利，今徒有大害而已。谁能以悟道为先锋，以念佛为后劲，稳趋无上觉路者耶？袁中郎少年颖悟，坐断一时禅宿舌头，不知者以为聪慧文人也。后复深入法界，归心乐国，述为《西方合论》十卷，字字从真实悟门流出，故绝无一字蹈袭，又无一字杜撰。虽台宗堂奥，尚未诣极，而透彻禅机，融贯方山、清凉教理无余矣。或疑佛祖宗教，名纳老宿，未易遍通，何少年科第，五欲未除，乃克臻此？殊不知多生熏习，非偶然也。传闻三袁是宋三苏后身。噫！中郎果是东坡，佛法乃大进矣。余每谓明朝功业士，远不及汉、唐、宋，理学则大过之，阳明一人，直续孔颜心脉。佛门居士，唐梁肃、宋陈瓘、明袁宏道，盖未可轩轾也。忠肃因初年偶疑金刚为泥人揩背语，遂为禅者所笑，试读彼《三千有门颂》，可复笑乎？中郎少年风流洒落，亦为缁素所忽，试读彼《西方合论》，可复忽乎？呜呼！今人不具看书眼，何怪乎以耳为目也哉！特集吴门所刻标注，并为评语，以表彰之。重谋付梓，用广流通，普使法界有情，从此谛信念佛法门，至圆至顿，高超一切禅、教、律，统摄一切禅、教、律，不复有泣歧之叹也。

刻较正《大阿弥陀经》后序

阿弥陀佛，以法界藏身，示居西方乐土。只此微尘乐土，含摄华藏无边刹海，不可思议，所谓权实不二法门，遍入一切众生心想、不堕一切众生情计者也。十方诸佛，同共称扬，宝积大会，叮咛劝往。别本流行，凡经四译。有宋王龙舒居士，未睹《宝积》善本，辄会四译，弃短取长，名《大阿弥陀经》，举世流通，千余载矣。寿生庵万融尊宿，得坊间旧本，较南北二《藏》，文理俱优，公诸孙刻之，此即法藏愿轮，古今一致者也。书经者为贞明王居士。予过吴门，为正其句读云。

合刻《弥陀》、《金刚》二经序

非净非秽，般若之体；知净知秽，般若之照；取净舍秽，般若之用。是故不以般若为导，能生净土者，未之有也。不以净土为归，可称般若者，未之闻也。

或曰：《弥陀》部属方等，《金刚》部属般若，时教既殊，旨归岂一？

余曰：甚矣！见之固也。如来一代教法，除声闻藏，余皆名大乘方等经典，般若安得非方等乎？从成道夜，至泥洹夜，于其中间，常说般若，方等安得非般若乎？况净土玄门，理无不该，事无不摄，从《华严》、《宝积》、《大集》、《般若》，乃至《法华》，无不导归安养。只此安养，具足横竖四种净土，而四种净土，并不离现前一念介尔之心，非横非竖，亦横亦竖，是故经云："庄严佛土者，即非庄严，是名庄严。"此唯心净土之诚证也。末世执迷，不达心性本来无外，说唯心便拨净土，说净土便昧唯心。安知西方极乐广彻华藏、华藏庄严不出心性也哉！

无我开士，合刻《弥陀》、《金刚》二经，特序之。

《天乐鸣空集》序[①]

予读《易传》，至"天地闭，贤人隐"，未尝不掩卷长叹息也。自金神现梦，正法东传，大善知识乘时利见者不可悉数。降自宋元，则冒窃名位者多，而得正知见者寡，故云栖大师每叹支那国里觅一须陀洹人不可

① 《灵峰宗论》中所收录的该文略有删节，本文依据《嘉兴大藏经》(新文丰版)第20册No. B097《天乐鸣空集》为底本。

得。予窃谓求果人于众所知识则诚不易，苟求之于隐迹韬光，或亦不无，恨未能遍历寰区访之。迩来禅门僭滥，不忍见闻，无论果证绝响，虽路头端正者亦不易得，每每中夜痛哭流涕，故独于袁石公之《西方合论》深生随喜，谓之空谷足音。

客冬偶槜李，王止庵居士以鲍性泉所著《天乐鸣空集》见示。性泉，山阴人，鬻楮于槜李，不过一市贾耳。初礼紫柏大师，师勖以背读《楞严》《法华》；遂乞名笔，书细楷方册，镂板流通。嗣复肆志于《华严合论》、《大乘止观》，《传灯》、《宗镜》诸录，并与湛然禅师往还。后乃皈依云栖大师，坐脱超登莲土。噫！其人可谓甚希有矣。是集为陶石梁居士阅本，付于老友钱永明手，永明临化，以授止庵，时逾十年，随身往还，涂将万里，屡谋剞劂于张菊存、汪尔陶、徐节之、高念祖诸道友，而缘尚有待。

予得展阅原稿，其立论大约以行解合一为宗，以悟后修行为正，盖深得《合论》之旨，兼悟《宗镜》之门，堪与末世狂禅为顶门针，无怪乎狂禅恶其害己，反谤为别一路头耳。嗟乎！洙泗不得中行，思狂狷，乃最恶乡愿；不得见圣人君子，思善人有恒，乃最恶亡为有、虚为盈。余即不得与性泉周旋，而读其遗书，殊深潜德不耀之思、昔友今亡之叹。爰标揭其尤粹精者，并系之数语，想见性泉之泉，无时无日不活泼当前，或者是书兆足以行耶？

癸巳春仲佛日，蕅益道人智旭书于营泉丈室。

《灵峰宗论》卷第七 题跋、疏（选要）

三学血书《华严经》跋

一代时教，《华严》为根本法轮，以为实施权，流出无量法门，开权显实，还归法界性海故也。然法门权实虽复不同，而性修要旨，初无少异。此经首题“大方广”者，即直指吾人现前一念三德秘藏之性。“佛华严”者，即指称性所起圆顿修德之功。不达性体三德，万行何所庄严？不以佛庄严而为庄严，性德何足贵重？佛华庄严者，戒定慧三学而已。戒学、定学福德庄严，无上慧学智慧庄严。慧固佛慧，福亦佛福，迥异旧医三法，高超权教三修，一一皆名佛华。经不云乎：具足受持威仪戒法，能令三宝种性不断。戒既全体佛戒，定慧何莫非佛？以圆顿佛华，庄严大方广之心性，斯则全性起修，全修在性，而遮那身土，不离下凡一念心矣。傥高推圣境，漫云我是凡夫，则何谓心、佛、众生三无差别？傥执性德，漫云实齐诸圣，则我大方广性本自平等，又何以高超九界、成等正觉耶？

禅师三学，血书经王。余为发明三皆佛学，俾滴滴血皆从普贤毛孔中流出，一一滴中具大千经卷，无别有也。

《十大碍行》跋（《十大碍行》出《宝王三昧念佛直指》）

佛祖圣贤，未有不以逆境为大炉鞴者。佛四圣谛，苦谛居初；又称八苦为八师。苟稍存喜顺恶逆之情，终与夏草同腐而已，安能如松柏之亭亭霜雪间哉！美玉不琢不成器，顽金不锻不致精，钟不击不鸣，刀不磨不利，岂有天生弥勒、自然释迦？欲为圣贤佛祖，必受恶骂如饮甘露，遇横逆如获至宝，方名素患难行乎患难，方可于秽土植净土因，方如莲出淤泥，超登不退。傥无事则驾言念佛求生净土，一遇不如意，辄悔愠咨嗟，吾恐三昧不成，生西未保。须于此十大碍行，一一自验，果于病时、难时，乃至被抑时，唯增念佛心，明苦空观，不尤不怨，庶莲萼日滋，称三昧宝王矣！

《法华会义》自跋[①]

呜呼！圆顿妙法，旷劫难逢。繄我愚蒙，何缘幸遘！每一披阅，恍若夙闻，岂非普贤威神之力、释迦守护之功耶？智者大师不可复作，后贤坚执，斗诤滋生，圆融绝待法门，几成彼此是非情见。弘之者城堑益高益深，望之者疑畏日新日盛。耳闻目击，扼腕痛心。不揣疎庸，聊为介绍。举笔于己丑之十一月初五日，甫成一序，病卧半月，至十九日，方得勉强从事。旦夕孳孳，手不停书，目不停阅，腊月二十六日，仅完三卷经文，计得《会义》八卷。歇节三日，庚寅元旦，随即试笔。又历一月，方得告成。共计《会义》一十六卷，足运心力六十八日。嗟嗟！曾闻古人一炷香中，即能朗诵《华严》一部，而旭也根钝，矻矻乃尔，亦可嗤矣。然以此诱接初学，令得渐悟《法华》实相，不终按剑，亦不望洋，则释迦、普贤及与智者，皆必鉴旭苦心也夫！

庚寅仲春朔日巳刻，搁笔故跋。

---

① 因《灵峰宗论》中本文有所删节，现采用《妙法莲华经台宗会义》（《蕅益大师全集》本、《卍续藏》本（No.616）、《嘉兴藏》本（新文丰版第十六册No.10））跋语。

《金刚经》跋

《金刚般若》大旨，“应无所住而生其心”一语，足以蔽之。盖无住正所谓应住，生心正所以降心也。而“生心”二字，尤为下手工夫。以凡外不生出世心，故恒住生死；二乘不生上弘下化深心，故恒住涅槃；唯菩萨不住六尘而行六度，故能如所教住，名第一义住，亦名住于佛住。试玩经中劝生心处，不一而足，如云“发阿耨多罗三藐三菩提心”，又云“应如是生清净心”，又云“信心清净，则生实相”，又云“为利益一切众生，应如是布施”，又云“以无我、无人、无众生、无寿者，修一切善法”，乃至“于法不说断灭相”等，而中间一处，直云“应生无所住心”。由是观之，若不生心修六度，则住断灭相矣。故余尝谓此经以实相为体，观照为宗，文字为用。旧云“无相为体，无住为宗”者，非也。

较定《宗镜录》跋四则

圣贤示现出世，觉悟群迷，不得已而有言。言此无言之旨，即文字非文字，不离文字而说解脱，岂非实相、观照、文字三般若，本非一异并别可思议哉！永明大师，相传为弥陀化身，得法于韶国师，乃法眼嫡孙，宗眼圆明，梵行清白。睹末运宗教分张之失，爰集三宗义学沙门于宗镜堂，广辨台、贤、性、相旨趣，而衡以心宗，辑为《宗镜录》百卷，不异孔子之集大成也。未百年，法涌诸公擅加增益，于是支离杂说刺人眼目，致袁中郎辈反疑永明道眼未彻，亦可悲矣！予生也晚，不遇先辈宗匠，但留心已躬下事已三十余年，又时寻了义至教，颇窥一线，阅此录已经三遍，窃有未安，知过在法涌，决不在永明也。癸巳新秋，删其芜秽，存厥珍宝，卷仍有百，问答仍有三百四十余段，一一标其起尽，庶几后贤览者，不致

望洋之叹、泣岐之苦矣夫！（其一）

西土诸祖，宗说兼通，故能续佛慧命，普利人天。此土如北齐、南岳、智者、杜顺，未尝不以禅关为本；达磨、六祖、五宗诸老，未尝不以圣教为印。断未有师心自是可名禅，算沙数宝可名教者也。降至唐末五季，禅教相非，性相角立，台贤互讪，甘露反成毒药矣。永明大师于是乎惧，爰成《宗镜》百卷，以诏后人。虽被法涌杂糅，然具眼者观之，金沙可立辨也。如百两真金，投以十两鍮石，顿失光彩。一斛白粲，投以数升稗谷，遂觉芜秽。苟去其鍮稗，金之光彩如故，米之精粹不改也。嗟嗟！后贤未获差别法眼，慎勿于先圣著作，妄事增益也哉！予手点此录，于今四遍，每寻讨必有新益，实是观心之助，断不可作世间文字道理会也。虽然，愁人莫向无愁说，说向无愁总不知，俟之子期而已。（其二）

古人云："依文解义，三世佛冤，离经一字，即同魔说。"盖至言也。自禅教分门，佛冤魔说遍海内，非古佛现身，实未易救。细读《宗镜》问答、引证，谓非释迦末法第一功臣可乎？然唯彻悟无言之宗，乃能曲示有言之教。今人须藉其言以契无言，始不死于言下。傥直以是为宗，而不知离指得月，纵解悟了了，仍是三世佛冤耳。昔宋太祖欲伐江南，后主遣一辩士谒见曰："江南事陛下如事父，奈何以父伐子？"太祖曰："父子异居可乎？"辩士愕然，无以为对。噫！读《宗镜》不悟心，吾恐遇阎老时，其为愕然者多矣。然设使弃而不读，又何异因噎废饭也？（其三）

教下人不肯坐禅，与坐禅人不肯学教，虽其师匠之过，亦由人未发真正大菩提心也。夫大菩提心，未有不知痛为生死大事者也。果为生死大事，安肯以文义相封、以暗证自守乎？如欲至长安，口必诹道，足必不停。诹而不走，终不能到；走而不诹，必遭岐曲。今之封文义者，何异诹弗走；守暗证者，何异走弗诹耶？呜呼！以是求出生死、成无上道，难矣！《宗镜》一录，既示厥道，复加痛策，可谓彻底慈悲。设复借之以资谈柄，是犹据榻看《皇舆考》及《长安志》，广向村侬夸说途中、都中诸事，非不可惑动愚夫，吾恐一遇曾到长安之人，必不胜懡㦬者矣！（其四）

刻《占察行法》助缘疏

《易》曰“积善之家，必有余庆，积不善之家，必有余殃”，《书》曰“惠迪吉，从逆凶，惟影响”，“作善降之百祥，作恶降之百殃”。因果报应之说，未尝不彰明较著于世间也。但儒就现世论，未足尽愚者之疑情。自释典入支那，备明三世果报，益觉南宫所悟，及孔子尚德之称，事理不诬。然三藏权诠，只明因缘生法，未直明因缘无性，故云：“佛能转一切业，不能转定业”。逮大乘会中，始广明格外深慈，建胜异方便，依万法唯心、缘生无性之理，设取相、无生二忏，以通作法之穷。然后罪无大小，障无浅深，依教行持，悉堪消灭，如赫日当空，霜露顿收也。昧者谓重罪许忏，开造罪门，盖不惟罔识佛菩萨之弘慈，亦岂知儒者之了义？孔子曰：“过而不改，是谓过矣”，“忧悔吝者存乎介，震无咎者存乎悔”，盖明示人以自新之端矣。夫罪有重轻，事非一概。世法不能治，佛法治之。作法不能治，取相治之。取相不能治，无生治之。则究竟离苦解脱之法，不得不归功佛门，又不得不归功观音、地藏诸大士也。观音应十方世界，尤于五浊有缘。地藏游五浊娑婆，尤于三途悲重。如父母等爱诸子，而于幼者及无能者，尤所钟情。此《占察善恶业报经》，诚末世多障者之第一津梁也。坚净信菩萨殷勤致请，释迦牟尼佛珍重付嘱，三根普利，四悉咸周，无障不除，无疑不破。三种轮相，全依理以成事，故可即事达理；二种观道，全即事而入理，未尝执理废事。又复详陈忏法，即取相，即无生，初无岐指；开示称名，观法身，观己身，顿同一致。乃至善安慰说，种种巧便，不违实理。此二卷经，已收括一代时教之大纲，提挈性相禅宗之要领，曲尽佛祖为人之婆心矣！予依经立忏，程用九居士捐资并募善信助成之，此正欲立立人、欲达达人之极致也，谁谓学佛非儒者分内事哉！

净然沙弥化念佛疏

经云："一称南无佛，皆已成佛道。"此言正因佛性，人人本具，故称性所起缘了二因，必与正因同得究竟也。是以念佛三昧，名为三昧中王，普摄一切三昧。修此三昧，凡有三种：一者惟念他佛，二者惟念自佛，三者自他俱念。修虽有三，成功则一。

一念他佛者，托阿弥陀佛果德庄严，为我所念之境，专心注意而忆念之。或忆名号，或想相好，或缘四十八愿往昔洪因，或思力、无畏等现在胜德，或观正报，或观依报，总名为念他佛。贵在历历分明，一心不乱，则三昧功成，径登净域。如东林诸上善人，即其证也。

二念自佛者，观此现前一念介尔之心，无体无性，横遍竖穷，离过绝非，不可思议，具足百界千如，种种性相，与三世佛平等无二。如此观察，功深力到，圆伏五住，净于六根，豁破无明，顿入秘藏。如西天四七、东土六祖，及南岳大师、天台智者，即其证也。

三自他俱念者，了知心、佛、众生，三无差别。众生是诸佛心内众生，诸佛是众生心内诸佛。托彼果上依正，显我自心理智，如《观经》云："是心作佛，是心是佛。"由我心性本具功德不可思议，诸佛果中威力不可思议，故感应道交，自他不隔，极果圆因，称理映发。如永明寿、楚石琦所修法门，即其证也。

方便多门，归元无二，随行一辙，俱得到家。切勿疑虑，自隔要津。今净然沙弥，栖心净土，兼以此法广化有缘。当知只此一念，便可作大势至法王子眷属，慎无自轻自屈。更愿见者闻者，深心随喜，共登莲籍，亦慎无自藐藐他，庶几同圆种智，而五浊可空也。勉之哉！

忍草沙弥化念佛疏

弥陀如来，以四十八愿，摄化十方。势至大士，以念佛三昧，游此世界。当知末世众生，舍净土一门，而求脱生死，不可得矣。佛法无多子，久常难得人。一时勇猛，不若终身无倦，所以慈云大师示晨朝十念法门，飞锡尊者阐一念得生妙旨。今忍草沙弥，发心普劝缁素，修此念佛三昧，每日从十万起以至一百，或惟十声，下至日念一声，不拘数之多寡，但以终身不间断为则。将此饥餐渴饮工夫，用作宝地珍池左券。傥能一念中顿破无明，便超寂光净土；顿断尘沙，便超实报净土；顿断见思，便超方便净土。纵未断惑，五浊渐澄，佛光渐露，登同居净土，永脱轮回，固无惑矣！普愿见者闻者，于此便作东林胜会想，于一切登名莲簿者便作十八高贤想，则一心普念三世佛，而念佛三昧了了现前矣！

建盂兰盆会疏

予观世出世至德要道，皆无有胜于孝慈者也。世间非孝慈无以成圣贤，出世非孝慈无以作佛祖。顾孝慈之名一耳，实则有四焉：养父母，育子孙，令皆得欢喜者，世界悉檀也；前可继，后可传，令皆得生善者，为人悉檀也；顺机谏，严庭训，令皆得灭恶者，对治悉檀也；底豫允若，佑启咸正，令皆得入理者，第一义悉檀也。

又一世之父母固然矣，推而极之，不有无始以来历劫生身之重恩乎？一家之子孙固然矣，扩而充之，不曰法界含灵皆犹吾赤子乎？是以儒者且尽其道于目前，佛氏并充其致于累劫。儒者且举其端于宇内，佛氏并穷其量于刹海。儒非故为拘虚，而佛非故为荒诞也。儒者引而不发以示厥始，佛氏充无不尽以究其终，不啻如金声玉振焉。所以自大法东渐，千有余载，达人高士，罔不会心。至若昌黎、晦庵辈，虽极力诋之于前，不免倾心味之于后，良以孝慈宗旨，终无间然故也。

今七月十五日，为大目犍连度母设供之辰。夫目连果证应真，六通第一，而欲报慈恩，尚须三宝众僧之力，况吾辈乎？吾辈生匪空桑，心非顽石，念罔极之深恩，怀终天之永戚。自非托事盂兰，曷以略伸积悃。

所言盂兰盆者，此翻解倒悬器。盖冥涂之苦，不啻倒悬，今以净器备陈佳供，能令剧苦永脱故也。凡厥孝子慈孙，慎勿徒为大言，以自饰曰："吾父吾祖，灵应在天，何当久滞三涂？"咦！难言之矣。既未闻出世四谛法门，又未必遵行三归、五戒、十善，轮回之苦，谁能免者？傥于此日，悬悬致望子若孙之福济，而竟置之漠然，于心安乎？且经又言之矣：若父母现在者，福乐百年；若七世父母，自在化生，入天华光。此则功德利益，又不止于仅解倒悬而已。仁人君子，宜何如努力以共成斯会也。《诗》曰："孝子不匮，永锡尔类。"吾甚为儒之希圣贤、释之希佛祖者望之。

结社修净业兼阅《华严大钞》助缘疏

阿弥陀佛，以法界藏身，示成道于极乐，则有四十八愿，广摄群机；毗卢遮那佛，亦以法界藏身，示成道于娑婆，则有普贤十大愿王，导归安养。是故欲求生净土，须究华严宗。欲识华严宗，须求生净土。或笑曰："华严事事无碍法界，当处即常寂光，何为舍此求彼耶？"应之曰："既事事无碍，即于此求彼，又何碍也？既当处即常寂光，即西方亦常寂光也。常寂光固无可舍无可求，亦何碍舍、何碍求？如是舍寂光秽，求寂光净。生则决定生，去则实不去；生则实不生，去则决定去，何碍之有？"其人罔措，余曰："汝若不会，请问之毗卢遮那。汝若不能见毗卢遮那，请问之普贤愿王。汝若不能见普贤愿王，请向十字街头合掌语诸人曰：'乞施我一文钱'，当必有告汝者矣。"

《灵峰宗论》卷第八 传、塔志铭、祭文（选要）

诵帚师往生传

师讳宏思，一字如是，晋江溜澳人，族姓陈。髫年入郡之开元寺，礼湛然精舍肖满全公为师。剃发后，喜诗文，不理钱谷，气节昂然，缁素咸敬惮之。年二十七，忽发出世心，盟月台心默师及惺谷何居士为生死交，朝夕参究大事，忘形破格，风雨寒暑弗替也。时温陵佛法久荒，闻熏乏种，师独与惺谷，鼓舞数人，谒博山无异禅师，受具戒，苦参无字，胁不著席者三年。异师愍其勤，恐致病，说调琴喻劝之，稍稍晏息，终不解衣。师志远大，纵有省悟，不自足，亦不轻举似人。同辈视师若木讷，师固是非了了，洞如秦镜矣。离博山，游浙直，习教观于幽溪。鉴末世暗证之失，遵永明角虎之训，遂神栖安养，期以万善同归。迨惺谷剃草，师以受惺谷教益最深，欲推为先腊，且博山受戒不如法，遂舍前所授，礼季贤师为和尚，觉源、新伊二法师为阿阇梨，次惺谷进比丘戒，兼进菩萨大戒，结夏听予律要。次年惺谷师西逝，师以全公年迈，归侍，创八关社，接引居士。从此温陵缁素，始知有如来正戒。师自视欿然，惟明师良友是念。越五载，复逃江外，踏冰雪寻予九子峰顶。未几，全公变，厥孙泣挽回泉，乃订予续至紫云，作掩关计。逮予践约，未及一载，师遂示疾，召予助其念佛。命侍者除发浴身，浴毕端坐，举手而逝，正念分明，神清气定。越二时，顶顸尚暖，托质莲蕊无疑也。

师生平自奉甚约，破衫补履，数十年如一日。予尝笑谓之曰："舜视弃天下犹弃敝屣，师弃敝屣犹天下也。"师愀然曰："某非故作悭态，愧薄德不堪消受檀信耳。"甘淡薄，忍疲劳，精勤禅诵，夜寐夙兴，虽剧病临危，亦不懈废，诚有古人风。至于亲信师友，受恶辣钳锤，如饮甘露，于古人中，亦不多得。假以数年，近可匹休异岩，远可追踪断崖。惜乎生年仅五十，戒腊甫十夏，自度固已有余，利他功未及半。痛哉！与士夫往复，必随其病漏，饮以苦口。师侍者录成帙，予戏题为《老婆禅》，便有偈颂诗咏数十首。未示疾前一月，忽焚之。尝取律中一偈，铭诸座右，偈曰："名誉及利养，愚人所爱乐。能损害善法，如剑斩人头。"师未尝不与乡绅贤达交，而心固觑破如此也。犹忆其《咏菊绝句》云：

篱菊数茎随上下，无心整理任他黄。
后先不与时花竞，自吐霜中一段香。

此可窥其概矣！师自谓神根稍钝，晚称"诵帚道人"，志在掩关，专修净业。又号"藏六比丘"。其道昉一讳，则异师所命也。按《紫云开士传》，已得八十人，今当续称第八十一云。

吴兴智福优婆夷往生传（并赞）

优婆夷智福，姑苏卢氏子，适新安程季清。季清笃信佛法，流寓吴兴，力营福业，卢尽内政以助之，弗倦。好惠施，无私积，心言皆直，谨身节用，不喜御珍饰奇服，不恚詈给侍人。茹素，持珠日课佛名二三万，视世间法如嚼蜡。壬申，年三十九，婴笃疾，急请古德法师受归戒，咨净土法要，乃一意西驰。遇痛苦，惟勤称佛号。季清为读《华严》大经，至遍参知识处，一一解说，亦一一领会，复策之曰："百劫千生，在此一时，努力直往，勿犹豫也。"于是励声呼佛者半月，见二高僧，次第来，转加精勤，彻夜猛念。厥母欲泣，厥女慰，俱遣之云："无乱我心。"次日辰时，亲见化佛莲华，遂觉精神恬适，目色鲜明，急索香水沐浴，西向叉手，连声念佛，吉祥而逝，则十一月初八日正午时也。日暮，遍身冷，顶门犹热。赞曰：

哀哉三界，爱欲为根。根株不拔，奚望西生？
莲华国土，永离尘情。此缘能断，彼质斯成。
勇矣智福，女中之英，快逢胜友，皆由夙因。
一日一夜，净念功殷，华台接引，眼识分明。
子母恩爱，枯木寒冰，吉祥善逝，长辞苦轮。
我悲含识，缠使所婴，恋此幻世，旷劫迷真。
谬图出要，罔知胜津，计取空果，违妙净因。
谁能正信，阔步高登？我今随喜，愿共群灵，
顿除疑网，证入玄门。

妙圆尊者往生传（并赞）

尊者妙圆，讳如会，燕都谭氏子，世袭万户侯。幼茹素，三十九岁出家，誓行头陀，胁不著席，前后共燃六指，烧顶炼臂无算。初至南方，唯事苦行。牛头住持激以究理，大为感发，一心念佛，遂得豁忘身世，而不自称悟。见一切缁素，不作寒温语，单己独行，不畜余长，夏弃冬衣，冬尽舍夏，天下名山，历览殆遍。心慈而色厉，凡开示人，必猛厉恳切，不顺庸情。丙戌，晤尊者于石城之隈，次同住济生庵，盘桓数日。公喜予朴实，予敬公戒德禅定，每行、坐，必推让之。戊子秋，过淮安清江浦，众见其仪容不凡，留供养。未几，以一衲赠万德庵主人，且嘱之曰：“吾不久将去，特一事相托。”主人曰：“和尚方来，何遽言去？”答曰：“西方去耳。可以遗身付江流中，普与鱼虫结净土缘。”主人辞不敢。尊者曰：“若然，茶毗后，以骨和面粉，为我结缘，何如？”主人曰：“可。”因命办大烛好香，众莫测其意。至十月十九夜，四鼓，忽呼主人曰：“为我大开各门，烧香点烛。”主人点烛竟，寂然坐逝，四方皆闻异香，争来礼拜供养。遵命茶毗，作饵乐与江中。世寿七十有一，僧腊

三十二年。尊者曩在水草庵，谓刘道澄曰："一心念佛专求上品上生，便是向上第一义谛。汝辈若不肯信，试看我将来得生净土，便当信也。"噫，今果然矣！赞曰：

净土横超，圆顿希有。佛祖赞扬，异音同口。
生盲罔知，犹将别扣。妄拟融通，终成尘垢。
唯我妙公，作狮子吼。一句弥陀，博施约守。
末后光明，机缘非偶。稽首同归，誓弗敢后。

莲居庵新法师往生传

法师讳大真，号新伊，武林东城周氏子也。父某，母刘氏。师在襁褓，即能合掌称南无佛陀。逮就外傅，不伍群儿，聚沙画地为佛塔，或趺坐观鼻。九岁，父母议聘叶氏女，师泣辞。诣莲居绍师受归戒，遂依座下。绍师督课甚严，师根性稍钝，屡受恶辣钳锤，坚无懈退。年十五，剃发为沙弥。二十，入云栖受具戒。是夕梦着僧伽梨，登高座演般若，征其实得无作戒也。是故与师同时宏戒演法者虽多，而童真入道，必推师为第一。服习绍师所演教法，人一己百，人十己千，夜以继日。慈恩、台岳宗旨，每多游刃，而心益虚、志益勇。无论先贤著述，即生在师后，如惺谷寿之禅，归一筹及管正见之教，不肖旭之律，璧如镐之儒，师皆取诸人以为善，如大海不拒众流也。师父母春秋高，先后礼绍师出家，异庐而居，父名方舟沙门，母名顺修庵主。师就养无方，数十年如一日，与绍师同称至孝，有古陈尊宿风，故护法者额其室曰"睦堂"焉。绍师去世，师治后事毕，感违缘，飘然远举。桐庐觉源法师延之，往依焉。与木石居，与鹿豕游，无复人世间想。既易寒暑，檀护书币迎归，重主莲居，力宏绍师之道。著《唯识合响》，兼授金刚宝戒。复建大悲坛，严课事理二忏，而教观始并举矣。年七十一，遍嘱及门士，传持教观，自择窣堵波地。新秋示微疾。自恣后三日，趺坐凭几，再申遗教。并集居士弟子，嘱以护持正法。越七日，沐浴更衣，就寝复起，命取座置榻前，跏趺其上，手持数珠，与众同称弥陀佛号。顷之，声息俱寂，鼻垂玉箸过尺许，逾时顶相犹热。是为庚寅年七月二十五日午时，法腊五十有三。先是优婆塞周氏，梦天乐迎师西逝，急偕戚属数人，来受归戒。庵主道声，预以元日，梦师坐莲台上。师之往生净土，夫何疑哉！

赞曰：昔佛以正法眼藏，付大迦叶。迦叶于佛灭后，首集千阿罗汉，结集三藏，故知传佛心印者，必须三学并宏，性相兼彻。即如达磨以《楞伽》印心，六祖必登坛受具，余可知也。至于《华严》、《大集》、《宝积》、《法华》诸大乘经，无不弘赞净土。马鸣、龙树诸大祖师，无不神栖极乐，岂止莲宗十祖而已。师祖云栖，父绍觉，教以澡神，律以涤爱，勤修五悔，遍学三宗，无怪乎印坏文成，如入三昧也。彼鼠唧鸟空惯为大言以欺佛者，闻师之风，亦可以少愧矣！

紫竹林颛愚大师爪发衣钵塔志铭

金陵紫竹林颛愚大师，丙戌仲夏六月坐脱，门人以陶器奉全身，供于林之山阳。次年，弟子请归云居。于是金陵缁素，以所存爪发衣钵，就山阳建塔供养，征铭于旭。旭愧学未师安，言无足重。然人之相知，贵相知心。旭既谬辱爱敬，迥逾世情，又安敢以无文辞。

谨按《谱》，师讳观衡，颛愚其字也，顺天霸州人，姓赵氏，昆季四人，师居仲。母梦大士携童子入门，急抱之，觉而有娠。万历己卯年八月十八日亥时生，白衣重胞，状异凡子。年十二即茹素，喜事观音大士。年十三，翛然有出尘志。年十四，坚欲入道，父母不许，乃潜逸。途遇五台山圆照寺惠仁师，恳求剃度，依住四载。年十八，闻清凉山师子窟空印大师名，潜逸往参，投诚笃事，居侍寮三载，咨决心疑，仰学至德，始终如一日也。年二十二，随空师入燕都，侍《楞严》讲席，进菩萨戒，参紫柏大师。自念习听义学，未是出家大丈夫事，潜逸南行，参雪浪、云栖二大师。独住天台华顶峰，读《楞严经》，破诸疑网。时高明无尽大师，登华顶访智者遗踪，见师孑处茅庵，少年精进，托宿作竟夜谈。越三年，移住匡山乾罡岭，每一饭辍，坐数日。至第三年，月下经行，忽有省悟。三十岁，进曹溪礼六祖。次夏四月，谒憨山大师于端州，一见相契。秋仲辞去，登南岳，住石廪峰。三十三岁，误食草乌，中毒滨绝，离山就医。憨大师特至南岳，叹曰："禅门下衰，幸得一个半个真为生死学人，与之周旋，稍慰寂寥。今斯人而有斯病，岂龙天厌薄法门乎？"三十八岁，结五台庵于邵陵，觐憨大师于湖东，参侍半月，大师示以法语，大意谓："身病已瘳，切不可被禅病侵。盖众生身病本乎执取，而禅病亦本乎执取。若法执不忘，己见犹存，亦是病。直须将从前参禅执守功勋，并玄妙知见，一齐唾却，定不可被他养作病根。"其语切，至几数千言，今亲笔手卷，尚供林中。故知颛师从来开示学人，随机圆活，不似诸方认定一死猫头，其得力于憨大师者诚不浅也。师曾以授戒法问憨大师，大师答云："老朽未阅律部，于诸戒相实未细详。今惟遵《梵网》，以心地法门为宗，以十重为要。其四十八轻，亦未能细说，但令行人半月半月诵持而已。近时学人，识浅心粗，多虚少实，求其果能精持如古人者，所未易见。而弘律者，原非学人事，多杜撰，难可为准，公处若有藏经，幸一详检律部，有以示我。望之！望之！"维时师亦无暇阅律，但宗《楞严》四种清净明诲，开示后人，令持心戒，兼令专礼观音大士，著有《圆通忏法》，流通最广。居五台庵，二十年足不越户外，度弟子千余人，授记署名者几三万人。至年五十九岁，特登匡山五乳寺，埽憨大师塔，建报恩道场。寺众请主法席，固辞不可。仲秋下匡山，登云居，礼祖塔。寺众亦坚留主席，黎明潜逸。中涂疾作，不能行，阖山比丘往返虔请，乃复登云居。至六十五岁秋，离山登舟，山为再震，师于此山夙缘深矣。是冬泊石头城。次年冬十月，卓锡紫竹林。林本城北荒地，师住未几，蔚为丛席。

师发心深为生死大事，故于父母师长，皆不辞而行。然秉性至孝，每遇亲师忌日，设追荐道场，必极诚悫，竭哀慕，观者无不感发。生平仪容古朴，不事矜饰，广颡丰颐，平顶大耳，修髯如戟，短发覆肩，目光炯炯射人，终夜露坐，不畏大风，或雷雨亦坐大伞下，故学者称“伞居和尚”云。衣服不御寸帛，日惟一粥一饭，绝不杂食。每作务，必兼人。其接物也，上自王公大人，下逮田夫牧竖，礼不异节，温温言笑，蔼若春风，而学者见之，不威而慑。随所到处，仅一緉草鞋便行，来不先通，去不先辞。锡驻之地，缁素云集，求戒问道，殆无虚日。然未尝自立涯岸、别建门庭，盖既得空印大师之教，又得憨山大师之禅，又复汇归于云栖大师之净土，故其开示法语直捷广大似紫柏，应机禅语轻便圆活似赵州。又眼界虽甚高旷，口角不轻雌黄，谦光盛德，慈念虚怀，真令人目击道存也。所著有《楞严》、《金刚》四依解，及《紫竹林全集》行世。法腊五十四，生年六十有八。长旭二十年，兼亲侍憨山大师，诚为法门先辈尊宿。乃不惟忘年下交，而每致书问，必反称辱教某某。呜呼！旭真惭悚无地已。合掌堕泪，为之铭曰：

佛法如大海，潜流注百川。
达者知浩浩，昧者泥涓涓。
三宗争鼎足，五叶分单传。
不有超方志，谁惩斗诤愆？
师承普门愿，悯浊来施权。
奋然脱爱网，习教还修禅。
放生广檀度，说戒结深缘。
慈容蔼冬日，机辩赫炎天。
德重如岱岳，怀虚若冲渊。
足迹遍寰宇，操持脱言诠。
握拳念大士，撒手宅金莲。
舍利镇祖窟，爪发留福田。
照此石城地，永永百千年。

然香供无尽师伯文

不肖初游台岭，即睹慈辉，但钦温恭之德，罔窥法海之涯。方且甘暗证而蔑义途，因门庭而昧堂奥，造罪意地者匪希矣！后出入禅林，目击时弊，始知非台宗不能纠其纰。台教存，佛法存；台教亡，佛法亡，诚不我欺也。顾于老伯，犹半信半疑。自缔盟筹兄，乃甫倾向，而老伯已往生珍池矣。徒增悲仰，窃聆化仪，惭怀悔志，拟将何裨？呜呼！狮弦绝响，野干竞鸣。演教者舍醇醲而取糟粕，参宗者先发足而后问津。孰能依教起观，一洗说食数宝之陋；知津发足，解脱盲修瞎炼之纷？老伯实中流砥柱、杲日中天也！悯予小子，不沾法乳于生前，不修微供于殁后。敬以三炷臂香，深达忏摩；三炷臂香，遥伸印手。惟老伯不起寂光，现觉三有，鉴法门婴杵之忧，锡初心止观之佑。苟机感之不讹，必含笑而摄受。

祭了因贤弟文

呜呼！了因，尔遂至此耶？尔自幼发愿，竟不满其愿耶？予将玉汝于成，汝不及再见我耶？呜呼！予方悼十子忆汝，汝又复为予所悼耶？呜呼！汝见我已来二十五年，从予游十九年矣。汝之长处我尽知之，短处我亦尽知之。我急欲去汝之短，汝则疑畏，舍我而去。我必欲成汝之长，故时时礼拜持诵而保祐汝，乃汝竟不能自保。呜呼！此夙业耶？抑现缘耶？犹忆汝与彻因初侍我也，我即苦口劝二人互相师，汝宜师彻因立志，彻因宜师汝朴实。是后彻因长于律学，终以不朴实而丧身。不谓汝微会入于台宗，亦终以不立志而死于房头耶？夫烦恼力强，此我短处；信心惭愧，我长处也。不肯诸方宗教，此我短处；独具宗教只眼，不肯自足，日研日进，我长处也。善学者，学其长，舍其短。故孔子见贤思齐，见不贤而自省，择其善者从之，其不善者改之。汝乃不学我之惭愧，不学我之研求进入，此岂称善学耶？呜呼！汝半涂而废，罪诚在我不在汝。独哀汝幼志未遂也，哀汝师叔苦心成就不获大成也；哀汝于圆顿大法，甫入门，不能升堂入室也；哀汝获恶病殁在房头，未知临终正念现前否也；哀我诸子可充一椽一柱者，相继去世，不为我聊存一线也。呜呼！法门之衰，非一日矣！众生障重剧矣！佛慈如日，生盲不瞻。佛慈如雨，覆盆不沾。汝既稍瞻，亦既稍沾，奈何中辍，弗竟勉旃。为汝礼忏，为汝诵经，汝灵不远，应知我忧，欢喜领受，助汝西生。汝西生已，为我白佛，愿以慧光，照我幽窟，俾我开晓，有善无忒，旦晚命尽，早归净域，与汝同观，七珍八德，自行早圆，化他无极，虚空可消，愿轮不息。呜呼哀哉！尚飨。

《灵峰宗论》卷第九 颂、赞（选要）

白牛十颂（有引并述）

此颂，若作图者，须一一如颂中各句，及颂后小字而作。傥少不合，则大背宗旨。其第九“圆相”一图，或并不作圆相，但存一白幅亦可。

向有二种《牧牛图》行世，一从“未牧”至“双泯”为图，十牛，自黑渐白，以至于无；一从“寻牛”至“入廛”为图，亦十牛，始终皆白。虽云大同小异，旨趣固自别矣。禅观之暇，偶为会通，稍稍更定，作十颂，非敢求异古人，冀自冥心一辙耳。

白牛原不远山童，无奈山童面向东。
柳绿桃红空恋惜，凝眸尘劫好懵懵。（白牛在西面东，童子在东面东。）

右“失牛”，配理即佛也，所谓一切众生具有如来智慧德相，但以妄想执著而不证得。

主人忽问牧童牛，回首茫茫何处求？
赖有来人指往路，白牛端的在西头。（主人问牛所在，童子失措，更一人自西来，以手遥指。）

右“寻牛”，配名字即佛也，谓从经典或善知识创闻心佛众生三无差别之理，发心愿求，返本归源。

蓦直追寻路渐西，荒原踏破是牛蹄。
一回瞻视知端的，信步前行不复迷。（童子面西急走，田中多有牛迹。）

右“见迹”，配观行即佛也，谓圆五品位，依圆解修圆观，圆伏五住烦恼。

横穿九十六烟村，忽睹牛王露地蹲。

从此脚跟轻快也，假饶气急不须论。（白牛隐卧田中，童子遥见欢喜。）

右“见牛”，配相似即佛也。谓圆十信位，相似得法性理水，六根清净，见思先落，证位不退；尘沙亦落，证行不退，但犹未证无功用道。

水穷山尽不辞劳，趁到牛边功已高。
叹息无端成久别，而今方得解天弢。（白牛从容起立，童子喜抚其背。）

右“得牛”，配分证即佛也。谓圆初发心住，破一分无明，证一分三德，入秘密藏，生如来家，得念不退，乃至十住，皆此中摄。

雪山香草甚甘肥，清冷流泉可疗饥。
不羡稼苗盈野绿，悠然饱足度余晖。（童子闲坐石上，白牛饮涧自适）

右“护牧”，亦分证即佛也，谓圆十行，一行一切行，称性功德。

夕阳将尽晚霞稀，就路还家不用挥。
一曲无生吹短笛，余晖犹自照庭闱。（夕阳在山，白牛归宿。童跨牛背，吹笛自乐。）

右“骑归”，亦分证即佛也，谓圆十回向，法界愿行，事理自然融合，回入平等法界海。

白牛何处本无踪，牧竖高歌明月峰。
万象光含秋露冷，桂枝犹自影重重。（明月在天，牧童拍手自歌。）

右“忘牛”，亦分证即佛也，谓圆十地，纯智忘理，犹如大地，能生一切佛法，荷负法界众生，普入三世如来智地。

逸多弹指阁门开，笑杀当年小善财。
烟水百城空自历，人牛绝迹梦初回。（人牛俱不见，唯一圆相。）

右“双泯”，配究竟即佛之根本智也，谓始本不二，理智一如，彻证三无差别之性，亦无能证所证可得。

依稀何处现人牛，垂手相将入市游。
借问人牛还似昔，云何无失亦无求？（童子向东前行，白牛相随在后。）

右“入廛”，配究竟即佛之后得智也。谓佛果后普贤行，乃尽未来际常然大用之门，能同流九界，广度含识，实无加于双泯之体。

颂仰答高峰大师六问六首（有小序）

高峰大师励头陀行，力扶祖道之衰。有参学者，必先令燃指受戒，方乃授以心要，其砥柱狂澜之志亦甚切矣。今观室中垂问语，无非因病发药，痛处加锥。近来禅德，每作一色边事会去，辜负祖意不既多乎？不揣疏愚，敬为仰答，兼系一颂。醍醐毒药，毒药醍醐，一任具舌者之自辨也。

问：大彻底人，本脱生死，因甚命根不断？

仰答：犹有彻底者在。颂曰：

理极情忘退步难，转身一句葛藤繁。

石人抚掌歌明月，寄语禅流莫浪看。

问：佛祖公案，只是一个道理，因甚有明与不明？

仰答：为是一个。颂曰：

千差万别势隆穹，樵子休商穷与通。

侧看是峰横看岭，只因身在此山中。

问：大修行人，当遵佛行，因甚不守毗尼？

仰答：邪法难扶。颂曰：

解脱翻成荆棘因，暗中触宝漫伤身。

自从掺入波离室，梵网光流劫外春。

问：杲日当空，无所不照，因甚被片云遮却？

仰答：瞥。颂曰：

缘见因明被暗欺，晴空何碍片云移？

欲从遮照分宾主，岂借毗岚努力吹。

问：人人有个影子，寸步不离，因甚踏不著？
仰答：踏著即非影子。颂曰：

认影迷真最可怜，不堪忽后又瞻前。
晚来演若狂心歇，童子南询脚底穿。

问：尽大地是个火坑，得何三昧，不被烧却？
仰答：火光三昧。颂曰：

火光三昧最芬清，切忌从他觅化城。
烹熟法身冬至后，黄钟重奏一阳生。

梵网室铭

问予何所矢，恒参《梵网》旨。
坐断百非源，方知唯此是。
不离最初心，即是舍那髓。
渐顿宁有歧，一多岂异轨？
验果愈明因，托事益显理。
莫谓浮囊微，堪作中流砥。
谛观心地门，应信室非迩。

净社铭

持戒为本，净土为归。
观心为要，善友为依。

四无量心铭四首

视人之善，犹己之善，
视己之善，犹人之善，
念念同观，亘古无间。
法界偕游四德城，方满最初宏誓愿。（慈）

视人之恶，犹己之恶，
视己之恶，犹人之恶，
猛省力除，无令愧怍。
法界众生三毒除，彼我同归无上觉。（悲）

视人之乐，犹己之乐，
视己之乐，犹人之乐，
所欲与共，嫉妒永却。
法界同欣法喜充，不向偏空寻略约。（喜）

善恶性具，善恶性空，
何喜何怒，如空御风。
默持机感，妙应无穷，
大圆镜智照不疲，岂似权乘作意通。（舍）

释迦牟尼佛像赞二首

百万人天眼本明，拈花无语并传真。
饮光一笑生波浪，直到如今未太平。（拈花相）

尘点劫前生计绝，惯从人世弄风魔。
世间不解乾城影，漫说须从者里过。（雪山苦行相）

阿弥陀佛像赞九首

一指光，周法界。
十念成，皆自在。
感应道交，生佛无碍。
讨甚自性弥陀，只此岂属心外。

光明寿量无伦匹，慈眼悲心彻底呈，
只手长舒尘点劫，一般也是惜儿情。

观常作佛，佛常在观，
心想遍知，同条共贯。

如来法界藏身，遍入众生心想，
譬如月印千江，一切有目同仰。
若欲离此觅真，何异舍声索响？
总云者个便是，依旧无端成两。

极乐大圣，法界医王。
入慈悲定，放智慧光。
尽未来际，恒照十方。
众生念者，摄取不忘。
以如幻力，应物现色。
妄想稠林，相好百亿。
即影即真，不二不忒。
嗟彼生盲，觌面弗识。

别觅玄机，翻堕见惑。
我今稽首，满月万德。
愿共含灵，归安养国。

稽首宏愿四十八，一一愿光不可尽。
果彻因源恒度生，莲华国土如明镜。
睹影闻名创发心，顿入宝王三昧印。
但勤瞻礼莫辞劳，纸墨元同法界性。
缘生当体空假中，四德三身不别并。
况复澄空月正圆，心水澄清月自映。

两朵莲华足底安，一双空手悲心切。
觌面相逢法界身，虚空大地流鲜血。（血书接引）

诸佛正遍知海，不离众生心想，
是故眼见耳闻，尽是弥陀声像。
痴人舍此别求，唤作法身向上，
谁知弃有觅空，一体无端成两。
若知两既不存，毕竟一何须尚，
炽然礼拜称名，即是超方伎俩。

稽首西方须摩提，无量清净平等觉。
乘于六八大愿轮，示现八万四千相。
相有八万四千好，好有八万四千光。
一一光中照法界，普摄念佛诸有情，犹如慈母念一子。
是故入此三昧王，名为普现一切相。
画师承此三昧力，纸笔为缘妙相生。
此相即是因缘生，生即无生具三谛。
三谛三身既宛然，四德应知无缺减。

所礼既即谛与德，能礼应知即止观。
谛观名别体复同，是故能所性空寂。
稽首如空无所依，是即自性无量觉。

一佛二菩萨像赞

稽首阿弥大导师，观音势至同悲智。
愿轮无尽等虚空，历劫长行不思议。
生界不空行不休，此是四宏无作誓。
生界本空行非行，谁知二谛是一谛。
二由一有一莫守，非一非二非三四。
三二宛然显一真，大圣以此垂恩济。
但愿众生悟自心，自心那复存横竖？
横竖无非法界心，法界亦是强名字。
即知自心三圣人，本与众生体不异。
觌面三身四德新，纸墨笔腕非他事。
身命归依能所忘，双忘双照恒如是。（西方三圣行像）

地藏慈尊像赞

五乘该尽孝慈心，最是医王愿力深。
百草根茎皆不弃，赢来大地足知音。

普贤愿王像赞

十大愿王，导归极乐。尘尘华藏，从此彰烁。
不昧因果，法界开拓。问取枣柏，玄珠在索。

文殊师利法王子赞
稽首大智德勇健，表于无畏师子王。
能照八万四千律，皆作甚深般若光。
手执如意摩尼宝，所游自在妙吉祥。
怖魔破恶亦除馑，大乘僧义难测量。
巨石乔松恒演法，无是非是身堂堂。

普门大士像赞
宝莲本向真空涌，月面还从性海升。
踏破波涛全是水，不劳彼岸较先登。
巍然独坐大雄峰，度尽众生不见功。
描出虚空千色彩，依稀未睹紫金容。
稽首大悲自在觉，圆满无碍陀罗尼。
慈威折摄不思议，定慧庄严无等伦。
顿悟一念具千法，通身手眼炳然彰。
方便智慧皆无作，一切念中亦复然。
念念显现不增减，尘尘法性亦复然。
是故尺楮寸毫间，悉具大悲圆满相。
有人获睹此慈容，便悟法身真相好。
此是普门示现力，莫作纸墨影像观。（大悲像）

自性光明圆满轮，巍然露出紫金身。
分明色相离情谓，何必重拈物外真。
叶作蒲团布作衣，默然趺坐待群机。
众生界尽悲无尽，不自观音那得知。

布袋和尚像赞

一个布袋，千如百界。
性具性造，互生互在。
搬出搬入，了慈悲债。
笑脸呵呵，儿童多赖。
纵令觌面不识，同到龙华三会。

寒山、拾得子像赞

天台垂迹谁能发，尚赖灵山两作家。
主伴莫分前后示，依然一会说莲华。

达磨大师像赞

震旦大乘机缘熟，劳君远自西天竺。
萧公不识真得髓，渡江疑杀人间仆。
神光断臂始心安，《楞伽》四卷开眉目。
谁知法立弊旋生，五家分派空劳碌。

明道者多行者少，说道者多明者独。
只今江上芦花寒，堪使屈原歌且哭。

紫柏尊者达大师像赞二首

破尽流俗知见，豁开宗教眼睛。
不是门庭施设，极力剿绝识情。
契心印于觉范，救暗证之生盲。
法道是重，一身为轻，
试验圜中瞑目地，始知半偈已功成。
此是紫柏老人，佛法不作人情。
阐明性相宗旨，烁破盲禅眼睛。
何必师资授受，自契佛祖心精。
何必上堂说法，随处广度群生。
堪使顽廉懦立，百世闻风若新。

憨山师翁清大师像赞三首

有谓此像太像，是见岭南之姿。
有谓此像不像，是见匡岳之仪。
予谓师宗不宗教不教，正以像不像而得其皮。
且道是赞伊、是毁伊？
咄！且看眼上一双眉。
伟貌丰神，坚勇大势。
空定凝神，光明初霁。

忧在法门，祸福宁计？
掣电奔雷，德山临济。
密用潜行，圜中海际。
知之者谓是只手擎天，不知者谓是英雄欺世。
谁知其甘处于非宗非教之间，不与时流同逝。
生平不识师翁面，梦中接引曾三见。
今日欣瞻卷上容，仿佛慈悲亲示现。
忘身为法古来稀，荆棘林间惯血战。
万里炎荒作战场，未审何人追后殿？

云栖和尚莲大师像赞三首

威而不猛，和而不同，
慈心济物，梵行明功。
追踪往哲，启迪群蒙，
弥陀一句，横亘竖充。
禅关把定，永镇魔风，
我来礼塔，恍睹遗容。
咦！
私淑未须言嗣法，聊将嗣德附莲宗。
世竞贵奇特，师专守平常，
人尽尚高峻，师独存谦光。
旋万法而指归净土，悯五浊而广作津梁。
闻慈风兮宽鄙敦薄，积善化兮源远流长。
仰遗规以私淑，愧嗣德之未遑。
此是云栖老汉，肚里最多思算。

谛观末世法门，百怪千奇没干。
饶他梵语华言，不出威音那畔。
所以旋转万流，直指西方彼岸。
只图脚底著实，何必门庭好看？
八十余年暗室灯，闻风犹使顽夫惮。

宣圣像赞

空空无知，知我者天，
圣仁岂敢，不贰不迁。
一以贯之，初心方便，
天下归仁，最后玄诠。
迹集帝王之后，本开觉路之先，
寄微言于《易》象，推大圣于西乾。
纵无《大灌顶经》之记，亦可信为普门示现之贤。

沈母金太孺人往生赞（有引）

吾人现前一念心性，原与阿弥陀佛同体。而罕能直下知归者，无他，未具信、愿、行三故也。予尝谓信如将，愿如谋，行如军旅。有将有谋，老弱亦可取胜。苟无将、谋，虽勇壮亦溃矣。是故信宜专，愿宜审，行宜无所不收。专且审，故圆顿直捷而至高。无所不收，故三根普被而至广。此念佛三昧所以为横超胜异也。迩来宗教之士，或视念佛太易，以为曲被中下；或视念佛太难，以为斋戒须全。夫太易则不高，太难则不广，岂宝王三昧之谓哉！今观太君坐逝，洵可顿释两疑。合掌赞曰：

人心佛心，本自无二，一念相应，欲仁仁至。
卓哉沈母，信此实义，圣号喃喃，日时不离。
但持十斋，慈祥恺悌，罕睹怒容，多赡惠施。
八十六年，净业乃粹。集饮欢娱，大醒如醉。
蓦直西归，坐脱若戏。欲显真因，身香表瑞。
信矣高圆，诚然广被。匪易匪难，千秋永企。

《佛说阿弥陀经》塔赞

稽首阿弥陀如来，摄受众生不思议。
稽首广长舌相经，诸佛护念不思议。
稽首执持名号人，径登不退不思议。
我曾发不思议愿，欲以尊经作宝塔，
绮回漩澓妙庄严，令见闻者皆欢悦。
善哉千里郑居士，先得我心所欲为，
巧思妙笔夺天工，梵文迤逦无盈亏。
我今合掌顶礼塔，愿塔普放光无量。
我今合掌顶礼经，愿经住世寿无量。
经典所在即是塔，塔影所在即是经。
若人具有广大信，始获顶礼无余情。
若人得遇此经塔，毕竟当得广大信。
是故我今作赞颂，广不思议佛慧命。

血书《华严经》赞二首

法界无碍，殊文异派，上中下座，同条共会。
正眼观来，圆融自在，随沾一滴，沧海为隘。
奇哉开士，发希有心，刺血书写，字字精金。
放红毫光，照微尘国，遇影蒙尘，顿证妙德。（省中开士）
刺血书成法界经，展时无字不光明，
导归无量光王刹，不堕狂禅鼠唧鸣。（澹居大德）

恒生法主血书《法华经》赞（并序）

如来一代教法，唯《法华》为究竟之诠，以其直明设教之意，不止辩说法门纲目故也。是故《法华》明，则一代教法俱明，十方三世一切权实本迹俱明，如是则现前一念介尔心性，乃究竟明矣。智者大师，亲见灵山一会，俨然未散，正是自心现量境界耳。世之求《法华》者既不知求诸自心，求自心者又不知求诸《法华》。宗说分张，罔殆病等，求其教观双美，解行合一，舍天台谁归哉！末代钝根，障深慧浅，三大五小，不唯作望洋之叹，且视为异物。妙峰大师，不惑众咻，力宏一实，正如鸣阳孤凤。逮幽溪大师，其道始全。甚矣正法难闻也！槜李恒公，桐溪子，幽溪孙，淡食十年，掩关载半，刺舌端血，书七帙经，仅十旬而告成。噫！难行能行，真不可思议妙行矣。读其缘起、回向、发愿，字字与菩提心相应，当知亦必念念与不可思议境相应也。合掌赞曰：

稽首妙经王，实相不思议。
权实与本迹，究竟唯一事。
稽首天台师，大苏发妙悟。

五玄与四释，廓彻菩提路。
约教拣偏权，观心融怯怖。
杲日丽中天，万流归本源。
山外徒疑畏，谁知龙树禅？
佛命从兹续，心印从兹传。
故我恒开士，发心同普贤。
身命誓不惜，大愿金刚坚。
七轴七万字，字字皆金莲。
佛身全在中，闻见结妙缘。
不离此当处，因满果亦圆。

《西斋净土诗》赞

稽首楚石大导师，即是阿弥陀正觉，
以兹微妙胜伽陀，令我读诵当参学。
一读二读尘念消，三读四读染情薄，
读至十百千万遍，此身已向莲花托。
亦愿后来读诵者，同予毕竟生极乐，
还摄无边念佛人，永破事理分张恶。
同居净故四俱净，圆融直捷超方略。

自像赞三十三首

谓尔为禅，门庭弗专。
谓尔为教，瓣香弗宣。

谓尔为律，标榜弗虔。
形骸枯槁兮神情自丰，资性钝拙兮诠辩自雄。
触著渠兮猛虎毒龙，识得渠兮和气春风。
据尔一状自首，漫云宪章紫柏可、祖述永明寿，
仔细检点将来，不免万年遗臭。

踢翻禅讲窠臼，掀开佛祖头颅。
笔底轰雷掣电，舌尖瓶水盘珠。
只有一端可笑，依然具缚凡夫。

学无常师，交无择友。
重实轻名，慈心毒口。
有时似孩提之童，有时似丧家之狗。
不解趋吉避凶，安知推薄居厚？
踏破溪山万朵云，人前处处扬家丑。

抱婴杵之苦思，蒙李陵之垢辱。
眼孔烁破太空，行履浑无可录。
废既中清中权，隐居放言成局。
赞毁一任诸方，智旭元是智旭。

参禅禅不悟，看教教不深。
持戒不具足，念佛不一心。
惯掉掣空臂，出入荆棘林。
诃佛亦骂祖，狎兽兼友禽。
全身等微羽，片语重千金。
支那国里留个硁硁小人种，千古万古未审谁知音。

咄哉钟大郎，忒煞无拘束，
日夜恣无明，增长贪嗔毒，

自赞复毁他，指直还作曲，
玩弄佛与魔，颠倒真与俗，
举笔动舌时，每使鬼神哭。
人说你聪明，我说你木梏，
孟浪过一生，究竟结何局？
不是生西方，便是堕地狱！

单提极则正令，不堕今时窠窟。
假饶黄檗云门，未免遭吾一掴。
且道向上一句，毕竟是个甚么？
合掌称云：南无阿弥陀佛。（念佛像，下八首同。）

不度德不量力，妄欲砥柱中流，谁道连身汨没。
努力爬将起来，未免筋疲骨仄。
赖有金刚种子，从来不受侵蚀。
弥陀一句作津梁，阿鼻直达安乐国。

好个不啣嘟汉，前后绝无思算。
佛法讲得许多，烦恼何曾少断？
虽然瑕不掩瑜，争奈夜犹未旦。
只有西方路熟，且喜救得一半。
直待弥勒下生，方了这重公案。

信得是心是佛，乃信是心作佛。
所以枯坐喃喃，专念阿弥陀佛。
偏要记串记千，不学瞒顸鹘突。
无论专心散心，声声灭罪八十亿劫。
假使众生界尽、虚空界尽，我此持名，终无休歇！

不愿成佛，不求作祖，
不肯从今，不敢畔古。
念念思归极乐乡，心心只畏娑婆苦。
六字弥陀是话头，千磨百难谁能阻？
天下元非手可援，且学颜渊权闭户。
直待西方去复来，普与尘沙击法鼓。

愿大不遗尘界，胆小怕堕地狱。
见人嬉笑满容，礼佛悲哀痛哭。
终日轮串数珠，唯恐万声未足。
纵有一隙独明，且无片长可录。
只图下品莲生，便是终身定局。
岂敢大言欺世，致使法门受辱。

野性懒且癖，独与竹石宜。
泉声演佛号，助我西方思。
有时瞑目坐，遥随落日驰。
有时高声呼，悬想母忆儿。
颇信感应理，宁复惑他歧。
须弥或倾动，我志不可移。
哀哉生死梦，痼疾谁能医？
庶几一丘壑，聊免蝇蜗痴。

生平少实德，此像何劳传？
独有不欺心，较胜近日禅。
愿居众人后，不为一物先。
四仪持佛号，弗论散与专。
信愿终无贰，定育珍池莲。
与尔众上善，历劫形神联。

不参禅，不学教，弥陀一句真心要。
不谈玄，不说妙，数珠一串真风调。
由他讥，任他笑，念不沈兮亦不掉。
昼夜称名誓弗忘，专待慈尊光里召。
悬知莲萼已标名，请君同上慈悲艖。

径山楼下，迷却父母生身。
永庆堂中，依稀指鹿为马。
九华静室，曾吃腐滓粃糠。
灵峰藏堂，又复违于时夏。
而今向此枯树里，胡思乱想作么？
咄！
忽遇树倒藤枯，且喜相随来也。（枯树入禅像）

若欲利人，何不向万众丛席扬名？
若欲自利，何不向万山深处藏身？
看你进退失据，昧却发觉初因。
虽然被他简点，且喜有理可申：
不愿一日卖得千担假，但愿千日卖不得一担真。（说法相）

行年五十，犹未知非。
七颠八倒，簸舌鼓皮。
见恶不省，见善不齐。
胡思乱想，惹谤招疑。
踢破性相两家界限，翻倒南宗北教藩篱。
有时不恭，则滥同下惠。
有时褊隘，则仿佛伯夷。
独得一点好诀窍，失便宜处占便宜。

毗卢顶上，不肯安身立命，
跛驴脚边，偏要尺退寸进。
可怜五十年来，难得半时宁静。
未知性具圆宗，枉向钵盂讨柄。
已悟性恶法门，元来即是病行。

犹忆十二三时，便要竖贤圣帜，
而今五十余年，何尝知得天德。
况进思三十未立，四十多惑，
既不堪作宣尼子孙，又岂堪称释迦儿息？
仔细简将来，只是一个骗饭吃的老贼。

胸中没半个字脚，笔下有万卷诗书。
肚里无分毫芥蒂，舌头有多少毁誉？
好像一棵大树，只是其名曰樗。（著述相）

也是百万人天知识，也是三家村里学究。
也是戒定慧的前茅，也是贪嗔痴的领袖。
只因没有的确师承，到底只是个八不就。

生平过失深重，犹幸颇知内讼。
浑身瑕玷如芒，犹幸不敢覆藏。
藉此惭愧种子，方堪送想乐邦。
以兹真语实语，兼欲寄诫诸方。
不必学他口中，烂翻五宗八教，
且先学他一点，朴朴实实心肠。

昔年融师会里，或曾烧火埽地，
所以今在幽栖，妄拈第一义谛。
不涉拟议思量，不离语言文字，

人天大众未免惊疑，赖有湛公堪作证质。
切勿将此丑容，窜入百祖队中，
但可留与儿孙，作个古董玩器。

注尽十二部经，不曾增减一字，
讲尽八万律仪，不曾行得一事。
释迦如来，唤作不肖丑儿，
弥勒世尊，诃为痴顽傲弟。
独有阿弥陀佛，藏垢纳污，金手接向下品莲花安置。

稽首蕅益真，顶戴如来像。
此像既非真，此真宁有两？
谛观像与真，唯是自心想。
心不属圣凡，圣凡乃并朗。
凡夫坐蒲团，圣应居其上。
凡因企圣果，分明示诸掌。
念念恒现前，形影终无爽。
我亦信弗疑，尔亦安毋强。
觌面语默忘，何劳复助长？
镇古但如斯，不觅时流赏。
欲从亦末由，宁思更钻仰。
白日临青天，遍界消魑魍。
愚昧任讥嗤，龙神任稽颡。
个事绝成亏，十尺元一丈。
但驾慈悲航，同摇般若桨。
法界为津梁，直寻岂尺枉。
更问古观音，方知若应响。

蕴慈合掌问持戒，我说持戒须蕴慈。

慈是下化众生本，慈是上求佛道基。
不杀不盗不淫妄，拔苦与乐功甚奇。
专护性遮令清净，仍须念佛求生西。
设不求生极乐国，只恐仍遭隔阴迷。
设能信愿求彼土，虽曾有犯亦成机。
是以我今但念佛，一句弥陀法界师。
不劳学漱赵州口，不劳学奋云门威。
声声坐断圣凡路，四句咸离绝百非。
三身四德觌体露，烁破鸟空鼠即痴。
蕴慈蕴慈应谛信，佛号圆成八万仪。

人知其贬古斥今，不思忌讳，
不知其谈教说禅，不立文字。
上法座兮口若悬河，下法座兮目无所视。
从朝至暮称阿弥，矻矻孳孳将数记。
三十年来不改弦，从兹堪尽未来际。
十种可尽念无尽，一切三昧一三昧。
具缚凡夫甚希有，决不妄言圣贤位。
苍晖若欲恒相随，刹那勇发菩提志。

苍云传我容，问我何行脚？
我行苦且长，为君说其略：
十二从外傅，立志为圣学，
误造谤法罪，几至大堕落。
十七闻佛言，幡然始改恶，
二十丁父忧，悲极如梦觉。
见《地藏本愿》，且哭且欣跃。
次年书《忏法》，荤酒戒不却。

廿三听《楞严》，急参这一著。
廿四逃出家，处处遍寻摸，
云栖及双径，天台来往数，
但自究根源，不问他人礿。
甫得门路清，遂遇境缘虐。
虚名日已彰，功行日以弱。
至年三十八，大病为良药，
高卧九子峰，糠滓堪咀嚼。
甫注《梵网经》，遂有温陵约。
抱病述《玄文》，抉开千古膜。
从闽至吴兴，乃到长干郭。
注述虽云富，将错还就错。
今年五十三，依然是具缚。
损己以利人，古圣所嗟愕。
深悔亦较迟，灵峰聊暂托。
一句阿弥陀，堪为良夜柝。
汝但挹我清，勿更同予浊。

露出娘生半身，数出今生败缺：
慕憨翁之担当法门，不能学其不避斧钺。
慕雪浪之力埽葛藤，不肯学其一味轻忽。
慕云栖之盛德谦光，不能学其广作舟筏。
慕寿昌之真参实悟，不能学其到底不歇。
慕幽溪之中兴台观，不肯学其单守一橛。
慕颛愚之冰霜操履，不能学其大辩若讷。
愿学紫柏之宗教圆明，远不及其纯钢铸骨。
噫！
此是吴门不唧嚠的钟振之，而今又唤作北天目的老砣硉。

几翻鼓翼欲腾空，几翻又向荒原蹶。

只有一句阿弥陀佛认得真，源泉毕竟归沧渤。

生平不解藏拙，露此赃私顽劣，

说起仿佛依稀，觌面何尝亲切？

赖有一串数珠，却是生平秘诀，

所以唤作澫益，未是证龟为鳖。

寄语理安法友，不必思量分别，

但如丁兰事亲，管取刺之出血。

此是澫益道人，生平不善逃名。

处处藏头露尾，可耻声闻过情。

偶向丰南扬家丑，天鼓毒鼓仍齐鸣。

剿绝百千歧曲路，直教同作莲邦民。

平生自救不了，只为门前之绕。

而今始解藏身，蓦入灵峰深岛。

抛开世上绳鞭，取足山中水草。

少室天台尽踏翻，东土西天皆触倒。

简点身心过失多，徘徊今古知音少。

毕竟谁为杨子云，问取禾城姚广老。

《灵峰宗论》卷第十 诗偈（选要）

将出家与叔氏言别

世变不可测，此心千古然。
无限他山意，叮咛不在言。

一笔勾①

湛海浮沤，起灭无端何日休？
目翳空花有，翳尽花存否？
嗏！
莫更往迷流，酸辛独受。
知妄无因，当体元如旧，
因此把世界身心一笔勾。

① “一笔勾”，《澫益大师全集》版《灵峰宗论》与《嘉兴藏》版《灵峰澫益大师宗论》中均作“一笔句”，现按福建莆田广化寺版《灵峰宗论》校订，下同。

乙丑翻一笔勾

海湛沤浮，本自无端岂更休？
目翳花非有，翳尽花亡否？
嗏！
及早悟真流，安然正受。
知幻即离，那有新和旧？
把甚么世界身心一笔勾！？

净土偈十四首（有序）

博山禅师拈净土偈，每云“净心即是西方土”，盖以因摄果也。读者不达，遂至以理夺事，几成破法。予触耳感怀，每拈“西方即是唯心土”，俾以事扶理，聊附补偏救弊之职云。

西方即是唯心土，无上深禅不用参。
佛向念中全体露，更生疑虑太痴憨。

西方即是唯心土，离土谭心实倒颠。
念念总皆归佛海，生盲重觅祖师禅。

西方即是唯心土，得见弥陀始悟心。
寸土不存非断灭，堂堂相好寂光身。

西方即是唯心土，欲悟惟心但念西。
舌相广长专为此，更求玄妙抑何痴？

西方即是唯心土，无相非从相外求。
拟欲将心取无相，灵龟曳尾转堪忧。

西方即是唯心土，未识西方岂识心？
逝子谬希圆顿解，拾将落叶作黄金。

西方即是唯心土，更觅唯心见已违。
光影揣摩成活计，莲邦何日薄言归。

西方即是唯心土，拟拨西方理便乖。
极乐一尘同刹海，假饶天眼未知涯。

西方即是唯心土，趁到同居第一关。
但得九莲能托质，寂光何虑不时还？

西方即是唯心土，土净方知心体空。
一切境风犹挂念，云何妄说任西东？

西方即是唯心土，莫把唯心旨趣诬。
迷悟去来元藏性，谩言平等却成迂。

西方即是唯心土，白藕池开不用栽。
一念顿教归佛海，何劳少室与天台。

西方即是唯心土，三昧中王道最微。
瞥尔生疑千古隔，咬钉嚼铁莫依违。

西方即是唯心土，慧日高悬第一机。
事理双融真净业，现前何法不玄微？

过槜李东塔见人上堂有感三首

树杪声声泣露哀，岸舟鱼背漫相猜。
宗乘顿逐东流下，触目难禁泪满腮。

一滴狐涎彻体腥，当阳鸦立法王庭。
却惭普眼能弘护，犹使天人掩耳听。

聋人听曲哑人歌，跛躄相将共伐柯。
今日已成冥暗界，不知向后又如何。

割股救惺谷兄

幻缘和合受兹身，欲剜千疮愧未能，
爪许薄皮聊奉供，用酬严惮切磋恩。

挽惺谷寿兄

彻底婆心未肯休，当场业运已迁流。
浮沤影逐虚缘散，热血腥同实际留。
射自果然难下手，为人须是再低头。
临行赠汝无多子，一句弥陀作大舟。

示持经沙弥

五浊朦胧夜未央，一声鸡唤漏偏长，
但将缘种催残梦，字字全彰佛顶光。

赠庄圣西

弥陀即是毗卢师，极乐即是华藏界，
八万四千相好中，一一具足刹尘相。
西方一一微尘中，具足世界差别种，
是故普贤大愿王，究竟导归安养土。
同居净故四俱净，横超自在甚希有，
若人深信净土门，始是深信法界理，
若人已悟法界理，方肯炽然求往生。
法界非往非不往，顺悉檀故名为往，
法界非生非不生，顺悉檀故名为生，
如是往生即向上，圆顿了义无伦匹。

五戒歌示憨月

受戒易，守戒难，莫将大事等闲看，
浮囊渡海须勤护，一念差池全体残。
理胜欲，便安澜，把定从来生死关，

任他逆顺魔军箭，凛凛孤怀月影寒。
不杀生，大慈仁，物我一体如长春，
蠕动蜎飞佛性等，贤愚贵贱无疏亲。
不偷盗，充义奥，正直清廉明节操，
心外无法可当情，菩提性具非他造。
不淫欲，梵行笃，身心皎洁同珠玉，
泰山乔岳立清风，等闲超出娑婆狱。
不妄语，诚相与，广长舌相昏涂炬，
矢口千金敌国钦，九界同归作洲渚。
不饮酒，离群丑，智慧照明狮子吼，
衣里圆珠岂更忘，免得亲翁再苦口。
三归五戒果精明，观音势至为师友！

入山四首

万山隔断市尘嚣，日暮秋风吼竹涛，
世浊未能融动静，只宜此地解天弢。

一夏炎威苦逼人，灵峰片石旧盟新，
归来泉味偏增逸，何必桃源觅避秦。

盈亏本自无增减，何故山深辉较扬，
照此道人冰雪意，夏云春露亦成霜。

一微涉动便颓山，棘满栴林奈未删，
晓起不堪频对镜，大千无地置惭颜。

历劫熏修誓未灰，半生残喘尚徘徊，
斩钉截铁从兹始，忍使摩尼隐积埃。

病中有感

四百四病互围绕，八十八使镇相随，
梦里忽忆大士号，咨嗟感慕仍吁嘻。
如意珠王谁蔑有，跉竮劫簸徒愚痴。
念佛独许三昧宝，声声圆彰无盈亏，
上士一决一切了，狂邪翻覆生狐疑。
安养一撮即华藏，弥陀十劫毗卢师，
从今一信永弗迷，横超那畏生盲嗤。

阅《大智度论》毕纪怀四首

雨多入夏夜偏寒，胡汉于今辩最难。
拟绝百非还坠断，欲离四句已成瘢。
分明文字元无性，却怪虚空亦可刓。
赖有横超归路稳，不随年少学邯郸。

般若何尝独尚空，通能成塞塞成通。
菱锥佛事随缘建，荷镜魔军任运攻。
度尽众生无可度，功圆妙觉不居功。
应怜此日谭玄客，鱼目摩尼妄拟同。

病在膏肓亦可医，自惭积劫太憨痴。
几回说梦仍添梦，只是三思未再思。
垢重愈知学不厌，忏频终恃法元慈。
笔端齿落催残晷（举笔忽落一齿），送想悬轮更莫迟。

寒暑推人念念移，何须齿落始添悲？
狼惊未得脂消尽，草益空令肉渐瘘。
搔首控归无上士，抚膺披露有生疵。
他年净土华敷日，记取坛前痛哭时。

丙戌中秋怀净土

皓月年年照客秋，梦中时动故乡愁。
兜罗绵手垂应久，优钵罗华散未收。
痴掉不除增愧色，贪嗔犹炽碍真修。
长空雁影萧然度，寄我深思到宝楼。

挽旅泊大德

净土迢迢不涉程，阎浮礼诵已功成。
沤花顿灭千生影，德水初标九品名。
酬债岂应嫌病苦，横超宁复畏讥评？
殷勤为我求慈父，何日同垂只手迎。

示豁一二首

若欲结制看经，须要会归自己，
心外更无别传，万勿但图口耳。
云光不免负轭，何况今时稚子？
第一要生信心，第二要惧生死。

俯仰旷劫轮回，毕竟如何得止？
听我血泪苦言，庶不终为糠秕。

《华严》圆顿经王，普贤法界宗主，
十愿导归极乐，便是玄极微旨。
若更别扣祖关，都是奴仆婢使，
果然奇特丈夫，卓信心作心是。
念念相应不差，岂肯水中渴死？
瞬息旋转万流，一句弥陀到底。

利济寺禅堂放生念佛社偈（有序）

佛祖心要，悲智双运而已。赎命，大悲下化也；送想西方，大智上求也。法门之妙，孰过于此？但靡不有初，鲜克有终。是宜坚其心，砥其行，庶珍池宝券，在我而不在人矣！

诸法本无生，不生非实义，
鱼跃与鸢飞，明明佛祖意。
回向极乐邦，圆成无上智，
历劫矢勿谖，是名真利济。

庚寅自恣二偈（有序）

卧北天目，万虑灰冷。有同志数人，以毗尼相叩。夫毗尼久为腐货，仍过而问焉，不啻冷灰豆爆矣。安居竟，重拈自恣芳规，悲欣交集，慨然有作。

秉志慵随俗，期心企昔贤，

拟将凡地觉，直补涅槃天。
半世孤灯叹，多生缓戒愆，
幸逢针芥合，感泣泪如泉。

正法衰如许，谁将一线传？
不明念处慧，徒诵木叉篇。
十子哀先逝，诸英喜复联，
四弘久有誓，莫替马鸣肩。

五月二十七日大病初起偶述三偈

山深日听水漫漫，小暑依然似小寒。
无意避人人已避，有心刊病病难刊。
卧余十昼甘随死，痛彻千肌苦较宽。
惭愧归情犹未决，又从与饵获轻安。

如何阅藏便招魔，慎疾偏令疾更苛。
觑破革囊无一净，赢来坏想略成科。
虎衔犬子逾垣去，庭满苔纹拒客过。
绝后再苏浑似梦，夕阳斜映鬓眉皤。

及门诸子并天涯，拟作遗书笔欲斜。
秘藏岂难开肉眼，会权终恐滞牛车。
嗤他苦诤全迷筏，庆我偷安别有艖。
病退身闲重展藏，珊瑚击碎灿云霞。

病起警策偈六章

幻身梦世，刹那迁逝。趋向死门，如囚赴刿。
辩智神通，何能稍制？唯有持名，斯为上计。

四大六情，唯苦相撄。一句佛名，如篁出声。
虚空可陨，名德弗倾。不生不灭，本自圆成。

病苦既剧，涕泪悲号。类彼孺子，取诮同曹。
夙业所致，宁敢自弢？庶几慈父，哀此尘劳。

痛既难脱，发心代苦。已愿代苦，何又求愈？
性非异同，情递参伍。脱则俱脱，吁我慈父。

革囊盛秽，有何可爱？况复疮门，其恶弥倍。
积劫痴迷，沉溺弗悔。一念闻思，魔军永退。

嗟尔幻客，听我诲言。勿恃慧解，疏此定门。
日乾夕惕，成性存存。赴尔初志，报尔深恩。

阅藏毕偶成二偈

佛语何尝离佛心，禅流义学枉沉吟。
百千公案水洗水，八万修多金博金。
阅尽始知无一字，拍盲安可透稠林？
马鸣龙树虽难企，智觉芳踪庶许寻。

山房悄悄绝音书，纵有桃源恐不如。

展卷分明唯一事，出门何用觅三车？
黄花遍地铺新景，翠竹参天拥旧居。
般若真如休寱语，饥餐渴饮任狂疏。

雨窗自喻四偈（九月十九日）

万仞寒岩枯木身，梦魂高揖谢芳春。
佛名信是千生伴，梵册元非五眼尘。
食母婆和怜病子，乾坤老大笑畸人。
阎浮何处寻知己，独寄清思落日滨。

盘曲樗材与世违，自欣从未蹈时机。
兴来举首看黄叶，倦去支颐送落晖。
无客不须商野馔，有风聊复被鹑衣。
来粹盏饭天遗我，绝胜当年赋《采薇》。

百年瞤动计何长，邮寄纷纷客梦狂。
来去未知生死寂，贤愚偏诤是非忙。
梨华蛱蝶邀成果，柳絮毛毬佩作珰。
输与深山闲纳子，数珠百八理归装。

极化穷神皆妄想，唤回妄想想如来。
但令当念一声切，便觉从前万虑灰。
截断去来明暗句，结成实报寂光胚。
唯心作佛唯心是，不假针锥正眼开。

独坐书怀二首

克期取果志，惭愧未能酬。
病后知身苦，贫来幻想休。
但将三际念，总附四弘舟。
弹指归安养，阎浮不可留。

半世倾肠腑，寥寥有几知？
庶几二三子，慰我半生思。
舍尽从前得，方开格外奇。
殷勤末后句，奚啻黍离诗。

病中口号（十一月十八日）

夏病不知暑，冬病不知寒。
夜长似小劫，痛烈如刀山。
人间尚复尔，何况三涂间？
归命大慈父，早出娑婆关。

病间偶成（十二月初三日）

业缘丛簇病缘频，痛苦呻吟彻暮晨。
早发菩提犹若此，未全正信拟谁亲？
身经九死浑亡力，心本无生独自甄。

名字位中真佛眼，未知毕竟付何人。

大病初起求生净土六首

阎浮百苦镇煎熬，赖有摩提路匪遥。
六字洪名真法界，一声凡念海全潮。
浊流寸寸清珠映，暗室尘尘宝炬招。
千古东林风未坠，不须方便自横超。

沉疴危笃是吾师，消却从前多少痴？
已破百年闲活计，定开尘劫大通逵。
遥瞻落日增哀慕，梦礼慈容长智悲。
六八愿王恒摄取，金莲育质可无疑。

持名真实是单传，念念圆成深妙禅。
能所本来无二体，果因交彻即重玄。
广长舌相坚真信，周遍身光结法缘。
大事分明唯此事，同仁共策祖生鞭。

病经累月皮缠骨，仿佛冥涂薜荔多。
脾弱羡人甘六味，根羸仅我顺三和。
轩岐伎俩非双善，忉利酥酡奈异柯。
最是乐邦慈父愿，含生永永离沉疴。

久向阿弥誓力深，浮生无奈染相侵。
闻声见色多忘念，计后思前转昧心。
痛极色声缘自断，病危前后影方沈。
孤明六字全提出，百兽群中狮子音。

干慧初干业未枯，病深无计可支吾。
称名不异儿号乳，忏罪何殊囚伏辜？
乍庆此时方得主，更惭历劫枉成逋。
叮咛法侣勤相助，共解轮王髻里珠。

乙未元旦二首

爆竹声传幽谷春，苍松翠竹总维新。
泉从龙树味如蜜，石镇雄峰苔似鳞。
课续三时接莲漏，论开百部拟天亲。
况兼已结东林社，同志无非法藏臣。

法藏当年愿力宏，于今旷劫有同行。
岁朝选佛归圆觉，月夜传灯显性明。
万竹并沾新令早，千梅已露旧芳英。
诸仁应信吾无隐，快与高贤继宿盟。

书重刻《灵峰宗论》后[①]

余曩未读佛经不知佛理者也。因宗兄香严居士殷勤劝谕，始稍稍留心内典，知出世大法非常情可测，且遭遇甚不易，遂皈心净土焉。时侍慈母太福晋侧，间或言及，初不以为意，久之，命取佛书观之，阅数种，俱不契。后得《竹窗随笔》并《灵峰宗论》，一览之下，乃大倾服，而向往之心甚锐，盖亦宿缘有在耳。近复阅《圆觉》、《涅槃》等经，心华益灿，法喜弥深，恨信向此道之晚也，爰命印刻《随笔》、《宗论》二书，用溥法檀，公诸未学。无何《宗论》剞劂工毕，因披览一周，得未曾有。其教真为生死发菩提心，开眼为急，持戒为本，痛呵流俗知见，力挽佛世芳规，融会诸宗，归极净土。一书梗概，略尽于斯。然皆大师以身作证，非徒事空言也。至若其著述也，不固守死法，不别立新条，唯申明各宗真正旨趣而已。其提纲也，不远推无始，不高尊本有，唯直指现前一念心性而已。是以愈博愈约，至确至神，笼络群机，包罗大藏，而列圣不传之妙，余蕴靡留；千古未开之权，界藩尽剖矣。噫！总万别千差之要，开千差万别之门，出没卷舒，浩无涯际，得非深入法界阃奥者乎？师颂有云“名字位中真佛眼，不知毕竟付何人”，盖亲言出亲口，真语实语也。愿广为流通，永酬启迪。

时嘉庆岁次辛酉秋七月谷旦，和硕豫亲王裕丰敬刻

---

① 依《蕅益大师全集》本，《嘉兴藏》本无。

二十七、选佛谱·净土横超门[①]

灵峰澫益大师著

狮山净业学人会性敬辑

（按《选佛谱》分十五门，第十四净土横超门，明四土九品位次，至为简要，故今录入。）

谱曰：佛土有四：

一者凡圣同居土。若是五浊重者所感，则杂有四恶趣苦，名之为秽，如娑婆世界等；若复五浊轻者所感，则纯是人天善侣，名之为净，如西方极乐等。

二者方便有余土。若从析空拙度得生，则沈空滞寂，名之为秽；若从体空巧度得生，则见佛闻法，名之为净。

三者实报庄严土。若从次第三观所感，则虽证道同圆，而无明习重，智慧稍钝，名之为秽；若从一心三观所感，则虽法界无别，而无明习轻，智慧猛利，名之为净。

四者常寂光土。若约别教，则仅断十二品无明所显，未尽法源，名之为秽；若约圆教，则是断尽四十二品无明所显，究尽体性，名之为净。

然此四土，有竖有横。若以自修行力，断尽见思，方出同居而入方便；断尽尘沙，兼破无明，方出同居、方便而入实报；断尽无明，方出同居、方便、实报而入寂光；即名为竖。若仗阿弥陀佛愿力，未断见思，即能出娑婆秽，生极乐净；既生极乐，即于彼土得证方便、实报、寂光三种

① 选自台湾会性法师辑《澫益大师净土集》。澫益大师撰有《选佛谱》六卷，会性法师从中辑成此文。

净土，不必舍身受身然后证入，故名为横也。

约四教分别者，藏教析空观成，出同居秽，入方便秽，不能生同居净，况生方便净耶？通教体空观成，出同居秽，入方便净，然不能于未断惑前生同居净。别教知有他方佛国，十信位中，若能发愿往生，即生同居净土；若不发愿，仍不得生；十住、行、向，能生方便净土；十地、等觉，仅能生实报秽；教道妙觉，仅能证寂光秽。圆教五品观位，若能发愿，任运感同居净土中三品生；若不发愿，则未必生。圆十信位，若能发愿，任运感同居土上三品生，即便横证方便净土，既悟无生，亦即横证实报、寂光二种净土；若不发愿，须至七信，方任运生方便净土。唯初住以上，无论发愿与否，任运分证实报、寂光两种净耳。是故设依自修行力，则四教并名竖入。唯依阿弥陀佛愿力，始可横超也。

问：十恶猛心，人天小善，苟能忏悔、回向、发愿，皆得往生极乐世界，何谓藏、通二教不生西方？

答：藏通二教，不闻他方佛名字故。若得闻我阿弥陀佛万德洪名，忏悔、回向、发愿往生，即属别圆二教所摄机故。

问：圆教法门，不纵不横，何得亦名竖入？

答：不纵不横，乃约所诠理谛，并称理所修妙观言耳。至如六即辨位，分毫不滥，岂非竖义？故唯净土方得名横超也。

问：藏通二教，既不得生，何故彼土仍有证小果者？

答：《往生论》中曾辨此义，谓由临终回心发大乘愿，方得生彼。既生彼已，阿弥陀佛顺其小习，为说苦、空、无常、无我等法，令其即证小果，旋即回心入大乘法，不同此土定性声闻，故曰“二乘种不生”也。思之。

净土疑城

《大宝积经·无量寿如来会》云：“佛告弥勒，若有堕于疑悔、种诸善根，希求佛智、普遍智、不思议智、无等智、威德智、广大智，于自善根不能生信，由闻佛名起信心故，虽生彼国，于莲华中不能出现；于五百岁，不见佛，不闻法，不见菩萨及声闻众，不得供养奉事诸佛，不得问于菩萨法藏，远离一切殊胜善根。往昔世中过失尽已，然后乃出。当知疑惑为大损害。”由此观之，即是信他而不信自，未开圆解，但持佛名以种善根之所致也。然亦永离退缘，远胜非非想处多矣！故一遇佛，即得见佛闻法，证入别圆诸位也。

凡圣同居净土

下品下生——准《十六观经》，十二大劫莲华方开。莲华开已，闻法欢喜，即发菩提之心，是登发心住也。

下品中生——经于六劫，莲华乃敷。闻说大乘甚深经典，应时即发无上道心，亦是登发心住也。

下品上生——经七七日，莲华乃敷。闻说甚深十二部经，信解发心，为初发心住。经十小劫，具百法明门，得入初地，即登欢喜地也。

中品下生——经七日已，闻法欢喜，得须陀洹，即登见地。以净土既无定性声闻，必应呼见地为初果也。过一小劫，成阿罗汉，登已办地。

中品中生——七日华敷，闻法欢喜，得须陀洹，即登见地。经半劫已，成阿罗汉，亦登已办地矣。

中品上生——临命终时，见佛作礼，未举头顷，即得往生；莲华寻开，闻叹四谛，即得阿罗汉道，亦登已办地。从此增进，便得横超实报净也。

上品下生——一日一夜莲华乃开，七日之中乃得见佛。虽得见佛，于众相好，心不明了。三七日后，乃了了见。经三小劫，得百法明门，住欢喜地。从此增进，亦可例知。

上品中生——此紫金台，如大宝华，经宿则开。经于七日，即于无上菩提得不退转，即证圆信。经一小劫，得无生忍，现前受记，是圆住也。

上品上生——如弹指顷，往生彼国；见佛闻法，悟无生忍；于诸佛前，次第受记，即证圆十住也。或从此证寂光上上品者，至圆至顿，不思议故。

方便有余净土

方便有余土，乃是修方便道三乘所居。故《大智度论》云："出三界外有净土，一切声闻、缘觉出生其中，受法性身，非分段生。"若统论生方便土，共有九人：一者藏教第四果、二者藏教辟支果，是人虽生灭度之想，自谓永入无余涅槃，不知已受变易生死之身，但以沈空滞寂、如醉如痴，直俟三昧酒消，然后从禅定觉，是名方便秽土也。（《智论》用对同居，故亦名净。此就方便分别，自有净秽。）三者通教已办声闻、四者通教辟支佛地、五者通教七地菩萨智增上者（若悲增上，则誓扶习气，受三界身，不出三界故）、六者别教七住以上菩萨、七者十行菩萨、八者十回向菩萨、九者圆教七信以上菩萨，三界惑尽，若非大悲增上誓力，必皆生在方便净土之中。就此七人，亦得分为九品，故幽溪《选佛图》中，乃与实报、寂光皆详列之。今谓净土及圆教，并是顿超直入法门，故唯同居净土依凭《十六观经》而列九品，上三净土皆但总列一名而已。况同居上品，已属圆信所生，即与方便净土无别也。

实报庄严净土

实报净土，约修德所感称实果报言之，谓色心无碍，身土难思，毛孔遍含刹海，十世不离刹那。此亦可分九品，初发心住为下下品，乃至究竟妙觉为上上品。

常寂光净土

寂光净土，约修德所显真实法性言之，谓如智不二，依正圆融，真俗两忘，自他不二，尘尘罔非法界，念念贯彻古今。常即法身，寂即解脱，光即般若。三德秘藏，不纵不横，具足常乐我净，迥超四句百非。然亦可分九品，初发心住所证为下下品，乃至究竟妙觉所证为上上品。

蕅益大师文集

忏　仪

二十八、赞礼地藏菩萨忏愿仪[①]

明　菩萨沙弥古吴智旭　述

《赞礼地藏菩萨忏愿仪》重刻序[②]

释印光

心体本净，因根尘而浊念斯兴。佛性常存，由迷背而凡情孔炽。于是承寂照之力，反作昏动之缘，于常住之中，妄受生死之苦。执著五阴，不知毕竟皆空。障蔽一心，曷了本不可得。耽染六尘之幻境，坠堕三恶之苦途。纵经微尘劫数，莫出六道轮回。故我世尊，特垂哀愍，因地藏菩萨之问，说十力佛法之轮。摧碾烦惑，成就道器。由兹弃舍恶法，断除一切无依行；修持善法，具足一切有依行。然欲得无生法忍，须忏宿世愆尤。若能不著五阴，自可圆证三身。外承佛力、法力、菩萨誓愿力，内仗诚力、悔力、自性功德力，故得弥空罪雾彻底消灭，本有性天全体显现。是知《十轮》、《本愿》、《占察》三经，同由地藏大悲愿力，令末世孤露无依众生，悉皆得大恃怙也。

蕅益大师，已证法身，乘愿再来。初现阐提之迹，后为如来之使。一生行解，事理圆融；毕世著述，性修双备。欲令浊智成净智，依三经而制忏仪；冀使凡心作佛心，即十轮而明赞悔。宝镜既磨，光明自发；摩尼既濯，珍宝斯雨。诚可谓反本还元之妙法，即心作佛之达道也。

---

① 依《蕅益大师全集》本为底本，《卍续藏》本（No.1486）为参校本。

② 本文转引自《增广印光法师文钞》卷三。

弘一上人，宿钦大师著述，特为刻版，用广流通。俾有志于灭幻妄之惑业、证本有之真心，上续如来之慧命、下作末世之典型者，咸得受持云。

赞礼地藏菩萨忏愿仪

行者净身口意，至尊像前，应念我及众生，积迷造罪，无救无归，大士洪慈，为归为救。又念大士法身，及十方三宝，体常遍满，无所不在，与我现前心性，平等无二。起深信解，如奉慈颜。敷具拱立，唱云：

一切恭敬。

一心顶礼十方常住三宝。

总一礼已，严持香华，如法供养，唱云：

愿此香华云，遍满十方界，
供养一切佛，尊法诸贤圣，
无边佛土中，受用作佛事。

至此停唱，烧香散华，至心想云：一切佛法僧宝，体常遍满，无所不在。愿令以此香华，等同法性，普熏一切诸佛刹土，施作佛事。十方一切供具，无时不有，我今当以十方所有一切种种香华、璎珞、幢幡、宝盖，诸珍妙饰，种种音乐、灯明、烛火，饮食、衣服、卧具、汤药，乃至尽十方所有一切种种庄严供养之具，忆想遥拟，普共众生，奉献供养。一切世界中，有修供养者，我今随喜。若未修供养者，愿得开导，令修供养。又愿我身速能遍至一切刹土，于一一佛、法、僧所，各以一切种庄严供养之具，共一切众生等持奉献，供养一切诸佛法身、色身、舍利、形像，浮图庙塔，一切佛事。供养一切所有法藏，及说法处。供养一切贤圣僧众。愿共一切众生，修行如是供养已，渐得成就六波罗蜜、四无量心，深知一切法本来寂静，无生无灭，一味平等，离念清净，毕竟圆满。想已，起云：

供养已，一切恭敬。

一礼已，次复合掌，赞云：

南无地藏菩萨摩诃萨，以神通力，现声闻像，是诸微妙功德伏藏，是诸解脱珍宝出处，是诸菩萨明净眼目，是趋涅槃商人导首。如如意珠，雨众财宝，随所希求，皆令满足；照行善者，犹如朗日；照失道者，犹如明炬；除烦恼热，如月清凉；渡四流者，为作桥梁；趋彼岸者，为作船筏；伏诸外道，如狮子王；降诸天魔，如大龙象；护诸怖畏，如亲如友；防诸怨敌，如堑如城；救诸危难，犹如父母；藏诸怯劣，犹若丛林。令诸有情，善根不坏，现妙境界，令众欣悦。劝发有情增上惭愧，求福慧者令具庄严。能无功用转大法轮，殊胜功德不能测量。久修坚固大愿大悲，勇猛精进过诸菩萨。于一食顷，至心归依，称名念诵，礼拜供养，能令一切，皆离忧苦，求诸所愿，速得满足，安置生天涅槃之道。故我一心归命顶礼。

赞已，一礼。添香致敬，唱云：

一心顶礼本师释迦牟尼如来。

拜下，想云：

能礼所礼性空寂，感应道交难思议。
我此道场如帝珠，释迦如来影现中。
我身影现如来前，头面接足归命礼。
下皆准此，唯改佛名。

一心顶礼过去狮子奋迅具足万行如来、觉华定自在王如来。

一心顶礼一切智成就如来、清净莲华日如来。

一心顶礼无边身如来、宝性如来、波头摩胜如来、狮子吼如来。

一心顶礼宝胜如来、宝相如来、袈裟幢如来、大通山王如来。

一心顶礼净月佛、山王佛、智胜佛、净明王佛、智成就佛、无上佛、妙声佛、满月佛、月面佛，如是等不可说诸佛如来。

一心顶礼拘留孙佛、毗婆尸佛等七佛如来。

一心顶礼普光佛等五十三佛如来。

一心顶礼过去殑伽沙等诸佛如来。

一心顶礼忉利天宫，十方集会，无量世界不可说不可说一切诸佛如来。

一心顶礼未来净住世界安乐劫中无相如来，及十方三世一切诸佛如来。

一心顶礼十方一切诸佛所有色身、舍利、形像、浮图庙塔、一切佛事。

想云：

诸佛法身如虚空，化事住世难思议，

我皆影现化事前，一一皆悉归命礼。

一心顶礼《地藏菩萨本愿经》、《大乘大集地藏十轮经》、《占察善恶业报经》，及十方三世一切法藏。

总三礼，想云：

真空法界如虚空，常住法宝难思议，

我皆影现法宝前，莫不皆悉归命礼。

一心顶礼文殊师利菩萨、财首菩萨、定自在王菩萨摩诃萨。

想偈如佛，但改菩萨名字，下皆仿此。

一心顶礼无尽意菩萨、解脱菩萨、普贤菩萨摩诃萨。

一心顶礼普广菩萨、观世音菩萨、虚空藏菩萨摩诃萨。

一心顶礼好疑问菩萨、弥勒菩萨、金刚藏菩萨、坚净信菩萨摩诃萨。

一心顶礼十方三世一切菩萨摩诃萨。

一心顶礼骄陈那尊者、优波离尊者、目乾连尊者，一切声闻、缘觉贤圣僧。

一心顶礼忉利宫中分身来集地藏菩萨摩诃萨。

一心顶礼大集会中现声闻相地藏菩萨摩诃萨。

一心顶礼《占察经》中善安慰说地藏菩萨摩诃萨。

一心顶礼入能发智定地藏菩萨摩诃萨。

一心顶礼入具足无边智定地藏菩萨摩诃萨。

一心顶礼入具足清净智定地藏菩萨摩诃萨。

一心顶礼入具足惭愧智定地藏菩萨摩诃萨。

一心顶礼入具足诸乘明定地藏菩萨摩诃萨。

一心顶礼入无忧神通明定地藏菩萨摩诃萨。

一心顶礼入具足胜通明定地藏菩萨摩诃萨。

一心顶礼入普照诸世间定地藏菩萨摩诃萨。

一心顶礼入诸佛灯炬明定地藏菩萨摩诃萨。

一心顶礼入金刚光定地藏菩萨摩诃萨。

一心顶礼入智力难摧[①]伏定地藏菩萨摩诃萨。

一心顶礼入电光明定地藏菩萨摩诃萨。

一心顶礼入具足上妙味定地藏菩萨摩诃萨。

一心顶礼入具足胜精气定地藏菩萨摩诃萨。

一心顶礼入上妙诸资具定地藏菩萨摩诃萨。

一心顶礼入无诤智定地藏菩萨摩诃萨。

一心顶礼入能引胜踊跃定地藏菩萨摩诃萨。

一心顶礼入具足世路光定地藏菩萨摩诃萨。

一心顶礼入善住胜金刚定地藏菩萨摩诃萨。

一心顶礼入增上观胜幢定地藏菩萨摩诃萨。

一心顶礼入具足慈悲声定地藏菩萨摩诃萨。

一心顶礼入引集诸福德定地藏菩萨摩诃萨。

一心顶礼入海电光定地藏菩萨摩诃萨。

一心顶礼能入如是殑伽沙等诸定，成熟一切有情地藏菩萨摩诃萨。

一心顶礼以诸定力除刀兵劫地藏菩萨摩诃萨。

一心顶礼以诸定力除疾病劫地藏菩萨摩诃萨。

一心顶礼以诸定力除饥馑劫地藏菩萨摩诃萨。

礼竟，如前想偈毕，复作是念：我及众生，无始常为三业六根重罪所障，不见诸佛，不知出要，但顺生死，不知妙理。我今虽知，犹与众生，同为一切重罪所障。今对地藏、十方佛前，普为众生，归命忏悔。惟愿加

① “摧”，《卍续藏》本及《全集》本均作“推”，现按《大乘大集地藏十轮经》校订。

护，令障消灭。作是念已，胡跪唱言：

普为法界一切众生，悉愿断除三障，归命忏悔。

唱已，五体投地，复作是念：我与众生，无始来今，由爱见故，内计我人，外加恶友，不随喜他一毫之善，惟遍三业广造众罪。事虽不广，恶心遍布。昼夜相续，无有间断。覆讳过失，不欲人知。不畏恶道，无惭无愧，拨无因果。故于今日，深信因果，生重惭愧，生大怖畏，发露忏悔，断相续心，发菩提心，断恶修善，勤策三业，翻昔重过，随喜凡圣一毫之善。念十方佛有大福慧，能救拔我及诸众生，从二死海置三德岸。从无始来，不知诸法本性空寂，广造众恶。今知空寂，为求菩提，为众生故，广修诸善，遍断众恶。惟愿地藏慈悲摄受。作是念已，应起胡跪，唱言：

至心忏悔。我弟子(某甲)，与法界众生，自迷法性，枉受轮回。无明覆心，不知出要。怀聪明慢，自实愚痴。闻大乘法，谬生空解，拨无因果，断灭善根。远离正信，远离正愿，离正意乐，及以正见。远善知识、好处、好时，远离净戒、正定、正慧，随逐恶友，起诸邪见，造身语意无量罪业。或复毁谤大乘正法，或复毁谤独觉乘法，或复毁谤声闻乘法，障蔽隐没，不令流布。或复于彼诸佛弟子，若是法器、若非法器，具戒、破戒，下至无戒，着片袈裟剃须发者，多行忿恨、诃骂、毁辱、讥刺、诽谤，隐善扬恶，以粗恶言，期克迫胁，打棒伤害，侵夺衣钵，侵夺资生，绝其饮食，退令还俗，脱其袈裟，枷锁系缚，禁闭牢狱，轻慢触恼，令不安乐。夺窣堵波，及僧祇物。十恶五逆，至一阐提。乘此业缘，于无量劫，堕诸恶趣，备历三涂，受种种苦，楚痛难言。设得值遇无量诸佛，及大菩萨，亲承供养，发露忏除，复更护持无量道法，修学无量难行苦行，由彼业障有余未尽，令我等辈未能证得安乐涅槃，未能证得三摩地门殊胜功德。今向地藏菩萨摩诃萨及诸佛世尊，发大乘心，弘如来教，为令此土三宝种性威德炽盛久住世故，为欲摧灭一切众生坚固烦恼令无余故。与诸众生，复深惭愧，发露忏悔，求悉消除。惟愿十方诸大慈尊，及地藏大士，哀愍覆护，济拔我等，令此罪障，皆得除灭，永不复受恶趣苦果。

我等今者对世尊前，及与大士，以至诚心，发真誓愿：从今以去，乃至菩提，常愿不遇如是恶缘，决定不造如是重罪，终不毁谤诸佛正法，亦不触恼诸出家人，必不挑坏众生法眼，亦不断灭三宝种性。惟愿世尊及与大士，摄受证知所发誓愿，令我等早成十法，及成十轮，获得无罪正路法忍。于三乘法，若三乘人，及非法器，得无误失。于大乘法，升进无转，利慧胜福，常得增长。于一切定，诸陀罗尼，诸忍、诸地，速得自在。常得值遇诸善知识，常得不离见一切佛及诸菩萨声闻弟子，不离闻法，不离亲近供养众僧。于诸善根常能精进，菩提行愿无厌足心。先所造恶摧坏散灭，速能证得无上法轮，善巧方便成熟众生，皆令获得利益安乐。

或一说，或三说。起立，唱云：

忏悔发愿已，归命礼三宝。

一礼已，起立，正身，运想一切三宝遍满虚空，安坐法座。一一回身，如法旋绕。此身如影，音声如响，普遍十方，上供三宝，下警群灵。勿令心散，和雅唱云：

南无十方佛，南无十方法，南无十方僧。

南无本师释迦牟尼佛。

南无《地藏菩萨本愿经》，南无《大乘大集地藏十轮经》，南无《占察善恶业报经》。

南无地藏菩萨摩诃萨。

或三称，或七称。旋绕既毕，回身至法座前，正立，至心唱云：

自归依佛，当愿众生，体解大道，发无上心。

自归依法，当愿众生，深入经藏，智慧如海。

自归依僧，当愿众生，统理大众，一切无碍。和南圣众。

问讯毕，次至静室，或念地藏菩萨名，或持灭定业真言，或观大士平等法身，或作唯心识等二种观道，唯信、唯笃，则必能灭障，必证法忍矣！

后序

呜呼！大法久湮，人多谬解。执大谤小，举世皆然。宁知地狱众苦，已随其后；喑哑余报，复更难穷。故我地藏慈尊，于大集会中，现声闻相，而世尊广叹胜德，且为之较量云：假使有人，于弥勒、妙吉祥，并观自在、普贤之类殑伽沙等大菩萨所，于百劫中，至心归依，称念礼供，求诸所愿，不如有人于一食顷，归依称念礼供地藏，以菩萨久修坚固大愿大悲，勇猛精进过诸菩萨故也。盖末世之中，驾言于大乘甚易，而躬行于僧行实难。宁知废小谈大，并其大而亦非；悟大用小，并其小而亦大。故《法华》诫弘经者必依四安乐行，《涅槃》极谈常住佛性，尤扶戒律。今大士之功德独盛，得非亦在此乎？

智旭深恨夙生恶习，少年力诋三宝，造无间罪。赖善根未殒，得闻《本愿》尊经，知有出世大孝，乃转邪见而生正信。仍以谤法余业，虽辛勤修证，不登法忍。每一展读大士三经，辄不禁涕泗横流，悲昔日之无知，感大士之拯拔也。因念浊智流转之日，与我同此过者不少。敬宗《十轮》，并《占察》、《本愿》二典，述此仪法，庶几共涤先愆，克求后果，不终为无依行乎！未登无生正位，皆可修之，无论初心与久学也。

崇祯丁丑后自恣前十日，菩萨沙弥智旭，
识于九子别峰之梵网室咒坛中。①

① 此一行落款按《卍续藏》本（第 74 册 No.1486）补。

藕益大师文集

儒典佛解

二十九、《四书》蕅益解[①]（选要）

古吴蕅益道人智旭述

自 序[②]

蕅益子年十二，谈理学而不知理。年二十，习玄门而不知玄。年二十三，参禅而不知禅。年二十七，习律而不知律。年三十六，演教而不知教。逮大病几绝，归卧九华，腐滓以为馔、糠粃以为粮，忘形骸、断世故，万虑尽灰、一心无寄，然后知儒也、玄也、佛也，禅也、律也、教也，无非杨叶与空拳也，随婴孩所欲而诱之。诱得其宜，则哑哑而笑；不得其宜，则呱呱而泣。泣笑自在婴孩，于父母奚加损焉。顾儿笑则父母喜，儿泣则父母忧，天性相关，有欲罢而不能者。“伐柯伐柯，其则不远”，今之诱于人者，即后之诱人者也，倘犹未免随空拳黄叶而泣笑，其可以诱他乎？维时彻因比丘，相从于患难颠沛，律学颇谙，禅观未了，屡策发之，终隔一膜。爰至诚请命于佛，卜以数阄，须藉《四书》助显第一义谛。遂力疾为拈大旨。笔而置诸笥中，屈指复十余年，彻因比丘且长往矣。嗟嗟！事迈人迁，身世何实？见闻如故，今古何殊？变者未始变，而不变者亦未始不变，尚何存于一分无常一分常之边执也哉！今夏述《成唯识心要》，偶以余力，重阅旧稿，改窜其未妥，增补其未备。首《论语》，次《中庸》，次《大学》，后《孟子》。《论语》为孔氏书，故居

① 依《蕅益大师全集》本为底本。

② 原题“四书蕅益解序”,《灵峰宗论》中为自序。

首。《中庸》、《大学》皆子思所作，故居次。子思先作《中庸》，《戴礼》列为第三十一；后作《大学》，戴礼列为第四十二，所以章首“在明明德”承前章末“予怀明德”而言，本非一经十传，旧本亦无错简，王阳明居士已辨之矣。孟子学于子思，故居后。解《论语》者曰“点睛”，开出世光明也。解《庸》、《学》者曰“直指”，谈不二心源也。解《孟子》者曰“择乳”，饮其醇而存其水也。佛祖圣贤，皆无实法系缀人，但为人解粘去缚。今亦不过用楔出楔，助发圣贤心印而已。若夫趋时制艺，本非予所敢知，不妨各从所好。

丁亥孟冬九日，古吴西有道人智旭漫识（时在顺治四年）

《四书蕅益解》重刻序

道在人心，如水在地。虽高原平地，了不见水，苟穴土而求之，无不得者。水喻吾心固有之明德，土喻吾心幻现之物欲。果能格物致知，无有不能明其明德者。然穴土取水，人无不施工求之，以非水不能生活故也。而道本心具，人多不肯施工，致物欲锢蔽真知，不知希圣希贤，甘心自暴自弃。由兹丧法身以失慧命，生作走肉行尸，死与草木同腐，可不哀哉！

《四书》者，孔门上继往圣、下开来学，俾由格物致知以自明其明德，然后推而至于家国天下，俾家国天下之人，各皆明其明德之大经大法也。前乎此者，虽其说之详略不同，而其旨同；后乎此者，虽其机之利钝有异，而其效无异。诚可谓先天而天弗违、后天而奉天时，万世师表、百代儒宗也！其大纲在于明明德修道；其下手最亲切处，在于格物慎独，克己复礼，主敬存诚。学者果能一言一字皆向自己身心体究，虽一介匹夫，其经天纬地、参赞化育之道，何难得自本心。俾圣贤垂训、一番苦心，不成徒设，而为乾坤大父大母增光，不愧与天地并称三才，可不自勉乎哉！

如来大法，自汉东传，至唐而各宗悉备，禅道大兴，高人林立，随机接物。由是濂、洛、关、闽，以迄元明诸儒，各取佛法要义以发挥儒宗，俾孔颜心法，绝而复续。其用静坐参究以期开悟者，莫不以佛法是则是效。故有功深力极，临终预知时至、谈笑坐逝者甚多。其诚意正心，固足为儒门师表；但欲自护门庭，于所取法者，不唯不加表彰，或反故为辟驳，以企后学尊己之道，不入佛法。然亦徒为是举，不思己既阴取阳排，后学岂无见过于师之人？适见其心量狭小，而诚意正心之不无罅漏也。深可痛惜！

明末蕅益大师，系法身大士，乘愿示生。初读儒书，即效先儒辟佛，而实未知佛之所以为佛。后读佛经，始悔前愆。随即殚精研究，方知佛法乃一切诸法之本。其有辟驳者，非掩耳盗铃，即未见颜色之瞽论也。遂发心出家，弘扬法化。一生注述经论四十余种，卷盈数百，莫不言言见谛，语语超宗，如走盘珠，利益无尽。又念儒宗，上焉者取佛法以自益，终难究竟贯通；下焉者习词章以自足，多造谤法恶业；中心痛伤，欲为救援，因取《四书》、《周易》，以佛法释之。解《论语》、《孟子》，则略示大义。解《中庸》、《大学》，则直指心源。盖以秉《法华》开权显实之义，以圆顿教理，释治世语言，俾灵山、泗水之心法，彻底显露，了无余蕴。其取佛法以自益者，即得究竟实益；即专习词章之流，由兹知佛法广大，不易测度，亦当顿息邪见，渐生正信，知格除物欲，自能明其明德，由是而力求之，当直接孔颜心传，其利益岂能让宋、元、明诸儒独得也已！

近来各界眼界大开，天姿高者无不研究佛法，一唱百和，靡然风从。既知即心本具佛性，无始无终，具足常乐我净真实功德，岂肯当仁固让、见义不为，高推圣境、自处凡愚乎哉？以故伟人名士，率多吃素念佛、笃修净业，企其生见佛性、死生佛国而已。施调梅、蔡禹泽、李筱和、陈鲁德、叶伯龄、彭笑潮、郁九龄居士等，宿具灵根，笃信佛法，一见《四书蕅益解》，不胜欢喜，谓此书直指当人一念，大明儒释心法，于世出世法融通贯彻，俾上中下根随机受益。深则见深，不妨直契菩提；浅则见浅，亦可渐种善根。即欲刊版，用广流通。以此功德，恭祝现在椿萱，寿登期颐，百年报尽，神归安养；过去父母，宿业消除，蒙佛接引，往生净土。祈序于光，企告来哲。光自愧昔作阐提，毁谤佛法，以致业障覆心，悟证无由；喜彼之请，企一切人于佛法中咸生正信，庶可业障同消而心光俱皆发现矣。《周易禅解》金陵已刻。《孟子择乳》，兵燹后失传，杨仁山居士求之东瀛，亦不可得，惜哉！

中华民国九年庚申孟夏，常惭愧僧释印光撰

《大学》直指（依古本）

“大”者，当体得名，常遍为义。即指吾人现前一念之心，心外更无一物可得，无可对待，故名当体。此心前际无始、后际无终，生而无生、死而不死，故名为常。此心包容一切家国天下，无所不在，无有分剂方隅，故名为遍。“学”者，觉也。自觉、觉他、觉行圆满，故名“大学”。大字即标本觉之体，学字即彰始觉之功。本觉是性，始觉是修。称性起修，全修在性，性修不二，故称大学。

△ 文分为二：从初至“天下平”，统示性修旨趣。从“自天子”至终，详示妙修次第。

△ 初中又二：初二节示妙悟之门，次三节示妙修之叙。

△ 初中又二：初直示境观，二点示悟修。

△ 今初

大学之道，在明明德，在亲民，在止于至善。

道者，从因趋果所历之路也。只一“在明明德“，便说尽大学之道。上明字，是始觉之修。下明德二字，是本觉之性。性中本具三义，名之为德，谓现前一念灵知洞彻，而未尝有形，即般若德。现前一念虽非形像，而具诸妙用；举凡家国天下，皆是此心中所现物；举凡修、齐、治、平，皆是此心中所具事；即解脱德。又复现前一念，莫知其乡而不无，位天育物而非有；不可以有无思，不可以凡圣异，平等不增不减，即法身德。我心既尔，民心亦然。度自性之众生，名为亲民。成自性之佛道，名止至善。亲民、止至善，只是明明德之极致，恐人不了，一一拈出，不可说为三纲领也。此中明德、民、至善，即一境三谛。明、亲、止，即一心三观。明明德即自觉，亲民即觉他，止至善即觉满。自觉本具三德，束之以为般若；觉他令觉三德，束之以为解脱；至善自他不二，同具三德，束之以为法身；不纵不横，不并不别，不可思议。此理名为大理。觉此理者，名为大学。从名字觉，起观行觉；从观行觉，得相似觉；从相似觉，阶分证觉；从分证觉，归究竟觉；故名大学之道。

△二点示悟修

知止而后有定，定而后能静，静而后能安，安而后能虑，虑而后能得。

“止”之一字，虽指至善，只是明德本体。此节指点人处，最重在“知”之一字。《圆觉经》云：“知幻即离，不作方便。离幻即觉，亦无渐次”，当与此处参看。《大佛顶经》云：“以不生不灭为本修因，然后圆成果地修证”，即“知止”之谓也。此中“知”为妙悟，“定”、“静”、“安”、“虑”为妙修，“得”为妙证。“动静二相了然不生”，名能定，外境不扰故。“闻所闻尽”，名能静，内心无喘故。“觉所觉空”，名能安，烦恼永寂故。“空所空灭”，名能虑，寂灭现前如镜现像故。“忽然超越”，名能得，获二殊胜故。

△次三节示妙修之叙

物有本末，事有终始，知所先后，则近道矣。

此启下文两节之义。盖迷明德，而幻成身及家国天下，名之为物。既已迷德成物，且顺迷情辨其本末。返迷归悟之功，名之为事。既向生灭门中商摧修证，须知有终始。始宜先，终宜后。“古之欲明”一节，知所先之榜样也。“物格”一节，知所后之成案也。

古之欲明明德于天下者，先治其国。欲治其国者，先齐其家。欲齐其家者，先修其身。欲修其身者，先正其心。欲正其心者，先诚其意。欲诚其意者，先致其知。致知在格物。

说个明明德于天下，便见亲民、止善，皆明德中事矣。正其心者，转第八识为大圆镜智也。诚其意者，转第七识为平等性智也。致其知者，转第六识为妙观察智也。格物者，作唯心识观，了知天下国家、根身器界，皆是自心中所现物，心外别无他物也。是故若欲格物，莫若观所缘缘。若知外所缘缘非有，方知内所缘缘不无。若知内所缘缘不无，方能力去内心之恶、力行心内之善，方名自谦、方名慎独。又只一明德，分心、意、知三名，致知即明明德。

物格而后知至，知至而后意诚，意诚而后心正，心正而后身修，身修而后家齐，家齐而后国治，国治而后天下平。

我法二执破，则物自格，犹《大佛顶经》所云“不为物转，便能转物”也。知至者，二空妙观无间断也。意诚者，由第六识入二空观，则第七识不复执第八识之见分为内自我法也。心正者，由六七二识无我执故，第八识舍赖耶名；由六七二识无法执故，第八识舍异熟名，转成庵摩罗识，亦名大圆镜智相应心品也。身修者，第八识既成无漏，则一切五阴、十二处、十八界，皆无漏也。家齐国治天下平者，一身清净故，多身清净，乃至十方三世圆满清净也。

△ 详示妙修次第又为三：初的示格物，须从本格。二详示诚意，必先致知。三更示修、齐、治、平，必有次第。

△ 今初

自天子以至于庶人，壹是皆以修身为本。

前云古之欲明明德于天下者，元不单指帝王有位人说，恐人错解，今特点破。且如舜耕历山之时，何尝不是庶人。伊尹耕有莘时，传说在板筑时。太公钓渭滨时，亦何尝不是庶人。只因他肯格物致知，诚意正心，以修其身，所以皆能明明德于天下耳。盖以天子言之，则公卿乃至庶人，皆是他明德中所幻现之物；是故自身为物之本，家国天下为物之末。若以庶人言之，则官吏乃至天子，亦皆是他明德中所幻现之物，是故亦以自身为物之本，家国天下为物之末。须知上自天子，下至庶人，名位不同，而明德同。明德既同，则亲民、止至善亦同，故各各以修身为本也。前虽略示物有本末，又云致知在格物，尚未直指下手方便，故今的指修身为本，以

“心”、“意”、“知”不可唤作物故，以“致”、“诚”、“正”皆向物之本上格将去故。

其本乱而末治者，否矣。其所厚者薄，而其所薄者厚，未之有也。此谓知本，此谓知之至也。

所厚，谓责躬宜厚。所薄，谓待人宜宽。若以厚为家，薄为国与天下，便是私情了。会万物而为自己，故谓之知本。自己之外，别无一物当情，故可谓知之至也。

△初的示格物须从本格竟

△二详示诚意必先致知

所谓诚其意者，毋自欺也。如恶恶臭、如好好色，此之谓自谦。故君子必慎其独也。

直心正念真如，名为诚意。妄计实我实法，名为自欺。盖稍习闻圣教，未有不知我法二执之为恶，未有不知二空妙观之为善者。但其恶我法二执，不能如恶恶臭；好二空妙观，不能如好好色；所以名为自欺、不自谦耳。夫臭必知臭、色必知色，可喻良知。知臭必恶、知色必好，可喻致知。今知二执之恶而不力破，知二空之善而不力修，岂可谓致知乎！心外本无实我实法，名之为独。断意中我法二执，断无不尽，修良知二空妙观，修无不圆，名之为慎也。

小人闲居为不善，无所不至；见君子而后厌然，掩其不善而著其善。人之视己，如见其肺肝然，则何益矣？此谓诚于中，形于外。故君子必慎其独也。

此明小人亦有良知，但不能致知，故意不得诚也。闲居，即慎独之独字，虽在大庭广众，亦名闲居。为不善者，即是妄起我法二执。二执为众恶根本，故一有二执，便无所不至。见君子而后厌然，正是良知不可昧处。掩不善而著善，是不能诚于中。如见其肺肝然，是不能形其外。故使人得窥其中也。

曾子曰："十目所视，十手所指，其严乎！"富润屋，德润身，心广体胖。故君子必诚其意。

十目、十手，正是慎独诚中处。润屋、润身，正是形外处。心包太虚故广，体露真常故胖。

诗云："瞻彼淇澳，菉竹猗猗；有斐君子，如切如磋，如琢如磨。瑟兮僩兮，赫兮喧兮；有斐君子，终不可諠兮。"如切如磋者，道学也。如琢如磨者，自修也。瑟兮僩兮者，恂栗也。赫兮喧兮者，威仪也。有斐君子终不可諠兮者，道盛德至善，民之不能忘也。

切磋琢磨，致知也。恂栗，诚于中也。威仪，形于外也。盛德，明德之已明者也。致知，则意诚。意诚，则心正。知、意、心，皆明德之别名。致、诚、正，皆明明德之别名。致到极处，诚到极处，正到极处，即名至善。民不能忘，即是亲民。可见亲民、止至善，不是明德外事。

诗云："於戏！前王不忘。"君子贤其贤而亲其亲，小人乐其乐而利其利，此以没世不忘也。

武公之民不能忘，与前王之民不能忘一般。良以明德之中，自具贤、亲、乐、利，横遍天下、竖彻没世故也。

《康诰》曰："克明德。"《大甲》曰："顾諟天之明命。"《帝典》曰："克明峻德。"皆自明也。

由武公而遡之文王，遡之成汤，遡之帝尧，皆是自明。自明，即致知诚意也，即躬自厚也，即修身为本也，即知所先也。

汤之《盘铭》曰："苟日新，日日新，又日新。"

欲诚其意，莫若自新。自新者，不安于旧习也。我法二执，是无始妄习，名之为旧。观我法空，是格物致知，名之为新。"苟"者，斩然背尘合觉也。"日日新"者，不肯得少为足。"又日新"者，不肯半涂而废。又"苟日新"者，断分别二执。"日日新"者，断俱生二执。"又日新"

者，断二障种子。

《康诰》曰："作新民。"

不是我去作他，只因自能日新，彼便兴起。故孟子曰："待文王而后兴。"兴，即作也。

《诗》云："周虽旧邦，其命维新。"是故君子无所不用其极。

只一日新又新，便使民亦自作、命亦维新，可见心外无民、心外无命。

《诗》云："邦畿千里，惟民所止。"《诗》云："缗蛮黄鸟，止于丘隅。"子曰："于止，知其所止，可以人而不如鸟乎？"《诗》云："穆穆文王，于缉熙敬止。"为人君，止于仁；为人臣，止于敬；为人子，止于孝；为人父，止于慈；与国人交，止于信。

文王一人耳，对臣下则名为君，对商纣则名为臣，对王季则名为子，对武周则名为父；可见身是本，而所对皆末也。明德一理耳，对臣下则名为仁，对君上则名为敬，对父母则名为孝，对子孙则名为慈，对国人则名为信；可见无所不用其极，无二极也。极即至善，至善即明德本体。此文王自谦处，诚中形外处，皆由格物致知以诚其意，故能如此。

子曰："听讼，吾犹人也，必也使无讼乎！"无情者不得尽其辞，大畏民志，此谓知本。

世人不知心外无物，妄谓仁敬孝慈信，可以对君臣父子良民，不可以化顽恶；殊不知只是物未格、知未致、意未诚耳。如文王之使虞、芮息争，何必别商听讼之法。大凡不达人我一体，则有争、有竞，便名之为无情，非必告谎状而后为无情者也。今以本无人我之明德化之，故能大畏民志。夫畏民志，则非刑罚之威。大畏民志，则使健讼者亦化而为圣贤矣。非知身为物本，格物致知以诚其意者，孰能若此也哉！

△ 二详示诚意，必先致知竟。

△ 三更示修齐治平，必有次第，又为四：初以心身合释，二以身家合释，三以家国合释，四以国与天下合释。虽如此次第合释，然皆不离修

身为本，皆不外于格致诚正之功。

△ 今初以心身合释

所谓修身在正其心者，身有所忿懥，则不得其正；有所恐惧，则不得其正；有所好乐，则不得其正；有所忧患，则不得其正。（李卓吾云："身字，不必改作心字。首节，见身之有关于心。次节，见心之有关于身。"）

身者，前六识身也。忿懥、恐惧、好乐、忧患，即贪嗔痴等根、随烦恼也。现行熏成种子，故使第八识心不得其正。

心不在焉，视而不见，听而不闻，食而不知其味，此谓修身在正其心。

第八识体，本自无所不在，亦无所在。唯其受染法熏、持染法种，随彼染法所起现行，为视、为听、为食，而见闻知之妙性，遂为彼所覆蔽矣。盖其光圆满得无憎爱者，名之为见。既有所视，便不名见。十方击鼓、十处齐闻者，名之为闻。既有所听，便不名闻。舌根不动、淡性常在者，名为知味。既有所食，便不知味。故前一节深明现行熏种子之失，此一节深明种子生现行之失。身心相关若此，故必格物致知以诚其意，然后心正而身修也。有所忿懥等，只是不能格物，故意不诚。不见不闻等，只是不能致知，故心不正而身不修。

问曰："前云如恶恶臭、如好好色，此云忿懥、好乐皆不得正，前后不相违耶？"

答曰："如恶恶臭，断我法二执也。如好好色，修二空妙观也。二观成就，方能无忿懥等。自无忿懥等私，方能民之所好好之，民之所恶恶之。故知格物致知之外，别无诚意正心之功。

△ 二身家合释

所谓齐其家在修其身者，人之其所亲爱而辟焉，之其所贱恶而辟焉，之其所畏敬而辟焉，之其所哀矜而辟焉，之其所敖惰而辟焉。故好而知其恶、恶而知其美者，天下鲜矣。故谚有之曰："人莫知其子之恶，莫知其苗之硕。"此谓身不修不可以齐其家。

五个辟字，皆是不能格物，故不能致知耳；便是不能齐家之处，何止为身不修耶？莫知子恶，莫致苗硕，亦是为物所蔽，故不能致其知也。后一反结，最为有力，正显修身为本。

△ 三家国合释

所谓治国必先齐其家者，其家不可教，而能教人者，无之。故君子不出家而成教于国。孝者所以事君也，弟者所以事长也，慈者所以使众也。

一一都从修身上说来。玩三个所以字，绝不费力。

《康诰》曰："如保赤子。"心诚求之，虽不中，不远矣。未有学养子而后嫁者也。

妙在"心诚求之"四字，正与下文民好、民恶相合，又与上文五个"辟"字相反。此皆从格物致知、诚意慎独中来。

一家仁，一国兴仁；一家让，一国兴让；一人贪戾，一国作乱。其机如此。此为一言偾事，一人定国。尧舜帅天下以仁，而民从之；桀纣帅天下以暴，而民从之。其所令反其所好，而民不从。是故君子有诸己，而后求诸人；无诸己，而后非诸人。所藏乎身不恕而能喻诸人者，未之有也。故治国在齐其家。

尧舜之仁，不过是格物致知、诚意正心以修身耳。如此修身，便为天下人榜样，天下人自然从之，何必发号施令哉！"令"字与"帅"字正相反。帅，是无心之化。令，是有心之求。达得心外无天下，故不必有心求。不知天下在心中，故不能无心化也。

《诗》云："桃之夭夭，其叶蓁蓁。之子于归，宜其家人。"宜其家人，而后可以教国人。《诗》云："宜兄宜弟。"宜兄宜弟，而后可以教国人。

二诗皆说修身齐家事耳，而治国便在其中，何必求之于国哉！

《诗》云："其仪不忒，正是四国。"其为父子兄弟足法，而后民法之也。此谓治国在齐其家。

其仪不忒，只是修身事耳。正是四国，则天下不难平矣。为人父，止于慈；为人子，止于孝；为人兄，止于友；为人弟，止于恭；而后民自法之。可见四国自趋于正，不待我去正他。

△ 四以国与天下合释

所谓平天下在治其国者，上老老，而民兴孝；上长长，而民兴弟；上恤孤，而民不倍。是以君子有絜矩之道也。

老老、长长、恤孤，元即孝、弟、慈三字，只是变却文法耳。“絜矩”二字最妙，只须向自身上推去，便知心、佛、众生，三无差别。

所恶于上，毋以使下；所恶于下，毋以事上；所恶于前，毋以先后；所恶于后，毋以从前；所恶于右，毋以交于左；所恶于左，毋以交于右。此之谓絜矩之道。

正示人絜矩工夫，不是覆解字义而已。

《诗》云：“乐只君子，民之父母。”民之所好好之，民之所恶恶之，此之谓民之父母。

修二空妙观，如好好色，故无私好。断我法二执，如恶恶臭，故无私恶。无私好，故能民之所好好之，无缘大慈也。无私恶，故能民之所恶恶之，同体大悲也。是谓三界大师、四生慈父。

《诗》云：“节彼南山，维石岩岩。赫赫师尹，民具尔瞻。”有国者不可以不慎，辟则为天下僇矣。《诗》云：“殷之未丧师，克配上帝。仪监于殷，峻命不易。”道得众则得国，失众则失国。是故君子先慎乎德。有德此有人，有人此有土，有土此有财，有财此有用。

“是故”二字，顶上三“则”字来，紧切之极。不曰明德，而曰慎德，正显明明德之工夫，全在慎独也。有德此有人，便为下文用人张本。有土有财，便为下文理财张本。若悟大道，则生财亦大道，不于大道之外别商生财矣。用人、理财，是平天下要务，而皆以慎德为本，皆即慎德中事。谁谓明明德外，更有他道哉！

曰："不然。若所解是《易》，则人将谓《易》可助出世法，成增益谤。若所解非《易》，则人将谓师自说禅，何尝知《易》，成减损谤。若所解亦《易》亦非《易》，则人将谓儒原非禅、禅亦非儒，成相违谤。若所解非《易》非非《易》，则人将谓儒不成儒、禅不成禅，成戏论谤。乌见其为四悉檀也。"余曰："是固然。汝独不闻人参善补人，而气喘者服之立毙乎？抑不闻大黄最损人，而中满者服之立瘥乎？春之生育万物也，物固有遇春而烂坏者。夏之长养庶品也，草亦有夏枯者。秋之肃杀也，而菊有黄花。冬之闭藏也，而松柏青青、梅英馥馥。如必择其有利无害者而后为之，天地恐亦不能无憾矣。且佛以慈眼视大千，知群机已熟，然后示生，犹有魔波旬扰乱之，九十五种嫉妒之，提婆达多思中害之，岂惟尧舜称犹病哉！吾所由解《易》者无他，以禅入儒，务诱儒以知禅耳。纵令不得四益而起四谤，如从地倒，还从地起；置毒乳中，转至醍醐，厥毒仍在。遍行为外道师、萨遮为尼犍主，意在斯也。"侍者再拜而谢曰："此非弟子所及也，请得笔而存之。"

崇祯辛巳仲冬，旭道人书于温陵之毫余楼

《周易禅解》卷第一

上经之一

六十四卦皆伏羲所画，夏经以艮居首，名曰连山；商经以坤居首，名曰归藏，各有繇辞以断吉凶。文王囚羑里时，系今彖辞，以乾、坤二卦居首，名之曰《易》。周公被流言时，复系爻辞；孔子又为之传以辅翌之，故名《周易》。古本文王、周公彖、爻二辞，自分上下两经。孔子则有上经彖传、下经彖传，上经象传、下经象传，乾、坤二卦文言，系辞上传、系辞下传，说卦传，序卦传，杂卦传，共名十翼。后人以孔子前之五传，会入上下两经，而系辞等五传不可会入，附后别行，即今经也。

可上可下，可内可外，易地皆然，初无死局，故名交易。能动能静，能柔能刚，阴阳不测，初无死法，故名变易。虽无死局，而就事论事，则上下内外仍自历然；虽无死法，而即象言象，则动静刚柔仍自灿然；此所谓万古不易之常经也。若以事物言之，可以一事一物各对一卦一爻，亦可于一事一物之中，具有六十四卦三百八十四爻。若以卦爻言之，可以一卦一爻各对一事一物，亦可于一卦一爻之中，具断万事万物乃至世出世间一切事物。又一切事物即一事一物，一事一物即一切事物；一切卦爻即一卦一爻，一卦一爻即一切卦爻，故名交易、变易。实即不变随缘、随缘不变，互具互造、互入互融之法界耳。

伏羲但有画而无辞，设 阴阳之象，随人作何等解，世界悉檀也。文王彖辞，吉多而凶少，举大纲以生善，为人悉檀也。周公爻辞，诫多而吉少，尽变态以劝惩，对治悉檀也。孔子十传，会归内圣外王之学，第一义悉檀也。偏说如此，克实论之，四圣各具前三悉檀；开权显实，则各四悉。

乾 ䷀ (乾下，乾上)

乾：元亨，利贞。

六画皆阳，故名为乾。乾者，健也，在天为阳，在地为刚，在人为智、为义，在性为照，在修为观；又在器界为覆，在根身为首、为天君，在家为主，在国为王，在天下为帝。或有以天道释，或有以王道释者，皆偏举一隅耳。健则所行无碍，故“元亨”，然须视其所健者何事。“利贞”之诫，圣人开示学者切要在此，所谓修道之教也。夫健于上品十恶者必堕地狱，健于中品十恶者必堕畜生，健于下品十恶者必堕鬼趣，健于下品十善者必成修罗，健于中品十善者必生人道，健于上品十善者必生天上；健于上品十善、兼修禅定者，必生色无色界；健于上品十善、兼修四谛十二因缘观者，必获二乘果证；健于上上品十善、能自利利他者，即名菩萨；健于上上品十善，了知十善即是法界即是佛性者，必圆无上菩提；故十界皆元亨也。三恶为邪，三善为正；六道有漏为邪，二乘无漏为正；二乘偏真为邪，菩萨度人为正；权乘二谛为邪，佛界中道为正；分别中边不同为邪，一切无非中道为正；此利贞之诫所以当为健行者设也。

初九：潜龙，勿用。

龙之为物也，能大能小，能屈能申，故以喻乾德焉。初未尝非龙，特以在下，则宜潜而勿用耳。此如大舜耕历山时，亦如颜子居陋巷乎！其静为“复”，其变为“姤”。复则后不省方以自养，姤则施命诰四方以养众，皆潜之义也。

九二：见龙在田，利见大人。

初如渊，二如田，时位之不同耳，龙何尝有异哉！二五曰大人，三曰君子，皆人而能龙者也。此如大舜征庸时，亦如孔子遑遑求仕乎！其静为

"临"、为"师"，其变为"同人"，皆有利见之义焉。

九三：君子终日乾乾，夕惕若。厉，无咎。

在下之上则地危，纯刚之德则望重，故必终日乾乾，虽至于夕而犹惕若，所谓安而不忘危。危者，安其位者也。此如大舜摄政时，亦如王臣蹇蹇匪躬者乎！其静为"泰"、为"谦"，其变为"履"，皆有乾乾惕厉之义焉。

九四：或跃在渊，无咎。

初之"勿用"，必于深渊，四亦"在渊"，何也？初则潜，四则跃，时势不同而迹暂同。此如大舜避位时，亦如大臣之休休有容者乎！其静为"大壮"、为"豫"，其变为"小畜"，皆有将飞未飞、以退成进之义焉。

九五：飞龙在天，利见大人。

今之飞者，即昔之或跃、或惕、或见、或潜者也。不如此，安所称大人哉！我为大人，则所见无非大人矣。此如大舜垂衣裳而天下治，亦如一切圣王之御极者乎！其静为"夬"为"比"，其变为"大有"，皆有利见之义焉。

上九：亢龙有悔。

亢者，时势之穷。悔者，处亢之道也。此如大舜遇有苗弗格，舞干羽于两阶乎？否则不为秦皇、汉武者几希矣！其静为"乾"、为"剥"，其动为"夬"，皆亢而须悔者也。王阳明曰：乾六爻作一人看，有显晦，无优劣；作六人看，有贵贱，无优劣。

统论六爻表法，通乎世出世间。若约三才，则上二爻为天，中二爻为人，下二爻为地。若约天时，则冬至后为初爻，立春后为二爻，清明后为三爻，夏为四爻，秋为五爻，九月后为上爻。又乾坤二卦合论者，十一月为乾初爻，十二月为二爻，正月为三爻，二月为四爻，三月为五爻，四月为上爻，五月为坤初爻，乃至十月为坤上爻也。若约欲天，则初爻为四王，二忉利，三夜摩，四兜率，五化乐，上他化。若约三界，则初欲界，

二、三、四、五色界，上无色界。若约地理，则初为渊底，二为田，三为高原，四为山谷，五为山之正基，上为山顶。若约方位，则初为东，三为南，四为西，六为北，二、五为中。若约家，则初为门外，上为后园，中四爻为家庭。若约国，则初、上为郊野，中四爻为城内。若约人类，则初民，二士，三官长，四宰辅，五君主，上太皇或祖庙。若约一身，则初为足，二为腓，三为股为限，四为胸为身，五为口为脢，上为首，亦为口。若约一世，则初为孩童，二少，三壮，四强，五艾，上老。若约六道，则如次可配六爻。又约十界，则初为四恶道，二为人天，三为色无色界，四为二乘，五为菩萨，上为佛。若约六即，则初理，二名字，三观行，四相似，五分证，上究竟。以要言之，世出世法，若大若小、若依若正、若善若恶，皆可以六爻作表法，有何一爻不摄一切法、有何一法不摄一切六爻哉！

佛法释乾六爻者，龙乃神通变化之物，喻佛性也。理即位中，佛性为烦恼所覆，故勿用。名字位中，宜参见师友，故利见大人。观行位中，宜精进不息，故日乾夕惕。相似位中，不着似道法爱，故或跃在渊。分证位中，八相成道，利益群品，故为人所利见。究竟位中，不入涅槃，同流九界，故云有悔。此原始要终，兼性与修而言之也。若单约修德者，阳为智德，即是慧行。初心干慧，宜以定水济之，不宜偏用；二居阴位，定慧调适，能见佛性，故云利见大人；三以慧性遍观诸法，四以定水善养其机，五则中道正慧证实相理，上则觅智慧相了不可得。又约通塞而言之者，初是浅慧，故不可用；上是慧过于定，故不可用；中之四爻皆是妙慧，二如开佛知见，三如示佛知见，四如悟佛知见，五如入佛知见也。

用九：见群龙无首，吉。

六十四卦，共计三百八十四爻，阴阳各半，则阳爻共有百九十二。此周公总明一切阳爻所以用九而不用七之旨也。盖七为少阳，静而不变。九为老阳，动而变阴。今若筮得乾卦，六爻皆九，则变为坤卦，不惟可知大始，亦且可作成物；而六龙不作六龙用，其变化妙无端倪矣。此如大舜荐禹于天，不以位传其子；亦如尧舜之犹病、文王之望道未见、孔子之圣仁岂敢乎！

若约佛法释者，用九，是用有变化之慧，不用七之无变化慧也。阳动，即变为阴，喻妙慧必与定俱。《华严》云：“智慧了境同三昧”，大慧云：“一悟之后，稳贴贴地”，皆是此意。群龙者，因中三观、果上三智也。观之与智，离四句，绝百非，不可以相求，不可以识识，故无首而吉。

《彖》曰：大哉乾元！万物资始，乃统天，云行雨施，品物流形。

此孔子《彖传》，所以释文王之彖辞者也。释彖之法，或阐明文王言中之奥，或点示文王言外之旨，或借文王言句而自出手眼、别申妙义，事非一概。今乾坤二卦，皆是自出手眼，或亦文王言外之旨。此一节是释元亨二字，以显性德法尔之妙，所谓无不从此法界流也。盖乾之德不可胜言，而惟元能统之。元之德不可名状，惟于万物资始处验之。始者对终而言，不始不足以致终，不终不足名资始。即始而终，故曰统天。举凡云行雨施、品物流行，莫非元之德用，所谓始则必亨者也。

大明终始，六位时成。时乘六龙以御天。

此一节，是显圣人以修合性，而自利功圆也。圣人见万物之资始，便能即始见终，知其由终有始，始终止是一理，但约时节因缘假分六位。达此六位无非一理，则位位皆具龙德，而可以御天矣。天即性德也。修德有功，性德方显，故名御天。

乾道变化，各正性命。保合太和，乃利贞。

此一节，是释“利贞”二字，以显性德本来融遍，所谓无不还归此法界也。盖一切万物既皆资始于乾元，则罔非乾道之变化。既皆乾道变化，则必各得乾道之全体大用，非是乾道少分功能，故能各正性命。物物具乾道全体，又能保合太和，物物具乾元资始大用，乃所谓“利贞”也。

首出庶物，万国咸宁。

此一节，是显圣人修德功圆，而利他自在也。

统论一传宗旨，乃孔子借释彖爻之辞，而深明性修不二之学。以乾表雄猛不可沮坏之佛性，以元亨利贞表佛性本具常乐我净之四德。佛性必

附录一：蕅益大师年谱[①]

弘一法师撰

依大师自撰〈八不道人传〉，及成时续传录写，复检《宗论》中诸文增改，并参考别行诸疏、序、跋补订焉。己未，居钱塘，初稿。辛酉，掩室永嘉，改纂。乙亥，住温陵月台，再治。老病缠绵，精力颓弊，未能详密校理，殊自愿也。

年谱诸文，虽有撮略，或加润饰，但悉有所据。若述私意，则写双行小字，上冠案字，以区别也。

明万历二十七年己亥，一岁。

是年五月三日亥时，大师生。

俗姓钟，名际明，又名声，字振之。先世汴梁人，始祖南渡，居古吴木渎。

父名之凤，字岐仲。母金氏，名大莲，以父持白衣大悲咒十年，梦大士送子而生。时父母皆年四十。

庚子，二岁。

辛丑，三岁。

壬寅，四岁。

癸卯，五岁。

甲辰，六岁。

乙巳，七岁。

---

① 依《蕅益大师全集》所收《灵峰宗论》本为底本，《弘一大师全集》本（福建人民出版社 2010 年第二版）为参校本。

始茹素。己巳大师〈礼大悲铜殿偈〉有云：我幼持斋甚严肃，梦感大士曾相召。

丙午，八岁。

丁未，九岁。

戊申，十岁。

己酉，十一岁。

庚戌，十二岁。

就外傅，闻圣学，即以千古道脉为任，嚣嚣自得，天子不得臣，诸侯不得友。于居敬慎独之功，致知格物之要，深究之。开荤酒，作论数十篇，辟异端，梦与孔颜晤言。

辛亥，十三岁。

壬子，十四岁。

癸丑，十五岁。

甲寅，十六岁。

乙卯，十七岁。

阅《自知录》序，及《竹窗随笔》，乃不谤佛。取所著辟佛论焚之。

丙辰，十八岁。

丁巳，十九岁。

戊午，二十岁。

诠《论语・颜渊问仁章》，窃疑“天下归仁”语，苦参力讨，废寝忘餐者三昼夜，忽然大悟，顿见孔颜心学。

冬十一月初五日，丧父，享年五十九。闻《地藏本愿》，发出世心[①]。

---

① 《蕅益大师全集》录者注：大师闻《地藏本愿》，发心出世，故其一生尽力宏扬赞叹地藏菩萨。弘一法师曾辑灵峰赞地藏菩萨别集一卷，收入《地藏菩萨圣德大观》内。

庚午大师〈结坛水斋持大悲咒愿文〉，有云：“七岁断肉，未知出世正因。十二学儒，乃造谤法重业。赖善根未绝，每潜转默移。一触念于《自知》之序，次旋意于寂感之谭。礼药师妙典，知佛与神殊。闻地藏昔因，知道从孝积。既怀丧父之哀，复切延慈之想。书《慈悲忏法》，矢志尸罗，听《大佛顶经》，决思离俗。”

己未，二十一岁。

至星家问母寿，言六十二三必有节限。遂于佛前立深誓，唯愿减我算，薄我功名，必翼母臻上寿。

庚申，二十二岁。

专至念佛，尽焚窗稿二千余篇。

天启元年，辛酉，二十三岁。

听《大佛顶经》，谓世界在空，空生大觉，遂疑何故有此大觉，致为空界张本？闷绝无措。但昏散最重，功夫不能成片。因决意出家，体究大事。七月三十日，撰〈四十八愿愿文〉，时名大朗优婆塞。

壬戌，二十四岁。

梦礼憨山大师，哭恨缘悭，相见太晚。师云：“此是苦果，应知苦因。”语未竟，遽请曰：“弟子志求上乘，不愿闻四谛法。”师云：“且喜居士有向上志，虽然不能如黄檗、临济，但可如岩头、德山。”心又未足。拟再问，触声而醒。因思古人安有高下，梦想妄分别耳。

一月中，三梦憨师。师往曹溪，不能远从，乃从雪岭峻师剃度，命名智旭。雪师，憨翁门人也。

（案：大师字蕅益，又字素华，当时诸缁素撰述中，多称素华也。将出家，先发三愿：一未证无生法忍，不收徒众。二不登高座。三宁冻饿死，不诵经礼忏及化缘，以资身口。又发三拌，拌得饿死，拌得冻死，拌与人欺死。）

将出家，与叔言别诗云："世变不可测，此心千古然，无限他山意，丁宁不在言。"大师出家时，母舅谓曰："法师世谛流布，吾甥决不屑为，将必为善知识乎？"大师曰："佛且不为，况其他也。"舅曰："既尔，何用出家？"大师曰："只要复我本来面目。"舅乃叹善。

夏秋作务云栖，闻古德法师讲《唯识论》，一听了了，疑与《佛顶》宗旨矛盾。请问，师云："性相二宗，不许和会。"甚怪之，佛法岂有二歧耶？一日，问古师云："不怕念起，只怕觉迟。且如中阴入胎，念起受生，纵令速觉，如何得脱？"师云："汝今入胎了也未？"大师微笑，师云："入胎了也。"大师无语。师云："汝谓只今此身果从受胎时得来者耶？"大师汗流浃背，不能分晓，竟往径山坐禅。始受一食法。

此时即与新伊法主相识，尔后为忘年交，几三十年。自庚午岁始，每一聚首，辄晓夜盘桓佛法弗置。学人从大师游者，皆令禀沙弥戒于法主。

初出家时，剃度师令作务三年。其时急要工夫成片，不曾依训。始意工夫成片，仍可作务；后以声誉日隆，竟无处讨得务单。

癸亥，二十五岁。

是春拜见幽溪尊者，时正堕禅病，未领片益。

大师坐禅径山。至夏，逼拶功极，身心世界忽皆消殒。因知此身从无始来，当处出生，随处灭尽，但是坚固妄想所现之影，刹那刹那，念念不住，的确非从父母生也。从此性相二宗，一齐透彻，知其本无矛盾，但是交光邪说大误人耳。是时一切经论、一切公案无不现前。旋自觉悟，解发非为圣证，故绝不语一人。久之，则胸次空空，不复留一字脚矣。

秋，住静天台。腊月初八日，从天台蹑冰冒雪，至杭州云栖，苦到恳古德贤法师为阿阇梨，向莲池和尚像前，顶受《四分戒本》。

甲子，二十六岁。

正月三日，于三宝前，然香刺血，寄母书。劝母勿事劳心，惟努力念佛，求出轮回。

十二月廿一日，重到云栖，受菩萨戒。后一日，撰〈受菩萨戒誓文〉。

大师甫受菩萨戒，发心看律藏。阇梨古德师试曰："汝已受大，何更习小？"对曰："重楼四级，上级既造，下级可废耶？"师曰："身既到上层，目岂缘下级？"对曰："虽升他化，佛元不离寂场。"

乙丑，二十七岁。

是春，就古吴阅律藏一遍，方积举世积讹。四旬余，录出《毗尼事义要略》一本，仅百余纸。此后仍一心究宗乘。

同二三法友结夏。

寄剃度师雪岭及阇梨古德师书，痛陈像季正法衰替，戒律不明，词至恳切。

乙丑、丙寅两夏，为二三友人逼，演《大佛顶》要义二遍。实多会心，愿事阐发，以志在宗乘，未暇笔述。

丙寅，二十八岁。

母病笃，四刲肱不救，痛切肺肝。

六月初一日，母亡，享年六十七。大师赋四念处以写哀。

葬事毕，焚弃笔砚，矢往深山。道友鉴空、如宁，留掩关于吴江之松陵。关中大病，乃以参禅工夫，求生净土。

丁卯，二十九岁。

崇祯元年，戊辰，三十岁。

是春出关，朝南海，觐洛伽山。将往终南，遇道友雪航檝公，愿传律学，留住龙居。是夏，第二次阅律藏一遍，始成《毗尼事义集要》四本及《梵室偶谈》。

是年，在龙居阅藏，于一夏中，仅阅千卷。夏初遇惺谷师，乃订交焉。时惺谷师尚未剃染。仲冬，又获交归一师。于是二友最得交修之益，同结冬。刺舌血书大乘经律，撰〈刺血书经愿文〉，及〈书《佛名经》回向文〉。

过檇李东塔，见人上堂，有感，赋偈云：

树杪声声泣露哀，岸舟鱼背漫相猜。

宗乘顿逐东流下，触目难禁泪满腮。

一滴狐涎彻体腥，当阳鸦立法王庭。
却惭普眼能弘护，犹使天人掩耳听。

聋人听曲哑人歌，跛躄相将共伐柯。
今日已成冥暗界，不知向后又如何。

己巳，三十一岁。

正月十五日，为同学比丘雪航智檝师讲《四分戒本》，并刺血书愿文。

是春，同归一筹师，送惺谷至博山，依无异叡禅师剃发。叡禅师见大师所著《毗尼事义集要》，喜之，即欲付梓。大师不许。

在博山，遇璧如镐师，详论律学，遂与订交。

随无异叡禅师至金陵，盘桓百有十日，尽谙宗门近时流弊，乃决意弘律。大师律解虽精，而自谓"烦恼习强，躬行多玷，故誓不为和尚"，"三业未净，谬有知律之名，名过于实"，引为"生平之耻"。

是春，撰〈持咒先白文〉，愿持灭定业真言[①]百万，观音灵感、七佛灭罪、药师灌顶、往生净土真言各十万，次当结坛持大悲咒十万。

母亡三周年，乞善友课持经咒，撰〈为母三周求拔济启〉，及〈为母发愿回向文〉。

秋，游栖霞，始晤自观印阇梨，赠以偈云："举世不知真，吾独不爱假。羡君坦夷性，堪入毗尼社。"

是冬，同归一筹师结制龙居，第三次阅律一遍。至除夕，第三次阅律藏毕，录成六册，计十八卷。

撰〈礼大报恩塔偈〉、〈持准提咒愿文〉、〈礼大悲铜殿偈〉、〈起咒文〉、〈除夕白三宝文〉。

撰〈尚友录序〉。

---

① 《蕅益大师全集》录者注：指持地藏菩萨灭定业真言。